머 릿 말

고린도는 아테네 서쪽에 위치하며 그리스 영토 남부 지방에 속하여서 필레폰네소스와 아테네 중간 지점 해협 부근에 있다.

고린도 지방은 그리스 무역의 중심지로서 오래전부터 물질적으로 부요하였다. 그러나 사랑의 여신을 섬겼던 고린도 지방 사람들은 음란하고 교만하고 무절제하였다. 고린도 교회는 사도 바울이 2차 전도 여행 시에 아테네를 들러서 고린도 성읍으로 가게 되면서 개척이 되었다. 사도 바울은 고린도 지바에서 본도에서 난 유대인 아굴라를 만난다. 아굴라는 그의 아내 브리스길라와 함께 로마 황제 글라우디오가 모든 유대인들에게 로마시에 대하여서 추방령을 내릴 때 로마시를 떠나서 고린도에 이르게 되었다. 그곳에서 사도 바울은 그들과 함께 교제하면서 일년 육 개월 간 복음을 전하였다. (행 18:1~11)

고린도 전서는 사도 바울이 에베소 교회에 있을때에 보냈다.(고전 16:8) 고린도 교회의 심각한 패역과 음란함과 여러 가지 문제들에 대하여서 사도 바울이 서신을 기록하게 되었다.

고린도 전서 구조

I. 인사와 감사 (고전 1:1~9)

서신은 사도 바울과 소스데네가 고린도 교회에게 보내는 것으로 되어있다. 사도 바울은 고린도 교회를 향한 하나님의 은혜에 감사를 드리는 형태로 문안 인사를 하고 있다.

II. 고린도 교회의 무질서한 상태에 대한 경계와 교훈 (고전 1:10~6:20)

1. 분파주의자들에 대한 책망 (고전 1:10~4;21)

사도 바울은 이 부분에서 고린도 교회의 분파주의자들에 대하여서 책망한다. 사도 바울은 유명한 교회 지도자들의 이름을 빙자해서 세력을 형성하여서 분란을 일으키는 행위는 실로 그리스도의 몸된 교회에 크나큰 죄악이라 책망한다. (고전 1:10~13)

2. 도덕적 타락의 문제에 대한 경고(고전 5:1~6:20)

(1) 근친상간의 죄악에 대한 경고 (고전 5:1~13)

사도 바울은 모자상간의 죄악을 범한 자들에 대하여서 책망하고 있다. 사도 바울은 그들을 출교할 것을 명령하였다. (고전 6:11)

(2) 세상 법정에 호소하는 문제 (고전 6:1~11)

사도 바울은 지극히 사사로운 이해관계를 인하여서 세상 법정에 호소하는 것은 부당하다고 교훈한다. 사도 바울은 이 부분에 있어서 고린도 교회 치리회가 재판국을 신자들의 송사를 판결할 것을 권면한다.

(3) 음행의 죄악에 대한 경고 (고전 6:12~20)

사도 바울은 음행의 죄악에 대하여서 엄중하게 경고하고 있다.

III. 고린도 교회 여러 문제점에 대한 경계와 교훈 (고전 7:1~15:58)

1. 혼인에 대한 사도 바울의 권면 (고전 7:1~24)

사도 바울은 혼인과 비혼인에 대한 그의 견해를 피력하면서 이미 혼인한 자라 할지라도 믿지 아니한자와 불화로 인하여서 이혼할 수 있다고 말한다.(고전 7:12~17)

2. 미혼자와 과부에 대한 사도 바울의 권면(고전 7:25~40)

혼인하지 아니한 상태에 있는 청년들은 각자의 형편과 상황에 따라서 혼인과 비혼인을 선택할 수 있다는 것이다.

3. 우상에 바친 제물 (고전 8:1~13)

사도 바울은 사랑은 덕을 세우는 것이라고 권면하면서 연약한 신자를 위하여서 우상에 바친 제물을 먹는 것을 삼가 하는 것이 성숙한 신자의 경건한 행위라고 말한다.

4. 사역자의 권리 (고전 9:1~27)

사도 바울은 복음의 사역자가 마땅히 그 급료를 받는 것이 합당하다고 말한다.

5. 우상 숭배를 경고함 (고전 10:1~33)

사도 바울은 이방 종교의 제사 제도에 참여하지 말 것과 모든 것을 구주 하나님의 영광을 위해서 행하라고 권면한다.

6. 그리스도 몸된 교회 안에서 남자와 여자의 질서에 대하여서 (고전 11:1~16)

사도 바울은 그리스도의 몸된 교회 안에서는 그 질서 가운데 남자의 행할 의무와 여자가 행할 의무의 차이가 있다는 것을 증거한다.

7. 성만찬의 규례에 대하여서 (고전 11:17~34)

사도 바울은 구주 예수 그리스도로부터 받은 성만찬의 규례에 대하여서 증거하였다.

8. 그리스도의 몸된 교회를 세우는데 필요한 은사에 대하여서 (고전 12:1~31)

사도 바울은 이 본문에서 하나님의 교회를 세우는 직분적 은사에 대하여서 증거하면서 모든 직분의 은사들은 질서를 따라서 받은 분량대로 행하라고 권면한다.

9. 최고의 은사 사랑에 대하여서 (고전 13:1~13)

사도 바울은 모든 신비한 은사들은 곧 폐하여질 것이지만 사랑의 은사는 영원함을 교훈한다.

10. 방언과 예언의 은사에 대하여서 (고전 14:1~40)

사도 바울은 방언과 예언의 은사를 질서를 따라서 행하라고 권면한다.

11. 그리스도의 부활 (고전 15:1~34)

사도 바울은 우리 구주 예수 그리스도의 부활의 의미에 대하여서 증거하고 있다.

12. 신자의 부활 (고전 15:35~58)

사도 바울은 신자들의 부활의 영광에 대하여서 증거하고 있다.

13. 성도를 위한 연보 (고전 16:1~12)

성도들을 위한 연보를 어떻게 할 것을 권면하였다.

14. 권면과 끝인사 (고전 16:13~24)

사도바울은 고린도 교회에게 다른 여러 교회들에게 문안하라고 권면하고 서신을 마치고 있다.

고린도 후서 구조

I. 고난에 대한 위로와 구원에 대한 감사 (고후 1:1~11)

서신은 사도 바울과 디모데가 언급되고 있다. 사도 바울은 복음전파를 인하여서 당한 자신의 고난을 언급하면서 고린도 교회의 어려움을 위로한다.

II. 비범한 기초 직원으로서 사도직의 성격 (고후 1:12~7:16)

1. 사도 바울의 고린도 교회 방문 (고후 1:12~2:17)

사도 바울은 본문에서 고린도 교회 설립과 관련하여서 두 번 그 지방을 방문하였고 세 번째는 그곳에 방문하는 것을 자제하였다고 말한다. 그 이유는 고린도 교회가 굳게 서 있었기 때문이다.

2. 사도직의 목적 (고후 3:1~5:10)

거룩한 보편 교회를 세우는 비범한 기초 직원으로서 사도 직분의 독특성을 증거하고 있다.

4. 화목케 하는 직책(고후 5:11~7:16)

사도 바울은 사도들의 사역에 중요한 부분이 하나님과 성도들을 화목케 하는 사역이라고 말한다.

III. 거룩한 보편 교회의 연보에 대하여서 (고후 8:1~12:21)

1. 성도를 섬기는 연보 (고후 8:1~9:15)

사도 바울은 부요한 교회들이 가난한 교회들을 연보로 섬기는 것은 각 교회를 평균케 함이라고 말한다. (고후 8:13~15)

2. 사도 직분에 대한 변호 (고후 10:1~11:33)

사도 바울은 우리의 싸우는 병기는 육체가 아니라 하나님 앞에서 견고한 진을 파하는 강력이라고 말한다. (고후 10:4) 그래서 오직 자랑할 것이 복음 밖에 없다고 말한다. (고후 10:17)

3. 사도의 표징 (고후 12:1~21)

사도 바울은 세 번째 하늘에 올라갔던 표적을 증거하면서 이 모든 표적들은 하나님의 복음을 전하는 과정에서 받은 사도적 표적에 불과하며 자랑할 것이 없다고 말한다. 그리고 오히려 그리스도와 복음을 위해서 약할 그때에 더욱 강하다고 말한다. (고후 12:10)

III. 권면과 끝인사 (고후 13:1~13)

사도 바울은 다시 고린도 교회를 방문하게 된다면 하나님의 교회를 어지럽히는 자들을 결코 그대로 두지 않겠다고 말한다. (고후 13:2)

그러나 고린도 교회 성도들에게는 하나님의 위로와 평강이 있기를 간구하고 있다. (고후 13:11)

사도 바울이 보낸 고린도 전후서의 간략한 요약을 하였다. 고린도 전후서 강해서는 고린도 교회에 당면한 문제들에 대한 사도 바울의 권면과 교훈을 통하여서 오늘을 살아가는 신자들의 신앙에 중요한 지침이 되도록 하는 것이 그 출간의 목적이다.

아무쪼록 고린도 전후서를 통하여서 더욱 우리 하나님의 말씀의 심오함에 이르기를 바라마지 않는다.

2020년 11월 27일

주교 개혁 장로 교회 담임 목사 배현주

고린도 전서

고린도 후서

제목: 사도 바울의 인사말
본문: 고린도 전서 1장 1~17절

[본 문]
1 하나님의 뜻을 따라 그리스도 예수의 사도로 부르심을 입은 바
울과 및 형제 소스데네는 2 고린도에 있는 하나님의 교회 곧 그리스
도 예수 안에서 거룩하여지고 성도라 부르심을 입은 자들과 또 각처
에서 우리의 주 곧 저희와 우리의 주 되신 예수 그리스도의 이름을
부르는 모든 자들에게 3 하나님 우리 아버지와 주 예수 그리스도로
좇아 은혜와 평강이 있기를 원하노라 4 그리스도 예수 안에서 너희
에게 주신 하나님의 은혜를 인하여 내가 너희를 위하여 항상 하나님
께 감사하노니 5 이는 너희가 그의 안에서 모든 일 곧 모든 구변과
모든 지식에 풍족하므로 6 그리스도의 증거가 너희 중에 견고케 되
어 7 너희가 모든 은사에 부족함이 없이 우리 주 예수 그리스도의
나타나심을 기다림이라 8 주께서 너희를 우리 주 예수 그리스도의
날에 책망할 것이 없는 자로 끝까지 견고케 하시리라 9 너희를 불러
그의 아들 예수 그리스도 우리 주로 더불어 교제케 하시는 하나님은
미쁘시도다 10 형제들아 내가 우리 주 예수 그리스도의 이름으로 너
희를 권하노니 다 같은 말을 하고 너희 가운데 분쟁이 없이 같은 마
음과 같은 뜻으로 온전히 합하라 11 내 형제들아 글로에의 집 편으
로서 너희에게 대한 말이 내게 들리니 곧 너희 가운데 분쟁이 있다
는 것이라 12 이는 다름 아니라 너희가 각각 이르되 나는 바울에게,
나는 아볼로에게, 나는 게바에게, 나는 그리스도에게 속한 자라 하
는 것이니 13 그리스도께서 어찌 나뉘었느뇨 바울이 너희를 위하여
십자가에 못 박혔으며 바울의 이름으로 너희가 세례를 받았느뇨 14
그리스보와 가이오 외에는 너희 중 아무에게도 내가 세례를 주지 아
니한 것을 감사하노니 15 이는 아무도 나의 이름으로 세례를 받았다
말하지 못하게 하려 함이라 16 내가 또한 스데바나 집 사람에게 세
례를 주었고 그 외에는 다른 아무에게 세례를 주었는지 알지 못하노

라 17 그리스도께서 나를 보내심은 세례를 주게 하려 하심이 아니요 오직 복음을 전케 하려 하심이니 말의 지혜로 하지 아니함은 그리스도의 십자가가 헛되지 않게 하려 함이라

[원문 직역]

1. 하나님의 뜻을 통하여서 그리스도 예수의 부름 받은 사도 바울과 형제 소스데네는 2. 우리와 그들의 모든 곳에 있어 우리 주 예수 그리스도의 이름을 부르는 모든 자들과 함께 예수 그리스도 안에서 거룩하게 되어 부름 받은 성도들인 고린도에 있는 하나님의 교회에게 문안하노라 3. 우리 아버지 하나님과 주 예수 그리스도로부터 너희에게 은혜와 평강이 있을지어다. 4. 그리스도 예수 안에서 너희에게 주어진 하나님의 은혜 위에 내가 너희에 대하여서 나의 하나님께 감사하노라. 5. 이는 모든 일과 모든 말씀과 모든 지식에 그리스도 안에서 너희가 풍성하기 때문이다. 6. 그와 같이 그리스도의 증거가 너희 안에서 입증하고 있다. 7. 그러므로 은사가 하나도 없는 것과 같은 그러한 결핍이 없이 너희가 우리 주 예수 그리스도의 나타남을 기다리는 자들이다. 8. 그가 우리 주 예수 그리스도의 날에 너희로 흠 없고 온전하게 되도록 확실하게 할 것이다. 9. 그 아들 우리 주 예수 그리스도와 교제 하도록 그를 통하여서 너희를 부르신 그 하나님은 신실하시도다. 10. 형제들아! 우리 주 예수 그리스도를 통하여서 내가 너희들을 권면하노니 이는 너희 모두로 같은 말을 하게 하려 함이다. 그리고 너희 안에 분열이 없고 같은 생각과 같은 뜻으로 맞추게 하려 함이다. 11. 나의 형제들아! 너희에 대하여서 너희 안에 다툼이 있다는 것이 글로에 편에 나에게 알려졌다. 12. 내가 이것을 말하노니 너희 각자가 말하기를 나는 바울 편이라고 하고 나는 아볼로 편이라고 하고 나는 게바 편이라고 하고 나는 그리스도 편이라고 하니. 13. 그리스도께서 나누어지시느뇨? 바울이 너희를 위하여서 십자가에 못 박혔느뇨? 혹은 바울의 이름으로 너희가 세례를 받았느뇨? 14. 내가 그리스보와 가이오 외에는 아무에게도 세례를 베풀지 않은 것을 인하여

서 나의 하나님께 감사하노라. 15. 이는 어느 누구도 나의 이름으로 세례를 받았다고 말하지 못하게 하려 함이다. 16. 그러나 내가 스테파네 집에 세례를 베풀었다. 내가 다른 누구에게 세례를 베풀었는지는 알지 못하노라. 17. 그리스도께서 세례를 베풀라고 나를 보내신 것이 아니라 복음을 전하라고 보내셨다. 그러나 말의 지혜로 하지 아니하였다. 이는 그리스도의 십자가가 헛되지 않게 하고자 함이다.

[본문 해설]

1. 하나님의 뜻을 통하여서 그리스도 예수의 부름 받은 사도 바울과 형제 소스데네는 2. 우리와 그들의 모든 곳에 있어 우리 주 예수 그리스도의 이름을 부르는 모든 자들과 함께 예수 그리스도 안에서 거룩하게 되어 부름 받은 성도들인 고린도에 있는 하나님의 교회에게 문안하노라 3. 우리 아버지 하나님과 주 예수 그리스도로부터 너희에게 은혜와 평강이 있을지어다.

사도 바울은 1절에서 자신을 소개한다. 사도 바울은 부름 받은 일꾼이다. 사도란 보내심을 받은 자라는 뜻이다. 그들은 그리스도께서 보내신 자들이다. 사도의 직무는 하나님의 뜻을 통하여서 구속의 경륜 안에서 복음을 전하는 것이다. 여기에 바울과 함께 소스데네가 소개되고 있다. 그는 바울과 함께 전도하였던 순회 전도자였다. 그는 사도 바울이 고린도 지방을 전도할 때에 그 지방 유대인 공동체의 회당장이었다.(행 18:17) 나중에 소스데네는 바울의 순회 전도 행렬에 가담하여서 바울과 함께 전도자의 사명을 다하였던 인물이다. 바울이 고린도 교회 성도들에게 서신을 보낼 때 소스데네가 언급된 것은 당연하다.

사도 바울은 본문을 통해 이 서신이 고린도 교회에 보내는 것임을 밝히고 있다. 사도 바울은 고린도 교회를 "**하나님의 교회**"(τῇ ἐκκλη σία τοῦ Θεοῦ)라고 부른다. 그리고 "**그리스도 예수 안에서 거룩하게 된 부름 받은 성도**"(ἡγιασμένοις ἐν Χριστῷ Ἰησοῦ, κλητοῖς ἁγίοι ς)라 지칭한다. 헬라어에서 "**거룩하게 된**"(ἡγιασμένοις)이라는 말과 "**성도**"(ἁγίοις)라는 말의 어원이 같다. 성도를 거룩하게 하시는 분은 하나님이시다. 예수 그리스도께서는 성도를 거룩하게 하시는 중보자이시다. 성도들은 항상 수동태로 거룩하게 된 자들이다. 거룩함에 대한 기초는 구주 예수 그리스도이시다. 참된 성도는 오직 성삼위일체 하나님의 크신 은총을 받은 자들이다.

3. 우리 아버지 하나님과 주 예수 그리스도로부터 너희에게 은혜와 평강이 있을찌어다.

사도 바울은 서신의 인사말에 은혜와 평강을 언급한다. 은혜와 평강은 성도들의 삶에 중요하다. 하나님의 은혜는 성도들에게 가장 큰 보배이다. 성도들은 하나님의 은혜를 사모해야 한다. 그 다음이 평강이다. 평강은 성도들이 어려움을 이겨나가게 하는 위로이다. 예수 그리스도를 믿음으로 평강이 찾아온다. 사도 바울은 고린도 교회 성도들에게 하나님께서 은혜와 평강으로 넘치게 부어주시기를 간구한다.

4. 그리스도 예수 안에서 너희에게 주어진 하나님의 은혜 위에 내가 너희에 대하여서 나의 하나님께 감사하노라. 5. 이는 모든 일과 모든 말씀과 모든 지식에 그리스도 안에서 너희가 풍성하기 때문이다. 6. 그와 같이 그리스도의 증거가 너희 안에서 입증하고 있다. 7. 그러므로 은사가 하나도 없는 것과 같은 그러한 결핍이 없이 너희가 우리 주 예수 그리스도의 나타남을 기다리는 자들이다.

사도 바울은 "**그리스도 예수 안에서 너희에게 주어진 하나님의 은혜**"(ἐπὶ τῇ χάριτι τοῦ Θεοῦ τῇ δοθείσῃ ὑμῖν ἐν Χριστῷ Ἰησοῦ)에 감사하다고 말한다. 사도 바울은 하나님의 은혜가 누구를 통하여서 오는가를 가르친다. 우리 구주 예수 그리스도이시다. 예수 그리스도는 하나님의 은혜의 통로이다. 그리스도가 없으면 아무것도 없다. 그 놀라우신 주님이 이 땅에 오셔서 구속 사역을 성취하셨다.

사도 바울은 고린도 전서 1장 5절 이하에서 자신이 "**고린도 교회에 대하여서 하나님께 감사하는 이유를**" 설명한다. 첫째는 그리스도 안에서 고린도 교회 성도들이 모든 말씀의 지식에 풍성하다는 것이다. 우리는 이 말씀을 통하여서 고린도 교회 성도들이 하나님의 말씀에 상당한 수준의 지식을 가지고 있다는 것을 알 수 있다. 그리고 고린도 전서 1장 6절에 사도 바울은 그리스도에 대한 증거가 그들 안에서 증명이 되었다고 말한다. 그렇다고 하면 1장 6절에 "**그리스도에 대한 증거**"(τὸ μαρτύριον τοῦ Χριστοῦ)는 무엇인가?

첫째는 복음 안에서 거룩하게 된 성도들의 신앙이다. 그런데 그 신앙은 모든 말씀과 지식으로 풍성하게 된 것이다. 하나님의 말씀이 없이는 거룩해질 수 없다. 둘째는 그 신앙은 성령의 내밀한 역사를 통하여서 풍성한 열매를 맺는다. 이제 사도 바울은 7절에서 "**너희가 모든 은사에 부족함이 없이 우리 주 예수 그리스도의 나타나심을 기다림이라**"고 하였다. 직역하면 다음과 같다. "**그러므로 은사가 하나도 없는 것과 같은 그러한 결핍이 없게 하고자 너희가 우리 주 예수 그리스도의 나타남을 기다리는 자 들이다.**" 여기에서 은사는 구속의 은사이다.

사도 바울은 하나님께서 고린도 교회 성도들에게 예수 그리스도께서 나타나실 때에 부족함이 없게 하시고자 은사를 충만하게 주시리라고 말한다. 여기에서 예수 그리스도의 나타나실 때는 그리스도께서 다시 오실 때를 의미한다. 예수 그리스도의 재림을 기다리는 신앙은 참된 신앙이다. 우리 주 예수 그리스도께서 이 세상에 오셔야 비로소 세상의 모든 왜곡되고 변질되어 뒤틀린 것들이 제자리를 찾고 회복될 것이다. 이 세상에 소망은 예수 그리스도 뿐이다.

8. 그가 우리 주 예수 그리스도의 날에 너희로 흠 없고 온전하게 되도록 확실하게 할 것이다.

사도 바울은 주님께서 성도들을 주 예수 그리스도의 날에 책망할 것이 없는 자로 온전케 하실 것이라 가르친다. 성도들이 궁극적으로 이루어야 할 목표는 그리스도의 날에 책망할 것이 없도록 하는 것이다. 예수 그리스도께서 다시 오실 그 날은 알 수 없다. 오직 하나님만이 아신다. 그래서 사도 바울은 그날이 도적같이 임할 것이라고 데살로니가전서 5장 1~8절에 증거하였다. 그러나 개인 신자들이 그리스도 앞에 서게 되는 날은 한 세대가 끝나기 전이다. 왜냐하면 각 사람의 삶은 한 세대에 마치게 되기 때문이다.

사도 바울은 데살로니가전서 5장 1~8절에 그 날에 대한 성도들의 자세에 대하여서 자세하게 설명한다. "**1 형제들아 때와 시기에 관하여는 너희에게 쓸 것이 없음은 2 주의 날이 밤에 도적같이 이를 줄을 너희 자신이 자세히 앎이라 3 저희가 평안하다, 안전하다 할 그 때에 잉태된 여자에게 해산 고통이 이름과 같이 멸망이 홀연히 저희에게 이르리니 결단코 피하지 못하리라 4 형제들아 너희는 어두움에 있지 아니하매 그 날이 도적같이 너희에게 임하지 못하리니 5 너희는 다 빛의 아들이요 낮의 아들이라 우리가 밤이나 어두움에 속하지 아니하나니 6 그러므로 우리는 다른 이들과 같이 자지 말고 오직 깨어 근신할지라 7 자는 자들은 밤에 자고 취하는 자들은 밤에 취하되 8 우리는 낮에 속하였으니 근신하여 믿음과 사랑의 흉배를 붙이고 구원의 소망의 투구를 쓰자**"

9. 그 아들 우리 주 예수 그리스도와 교제 하도록 그를 통하여서 너희를 부르신 그 하나님은 신실하시도다.

고린도 전서 1장 9절 본문에서 사도 바울은 "**하나님께서는 미쁘시다**"(πιστὸς ὁ Θεός)고 가르친다. 헬라어로 "**피스토스 호 데오스**"(πιστὸς ὁ Θεός)라 한다. 여기에서 "**미쁘다**"에 해당하는 헬라어 "**피스토스**"(πιστὸς)는 "**미덥다**", "**믿을 만하다**" 그리고 "**신뢰할 만 하다**"라는 의미도 있다. 사도 바울은 하나님께서 만이 성도들이 믿을 만한 오직 한 분이심을 가르친다. 우리 하나님의 미쁘심은 참으로 놀랍다.

사도 바울은 그 미쁘신 주님께서 우리를 그 아들 예수 그리스도와 교제하게 하셨다고 말한다. 이 본문을 직역하면 "**우리 주 예수 그리스도와 교제하도록 부르셨다.**"(ἐκλήθητε εἰς κοινωνίαν τοῦ υἱοῦ αὐτοῦ Ἰησοῦ Χριστοῦ τοῦ κυρίου ἡμῶν)가 된다. 사도 바울은 하나님께서 주 예수 그리스도와 교제하도록 우리를 부르셨다고 말한다. 성도들이 예수 그리스도와 하나 되는 것이 얼마나 중요한가? 사도 바울은 이 본문에서 우리 부르심의 목적이 무엇인가를 말한다. 예수 그리스도와 교제케 함이다. 그리스도와 교제하는 삶이 성도들의 삶의 목적이다. 시편 2편 12절에 시편 기자는 그리스도와의 교제를 다음과 같이 표현하고 있다. "**그 아들에게 입맞추라 그렇지 아니하면 진노하심으로 너희가 길에서 망하리니 그 진노가 급하심이라 여호와를 의지하는 자는 다 복이 있도다**"(כִּמְעַט אַ וּפּאַשְׁרֵי כָּל־חוֹסֵי בוֹ׃ נַשְּׁקוּ־בַר פֶּן־יֶאֱנַף וְתֹאבְדוּ דֶרֶךְ כִּי־יִבְעַר) 시편 기자는 이 본문에서 "**그 아들에게 입맞추는 것**"(נַשְּׁקוּ־בַר)과 "**여호와를 의지하는 것**"(חוֹסֵי בוֹ)을 동일시하고 있다. 그 의미가 평행을 이루고 있다. 그래서 "**그 아들에게 입맞추지 않는 자는 진노하심으로 길에서 망할 것이라**"고 선언한다. 그러나 "**여호와를 의지하는 자는 다 복이 있도다**"(אַשְׁרֵי כָּל־חוֹסֵי בוֹ)라고 말한다. 그래서 "**그 아들에게 입맞추는 것**"과 "**여호와를 의지하는 것**"은 동일한 의미이다. 본문에서 "**여호와를 의지하는 자가 복이라**"고 할 때 "**의지하다**"라는 말이 히브리어로 "**호세**"(חוֹסֵי)라고 하는데 달리 표현하면 "**피난처를 찾다**"라는 의미도 있다. 그것은 하나님께 피난처를 찾는다는 뜻이다. 그것이 역본상 "**의지하다**"로 되었다. 우리 삶의 참된 피난처가 하나님이심을 믿고 그 하나님 안에서 피난처를 찾으려는 자가 복된 자이다. 이것은 "**그 아들에게 입맞추는 것**"을 통하여서 성취되는 데 이것이 곧 그리스도와 연합 교리이다. 예수 그리스도와 믿음으로 하나가 되기 전까지는 어느 누구도 하나님 나라에 들어갈 수 없다. 예수 그리스도와의 연합은 성도의 교제 기초이다. 우리 주 예수 그리스도와 연합되어 있지 않은 자는 참된 성도의 교제가 불가능하다. 사도 바울은 고린도 교회 성도들에게 그리스도와 연합을 사모하지 않으면, 하나님의 진노가 임할 것이라고 가르친다.

10. 형제들아! 우리 주 예수 그리스도를 통하여서 내가 너희들을 권면하노니 이는 너희 모두로 같은 말을 하게 하려 함이다. 그리고 너희 안에 분열이 없고 같은 생각과 같은 뜻으로 맞추게 하려 함이다.

사도 바울은 이제 10절에서 "**형제들아 내가 우리 주 예수 그리스도의 이름으로 너희를 권하노니 다 같은 말을 하고 너희 가운데 분쟁이 없이 같은 마음과 같은 뜻으로 온전히 합하라**"고 권면한다. 첫째, 사도 바울은 같은 말을 하라고 권면한다. 헬라어로 "**같은 말을 하다.**"를 "**토 아우토 레게테**"(τὸ αὐτὸ λέγητε)라고 하는데 그것은 "**동일한 것을 말하라**"라는 뜻도 된다. 이것은 의견의 일치를 의미한다. 무엇보다 성도들 상호간에 조화를 이루는 것이다. 둘째, 사도 바울은 분쟁이 없이 같은 마음과 같은 뜻으로 온전하게 합하라고 권면한다. 헬라어로 "**마음**"과 "**뜻**"이 "**노이**"(νοῒ)와 "**그노메**"(γνώμη)로 되어 있는데, "**노이**"(νοῒ)라는 뜻은 "**지성적 마음**"을 의미한다. 헬라어 "**누스**"(νόυς)로부터 파생된 말이다. 그리고 "**그노메**"(γνώμη)는 "**목적**", "**의향**" 그리고 "**결정**"이라는 의미가 있다. 그렇다고 하면 이것은 지성적 마음의 일치와 함께 그 목적의 일치를 의미한다.

사도 바울은 교회가 무엇을 결정할 때에 하나의 생각으로 조화롭게 동일한 마음으로 일치되게 모든 일들을 결정하라고 권면한다. 성도들 상호간에 마음을 모으는 일이 중요하다. 서로 그리스도 안에서 어떻게 결정하는 것이 하나님의 영광을 위하여 가장 선한가를 살피는 것이다. 각 사람이 자신의 주장을 굽히고 하나님의 뜻에 복종하려고 하는 마음이 중요하다. 모든 성도들은 선하신 하나님께 서로

한 마음을 갖게 해 달라고 기도해야 한다. 사람들이 자신의 이익과 헛된 욕망을 위하여서 다투거나 분쟁을 하면 한 마음을 이룰 수 없다. 하나님의 말씀을 따라서 의견의 일치를 이루어야 선하다. 사적인 욕망을 앞세워서 쓸데없이 고집을 부리는 것은 분열을 조장하는 것이다. 사도 바울은 하나님의 일을 함에 있어서 마음의 일치를 이루고 헛된 고집을 굽히며 겸손한 자세를 가져야 한다고 말한다.

11. 나의 형제들아! 너희에 대하여서 너희 안에 다툼이 있다는 것이 글로에 편에 나에게 알려졌다.

사도 바울은 11절에서 고린도 교회의 분쟁이 있다는 것을 들었다고 말한다. 그것을 알려 준 사람은 "**글로에의 집 편으로부터 온 사람**"(ὑπὸ τῶν Χλόης)이었다. 여기에서 "**글로에**"(Χλόης)는 고린도전서 이 본문에서 한 번 나올 뿐이다. 글로에는 고린도 교회에 유력한 성도였을 것으로 추정된다. 그런데 글로에는 자매였다. 그녀는 사도 바울에게 고린도 교회 형편을 정확하게 알리고자 그의 집 사람 중에 사환을 세워서 서신을 보냈을 것으로 볼 수 있다. 그녀에 대하여서 알 수 있는 것은 고린도 교회를 진정으로 사랑하였던 고린도 교회에 성도였다는 것이다. "**글로에의 집 편으로서**"(ὑπὸ τῶν Χλόης)라고 하는 표현을 통하여 그녀는 어느 정도 재력도 있는 여인이었던 것으로 볼 수 있다. 헬라어 원문을 직역하면 "**글로에 집 사람들로부터**"로 해석이 될 수 있다. 글로에는 집에 일꾼을 들일 정도로 부자였다. 사도 시대에는 드물게 귀족층 여인들이 거룩한 보편 교회의 성도가 되었다. 글로에도 그러한 자들 중에 하나였을 것이다.

12. 내가 이것을 말하노니 너희 각자가 말하기를 나는 바울 편이라고 하고 나는 아볼로 편이라고 하고 나는 게바 편이라고 하고 나는 그리스도 편이라고 하니.

사도 바울은 고린도 교회 안에 바울과 아볼로와 게바의 이름을 빙자하여 각자의 세력을 구축하는 분파들이 있는 것을 지적한다. 그런데 이러한 분파주의자들의 스스로 의롭다하는 자기 의는 항상 부패한 본성으로부터 나온 것이다. 어떤 유력한 인물을 내세워 자신이 그 인물과 연관이 되어 있다는 듯이 자랑한다. 그러한 분파주의자들은 더욱 형제에게 고통을 가중시키고 그들 앞에서 선생 노릇하기 좋아하는 자들이다.

사도 바울과 선지자 아볼로와 사도 게바는 사도 시대 교회에 매우 중요한 위치를 차지하였던 인물들이다. 사도 바울은 고린도 교회에게 서신을 보내는 그 사도이고 아볼로는 사도행전에 나오는 선지자 아볼로이며 게바는 시몬 베드로이다. 그들이 모두 사도 시대 교회의 유력한 인물들이었다. 고린도 교회 신자들 중에 일부가 이렇게 교회 유력한 인물을 중심으로 세력화해서 교회를 분열시키려고 하였다.

사도 바울은 "**나는 그리스도 편이라**" 고 한 세력들에 대하여서도 책망한다. 만약 어떤 교인들이 자신들을 그리스도의 편이라고 말하게 되면 그들 외에 다른 형제들을 그리스도의 반대파로 몰아붙이는 것이다. 그렇게 하면 예수 그리스도의 이름으로 세례를 받았고 사도의 가르침에 따라 한 형제된 자들을 이방인처럼 대하는 것이다. 그래서 그런 자들도 사도 바울의 책망을 피할 수 없었다.

우리는 이 본문을 통해서 거룩한 보편 교회의 하나 됨에 기초가 무엇인지 알 수 있다. 거룩한 보편 교회의 하나 됨에 기초는 교리적 일치와 교회 제도의 일치이다. 여기에서 교리적 일치란 사도의 가르침에 일치하는 거룩한 보편 교회의 공적 선포로서 신조와 신앙 고백을 의미한다. 그리고 그 다음이 교회 제도의 일치이다. 그것은 사도 시대부터 유래된 장로 제도이다. 그래서 교회의 공적 선포로서 신앙 고백과 거룩한 보편 교회 제도로서 장로 제도에 일치성이 있다면 거룩한 보편 교회는 분리될 수 없다. 그러므로 분리를 획책하는 무리들은 분파주의자들이다. 사도 시대에는 사도적 정통 교회의 교리적 일치와 교회 제도의 일치가 있었다. 그러므로 바울파 · 아볼로파 ·

게바파 · 그리스도파라는 것은 불필요하였다.

사도 시대는 사도들의 가르침으로 교리적 일치를 이루었고 사도들이 세운 교회 질서를 따라서 장로 제도 아래에서 하나를 이루었다. 사도 시대에는 사도와 선지자들이 교회의 비범한 기초 직원들로 가장 높은 질서를 이루고 있었다. 그리고 그 질서 아래에 성직자들로서 목사와 교사들이 있었다. 그 질서 아래에 치리 장로와 안수 집사들이 있었다. 이렇게 사도 시대 교회는 사도들의 가르침으로서 하나되어 장로 제도로서 통일성을 유지하였다.

그런데 고린도 교회 안에는 세상적 야망을 가진 분파주의자들이 세력 다툼을 통해 고린도 교회를 분열시켰다. 사도 시대 교회의 유력한 인물을 내세워서 그들을 추종한다고 하면서 거룩한 보편 교회의 분열을 조장하였다. 이 분쟁은 교리적 분쟁이 아니었다. 교회 안에 권력 다툼이었다. 그러므로 사도 시대 고린도 교회의 분열과 지금 현대 교회의 분열은 동일선상에서 놓고 볼 수 없다. 현대 교회는 교리적 일치를 가지고 있지 않기 때문이다. 그렇게 현대 교회의 분열은 교리적 차이를 통한 분리이기에 가장 서글픈 교회의 분열이다.

13. 그리스도께서 나누어지시느뇨? 바울이 너희를 위하여서 십자가에 못 박혔느뇨? 혹은 바울의 이름으로 너희가 세례를 받았느뇨?

사도 바울은 지금 격앙된 어조로 고린도 교회 성도들을 책망하고 있다. "**그리스도께서 어찌 나뉘었느뇨 바울이 너희를 위하여 십자가에 못 박혔으며 바울의 이름으로 너희가 세례를 받았느뇨**" 직역하면 다음과 같다. "**그리스도께서 나누어지시느뇨? 바울이 너희를 위하여서 십자가에 못 박혔느뇨? 혹은 바울의 이름으로 너희가 세례를 받았느뇨**" 사도 바울은 어떻게 그리스도의 교회가 나누어질 수 있는가라고 힐문한다. 교회 안에 교리적 분쟁이 아닌 세력 다툼을 위한 분쟁이 있을 때 그것은 가장 더러운 분쟁이다. 헛된 욕망으로 분쟁하는 것이다. 그리스도의 몸이 나누어질 수 없다. 일치된 신앙 고백과 교회 정치 제도를 가지고 있는 거룩한 보편 교회는 나누어 질 수 없다. 사도 바울은 고린도 교회 일부 세력들이 교회 유력자들의 이름을 내세워 여러 분파로 나누이게 된 상황을 개탄한다. 사도 바울의 권면은 교회의 통일성과 관련하여서 매우 중요한 가르침이다.

사도 바울은 교리적인 논쟁이 없이 세력 다툼으로 갈라져가는 고린도 교회의 저급한 분열에 대하여서 책망한다. 주님의 교회는 갈라질 수 없다. 갈라져서도 안된다. 그러나 고린도 교회는 이유 없이 갈라졌다. 사도 바울은 고린도 교회의 그러한 어리석음을 책망하고 있다. 그런데 이러한 고린도 교회의 분파주의는 후대 분파주의의 전형이 된다. 교회를 갈라가는 분파주의는 항상 한 개인의 영웅적인 신앙을 따라서 기존 교회로부터 갈라진다. 그래서 처음에는 거룩한 보편 교회로부터 분리되어서 독립 교회로 갔다가 세력이 커지면 하나의 교단을 형성하고 기존 교회를 위협한다. 이러한 형태는 참으로 오래된 분파주의 종교 집단들의 행태였다.

역사적으로 그러한 분파주의적 집단들이 여러 갈래로 있었었다. 그러나 간단하게 살펴보면 가장 먼저 사도적 정통 교회로부터 떨어져 나간 분파로서 노스틱주의자들이 있다. 그들은 그리스 철학과 기독교를 적당하게 뒤섞어서 교인들을 미혹하여 세력을 형성하고 정통 교회로부터 떨어져 나갔다. 교리적으로 그들은 혼합주의자들이었다. 그리고 세속주의자들이었다.

그리고 몬타누스주의자들이 있다. 그들은 주후 2세기쯤에 사도들의 계시적 표적 다시 행하겠다고 하여 분파를 형성하였다. 그들은 주후 1세기 사도들의 표적이 계시적 표적이라는 사실을 몰랐다. 사도들의 표적은 사도시대로서 종결되는 거룩한 보편 교회 비상 직원으로서 고유한 권능이었다. 이후 어느 누구도 따라 할 수 없는 표적이다. 그러나 정통 교리에 무지한 몬타누스파는 교회를 갈라 떨어져 나갔다.

주후 3세기쯤에는 도나투스파가 교회 통일성을 거부하고 분파로 치달았다. 그들은 세례를 받고 배교한 자들은 참회하고 교회로 돌아와도 재세례를 받아야 한다고 주장하였다. 이에 대하여서 정통주의자인 성 어서스틴은 한번 받은 세례는 유효하고 그들이 진실로 참회하고 거룩한 보편 교회로 돌아왔다면 그것으로 족하다고 말했다. 어거스틴은 세례의 거룩성은 세례를 베푸는 자의 거룩성도 아니고 세례를 받는 자의 거룩성도 아니고 세례 그 자체의 거룩성도 아니며 구주 예수 그리스도의 거룩성에 기초한다고 증거하였다. 세례를 통한 거룩한 보편 교회의 통일성의 의미를 몰랐던 도나투스파는 분파를 형성해서 정통 교회로부터 갈라졌다.

16세기 종교 개혁 시대에도 재세례의 문제는 다시 수면 위로 떠올랐다. 종교 개혁 세력 내에서 분파주의가 되어 버린 세력이 있었다. 바로 재세례파였다. 그들은 로마 카톨릭 교회로부터 받은 세례를 무효라고 주장하고 자기들만의 회중에 들어오려면 재세례를 받아야 한다고 주장하였다. 종교 개혁자들은 재세례파들을 교회의 통일성을 파괴시키는 분파주의라고 정죄하였다.

14. 내가 그리스보와 가이오 외에는 아무에게도 세례를 베풀지 않은 것을 인하여서 나의 하나님께 감사하노라. 15. 이는 어느 누구도 나의 이름으로 세례를 받았다고 말하지 못하게 하려 함이다. 16. 그러나 내가 스테파네 집에 세례를 베풀었다. 내가 다른 누구에게 세례를 베풀었는지는 알지 못하노라. 17. 그리스도께서 세례를 베풀라고 나를 보내신 것이 아니라 복음을 전하라고 보내셨다. 그러나 말의 지혜로 하지 아니하였다. 이는 그리스도의 십자가가 헛되지 않게 하고자 함이다.

사도 바울은 자신이 그리스보와 가이오 외에 누구에게도 세례를 베풀지 아니한 것을 인하여서 감사하다고 말한다. 왜냐하면 고린도 교회 분파주의자들 중에서 바울 파라고 하는 자들이 바울에게 세례를 받은 것을 자랑할 수 있기 때문이다. 사도 바울은 자신이 스테파네 집에 세례를 베풀었던 것을 고백하고 그 외에 다른 아무에게도 세례를 주었는지 기억이 없다고 말한다.

고린도 전서 1장 17절에서 사도 바울은 자신의 직무의 성격을 고백한다. 그리고 고린도 교회 성도들에게 헛된 생각을 하지 말라 말한다. "**그리스도께서 나를 보내심은 세례를 주게 하려 하심이 아니요 오직 복음을 전케 하려 하심이니 말의 지혜로 하지 아니함은 그리스도의 십자가가 헛되지 않게 하려 함이라**"(고전 1:17) 사도 바울은 사도직의 성격으로 볼 때 세례와 복음 전파 중에서 복음 전파가 더욱 중요하다고 말한다. 세례는 복음 전파를 확증하는 의식에 불과하다. 믿음이 없이 받은 세례는 의미가 없다. 복음을 깨닫고 새롭게 되지 못하는 자의 세례는 무효이다. 믿음으로 받지 않은 세례는 무가치 하다. 참된 세례는 복음을 듣고 믿음으로 받아들이는 세례이다. 세례를 베푸는 사역은 전도자의 중요한 사역이 아니다. 오히려 복음 전파가 말씀을 가르치는 사역이 최고의 직무이다. 사도 바울은 후반부에 "**이 복음의 사역을 말의 지혜로 하지 않았다**"하면서 이는 그리스도의 십자가가 헛되지 않게 하려 함이라 선언한다. 여기에서 "**말의 지혜**"란 어려운 학술적인 말이나 현학적이고 철학적인 언변을 말한다. 사도 바울은 일상의 평범한 언어로 그리스도의 종 된 마음을 가지고 가르쳤다.

제목: 십자가의 도리
본문: 고린도 전서 1장 18~31절

[본 문]

18 십자가의 도가 멸망하는 자들에게는 미련한 것이요 구원을 얻
는 우리에게는 하나님의 능력이라 19 기록된 바 내가 지혜 있는 자
들의 지혜를 멸하고 총명한 자들의 총명을 폐하리라 하였으니 20 지
혜 있는 자가 어디 있느뇨 선비가 어디 있느뇨 이 세대에 변사가 어
디 있느뇨 하나님께서 이 세상의 지혜를 미련케 하신 것이 아니뇨
21 하나님의 지혜에 있어서는 이 세상이 자기 지혜로 하나님을 알지
못하는 고로 하나님께서 전도의 미련한 것으로 믿는 자들을 구원하
시기를 기뻐하셨도다 22 유대인은 표적을 구하고 헬라인은 지혜를
찾으나 23 우리는 십자가에 못 박힌 그리스도를 전하니 유대인에게
는 거리끼는 것이요 이방인에게는 미련한 것이로되 24 오직 부르심
을 입은 자들에게는 유대인이나 헬라인이나 그리스도는 하나님의 능
력이요 하나님의 지혜니라 25 하나님의 미련한 것이 사람보다 지혜
있고 하나님의 약한 것이 사람보다 강하니라 26 형제들아 너희를 부
르심을 보라 육체를 따라 지혜 있는 자가 많지 아니하며 능한 자가
많지 아니하며 문벌 좋은 자가 많지 아니하도다 27 그러나 하나님께
서 세상의 미련한 것들을 택하사 지혜 있는 자들을 부끄럽게 하려
하시고 세상의 약한 것들을 택하사 강한 것들을 부끄럽게 하려 하시
며 28 하나님께서 세상의 천한 것들과 멸시받는 것들과 없는 것들을
택하사 있는 것들을 폐하려 하시나니 29 이는 아무 육체라도 하나님
앞에서 자랑하지 못하게 하려 하심이라 30 너희는 하나님께로부터
나서 그리스도 예수 안에 있고 예수는 하나님께로서 나와서 우리에
게 지혜와 의로움과 거룩함과 구속함이 되셨으니 31 기록된 바 자랑
하는 자는 주 안에서 자랑하라 함과 같게 하려 함이니라

[원문 직역]

18. 십자가의 도리가 멸망당할 자들에게는 하찮은 것일지라도 구원을 얻는 우리에게는 하나님의 능력이다. 19. 기록된 바 "내가 지혜자들의 지혜를 파괴시키고 영리한 자들의 영민함을 제처 버릴 것이다. 20. 지혜자가 어디에 있으며 서기관이 어디 있느냐? 이 시대에 유능한 토론자가 어디에 있느냐? 하나님께서 이 세상의 지혜를 미련하게 만드신 것이 아니냐? 21. 그러므로 이 세상이 하나님의 지혜에 있어서 그들의 지혜로는 하나님을 알지 못한다. 하나님께서 전도의 미련한 것으로 믿는자들을 구원하시기를 기뻐하셨다. 22. 그러므로 유대인들은 표적을 요구하고 헬라인들은 지혜를 추구한다. 23. 그러나 우리는 십자가에 매달리셨던 그리스도를 선포하노니 유대인들에게는 비틀거리에 하는 장매물이고 이방인들에게는 하찮은 것이로되 24. 부름받은 자들에게 유대인이나 헬라인이나 동일하게 그리스도는 하나님의 권능과 하나님의 지혜가 되신다. 25. 하나님에게 우스운 것이 사람의 지혜로운 것보다 더 지혜롭다. 그리고 하나님의 약한 것이 사람의 강한 것보다 더 강하다. 26. 형제들아! 너희가 너희의 부르심을 알고 있다. 즉 육신을 따라서 지혜자가 많지 않고 능력자가 많지 않고 사회적으로 높은 위치에 있는 자가 많지 않다. 27. 그러나 하나님께서는 이 세상의 하찮은 자들을 택하셔서 지혜자들을 부끄럽게 하시고 이 세상에 약한 자들을 택하사 강한 자들을 절망 가운데 빠뜨리신다. 28. 그리고 하나님께서 이 세상에 가치가 없는 자들과 멸시당하는 자들과 없는 자들을 택하사 있는 자들을 폐하신다. 29. 이는 모든 육체로 하나님 앞에서 자랑하지 못하게 하려 하심이라. 30. 그분으로부터 너희는 그리스도 예수 안에 있고 예수 그리스도께서는 하나님으로부터 나와서 너희에게 지혜와 의와 거룩과 자유함이 되셨다. 31. 이는 그와 같이 기록된바 "자랑하는 자는 주 안에서 자랑하라"는 것이다.

[본문 해설]

18. 십자가의 도리가 멸망당할 자들에게는 하찮은 것일지라도 구원을 얻는 우리에게는 하나님의 능력이다.

사도 바울은 십자가의 도리가 멸망당할 자들에게는 하찮은 것일지라도 구원을 얻는 우리에게는 하나님의 능력이라 진술한다. "**십자가의 도리**"를 헬라어로 "**호 로고스 호 투 스타우루**"(ὁ λόγος ὁ τοῦ σταυροῦ)라고 한다. 이는 해석하면 그리스도께서 십자가를 통하여서 가르치신 교리라 할 수 있다. 그리스도께서 몸소 삶으로 가르치신 교리이다. 그리스도께서 십자가에 달리신 것은 하나님의 영원하신 작정 가운데 이루어진 것이다. 그리스도께서 십자가에 죽으신 것 자체가 구속의 교리이다. 사도 바울은 그것을 "**십자가의 도리**"(ὁ λόγος ὁ τοῦ σταυροῦ)라고 말하였다. 이 거룩한 도리는 멸망당할 자들에게는 미련한 것이다. "**미련하다**"라는 뜻이 헬라어로 "**모리아**"(μωριά)이다. 이는 "**미련하다**"라는 뜻 외에도 "**하찮다**", "**우습다**"라는 뜻도 있다. 그 단순하고 순수한 거룩한 도리가 여러 가지 생각이 많은 사람들에게는 미련하게 보이고 하찮아 보이고 우습게 보일 수 있다.

사도 바울은 십자가의 도가 구원을 얻는 우리에게는 하나님의 능력이라고 말한다. 십자가의 도는 단지 지적 유희의 대상이 아니다. 십자가의 도는 이념이 아니다. 십자가의 도는 우리를 사랑하사 우리를 위하여서 죽으셨던 우리 주 예수 그리스도의 진실이 담겨 있는 생명있는 말씀이다. 그리고 거룩한 도리이다. 십자가의 도는 오직 우리 구주 예수 그리스도의 본을 따라서 아버지 하나님께 순종하는 자에게 효력을 발휘한다. 전적으로 타락한 인간을 새롭게 하며 그 부패한 본성을 거룩하게 한다. 십자가의 도는 세상의 어떠한 학문이나 예술이나 도덕으로도 풀 수 없다. 오직 그리스도 안에 있는 신비이다.

사도 바울은 지금 "**구원을 얻는 우리들에게 하나님의 능력이라**"고 소개하고 있다. 헬라어 "**소조메노이스**"(σωζομένοις)는 수동태 분사이다. 그것은 전적으로 하나님의 주권적인 역사이다. 철저하게 수동적이다. 하나님께서 친히 찾아오셔서 우리 가운데 베풀어 주시지 않는 한 받을 수 없다. 사도 바울은 십자가의 도가 하나님의 구원의 능력이라고 말한다. 십자가의 도는 신자들이 부지런히 살펴야 할 매우 신비로운 도리이다.

19. 기록된 바 "내가 지혜자들의 지혜를 파괴시키고 영리한 자들의 영민함을 제처 버릴 것이다. 20. 지혜자가 어디에 있으며 서기관이 어디있느냐? 이 시대에 유능한 토론자가 어디에 있느냐? 하나님께서 이 세상의 지혜를 미련한 것으로 만드신 것이 아니냐?

사도 바울은 십자가의 도리는 매우 단순한 것 같으나 그 권능이 세상의 어떠한 지혜와 총명보다도 탁월하다 증거한다. 그 십자가의 도는 이 세상의 지혜를 그리고 이 세상의 총명을 다 폐하여 버린다. 사도 바울은 20절에서 "**지혜자가 어디 있으며 서기관이 어디 있느냐?**"고 하면서 "**이 시대에 유능한 논쟁자가 어디 있느냐?**"고 하신다. 그리고 이어서 하나님께서 이 세상의 지혜자를 무능하게 만들었다고 말한다. 헬라어 "**에모라넨**"(ἐμώρανεν)이란 "**미련하게 만들다**"라는 뜻 외에도 "**저능하게 만들었다**"라는 뜻도 있다. 하나님 앞에서 세상의 지혜라는 것들이 얼마나 쓸모없는가를 알 수 있다. 본문은 이사야 29장 14절을 인용하였다. "**그러므로 내가 이 백성 중에 기이한 일 곧 기이하고 가장 기이한 일을 다시 행하리니 그들 중의 지혜자의 지혜가 없어지고 명철자의 총명이 가리워지리라**"(사 29:14) 사도 바울은 이사야서의 이 본문을 해석적으로 인용하면서 하나님께서 이 세대의 모든 지혜를 다 어둡게 하셨다 말한다.

21. 그러므로 이 세상이 하나님의 지혜에 있어서 그들의 지혜로는 하나님을 알지 못한다. 하나님께서 전도의 미련한 것으로 믿는자들을 구원하시기를 기뻐하셨다.

사도 바울은 하나님의 지혜로 만 알 수 있는 그 하나님을 이 세상의 지혜로는 알지 못한다 말한다. 이 세상의 지혜는 하나님을 알지 못한다. 이 세상 지혜는 보이지 않는 영원한 지혜를 볼 수 없다. 이 세상의 지혜는 이 세상에 살아 있을 때까지만 유효하다. 그 지혜는 하나님의 나라에 이르게 하지 못한다. 그 만큼 이 세상에 속한 지혜는 이 세상의 한계에 갇혀 있다. 그래서 사도 바울은 하나님께서 전도의 미련한 것을 통하여서 믿는 자들을 구원하시기를 기뻐하셨다고 말한다. 헬라어 **"전도"**에 해당하는 **"케리그마토스"**(κηρύγματος)란 **"선포하다"**라는 의미도 있다. 사도 바울은 다양한 미사여구나 늘어놓는 것으로 사람을 구원에 이르게 할 수 없다고 말한다. 전도란 하나님께 미련한 것이다. 그러나 하나님께서는 그렇게 전도의 미련한 것으로 하나님 나라의 구원의 도리를 드러내신다. 이 세상의 지혜와 하나님의 미련한 것은 서로 비교할 수 없다. 왜냐하면 하나님의 미련한 것이 세상의 지혜보다 지혜롭기 때문이다. 하나님께서 인간들의 비천한 상태를 아시기에 전도라는 미련한 방도로 구원의 도리를 알리셨다. 만약 하나님께서 인간이 이해할 수 없는 언어로 말씀하시면, 인간은 아무것도 모른다. 하나님은 인생과 대화하시고자 스스로 낮아지셔서 전도의 미련한 것으로 구원의 도리를 전하셨다. 전도는 진실을 전하는 것이다. 학식있는 자들만이 할 수 있는 것은 아니다. 오직 믿음으로 그리스도를 전하는 것이 전도이다. 그리고 무엇보다 신자들의 거룩한 삶이 가장 중요하다. 전도하는 대상에게 그 진실성을 드러내야 한다.

22. 그러므로 유대인들은 표적을 요구하고 헬라인들은 지혜를 추구한다. 23. 그러나 우리는 십자가에 매달리셨던 그리스도를 선포하노니 유대인들에게는 비틀거리에 하는 장매물이고 이방인들에게는 하찮은 것이로되 24. 부름받은 자들에게 유대인이나 헬라인이나 동일하게 그리스도는 하나님의 권능과 하나님의 지혜가 되신다.

사도 바울은 유대인들의 신앙을 표적을 구하는 신앙이라 말한다. 그것을 이적적 신앙이라 부른다. 이적만을 따라가는 신앙이다. 신비한 현상이나 알 수 없는 이적에 따라 그들의 신앙은 흔들린다. 그들의 신앙은 이적만을 따라가는 신비주의적인 신앙이다. 그런데 그들의 신앙은 구원에 이르는 신앙이 아니다. 사도 시대에 유대 사회는 신비주의를 추구하는 종교들이 성행하였다.

사도 바울은 이제 헬라인들의 신앙을 말한다. 헬라인들은 지혜를 찾는다. 그들의 신앙은 지적 신앙이다. 헬라인들은 그들 조상들의 그리스 신화에 의구심을 가지고 있었고 그 의구심으로 철학을 시작하였다. 그들은 그리스 신화를 추상적으로 이론적으로 합리화 하면 진리의 실체가 드러나리라 생각하였다. 그래서 그들은 지혜를 추구하였다. 그러므로 그들은 신화를 추상적으로 이론화 하였고 신과 거리를 두었다. 그래서 그들은 기독교도 그렇게 추상적으로 분석하였다. 그리고 그들은 기독교가 별로 심오하지 않다고 결론을 내렸다. 헬라인들은 그리스도께서 십자가에서 우리 죄를 위하여서 죽으시고 부활하셨다는 교리와 그 예수 믿음으로 구원을 받는다는 교리를 심오하지 않다고 본 것이다. 추상적인 지식과 지혜를 추구하였던 헬라인들은 구주 예수 그리스도의 단순한 복음을 미련한 것으로 보았다. 그들은 철학화된 신을 마음에 가지고 있었기에 일상 가운데 그 백성과 동행하시는 살아계신 하나님에 대한 교리에 낯설어 하였다. 헬라인들에게 신은 추상화해야할 대상일 뿐이다. 헬라인들에게 신은 더 이상 인류의 삶에 찾아와서 인류를 구원하여 주시는 인격적인 신이 아니었다. 그들은 비인격적인 신을 추구하였다. 그렇게 그들은 지적 신앙을 추구하였다. 그들의 신앙은 생명을 구원하는 신앙이 아니었다. 헬라인들의 신앙은 이성이었다. 그렇게 헬라인들은 사색적이고 철학적인 마음을 가지고 종교를 추상화 하였다. 그들은 모든 종교를 철학으로 헤아리고 판단하려고 하였다. 그러나 이스라엘의 하나님은 신자들의 삶 한 가운데 찾아오시는 구체적이고 생명이 충만하신 하나님이시다. 그리스의 신들처럼 추상적이고 논리적인 단지 개념이 아니다. 우리의 삶을 날마다 이끌어 주시는 매우 구체적이고 인격적이신 하나님이시다. 우리와 담화하시고 우리와 교제하시며 우리를 사랑하셔서 우리와 교통하는 하나님이시다. 그러므로 참된 기독교 신앙은 이적적 신앙도 아니지만 신을 추상화하고 비인격적 신을 추구하는 그러한 지적 신앙도 아니나. 오직 살아 계셔서 신자들의 삶 가운데 찾아오시는 생명이 충만하신 하나님이시다.

사도 바울은 고린도 전서 1장 23절과 24절에서 "**23 우리는 십자가에 못 박힌 그리스도를 전하니 유대인에게는 거리끼는 것이요 이방인에게는 미련한 것이로되 24 오직 부르심을 입은 자들에게는 유대인이나 헬라인이나 그리스도는 하나님의 능력이요 하나님의 지혜니라**"고 하였다. 직역하면 다음과 같다. "**23. 그러나 우리는 십자가에 매달리셨던 그리스도를 선포하노니 유대인들에게는 비틀거리에 하는 장매물이고 이방인들에게는 하찮은 것이로되 24. 부름받은 자들에게 유대인이나 헬라인이나 동일하게 그리스도는 하나님의 권능과 하나님의 지혜가 되신다.**" 사도 바울은 십자가의 도가 유대인에게는 비틀거리게 하는 장애물이라 말한다. 그리스도교는 유대인들과 함께 해온 구약의 경륜을 끝내는 종교가 되었기 때문이다. 이방인들에게 십자가의 도는 하찮게 보인다. 그러나 부르심을 입은 자들에게 그리스도는 하나님의 능력이고 지혜이다. 믿음 안에서 유대인이나 헬라인 모두에게 구주 예수 그리스도는 하나님의 능력과 지혜이시다. 주님께서 이 땅에 오셔서 죽으시고 부활하신 사건은 신비하다. 이 부활의 교리는 묵상하면 할수록 은혜이다. 십자가에 못 박히신 그리스도는 이 땅에 오신 하나님의 독생자이시다. 그는 이 세상에 오셔서 그의 백성들을 위하여서 십자가에서 죽으셨다. 그리스도의 십자가의 도리는 추상적이시거나 이념적이지 않다. 구체적이고 실재적이다.

25. 하나님에게 우스운 것이 사람의 지혜로운 것보다 더 지혜롭다. 그리고 하나님의 약한 것이 사람의 강한 것보다 더 강하다. 26. 형제들아! 너희가 너희의 부르심을 알고 있다. 즉 육신을 따라서 지혜자가 많지 않고 능력자가 많지 않고 사회적으로 높은 위치에 있는 자가 많지 않다. 27. 그러나 하나님께서는 이 세상의 하찮은 자들을 택하셔서 지혜자들을 부끄럽게 하시고 이 세상에 약한 자들을 택하사 강한

자들을 절망 가운데 빠뜨리신다. 28. 그리고 하나님께서 이 세상에 가치가 없는 자들과 멸시당하는 자들과 없는 자들을 택하사 있는 자들을 폐하신다. 29. 이는 모든 육체로 하나님 앞에서 자랑하지 못하게 하려 하심이라.

사도 바울은 하나님의 미련한 것이 사람보다 지혜롭고 하나님의 약한 것이 사람 보다 강하다고 말한다. 사도 바울은 하나님께서 최고의 지혜와 강력이라고 말한다. 사도 바울은 고린도 교회 신자들의 형편을 설명한다. 그것은 "**육체를 따라 지혜 있는 자가 많지 아니하며 능한 자가 많지 아니하며 문별 좋은 자가 많지 아니하다**"는 것이다. 고린도 교회는 외적 조건에서 그 시대에 로마 제국의 보편적인 기준에 턱없이 모자란다. 탁월한 자도 별로 없었고 재능을 가진 자도 거의 없고 좋은 위치에 있는 자도 많지 않았다. 그러나 사도 바울은 27절에서 "**하나님께서 세상의 미련한 것들을 택하사 지혜 있는 자들을 부끄럽게 하려 하시고 세상의 약한 것들을 택하사 강한 것들을 부끄럽게 하려 하신다.**"고 설명한다. 하나님께서는 이 세상의 기준으로 보면 하찮은 자들을 택하셔서 지혜자를 부끄럽게 하신다. 별로 가문이 귀족 가문이 아니고 별로 높은 교육을 받지 않은 평범한 자들을 선택하셔서 세상에 유력자들을 부끄럽게 하신다. 사도 바울은 세상의 강한 자들이 그리스도 안에 있는 약한 자들이나 비천한 자들을 통하여 부끄럽게 되리라 가르친다. 이것이 하나님의 뜻이다. 하나님께서 그의 뜻을 따라서 항상 세상에 약한 자들을 택하사 이 세상에서 강하다고 하는 자들을 부끄럽게 하신다. 그렇게 함으로서 하나님의 권능이 얼마나 놀라우신가를 드러내신다.

30. 그분으로부터 너희는 그리스도 예수 안에 있고 예수 그리스도께서는 하나님으로부터 나와서 너희에게 지혜와 의와 거룩과 자유함이 되셨다. 31. 이는 그와 같이 기록된바 "자랑하는 자는 주 안에서 자랑하라"는 것이다.

사도 바울은 고린도 전서 1장 30절에서 "**너희는 하나님께로부터 나서 그리스도 예수 안에 있고 예수는 하나님께로서 나와서 우리에게 지혜와 의로움과 거룩함과 구속함이 되셨다.**"라고 말한다. 사도 바울은 성도들이 하나님께로부터 나와서 그리스도 예수 안에 있다고 말한다. 예수는 하나님께로 나와서 성도들에게 지혜와 의로움과 거룩함과 구속함이 되셨다고 말한다. 이것은 매우 놀랍다. 성도들도 하나님으로부터 나왔고 예수 그리스도께서도 하나님으로부터 나왔다고 한다. 헬라어를 살펴보면 좀더 분명하다. 헬라어의 표현은 "**신자들은 하나님께서 창조하셔서 나왔다**"는 뜻으로 해석이 된다. 그리고 "**예수는 하나님으로부터 오신 분**"이라는 뜻으로 해석이 된다. "**너희는 하나님께로부터 나서**"라고 할 때 "**하나님께로부터 나서**"에 해당하는 "**엑스 아우투**"(ἐξ αὐτοῦ)란 "**그로부터 나왔다**"는 뜻인데 "**그로부터 피조되었다**"는 뜻이다. 그것은 로마서 11장 36절에서 "**만물이 그로부터 나오고**"(ἐξ αὐτοῦ τὰ πάντα)할 때 그 "**나오다**"라는 뜻과 같다. 그것은 창조주로부터 피조된 존재라는 것이다. 그러므로 로마서 11장 36절의 만물이 그로부터 나왔다는 것은 그로부터 피조되었음을 의미한다. 그러나 "**예수는 하나님께로서 나와서**"(ὃς ἀπὸ Θεοῦ)할 때 "**나와서**"는 "**아포**"(ἀπο)로 되어 있다. 헬라어 "**아포**"(ἀπο)는 "**~누가 ~누구로부터 나오다**"라는 의미가 된다. 그것은 하늘 위에 계셨던 성자 하나님께서 성부로부터 나와서 이 땅에 성도들에게 지혜와 의로움과 거룩함과 구속함이 되셨다는 뜻이다. 그리스도께서는 우리를 구원하시고자 하늘 보좌를 잠시 내려놓으시고 비천한 인간이 되셨다. 그가 잠시 동안 천사 동안 못하시다가 다시 하늘에 오르셨다. 그는 예수 그리스도이시다.

사도 바울은 고린도 전서 1장 31절에서 "**기록된 바 자랑하는 자는 주 안에서 자랑하라 함과 같게 하려 함이니라**"(ἵνα καθὼς γέγραπται ὁ καυχώμενος ἐν κυρίῳ καυχάσθω)고 설명한다. "**23 여호와께서 이같이 말씀하시되 지혜로운 자는 그 지혜를 자랑치 말라 용사는 그 용맹을 자랑치 말라 부자는 그 부함을 자랑치 말라 24 자랑하는**

자는 이것으로 자랑할지니 곧 명철하여 나를 아는 것과 나 여호와는 인애와 공평과 정직을 땅에 행하는 자인 줄 깨닫는 것이라 나는 이 일을 기뻐하노라 여호와의 말이니라"(렘 9:23~24) 선지자 예레미야는 이 세상에 헛된 것을 의지하는 자들에게 강하게 책망하고 있다. 그리고 24절에서 참된 신자들이 자랑해야 할 것을 말한다. 그것은 명철하여 하나님을 아는 것과 여호와께서 인애와 공평과 정직을 땅에 행하시는 분이심을 깨닫는 것이다. 주님께서 이 일을 기뻐하신다. 사도 바울은 이러한 예레미야 선지자의 가르침을 따라 하나님께서 이 세상의 지혜와 총명을 폐하셨다고 말한다.

제목: 우리가 그리스도의 마음을 가졌다
본문: 고린도 전서 2장 1~16절

[본 문]

1 형제들아 내가 너희에게 나아가 하나님의 증거를 전할 때에 말
과 지혜의 아름다운 것으로 아니하였나니 2 내가 너희 중에서 예수
그리스도와 그의 십자가에 못 박히신 것 외에는 아무것도 알지 아니
하기로 작정하였음이라 3 내가 너희 가운데 거할 때에 약하며 두려
워하며 심히 떨었노라 4 내 말과 내 전도함이 지혜의 권하는 말로
하지 아니하고 다만 성령의 나타남과 능력으로 하여 5 너희 믿음이
사람의 지혜에 있지 아니하고 다만 하나님의 능력에 있게 하려 하였
노라 6 그러나 우리가 온전한 자들 중에서 지혜를 말하노니 이는 이
세상의 지혜가 아니요 또 이 세상의 없어질 관원의 지혜도 아니요 7
오직 비밀한 가운데 있는 하나님의 지혜를 말하는 것이니 곧 감취었
던 것인데 하나님이 우리의 영광을 위하사 만세 전에 미리 정하신
것이라 8 이 지혜는 이 세대의 관원이 하나도 알지 못하였나니 만일
알았더면 영광의 주를 십자가에 못 박지 아니하였으리라 9 기록된
바 하나님이 자기를 사랑하는 자들을 위하여 예비하신 모든 것은 눈
으로 보지 못하고 귀로도 듣지 못하고 사람의 마음으로도 생각지 못
하였다 함과 같으니라 10 오직 하나님이 성령으로 이것을 우리에게
보이셨으니 성령은 모든 것 곧 하나님의 깊은 것이라도 통달하시느
니라 11 사람의 사정을 사람의 속에 있는 영 외에는 누가 알리요 이
와 같이 하나님의 사정도 하나님의 영 외에는 아무도 알지 못하느니
라 12 우리가 세상의 영을 받지 아니하고 오직 하나님께로 온 영을
받았으니 이는 우리로 하여금 하나님께서 우리에게 은혜로 주신 것
들을 알게 하려 하심이라 13 우리가 이것을 말하거니와 사람의 지혜
의 가르친 말로 아니하고 오직 성령의 가르치신 것으로 하니 신령한
일은 신령한 것으로 분별하느니라 14 육에 속한 사람은 하나님의 성
령의 일을 받지 아니하나니 저희에게는 미련하게 보임이요 또 깨닫

지도 못하나니 이런 일은 영적으로라야 분변함이니라 15 신령한 자는 모든 것을 판단하나 자기는 아무에게도 판단을 받지 아니하느니라 16 누가 주의 마음을 알아서 주를 가르치겠느냐 그러나 우리가 그리스도의 마음을 가졌느니라

[원문 직역]

1. 형제들아! 내가 너희에게 나아갈 때 말과 지혜의 탁월함으로 하
나님의 비밀을 너희에게 전하려고 나아가지 않았다. 2. 내가 그리스도
예수와 그가 십자가에 달리신 것 외에 너희 안에서 어떤 것도 알기를
판단하지 않았다. 3. 내가 너희에게 나아갈 때 약하고 두렵고 떨림으
로 나아갔다. 4. 나의 말과 나의 선포가 지혜의 말로 설득함으로서가
아니라 성령과 능력의 나타나심으로 된 것이다. 5. 이는 너희의 믿음
이 사람의 지혜안에 있지 않고 하나님의 능력 안에 있게 하려함이다.
6. 우리가 온전케된 자들 안에 지혜를 말한다. 그러나 그것은 사라질
이 세대의 지혜나 이 세상의 관원의 지혜가 아니다. 7. 그러나 우리
는 감추어진 비밀 안에 있는 하나님의 지혜를 말한다. 그것은 창세전
에 하나님께서 우리의 영광을 위하셔서 예정하신 것이다. 8. 이 세상
관원의 어느 누구도 이것을 알지 못하였다. 만약 알았다면, 영광의 주
님을 십자가에 못 박지 않았을 것이다. 9. 그러나 그와같이 기록된
바 눈은 있으나 보지 못하고 귀는 있으나 듣지 못한다. 그리고 사람
의 마음에는 그것이 받아들여지지 않는다. 하나님께서 그것을 하나님
을 사랑하는 자들을 위해 준비하셨다. 10. 그리고 하나님께서 우리에
게 성령을 통하여서 계시하셨다. 성령은 하나님의 깊은 것까지 아신
다. 11. 만약 사람 안에 있는 사람의 영 외에 누가 그 사람에게 있는
그 사람의 것을 알리요. 그와 같이 하나님의 것도 하나님의 성령이
아니면 어느 누구도 알 수 없다. 12. 그러나 우리는 세상의 영을 받
지 않고 하나님으로부터 성령을 받았다. 이는 하나님에 의하여서 우
리에게 주신 것을 알게 하시고자 함이다. 13. 우리는 지혜의 말로인
한 사람의 가르침으로서가 아니라 성령의 가르침으로 말한다. 신령한

것은 신령한 것으로 분별할 수 있기 때문이다. 14. 육신에 속한 사람은 하나님의 성령의 일들을 받지 않았다. 그런 사람에게는 어리석음이 있고 진리를 알 수 있는 능력이 없다. 이는 신령한 것으로서 만 분별이 되기 때문이다. 15. 신령한 자는 모든 것을 분별하나 그 자신은 어느 누구로부터 판단받지 않는다. 16. 누가 주의 마음을 알았느뇨? 누가 그의 모사가 되었느뇨? 우리가 그리스도의 마음을 가지고 있다.

[본문 해설]

1. 형제들아! 내가 너희에게 나아갈 때 말과 지혜의 탁월함으로 하나님의 비밀을 너희에게 전하려고 나아가지 않았다. 2. 내가 그리스도 예수와 그가 십자가에 달리신 것외에 너희 안에서 어떤 것도 알기를 판단하지 않았다.

여기에서 "**말과 지혜의 탁월함**"이란 그 당시에 유행하였던 수사학을 의미한다. 여기에서 수사학이란 다른 사람에게 자신의 의사를 표현하기 위하여서 다양한 미사여구를 통하여서 의사 표시를 하는 학문이다.

사도 시대는 그리스 문명이 최고조로 발달하였다. 옛 그리스 문화가 헬라 제국을 통하여서 전수되었을 뿐만 아니라 로마 제국에 의하여 더욱 발전하였다. 그렇게 고대 그리스와 로마 문명이 최고조로 발달하였던 시기에 살고 있었던 로마 제국 내에 사람들은 철학적 사고를 좋아하였다. 매우 논리적이고 학문적이었다. 그러나 사도 바울은 고린도 교회 신자들을 그러한 철학적 혹은 사변적으로 가르치지 않았다고 말한다. 하나님의 비밀은 철학적 사변적 활동으로 깨달아 알 수 있는 것이 아니다. 사도 바울은 고린도 교회 성도들에게 예수 그리스도와 그의 십자가에 못 박히신 것 외에 어떤 것도 자랑하지 않았다고 말한다.

3. 내가 너희에게 나아갈 때 약하고 두렵고 떨림으로 나아갔다. 4. 나의 말과 나의 선포가 지혜의 말로 설득함으로서가 아니라 성령과 능력의 나타나심으로 된 것이다. 5. 이는 너희의 믿음이 사람의 지혜 안에 있지 않고 하나님의 능력 안에 있게 하려함이다.

사도 바울은 복음 전파의 사역에 스스로 약하고 두렵고 떨림으로 임하였다고 고백한다. 이것이 전도자의 자세이다. 하나님의 복음이 소중하기에 그 복음을 받아야 할 사람에게 겸손해야 한다. 사도 바울은 복음 전도를 설득력 있는 언변이나 화려한 말솜씨로 하지 않았다고 말한다. 화려한 수사들과 말솜씨는 사람들의 마음을 흔들 수는 있으나 하나님 나라로 사람을 이끌지는 못한다. 그러한 수사들과 화려한 언변은 하나님 나라를 생각하게는 하지만 하나님 나라로 향하도록 하지 못한다. 사람의 지혜와 말로는 하나님 나라를 효과적으로 전파할 수 없다. 그래서 사도 바울은 "**말의 지혜로 설득하지 않고 성령의 능력이 나타나는 것으로 하였다**"(고전 2:4)고 말한다. 사람의 지혜는 세상의 학문에 잘 드러나 있다. 자연 과학이나 문학, 예술 그리고 철학들이 사람의 지혜이다. 이러한 세상 지혜는 이 세상을 살아가는데 필요한 이정표를 제시하지만 하나님 나라의 이정표를 제시하지는 못한다. 하나님 나라의 이정표는 하나님의 말씀으로부터 표시된다. 사도 바울은 인간의 지혜로 말하지 않고 하나님의 말씀으로 말하였다고 진술한다.

6. 우리가 온전케 된 자들 안에 지혜를 말한다. 그러나 그것은 사라질 이 세대의 지혜나 이 세상의 관원의 지혜가 아니다.

사도 바울은 자신이 받은 지혜는 이 세상의 지혜도 이 세상에 없어질 관원의 지혜도 아니라 말한다. 이 세상의 지혜는 오직 보이는 세상에서만 통하는 지식이다. 이 세상의 관원의 지혜도 그러하다. 그래서 이 세상의 지식과 지혜는 사람이 이 세상에 발을 딛고 살아가는 동안에 만 효용 가치가 있다. 이 세상의 스러질 것들을 얻는데 필요하다. 이 세상 지식은 영원한 것을 깨닫게 하는 지식이 아니다. 그래서 성도들은 이 세대의 지혜나 이 세상의 관원의 지혜에 의존하지 말아야 한다. 그렇게 헛된 지혜를 추구하는 것은 참된 신자가 아니다.

7. 그러나 우리는 감추어진 비밀 안에 있는 하나님의 지혜를 말한다. 그것은 창세전에 하나님께서 우리의 영광을 위하셔서 예정하신 것이다.

사도 바울은 하나님의 지혜를 감추어져 있었던 비밀이라고 말한다. 비밀은 아는 자가 적을수록 가치가 있다. 그와 같이 하나님의 지식의 비밀은 아는 자가 적다. 하나님의 지식의 비밀은 인생들의 사고력을 뛰어 넘어서 모든 지혜 위에 있기에 어느 누구도 그것을 감지할 수 없다. 사도 바울은 "**그것은 창세전에 하나님께서 우리의 영광을 위하셔서 예정하신 것이다**"(ἣν προώρισεν ὁ Θεὸς πρὸ τῶν αἰώνων εἰς δόξαν ἡμῶν)라고 가르친다. 그것은 하나님의 영원한 목적에 의하여서 우리에게 주어진 것이다.

8. 이 세상 관원의 어느 누구도 이것을 알지 못하였다. 만약 알았다면, 영광의 주님을 십자가에 못 박지 않았을 것이다.

사도 바울은 말한다. 이 지혜는 이 세대의 관원이 전혀 파악하지도 못하였다는 것이다. "**관원**"이라는 말에 해당하는 헬라어는 "**아르콘톤**"(ἀρχόντων)이다. 이것은 "**뛰어난 자**", "**학식이 많은 자**", "**세상적으로 높은 자**" 그리고 "**잘 나가는 자**"라는 의미도 있다. 이것은 단지 "**관원**"이라는 의미만 있는 것이 아니라 매우 포괄적인 개념이다. 사도 바울은 말하기를 "**만일 알았더면 영광의 주를 십자가에 못 박지 아니하였으리라**"고 하신다. 여기에서 "**알았더면**"이라는 의미는 본질적으로 아는 것을 의미한다. 피상적으로 아는 것을 말하지 않는다. 하나의 사실에 대하여서 본질적으로 알려면 순종이 수반이 되어야 한다. 순종하지 않는 신앙은 하나님의 비밀을 알 수 없다. 진리의 체계를 알고 있다고 해도 그 진리 따라 살아가려고 하는 마음이 없다면 그는 진리를 알고 있는 자가 아니다.

사도 바울은 진리를 모르는 자들의 무지한 상태가 두 종류라 말한다. 첫째는 생각 없이 열심만 있는 것이다. 사람이 생각이 척박하면 선을 거부하는 정도가 아니라 악에 사로잡힌다. 그러므로 무지한 자들은 하나님 앞에서 양심이 전혀 없는 자들이다. 양심이란 "**의식**"이라는 의미도 있다. 선한 것을 생각할 의식이 없는 사람은 양심도 없다. 그들은 율법에 대하여서 비뚤어진 열심에 사로 잡혀있다. 둘째는 혼돈의 마음 상태로부터 비롯된다. 이러한 자들은 판단력이 없어서 그 어두운 마음으로 자신을 속이며 혼미함 가운데로 빠진다. 이 세상에 속한 지혜가 가지고 있는 심각한 어두움은 하나님이 없다는 것이다.

9. 그러나 그와같이 기록된 바 눈은 있으나 보지 못하고 귀는 있으나 듣지 못한다. 그리고 사람의 마음에는 그것이 받아들여지지 않는다. 하나님께서 그것을 하나님을 사랑하는 자들을 위해 준비하셨다.

사도 바울은 이사야 64장 4절을 인용하고 있다. 그러므로 이사야 본문을 살펴보고 나서 이 본문을 해석하고자 한다. "**주 외에는 자기를 앙망하는 자를 위하여 이런 일을 행한 신을 예로부터 들은 자도 없고 귀로 깨달은 자도 없고 눈으로 본 자도 없었나이다**" (사 64:4) 사도 바울은 "**주 외에는 자기를 앙망하는 자를 위하여 이런 일을 행한 신을**"이라는 표현을 "**하나님이 자기를 사랑하는 자들을 위하여 예비하신 모든 것**"이라고 해석적으로 적용하였다. 구약 이사야서는 "**하나님을 앙망하는 자를 위하여서 하나님께서 이러한 일을 행하신다.**"고 표현했다면 사도 바울은 "**하나님이 자기를 사랑하는 자들을**

위하여서 예비하셨다."고 적용하였다. 이사야서는 "**하나님을 앙망하는 자들**"이란 "**하나님이 사랑하는 자들**"이라고 해석하고 있다. 하나님의 사랑이 먼저 있었기에 하나님을 앙망할 수 있다. 여기에서 우리들은 사도 바울의 놀라운 구약 해석 능력을 알 수 있다. 사도 바울은 이사야서 본문의 참된 주권자는 여호와 하나님이시라고 말하고 있다. 사도 바울은 "**하나님이 자기를 사랑하는 자들을 위하여서 예비하신 모든 것**"을 언급함으로서 이사야서에 대한 가장 정확한 해석을 하고 있다. 사도 바울은 하나님을 사랑하는 자를 위하여서 예비하신 것을 옛적에 누구도 귀로 듣고 깨달은 바도 없고 눈으로 본 바도 없다고 한다. 그것은 하나님께서 사랑하시는 자들을 위하여서만 예비하셨기 때문이다. 그래서 세상적인 눈으로는 보기는 보아도 알지 못하고 듣기는 들어도 깨닫지 못한다.

10. 그리고 하나님께서 우리에게 성령을 통하여서 계시하셨다. 성령은 하나님의 깊은 것까지 아신다.

사도 바울은 "**우리에게 하나님께서 성령을 통하여서 계시하셨다.**"고 하신다. 하나님의 모든 역사는 성령을 통하여서 행하신다. 삼위일체 하나님의 만물에 대한 역사의 방식은 항상 그러하시다. 사도 바울은 구속의 도리를 깨닫게 하여 주시는 것이 하나님의 성령이시라 말한다. 성부 하나님은 삼위일체 하나님의 대표적 위격이시다. 여기에서 "**말씀**"이 직접적으로 언급되지 않았으나 우회적으로 표현되어 있다. 그것이 바로 "**계시하셨다**"라는 동사이다. 하나님께서 성령을 통하여서 우리에게 계시하여 주신 분이 예수 그리스도이시다. 예수 그리스도는 아버지 하나님께서 성령을 통하여서 인류에 보내신 은혜 언약의 중보자이시다. 그 구속에 있어서 성부가 근원이시라면 성자 하나님은 말씀과 지혜가 되신다. 그리고 성령 하나님은 효력과 능력이 되신다. 그러므로 성부 하나님께서 보내신 것은 말씀이시다. 하나님의 말씀을 성령을 통하여서 우리에게 계시하셨다.

삼위일체 하나님의 성도들의 구속의 방식이 창조시에 역사하신 방식과 일치한다. 삼위일체 하나님께서는 항상 그렇게 성부께서 성자 안에서 성령을 통하여서 일하신다. 고린도서 본문이 분명하게 증거하고 있다. "**하나님께서 우리에게 성령을 통하여서 계시하셨다.**"라는 의미는 성부 하나님께서 성자 하나님 안에서 성령을 통하여서 행하시는 모든 역사이다. 이러한 놀라운 삼위일체 하나님의 역사의 방식은 창조와 구속과 종말의 때까지 항상 변함이 없다. 사도 바울은 고린도 전서 1장 10절에서 "**오직 하나님이 성령으로 이것을 우리에게 보이셨으니 성령은 모든 것 곧 하나님의 깊은 것이라도 통달하시느니라**"고 가르친다. 그 중에서 후반부에 "**성령은 하나님의 깊은 것이라도 통달하시느니라**"라고 하셨다. 이것은 하나님의 심오하심이 곧 성령의 심오하심이라는 것이다. 그것은 하나님께서 곧 성령이시라는 것이다. 이것은 분명하게 성령의 신성을 증거하는 구절이다. 성령 하나님이 바로 성부 하나님의 깊은 것도 통달하여 아신다. 그러므로 성부와 성자와 성령은 하나이신 하나님이시다. 그 본질과 실체가 하나이시다. 다만 그 위격이 서로 다르시다. 아버지는 아들에 대하여서 아버지이시고 아들과 성령에 대하여서 신성의 근원이시다. 아들은 아버지에 대하여서 아들이시고 아버지와 성령과 함께 하나이시다. 성령은 아버지와 아들에 대하여서 거룩한 영이시고 아버지와 아들과 함께 하나이시다. 하나님께서 그 자체로서 거룩하신 영이시라는 것을 통하여서 성령의 명칭은 하나님에 대하여서 가장 합당한 성호이다.

11. 만약 사람 안에 있는 사람의 영 외에 누가 그 사람에게 있는 그 사람의 것을 알리요. 그와 같이 하나님의 것도 하나님의 성령이 아니면 어느 누구도 알 수 없다.

사도 바울은 사람을 비유로 하여서 하나님의 영에 대하여서 가르친다. 그것은 "**사람의 사정을 사람의 속에 있는 영 외에는 누가 알**

리요 이와 같이 하나님의 사정도 하나님의 영 외에는 아무도 알지 못하느니라"는 것이다. 우리가 무엇을 사색하고 생각할 때에 그 생각을 아는 자는 그 자신 밖에 없다. 그가 입으로 표현하지 않는 한 어느 누구도 그 사람의 사색을 파악할 수 없다. 왜냐하면 그 사람의 사색은 그 사람의 영혼의 활동이기 때문이다. 사도 바울은 그와 같이 하나님에 대한 것도 하나님의 영 외에는 아무도 알 수 없다고 가르친다.

하나님의 성령께서 비추어주시지 않는 한 신자들은 누구도 하나님에 대하여서 알 수 없다. 우리가 하나님을 믿고 알게 된 것은 전적으로 성령의 역사 덕택이다. 그러한 권능을 행하실 수 있는 분은 성령 하나님뿐이시다. 그와 같이 성령은 그 권능에 있어서 성부 하나님과 동등하시다. 성부 하나님과 함께 모든 지식과 지혜와 작정과 목적과 계획과 예정을 공유하신다. 그것은 성자 하나님도 마찬가지이시다. 성자 하나님께서도 성부 하나님과 모든 지식과 지혜와 작정과 목적과 계획과 예정을 공유하신다. 삼위일체 하나님께서는 이렇게 전 구조적으로 서로 소통하시며 하나로 계신다. 다만 위격의 차이만 있을 뿐이다.

12. **그러나 우리는 세상의 영을 받지 않고 하나님으로부터 성령을 받았다. 이는 하나님에 의하여서 우리에게 주신 것을 알게 하시고자 함이다.**

사도 바울은 이제 "**우리가 세상의 영을 받지 아니하고 오직 하나님께로 온 영을 받았으니**"라고 말한다. 직역하면 "**우리는 세상의 영을 받지 않고 하나님으로부터 성령을 받았다.**"가 된다. 그렇다고 하면 세상의 영은 무엇이고 하나님께로 온 영은 무엇인가? 첫째 세상의 영은 이 세상에 속한 모든 헛된 사상들을 의미한다. 우리가 영의 활동에 대하여서 너무 신비하게 만 생각해서는 안된다. 영의 활동이란 사람이 생각하고 말하고 행동하는 모든 것이다. 세상의 영이란 세상적인 생각에 매여 있는 것을 의미한다. 하나님의 성령을 받지 못하면 세상의 영에 매여서 평생을 그 노예로 살다가 죽는다. 신자는 구주 예수 그리스도를 믿음으로 아직도 남아 있을 세상의 영의 활동을 제거해야 한다. 세상의 영의 활동은 육신의 욕망과 헛된 공명심이다. 그러한 세상에 속한 헛된 욕망이나 자랑은 결국 멸망에 이르게 한다.

사도 바울은 "**우리가 세상의 영을 받지 아니하고 오직 하나님께로 온 영을 받았다.**"(고전 1:12)라고 가르친다. 여기에서 후반부를 직역하면 "**우리는 하나님으로부터 성령을 받았다.**"가 된다. 구속 받은 성도들은 하나님으로부터 성령을 선물로 받았다. 그래서 다시는 이 세상에 속한 종의 영에 지배를 받지 않는다. 그리고 하나님의 성령의 다스림을 받게 된다. 사도 바울은 성령을 선물로 받은 참된 신자들은 "**하나님께서 우리에게 은혜로 주신 것들을 알게 되어있다.**"고 가르친다. 왜냐하면 하나님께서 신자들에게 성령을 주신 목적이 거기에 있기 때문이다. 그래서 사도 바울은 "**이는 우리로 하여금 하나님께서 우리에게 은혜로 주신 것들을 알게 하려 하심이라**"고 언급한 것이다. 하나님께서 신자들에게 성령을 주신 것은 하나님의 구속의 경륜과 그의 뜻과 계획을 깨달아 하나님을 기쁘시게 하는 자로 이끄시고자 하심이다. 그렇다고 하면 "**하나님께서 우리에게 은혜로 주신 것들**"이란 무엇인가? 그것은 구속의 은혜이다. 다만 구속의 은혜뿐만이 아니다. 구속의 은혜와 함께 우리에게 속한 모든 것들이 하나님의 은혜임을 깨닫게 하여 주시는 것이다. 신자가 자신의 구속을 깨닫고 항상 감사하는 것은 중요한 삶의 자세이다. 감사를 모르는 자는 중생의 도리를 아직도 모르는 자이다. 하나님의 은혜는 특별은총만을 감사할 것이 아니다. 일반 은총까지도 감사해야한다. 우리 하나님께서 우리에게 주시는 은혜가 매우 크다. 그 은혜에 감사해야 한다. 우리의 삶 가운데 하나님께서 주시는 은혜에 감사할 줄 아는 것이 참된 신앙이다.

13. 우리는 지혜의 말로인한 사람의 가르침으로서가 아니라 성령의 가르침으로 발한다. 신령한 것은 신령한 것으로 분별할 수 있기 때문이다.

사도 바울은 십자가의 도는 사람의 지혜의 말로 분별할 수 없다고 가르친다. 그것은 성령으로 가르침을 받아야 한다. 성령은 신자들의 참된 선생이시다. 그리고 우리의 보혜사이시다. 보혜사란 위로자란 뜻도 있다. 성령께서는 우리의 삶의 모든 고난과 환란과 고통 가운데서도 우리 안에 함께 거하셔서 우리를 위로하시며 인도하셔 더욱 더 거룩한 삶으로 이끌어 주신다. 성령의 가르침을 받으려면, 신자들은 거룩하신 하나님의 존전에 겸손하게 부복하여 진실한 마음으로 진리를 듣고자 해야 한다. 하나님께서는 겸손한 자를 찾으시고 교만한 자를 흩어 버리신다. 하나님 앞에서 겸손의 덕목은 아무리 강조해도 지나치지 않다. 이제 사도 바울은 "**신령한 것은 신령한 것으로 분별할 수 있다.**"(고전 1:13)고 증거한다. 비밀스러운 하나님 나라의 도리는 하나님의 성령께서 만이 가르치실 수 있는 그야말로 비밀이다. 어느 누구도 알 수 없다.

14. 육신에 속한 사람은 하나님의 성령의 일들을 받지 않았다. 그런 사람에게는 어리석음이 있고 진리를 알 수 있는 능력이 없다. 이는 신령한 것으로서 만 분별이 되기 때문이다.

사도 바울은 육에 속한 사람은 하나님의 성령의 일을 받지 못한다고 가르친다.그들은 성령께서 역사하시지 않기 때문에 그리스도의 십자가의 도리가 미련하게 보이고 또 깨닫지도 못한다고 말한다. 사도 바울은 육에 속한 사람을 "**푸쉬키코스 안드로포스**"(ψυχικὸς ἄνθρωπος)라고 말한다. 이것은 "**육신에 속한 자**" 즉 "**중생하지 못한 자**"라는 의미이다. 그래서 그들은 "**하나님의 성령의 일을 받지 못한다.**"(οὐ δέχεται τὰ τοῦ πνεύματος τοῦ Θεοῦ) 사도 바울은 증거하기를

"그에게는 그것이 미련한 것이다."(μωρία γὰρ αὐτῷ ἐστιν)고 말한다. 그들은 하나님의 일이 미련한 것이라고 생각한다. 참으로 비참한 일이다. 원래 자신을 창조하신 창조주를 기억해야 할 인간들이 가장 기본적인 사실을 망각하고 헛되이 분요하게 살아가는 모습이란 참으로 비참하다. 사도 바울은 말하기를 또한 그들은 **"알 수 있는 능력이 없다."**(οὐ δύναται γνῶναι)고 하신다. 전적으로 타락한 무능력한 인간의 부패성에 대한 교리이다. 사도 바울은 분명하게 그러한 헛된 마음으로는 하나님을 알 수 없다고 가르친다.

15. 신령한 자는 모든 것을 분별하나 그 자신은 어느 누구로부터 판단받지 않는다.

사도 바울은 **"신령한 자는 모든 것을 판단하나 자기는 아무에게도 판단을 받지 아니하느니라"**고 하셨다. 전반부의 표현에 대하여서 해석하고자 한다. 사도가 신령한 자가 모든 것을 판단한다는 의미는 이러하다. 하나님의 성령께서 모든 것을 아신다. 그러므로 신령한 자는 어떤 사태에 대하여서 합당한 판단을 할 수 있다는 것이다. 신령한 자는 하나님의 비밀에 대한 건전한 지식을 가지고 있다. **"그 자신은 어느 누구로부터 판단받지 않는다."**(ὑπ οὐδενὸς ἀνακρίνεται)고 한 이유는 무엇인가? 그것은 신령한 자의 신앙의 확실성이 사람의 지배 아래에 있지 않다는 것이다. 사람이 신령한 자를 판단할 수 없다. 그의 신앙의 확실성은 하나님 안에 있다. 신령한 자는 거짓으로부터 진리를 분별하여 세상의 헛된 가르침을 버리며 하나님의 말씀에 순종하려 한다.

사도 바울이 이 본문에서 신자들이 모든 오류로부터 자유롭고 완전하다고 말하지 않는다. 다만 참된 신자들은 참된 진리를 올바르게 깨달아 알 수 있다는 것이다. 참된 믿음이 있는 자들은 모든 신앙적 오류로부터 점차적으로 멀어지게 된다.

16. 누가 주의 마음을 알았느뇨? 누가 그의 모사가 되었느뇨? 우리가 그리스도의 마음을 가지고 있다.

이 본문은 이사야서 40장 13~14절을 해석적으로 인용한 것이다. **"13 누가 여호와의 신을 지도하였으며 그의 모사가 되어 그를 가르쳤으랴 14 그가 누구로 더불어 의논하셨으며 누가 그를 교훈하였으며 그에게 공평의 도로 가르쳤으며 지식을 가르쳤으며 통달의 도를 보여 주었느뇨**"(사 40:13~14) 사도 바울은 본문을 통하여 하나님의 비밀스러운 경륜에 대하여 인간이 얼마나 멀리 있는가를 가르친다. 사도 바울은 후반부 "**우리가 그리스도의 마음을 가지고 있다.**"(νοῦν Χριστοῦ ἔχομεν)고 말하면서 신자들이 그리스도 마음으로 행하여야 할 것을 가르친다. 거룩한 신자들은 그리스도의 마음을 가지고 있다. 그러므로 우리가 이 세상으로부터 배척을 받아도, 핍박을 받아도 우리는 세상을 이길 수 있다. 세상은 우리를 모르지만 우리는 세상을 알기 때문이다.

그리스도교의 실체에 대하여서 세상은 단 한 가지도 제대로 아는 것이 없다. 그러나 우리는 세상의 본질을 알고 이 세상의 멸망을 알고 그리스도의 재림을 알고 삶의 참된 의미들을 안다. 그것은 그리스도의 마음으로부터 온 것이다. 하나님의 성령께서 우리 안에 내주하실 때에 우리에게 그리스도의 마음을 주셨다. 그리스도의 사랑이 우리를 강권하시기에 세상의 어떠한 핍박이나 공격이나 헛된 생각도 우리는 이겨낼 수 있다. 고린도후서 4장 7~10절을 살펴보고 마치려고 한다. "**7 우리가 이 보배를 질그릇에 가졌으니 이는 능력의 심히 큰 것이 하나님께 있고 우리에게 있지 아니함을 알게 하려 함이라 8 우리가 사방으로 우겨쌈을 당하여도 싸이지 아니하며 답답한 일을 당하여도 낙심하지 아니하며 9 핍박을 받아도 버린 바 되지 아니하며 거꾸러뜨림을 당하여도 망하지 아니하고 10 우리가 항상 예수 죽인 것을 몸에 짊어짐은 예수의 생명도 우리 몸에 나타나게 하려 함이라**" 사도 바울은 고린도 후서 본문을 통해서 하나님의 크신 능력으로 성도들이 어떠한 어려움에서도 능히 이기리라고 증거한다. 어떠한 고난 가운데서도 성도들은 그들 안에 예수의 죽으심을 몸에 짊어지고 있기에 예수의 생명도 그들의 몸에서 드러날 것이다.

제목: 너희는 하나님의 밭이요 하나님의 집이다
본문: 고린도 전서 3장 1~9절

[본 문]

1 형제들아 내가 신령한 자들을 대함과 같이 너희에게 말할 수 없
어서 육신에 속한 자 곧 그리스도 안에서 어린아이들을 대함과 같이
하노라 2 내가 너희를 젖으로 먹이고 밥으로 아니하였노니 이는 너
희가 감당치 못하였음이거니와 지금도 못하리라 3 너희가 아직도 육
신에 속한 자로다 너희 가운데 시기와 분쟁이 있으니 어찌 육신에
속하여 사람을 따라 행함이 아니리요 4 어떤 이는 말하되 나는 바울
에게라 하고 다른 이는 나는 아볼로에게라 하니 너희가 사람이 아니
리요 5 그런즉 아볼로는 무엇이며 바울은 무엇이뇨 저희는 주께서
각각 주신 대로 너희로 하여금 믿게 한 사역자들이니라 6 나는 심었
고 아볼로는 물을 주었으되 오직 하나님은 자라나게 하셨나니 7 그
런즉 심는 이나 물 주는 이는 아무것도 아니로되 오직 자라나게 하
시는 하나님뿐이니라 8 심는 이와 물 주는 이가 일반이나 각각 자기
의 일하는 대로 자기의 상을 받으리라 9 우리는 하나님의 동역자들
이요 너희는 하나님의 밭이요 하나님의 집이니라

[원문 직역]

1. 그리고 형제들아, 내가 너희에게 신령한자들에게 하듯이 말할
수 없어서 그리스도 안에 어린 아이나 육신에 속한 자처럼 대하였다.
2. 내가 너희를 우유로 먹이고 빵으로 하지 않았다. 왜나하면 너희가
아직은 감당할 수 없었음이라. 그런데 지금도 여전히 감당할 수 없다.
3. 너희가 여전히 육신에 속한자들이다. 너희 안에 시기가 어디있으며
다툼이 어디로 부터이냐? 너희가 육신에 속하여 사람을 따라 행하는
자가 아니냐? 4. 누가 말할 때, 나는 바울에게 라, 그리고 다른 자는
나는 아볼로에게 라고 하니, 너희가 사람이 아니리요. 5. 그러므로 아
볼로는 누구이고 바울은 누구인가? 그들을 통하여서 너희가 믿었던

그 사역자들이다. 그리고 각각은 주님께서 주신 것이다. 6. 내가 심었고 아볼로는 물을 주었다. 하나님께서 자라게 해 주신다. 7. 그러므로 심는 이도 물주는 이도 아무것도 아니로되 자라게 하시는 하나님 만이 있다. 8. 심는 것과 물주는 것이 하나이다. 그러나 각각은 그 각자의 수고를 따라서 각자의 상을 그 자신들을 위하여서 받을 것이다. 9. 우리는 하나님의 동역자요 너희는 하나님의 밭이요 건축물이다.

[본문 해설]

1. 그리고 형제들아, 내가 너희에게 신령한자들에게 하듯이 말할 수 없어서 그리스도 안에 어린 아이나 육신에 속한 자처럼 대하였다.

사도 바울은 고린도 교회 성도들에게 "**내가 너희에게 신령한자들에게 하듯이 말할 수 없어서 그리스도 안에 어린 아이나 육신에 속한 자처럼 대하였다.**"고 말한다.

여기에서 신령한 자는 성령에 속한 자이다. 성령의 다스림을 받는 자라는 것이다. 사도 바울은 고린도 교회 성도들을 신령한 자에게 대하듯이 할 수 없었다고 말한다. 그래서 "**그리스도 안에 어린 아이나 육신에 속한 자처럼 대하였다**"고 말하신다. 헬라어로 "**호스 사르키노이스 호스 네피오이스 엔 크리스토**"(ὡς σαρκίνοις ὡς νηπίοις ἐν Χριστῷ)라고 되어 있다. "**육신에 속한 자 곧 그리스도 안에서 어린아이**"라고 하였다. 얼핏 보면 그리스도 안에 있는 자 같은 의미일 것 같으나 전혀 그렇지 않다. 사도 바울은 아직 중생의 도리를 깨닫지 못하고 육신의 욕망에 가득차 있는 거짓된 신자들을 말하는 것이다.

이 본문과 비교할 수 있는 본문이 에베소서 4장 14절이다. "**이는 우리가 이제부터 어린아이가 되지 아니하여 사람의 궤술과 간사한 유혹에 빠져 모든 교훈의 풍조에 밀려 요동치 않게 하려 함이라**" 이 본문에서도 "**이제 우리가 어린아이가 되지 아니하여**"가 "**히나 메케티 호멘 네피오이**"(ἵνα μηκέτι ὦμεν νήπιοι)로 되어 있다. 이때에

"**어린아이**"가 "**네피오이**"(νήπιοι)로 되어 있다. 이는 고린도전서 3장 1절의 "**어린아이**"와 같은 단어이다. 이 "**네피오이**"는 상당히 문제가 있는 그리스도인에게 쓰는 말이다. 사도 바울은 "**이제 우리가 어린 아이가 되지 아니하여**"라고 말하면서 "**네피오스**"의 특성을 해설한다. 그들은 "**사람의 궤술과 간사한 유혹에 빠져 모든 교훈의 풍조에 밀려 요동하는 자들**"이다.

첫째 사람의 기교로 된 가르침의 모든 풍조이다. 이러한 것은 감언이설처럼 사람들의 마음에 달라붙는다. 그러한 헛된 욕망을 따라가면 멸망이다. 인간은 어두워서 거짓된 것이 유혹하면 금방 넘어간다. 사도 바울은 헛된 욕망에 가득찬 상태를 "**네피오이**"라고 말한다. 그들은 아직 중생의 도리를 깨닫지 못하고 있다. 둘째는 오류가 가득한 흉계가 있는 속임수로 된 가르침과 모든 풍조이다. 오류가 가득한 속임수의 가르침을 따르는 자들도 "**네피오스**"(νήπιος)이다. 이 "**네피오스**"(νήπιος)는 그리스도 안에서 어린아이를 대하듯이 해야 한다.

2. 내가 너희를 우유로 먹이고 빵으로 하지 않았다. 왜나하면 너희가 아직은 감당할 수 없었음이라. 그런데 지금도 여전히 감당할 수 없다.

사도 바울은 2절에서 "**내가 너희를 젖으로 먹이고 밥으로 아니하였노니 이는 너희가 감당치 못하였음이거니와 지금도 못하리라**"고 한 것이다. 중생하지 않은 신자들에게는 그리스도에 대한 가장 초보적으로 교리가 가르쳐져야 한다. 그들은 세상적인 생각으로 가득차서 신령한 것을 깨닫지 못한다. 사도 바울은 고린도 교회의 "**네피오스**"들에게 "**내가 너희를 젖으로 먹이고 밥으로 아니하였다.**"고 말하였다. 왜냐하면 그들이 감당하지 못하기 때문이다. 그런데 "**지금도 못하리라**"(ουδε ετι νυν δυνασΘε)라고 말한다. 젖과 밥은 모두 하나님의 말씀이다. 그러나 젖과 밥이 다르다. 젖은 가장 기본적인 기독교 교리이다. 그 교리는 그리스도인으로서 걸음마에 해당하는 단계이다. 고린도 교회 안에서는 신앙생활을 오래 하였음에도 네피오스한 상태의 신자들이 있었다. 고린도 교회 신자들 중에 일부가 얼마나 형편없는 신앙을 가지고 있었는가를 알 수 있다.

사도 바울이 세운 교회 중에 고린도 교회는 비교적 다른 교회보다 많은 문제를 안고 있었다. 그런데 놀랍게도 그 교회 덕분에 하나님의 말씀이 분명하게 드러났다. 때로는 교회의 어두움이 진리를 더욱 드러내기도 한다. 하나님께서는 가끔 이렇게 교회의 역사를 이끌어 가신다. 속사도 시대에 분파주의 활동이 더욱 거셌다. 그들은 분파를 형성하여서 정통 교회를 떠났다. 분파주의자들은 자신들 만의 세력을 형성하였고 교회 안에 분란을 일으켰다. 그들은 사도들의 가르침을 소홀히 여겼다. 정통 교리를 따르지 않았다. 잘못된 교리를 가지고 정통 교회를 분란시키고 스스로 정통 교회로부터 떨어져 나갔다. 이들이 분파주의자들이다. 사도 시대 고린도 교회에도 일부 분파주의자들이 이러한 상태에 있었다. 그래서 사도 바울이 서신을 기록하게 되었던 것이다.

3. 너희가 여전히 육신에 속한자들이다. 너희 안에 시기가 어디있으며 다툼이 어디로 부터이냐? 너희가 육신에 속하여 사람을 따라 행하는 자가 아니냐?

사도 바울은 “**너희가 아직도 육신에 속한 자로다**”(ἔτι γὰρ σαρκικοί ἐστε)라고 책망한다. 헬라어 “**사르키코이**”(σαρκικοί)에 해당하는 “**육신에 속하였다**”는 아직 중생하지 않은 상태를 가리킨다. 이 의미는 “**이 세상에 속한**” 혹은 “**세속적인**”이라는 의미도 있다. 고린도교회 신자들 일부가 여전히 중생하지 못한 자로서 육신의 생각에 사로잡혀서 헛된 욕망으로 시기와 분쟁을 하였다. 육신에 속한 사람은 자연적 본성에 지배를 받는다. 그 마음이 하나님의 말씀으로부터 멀다. 오히려 하나님의 말씀을 가볍게 여긴다. 그들은 내재된 부패한 본성을 따라 말하고 행동한다. 그들에게 하나님 말씀이 없다. 그들이 맺는 육신의 열매 중에서 가장 너러운 것이 시기와 분쟁이다. 시기심은 열등감의 표현이다. 열등감은 신자들이 버려야 할 부패한 본성이다. 이러한 부패한 본성을 버리지 못하고 살아가면 남아 있는 선한 성품조차도 열등감으로 잠식당하여 파괴된다. 그러한 상태가 계속되면 열등감이 더 커져서 헤어 나오지 못하게 된다. 분쟁은 헛된 욕망의 표출이다. 사람이 분쟁하는 이유는 헛된 영광을 추구하기 때문이다. 다른 사람보다 자신이 더 낫다고 생각한다. 그래서 이웃을 천시하고 나아가서 그 이웃을 지배하려고 헛되이 권력을 추구한다. 권력 다툼은 가장 큰 죄악이다. 자신의 위치를 지키고 순수하게 하나님을 섬기는 것이 복이다.

4. 누가 말할 때, 나는 바울에게라, 그리고 다른 자는 나는 아볼로에게라고 하니, 너희가 사람이 아니리요.

항상 교회 분파주의자들은 사람을 따라 간다. 교회 역사를 살펴보면 분파주의자들 가운데는 항상 영웅적인 신앙인이 있다. 그 사람을 중심으로 분파가 형성되고 그 영웅적 신앙인을 추종하는 세력이 다른 사람들을 배척시킨다. 그리고 그 분파들은 그 집단을 서열화 시킨다. 그러면 그 집단은 생명력을 잃어버리고 화석화 된다. 고린도 교회도 바울파 아볼로파라 하는 분파들이 교회를 갈랐다. 이러한 바람직하지 못한 현상은 항상 거짓 신자들이 교회 안에 세력을 잡게 될 때에 두드러진다. 분파주의자들은 교회의 영웅적 신앙인을 내세워 자신들의 권력 욕구를 채우기에 급급하다. 사도 바울도 아볼로도 자신들의 헛된 욕망을 추구하는 수단에 불과하다. 사도 바울은 이점을 분명하게 알고 있었다.

사도 바울은 “**어떤 자는 말하되 나는 바울에게라 하고 다른 어떤 자는 말하기를 나는 아볼로에게라 하니 너희가 사람이 아니리요**”(고전 3:4)라고 하였다. 여기에서 “**사람이 아니리요**”라는 표현은 사람다운 사람이 아니라는 것이다. 그것은 하나님의 형상에 부합한 사람이 아니라는 것이다. 사도 바울은 고린도 교회 신자들 중에서 분파를 형성하기를 좋아하는 분파주의자들을 책망한다.

5. 그러므로 아볼로는 누구이고 바울은 누구인가? 그들을 통하여서 너희가 믿었던 그 사역자들이다. 그리고 각각은 주님께서 주신 것이다.

사도 바울은 고린도 교회 성도들에게 유력한 기독교 영웅을 따라가지 말라 권면한다. 기독교 영웅을 따라가서는 않된다. 거룩한 보편 교회 안에 사역자들은 주님께서 신자를 믿음으로 인도하시고자 세운 주님의 수종자들이다. 그들에게 교회의 미래가 있는 것이 아니다. 참된 신자는 하나님의 말씀을 따라 가야 한다.

참된 신자는 바울파라는 분파를 형성하지 않는다. 바울의 가르침을 따라 갈 뿐이다. 그리고 사도 바울의 가르침을 따라가면 바울파를 만들 수 없다. 사도 바울의 가르침이 그것을 정죄하고 있기 때문이다.

고린도 교회 분파주의자들은 사도 바울의 가르침을 따라 가지 않고 자신들의 헛된 욕망을 따라서 사도 바울을 앞세워서 바울파라는 분파를 형성하여서 주님의 몸 된 교회를 분열시켰던 것이다. 사도 바울은 구주가 세우신 사역자이다. 헬라어로 "**사역자**"를 "**디아코노이**"(διάκονοι)라고 한다. 그 뜻은 "**일하는 사람 · 수종드는 자**"이다. 사도들은 구속의 중보자가 아니다. 오직 주님의 종들이다. 사람을 따라가기 좋아하는 자들은 자신들의 종교적 욕망을 채워 줄 대상으로 기독교 영웅들을 따라간다.

6. 내가 심었고 아볼로는 물을 주었다. 하나님께서 자라게 해 주신다. 7. 그러므로 심는 이도 물주는 이도 아무것도 아니로되 자라게 하시는 하나님만이 있다.

사도 바울은 자연 현상을 비유로 삼아 하나님 나라를 설명한다. 농부가 씨를 뿌리고 물을 주지만 그 식물이 자라게 되는 원인은 그 씨앗 안에 식물이 될 모든 요소가 다 있기 때문이다. 하나님의 말씀도 그러하다. 사역자가 말씀을 가르칠 때, 말씀 안에 성도들의 신앙을 자라게 해주는 능력이 있다. 비록 사역자들의 수고가 헛된 일은 아니지만, 그럼에도 불구하고 신자들의 신앙이 성장하는 것은 전적으로 하나님의 권능이다. 사도의 비유는 식물이 자라는 여러 요인들을 알려준다. 첫째, 뿌려지는 씨앗이 중요하다. 둘째로는 토양이 중요하다. 씨앗이 하나님의 말씀이라면 토양은 신자들의 마음이다. 이 두 가지 요소가 좋다면 식물은 풍요로운 열매를 맺을 것이다. 사도 바울은 모든 열매를 하나님께 돌린다. 이것이 사역자가 가져야 할 참된 자세이다. 생명을 자라게 하시는 분은 하나님뿐이시다. 그 하나님의 구속의 역사에 동참하는 동역자로 사역자들은 부름을 받았다. 이 영광된 직분을 맡은 것에 감사해야 한다. 헛된 자랑은 있을 수 없다. 오직 전능하신 하나님께 모든 영광을 돌려드려야 마땅하다.

사도 바울은 7절에서 **"심는 이도 물주는 이도 아무것도 아니로되 자라게 하시는 하나님 만이 있다."**라고 말한다. 하나님 외에 다른 요인들은 항상 하나님의 역사에 종속적이다. 그래서 사도 바울은 **"심는이도 물주는 이도 아무것도 아니라"**(οὔτε ὁ φυτεύων ἐστιν τι οὔτ ε ὁ ποτίζων)고 말한 것이다. 오직 **"자라게 하시는 하나님 만이 있다"**(ὁ αὐξάνων Θεός)고 가르친다. 사도 바울과 같은 자세로 사역을 한다면 그 사역자는 가장 행복한 전도자이다. 성직자들은 이 세상의 밭에서 마땅히 해야 할 일을 한 것으로 감사해야 한다. 거룩한 보편교회의 사역자는 사역의 주체가 아니다. 그 사역의 참된 주체는 성삼위일체 하나님이다. 사도 바울이 고린도 교회 신자들에게 전한 도리는 이것이다. 기독교 영웅을 따라가지 말라. 그리고 하나님의 말씀을 심도있게 깨달아야 한다. 신자들은 그 말씀으로 나아갈 바가 분명히 하고 그 분명한 도리를 따라서 행할 뿐이다. 고린도 교회 분파주의자들은 사람을 앞세워서 분파를 형성하였기에 실패하였다.

8. 심는 것과 물주는 것이 하나이다. 그러나 각각은 그 각자의 수고를 따라서 각자의 상을 그 자신들을 위하여서 받을 것이다. 9. 우리는 하나님의 동역자요 너희는 하나님의 밭이요 건축물이다.

사도 바울은 "**심는 이와 물 주는 이가 일반이다**"(ὁ φυτεύων δὲ καὶ ὁ ποιτίζων ἕν εἰσιν)라고 말한다. 이는 그들의 사역이 서로 연결되어 있을 뿐만 아니라 하나의 목표를 향하고 있기 때문이다. 사역자들은 주님을 섬기는 자들이다. 그들의 사역의 노고는 하나님의 나라를 풍성하게 한다. 참된 사역자들은 헛된 공명심을 버리고 거짓된 자랑을 멀리하고 하나님의 영광을 위하여 그리스도의 종으로 만족하여 헛된 영광을 추구하지 않는다. 그들은 하나님의 말씀으로 신자들을 먹이는 일과 치리하는 일에 충성을 다한다.

사도 바울은 "**자기의 일하는 대로 자기의 상을 받으리라**"(τὸν ἴδιον μισθὸν λήμψεται κατὰ τὸν ἴδιον κόπον)고 하신다. 이것은 무엇을 의미하는가? 사도 바울은 자신들이 하는 일이 하나님을 기쁘시게 하는 것 외에 다른 것이 아니라고 말한다. 참된 사역자들이 기쁨으로 받게 될 하나님 나라의 보상은 하나님 자신이시다. 우리 하나님이 그 사역자의 최고의 보상이다. 구주가 우리의 보상에 더 보배로운 상급은 없다. 예수 그리스도께서 우리의 최고의 상급이시다.

그렇게 하나님 나라의 보상은 이 세상의 보상의 개념과 다르다. 이 세상에서 보상의 개념은 자신의 재능과 능력을 따라 이 세상에서 부귀와 영화를 누리는 것이다. 그리고 그것으로 자기 자랑을 삼는 것이다. 그러나 하나님 나라의 보상은 하나님의 영광을 위한 보상이다. 그것은 하나님의 위로와 긍휼과 자비이다. 신자들은 이미 하나님의 크신 은혜로 보상을 받았다. 하나님 나라의 보상은 이 세상에서 영광이 아니다. 구주가 우리를 위해서 죽으시고 부활하신 것 자체가 이미 하나님 나라의 큰 보상이다. 그래서 신자가 어떠한 일을 하기에 받는 보상이 아니다. 이미 우리에게 넘치도록 부어주신 그 보상에 감사함으로 돌려드리는 형태의 보상이다. 신자가 구주 외에 다른 어떤 영광을 이 땅에서 구하는가? 그것은 어리석은 마음이다. 구주가 우리의 보상이시다. 우리는 그 분으로 만족한다.

사도 바울은 하나님의 이미 상을 받았다. 사도가 받고자 하는 하나님 나라의 보상은 하나님 자신이었다. 하나님께서 잘했다 칭찬하시면 이미 보상을 받은 것이다. 거기에 자기 자랑도 없고 자기 교만도 없다. 오직 그와 함께 하신 하나님의 은혜만이 있다. 사도 바울은 바울파라, 아볼로파라 하여 종교 지도자들의 이름으로 파벌을 형성하는 것이 얼마나 하나님의 영광을 욕되게 하는 것인가를 고린도 교회에게 가르친다. 그리스도를 섬기며 살아가는 그 순간이 이미 영광되다. 그 영광된 직을 수행하는 순간이 하나님 나라의 보상을 받는 순간이다. 성도들도 하나님의 은혜로 하나님의 나라를 이루어 가고 있는 그 순간이 바로 하나님 나라의 보상을 받고 있는 것이다. 그 보상은 하나님 자신이시다.

고린도 전서 3장 9절에서 사도 바울은 "**우리는 하나님의 동역자들이요 너희는 하나님의 밭이요 하나님의 집이니라**"고 말한다. 사도 바울은 "**우리가 주님의 일에 참여하기로 하고 고용된 일꾼이며 우리의 노고는 모두 하나님의 영광으로 돌아가야 할 것이라**"고 가르친다. 하나님께서 영광을 받으시면 그것이 사도 바울에게는 가장 큰 보상이었다. 사도가 자신을 하나님의 동역자라고 한 것은 그가 참여하는 일의 성격 때문이다. 그 일이 그렇게 중대한 일이라는 것이다. 사도 바울 자신이 그 영광된 직분을 맡을 자격이 있다거나 자신의 재능과 능력으로 동역자가 된 것이 아니라는 것이다. 사도 바울은 "**너희는 하나님의 밭이요 하나님의 집이니라**"(고전 3:9)고 선언한다. 사도바울은 그 밭이나 집의 소유주가 누구신가를 가르친다. 그 분은 하나님이시다. 신자들의 소유주는 하나님이시다. 신자들은 하나님께 속한 자들이다.

[교리 강론]

개혁 교회는 교회 정치와 교리적 일치 안에 있는 교회의 분열을 용납하지 않는다. 개혁 교회는 종교적인 영웅을 따라서 교회를 분리해 나가는 것을 거부한다. 개혁 교회는 사도 시대부터 고백되어 내려온 정통 교리를 소중히 여긴다. 사도 신조 · 니케아 신조 · 칼게돈 신조 · 아타나시우스 신조 등은 모든 보편 교회가 받는 신조이다. 종교 개혁 이후 시대에는 그러한 고대 교회의 신조를 그대로 받고 웨스트민스터 표준 문서와 도르트 신앙 고백서와 하이델베르그 신앙 고백서를 받는다. 개혁 교회 신자들은 흔들리지 말고 굳건하게 정통 교회 신조위에 서 있어야 한다. 모든 헛된 가르침은 기독교 영웅을 자처하는 자들에게서 나온다.

참된 신자들은 개혁 교회가 나아갈 바를 성경과 정통 교리를 통하여 깨닫고 그 길을 따라 가야 한다. 그 길에 신앙의 참된 자유가 있다. 개혁 교회가 항상 신자들에게 믿는 도리를 풍성하게 가르치려는 이유는 모든 신자가 하나님 앞에서 자유롭게 신앙생활을 하게 하고자 함이다. 삶의 참된 자유는 구주의 말씀으로부터 나온다. 하나님의 말씀으로 자유롭게 된 영혼이 참된 신앙생활을 누릴 수 있다. 그런데 이러한 자유로운 신앙인을 생산해 내는 과정은 기나긴 기간 동안 인내가 필요하다. 한 두 사람의 기독교 영웅들이 생산할 수 없다. 하나님 안에서 자유로운 영혼을 생산해 낼 수 있는 것은 오직 하나님의 큰일이다.

제목: 구원의 터 예수 그리스도
본문: 고린도 전서 3장 10~15절

[본 문]

**10 내게 주신 하나님의 은혜를 따라 내가 지혜로운 건축자와 같이
터를 닦아 두매 다른 이가 그 위에 세우나 그러나 각각 어떻게 그
위에 세우기를 조심할지니라 11 이 닦아 둔 것 외에 능히 다른 터를
닦아 둘 자가 없으니 이 터는 곧 예수 그리스도라 12 만일 누구든지
금이나 은이나 보석이나 나무나 풀이나 짚으로 이 터 위에 세우면
13 각각 공력이 나타날 터인데 그 날이 공력을 밝히리니 이는 불로
나타내고 그 불이 각 사람의 공력이 어떠한 것을 시험할 것임이니라
14 만일 누구든지 그 위에 세운 공력이 그대로 있으면 상을 받고 15
누구든지 공력이 불타면 해를 받으리니 그러나 자기는 구원을 얻되
불 가운데서 얻은 것 같으리라**

[원문 직역]

10. 나에게 주신 하나님의 은혜를 따라서 내가 지혜로운 건축가로
서 터를 닦았다. 그러나 다른 자가 세우고 있다. 각각 어떻게 세우는
가를 지켜보라. 11. 왜냐하면 어느 누구도 이미 있는 터 옆에 다른
터를 세울 수 없다. 이미 있는 터가 예수 그리스도이시기 때문이다.
12. 만약 어느 누구든지 금으로 그 터 위에 세우거나 은으로 그 터
위에 세우거나 보석으로 그 터 위에 세우거나 나무로 그 터 위에 세
우거나 건초 더미나 지푸라기로 그 터위에 세우거나 하면, 13. 각각
의 공력이 나타날 것이다. 왜냐하면 그 날이 불 가운데서 그것이 나
타냄으로서 증명할 것이기 때문이다. 각각의 공력의 종류가 불로 검
증 될 것이다. 14. 만약 누구든지 그 세워놓은 공력이 그대로 있으면,
상을 받을 것이다. 15. 만약 누구든지 그 공력이 사그라져 버리면, 그
는 상실감을 경험할 것이다. 그러나 그 자신은 구원을 받을 것이다.
그런데 불을 통과하는 것 같을 것이다.

[본문 해설]

10. 나에게 주신 하나님의 은혜를 따라서 내가 지혜로운 건축가로서 터를 닦았다. 그러나 다른 자가 세우고 있다. 각각 어떻게 세우는가를 지켜보라. 11. 왜냐하면 어느 누구도 이미 있는 터 옆에 다른 터를 세울 수 없다. 이미 있는 터가 예수 그리스도이시기 때문이다.

사도 바울은 지금 고린도 교회에게 자신이 "**하나님의 은혜를 따라서 지혜로운 건축가로서 터를 닦았다.**"고 말한다. 그런데 그 교회 안에서 사도가 세웠던 그 터와 다른 터를 닦는 자들이 있다고 경고한다. 원래 헬라어 본문은 직역하면 "**나에게 주신 하나님의 은혜를 따라서 내가 지혜로운 건축가로서 터를 닦았다. 그러나 다른 자가 세우고 있다. 각각 어떻게 세우는가를 지켜보라.**"가 된다.

사도 바울은 그들이 어떻게 세우는가를 주의 깊게 살펴보아야 한다고 경계하고 있다. "**조심할지니라**"에 해당하는 헬라어 "**블레테토**"(βλεπέτω)는 "**보다**"라는 의미가 있는 "**블레포**"(βλέπω)의 명령형이다. 그런데 이 "**블레포**"는 "**보다**"라는 뜻 외에도 "**지켜보다 · 주시하다 · 경계하다.**"라는 의미도 있다. 그래서 한글 성경은 "**조심하다**"라는 의미까지 확대 해석이 된 것이다. 사도 바울은 "**하나님의 은혜를 따라서 지혜로운 건축가로서 고린도 교회에 터를 닦아놓았는데**" 그 옆에 다른 자들이 다른 터를 닦고 있다고 말한다. 그것을 경계하라 언급한다. 다른 터는 없기 때문이다. 예수 그리스도 외에 다른 터는 없다.

사도 바울은 믿는 도리의 일치성에 대하여 그 중요성을 강조한다. 사도 바울은 11절에서 "**이 닦아 둔 것 외에 능히 다른 터를 닦아 둘 자가 없으니 이 터는 곧 예수 그리스도라**"라고 하였다. 직역하면 그 뜻이 더욱 분명하게 드러난다. 헬라어 원문을 직역하면 "**왜냐하면 어느 누구도 이미 있는 터 옆에 다른 터를 세울 수 없다. 이미 있는 터가 예수 그리스도이시기 때문이다.**"가 된다. 사도 바울은 지금 고린도 교회 안에 사도들의 가르침에 벗어나서 다른 터를 닦고 있는 어리석은 자들을 책망하고 있다. 사도 바울은 자신이 고린도 교회에 세운 터는 예수 그리스도라고 선언한다. 사도 바울이 떠난 이후에 고린도 교회에 다른 터를 세우는 자들이 일어나서 분파를 형성하였다.

12. 만약 어느 누구든지 금으로 그 터 위에 세우거나 은으로 그 터 위에 세우거나 보석으로 그 터 위에 세우거나 나무로 그 터 위에 세우거나 건초 더미나 지푸라기로 그 터위에 세우거나 하면, 13. 각각의 공력이 나타날 것이다. 왜냐하면 그 날이 불 가운데서 그것이 나타냄으로서 증명할 것이기 때문이다. 각각의 공력의 종류가 불로 검증 될 것이다.

이 본문은 먼저 직역한 본문을 살펴보고 나서 다른 역본을 참고하려고 한다. "**12. 만약 어느 누구든지 금으로 그 터 위에 세우거나 은으로 그 터 위에 세우거나 보석으로 그 터 위에 세우거나 나무로 그 터 위에 세우거나 건초더미나 지푸라기로 그 터위에 세우거나 하면, 13. 각각의 공력이 나타날 것이다. 왜냐하면 그 날이 불 가운데서 그것이 나타냄으로서 증명할 것이기 때문이다. 각각의 공력의 종류가 불로 검증 될 것이다.**" 사도 바울은 고린도전서 3장 12~13절을 통하여 "**금이나 은이나 보석이나 나무나 건초더미나 지푸라기**"가 무엇인가를 가르친다. 사도 바울은 신자들이 그리스도라는 터 위에 금 · 은 · 보석 · 나무 · 건초 · 지푸라기로 건물을 짓게 될 것이라 말한다. 헬라어 원문을 직역하면 13절 후반부가 "**각각의 공력의 종류가 불로 검증 될 것이다.**"가 된다. 그것을 "**공력의 종류**"라고 역본했다. 사도 바울은 고린도 교회 신자들에게 너희가 어떠한 재료를 가지고 그리스도라고 하는 터 위에 건축물을 세워야 하는가를 가르친다. 그것은 건전한 신앙 고백이다. 터가 상징하는 것은 참된 가르침이다. 그렇다고 하면 그 터 위에 세우는 건물의 종류는 그 터 위에 세우는 신앙 고백에 따라서 달라진다. 사도 바울은 고린도 교회 성도들이 어떻게 하나님의 교회를 세울 것을 권면한다. 잘못된 교리는 신자들의 삶의 방향을 뒤틀리게 한다. 긴 세월 동안 그 왜곡된 교리를 개선하지 않으면 신자들과 교회는 큰 고통을 겪게 된다. 그 만큼 잘못된 교리는 심각하게 하나님의 교회를 파괴시킨다. 잘못된 교리는 긴 세월 이후에 신자들의 신앙을 비참하게 만들어 버린다. 신자들의 영혼에 큰 폐해가 된다.

사도 바울은 이것을 경계하라고 말한다. 하나님의 교회를 대충 건초 더미나 지푸라기 같은 교리를 가지고 지어서는 아니된다. 하나님의 말씀에 대한 거룩한 보편 교리를 가지고 세워야 한다. 그것은 금 · 은 · 보석과 같은 교리여야 한다. 그렇지 않으면 심판의 때에 불 가운데서 구원을 얻게 될 것이다.

14. 만약 누구든지 그 세워놓은 공력이 그대로 있으면, 상을 받을 것이다. 15. 만약 누구든지 그 공력이 사그라져 버리면, 그는 상실감을 경험할 것이다. 그러나 그 자신은 구원을 받을 것이다. 그런데 불을 통과하는 것 같을 것이다.

사도 바울은 세워놓은 공력이 그대로 있으면 상을 받을 것이라 말한다. 그러나 공력이 사그라지면 상실감을 경험하게 될 것이다. 구원을 받아도 불 가운데서 받는 것과 같으리라. 그것은 엄밀한 교리 없이 세상적 가르침을 따라서 신앙 생활하는 자들이 맞이할 하나님의 마지막 연단 과정이다. 하나님의 말씀이 분명하게 이해되지 않고 살아가는 것은 불 가운데를 살아가는 위험한 삶이다. 구원을 얻어도 불 가운데 얻게 될 것이다.

[교리 강론]

교리적 요약을 통하여서 전체를 개요하려고 한다. 사도 바울은 고린도 교회 성도들에게 하나님께서 자신에게 주신 은혜를 따라서 지혜로운 건축자가 되어 교회의 터를 닦았다. 사도 자신이 닦아 논 터 외에 다른 터를 닦을 수 없다고 말한다. 그런데 고린도 교회 안에 다른 터를 닦는 자들이 있나는 것이다. 그들을 분파주의자들이라 지적한다. 사도 바울은 그러한 자들을 경계하라고 말한다.

이제 그 터 위에 어떠한 재료로 건물을 짓는 가에 따라서 마지막 날에 건물의 공력이 어떠한지가 드러난다. 만약 어떤 사람의 공력이 불타면 상실감을 경험하게 된다. 그 상실감은 허탄하고 허무한 것이다. 헛된 삶을 과장하며 살아가는 자들은 마지막 날에 그 공력으로 판단 받을 것이다. 그가 선택받은 백성이면 그 자신은 구원을 받을 것이다. 그런데 불 가운데 받는 것과 같다. 공력이 나무나 지푸라기로 세워졌기에 불 가운데서 사그라져 버릴 것이다.

사도 바울이 여기에서 말한 터는 무엇이고 공력은 무엇인가 하는 것이다. 첫째 그 터는 구주 예수 그리스도이시다. 그리고 구주께서 세우신 사도들의 가르침이 그 터이다. 사도들은 그리스도께서 세우신 전권 대사이셨다. 그들의 가르침은 정통 교회의 기준이다. 그래서 사도들의 가르침은 정통 교회의 가장 참된 교리이다. 어떤 교회도 사도와 선지자들의 가르침을 벗어날 수 없다.

사도 바울은 각 사람이 그 터 위에 금 · 은 · 보석 · 건초더미 · 지푸라기로 건축물을 세운다 말한다. 그런데 그들이 세운 공력이 마지막 날에 시험을 받을 때, 불타면 결국 해를 받고 불 가운데서 구원을 받을 것이다. 여기에서 각 건물을 짓는 재료들이 각 사람이 가지고 있는 신앙 고백이다. 터가 하나님의 말씀이라면 그 터 위에 세우는 것은 그 대한 신앙 고백이다. 하나님의 말씀을 해석한 것이 교리이다. 대충 왜곡되게 해석하여 건성으로 하나님을 섬기는 신앙은 나무 막대나 건초더미나 지푸라기와 같은 신앙이다. 사도 바울은 하나님의 말씀에 대한 올바른 이해와 깊은 사색을 통한 정통 교리의 정리가 얼마나 중요한 지를 가르친다. 정통 교리가 무너지면 모든 것이 무너진다.

참된 신자들은 참된 교리를 사모하고 그 교리를 깨닫고 따라 가려고 해야 한다. 신앙 고백이 순수하지 못하면 신앙생활도 순수하지 못하다. 마지막 심판 날에 불 가운데서 해를 받게 되어 있다. 부끄러운 구원이다. 사도 바울은 고린도 교회 성도들에게 왜곡된 교리를 따라서 하나님의 나라를 가볍게 여기지 말라 말한다. 그리고 하나님 말씀에 대한 건전한 신앙 고백을 가지라고 말한다. 그러므로 정통 교리를 알아가는 신자는 최고의 복이다. 사람이 하나님의 법을 즐거워하고 그 율법을 주야로 묵상하는 삶보다 더욱 값진 것은 없다. 그 복을 누리는 자로서 하나님께서 우리를 부르셨다. 하나님의 부르심을 따라 살아가는 자들은 그의 말씀을 먹고 살아가는 자들이다.

제목: 성도는 하나님의 성전
본문: 고린도 전서 3장 16~23절

[본 문]

16 너희가 하나님의 성전인 것과 하나님의 성령이 너희 안에 거하
시는 것을 알지 못하느뇨 17 누구든지 하나님의 성전을 더럽히면 하
나님이 그 사람을 멸하시리라 하나님의 성전은 거룩하니 너희도 그
러하니라 18 아무도 자기를 속이지 말라 너희 중에 누구든지 이 세
상에서 지혜 있는 줄로 생각하거든 미련한 자가 되어라 그리하여야
지혜로운 자가 되리라 19 이 세상 지혜는 하나님께 미련한 것이니
기록된 바 지혜 있는 자들로 하여금 자기 궤휼에 빠지게 하시는 이
라 하였고 20 또 주께서 지혜 있는 자들의 생각을 헛것으로 아신다
하셨느니라 21 그런즉 누구든지 사람을 자랑하지 말라 만물이 다 너
희 것임이라 22 바울이나 아볼로나 게바나 세계나 생명이나 사망이
나 지금 것이나 장래 것이나 다 너희의 것이요 23 너희는 그리스도
의 것이요 그리스도는 하나님의 것이니라

[원문 직역]

16. 너희가 하나님의 성전인 것과 하나님의 성령이 너희 안에 거하
는 것을 모르느냐? 17. 만약 누구든지 하나님의 성전을 파괴시킨다
면, 하나님께서 그를 파괴시킬 것이다. 하나님의 성전이 거룩하고 너
희도 그러하다. 18. 어느 누구도 자기 자신을 속이지 마라. 너희 중에
누구든지 이 세상에서 지혜있다고 생각하면, 지혜로운 자가 되기 위
하여서 미련한 자가 되어라. 19. 왜냐하면 이 세상의 지혜는 하나님
에 대하여서 미련하기 때문이다. 기록된 바 그는 지혜로운 자들을 그
들의 궤휼에 빠지게 하시는 분이시다. 20. 그리고 다시 주님께서 지
혜자들의 생각을 가치 없는 것으로 아신다. 21. 그러므로 너희는 사
람들 가운데서 자랑하지 말라. 만물이 너희의 것이요 22. 바울이나
아볼로나 게바나 세상이나 생명이나 죽음이나 지금일이나 장래일이나

모두다 너희의 것이요 23. 너희는 그리스도의 것이요 그리스도는 하나님의 것이다.

[본문 해설]

16. 너희가 하나님의 성전인 것과 하나님의 성령이 너희 안에 거하는 것을 모르느냐?

사도 바울은 성도들에게 "**너희가 하나님의 성전이다.**"(고전 3:16)라고 선언한다. 신자는 하나님의 성전이다. 구약 시대에 성전은 예루살렘에 있었다. 이스라엘 백성들은 여러 절기들을 지키기 위하여서 예루살렘으로 올라갔는데 무엇보다 유월절에는 양의 피를 성전에 드리고 그 피를 제단에 뿌림으로서 이스라엘 사람들의 죄악을 속죄하는 의식을 시행하였다. 이 의식의 실체는 예수 그리스도이시다. 유월절의 피뿌림은 그리스도의 보혈을 예표한다. 그런데 사도 바울은 고린도 교회 성도들에게 너희가 하나님의 성전이라고 말한다. 구약의 개념으로는 도무지 이해가 되지 않을 상황이다. 그러나 사도 바울은 분명하게 선언하고 있다. "**너희가 하나님의 성전이다.**" 우리가 사도의 말을 이해하기 위해서도 구약의 성전의 개념을 이해해야 한다. 구약의 성전은 가시적인 장막으로 되어 있었다. 여호와 하나님께서 그 성전을 중심으로 이스라엘 사람들의 신앙생활을 지도하셨다. 그래서 성전은 여호와께서 강림하시는 곳이다. 사도 바울은 구약 시대 예루살렘의 성전이 새 언약 아래에서는 성도들의 마음 안에 있다고 선언한다.

사도 바울의 증언은 예수님께서 유대인들과 나누신 대화를 통하여서 그 의미가 드러난다. "**19 예수께서 대답하여 가라사대 너희가 이 성전을 헐라 내가 사흘 동안에 일으키리라 20 유대인들이 가로되 이 성전은 사십육 년 동안에 지었거늘 네가 삼 일 동안에 일으키겠느뇨 하더라 21 그러나 예수는 성전된 자기 육체를 가리켜 말씀하신 것이라**"(요 2:19~21) 주님께서는 유대인과의 대화 가운데 성전을 헐라고 하시고 그것을 삼일 만에 일으키시겠다고 하셨다. 그리고 이어서 사도 요한은 그 말씀을 풀고 있나. 그것은 주님께서는 성전 된 자신의 육체를 가리켜 하신 말씀이라는 것이다. 여기에서 그리스도의 몸이 성전이다. 교회는 그리스도의 몸이다. 그리고 성도들은 그 교회의 지체들이다. 그렇다고 하면 성도들이 그리스도의 몸이다. 성도들이 점차적으로 그리스도의 몸으로 완성되어 하나님의 성전으로 지어져 가는 것이다. 예수 그리스도의 보혈로 구속 죄 사함을 받고 믿음으로 세례 받아 하나님의 백성이 되면 그들은 모두 그리스도의 몸의 지체들이다. 신자들은 그리스도의 몸의 각 부분을 맡고 있다. 새 언약 아래 가시적인 예루살렘 성전은 사라지고 성전이 신자들 마음 안에 좀 더 내면화 되고 실체화 된다. 구약 시대에 하나님의 성전이 가시적인 유아기적 상태라면 새 언약 아래에서는 내면화 된 청년기의 상태로 나아간다.

예수 그리스도의 강림은 새 언약의 신자들을 하나님의 성전으로 내면화 시키고 구체화 시켰다. 사도의 가르침을 따라서 신자들은 하나님의 성전이다. 성전은 어떠한 곳인가? 하나님이 거하시는 곳이다. 이제 우리 구주 예수 그리스도께서 성령으로 우리 안에 거하신다. 성도들은 모두 하나님의 성전이다. 사도 바울은 후반부에 "**하나님의 성령이 너희 안에 거하시는 것을 알지 못하느뇨**"(고전 3:16)라고 말한 것이다. 성부와 성자와 성령 하나님은 하나이시다. 그러한 삼위일체 하나님은 신성에 있어서 하나의 본질이시고 하나의 실체이시기에 성부의 신성과 성자의 신성과 성령의 신성이 하나이다. 그리스도께서 영적으로 임재한다는 의미는 성령께서 신자들 안에 내주하시는 것이다. 예수 그리스도께서 성령으로 신자들 안에 내주 하신다. 참으로 놀라운 교리다. 이 교리는 예수 그리스도와의 연합의 교리이다. 예수 그리스도께서는 우리의 보혜사이시다. 그러나 주님께서는 십자가에서 죽으시고 살아나셔서 하늘에 오르셨다. 그리스도께서 항상 우리와 함께 계실 수 없으셨기에 또 다른 보혜사를 보내셨다. 그가 성령이시다. 성령은 하나님의 영 혹은 그리스도의 영으로 불리우신다. 그러나 독립적으로 호칭이 될 때, 성령으로 불리우신다. 사도 바울은 신자들 안에 성령께서 내주 하시기에 하나님의 성전이라고 말한 것이다.

우리는 그리스도의 증인들이다. 증인의 역할이 무엇인가? 바로 그 증거해야 할 대상에 대한 확증하는 것이다. 주님께서는 우리를 자신의 증인으로 삼으셨다. 아무런 가치 없는 우리를 부르셔서 그리스도의 증인으로 삼으신 것이다. 증인된 자가 해야 할 것은 증거해야 할 대상을 있는 그대로 증거하는 것이다. 예수 그리스도의 증인들은 그리스도를 우리 안에서 충만하게 드러내야 한다. 예수 그리스도로 충만해져 가는 것이 증인된 자가 가져야 할 첫 자세이다. 그리스도의 백성이고 그의 증인이라면 당연히 증거해야 할 그 대상에 대한 충분한 지식이 있어야 한다. 예수 그리스도를 아는 지식 가운데 자라가야 하는 것은 예수 그리스도의 증인의 첫 자세이다. 예수 그리스도의 증인들은 삶 가운데 그리스도의 향기를 발휘해야 한다. 예수 그리스도의 향기를 내지 못하는 자는 그리스도의 증인일 수 없다. 신자는 삶 가운데 그리스도의 향기를 발해야 한다. 신자들이 그의 말씀으로 확신 가운데 거하며 그리스도를 증거함이 선하다. 그리스도의 증인으로서 삶을 살아가는 성도들은 하나님의 성령께서 거하신다는 사실이다. 믿음으로 담대하게 우리 구주 예수 그리스도를 증거한다.

17. 만약 누구든지 하나님의 성전을 파괴시킨다면, 하나님께서 그를 파괴시킬 것이다. 하나님의 성전이 거룩하고 너희도 그러하다.

사도 바울은 "**누구든지 하나님의 성전을 더럽히면 하나님이 그 사람을 멸하시리라**"고 하신다. 직역하면 다음과 같다. "**만약 누구든지 하나님의 성전을 파괴시킨다면, 하나님께서 그를 파괴시킬 것이다.**" 헬라어 "**프데레이**"(φΘερεῖ)가 앞부분과 뒷부분에 일치하는 동사를 쓰고 있다. 이것은 "**더럽히다**"라는 뜻 외에도 "**파괴시키다**", "**전멸시

키다"라는 의미도 있다. 어떤 사람이든지 하나님의 성전을 더럽히면 하나님께서 그를 멸하실 것이다. 하나님의 성전을 더럽히는 자는 이미 하나님으로부터 전멸 당한 자이다. 사도 바울은 동일한 동사 "**프데레이**"(φθερεῖ)를 가지고 사람들이 어떠한 행위가 하나님께서 그들에게 행하신 것이 되리라 가르친다. 하나님의 성전은 거룩한 곳이다. 신자들은 그 성전을 더럽히지 말아야 한다.

첫째는 그리스도에 대한 순수한 교리를 더럽히지 말아야 한다. 예수 그리스도께서 가르치신 교리를 순전하게 지켜야 한다.

둘째는 주를 향한 올바르고 순수한 예배를 지켜야 한다. 참되게 예배를 드리는 것이 매우 중요하다. 참된 예배는 하나님의 성전을 순수하게 보존하는 것이다.

셋째로 신자의 거룩한 신앙 생활이다. 순수한 교리를 따라 올바르고 예배를 드리는 자는 예외 없이 거룩한 신앙으로 나아간다. 신자들은 하나님의 말씀과 기도를 은혜의 방도로 거룩하게 된다. 거룩하게 드려지는 예배는 신자들의 삶을 성숙하게 한다.

18. 어느 누구도 자기 자신을 속이지 마라. 너희 중에 누구든지 이 세상에서 지혜있다고 생각하면, 지혜로운 자가 되기 위하여서 미련한 자가 되어라.

사도 바울은 사람이 자기 꾀에 빠지는 것이 다반사임을 증거하고 있다. 그래서 사도 바울은 "**어느 누구도 자기 자신을 속이지 마라.**"고 말한 것이다. 누구든지 자기의 지혜를 따라 살면 자기 꾀에 빠지게 된다. 그것이 인간이다. 세상의 지혜를 따라 살아가면 자신을 속이는 것이다. 사도 바울이 "**자기 자신을 속이지 말라**"고 말한 것은 전적으로 타락한 인간의 부패성 때문이다. 사람이 전적으로 타락했기에 자신의 지혜로 살면 필연적으로 멸망한다. 사도 바울은 이 세상에서 지혜로운 자가 되려면 이 세상에 대하여 미련한자가 되라고 가르친다. 이 세상의 지혜는 서로 다투고 싸우며 욕망과 욕망이 부딪치고 물고 물리며 넘어지게 하는 지혜이다. 누가 더 잘 속이는지 누가 더 잔꾀를 잘 부리는지에 매달린다. 정직도 공의도 없다. 오직 상대를 무너뜨리기 위한 권모술수만이 있다.

사도 바울은 성도들에게 이 세상의 지혜는 거짓과 위선으로 되어 있다고 말한다. 성도들이 세상적인 지혜를 따라 세상적인 방법으로 대응하면 이미 패배한 것이다. 우리들의 싸움은 혈과 육에 대한 싸움이 아니기 때문이다. 우리들은 오히려 세상의 지혜에 대하여서는 미련한 자가 되어야 한다. 이는 하나님의 미련한 것이 세상의 지혜로운 것보다 지혜롭기 때문이다.

19. 왜냐하면 이 세상의 지혜는 하나님에 대하여서 미련하기 때문이다. 기록된 바 그는 지혜로운 자들을 그들의 궤휼에 빠지게 하시는 분이시다. 20. 그리고 다시 주님께서 지혜자들의 생각을 가치 없는 것으로 아신다.

사도 바울은 이 세상의 지혜가 하나님께는 미련하게 보인다고 말한다. 그들이 스스로 지혜 있다고 하나 자기 꾀에 스스로 빠지는 꼴이다. 어떻게 그렇게 되는가? 하나님께서 그렇게 하신다. 성도들은 이 세상의 지혜가 얼마나 허망한지 깨달아야 한다. 그러한 허망한 지혜를 결코 의지하지 말아야 한다. 그렇다면 무엇이 하나님의 지혜인가? 그것은 하나님의 말씀으로부터 나오는 모든 것이다. 하나님의 지혜를 따라 살려면 부지런히 하나님의 말씀을 묵상해야 한다. 성도들은 하나님의 지혜를 깨닫기 위하여 여호와의 율법을 즐거워하며 그 율법을 주야로 묵상하는 자가 되어야 하리라. 거기에 참된 복이 있다. 하나님께서 지혜자들의 생각을 헛것으로 아신다고 하신다. 세상의 지혜자들의 생각이 얼마나 쓸모없는가를 알 수 있다. 어떻게 하면 자신의 이익을 극대화 할까 어떻게 하면 상대방을 무너뜨릴까 하는 악한 지혜뿐이다. 하나님께서는 그러한 질적으로 저급한 지혜를 가치가 없다고 보신다.

21. 그러므로 너희는 사람들 가운데서 자랑하지 말라. 만물이 너희의 것이요 22. 바울이나 아볼로나 게바나 세상이나 생명이나 죽음이나 지금일이나 장래일이나 모두다 너희의 것이요 23. 너희는 그리스도의 것이요 그리스도는 하나님의 것이다.

사도 바울은 사람을 자랑하지 말라 하신다. 고린도 교회는 유력한 사람을 내세워서 분열이 되었던 교회였다. 사도 바울은 그러한 자랑은 헛되다고 분명하게 밝힌다. 사도 바울은 사람을 자랑하는 것이 하나님 앞에서 얼마나 큰 범죄 행위인가를 가르친다. 실로 사람을 자랑하는 자는 하나님의 영광을 훼손하는 자이다. 성도는 사람을 자랑하지 말아야 한다. 교회는 사람을 내세우지 말아야 한다. 전적으로 타락한 인간에게 자랑할 것이 없다. 헛된 욕망만 가득한 것이 인간이다. 전적으로 타락한 인간에게서 무엇 선한 것이 없다. 사도 바울은 오직 자랑하는 자는 주안에서 자랑하며 하나님의 말씀으로 자랑하라고 하신다.

사도 바울은 고린도 전서 3장 22절에서 "**바울이나 아볼로나 게바나 세계나 생명이나 사망이나 지금 것이나 장래 것이나 다 너희의 것이요**"라고 말한다. 이것은 구원을 이루어 가시는 하나님의 모든 작정이 하나님의 교회를 위하여서 맞추어져 있다는 뜻이다. 하나님의 교회는 진리의 기둥과 터이다. 그리고 하나님의 집이다. 그러므로 그 나라가 완성되는 것은 하나님께서 가장 귀하게 보시는 것이다. 사도 바울은 바울도 아볼로도 게바도 세상도 생명도 사망도 그리고 현재 일이나 장래 일이라도 모두 하나님의 교회에 종속적이라고 가르친다. 실로 하나님의 교회는 세상의 중심이다. 세상은 하나님의 교회가 가고자 하는 그 길을 돕는 수단들이다. 하나님의 교회는 그렇게 영광된 곳이다. 사도 바울은 그 거룩한 교회를 사람을 내세워서 갈라 가려고 한 고린도 교회 신자들의 헛된 욕망을 심히 질책하고 있다.

사도 바울은 고린도 전서 3장 23절에서 "**너희는 그리스도의 것이**

요 그리스도는 하나님의 것이니라"고 선언한다. 주님의 교회는 궁극적으로 주님의 것이다. 교회는 그리스도의 몸이다. 그래서 교회는 머리되신 그리스도에게 붙어 있는 생명체이다. 사도 바울은 고린도 교회 신자들에게 교회의 유일한 교사는 그리스도라는 것을 밝히 드러냄으로서 헛된 욕망으로 사람을 앞세워서 그리스도의 교회를 분열시키지 말라 권고한다. 우리 구주 예수 그리스도가 우리의 참된 교사이시다. 복음서 마태복음 23장 8절에 보면 "**그러나 너희는 랍비라 칭함을 받지 말라 너희 선생은 하나요 너희는 다 형제니라**"고 말하고 있다. 이러한 자세가 교회의 분열을 막고 사람을 자랑하지 않는 교회가 되는 유일한 길이다. 사도 바울은 "**그리스도는 하나님의 것**"이라고 말한다. 언약의 중보자가 되시는 인자이신 예수 그리스도는 아버지 하나님께 종속적이다. 그래서 어거스틴은 종의 형체를 따라서는 그리스도는 아버지보다 열등하시다 하였다. 지상에 오신 중보자로서 그리스도는 아버지께 속하였다. 그러나 어거스틴은 신의 형체를 따라서는 아들이 아버지와 동등하시다 말한다. 그래서 인성을 취하신 언약의 중보자로서 그리스도는 아버지보다 작으시나 아버지와 아들과 성령으로 계시는 하나님으로서 예수 그리스도는 아버지와 동일하시다. 세위격의 본질이 하나이시다.

어거스틴은 종의 형체를 따라서 그리스도는 자신보다 작으시다고 말한다. 그렇게 인성 따라서 예수 그리스도는 성삼위일체 하나님보다 작으시다. 그리고 자기 자신보다 작으시다. 그래서 사도 바울이 예수 그리스도는 하나님께 속하였다고 언급한 것이다. 우리는 이 본문을 통하여서 하나님의 통치 질서를 알 수 있다. 온 세상은 교회에 속하여 있고 교회는 그리스도에 속하여 있고 그리스도는 하나님께 속하여 계시다. 사도들조차도 하나님의 교회를 섬기기 위하여서 부름을 받으신 주의 종들이다. 교회의 참된 주인은 그리스도이시다. 사도와 선지자들이 그리스도의 몸된 교회를 위하여서 수종을 드는 자들이라면 그들이 섬기는 대상은 구주 예수 그리스도이시다. 예수 그리스도는 사도와 선지자들의 가르침에 핵심이다. 신자들이 전심으로 따라가야 할 대상은 사람이 아니라 구주 예수 그리스도이시다. 이제 우리는 그로부터 항상 하나님의 교회는 신앙 고백을 따라 세워져야 한다는 결론에 이른다. 신앙 고백은 객관적으로 신자가 따라가야 할 하나님의 말씀을 해석하는 기준이다. 장로교회는 항상 웨스트민스터 신앙 고백을 따라서 신앙생활을 한다. 장로교회 신앙 고백서는 하나님의 말씀이 어떻게 해석이 되어야 하는지를 제시한다. 웨스트민스터 신앙 고백서는 개혁 장로교회가 표준 문서로 삼고 있는 정통 교리 선언문이다. 그 선을 지키지 못하면 개혁 장로교회가 아니다. 그 선이 무너지면 교회는 다른 여러 분파들로 분열이 된다.

항상 교회 역사를 살펴보면 하나님의 교회를 분열시킨 인물들은 교회의 건전한 신앙 고백에 대하여서 무식하였다. 그들은 건전한 신앙 고백을 살필 수 있는 역량이 없는 자들이었다. 그러므로 유명한 종교 지도자를 따라 가는 것은 건전한 신앙이 아니다. 오직 참된 신앙 고백을 따라가야 한다.

역사적으로 스코틀랜드와 잉글랜드 퓨리탄들이 결정한 웨스트민스터 표준 문서는 개혁 장로교회를 세우는 가장 좋은 지침서라고 할 수 있으며 신자들은 부지런히 그 공적 고백서를 살피고 그 신앙 고백서를 따라서 신앙 생활을 해야 한다.

제목: 맡은 자에게 구할 것은 충성이니라
본문: 고린도 전서 4장 1~5절

[본 문]

1 사람이 마땅히 우리를 그리스도의 일꾼이요 하나님의 비밀을 맡
은 자로 여길지어다 2 그리고 맡은 자들에게 구할 것은 충성이니라
3 너희에게나 다른 사람에게나 판단받는 것이 내게는 매우 작은 일
이라 나도 나를 판단치 아니하노니 4 내가 자책할 아무것도 깨닫지
못하나 그러나 이를 인하여 의롭다 함을 얻지 못하노라 다만 나를
판단하실 이는 주시니라 5 그러므로 때가 이르기 전 곧 주께서 오시
기까지 아무것도 판단치 말라 그가 어두움에 감추인 것들을 드러내
고 마음의 뜻을 나타내시리니 그 때에 각 사람에게 하나님께로부터
칭찬이 있으리라

[원문 직역]

1. 그와 같이 사람이 우리를 그리스도의 일꾼으로서 그리고 하나님
의 비밀을 맡은 자들로 간주할 찌어다. 2. 그러므로 맡은 자들 안에
서 누구든지 신실함이 발견되도록 찾아야 한다. 3. 너희나 다른 사람
으로부터 언제든지 판단받는 것이 나에게는 작은 일이다. 나도 나 자
신을 판단하지 않는다. 4. 내가 내 자신에 대하여서 양심에 어긋날
어떠한 것도 알지 못한다. 그러나 이를 인하여서 의롭게 되는 것은
아니다. 나를 의롭다하시는 분이 주님이시다. 5. 그러나 시간이 이르
기 전에 아무것도 판단하지 말라 주님께서 오시기 전까지 그리하라.
그가 어둠 가운데 감추어져 있는 것을 드러내시리라. 그가 마음의 뜻
을 드러내시리라. 그리고 그때에 칭찬이 하나님으로부터 각 사람에게
있을 것이다.

[본문 해설]

1. 그와 같이 사람이 우리를 그리스도의 일꾼으로서 그리고 하나님

의 비밀을 맡은 자들로 간주할 찌어다.

이 본문은 먼저 "**여길지어다**"에 해당하는 헬라어 "**로기제스도**"(λογιζέσΘω)를 살펴 보아야 한다. "**간주하다 · 판단하다 · 신뢰하다 · 평가하다 · ~그렇게 알고 있다.**"라는 의미가 있다. 명령형으로 되어 있다. 그래서 "**그러한 자가 되어라**"가 된다. "**오이코노무스**"(οἰκονόμους)는 "**맡은 자**"라는 뜻 외에도 "**관리자 · 경영인 · 보물을 보관하는 자**"라는 의미가 있다. 사도 바울은 가장 먼저 고린도 교회의 사역자에게 권면한다. 그러나 그들에게 뿐만 아니라 고린도 교회 모든 성도들에게 권면한다. 세상 사람들에 대하여서 성도는 하나님의 비밀을 맡은 청지기들이다.

2. 그러므로 맡은 자들 안에서 누구든지 신실함이 발견되도록 찾아야 한다.

사도 바울은 맡은 자에게 구할 것은 충성이라고 말한다. 이것은 참으로 합당한 지적이다. "**충성이니라**"에 해당하는 헬라어는 "**피스토스**"(πιστός)이다. 이는 "**신실하다 · 미덥다 · 미쁘다 · 믿을 만하다**"라는 의미가 있다. 하나님 나라의 일꾼이 가져야 할 성품은 신실함이다. 신실하지 않는 자는 결코 하나님 나라의 보화를 맡을 자격이 없다. 사도 바울은 신자들이 "**하나님 나라의 비밀을 맡은 자들이라**"고 말한다. 그들에게 요구되는 성품은 신실함이다. 신뢰할 만 해야 한다. 어떠한 고난과 역경 가운데서도 주의 일을 신실하게 감당하는 것이다. 이는 어떠한 일을 잘하는 것을 의미하지 않는다. 본래의 뜻에 이탈하지 않고 굳건히 견디는 것이다. 자신의 욕심이나 탐심을 철저하게 버리고 하나님의 뜻을 좇는 것이다. 충성된 자는 주인이 맡기운 것으로 만족하여 주님의 뜻에 일치하는 삶을 살려한다. 충성된 자는 경건한 자이기도 하다.

사도 야고보는 그의 서신에서 "**하나님 앞에서 참된 경건이란 가난**

한 자를 돌아보고 자기를 지켜서 세속에 물들지 않는 것이라"(약 1:27)고 하였다. 야고보서는 가난한 자를 향해 긍휼한 마음을 가진 것이 경건이라고 말한다. 그리고 이어서 하나님의 말씀을 세상의 사상과 혼합하지 않는 것이 경건이라고 말한다. 순수한 교리를 지키는 것이 경건이라는 것이다. 세상에는 일 잘하는 사람도 많고 재능이 많은 사람도 많다. 그러나 충성된 일꾼은 드물다. 그들이 충성되지 않은 것은 그 일을 맡기신 주님을 배반하고 자기의 사익을 추구하기 때문이다. 하나님의 일 맡은 자는 세상의 영광을 구하지 말아야 한다. 가장 큰 배은망덕이다. "**맡은 자에게 구할 것은 충성이라**"는 의미는 지금 무엇을 행한다는 의미가 아니다. 오히려 어떠한 삶의 자세를 가지고 있어야 하는 것을 말한다. 주님께서는 충성된 일꾼을 찾으신다. 추수할 것은 많은데 일꾼이 심히 부족하다. 주님의 일을 자신의 일처럼 생각하고 행하려고 하는 자가 거의 없다. 구약의 이사야 선지자는 "**모두 각기 제 길로 갔다**"(사 53:6)고 말하였다. 예수님께서도 복음서에서 비유를 통하여서 이렇게 말씀하셨다. 그들이 변명하기를 장가가고 소도 사고 논과 밭에 나가서 할 일이 많아서 하나님의 나라에 갈 수 없다는 것이다. (눅 14:16~24)

3. 너희나 다른 사람으로부터 언제든지 판단받는 것이 나에게는 작은 일이다. 나도 나 자신을 판단하지 않는다.

사도 바울은 헛된 욕망에 사로잡혀서 분파를 형성하였던 고린도 교회 각 분파들에게 말한다. 그들의 판단은 별로 가치가 없다. 그들이 사도 바울을 추종하겠다고 하거나 아니면 바울이 아닌 다른 사람 아볼로를 추종하겠다고 하거나 할지라도 사도 바울 자신에게는 어떤 의미도 없다. 사도 바울은 헛된 인간들이 외적 모양을 내는데 치중하여 삶의 참된 실체를 보지 못한다고 말한다. 그들은 서로 외적 모양을 따라 누가 더 잘났는가를 헛되이 비교하며 다투고 싸운다. 그러나 삶의 본질에 대한 진지한 사색은 없다.

사도 바울은 "**나도 나를 판단치 아니하노니**"(οὐδὲ ἐμαυτὸν ἀνακρίνω)라고 말한다. 사도 바울은 자신에 대하여서 판단하지 않는다 말한다. 그런데 하물며 너희가 어찌 나를 판단하느냐고 책망하는 것이다. 사도 바울의 주된 관심은 자신을 판단하여 열등감에 빠지거나 혹은 우월감에 빠지는 것이 아니다. 하나님의 말씀을 교회에 어떻게 풍성하게 나누어 줄 것을 생각하였다. 사람들이 서로 판단하는 것은 비교 의식 때문이다. 이 비교 의식처럼 나쁜 것도 없다. 인간성을 파괴시키고 서로 세력 다툼을 일삼게 하고 서로 싸우게 하고 함께 더불어 살지 못하게 한다. 그래서 사도 바울은 "**너희나 다른 사람으로부터 언제든지 판단받는 것이 나에게는 작은 일이다.**"라고 한 것이다. 그러한 일에 관심이 없다는 것이다. 사도 바울 자신에 대한 이러 저러한 판단에 대하여 스스로도 판단하고 싶지 않다 말한다. 우리는 사도의 이러한 가르침을 따라 사람과 사람을 헛되이 판단하지 말아야 한다. 헛된 판단을 일삼는 자들은 사람과 사람을 서로 경쟁시키고 그 영혼을 고통으로 내몬다. 지금 불필요한 경쟁에 내몰려 인간성을 잃어가는 사람들이 얼마나 많은가?

사도 바울은 자신을 헛되이 다른 사역자들과 비교하여 판단하지 말라고 말한다. 우리는 주님의 종들이다. 우리 주님을 증거하는 일 외에 다른 일에 마음을 쓸 여력이 없다. 헛되이 다른 사람과 비교하여 판단하지 말고 항상 주의 일에 힘쓰는 자들이 되어야 한다. 주의 일은 주의 말씀을 사모하여 묵상하는 것이다.

4. 내가 내 자신에 대하여서 양심에 어긋날 어떠한 것도 알지 못한다. 그러나 이를 인하여서 의롭게 되는 것은 아니다. 나를 의롭다하시는 분이 주님이시다.

사도 바울은 자신을 판단하실 이가 주님뿐이라고 말한다. 이것은 사도의 확고한 신앙이다. 사역자가 가져야 할 자세이다. 오직 사도를 판단할 수 있는 분은 주님 뿐이시다. 다른 이는 결코 판단할 수 없다. 가르치는 자는 사람으로부터 오는 판단을 두려워하지 말아야 한다. 신자들도 명심해야 한다. 사역자를 판단하고 서로 간에 비교하여 말하는 것이 얼마나 큰 죄인가 하는 것이다. 여기에서 판단이란 자신의 이해관계를 따라서 사람을 판단하는 것이다. 옳고 그름의 문제가 아닌 사사로운 감정이나 개인적인 취미, 기호, 취향을 따라 사람을 분류하고 판단하는 것이다. 그리고 자신 만의 기준으로 사람을 좋고 나쁘다고 판단하는 것이다. 자신에게 이익이 될 사람이 누구인지 판단하여 순위를 정하고 그에 따라서 사람을 대한다. 이러한 판단의 습성에 빠진 자들은 어떤 객관적인 기준도 없이 옳고 그름을 자기중심적으로 결정한다. 그들은 타인을 이해관계를 따라서 판단하고 더 나아가서 타인을 함부로 대한다. 그리고 중상 모략하여 타인의 권리를 없애 버리고 자신의 욕망을 따라서 편 가르기를 한다.

5. 그러나 시간이 이르기 전에 아무것도 판단하지 말라 주님께서 오시기 전까지 그리하라. 그가 어둠 가운데 감추어져 있는 것을 드러내시리라. 그가 마음의 뜻을 드러내시리라. 그리고 그때에 칭찬이 하나님으로부터 각 사람에게 있을 것이다.

사도 바울은 "**시간이 이르기 전에 아무것도 판단하지 말라 주님께서 오시기 전까지 그리하라**"고 말한다. 이어서 "**그러나 그가 어둠 가운데 감추어져 있는 것을 드러내시리라. 그가 마음의 뜻을 드러내시리라.**"라고 하시면서 "**그리고 그때에 칭찬이 하나님으로부터 각 사람에게 있을 것이다.**"고 말한다.

사도는 어떠한 경우에도 판단을 하지 말라고 강조한다. 주께서 오시기까지 아무것도 판단하지 말라는 강력한 명령이다. 인간의 판단은 그르다. 사도 바울은 그것을 알고 있다. 서로 서로 판단하면 않된다. 신자는 진리를 분별해야 하지만 자신의 기준으로 이웃을 판단하지는 말아야 한다.

사도 바울은 주님이 오시면 각 사람 가운데 감추어 두었던 죄악을 다 드러내실 것이며 각 사람의 마음의 뜻을 분명하게 나타내실 것이라 말한다. 사도 바울은 사람의 판단에 흔들리지 말고 묵묵히 하나님의 뜻을 따라 살아가라고 권면한다. 그 칭찬이 하나님으로부터 나오기 때문이다.

제목: 만물의 찌기같이 되었도다
본문: 고린도 전서 4장 6~13절

[본 문]

6 형제들아 내가 너희를 위하여 이 일에 나와 아볼로를 가지고 본
을 보였으니 이는 너희로 하여금 기록한 말씀 밖에 넘어가지 말라
한 것을 우리에게서 배워 서로 대적하여 교만한 마음을 먹지 말게
하려 함이라 7 누가 너를 구별하였느뇨 네게 있는 것 중에 받지 아
니한 것이 무엇이뇨 네가 받았은즉 어찌하여 받지 아니한 것같이 자
랑하느뇨 8 너희가 이미 배부르며 이미 부요하며 우리 없이 왕 노릇
하였도다 우리가 너희와 함께 왕 노릇 하기 위하여 참으로 너희의
왕 노릇 하기를 원하노라 9 내가 생각건대 하나님이 사도인 우리를
죽이기로 작정한 자같이 미말에 두셨으매 우리는 세계 곧 천사와 사
람에게 구경거리가 되었노라 10 우리는 그리스도의 연고로 미련하되
너희는 그리스도 안에서 지혜롭고 우리는 약하되 너희는 강하고 너
희는 존귀하되 우리는 비천하여 11 바로 이 시간까지 우리가 주리고
목마르며 헐벗고 매맞으며 정처가 없고 12 또 수고하여 친히 손으로
일을 하며 후욕을 당한즉 축복하고 핍박을 당한즉 참고 13 비방을
당한즉 권면하니 우리가 지금까지 세상의 더러운 것과 만물의 찌끼
같이 되었도다

[원문 직역]

6. 형제들아, 나와 아볼로가 이러한 일들을 너희들을 위하여서 우
리 자신에게로 돌렸다. 이는 너희가 우리 안에서 배워서 기록된 말씀
넘어로 가지 않게 하려 함이다. 너희가 서로에 대적하여 교만하여져
서 한 사람 위에 다른 사람이 있게 말고자 함이다. 7. 누가 너를 구
별시켰느뇨? 누가 네가 가지고 있지 않은 것을 가지고 있느뇨? 만약
너희가 가지고 있으면, 받지 않은 자처럼 자랑하지 말라. 8. 이미 너
희가 충만하다. 이미 너희가 부요하다. 우리 없이 너희가 다스리고 있

고 우리가 너희와 함께 왕노릇하기 위하여서 너희가 마땅히 왕노릇해야 한다. 9. 나는 생각한다. 하나님께서 사도인 우리를 사형 선고를 받은 자처럼 끝자락에 두셨다. 우리는 세상과 천사들과 사람들에게 구경꾼이 되었다. 10. 우리는 그리스도로 인하여서 어리석으나 너희는 그리스도 안에서 생각이 많고 우리는 약하나 너희는 강하고 너희는 영광스러우나 우리는 멸시를 당한다. 11. 이 시간까지 배고픔과 목마름과 헐벗음과 매맞음과 정처없이 다녔다. 12. 우리가 우리 자신의 손으로 수고하며 일하고 있다. 그리고 저주한즉 축복하고 핍박한즉 참으며 13. 참소를 당한즉 권면한다. 우리가 지금까지 모든 것들의 더러움이 되었고 세상의 폐품같이 되었다.

[본문 해설]

6. 형제들아, 나와 아볼로가 이러한 일들을 너희들을 위하여서 우리 자신에게로 돌렸다. 이는 너희가 우리 안에서 배워서 기록된 말씀 넘어로 가지 않게 하려 함이다. 너희가 서로에 대적하여 교만하여져서 한 사람 위에 다른 사람이 있게 말고자 함이다.

사도 바울은 고린도 교회에게 아볼로와 함께 자신의 복음 전도 사역의 모범을 주지시킨다. 그래서 "**형제들아 내가 너희를 위하여 이 일에 나와 아볼로를 가지고 본을 보였다.**"고 한 것이다. 사도들이 고린도 교회 성도들보다 더욱더 큰 고난 가운데 있었다. 사도들이 그렇게 고난의 본을 보인 이유는 고린도 교회 성도들로 하여금 기록한 말씀 밖으로 넘어가지 못하게 하려는 것이다. 사도들을 본받아 서로 교만하게 대적하지 말라는 것이다. 헬라어를 직역하면 "**너희가 우리 안에서 배워서 기록된 말씀 너머로 가지 않게 하려 함이다. 너희가 서로에 대적하여 교만하여져서 한 사람 위에 다른 사람이 있게 말고자 함이다.**"가 된다.

사도 바울의 말씀을 살펴보면 고린도 교회 분란의 원인이 무엇인지 드러난다. 교회의 분란의 원인은 교만하여진 한 사람이 다른 사람 위에 군림하려는 데 있다. 어떤 분파가 형성되면 거기에서 군림하는 자가 있다. 그 군림하는 자의 기준으로 세력이 형성된다. 그리고 그 안에서 서열을 정한다. 그 서열을 따라서 아래 위가 경직된다. 그리고 그 당파는 다른 당파를 몰아낸다. 하나님의 교회가 몇몇 종교 지도자들에 의하여 일사 분란하게 움직이는 것은 교회의 타락이다. 하나님의 교회는 말씀으로 서로 대화하고 사랑을 나누며 하나님의 의를 이루어가는 곳이다. 매우 중요한 것이 끊임없이 대화하는 것이다. 서로 교만하여져서 상대를 자기 밑에다가 두는 마음으로는 않된다. 하나님의 교회는 그러한 경직된 공동체가 되지 말아야 한다. 하나님의 교회는 세상의 기업체처럼 회장 아래에 직급이 있어서 서열을 따라 일사불란하게 움직이는 수직적이고 경직된 공동체가 아니다. 기업체 같은 공동체는 회장을 중심으로 사원들이 일사분란하게 움직여서 이윤을 창출하는 공동체이다. 그들은 서열에 따라서 맡은 바 일을 행하면서 개인의 감정이나 상호간에 존중감 등도 없이 회사의 부품처럼 일한다. 그러나 하나님의 교회는 그러한 곳이 아니다. 오직 치리회를 통하여서 의견을 나누고 대화를 통하여서 일을 풀어가는 수평 공동체이다. 다만 각 질서의 차이가 있을 뿐이다. 오직 권면과 주의 말씀에 따라 순종하는 공동체이다.

7. 누가 너를 구별시켰느뇨? 누가 네가 가지고 있지 않은 것을 가지고 있느뇨? 만약 너희가 가지고 있으면, 받지 않은 자처럼 자랑하지 말라.

사도 바울은 분파주의자들이 고린도 교회를 갈라 간 것을 책망하고 있다. 먼저 사도 바울은 "**네게 있는 것 중에 받지 아니한 것이 무엇이뇨**"라고 말한다. 하나님의 은혜로 이미 고린도 교회에게 충만하거늘 그들이 참으로 거짓되게 교회 안에 유명한 자들을 내세워 교회를 분열시켰다. 사도 바울은 후반부에 "**네가 받았은즉 어찌하여 받지 아니한 것같이 자랑하느뇨**"라고 한다. 그들이 하나님의 은혜를 충만하게 받았음에도 그것을 간과하고 그렇게 다투고 서로 물어뜯고 하였다. 고린도 교회의 분파들의 행농이 매우 위험한 상황이라는 것을 알 수 있다. 고린도 교회 분파주의자들은 하나님께 많은 것을 받았어도 아무것도 받지 아니한 자처럼 행동한다. 그러한 자들은 매우 교만한 자들이다. 그러한 자들은 하나님께서 주신 은혜를 만홀히 여기고 헛된 욕망을 따라서 거짓 된 것을 갖고자 분주하다.

8. 이미 너희가 충만하다. 이미 너희가 부요하다. 우리 없이 너희가 다스리고 있고 우리가 너희와 함께 왕노릇하기 위하여서 너희가 마땅히 왕노릇 해야 한다.

사도 바울은 "**너희가 이미 배부르며 이미 부요하며 우리 없이 왕노릇 하였도다**"라고 하였다. 사도 바울은 이 본문에서 그들이 배부르고 부요하며 더 나아가서는 사도들 없이 스스로 다스렸다고 한다. 여기에서 "**왕 노릇하다**"라는 표현은 원래 "**다스리다**"라는 뜻으로 바꾸어야 한다. 이는 사도들이 교회의 아비처럼 사도 시대 교회를 치리 하였는데 고린도 교회 신자들은 사도들을 간과하고 스스로 세력을 형성하여서 불법적으로 교회를 다스렸다는 것이다. 헬라어의 "**바실류오**"(βασιλευω)는 "**왕 노릇하다**"라는 뜻 외에도 "**통치하다**" "**다스리다**"라는 뜻이 있다. 고린도 교회 분파주의자들이 사도들을 제외시키고 고린도 교회를 자기들 마음대로 다스렸다. 그들은 교회를 무법천지로 만들었다. 그들은 사도들의 가르침을 무시하고 그렇게 하였다. 사도 바울은 그들이 이미 세상적 부요함에 취해서 하나님의 나라를 보지 못한다고 지적한다.

사도 바울은 후반부에 "**우리가 너희와 함께 왕 노릇 하기 위하여 참으로 너희의 왕 노릇 하기를 원하노라**"라고 하였다. 직역하면 다음과 같다. "**우리가 너희와 함께 왕노릇하기 위하여서 너희가 마땅히 왕노릇 했구나!**" 여기에서 "**마땅히**"에 해당하는 "**오펠론**"(όφελόν)은 빈 소망을 의미한다. 그것은 사도가 기대하지 않는다는 표현이다.

그것은 흡사 "**너희가 우리와 함께 교회를 이끌기 위하여서 너희가 먼저 우리 없이 한 번 교회를 다스린 것이냐?**"라는 조롱하는 말투이다. 이 본문은 사도 바울이 고린도 교회 분파주의자들에게 비아냥거리는 것이다. 사도 바울은 고린도 교회 분파주의자들이 자신과 함께 고린도 교회를 치리할 자격이 없음을 이러한 어투로 에둘러 말하고 있는 것이다.

9. 나는 생각한다. 하나님께서 사도인 우리를 사형 선고를 받은 자처럼 끝자락에 두셨다. 우리는 세상과 천사들과 사람들에게 구경꾼이 되었다.

그러면서 사도 바울은 9절에서 참된 사도의 길이 무엇인가를 알라고 고린도 교회 분파주의자들에게 말한다. "**내가 생각건대 하나님이 사도인 우리를 죽이기로 작정한 자같이 미말에 두셨으매 우리는 세계 곧 천사와 사람에게 구경거리가 되었노라**" 직역하면 다음과 같다. "**나는 생각한다. 하나님께서 사도인 우리를 사형 선고를 받은 자처럼 끝자락에 두셨다. 우리는 세상과 천사들과 사람들에게 구경꾼이 되었다.**" 사도 바울은 오만하게 교회를 갈라서 분파를 형성하였던 고린도 교회 분파주의자들에게 사도들의 삶을 통해서 경고하고 있다. 사도들의 삶이 무엇인가? 그것은 하나님께서 사도들을 죽이기로 작정한 자같이 미말에 두었던 그러한 삶이다. 그래서 세계와 천사와 사람들의 구경거리가 되었다는 것이다. 이것은 사도 바울이 복음을 위하여서 어떠한 수모를 겪었는가를 깨닫게 하여준다. 사도 바울은 고린도 교회 분파주의자들에게 교회를 다스리는 자가 얼마나 고통스러운 삶을 살아가는 것을 알라고 가르친다. 그래서 그들로 함부로 교회의 높은 질서를 탐하지 말라 경고한다.

사도는 고린도 교회 분파주의자들에게 "**너희가 사도들처럼 세계와 천사와 사람들에게 구경거리가 되고 하나님께서 죽이기로 작정한 자 같은 고통을 함께 동참 할 마음도 없으면서 함부로 교회 높은 자리나**

탐하지 말라"고 가르친다. 고린도 교회는 사도 바울이 매우 진지하게 가르치고 치리하여서 세웠던 교회였다. 그런데 바울이 떠난 후에 고린도 교회가 그 본질을 버리고 분파주의적 교회가 되어 갔다. 그래서 교회 안에 당연히 있어야 할 개방성이 사라지고 폐쇄성이 굳건하게 자리 잡았다. 몇몇 분파로 교회가 나누이고 권력 다툼을 하였다. 그리스도의 몸을 분파주의자들이 나누었다. 그래서 신자 상호간에 교제보다는 분파주의자들이 중심인물이 되어 뭉치는 그러한 교회가 되었다. 그래서 신자 상호간에 소통은 부재하게 되고 그 분파주의자들의 지시를 따라서 각 분파들이 움직이는 기형적인 교회가 되었다. 우리는 사도의 이러한 가르침을 통해서 교회를 치리하는 것이 무엇인가를 깨닫는다. 사도 바울은 자신의 삶이 사형 선고 받은 자처럼 끝자락에 있었다고 말한다. 그의 삶은 그야말로 고통의 연속이었다. 거의 살 소망이 끊어져서 죽을 것 같은 고비를 몇 번 넘겼다. 그렇게 하나님의 교회를 위하여서 사도 바울이 헌신적으로 일을 했는데 고린도 교회 분파주의자들은 이미 부요하고 이미 충만하여서 고린도 교회를 헛되이 나누어갔다.

사도 바울이 고린도 교회를 세우기 위하여서 수고한 것을 외면하고 고린도 교회 분파주의자들은 오만하게도 교회 안에서 높은 자리를 탐하고 고난을 회피하며 빛나는 자리를 찾아 다녔다. 그러나 참되게 주님의 교회를 세우는 성직자들은 그렇게 살지 않는다. 참되게 살아가는 성직자들은 낮은 곳을 찾는다. 높은 곳을 탐하지 않는다. 그 경건한 삶의 무게만큼 그들의 삶은 그렇게 묵묵히 고난을 이겼다. 그것이 참된 성직자들의 자리이다. 신자란 사도들의 가르침에 성실하게 행하는 자들이다.

10. 우리는 그리스도로 인하여서 어리석으나 너희는 그리스도 안에서 생각이 많고 우리는 약하나 너희는 강하고 너희는 영광스러우나 우리는 멸시를 당한다.

사도 바울은 다시 역설적으로 고린도 교회 분파주의자들을 비판한다. 사도들이 복음을 위하여서 미련한 자가 되고 약한 자가 되고 비천한 자가 되었으나 고린도 교회 신자들은 지혜롭고 강하고 존귀하게 되었다고 말한다. 사도 바울이 복음을 위해서 얼마나 곤고한 삶을 살았는가를 깨닫게 한다. 우리 시대에도 마찬가지이다. 가르치는 자를 충분히 이해해 줄 수 있는 사람이 없다. 오히려 가르치는 자가 가르침을 받는 자들을 위하여서 받는 고통을 전혀 감지조차도 못한다.

사도 바울은 하나님의 교회를 세우기 위하여서 기꺼이 멸시를 당하였고 약하여졌고 미련한 자가 될 각오가 되어 있었다. 그렇게 사도 바울이 힘써 고린도 교회를 세우는데 수고했더니 이후에 분파주의자들이 자기들의 자리를 잡으면서 교회에 분란을 일으켰다. 사도 바울은 교회를 치리할 기본적인 인성조차 가지지 못한 자들을 향하여서 책망하고 있다.

11. 이 시간까지 배고품과 목마름과 헐벗음과 매맞음과 정처없이 다녔다.

사도 바울은 자신의 삶이 얼마나 비참한 삶을 살아왔는가를 고린도 교회 신자들에게 일깨우며 그렇게 세운 거룩한 보편 교회를 분파주의자들의 헛된 욕망으로 파괴시키는 것을 정죄한다. 복음의 사역과 교회의 설립이 너무 중대하여서 사도 바울은 주리고 목마르며 헐벗고 매맞으며 정처 없이 다녔다. 고린도 교회 분파들은 사도 바울의 이러한 삶의 고통과 아픔을 공감하지도 못하고 어찌하든지 교회 위에 높아지려고 만 하였다.

사도들이 차지하고 있는 그 자리만을 탐하였다. 사도 바울은 고린도 교회 분파주의자들을 비판하였다. 실로 교회의 분파주의자들은 교회에서 아무 수고도 없이 대접만을 받으려고 하는 자들이다. 하나님의 교회가 어떻게 세워지며 어떠한 자태가 되어야 할 것에 관심이 없다. 오직 자리다툼이나 하고 헛된 욕망에 빠져서 다투는 자들이다.

12. 우리가 우리 자신의 손으로 수고하며 일하고 있다. 그리고 저주한즉 축복하고 핍박한즉 참으며 13. 참소를 당한즉 권면한다. 우리가 지금까지 모든 것들의 더러움이 되었고 세상의 폐품같이 되었다.

사도 바울은 하나님의 교회를 세우기 위하여서 그가 당한 큰 고통에 대하여서 고린도 교회 신자들이 듣고 깨닫기를 원하였다. 참으로 우리 시대에도 고린도 교회 분파주의자들처럼 고난을 짊어지지 않으려고 하고 교회 안에서 영광만을 누리려고 하는 허탄한 자들이 많다.

사도 바울은 자신이 어떠한 삶을 살아왔는지를 그들에게 알게 함으로서 하나님의 교회가 얼마나 어렵게 세워지며 그렇기에 하나님의 교회를 매우 소중하게 여겨야 할 것을 가르친다. 하나님의 교회가 대충 세워진다고 생각하는 사람은 정말로 어리석다. 그런 거짓 신자들은 크나큰 환란이 닥치면 버티지 못하고 무너진다.

하나님의 교회는 사람의 공로로 세울 수 없다. 인간의 노력으로 세워지는 교회가 아니다. 하나님의 교회를 세우려는 신자는 자신의 모든 것을 주님께 드려야 한다. 하나님의 교회를 세우기 위하여 신자들은 헌신된 삶을 살아야 한다. 하나님의 교회를 세우려는 신자들은 필히 하나님의 교회에 하나 됨의 의미를 깨닫고 하나님의 교회에 각자 헌신 할 부분이 무엇인가 살펴야 하리라.

제목: 아비는 많지 아니하니
본문: 고린도 전서 4장 14~21절

[본 문]

14 내가 너희를 부끄럽게 하려고 이것을 쓰는 것이 아니라 오직
너희를 내 사랑하는 자녀같이 권하려 하는 것이라 15 그리스도 안에
서 일만 스승이 있으되 아비는 많지 아니하니 그리스도 예수 안에서
복음으로써 내가 너희를 낳았음이라 16 그러므로 내가 너희에게 권
하노니 너희는 나를 본받는 자 되라 17 이를 인하여 내가 주 안에서
내 사랑하고 신실한 아들 디모데를 너희에게 보내었노니 저가 너희
로 하여금 그리스도 예수 안에서 나의 행사 곧 내가 각처 각 교회에
서 가르치는 것을 생각나게 하리라 18 어떤 이들은 내가 너희에게
나아가지 아니할 것같이 스스로 교만하여졌으나 19 그러나 주께서
허락하시면 내가 너희에게 속히 나아가서 교만한 자의 말을 알아볼
것이 아니라 오직 그 능력을 알아보겠노니 20 하나님의 나라는 말에
있지 아니하고 오직 능력에 있음이라 21 너희가 무엇을 원하느냐 내
가 매를 가지고 너희에게 나아가랴 사랑과 온유한 마음으로 나아가
랴

[원문 직역]

14. 내가 너희를 부끄럽게 하려고 이것들을 쓴 것이 아니다. 오히
려 나의 사랑하는 자녀들처럼 가르치고 하는 것이다. 15. 너희가 그
리스도 안에서 일만 보모를 가지고 있을지라도 아비는 많지 않을 것
이다. 그리스도 예수 안에서 복음을 통하여서 내가 너희를 낳았다.
16. 그러므로 내가 너희를 권하노니, 나를 본받는 자들이 되어라. 17.
이를 인하여서 내가 너희에게 주안에서 나의 사랑스럽고 신실한 자녀
인 디모데를 보냈다. 그가 너희에게 그리스도 예수 안에 있는 나의
도리를 기억나게 하리라. 그와 같이 내가 모든 교회 안에 어디에서든
지 가르친다. 18. 어떤 이들은 내가 너희에게 나아가지 않을 것처럼

교만하여져 있다. 19. 주님께서 원하시면, 내가 너희에게 속히 가리
라. 그리고 내가 그 교만 한자들의 말을 알아보지 않고 그 능력을 알
아볼 것이다. 20. 하나님의 나라는 말에 있지 않고 능력에 있느니라.
21. 너희가 무엇을 원하느냐? 내가 너희에게 매를 들고 가랴 아니면
사랑 안에서 온유한 마음을 가지고 나아가랴?

[본문 해설]

14. 내가 너희를 부끄럽게 하려고 이것들을 쓴 것이 아니다. 오히려 나의 사랑하는 자녀들처럼 가르치고 하는 것이다. 15. 너희가 그리스도 안에서 일만 보모를 가지고 있을지라도 아비는 많지 않을 것이다. 그리스도 예수 안에서 복음을 통하여서 내가 너희를 낳았다. 16. 그러므로 내가 너희를 권하노니, 나를 본받는 자들이 되어라.

사도 바울은 고린도 전서를 기록 한 것이 고린도 교회 성도들을 부끄럽게 하려는 목적이 아니라 말한다. 그리고 오히려 사랑하는 자녀로 가르치려는 데 있다고 말한다. 사도가 서신을 쓴 목적은 그들을 정죄하려는 데 있지 않다. 훈계하려는 데 있다. 정죄와 훈계는 다르다. 정죄는 이미 행한 잘못에 대한 심판의 성격이 강하다. 그러나 훈계는 그 잘못을 교정하도록 권면하는 성격이 더 강하다. 지금 사도가 고린도 교회의 분파주의들의 여러 가지 육신에 속한 미련한 행위들을 정죄하고자 치리하려는 것이 아니라고 진술하신다. 단지 가르쳐서 고치게 하려는 것이다. 사도가 교회 권징의 가장 중요한 기본적인 도리를 진술하고 있다. 교회 권징의 목적은 정죄에 없다. 교정에 있다. 가르쳐서 고치게 하는 데 있다. 그리고 무지하거나 어리석어서 몰랐다면 가르침을 듣고 고치기만 하면 더 이상 그 문제를 거론하지 않는 것이 권징의 특징이다.

사도 바울은 지금 교정을 목적으로 고린도 교회 문제를 지적한 것이다. 사도 바울은 지금 그렇게 여러 가지로 연약한 고린도 교회 성도들을 "**나의 사랑하는 자녀들처럼 권면하려고 붓을 들었다.**"고 말한

다. 고린도 전서 4장 15절에 사도 바울은 "**그리스도 안에서 일만 스승이 있으되 아비는 많지 않다.**"고 말한다. 거기에서 "**일만 스승**"에 해당하는 헬라어는 "**파이다고구스**"(παιδαγωγοὺς)이다. 이것은 아이들을 돌보는 보모와 같은 의미가 있다. 급여를 받고 아이들을 돌보는 역할을 하는 보모와 아이들을 낳은 부모와는 차이가 매우 크다. 보모는 단지 급여를 받고 일정한 부분을 돌보는 사람에 불과하다. 사도 바울이 "**보모**"와 "**아비**"를 대조시키며 자신을 아비라고 한 것은 고린도 교회를 향하여서 가졌던 그의 마음과 연관된다.

사도 바울은 고린도 교회를 위하여서 아비처럼 그렇게 모든 것을 바쳐서 키우고 가르치고 지도하였다. 그렇기 때문에 사도 바울은 "**보모**"(παιδαγωγοὺς)는 많이 있지만 교회의 "**아비**"(πατέρας)는 많지 않다고 한 것이다. 사도 바울은 단지 보모처럼 행하지 않고 아비처럼 그렇게 고린도 교회들을 위하여서 사역하였다고 말한다.

사도 바울은 "**그리스도 예수 안에서 복음을 통하여서 내가 너희를 낳았다**"(고전 4:15)고 한다. 이것은 아비가 할 수 있는 일이다. 아비는 자식을 낳는다. 그러므로 사도 바울이 교회의 아비처럼 그렇게 신자들 하나 하나를 낳았다고 말한다. 사도 바울은 고린도 전서 4장 16절에서 "**그러므로 내가 너희를 권하노니, 나를 본받는자들이 되어라.**"고 말한다. 헬라어에 "**미메타이**"(μιμηταί)는 "**흉내를 내다**", "**모방을 하다**", "**따라서 하다**", "**따라가다**"라는 의미가 있다. 그것은 어떤 사람과 같은 모양을 낸다는 의미가 있다. 사도 바울은 고린도 교회 성도들에게 자신을 모방하며 따라 하라고 가르친다.

그렇다고 하면 고린도 교회 성도들이 사도 바울의 어떠한 것을 본 삼아야 하는가?

첫째는 사도의 마음을 본 받아야 한다. 사도 바울은 그리스도를 아는 데 장애가 되는 모든 것을 배설물로 여겼다. 그러한 헌신된 자세는 고린도 교회 성도들이 본 받아야 한다.

둘째는 바울 사도의 노고를 깨닫고 본받아야 한다. 고린도 교회 신자들은 사도 바울의 삶을 본받아서 행하여야 한다. 사도 바울이 하나님의 교회를 세우기 위하여서 당한 모든 고난에 동참하는 자세로 행히여야 한다. 사도반 하나님의 교회를 세우는 자인가? 결코 아니다.

사도들이 주의 몸된 교회를 세우는 주체 세력이기는 하나 그분들 홀로 세울 수 없는 곳이 교회이다. 모든 성도들이 주의 교회를 세우는 데 동참해야 할 의무가 있다. 사도들이 가셨던 그 길을 따라서 하나님의 복음으로 주의 교회를 세워야 한다. 그러므로 바울 사도의 본을 따라서 하나님의 교회를 세우는 자로서 헌신되게 살아가야 한다. 사도 바울은 아이가 아비를 본 삼듯이 그렇게 본을 삼으라고 하신다. 아비와 그 자녀들은 닮았다. 그와 같이 참된 성도들은 사도들을 많이 닮아 있어야 한다. 그렇게 사도들을 많이 닮은 신자들은 구주 예수 그리스도를 닮게 되어 있다. 사도들은 주의 교회를 위하여서 주님의 전권 대사가 되어서 온 생애를 다 바쳤다. 사도 바울은 신자들을 그리스도에게로 이끄는 교회의 아비라고 말한다.

신자들이 가르치는 자를 본 삼는 자세는 이러하다. 신자들은 가르치는 자가 어떠한 자세로 하나님의 교회를 대하는지 그가 어떠한 마음으로 하나님의 교회를 섬기는 지를 닮아야 한다.

17. 이를 인하여서 내가 너희에게 주안에서 나의 사랑스럽고 신실한 자녀인 디모데를 보냈다. 그가 너희에게 그리스도 예수 안에 있는 나의 도리를 기억나게 하리라. 그와 같이 내가 모든 교회 안에 어디에서든지 가르친다.

사도 바울은 이제 나이 어린 디모데를 고린도 교회에 보내려고 한다. 그리고 디모데를 보낸 이유는 "**그가 너희에게 그리스도 예수 안에 있는 나의 도리를 기억나게 하리라**"(고전 4:17)는 것이다. 디모데는 바울 사도에게 여러 면에서 훌륭하게 교육 받은 신실한 교회의 전도자이고 목회자이고 교사였다. 디모데는 바울 사도에게 크나큰 도움을 주었다. 그는 고린도 교회에 만 간 것이 아니라, 빌립보 교회에도 갔다. 그 외에도 바울 사도의 부름을 받고 여러 군데에 순방하면서 하나님 나라를 가르쳤다. 그는 바울 사도가 할 수 없는 어떤 일을 매우 충실하게 수행하였다. 사도 바울은 그러한 일을 디모데에게 위임하였다. 디모데는 교회의 교사이고 목사이며 동시에 전도자로서 바울 사도의 전도 사역을 도왔다.

18. 어떤 이들은 내가 너희에게 나아가지 않을 것처럼 교만하여져 있다. 19. 주님께서 원하시면, 내가 너희에게 속히 가리라. 그리고 내가 그 교만 한자들의 말을 알아보지 않고 그 능력을 알아볼 것이다. 20. 하나님의 나라는 말에 있지 않고 능력에 있느니라. 21. 너희가 무엇을 원하느냐? 내가 너희에게 매를 들고 가랴 아니면 사랑 안에서 온유한 마음을 가지고 나아가랴?

사도 바울은 고린도 교회 어떠한 자들은 다시 고린도 교회로 돌아오지 않을 것처럼 교만해졌다고 말한다. 사도가 말한 교만은 이러한 의미가 있다. 그것은 다른 사람을 얕잡아 보는 것이다. 다른 사람에 대하여서 자신이 더 높다고 생각하는 것이다. 사도 바울이 떠난 이후에 고린도 교회에는 어른 행세를 하며 다른 신자들을 얕잡아 보고 헛되이 행하는 자들이 있게 되었다.

사도 바울은 그러한 자들에게 분노하면서 "**주께서 허락하시면 내가 너희에게 속히 나아가서 교만한 자의 말을 알아볼 것이 아니라 오직 그 능력을 알아보겠다.**"(고전 4:19)고 말하였다. 그리고 이어서 "**하나님 나라는 말에 있지 않고 능력에 있다.**"(고전 4:20)고 말한다. 우리는 사도의 이러한 말씀을 통하여서 하나님 나라가 무엇과 같은지를 알 수 있다. 하나님의 나라는 말에 있지 않다. 화려한 언변으로 사람들을 현혹하여서 높은 자리나 차지하고 앉아서 쓸모없는 말이나 지어내고 선생 노릇이나 하는 자들은 교만한 자들이다. 그들은 하나님의 교회를 치리할 자격이 없다.

사도 바울은 고린도 교회 분파주의자들에게 그들의 헛된 말 솜씨는 중요하지 않다고 말한다. 그 능력을 알아보겠다고 추궁한다. 그 능력은 무엇인가? 그것은 경선한 삶을 살아가는 거룩한 능력과 정직한 능력과 겸손한 능력이다. 그리고 사람을 대하는 인자한 능력이고 사랑의 능력이다. 다른 사람을 향해서 온유하게 대할 수 있는 능력을 의미한다. 이는 말과 능력의 대비를 통하여서 알맹이 없는 화려한 미사여구를 뒤로하고 신실한 성도의 삶의 자세를 의미한다.

참된 신앙은 화려한 말솜씨 보다 묵묵히 진리따라 행하는 거룩한 능력이다. 하나님의 말씀을 깨닫고 그 말씀대로 살아가려고 하는 것이다. 그것이 거룩한 능력이다. 교회에서 높아지려고 하여 헛된 야망에 사로 잡혀 있는 자들은 화려한 언변 만 있다. 그들은 교회가 망가지거나 말거나 자신들의 자리를 잡기 위하여서 매우 치졸한 방법으로 분란을 일으킨다. 더 이상 경건한 성도들이 머물 수 없게 만든다.

그들은 헛되이 자랑하며 목을 곧게 하고 다른 사람을 멸시하거나 업신여기고 말만 앞세운다. 거짓된 삶은 그 열매로 알 수 있다. 그들은 말뿐이다. 하나님 나라는 그렇게 헛된 말잔치에 달려있지 않다. 고요하나 묵묵히 힘 있게 역사하는 거룩한 능력이다. 참된 신자들은 이 말씀을 새겨들어야 한다. 말의 미사여구가 중요하지 않으며 그 말씀을 따라 살아가려고 하는 진지한 마음의 자세가 중요하다는 것이다.

제목: 너희 중에 심지어 음행이 있다함을 들으니
본문: 고린도 전서 5장 1~8절

[본 문]

1 너희 중에 심지어 음행이 있다 함을 들으니 이런 음행은 이방인
중에라도 없는 것이라 누가 그 아비의 아내를 취하였다 하는도다 2
그리하고도 너희가 오히려 교만하여져서 어찌하여 통한히 여기지 아
니하고 그 일 행한 자를 너희 중에서 물리치지 아니하였느냐 3 내가
실로 몸으로는 떠나 있으나 영으로는 함께 있어서 거기 있는 것같이
이 일 행한 자를 이미 판단하였노라 4 주 예수의 이름으로 너희가
내 영과 함께 모여서 우리 주 예수의 능력으로 5 이런 자를 사단에
게 내어 주었으니 이는 육신은 멸하고 영은 주 예수의 날에 구원 얻
게 하려 함이라 6 너희의 자랑하는 것이 옳지 아니하도다 적은 누룩
이 온 덩어리에 퍼지는 것을 알지 못하느냐 7 너희는 누룩 없는 자
인데 새 덩어리가 되기 위하여 묵은 누룩을 내어 버리라 우리의 유
월절 양 곧 그리스도께서 희생이 되셨느니라 8 이러므로 우리가 명
절을 지키되 묵은 누룩도 말고 괴악하고 악독한 누룩도 말고 오직
순전함과 진실함의 누룩 없는 떡으로 하자

[원문 직역]

1. 실제로 내가 너희들에게서 음행이 있다는 것을 들었다. 이러한
음행은 이방인들 중에 누구에게도 없는 것이다. 그것은 어떤 아비의
아내를 취하였다 하는도다. 2. 그런데 너희 가 교만해져서 더 이상
한탄하지 않는다는 것이다. 그것은 너희들 중에 이러한 일을 행한 자
들을 제거하지 않는다는 것이다. 3. 내가 몸으로는 너희와 떨어져 있
으나 심령으로는 너희와 함께 있어 내가 거기 있는 것 같이 이러한
일을 행하는 자들을 이미 판단하였다. 4. 우리 주 예수 그리스도의
이름으로 나의 심령과 너희가 함께 모여서 우리 주 예수의 능력으로
5. 그러한 자들을 사단에게 내어 주었으니 그 육신은 멸망하고 주의

날에 그 영혼은 구원하게 하려 함이라. 6. 너희의 자랑이 선하지 못하다. 작은 누룩이 온 덩어리에 퍼지는 것을 알지 못하느냐? 7. 오래된 누룩을 철저하게 깨끗하게 하라 이는 너희로 누룩없는 새로운 떡이 되게 하려는 것이다. 그리스도께서 우리 유월절의 떡으로 죽으셨다. 8. 그러므로 우리가 명절을 지킬 때 오래된 누룩도 없고 악한 누룩도 없고 더러운 누룩도 없는 오직 순결하고 진실한 누룩없는 떡으로 하자.

[본문 해설]

1. 실제로 내가 너희들에게서 음행이 있다는 것을 들었다. 이러한 음행은 이방인들 중에 누구에게도 없는 것이다. 그것은 어떤 아비의 아내를 취하였다 하는도다. 2. 그런데 너희 가 교만해져서 더 이상 한탄하지 않는다는 것이다. 그것은 너희들 중에 이러한 일을 행한 자들을 제거하지 않는다는 것이다. 3. 내가 몸으로는 너희와 떨어져 있으나 심령으로는 너희와 함께 있어 내가 거기 있는 것 같이 이러한 일을 행하는 자들을 이미 판단하였다.

오늘 본문은 두 부분으로 나누인다. 첫째는 근친상간에 대한 부분이다. 이것은 1절~5절이다. 둘째는 권징에 대한 사도 바울의 견해이다. 첫 번째 주제이다. 사도 바울은 "**너희 중에 심지어 음행이 있다 함을 들으니 이런 음행은 이방인 중에라도 없는 것이라**"(고전 5:1)고 말한다. 그 음행은 근친상간이었다. 이 근친상간은 모든 음행 중에 최악이다. 이 죄악은 동성연애자들조차도 혐오하는 죄악이다. 다른 모든 음행은 인륜을 저버리는 것이지만 근친상간은 천륜을 저버리는 무서운 범죄행위이다. 그 중에서도 오늘 사도 바울이 지적한 모자 상간은 극악무도한 범죄행위이다. 사도 바울은 "**어떤자가 아비의 아내를 취하였다 하는도다**"(고전 5:1)라고 함으로서 그 근친상간이 모자 상간임을 밝히고 있다. 이 본문을 통하여서 여러 가지 음행에 대하여서 살펴보려고 한다. 가장 먼저 동성연애이다. 동성연애는 사도 시대에도 있었다. 로마서 1장 27절에 사도 바울이 이것을 언급한다. "**이와 같이 남자들도 순리대로 여인 쓰기를 버리고 서로 향하여 음욕이 불일듯 하매 남자가 남자로 더불어 부끄러운 일을 행하여 저희의 그릇됨에 상당한 보응을 그 자신에 받았느니라**"(롬 1:27) 동성연애는 자연의 순리를 어그러뜨리는 죄악이다. 그 죄악에 빠지면 헤어 나오기 어렵다. 왜냐하면 뒤틀려 버린 본성이 점차적으로 꼬여져 가기 때문이다. 그래서 사도 바울은 그들이 순리대로 이성을 취하는 것을 버리고 동성 간에 서로 음욕이 불일 듯 일어났다고 말한다. 그래서 남자가 남자로 더불어 부끄러운 일을 행하게 되었다고 말한다. 하나님께서 자연에 주신 법칙은 이성 간에 결합이다. 그런데 이 자연 법칙을 버리고 동성 간에 연애하는 것은 극심하게 타락한 사회 현상이다. 놀랍게도 한 사회가 성적으로 몰락해 갈 때에 동성연애가 극심할 것을 이미 창세기에 진술되고 있다. 창세기 19장에 하나님께서 아브라함에게 소돔과 고모라의 멸망에 대하여 말씀하실 때에, 그 소돔과 고모라 땅의 넘치는 동성연애에 대하여서 기록하고 있다. 그때에 하늘의 천사가 롯의 집에 들어갔는데 소돔과 고모라 사람들은 그들이 준수하게 생긴 남자로 보였고 그래서 그 남자들을 내 놓으라고 떼를 썼다. 창세기 19장 1~26절이다. 그때에 창세기 19장 5절에 간략하게 서술한다. "**롯을 부르고 그에게 이르되 이 저녁에 네게 온 사람이 어디 있느냐 이끌어 내라 우리가 그들을 상관하리라**" 이 본문에서 "**상관하리라**"라는 히브리어 원문을 살펴보면 그것이 서로 간음을 하겠다는 것이다. 그러므로 남자로 보여지는 천사들을 소돔과 고모라의 청년들이 데려다가 상관하겠다는 것이다. 직역하면 "**서로 관계하겠다**"라는 의미이다. 결국 소돔과 고모라에 동성연애가 일반화 되었다는 것을 알 수 있다. 동성연애는 자연의 순리를 거스르는 범죄 행위이다. 그런데 그런 추악한 범죄를 행하는 동성연애자들조차도 비웃는 간음 행위가 근친 상관이다. 이 근친 상관은 동성연애자들 보기에도 심각하게 악하다는 것이다. 동성연애자들만도 못한 윤리의식을 가진 자들이 근친상간을 하는 자들이다.

사도 바울은 고린도전서 5장에서 근친상간의 문제를 거론하고 있다. 그런데 놀라운 것은 이방인들 중에서도 이러한 죄악을 흔하게 짓지 않는데 고린도 교회 안에 신자들 중에 그러한 범죄를 저지르는 자들이 있다는 것이다. 그런데 고린도 교회는 그러한 범죄자들을 그대로 방치하고 권징하지 않았다. 그것을 사도 바울이 본문에서 지적하는 것이다. "**그리하고도 너희가 오히려 교만하여져서 어찌하여 통한히 여기지 아니하고 그 일 행한 자를 너희 중에서 물리치지 아니하였느냐**"고 책망하고 있다. 여기에서 교만하여졌다는 것은 하나님의 말씀에 감각이 사라졌다는 것이다. 사람이 교만하게 되면 하나님의 말씀에 대한 감각이 사라진다. 고린도 교회가 천인 공로할 범죄 행위가 자행되어도 그러한 누룩을 처리하지 않은 것은 하나님 앞에서 교만한 것이다. 그들은 그 일을 통한히 여기지도 아니하였다. 고린도 교회는 그 일을 무덤덤하게 내버려두고 방치 시켰다. 사도 바울은 그것을 책망하고 있다. 한 사회가 타락하면 옳고 그름을 분별할 능력을 상실하고 더 나아가서 그것을 분별하여 처리하는 것을 귀찮아한다. 그렇게 되면 그 공동체에 사랑이 식어 버리고 결국 황폐화 된다. 고린도 교회가 이러한 분파주의자들의 범죄 행위를 방치하고 서로 세력 다툼에 열중하였을 때에 내부적으로 점점 썩어 갔다. 이제 사도 바울은 이러한 근친상간을 범한 자들의 죄악을 어떻게 처리할 것을 지도하고 있다. 고린도 전서 5장 3절에서 사도 바울은 "**내가 실로 몸으로는 떠나 있으나 영으로는 함께 있어서 거기 있는 것같이 이 일 행한 자를 이미 판단하였노라**"고 선언하고 있다. 비록 사도 바울이 고린도 교회에 머물러 있지는 않지만 그의 심령은 고린도 교회 성도들과 함께 있어서 그들과 함께 그러한 자들을 심판하였다고 말한다. 그것은 그들을 어떻게 처리할 것인지 마음에 결정하였다는 것이다. 그리고 그 결정을 다음 구절에서 말한다. 그것은 출교였다.

4. 우리 주 예수 그리스도의 이름으로 나의 심령과 너희가 함께 모

여서 우리 주 예수의 능력으로 5. 그러한 자들을 사단에게 내어 주었으니 그 육신은 멸망하고 주의 날에 그 영혼은 구원하게 하려 함이라. 6. 너희의 자랑이 선하지 못하다. 작은 누룩이 온 덩어리에 퍼지는 것을 알지 못하느냐?

이것은 사도와 함께 고린도 교회 치리회가 권징을 시행하는 것을 의미한다. 사도 바울은 육신이 멸하여 주의 날에 그 영혼은 구원을 얻게 하려함이라고 말한다. 이는 출교를 통하여서 육신의 고통을 경험하게 하고 영혼의 회개를 유도하겠다는 것이다. 출교는 회개를 조건으로 해벌이 가능하다. 한번 출교 된 자라고 해도 극심한 고통을 통하여서 회개하고 돌이키면 교회의 치리회는 그에 합당한 증거가 있을 때에 해벌할 수 있다. 참되게 회개한자는 누구든지 교회는 다시 받아들여야 한다. 왜냐하면 원래 권징의 목적이 징계에 있는 것이 아니라 교정에 있기 때문이다.

그렇다고 하면 출교와 제명이 어떻게 다른가 하는 부분도 살펴보려고 한다. 출교는 교리적으로 이단 교리를 철회하지 않거나 혹은 실생활에 있어서 근친상간과 같이 중대한 범죄를 돌이키지 않았을 때에 내려지는 징계이다. 출교는 모든 거룩한 보편 교회로부터 버려지는 것이다. 만약 치리회가 합당하게 치리하여서 출교하였으면 그는 하늘나라에 들어가지 못하게 되어있다. 왜냐하면 교회의 열쇠가 치리회에 있기 때문이다. 출교될 만큼 범죄한자는 돌이키지 않으면 영혼의 사망을 면하기 어렵다.

그러나 그와 달리 제명은 그 지 교회로부터 벗어나는 것이다. 그래서 제명은 출교와 다르다. 제명은 그 교회에 문제를 일으키고 떠나지만 전체 교회에게 해가 될 만큼 중대한 범죄가 아니기에 한 지교회로부터 제명 처리만 하는 것이다. 그러므로 제명은 단지 그 지교회로부터 제명이다. 그것은 교리적인 문제로 인하여서 야기된 문제가 아니어야 하고 실생활에 있어서 근친상간과 같은 중대한 범죄로 인하여서 치리를 받는 형태가 아니어야 한다.

이제 이명이다. 이명은 제명과 출교와 다르다. 이명은 합법적인 방법으로 이 교회에서 저 교회로 이전하는 것이다. 이것은 가장 합리적이고 올바른 교회 이주 절차이다. 이명을 제대로 활성화 하면 거룩한 보편 교회의 통일성을 보존하면서 동시에 각 신자들의 신앙의 연속성과 일치성을 지켜준다. 그래서 이명 제도는 매우 중요한 교회 제도이다. 둘째로 권징의 목적에 대한 사도 바울의 견해이다. 사도 바울은 권징의 목적에 대하여서 다음과 같이 말한다. 고린도 전서 5장 6절에서 "**너희의 자랑하는 것이 옳지 아니하도다 적은 누룩이 온 덩어리에 퍼지는 것을 알지 못하느냐**"고 말한다. 직역하면 다음과 같다. "**너희의 자랑이 선하지 못하다. 작은 누룩이 온 덩어리에 퍼지는 것을 알지 못하느냐?**"

권징의 목적은 적은 누룩이 온 덩어리에 퍼지지 않게 하려는 것이다. 개인에게는 잘못된 행실로부터 교정에 의미가 있고 공동체적으로는 적은 누룩이 온 덩어리에 퍼지지 않게 하려는 목적에 있다. 그것은 공동체의 거룩성을 지키려는 의도이다.

7. 오래된 누룩을 철저하게 깨끗하게 하라 이는 너희로 누룩없는 새로운 떡이 되게 하려는 것이다. 그리스도께서 우리 유월절의 떡으로 죽으셨다.

사도 바울은 철저한 권징을 통하여 오래된 누룩을 제거하라고 말한다. 그래서 누룩이 없는 새로운 떡이 되라고 말한다. 바로 그리스도께서 우리의 거룩한 유월절의 떡으로 죽으셨다고 말한다. 그렇다고 하면 권징의 절차는 어떻게 되는가?

첫째 만약 어떤 자가 범죄 하였으면, 그 일을 아는 자는 그 자를 찾아가서 그 범죄에 대하여서 권면하고 돌이키게 해야 한다. 이 일은 절대 누설하지 말고 비밀로 해야 한다. 치리회에도 보고할 필요가 없다.

둘째로 찾아간 자의 말을 듣지 않고 강퍅하게 돌이키지 아니하면

두세 명 정도 찾아간다. 이때에는 치리회에 보고가 되어야 한다.

세 번째는 치리회가 찾아가도 듣지 않으면 교회는 권징 절차를 따라서 치리한다. 이러한 여러 과정들을 통하여서 범죄한 자로 자연스럽게 회개를 유도하는 것이 치리의 절차이다.

치리 절차는 범죄자를 돌이키게 하려는 수단이다. 그래서 치리 철차는 중요하다. 그 절차를 밟아가면서 자연스럽게 교정시킬 수 있는 자를 드러낸다. 만약 끝까지 돌이키지 아니하면 공동의회에 선언하고 수찬 정지나 제명이나 출교를 하게 된다. 이것이 시벌이다. 그런데 수찬 정지와 같이 일정한 기간 동안 권징을 받는 경우에는 그 시벌 기간이 지나면 해벌하게 된다. 이러한 시벌과 해벌은 모두 교회에서 공적으로 선포가 된다. 하나님의 말씀에 겸손하면 이러한 절차는 그 범죄한 자에게 은혜가 된다. 그러나 거부하면 결국 출교까지 이르게 된다. 거기에 멸망이 있다.

8. 그러므로 우리가 명절을 지킬 때, 오래된 누룩도 없고 악한 누룩도 없고 더러운 누룩도 없는 오직 순결하고 진실한 누룩 없는 떡으로 하자.

사도 바울은 묵은 누룩을 제거하라고 말한다. 오래된 누룩은 옛사람에 속한 본성이다. 화내고 분내고 싸우고 다투며 서로 헐뜯고 하는 죄악 된 본성이다. 옛 사람에 속한 본성들이 인성 안에 많다. 헛된 욕망, 공명심, 자기 자랑, 높아진 마음들 서로 비교하는 의식들, 자기의 위치를 지키지 못함 혹은 무례하게 말하거나 행동하는 것 등등 이루 헤아릴 수 없다. 무엇보다 신앙 공동체 안에서 성도 상호간에 자신의 속내를 진실하게 드러내고 대화하지 못할 때, 그것은 더 이상 공동체의 거룩함에 진전이 없다. 악한 누룩은 나쁜 의도성을 가진 본성이다. 거기에는 세상 적 이익을 위하여 말하고 행동하는 것을 말한다.

거룩한 보편 교회에서 세력 다툼을 하는 대부분의 사람들은 악한 누룩을 마음에 품은 자들이다. 인간의 부패성을 표상하는 누룩에는 두 종류가 있다. 첫째는 연약한 누룩이다. 연약한 누룩은 의도성은 없으되 연약한 부패성이다. 연약한 누룩도 제거되어야 한다. 주님께서 기다리시기 때문이다. 그러므로 모든 신자들은 자신의 연약성을 교정하기 위하여서 몸부림 쳐야 한다. 반드시 하나님께서 고쳐 주신다. 그러나 연약한 인간의 부패성은 치리할 수 없다. 다만 거룩한 보편 교회는 그 연약한 자를 지도하며 기다릴 뿐이다.

참된 신자들 중에 연약한 누룩을 가진 자는 그것을 버리려고 부단히 노력한다. 최소한 자신 안에 연약한 누룩을 인정하고 참회한다. 때때로 하나님께서 연약한 누룩을 가진 자들을 더욱 성결한 삶으로 이끄시고자 조금은 남겨 두시기도 한다. 그래서 더욱 주님을 의지하게 하신다.

둘째로는 악한 누룩이 있다. 악한 누룩은 연약한 누룩과 다르다. 악한 누룩을 가진 자는 그 악한 누룩을 제거할 마음이 없다. 오히려 자신의 악한 누룩을 정당화하고 교회 안에 그 악한 누룩을 심으려고 한다. 실로 악한 자들이다. 그들은 돌이키지 않으려고 하며 스스로를 합리화 한다. 이러한 자들은 정죄받아 마땅하다. 거룩한 보편 교회는 이러한 악한 누룩을 가진자들을 권징한다.

사도 바울은 우리가 그러한 오래되어 더러워진 누룩을 제거하고 순결하고 진실한 누룩 없는 떡으로 명절을 지키라고 말한다. 순결하고 진실한 누룩 없는 떡이란 무교병을 의미한다. 그리고 그것은 예수 그리스도이시다. 사도 바울은 예수 그리스도께서 순결하고 진실한 누룩 없는 떡이기 때문에 오직 주를 믿음으로 그리스도의 보혈로 정결하게 될 것을 가르친다. 사람이 자신의 죄악을 깨닫고 돌이키는 것 밖에 선한 것이 없다. 하나님은 우리에게 죄가 없다고 하시지 않는다.(요일 1:10) 오히려 엄청난 죄인들이라고 하신다. 그 죄로부터 돌이키게 하시고자 부르신 것이다.(요일 1:9)

사도 바울은 고린도 전서 5장 8절에서 순결하고 누룩 없는 떡이 되시는 예수 그리스도로 충만하게 되어지기를 바라는 마음으로 그러한 떡으로 명절을 지키라고 말한다. 베드로 후서 3장 18절에 사도 베드로는 "**오직 우리 주 곧 구주 예수 그리스도의 은혜와 저를 아는 지식에서 자라가라 영광이 이제와 영원한 날까지 저에게 있을지어다**"라고 권면한다. 이 권면을 받을 자는 간절하게 사모하고 받기를 바란다.

제목: 음행하는 자들과 사귀지 말라
본문: 고린도 전서 5장 9~13절

[본 문]

9 내가 너희에게 쓴 것에 음행하는 자들을 사귀지 말라 하였거니
와 10 이 말은 이 세상의 음행하는 자들이나 탐하는 자들과 토색하
는 자들이나 우상 숭배하는 자들을 도무지 사귀지 말라 하는 것이
아니니 만일 그리하려면 세상 밖으로 나가야 할 것이라 11 이제 내
가 너희에게 쓴 것은 만일 어떤 형제라 일컫는 자가 음행하거나 탐
람하거나 우상 숭배를 하거나 후욕하거나 술 취하거나 토색하거든
사귀지도 말고 그런 자와는 함께 먹지도 말라 함이라 12 외인들을
판단하는데 내게 무슨 상관이 있으리요마는 교중 사람들이야 너희가
판단치 아니하랴 13 외인들은 하나님이 판단하시려니와 이 악한 사
람은 너희 중에서 내어 쫓으라

[원문 직역]

9. 내가 너희에게 서신에서 썼다. 음행하는 자와 사귀지 말라는 것
이다. 10. 이 세상의 모든 음행하는 자들이나 탐욕이 가득한 자들이
나 토색하는 자나 우상숭배자들에 대한 말이 아니다. 만약 그렇지 않
으면 너희가 세상 밖으로 나가야 마땅하기 때문이다. 11. 지금 내가
너희에게 쓰는 것은 만약 어떤 형제라고 일컫는 자가 음행이나 탐욕
이나 우상 숭배나 중상 모략하는 자나 술 취한 자나 토색하는 자들이
있다면 그들과는 함께 먹지도 말라는 것이다. 12. 외인들을 판단하는
것이 나에게 의미가 없다. 그러나 교회 안에 있는 자들을 너희는 판
단해야 한다. 13. 외인들은 하나님께서 판단하시리라 너희는 악한 자
들을 너희 회중들로부터 제거하라.

[본문 해설]

9. 내가 너희에게 서신에서 썼다. 음행하는 자와 사귀지 말라는 것

이다.

사도 바울은 고린도 전서 5장 9절에 "**내가 너희에게 서신을 쓴 것은 음행하는 자와 사귀지 말라는 것이다.**"고 선언한다. "**사귀다**"에 해당하는 헬라어 "**수나나미그누스다이**"(συναναμίγνυσθαι)는 "**어떤 사람과 친밀한 관계 안에 있다**" 혹은 "**그러한 사람과 사사로운 교분을 쌓는다**"라는 의미가 있다. 사도 바울은 여기에서 교회 공동체 안에 하나님께 불명예스럽게 행동하면서도 돌이키려고 하지 않는 자들과 사귀지 말라고 하신다. 이는 공동체로부터 제명을 의미한다.

10. 이 세상의 모든 음행하는 자들이나 탐욕이 가득한 자들이나 토색하는 자나 우상숭배자들에 대한 말이 아니다. 만약 그렇지 않으면 너희가 세상 밖으로 나가야 마땅하기 때문이다.

사도 바울은 만약 우리가 이 세상에서 그런 모든 음행하는 자나 탐욕이 가득한 자나 토색하는 자나 우상숭배자를 대면하지 않고 살려면 세상 밖으로 나가야 할 것이라 말한다. 그러므로 사도가 멀리하라는 그 대상은 교회 안에 있는 자들 중에서 "**음행하는 자들이나 탐욕이 가득한 자들이나 토색하는 자나 우상숭배자들**"을 멀리하라는 것이다. 여기에서 "**토색하다**"라는 의미는 "**강제로 남의 것을 빼앗는 것을 의미한다.**" 이러한 자들과는 신앙생활을 할 수 없다. 우리가 이 세상에 악한 자들과 상업을 하고 물건을 사고팔며 해야 하겠지만, 하나님의 교회를 어지럽히는 자들을 그대로 둘 수 없다. 그들은 권징해야 한다.

11. 지금 내가 너희에게 쓰는 것은 만약 어떤 형제라고 일컫는 자가 음행이나 탐욕이나 우상 숭배나 중상 모략하는 자나 술 취한 자나 토색하는 자들이 있다면 그들과는 함께 먹지도 말라는 것이다.

이제 11절 안에 살펴볼 구절은 이러하다. **"우상 숭배"**이다. 헬라어로 **"에이돌로라트레스"**(εἰδωλολάτρης)라고 하는데 이것은 미신을 좇는 것이다. 미신을 좇는 것이 우상 숭배이다. 그 다음으로 **"후욕하다."**라는 뜻도 살펴보려고 한다. 이것은 헬라어로 **"로이도로스"**(λοίδορος)라고 하는데 **"중상 모략하다"**라는 의미가 있다. 어떤 자가 악한 마음을 품고서 사실 관계도 확인할 수 없는 사건을 만들어서 비방하는 것이다. 사도 바울은 그렇게 행실이 극단적으로 타락한 자들 중에 형제라고 일컫는 자들이 있다면 그들을 멀리하라고 말한다. 사도 바울은 그들과 함께 먹지도 말라고 한다. 그것은 그들과의 교제를 끊으라는 것이다. 사람이 먹고 마시는 것은 교제를 의미한다.

12. 외인들을 판단하는 것이 나에게 의미가 없다. 그러나 교회 안에 있는 자들을 너희는 판단해야 한다. 13. 외인들은 하나님께서 판단하시리라 너희는 악한 자들을 너희 회중들로부터 제거하라.

사도 바울은 성도들이 교회 밖에 있는 자들을 판단하는 것은 의미가 없다고 말한다. 신자는 외인들에 대하여 함께 일상의 거래를 하며 일정한 교류를 하고 살지만 형제처럼 그들을 대할 수 없다. 그러나 악한 자가 회중 가운데 있을 때에는 사정이 다르다. 그때에는 그들을 권징하고 불순종하면 교회로부터 내보내야 한다. 이것은 교회의 순결 때문이다. 신자들은 이러한 직무를 수행하는 치리회의 권징에 겸손하게 순종해야 한다. 그래야 신앙의 성숙을 이룰 수 있다.

제목: 세상 법정에 송사하지 말라
본문: 고린도 전서 6장 1~11절

[본 문]

1 너희 중에 누가 다른 이로 더불어 일이 있는데 구태여 불의한
자들 앞에서 송사하고 성도 앞에서 하지 아니하느냐 2 성도가 세상
을 판단할 것을 너희가 알지 못하느냐 세상도 너희에게 판단을 받겠
거든 지극히 작은 일 판단하기를 감당치 못하겠느냐 3 우리가 천사
를 판단할 것을 너희가 알지 못하느냐 그러하거든 하물며 세상 일이
랴 4 그런즉 너희가 세상 사건이 있을 때에 교회에서 경히 여김을
받는 자들을 세우느냐 5 내가 너희를 부끄럽게 하려 하여 이 말을
하노니 너희 가운데 그 형제간 일을 판단할 만한 지혜 있는 자가 이
같이 하나도 없느냐 6 형제가 형제로 더불어 송사할 뿐더러 믿지 아
니하는 자들 앞에서 하느냐 7 너희가 피차 송사함으로 너희 가운데
이미 완연한 허물이 있나니 차라리 불의를 당하는 것이 낫지 아니하
며 차라리 속는 것이 낫지 아니하냐 8 너희는 불의를 행하고 속이는
구나 저는 너희 형제로다 9 불의한 자가 하나님의 나라를 유업으로
받지 못할 줄을 알지 못하느냐 미혹을 받지 말라 음란하는 자나 우
상 숭배하는 자나 간음하는 자나 탐색하는 자나 남색하는 자나 10
도적이나 탐람하는 자나 술 취하는 자나 후욕하는 자나 토색하는 자
들은 하나님의 나라를 유업으로 받지 못하리라 11 너희 중에 이와
같은 자들이 있더니 주 예수 그리스도의 이름과 우리 하나님의 성령
안에서 씻음과 거룩함과 의롭다 하심을 얻었느니라

[원문 직역]

1. 너희 중에 어떤 이가 다른 형제에 대하여서 품고 있는 어떤 일
을 불경건 한자들 앞에서 판단하려고 하고 거룩한 자들 앞에서 아니
하느냐? 2. 성도들이 세상을 판단하는 것을 너희가 알지 못하느냐?
그리고 만약 세상도 너희에게 판단을 받는다면 지극히 작은 일 판단

하기를 너희가 감당치 못하겠느냐? 3. 너희는 우리가 천사들을 판단하는 것을 알지 못하느냐? 하물며 일상적인 일이랴? 4. 그러므로 만약 일상적인 일을 법정에 세운다면 교회 안에 멸시받는 자를 두는 것이 아니냐? 너희가 그러한 자를 앉히려느냐? 5. 내가 너희를 부끄럽게 하려는 것이다. 그와같이 그 형제 중에 일어난 일에 대하여서 판단할 지혜 있는 자가 너희 중에 하나도 없느냐? 6. 그러나 형제가 형제와 함께 판단을 받고 불신자들 앞에서 서 있어야 되겠느냐? 7. 그러므로 이미 너희가 서로에 대하여서 판단함으로 전적으로 너희에게 허물이 있다. 이를 인하여서 너희가 손해를 보는 것이 더 낫지 아니하냐? 속는 것이 더 낫지 아니하냐? 8. 그리고 너희가 해를 끼치고 악을 행하는 자는 너희의 형제니라. 9. 너희가 모르느냐? 악을 행하는 자는 하나님의 나라에 상속자가 될 수 없다는 것을, 그리고 멸망으로 간다는 것을 음행이나 우상숭배 자나 간음하는 자나 동성연애 자나 성도착자나 10. 도적질하는 자나 탐욕에 찌든 자들이나 술에 찌든 자나 중상모략하는 자나 탐심에 찌든 자나 하나님 나라를 상속받을 수 없다. 11. 너희들 중에 그러한 자들이 있었다. 그러나 너희가 거룩함을 얻고 주 예수 그리스도의 이름 안에서와 너희 하나님의 성령 안에서 의롭게 되었다.

[본문 해설]

오늘 강설은 두 부분으로 나누어진다. 첫째는 주 안에서 형제간에 소송을 하여서 세상 법정에 서지 말라는 것이다. 둘째는 하나님 나라의 유업을 받지 못할 악행에 대한 것이다.

1. 너희 중에 어떤 이가 다른 형제에 대하여서 품고 있는 어떤 일을 불경건 한자들 앞에서 판단하려고 하고 거룩한 자들 앞에서 아니하느냐?

사도 바울은 성도 상호간 어떤 갈등을 가지고 세상 법정에 고소하는 자들을 책망한다. 그 갈등이란 고린도 교회 형편에서 보았을 때에는 주로 상호간 불미스러운 일들이다. 그것은 주로 금전과 관련된 일로 사려 된다. 교회 안에서 금전적인 부분으로 싸우는 일이 종종 있다. 참으로 쉽게 해결하기 어려운 부분이다. 사도 바울은 그러한 일이 발생하였을 때 형제가 다른 형제를 세상 법정에 세우기보다는 차라리 손해를 보는 것이 낫다고 말한다. 사도 바울은 그러한 일로 세상 법정에 갈 것이 아니라 교회 안에 지혜롭고 현명한 자를 판관으로 세워서 그들로 판단하게 하라고 가르친다.

2. 성도들이 세상을 판단하는 것을 너희가 알지 못하느냐? 그리고 만약 세상도 너희에게 판단을 받는다면 지극히 작은 일 판단하기를 너희가 감당치 못하겠느냐?

사도 바울은 성도들이 세상을 판단한다고 가르친다. 성도들은 세상을 판단할 수 있어야 한다. 세상에 일어나는 일들과 세상에서 벌어지는 사건들에 대하여서 판단할 수 있어야 한다. 성도들이 판단해야 할 세상의 일들은 많다. 가장 중요한 것이 정치이다. 그리스도인들은 세상 정치에 어두워서는 않된다. 옳고 그름을 올바르게 분별하여서 손을 들어 줄 수 있는 정치 감각을 가지고 있어야 한다. 그리고 세상 정치에 대한 사리 분별력이 강해야 한다. 둘째 세상의 경제에 대하여도 어두워서는 안된다. 하나님께서 어떻게 실물 경제를 통하여서 세상을 다스리시는 가를 살펴야 한다. 세 번째 그리스도인들은 세상의 문화에 대하여 옳고 그름을 판단할 수 있어야 한다. 실로 문화는 모든 인류가 누리고 살아가는 하나님의 일반 은총이다. 성도들은 마땅히 세상 문화를 잘 판단 할 수 있어야 한다. 우리가 세상 문화를 올바르게 판단하지 못하면 교회 문화도 위태로울 수 있다. 왜냐하면 무분별하게 세상 문화를 받아들일 수 있기 때문이다. 실로 교회 문화라고 하는 것도 세상 문화를 선별하여서 형성되는 것이다. 세상에서 누리는 일반 은총 중에 하나님의 말씀에 어긋나지 않는 것을 살펴서 교회 문화를 풍요롭게 할 수 있다. 그 안에는 예술 · 음악 · 영화 · 연극 · 비니어 · 매체 등 다양하다. 성도들은 이러한 것들을 분별해야 한다. 사도 바울은 성도들이 세상을 올바르게 판단하면 교회 안에 작은 일을 판단하는 것은 감당하기 어렵지 않다고 말한다. 세상을 분별할 수 있는 교회는 교회 안에 일어나는 분파주의나 혹은 형제들 상호간에 다툼을 지혜롭게 풀어 갈 수 있다. 거룩한 교회가 부패한 세상을 분별할 수 있을 때, 교회 어려움도 극복할 수 있다. 교회의 사소한 갈등이란 옛 사람의 습성으로부터 발생한 것들이 대부분이다. 그래서 교회가 세상을 분별할 수 있으면 교회 안에 자그마한 일들을 감당할 수 있다.

3. 너희는 우리가 천사들을 판단하는 것을 알지 못하느냐? 하물며 일상적인 일이랴?

사도들은 천사조차도 판단한다. 사도의 권세는 영적 실체까지도 판단하는 것이다. 사도들은 그렇게 천사도 판단하였다. 갈라디아서 1장 7~8절 말씀에 보면 "**7 다른 복음은 없나니 다만 어떤 사람들이 너희를 요란케 하여 그리스도의 복음을 변하려 함이라 8 그러나 우리나 혹 하늘로부터 온 천사라도 우리가 너희에게 전한 복음 외에 다른 복음을 전하면 저주를 받을지어다**"라고 말한다. 이것은 사도권의 실체를 말하는 것이다. 사도의 가르침은 하늘 천사의 가르침보다 더 높다. 이것이 사도가 천사를 판단할 수 있는 근거다. 그 만큼 사도들의 권세는 모든 교회 위에 높았다. 사도 바울은 이러한 가르침의 기준을 가지고 고린도 교회 성도들에게 자신들이 천사도 판단할 권세가 있음을 증거하고 있다. 그러면서 "**하물며 일상적인 일이랴**"(고전 6:3)고 말한다. 일상에 일어나는 일을 사도들이 판단하는 것은 더욱 쉽다는 것이다. 그것은 각 사람의 이해관계로 일어난 마찰이기 때문에 충분히 그 분쟁을 잠재울 수 있다는 것이다. 그와 같이 고린도 교회 성도도 치리회를 통하여서 그 일을 올바르게 분별할 수 있다고 말한다.

4. 그러므로 만약 일상적인 일을 법정에 세운다면 교회 안에 멸시 받는 자를 두는 것이 아니냐? 너희가 그러한 자를 앉히려느냐? 5. 내가 너희를 부끄럽게 하려는 것이다. 그와같이 그 형제 중에 일어난 일에 대하여서 판단할 지혜 있는 자가 너희 중에 하나도 없느냐? 6. 그러나 형제가 형제와 함께 판단을 받고 불신자들 앞에서 서 있어야 되겠느냐? 7. 그러므로 이미 너희가 서로에 대하여서 판단함으로 전적으로 너희에게 허물이 있다. 이를 인하여서 너희가 손해를 보는 것이 더 낫지 아니하냐? 속는 것이 더 낫지 아니하냐?

사도 바울은 하나님의 교회 성도들이 상호 간에 작은 일로 세상 법정에 서는 것은 온당하지 못하다고 말한다. 이 작은 일이란 주로 세상 법정에서 다루는 민사 소송을 의미한다. 민사 소송은 상호간에 합의가 중요하다. 합의가 되지 않으면 세상 법정을 찾아야 한다. 사도 바울은 이러한 민사 소송과 관련된 부분은 성도들이 교회 안에 재판국을 세워서 교회법과 양심을 따라서 해결하라고 가르친다. 만약 그렇지 않고 민사 소송을 통해서 세상 법정에 서게 되면 신앙도 없는 세상 관원들이 그 자그마한 일을 판단하게 되어서 교회가 수치를 당할 것이라고 가르친다. 그 세상 판관들이 교회를 우습게보게 될 것이다.

사도 바울은 일상적인 이해관계로 발생하는 소송은 교회가 해결하라고 가르친다. 사도 바울은 고린도 전서 6장 5절에서 자신이 이러한 말을 하는 것은 그러한 일을 행하는 자들을 부끄럽게 하고자 함이라 말한다. 만약 사소한 일로 세상 법정에서 소송을 하게 되면 하나님의 나라가 부끄럽게 된다. 신자들은 사고한 이해관계를 인하여 세상 법정에 설 수 없다. 일상적인 이해관계는 살인이나 방화와 같은 강력 범죄가 아니기에 공권력이 필요 없다.

사도 바울은 고린도 전서 6장 6절에서 "**형제가 형제로 더불어 송**

사할 뿐더러 믿지 아니하는 자들 앞에서 하느냐"고 하면서 세상 법정에 개인적인 이해관계로 인하여서 송사하는 것을 책망하고 있다. 하나님 나라의 질서가 세상 나라의 질서보다 높은데 더 낮은 질서에게 성도들 상호간에 일을 맡기는 것은 참으로 어리석은 것이다.

사도 바울은 고린도 전서 6장 7절에서 "**너희가 피차 송사함으로 너희 가운데 이미 완연한 허물이 있나니 차라리 불의를 당하는 것이 낫지 아니하며 차라리 속는 것이 낫지 아니하냐**"라고 말한다. 직역하면 다음과 같다. "**7. 그러므로 이미 너희가 서로에 대하여서 판단함으로 전적으로 너희에게 허물이 있다. 이를 인하여서 너희가 손해를 보는 것이 더 낫지 아니하냐? 속는 것이 더 낫지 아니하냐?**" 사도 바울은 신자들이 이해관계에 손해를 보지 않기 위해 세상 법정에 나가서 싸우기보다 차라리 손해를 보는 것이 더 낫다고 말한다. 그 손해를 본 것에 대해 관용하라는 것이다. 사도 바울은 경건한 자들이 더 연약한 자들로 인해 당하는 손해를 감수하라고 말한다. 그것은 교회의 덕을 세우기 위함이다. 사도 바울은 강한자가 연약한자의 짐을 지는 것이 마땅하다고 말한다. 연약한 자의 짐을 지는 신실한 신자는 그 교회에서 존경받아 마땅하다. 참된 신자는 이 세상에서 약간의 손해를 보고 살아갈 것을 각오해야 한다. 작은 이해관계에 집착하여 하나님 나라의 영예를 훼손시키지 말아야 한다. 어리석은 자들은 하나님 나라의 영광을 버리고 눈 앞에 이익을 좇는다. 그들은 눈앞에 자그마한 이익에 눈이 멀어서 하나님의 영광을 훼손시킨다. 그들에게 신앙은 없다. 그들은 자신들의 탐욕으로 인하여서 주님의 이름이 치욕을 받아도 눈 앞에 이익에 급급하다. 그들은 하나님 나라의 질서와 그 나라의 거룩한 자태에 관심이 없다.

8. 그리고 너희가 해를 끼치고 악을 행하는 자는 너희의 형제니라.

사도 바울은 고린도 전서 6장 8절에서 "**그리고 너희가 해를 끼치고 악을 행하는 자는 너희의 형제니라.**"고 말한다. 사도는 눈앞에 이익 때문에 이웃 사람을 해롭게 하는 자들이 받을 하나님의 심판을 경고한다. 참된 신자들은 이해관계가 있을 때에 상대방을 먼저 배려해야 한다. 나로 인하여서 상대방이 당할 고통과 아픔을 생각해야 한다. 자신의 이익 앞에서 형제의 눈물도 고통도 전혀 사려하지 못하는 자들은 불경건한 자들이다. 자신의 눈앞에 이익 때문에 형제가 당할 아픔을 전혀 공감도 못하는 자들은 인성이 파괴된 자들이다. 자신의 욕망 이외에 다른 것에 관심이 없는 자들은 하나님 나라에 합당하지 못하다. 그들은 이웃 사랑에 관심이 없다. 오로지 욕망 뿐이다. 자신 욕망을 위하여서 형제가 어떻게 되든지 관심도 없다. 그런 자들은 하나님 나라를 유업으로 받을 수 없다. 하나님 나라를 유업으로 받을 자들은 이웃 사랑을 완성하는 자들이다. 사도바울은 9절~10에 걸쳐서 불의한 자들의 특징을 설명한다.

9. 너희가 모르느냐? 악을 행하는 자는 하나님의 나라에 상속자가 될 수 없다는 것을, 그리고 멸망으로 간다는 것을 음행이나 우상숭배자나 간음하는 자나 동성연애 자나 성도착자나 10. 도적질하는 자나 탐욕에 찌든 자들이나 술에 찌든 자나 중상모략하는 자나 탐심에 찌든 자나 하나님 나라를 상속받을 수 없다. 11. 너희들 중에 그러한 자들이 있었다. 그러나 너희가 거룩함을 얻고 주 예수 그리스도의 이름 안에서와 너희 하나님의 성령 안에서 의롭게 되었다.

사도 바울은 "**불의한 자가 하나님의 나라를 유업으로 받지 못할 것이라**"(고전 6:9)고 말한다. 그리고 나서 "**그들은 멸망으로 간다**"고 말한다. 사도 바울은 그 멸망으로 가는 자들의 모습을 진술하고 있다. 고린도 전서 6장 9절~10절이다. "**음란하는 자나 우상 숭배하는 자나 간음하는 자나 탐색하는 자나 남색하는 자나 10 도적이나 탐람하는 자나 술 취하는 자나 후욕하는 자나 토색하는 자들**"이다. 직역하면 이러하다. "**음행이나 우상숭배 자나 간음하는 자나 동성연애 자나 성도착 자나 10. 도적질하는 자나 탐욕에 찌든 자들이나 술에 찌**

든 자나 중상모략하는 자나 탐심에 찌든 자"이다. 몇 가지 특징들은 살펴보려고한다. 고린도 전서 6장 9절에서 "**탐색**"으로 되어있는 본문의 헬라어는 "**말라코이**"(μαλακοὶ)라고하는데 이것은 "**동성 연애자**"를 의미한다. 같은 성끼리 성행위를 하는 자들이다. 그리고 "**남색**"으로 되어 있는 본문 헬라어 "**아르세노코이타이**"(ἀρσενοκοῖται)는 "**성도착자**"를 의미한다. 자연 현상을 거스르는 동성연애자들의 출몰은 사회가 다변화될수록 더욱 창궐한다. 문화와 문명이 최고도로 이르고 사람들이 물질적인 쾌락에 빠져서 허우적될 때, 동성연애가 창궐할 가능성이 높다. 그래서 대체로 구약의 문헌을 살펴보면 물질문명이 활성화 되었던 곳에 동성연애가 활발하였다.

사도 바울이 전도하였던 로마 제국은 유럽의 역사 가운데 현대 사회에 비견할 정도로 문화가 매우 발달하였다. 토목과 건축술이 발달하여서 문명이 극치를 이루었다. 그런데 그러한 로마 사회에 동성연애가 활성화 되어 있었다. 동성연애는 창조의 질서를 거스른 그 시대의 재앙이다. 원래 창조의 질서와 관련하여서 하나님께서 항상 아버지로 우리에게 계시되었으며 우리 구주 예수 그리스도께서 아들로서 우리에게 나타나셨다는 것은 시대적 산물이 아니라 항상 보존해야 할 진리이다. 그것이 무너지면 사회는 더욱 파괴된다.

고린도 전서 6장 10절에서 사도 바울이 열거하는 것들에 대하여서 몇 가지 설명이 필요한 부분을 살피고 넘어가려고 한다. "**도적이나 탐람하는 자나 술 취하는 자나 후욕하는 자나 토색하는 자들**"(고전 6:10)이다. 이 부분도 직역하면 다음과 같다. "**도적질하는 자나 탐욕에 찌든 자들이나 술에 찌든 자나 중상모략하는 자나 탐심에 찌든 자나**"이다. 이 본문에서는 "**탐람하는 자**"라는 부분이다. 다른 특성은 이미 설명이 되었다. "**탐람하는 자**"라는 의미가 헬라어로 "**플레오네크타이**"(πλεονέκται)라고 하는데 "**탐욕에 찌든자**"라는 뜻도 있다. 헬라어 본문을 분석해 보면 이러하다. "**플레오네크타이**"한 자들은 무엇을 가지려고 하는 집착이 다른 사람보다 강하다는 데 문제가 있다. 이러한 기질의 사람은 자신이 원하는 것을 갖기 위하여서 수단과 방법을 가리지 않는다. 속임수와 불법을 자행하고도 죄책감이 없다. 오로지 갖고자 하는 것을 갖는 데에 몰두하다 보니 사회적으로 혼란을 초래하고 관계 속에서 타인에게 큰 상처를 주어도 자신은 감지하지 못한다. 오로지 그것을 얻는 일에만 이미 마음이 매몰되어 있다. 이러한 인성으로 자라는 것은 큰 재앙이다. 사도 바울은 그러한 "**탐람하는 자들**"(고전 6:10)을 멀리하라고 말한다.

사도 바울은 우리 주 예수 그리스도께서 어그러진 인성을 치유하실 수 있으시다고 말한다. 신자들이 진실하게 주님에게 자신의 죄악을 내려놓으면 주님께서 치유해 주신다. 신자들이 하나님 앞에서 자신들의 죄악의 깨닫고 진실하게 통회하는 것이 얼마나 중요한지 모른다. 신자들 안에 형성되어 있는 부패성은 어떠한 환경에서도 사라지지 않는다. 오직 근원적인 치유는 구주 예수 그리스도의 보혈의 공로뿐이다.

사도 바울은 고린도 전서 6장 11절에서 고침을 받은 경건한 신자들에 대하여서 말한다. "**너희 중에 이와 같은 자들이 있더니 주 예수 그리스도의 이름과 우리 하나님의 성령 안에서 씻음과 거룩함과 의롭다 하심을 얻었느니라**" 직역하면 다음과 같다. "**11. 너희들 중에 그러한 자들이 있었다. 그러나 그들이 거룩함을 얻고 주 예수 그리스도의 이름 안에서와 너희 하나님의 성령 안에서 의롭게 되었다.**" 사도 바울은 그리스도의 보혈의 공로로 정결하게 된 경건한 신자들에 대하여서 말한다. 그들은 그리스도의 보혈의 공로로 거룩하게 되어 점차적으로 그러한 부패한 본성으로부터 멀어져 갔을 것으로 추정된다.

사도가 이 시대 성도들에게 던지는 가르침은 그리스도에게로 돌아가라는 것이다. 예수 그리스도 앞에 회개하라는 것이다. 자신의 부패한 본성을 붙잡고 울부짖으라는 것이다. 누구든지 자신의 부패한 본성을 붙잡고 애통하지 않으면 하나님 나라를 유업으로 받을 수 없다.(마 5:4) 자신의 부패한 본성을 인식조차도 못하고 그 죄를 슬퍼하지 않는 자는 참된 성도가 아니다. 하나님 나라는 회개할 것 없는 의인 아흔아홉을 인하여서 기뻐하지 아니한다. 회개하고 구주의 품으로 돌아오려는 참된 한 마리 어린양을 기뻐하신다. 참된 신자란 교양으로서 기독교를 즐기는 종교인이 아니다. 구주의 피 묻은 십자가 밑에 자신의 부패한 본성을 내려 놓고 애통하는 신앙인이다.

제목: 모든 것이 내게 가하나 다 유익한 것은 아니다
본문: 고린도 전서 6장 12~20절

[본 문]

12 모든 것이 내게 가하나 다 유익한 것이 아니요 모든 것이 내게
가하나 내가 아무에게든지 제재를 받지 아니하리라 13 식물은 배를
위하고 배는 식물을 위하나 하나님이 이것 저것 다 폐하시리라 몸은
음란을 위하지 않고 오직 주를 위하며 주는 몸을 위하시느니라 14
하나님이 주를 다시 살리셨고 또한 그의 권능으로 우리를 다시 살리
시리라 15 너희 몸이 그리스도의 지체인 줄을 알지 못하느냐 내가
그리스도의 지체를 가지고 창기의 지체를 만들겠느냐 결코 그럴 수
없느니라 16 창기와 합하는 자는 저와 한 몸인 줄을 알지 못하느냐
일렀으되 둘이 한 육체가 된다 하셨나니 17 주와 합하는 자는 한 영
이니라 18 음행을 피하라 사람이 범하는 죄마다 몸 밖에 있거니와
음행하는 자는 자기 몸에게 죄를 범하느니라 19 너희 몸은 너희가
하나님께로부터 받은 바 너희 가운데 계신 성령의 전인 줄을 알지
못하느냐 너희는 너희의 것이 아니라 20 값으로 산 것이 되었으니
그런즉 너희 몸으로 하나님께 영광을 돌리라

[원문 직역]

12. 모든 것이 내게 가능하다. 그러나 모든 것이 유익한 것은 아니
다. 모든 것이 내게 가능하다. 그러나 내가 어떤 것으로부터도 노예적
이지 않다. 13. 음식은 배고픔을 채워준다. 배고픔은 음식을 필요로
한다. 그러나 하나님은 이것과 저것을 폐하신다. 그러나 몸은 음행을
위하여 있는 것이 아니다. 오히려 주님을 위하여서 있다. 그리고 주님
께서 그 몸을 위하신다. 14. 하나님께서 주님을 살리셨다. 그리고 우
리를 그의 능력을 통하여서 일으키실 것이다. 15. 너희의 몸이 그리
스도의 지체인 것을 모르느냐? 그러므로 내가 그리스도의 지체를 가
지고 있으면서 창녀의 지체를 만들겠느냐? 그럴 수 없다. 16. 너희는

알지 못하느냐? 창녀와 같이 잠자는 자는 그녀와 한 몸이라는 것이
다. 이르기를 그들은 둘이 한 육체가 될 것이다. 17. 그러나 주님과
합한 자는 그와 한 영이다. 18. 성적 부도덕을 피하라. 사람이 행하는
모든 죄들은 몸 밖에서 죄를 짓는 것이다. 그러나 성적 부도덕을 행
하는 자는 그 몸 안에 죄를 짓는 것이다. 19. 너희는 알지 못하느냐?
너희의 몸은 하나님께로부터 받은 너희 안에 계시는 성령의 전이다.
너희는 너희 자신의 것이 아니다. 20. 너희는 값주고 구입이 된 자들
이다. 그러므로 너희의 몸으로 하나님께 영광을 돌리라.

[본문 해설]

12. 모든 것이 내게 가능하다. 그러나 모든 것이 유익한 것은 아니다. 모든 것이 내게 가능하다. 그러나 내가 어떤 것으로부터도 노예적이지 않다.

사도 바울은 그리스도 안에서 구속 받은 성도들이 자유를 얻게 되면 모든 것이"**가하다**"고 말한다. 그러나 모든 것이 다 유익한 것은 아니라고 말한다. "**가하다**"라는 헬라어 "**엑세스틴**"(ἔξεστιν)은 "**합당하다**", "**허용된다**", "**합법적이다**" 그리고 "**가능하다**"라는 뜻이 있다. 사도 바울은 성도들의 행위의 자발성을 강조하고 있다. 참된 성도란 무엇을 행할 때에 죄로 인한 형벌이 두려워서 선을 행하는 자가 아니라 오직 스스로 하나님을 기쁘시게 할 것을 자유롭게 행하는 자이다. 신자는 죄로부터의 자유하다. 그러나 그 자유도 스스로 제한할 수 있어야 한다. 공동체의 선과 하나님 나라의 덕을 위하여서 성도의 자유가 제한될 수 있다.

사도 바울은 다시 반복하기를 "**모든 것이 내게 가하다**"라고 말한다. 그렇게 그리스도인의 자유는 매우 폭넓고 포괄적이다. 그는 오히려 "**내가 아무에게든지 제재를 받지 아니하리라** "고 말한다. 직역하면 "**내가 어떤 것으로부터도 노예적이지 않다.**" "**제재를 받지 않는다.**"라는 말은 헬라어로 "**우크 에고 엑수시아스데소마이**"(οὐκ ἐγω ἐξ ουσιασθήσομαι)라고 하는데 "**이것은 내가 어떠한 것에도 지배를 받지 않는다.**"라는 의미이다. 그래서 "**노예적이지 않다.**"고 한 것이다. 그러므로 성도의 자유는 외부로부터의 압력이 두려워서 자유를 제한하는 것이 아니다. 하나님의 영광을 위하여서 스스로 제어하는 것이다.

사도 바울은 성도들에게 세상의 억압과 폭력에 의해 강압적으로 어떤 일도 행할 수 없다고 말한다. 성도는 자유롭다. 그러나 그 자유는 세상으로부터 자유롭다는 것이다. 모든 세상적인 원리로부터 자유로운 것이다. 어느 누구도 그리스도 안에서 성도가 누리는 자유를 빼앗아 갈 수 없다. 참된 그리스도인의 자유는 하나님의 율법 앞에서 자유하다. 세상의 모든 관습과 인습과 부조리한 강압과 폭압으로부터 자유롭다. 그래서 진리 안에서 자유롭다. 이 자유는 어느 누구도 침해할 수 없다. 그리스도인은 이 자유를 누리다가 하나님께서 부르시면 하나님 나라에 가는 것이다. 성도들은 이 세상에 어떠한 미련도 버려야 한다. 이 세상에 속한 모든 것으로부터 자유해야 한다. 이 세상 정욕도 탐욕도 헛된 욕망도 다 스러질 것들이다.

사도 바울은 이 세상에 속한 것들이 모두 육신의 정욕과 안목의 정욕의 이생의 자랑 뿐이라고 말한다. 참된 성도들은 그로부터 돌이켜 자유하다. 그러한 상태로부터 돌이키는 것이 그리스도인의 자유다. 성도들은 오직 그리스도 안에서 이 자유를 누리고 살아가는 자들이다. 그리스도인의 이 자유를 세상이 감당할 수 없다. 성도들은 궁극적으로 이 세상의 죄악으로부터 자유하다. 세상 나라는 더러움과 추악함과 폭력과 무질서뿐이다. 그리스도인의 자유는 이러한 무질서한 세상으로부터 자유이다. 사도 바울은 본문을 통하여 그리스도인의 자유는 죄에 대하여 스스로 금하는 것이라 말한다. 세상의 악에 대하여서 우리 스스로가 멀리하는 것이다.

13. 음식은 배고픔을 채워준다. 배고픔은 음식을 필요로한다. 그러나 하나님은 이것과 저것을 폐하신다. 그러나 몸은 음행을 위하여 있

는 것이 아니다. 오히려 주님을 위하여서 있다. 그리고 주님께서 그 몸을 위하신다.

사도 바울은 음식이 배고픔을 채워주고 배고픔이 음식을 필요로 하지만 하나님께서 그것들을 모두 폐하실 것이라 말한다. 여기에서 식물은 인간들의 안락한 삶을 말한다. 배는 인간의 탐욕이다. 안락한 삶은 탐욕을 부르고 탐욕이 안락한 삶을 욕망한다. 진리는 그것을 극복함으로 누리게 된다. 본문에 "**폐하시리라**"라는 뜻이 헬라어로 "**카타르게세이**"(καταργήσει)라 하는데 그것은 "**무효로 만들다**", "**폐기하다**", "**없애 버리다**"라는 의미도 있다. 그 의미는 이러하다. 사람들의 먹고 마시는 일들은 곧 사라질 그림자와 같다는 것이다. 사도 바울은 곧 사라질 그림자와 같은 먹고 마시는 일로 인하여 하나님의 나라를 소홀히 하지 말라고 가르친다. 이 세상의 먹고 마시는 일들은 영원한 것의 그림자이다.

사도 바울은 고린도 전서 7장 31절에 "**세상 물건을 쓰는 자들은 다 쓰지 못하는 자같이 하라 이 세상의 형적은 지나감이니라**"고 말하였던 것이다. 사도 바울은 이 세상에서 우리가 누리는 것들에 집착하지 말라고 하신다. 그러한 것들을 적당하게는 누릴 수 있으나 지나치게 집착하는 것은 어리석다는 것이다.

사도 바울은 로마서 14장 17절에서도 "**하나님의 나라는 먹는 것과 마시는 것이 아니요 오직 성령 안에서 의와 평강과 희락이라**"라고 하였다. 사도 바울은 본문에서 하나님 나라는 먹고 마시는데 있는 것이 아니라고 가르친다. 그렇게 먹고 마시는 것이 풍성할지라도 거기에 하나님 나라는 없다. 우리는 사도의 가르침을 따라 영원한 것 변하지 않는 것 영원토록 남아 있고 폐하여지지 않는 것이 무엇인가를 살펴보아야 한다. 우리는 지금 영원한 것을 사모함으로 이 땅에 속한 것을 넘어 가야 한다. 지금 이 세상에 스러질 것을 버림으로서 하나님 나라를 소유하여야 한다. 신자가 이 세상에 속하여 있는 사라질 것들에 집착하게 되면, 자칫 반드시 그 마음에 간직해야 할 영원한 보배들을 잃어버릴 수 있다. 사도 바울은 이 점을 지적한다.

사도 바울은 고린도 전서 6장 13절 후반부에 "**몸은 음행을 위하여 있는 것이 아니다. 오히려 주님을 위하여서 있다. 그리고 주님께서 그 몸을 위하신다.**"고 말한다. 사도 바울은 하나님께서 우리에게 주신 몸은 음행을 위하여서 있는 것이 아니라고 말한다. 그리고 그것은 주님을 위하여서 있다고 말한다. 여기에서 몸은 헬라어로 "**소마**"(σῶμα)인데 이것은 전 인격을 의미한다. 우리의 전 인격은 주님을 위해서 있다. 신자들의 삶의 자세이다. 그때에 주님께서도 우리를 위하신다. 주님과 신자가 하나가 되어 세상에 속한 것들을 넘어서는 것이다. 우리가 우리 몸을 주님을 위하여서 드릴 때 가능하게 된다. 사도 바울은 그리스도인의 자유란 죄의 노예가 되어 죄악을 따라 사는 것이 아니라 죄를 극복하고 의로 나아가는 것이라 가르친다. 그것은 평강으로 나아가는 것이고 희락으로 나아가는 것이며 하나님 나라의 풍성한 열매로 나아가는 것이다. 그리스도인의 자유는 하나님 나라를 누리는 것에 그 가치가 있다. 사도 바울은 성도들에게 하나님 나라의 풍성한 은혜를 알아 가라고 가르친다.

14. 하나님께서 주님을 살리셨다. 그리고 우리를 그의 능력을 통하여서 일으키실 것이다.

사도 바울은 구주 예수 그리스도의 부활을 증거하며 구주 예수 그리스도를 다시 살리신 그 권능으로 하나님께서 우리도 다시 살리리라고 가르친다. 하나님 나라의 도리에 있어 그리스도의 부활과 신자의 부활은 매우 긴밀하게 연결된다. 그리스도는 교회의 머리가 되시며 왕으로 계시고 우리는 그의 몸이고 백성이다. 비천한 우리를 그 거룩하신 주님의 몸으로 불러주신 그 크신 은덕을 기리고 찬송하는 자로서 우리는 부르심을 받았다. 주님의 부활은 우리 부활의 첫 열매이시다. 주님께서 부활하셨기 때문에 참된 신자는 마지막 날에 죽음을 넘어서 영원한 생명으로 부활한다. 주님께서 신자들에게 주신 최고의 복은 구주 예수 그리스도의 부활을 따라서 마지막 날에 주님 안에서 부활하리라는 것이다. 사도 바울은 주님의 부활과 신자들의 부활을 연결시켜 신자들에게 하나님 나라의 풍성한 복을 증거한다. 하나님 나라의 복은 이 세상에서 안락하게 사는 것이 아니다.

하나님 나라의 권능은 이 세상에서 핍박을 받고 고난을 당하여도 이겨 나가는 능력에 있다. 하나님 나라를 누리는 것이란 이 세상에서 명예롭게 살고 부요하게 살며 안일하고 편안하게 사는 것이 아니다. 오직 믿음으로 모든 핍박과 환란과 어려움을 극복하여 거룩하게 살아가는 것이다. 참된 신자는 이 세상 나라를 바꾸려 하지 않는다. 다만 믿음으로 이 세상 나라를 이기려 할 뿐이다.

15. 너희의 몸이 그리스도의 지체인 것을 모르느냐? 그러므로 내가 그리스도의 지체를 가지고 있으면서 창녀의 지체를 만들겠느냐? 그럴 수 없다.

사도 바울은 신자들이 그리스도의 지체라고 말한다. 신자들은 주님의 몸된 교회 지체들이다. 그들은 항상 교회와 연결되어 있고 그리스도와 연결된다. 참된 신자는 그리스도의 몸된 교회와 신실하게 연결되어 있다. 주님께서는 마태복음 5장 16절에서 "**이같이 너희 빛을 사람 앞에 비춰게 하여 저희로 너희 착한 행실을 보고 하늘에 계신 너희 아버지께 영광을 돌리게 하라**"(마 5:16)고 하신다. 그리스도인들은 이 세상에 살아갈 때 이 세상의 빛이다. 그 빛으로 세상을 비추어서 세상으로 하나님과 그의 교회에 덕을 칭송하게 하여야 한다. 신자들이 주님께서 기뻐하실 자로서 살아가야 하는 이유는 신자들의 삶에 일거수일투족이 하나님의 나라와 연결되어 있기 때문이다. 지상의 교회는 완전하여 안식을 누리는 교회가 아니다. 오히려 천상의 교회를 향하여서 부단히 죄와 싸우는 교회이다. 그렇게 지상의 교회는 천상의 교회를 추구해야 한다. 그러므로 천상의 교회를 추구하는 참된 지상의 교회 신자들은 교회의 질서에 순종해야 한다. 신자들이 몸담고 있는 지상의 교회는 어떤 형태로건 천상의 교회와 연결되어 있다. 그러기에 신자들이 헛되이 행하면 하나님의 교회 전체가 욕을 먹는다. 지상 교회에 속한 신자들은 하나님의 도리를 경건하게 깨닫고 그 도리를 따라 천상의 교회에 성도들과 함께 나눌 하나님 나라를 예비하여야 한다. 그것이 지상의 교회의 참된 자태이다. 지상의 교회는 죄와 어둠의 권세와 싸우는 전투하는 교회이다.

사도 바울은 "**그러므로 내가 그리스도의 지체를 가지고 있으면서 창녀의 지체를 만들겠느냐? 그럴 수 없다.**"(고전 6:15)고 하였다. 신자들의 삶이 부패하면 그리스도의 지체로서 창기와 합하여 하나가 될 수 있다. 여기에서 그리스도인의 순결한 삶에 대하여서 가르친다. 예수 그리스도 안에 있는 신자의 자유는 순결한 삶에 기초한다. 성도들이 얼마나 효과적으로 이 싸움을 싸우느냐 따라 하나님의 나라의 풍성함이 드러난다. 여기에 성도들 상호간에 주님 안에서 진실한 위로가 있어야 한다. 성도가 서로 사랑하는 것은 가장 큰 위로이다. 서로가 서로에게 반목질시하거나 헛되이 다투거나 용납하지 않으면 하나님의 교회는 파괴된다. 성도들의 삶의 견고하고 촘촘한 연결망이 어둠의 권세들을 효과적으로 대처할 수 있다. 이 연결망이 성도의 교제이다. 이것이 무너지면 어둠의 권세가 바로 교회를 파괴시킨다. 성도의 교제는 교회가 정한 질서를 따라서 이루어져야 한다. 무질서는 그 자체가 이미 연결망이 혼선을 빚고 있다는 것을 의미하며 연결망의 혼선은 공동체의 몰락이다. 주님께서 그의 몸된 교회에 질서를 정하여 주신 것은 이 연결망의 혼선을 초래하지 않고 효과적으로 싸우게 하려 하심이다.

사도들과 선지자들이 교회의 첫 번째 질서에 있다면 그 다음 질서는 복음 사역자들로서 성직자들이다. 그리고 세 번째 질서가 다스리는 장로들과 집사들이다. 그 아래에 신자들의 질서가 있다. 이러한 질서들은 연결망들을 견고하게 하는 구조물들이다. 하나님의 교회가 이러한 질서를 따라서 하나가 되어야 하고 그 질서를 따라서 세상과 싸울 때에 비로서 세상을 이길 수 있다. 그래서 주님께서 교회의 열쇠를 치리회에 주신 것이다. 무질서는 어떠한 경우도 세상과 효과적으로 싸울 수 없게 되고 그때에 교회는 세상을 이길 수 없다.

사도 바울은 신자들이 주님의 몸 된 교회와 떨어져서 이 싸움을 싸울 수 없다고 말한다. 오직 예수 그리스도와 연결된 몸의 질서를 따라서 싸워야 한다고 말한다. 그때에 신자들의 순결한 삶이 몸 된 교회의 지체로서 연결되어 그리스도의 교회를 더욱 견고하게 한다. 항상 어둠의 권세와 싸워서 이기는 것은 주의 몸 된 교회이다. 한 개인이 그 악한 세력과 싸워서 이길 수 없다. 하나님께서 신자 한 개인으로 싸우게 하시지 않고 교회 지체로서 싸우라 하신다. 비록 지상의 교회가 불완전하나 그 교회가 영원한 교회와 연결되어 있다는 사실을 안다면 신자들은 하나님의 교회를 지키고자 수고를 아끼지 말아야 한다. 성숙한 그리스도인은 하나님의 교회를 지키고자 부단히 노력한다. 이것이 하나님의 교회에 대한 거룩한 신자들의 책임성이다. 모든 지체들이 몸에 속하며, 머리되신 그리스도에게 연결되어 있다. 그 지체들은 주님의 몸된 교회의 생명체이다. 몸을 떠난 지체는 있을 수 없다. 그것은 흡사 나무로부터 떨어져 나간 그 나무의 가지가 생명을 상실해 버리는 것과 같다. 신자들은 이 세상과 효과적으로 싸우기 위하여 하나님의 교회 권속으로서 자신의 위치를 파악하고 교회가 정한 질서를 따라서 세상과 싸워야 한다. 그러므로 거룩한 보편 교회의 공동체가 무너지면 그 지체들도 함께 몰락한다.

사도 바울은 순결한 신자의 삶에 대하여서 말할 때, "**너희 몸이 그리스도의 지체인 줄을 알지 못하느냐 내가 그리스도의 지체를 가지고 창기의 지체를 만들겠느냐 결코 그럴 수 없느니라**"(고전 6:15)고 한 것 이다. 각 신자들은 그리스도 안에 있는 사랑으로 사랑함으로서 그리스도의 지체로서 세상을 넉넉히 이길 수 있다. 지상의 교회는 비록 전투 중에 있는 연약한 교회 일 찌라도 신자들에게는 매우 소중하다. 그 교회를 잘 간직해야 한다. 홀로 싸우는 싸움이 아니다. 마태복음 12장 39절 말씀에 "**예수께서 대답하여 가라사대 악하**

고 음란한 세대가 표적을 구하나 선지자 요나의 표적밖에는 보일 표적이 없느니라"고 하셨다. 주님께서는 이 세대를 음란한 세대라고 하였다. 그것은 사도 바울이 "**창기의 지체를 만들겠느냐?**"라고 하신 말씀과 연결된다. 우리가 주의 몸된 교회로부터 떨어져 나가면 효과적으로 세상과 싸울 수 없다. 성도들이 진리 안에서 하나가 되어서 주의 몸된 교회를 보존하고 세상과 싸워야 한다. 사도 바울은 그리스도의 지체를 창기의 몸으로 만들겠느냐고 말하면서 하나님의 교회가 무너지면 그리스도의 지체가 창기의 몸이 되리라 가르친다. 주님께서 "**악하고 음란한 세대가 표적을 구하나 선지자 요나의 표적밖에는 보일 표적이 없느니라**"고 하셨다. 선지자 요나의 표적은 요나가 거대한 물고기에 삼킨바 되었다가 사흘 만에 다시 살아난 사건을 말하는데 그때 그 표적은 그리스도의 부활을 의미한다. 부활하신 주님의 그 표적 외에 이 악하고 음란한 세대를 이길 수 있는 표적이 없다.

16. 너희는 알지 못하느냐? 창녀와 같이 잠자는 자는 그녀와 한 몸이라는 것이다. 이르기를 그들은 둘이 한 육체가 될 것이다.

사도 시대 고린도 교회는 무질서하게 창녀와 잠을 잤던 육에 속한 그리스도인들이 있었다. 그들의 그러한 무분별한 삶은 결국 고린도 지역의 상태와 무관하지 않다. 사도 바울이 세웠던 고린도 교회의 지역은 매우 오래전부터 창녀 제도가 활성화 되었던 곳이었다. 그러한 사회적 환경이 고린도 교회 신자들에게도 영향을 끼쳤을 것이다. 다른 교회들에게는 보내지 않았던 이러한 내용을 고린도 교회에 보낸 것은 고린도 교회가 당면한 지역적 상황이 있었다기 때문이다.

세상 사람들이 술집에 가지 못하게 막는 사회 제도는 실효를 거두기 어렵다. 그러나 사도 바울은 고린도 교회 성도들에게 책망한다. 하나님의 교회의 신자들에게는 권징을 통하여서 이러한 죄악된 행위를 자제 시켜야 한다는 것이다. 왜냐하면 그리스도인의 순결한 삶이 하나님 나라의 열매이기 때문이다. 사도가 그렇게 매음굴이 득실거리는 고린도 지역에 주님의 교회를 세운 것은 주님의 거룩하심이 그 지역에 넘치게 하고자 함이다. 세상의 더러움이 넘쳐흐르는 곳에도 하나님의 교회는 그 지역의 부패를 방지하는 소금과 그 지역의 어두움을 비추는 빛이다.

사도 바울은 지금 고린도 교회 성도들에게 그렇게 부패하고 타락하여 버린 지역에서 신앙의 순수성을 지키라고 말한다. 이는 고린도 교회 신자들을 정죄하고자 함이 아니다. 사도는 고린도 교회 신자들에게 소망을 말하는 것이며, 긍휼을 말하는 것이고, 인자와 자비를 말하는 것이다. 고린도 교회의 어려운 형편을 알고 있는 사도 바울은 고린도 교회를 사랑하여 아비와 같은 마음으로 책망하는 것이다. 사도가 고린도 교회에 성도들에게 권면하였던 그리스도인의 순결한 삶은 모든 신자들이 따라가야 할 덕목이다. 신자들은 순결하게 서로 사랑함으로서 그리스도의 나라를 빛으로서 소금으로서 세상에 내놓아야 한다.

17. 그러나 주님과 합한 자는 그와 한 영이다.

이 본문의 해석은 이러하다. 가장 어려운 난점은 "**그와 한 영이라**"는 의미이다. 이것이 무엇을 의미하는가? 첫째는 우리가 그리스도의 몸된 지체가 되어서 그리스도와 하나가 되었다는 것이다. 그런데 둘째로는 이 "**하나의 영**"이라는 의미를 조금 다른 측면에서 접근하려고 한다. 헬라어의 "**영**"이란 달리 해석하면 "**심령**"으로도 해석이 된다. 만약 이 본문의 영을 심령으로 해석한다면 좀더 구체적으로 이해가 된다. 영을 심령으로 해석하면 심령이라는 것이 무엇인가를 통하여서 해석을 구체화 할 수 있다는 것이다. 인간의 심령은 그 사람의 마음이다. 그런데 이 심령이란 그 사람의 영혼으로부터 나온 마음이다. 이 마음의 활동은 인간의 이성의 활동이다. 인간이 생각하고 고민하고 하는 모든 것이 영혼의 활동이다.

이때에 주님과 연합된 자는 주님의 마음을 갖게 된다는 것이다. 참된 신자는 주님의 마음을 가지고 살아간다. 주님의 마음을 깨닫고 주님과 한 마음으로 살아간다. 그래서 그러한 신자들의 삶은 항상 주님의 뜻을 생각한다. 예수 그리스도와 하나의 영이 된 자들은 주님의 마음과 하나가 되어서 세상과 어둠의 권세들과 끊임없이 싸운다.

18. 성적 부도덕을 피하라. 사람이 행하는 모든 죄들은 몸 밖에서 죄를 짓는 것이다. 그러나 성적 부도덕을 행하는 자는 그 몸 안에 죄를 짓는 것이다.

사도 바울은 본문에서 음행을 피하라고 하신다. 이 음행이란 헬라어로 "**포르네이안**"(πορνείαν)이라고 하는데 달리 해석하면 "**성적 부도덕**"으로 해석이 된다. 더러운 것은 피하는 것 외에 다른 길이 없다. "**피하다**"에 해당하는 헬라어 "**퓨게테**"(φεύγετε)는 "**급히 자리를 뜨다**", "**탈출하다**", "**달아나다**" 그리고 "**돌이키다**"라는 의미가 있다. 사도 바울은 사람의 행하는 다른 모든 죄들은 몸 밖에 죄를 짓지만 . 음행은 자기 몸에 죄를 짓는다고 말한다. 예를 들어 살인이나 방화나 거짓말을 하는 것은 그 피해가 다른 사람에게 간다. 그러나 음행은 자신의 몸 안에 죄를 들어 붓는 것이다. 자신의 몸을 망친다. 음행은 몸과 영혼을 다 망친다. 사도 바울은 자신을 망치는 그 음행의 죄악을 버리라고 말한다.

19. 너희는 알지 못하느냐? 너희의 몸은 하나님께로부터 받은 너희 안에 계시는 성령의 전이다. 너희는 너희 자신의 것이 아니다.

사도 바울은 우리의 몸은 하나님께로부터 받은 성령의 전이라고 말한다. 이제 구속 받은 성도들의 몸은 자신이 마음대로 굴릴 수 있는 몸이 아니다. 그리스도의 보혈로 정결케 된 구주의 몸이다. 하나님의 성령의 전이다. "**전**"이라는 뜻이 헬라어로 "**나오스**"(ναὸς)라고 하는데 "**성전**"이라는 뜻이다. 우리가 하나님께 예배를 드릴 때, 실재로 우리의 몸이 성령의 전이다. 우리가 순결한 삶을 추구해야 하는 이유가 여기에 있다. 우리는 그리스도의 보혈로 정결케 된 그리스도의 몸이다. 그러므로 우리의 몸을 순결하게 보존해야 한다.

사도 바울은 우리의 주인이 우리 자신이 아니라 신랑되신 예수 그리스도이시라고 가르친다. 예수 그리스도께서 참으로 우리의 신랑이시다. 우리는 그의 신부이다. 신랑과 즐겨 하나가 되는 것이 거룩한 신부의 자태인 것처럼 그리스도와 연합된 자로서 순결하게 살아가는 것이 거룩한 주님의 신부다. "**또 내가 보매 거룩한 성 새 예루살렘이 하나님께로부터 하늘에서 내려오니 그 예비한 것이 신부가 남편을 위하여 단장한 것 같더라**"(요 21:2) 요한 계시록 21장 2절에 거룩한 신부는 신랑을 위하여서 단장한다고 한다. 신랑에게 아름다움을 선사하는 신부가 거룩한 신부다. 그와 같이 주님의 신부된 우리는 신랑되신 예수 그리스도에게 신앙으로 단장하여 그 아름다움을 드려야 한다.

20. 너희는 값주고 구입이 된 자들이다. 그러므로 너희의 몸으로 하나님께 영광을 돌리라.

사도 바울은 신자들이 그리스도의 보혈의 공로로 죄로부터 속량이 되었다고 말한다. 구속 받은 성도들은 더 이상 자신이 주인이 아니다. 우리 주님께서 그들의 주님이시다. 로마서 5장 8절에 사도 바울은 "**우리가 아직 죄인 되었을 때에 그리스도께서 우리를 위하여 죽으심으로 하나님께서 우리에게 대한 자기의 사랑을 확증하셨다.**"고 말하였다. 죄인을 사랑하신 그 사랑은 진실한 사랑이며 우리가 믿을 만한 사랑이다. 그 사랑을 따라 살아가는 자들의 복이란 헤아릴 수 없다. 그 충만한 은혜를 다 알 수 없다. 그리스도께서 자신의 몸을 십자가의 형틀에 버리시기까지 우리를 사랑하셨다. 그래서 우리를 속량하셨다. 이제 신자들이 한 평생 하나님의 영광을 위하는 삶을 살아야 한다. 소요리 문답 1문 1 답은 그 답을 제시한다. "**문: 사람의 제일된 목적이 무엇인가? 답: 하나님을 영화롭게 하는것과 영원토록 그를 즐거워하는 것이다.**" 하나님으로 즐거워하는 삶이 바로 하나님을 영화롭게 하는 삶이다. 예수 그리스도 그 좋으신 이름 앞에 우리는 고개를 숙이고 그를 더욱 사랑해야 한다. 참된 신자들은 그리스도의 구속의 공로를 기억하여 어찌하든지 하나님을 영화롭게 하는 삶을 추구해야 한다. 그리고 그를 즐거워하는 것이 어떠한 것인가 깨달아야 한다.

제목: 음행한 연고로 각각 아내를 두라
본문: 고린도 전서 7장 1~7절

[본 문]

1 너희의 쓴 말에 대하여는 남자가 여자를 가까이 아니함이 좋으나 2 음행의 연고로 남자마다 자기 아내를 두고 여자마다 자기 남편을 두라 3 남편은 그 아내에게 대한 의무를 다하고 아내도 그 남편에게 그렇게 할지라 4 아내가 자기 몸을 주장하지 못하고 오직 그 남편이 하며 남편도 이와 같이 자기 몸을 주장하지 못하고 오직 그 아내가 하나니 5 서로 분방하지 말라 다만 기도할 틈을 얻기 위하여 합의상 얼마 동안은 하되 다시 합하라 이는 너희의 절제 못함을 인하여 사단으로 너희를 시험하지 못하게 하려 함이라 6 그러나 내가 이 말을 함은 권도요 명령은 아니라 7 나는 모든 사람이 나와 같기를 원하노라 그러나 각각 하나님께 받은 자기의 은사가 있으니 하나는 이러하고 하나는 저러하니라

[원문 직역]

1. 너희가 쓴 것에 대하여서는 이러하다. 남자와 여자는 (무분별하게) 성관계 하지 않는 것이 선하다. 2. 다만 음행한 연고로 각각 자기의 아내를 두고 아내도 그 자신의 남자를 두어라. 3. 남편은 그 아래에게 성적 의무를 다하고 그 아내도 그 남편에게 그렇게 하라. 4. 아내가 자기의 몸을 가지고 마음대로 하지 못하고 남편이 제재한다. 그와 같이 남편도 자기의 몸을 가지고 마음대로 하지 못하고 아내가 한다. 5. 그리고 상대가 요구하는 성행위를 거절하지 말라. 다만 기도하기 위하여서 서로 합의하에 시간을 정하여서 한시적으로 성관계를 거절할 수 있다. 그러나 곧 다시 하나가 되라. 이는 사탄이 너희의 욕정을 이용해서 너희를 유혹하지 못하게 하려는 것이다. 6. 내가 이 말을 하는 것은 권도요 명령은 아니다. 7. 나는 모든 사람들이 나와 같기를 바란다. 그러나 각각 하나님께로부터 받은 은사가 있으니 하나

는 이러하고 다른 하나는 저러하리라.

[본문 해설]

사도 바울은 본문을 통해서 혼인제도 안에 있는 비밀스러운 영역을 교리적으로 정리한다. 사도 바울은 결혼 제도의 목적은 그리스도인의 순결을 보존하는 것이라고 말한다. 본문 전체를 통한 사도의 논지는 분명하다. "**너희가 성적으로 타락하지 않을 자신이 있으면 굳이 혼인을 하지 말라. 그것이 더욱 선하다.**"는 것이다. 그것이 8절에 있다. "**내가 혼인하지 아니한 자들과 및 과부들에게 이르노니 나와 같이 그냥 지내는 것이 좋으니라**"(고전 7:8) 혼인 제도는 그리스도 안에서 성도들의 순결을 보존하기 위하여서 마련된 제도이다. 혼인 제도는 매우 중요하다. 그래서 혼인이 신중하게 이루어져야 한다. 혼인 제도는 그리스도와 교회를 비추어주는 모형으로 있다. 단지 혼인한 두 부부의 이기적인 행복을 위하여서 세워진 제도가 아니다. 혼인을 생각하는 청년들은 혼인 제도를 내신 하나님의 크신 계획을 깨달아야 할 것이다. 그리스도인 청년들이 그러한 부분에 무지한 상태에서 혼인하는 것은 어리석은 것이다. 믿음이 없는 사람들은 혼인 제도를 내신 하나님의 뜻을 모른다. 지금 사회는 핵가족화 되었다. 이로 인해서 부부 사이를 강화시켜 주는 사회 안전망이 없다. 그래서 더욱 이혼이 성행하는 것 같다. 핵가족 제도는 혼인 제도를 더욱 빈곤하게 한다. 그러므로 이러한 핵가족 제도의 빈곤한 부분을 풍성하게 해 줄 수 있는 가족 제도가 확대 가족 제도이다. 확대 가족 제도는 가부장적인 대가족 제도의 수직적 병폐를 가지고 있지 않으면서 동시에 핵가족 제도의 빈곤한 혼인 생활을 부요하게 한다. 확대 가족 제도는 대가족 제도처럼 혈육을 따라 모이는 제도가 아니다. 그것은 여러 가족들이 한 마음을 가지고 서로 모여 살아가는 것이다. 이러한 확대 가족 제도는 하나님의 교회 안에 선하게 정착될 수 있다. 지 교회 안에 각 가정들은 주의 사랑으로 서로 연결되어서 서로 섬기며 그리스도의 이름으로 교통하는 것이다. 그래서 일정한 규모의 지 교회는 확대 가족 제도를 선하게 정착시킬 수 있는 좋은 형태이다. 가시적 교회는 이러한 확대 가족 제도의 형태로 형성되는 것이 선하다. 이는 핵가족 제도가 가지고 있는 취약점을 보완하면서 대가족 제도의 혈연 중심의 폐쇄성을 극복하여 대가족 제도의 좋은 점을 취하여서 갈 수 있다.

하나님의 교회는 구주 예수 그리스도를 주로 섬기는 자들이 모여 있는 곳이다. 그러므로 성도들은 일치된 신앙 고백이 있다. 그래서 다 같이 하나님을 섬기는 자들이다. 그래서 세례라는 제도를 통하여서 하나님의 회중에 들어와서 확대 가족의 일부가 된다. 그렇게 하나님의 교회는 이렇게 심각하게 몰락해 가는 핵가족 제도의 병폐를 극복할 수 있는 최고의 가족 제도라고 할 수 있다.

1. 너희가 쓴 것에 대하여서는 이러하다. 남자와 여자는 (무분별하게) 성관계 하지 않는 것이 선하다. 2. 다만 음행한 연고로 각각 자기의 아내를 두고 아내도 그 자신의 남자를 두어라.

이 본문은 직역한 본문을 살피고 해석하려고 한다. 사도는 남녀가 서로 무분별하게 성행위를 하지 않는 것이 선하다고 말한다. 이러한 명령의 배경에는 고린도 교회의 형편이 있다. 사도 바울이 여타 다른 교회들에게 서신을 쓸 때에는 이러한 부분을 언급하지 않았다. 왜냐하면 여다 다른 교회들은 이러한 부분에 거룩하였기 때문이다. 그런데 고린도 교회에는 상황이 그렇지 아니하였다.

우리는 고린도 교회의 형편을 이해하기 전에 먼저 사도 시대의 성도의 교제를 이해해야 한다. 그것은 사도 시대에 성도의 교제가 얼마나 아름다웠는가를 알 수 있다. 사도 시대 교회 성도들은 그리스도의 사랑으로 충만하였다. 그래서 대부분의 교회에서는 그러한 신령한 교제가 건전하게 유지되었다. 그러나 육신에 연약함에 심하게 노출되어 있었던 고린도 교회 신자들에게는 간혹 심각한 성적 문제가 발생하였다. 사도 시대 교회의 성도들은 예수 그리스도의 사랑을 따라서 서로 뜨겁게 사랑하였다. 이러한 사도 시대 교회 성도들의 아름다운 교제가 로마 제국의 이방인들에게는 동성 신자들 간에 동성연애를 한다고 오해가 될 정도로 비춰졌다. 그 만큼 사도 시대 교회 성도들은 서로 진지하게 하나님의 사랑으로 교제하였다. 이러한 사도 시대 성도의 교제의 풍성함은 그리스도의 교회를 더욱 풍성하게 하였다. 로마서 16장 16절 말씀을 살펴봄으로서 사도 시대 성도의 교제의 단적인 부분을 살펴 보고자한다. "**너희가 거룩하게 입맞춤으로 서로 문안하라 그리스도의 모든 교회가 다 너희에게 문안하느니라**" 고린도 전서 16장 20절도 살펴보려한다. "**모든 형제도 너희에게 문안하니 너희는 거룩하게 입맞춤으로 서로 문안하라**" 그리고 고린도 후서 13장 11절이다. "**마지막으로 말하노니 형제들아 기뻐하라 온전케 되며 위로를 받으며 마음을 같이하며 평안할지어다 또 사랑과 평강의 하나님이 너희와 함께 계시리라 거룩하게 입맞춤으로 서로 문안하라**"그리고 데살로니가 전서 5장 26절이다. "**거룩하게 입맞춤으로 모든 형제에게 문안하라**" 그 다음 마지막으로 베드로 전서 5장 14절이다. "**너희는 사랑의 입맞춤으로 피차 문안하라 그리스도 안에 있는 너희 모든 이에게 평강이 있을지어다**" 이 본문을 진지하게 묵상해 보면 사도 시대 성도들이 상호 간에 얼마나 진실하고 진지하게 사랑했는가를 알 수 있다. 그들의 거룩한 입맞춤은 순수한 사랑의 표현이었다.

그런데 고린도 교회에서는 이러한 사도 시대 교회의 신령한 교제가 몇몇 교인들에게 성적인 타락으로 이어졌다. 그래서 여타 다른 교회들에서 없었던 성적 일탈이 고린도 교회에서 드러났다. 그래서 사도 바울이 고린도서를 통해 고린도 교회 신자들을 책망한 것이다. 그것이 고린도 전서 7장 1절~2절이다. 직역하면 다음과 같다. "**1. 너희가 쓴 것에 대하여서는 이러하다. 남자는 여자와 (무분별하게) 성관계 하지 않는 것이 선하다. 2. 다만 음행을 방지하고자 각각 자기의 아내를 두고 아내도 그 자신의 남자를 두어라.**" 부패한 고린도 교회 성도들은 거룩한 성도의 입맞춤을 남녀간에 무분별한 성관계로 변질시켰다. 사도 바울은 그렇게 무분별하게 성관계를 하는 것은 음행이며 그러한 음행을 방지하기 위해서 각각 자기 아내를 두고 혹은 남편을 두어 그러한 음행을 피하리라고 명령하였다.

3. 남편은 그 아래에게 성적 의무를 다하고 그 아내도 그 남편에게 그렇게 하라. 4. 아내가 자기의 몸을 가지고 마음대로 하지 못하고 남편이 제재한다. 그와같이 남편도 자기의 몸을 가지고 마음대로 하지 못하고 아내가 한다.

예수 그리스도인의 성결을 보존하고자 그리스도인 부부들이 어떠한 자세로 부부간에 관계를 임해야 할 것을 가르친다. 부부는 서로 자신의 몸을 자기 마음대로 할 수 없다. 혼인 관계 안에 있는 그리스도인은 서로 상대방 배우자에 대한 의무를 다하려는 노력을 게을리 하지 말아야한다. 사도 바울은 부부가 서로 상대방에 대한 의무에 최선을 다하지 않는 것이 순결하지 않은 것이라고 말한다. 그리스도인 부부들은 그리스도 안에서 순결을 지키고자 혼인 했으면 서로에 대한 의무에 성심을 다해야한다.

사도 바울은 혼인을 모든 신자들에게 필연적인 제도로 보지 않는다. 다만 음행의 연고로 허락을 한 제도로 본다. 율법이 정한 음행이란 혼인 관계를 벗어난 성적 일탈 행위이다. 오직 육체의 결합은 부부들 만 행하는 것이며 그것이 그리스도인의 순결이다. 그렇다면 부부들은 서로 뜨겁게 사랑할 것을 권장한다. 그러므로 하나님께서 그리스도인의 순결을 보존하시고자 부부간에 육체의 관계를 허락하신 것이다. 사도 바울은 성도의 교제에 순결을 보존하기 위해서도 그리스도인 부부들은 상대에 대한 의무를 다하라고 말씀하신다.

사도 바울은 혼인 제도를 절대시 하지 않았다. 다만 혼인한 자들은 혼인 제도를 통하여 하나님의 영광을 드러내라고 가르친다. 그와같이 그리스도인 부부들은 혼인 제도를 통해서 그리스도와 교회를 배우게 된다. 하나님께서는 그리스도인의 순결을 보존하시기 위하여서 혼인 제도를 허락하셨다. 거룩한 보편 교회의 순결을 보존하는 제도로서 혼인 제도는 존재하였다. 모든 것이 하나님의 영광을 위하여서 존재할 뿐이다. 어떤 부부들은 자신의 배우자가 자신과 혼인 관계 안에 법적이미 연합되어 있기 때문에 상대 배우자를 홀대하는 경향이 있다. 이미 자신의 것이라는 오만한 태도를 보이는 것이다. 자신의 소유이기에 자기 마음대로 함부로 대하여도 된다고 여긴다. 실로 심각한 범죄 행위이다.

지혜롭고 슬기로운 부부들은 그렇게 행하지 않는다. 오히려 주님 안에서 하나로 맺어진 인연이기에 더욱 서로를 존중하고 소중히 대한다. 그러한 마음 자세를 가지지 않은 사람은 하나님의 나라도 모르고 진실하지도 않고 거룩하지도 않은 사람이다. 그러므로 이 본문은 역설적으로 사도 시대 교회의 신실한 성도의 교제를 드러내고 있다. 사도 시대 교회는 가르치는 자와 가르침을 받는 자가 서로 진실하게 사랑하였던 공동체였다. 그리고 각 성도들 상호간에 서로 진실하게 사랑하였던 공동체였다. 대체로 말씀을 가르치는 성직자와 원만한 관계를 유지하지 못하는 교인들은 신자 상호간에도 불협화음을 일으킨다. 지 교회 출석하는 신자들은 항상 말씀을 가르치는 성직자와 원만한 관계를 유지하려고 해야 한다. 그와같이 신자들 상호 관계도 서로 신실한 성도의 교제를 나누어야 한다. 하나님께서는 성도의 교제를 가장 귀하게 여기신다. 성도의 교제는 다른 모든 인간관계보다 더욱 고귀한 하나님 나라의 성취이다. 그래서 복음으로 교제하는 성도의 교제는 모든 교제 중에 최고의 교제이다. 천상의 성도의 교제를 지금 여기에서 현재적으로 희미하게 나마 누리는 교제이다. 그런데 그리스도인 부부들이 복음으로 교제하면 가장 소중한 두 가지 상호 인간관계를 보존하고 살아가는 것이다.

5. 그리고 상대가 요구하는 성행위를 거절하지 말라. 다만 기도하기 위하여서 서로 합의하에 시간을 정하여서 한시적으로 성관계를 거절할 수 있다. 그러나 곧 다시 하나가 되라. 이는 사탄이 너희의 욕정

을 이용해서 너희를 유혹하지 못하게 하려는 것이다. 6. 내가 이 말을 하는 것은 권도요 명령은 아니니다.

사도 바울은 "**상대가 요구하는 성행위를 거절하지 말라. 다만 기도하기 위하여서 서로 합의하에 시간을 정하여서 한시적으로 성관계를 거절할 수 있다.**"고 말한다. 그러나 "**곧 다시 하나가 되라. 이는 사단이 너희의 욕정을 이용해서 너희를 유혹하지 못하게 하려는 것이다.**"고 말한다. 성도의 교제에 대한 순수성을 보존하고자 한다면 그리스도인 부부들은 성적 순결부터 지켜야 한다. 그리스도인 부부가 각방을 써야 할 순간이란 기도를 해야 할 순간이다. 우리는 성도들을 향한 사도의 매우 세심한 배려를 볼 수 있다. 사도의 가르침은 분명하다. 그것은 어떠한 시대도 뛰어넘은 영원한 진리이다. 가정의 해체를 막는 유일한 방법은 그리스도인 부부들이 서로 진실하게 사랑하는 것이다. 그것이 성숙한 부부 관계이다. 그리고 그것은 인위적인 프로그램으로 될 수 없다. 오직 하나님의 말씀으로서만 교정될 뿐이다.

우리 주 예수 그리스도께서 이 세상에 오신 목적은 사람이 이 세상에서 먹고 마시고 안락을 추구하게 하시고자 하심이 아니다. 오직 성삼위일체 하나님을 영화롭게 하려고 오셨다. 먹고 마시고 안락을 추구하는 것도 다 사라질 세상적인 것들이다. 하나님 나라는 거기에 없다.

제목: 신자의 이혼에 대하여서
본문: 고린도 전서 7장 8~24절

[본 문]

8 내가 혼인하지 아니한 자들과 및 과부들에게 이르노니 나와 같
이 그냥 지내는 것이 좋으니라 9 만일 절제할 수 없거든 혼인하라
정욕이 불같이 타는 것보다 혼인하는 것이 나으니라 10 혼인한 자들
에게 내가 명하노니 (명하는 자는 내가 아니요 주시라) 여자는 남편
에게서 갈리지 말고 11 (만일 갈릴지라도 그냥 지내든지 다시 그 남
편과 화합하든지 하라) 남편도 아내를 버리지 말라 12 그 남은 사람
들에게 내가 말하노니 이는 주의 명령이 아니라 만일 어떤 형제에게
믿지 아니하는 아내가 있어 남편과 함께 살기를 좋아하거든 저를 버
리지 말며 13 어떤 여자에게 믿지 아니하는 남편이 있어 아내와 함
께 살기를 좋아하거든 그 남편을 버리지 말라 14 믿지 아니하는 남
편이 아내로 인하여 거룩하게 되고 믿지 아니하는 아내가 남편으로
인하여 거룩하게 되나니 그렇지 아니하면 너희 자녀도 깨끗지 못하
니라 그러나 이제 거룩하니라 15 혹 믿지 아니하는 자가 갈리거든
갈리게 하라 형제나 자매나 이런 일에 구속받을 것이 없느니라 그러
나 하나님은 화평 중에서 너희를 부르셨느니라 16 아내된 자여 네가
남편을 구원할는지 어찌 알 수 있으며 남편된 자여 네가 네 아내를
구원할는지 어찌 알 수 있으리요 17 오직 주께서 각 사람에게 나눠
주신 대로 하나님이 각 사람을 부르신 그대로 행하라 내가 모든 교
회에서 이와 같이 명하노라 18 할례자로 부르심을 받은 자가 있느냐
무할례자가 되지 말며 무할례자로 부르심을 받은 자가 있느냐 할례
를 받지 말라 19 할례받는 것도 아무것도 아니요 할례받지 아니하는
것도 아무것도 아니로되 오직 하나님의 계명을 지킬 따름이니라 20
각 사람이 부르심을 받은 그 부르심 그대로 지내라 21 네가 종으로
있을 때에 부르심을 받았느냐 염려하지 말라 그러나 자유할 수 있거
든 차라리 사용하라 22 주 안에서 부르심을 받은 자는 종이라도 주

께 속한 자유자요 또 이와 같이 자유자로 있을 때에 부르심을 받은 자는 그리스도의 종이니라 23 너희는 값으로 사신 것이니 사람들의 종이 되지 말라 24 형제들아 각각 부르심을 받은 그대로 하나님과 함께 거하라

[원문 직역]

8. 내가 미혼자들과 미망인들에게 말한다. 만약 혼자라면 그대로가 선하다. 9. 그러나 만약 스스로를 제어할 수 없다면, 그들은 혼인하라. 욕정으로 불타는 것보다 혼인하는 것이 더욱 선하기 때문이다. 10. 혼인자들에게 명령한다. 명령하는 자는 내가 아니요 주시라. 아내들은 남편으로부터 떨어지지 말라. 11. 만약 떨어졌다면 그대로 지내라. 혹은 그 남편과 화해하라. 남편도 아내를 떠나보내지 말라. 12. 내가 나머지에게 말한다. 고로 말하는 이는 주님이 아니다. 만약 어떤 형제에게 믿지 않는 아내가 있어 그 여자가 함께 살기를 진심으로 바란다면, 그녀를 버리지 말라. 13. 어떤 여자에게 믿지 않는 남편이 있어, 그가 그의 아내와 함께 살기를 진심으로 바란다면, 그를 버리지 말라. 14. 믿지 아니하는 남자가 아내로 인하여서 거룩하게 될 수 있고 믿지 아니하는 아내가 형제로 인해 거룩하게 될 수 있기 때문이다. 그렇지 아니하면 너희 자녀가 깨끗하지 않을 것이다. 그러나 지금 깨끗하다. 15. 만약 믿지 않는 자가 스스로 갈라지고자 한다면, 갈라지도록 내버려 둬라. 형제나 자매가 이러한 일로 얽매일 필요가 없다. 하나님께서 너희를 화평 중에 불렀다. 16. 네가 남편을 구원할지 어찌 알겠느냐? 네가 아내를 구원할지 어찌 알겠느냐? 17. 주께서 나누어주신 분량대로 하나님께서 각 사람을 부르신 그대로 행하라. 내가 모든 교회에게 이같이 명하노라. 18. 어떤자가 할례자로 부름 받았으면 무할례자가 되지 말라. 무할례자로 부름을 받았으며 할례를 받지 말라. 19. 할례자도 아무것도 아니고 무할례자도 아무것도 아니다. 오직 하나님의 계명을 지키는 것 뿐이다. 20. 각 사람은 부르심을 받은 그 안에 머물라. 21. 종으로 부르심을 받았어도 염려하지 말라.

그러나 할 수 있으면 자유하라. 그것이 더 좋으니라. 22. 주 안에서 부르심을 받은 자는 종이라도 주께 속한 자유자요. 그와 같이 자유인으로서 부르심을 받은 자는 주님의 종이다. 23. 너희는 값으로 사셨으니 사람의 종이 되지 말라. 24. 형제들아! 각각은 그리스도 안에서 부르심을 받은 대로 이 안에서 하나님과 함께 머물러라.

[본문 해설]

8. 내가 미혼자들과 미망인들에게 말한다. 만약 혼자라면 그대로가 선하다. 9. 그러나 만약 스스로를 제어할 수 없다면, 그들은 혼인하라. 욕정으로 불타는 것보다 혼인하는 것이 더욱 선하기 때문이다.

이 본문을 이해하기 위하여서는 우리는 사도 시대의 교회 상황을 살펴보아야 한다. 그래서 이 본문과 관련된 사도 시대의 교회 상황을 설명하려고 한다. 사도 시대의 교회는 활발하게 전도 활동이 이루어지고 있었다. 그래서 많은 이방인들이 교회 안으로 들어왔고 세례를 받아 교회의 일원이 되었다. 그때에 어떤 경우에는 부부가 한 마음으로 교회에 들어와서 세례를 받고 부부로서 교회 생활을 하는 경우도 있었으나 다른 어떤 경우에는 불행히도 그렇지 못한 경우도 있었다. 그것은 부부 중에 한 쪽만 교회로 들어오고 다른 배우자는 여전히 불신자로 남아있게 된 경우이다. 그런 경우에는 둘 다 이방인으로 살던 부부가 졸지에 한 사람은 기독교인으로 다른 사람은 이방인으로 살게 되었던 것이다. 그때에 두 부부간에 종교적인 갈등이 발생하게 되었던 것이다. 그리고 그것이 이혼 문제로까지 확대되는 경우가 있었다. 그래서 사도 바울은 고린도 교회에게 서신을 쓸 때에 본문에 보면 **"내가 혼인하지 아니한 자들과 및 과부들에게 이르노니 나와 같이 그냥 지내는 것이 좋다."**(고전 7:8)고 한 것이다. 직역하면 다음과 같다. **"내가 미혼자들과 미망인들에게 말한다. 만약 혼자라면 그대로가 선하다."** 여기에서 **"혼인하지 아니한 자들"**은 미혼자를 의미하고 **"과부들"**은 **"혼인을 하였으나 남편을 사별하여 버**

린 미망인들"을 의미한다. 사도 바울은 그들에게 다시 혼인하는 것의 위험성을 지적하고 있다. 그러나 혼인하지 아니함으로 불륜에 빠질 것 같으면 차라리 합법적인 혼인을 통하여서 욕정을 해소하라고 말한다. 그리고 나서 고린도 전서 7장 10절에 사도 바울은 혼인한 자들에게 다음과 같이 말한다.

10. 혼인자들에게 명령한다. 명령하는 자는 내가 아니요 주시라. 아내들은 남편으로부터 떨어지지 말라. 11. 만약 떨어졌다면 그대로 지내라. 혹은 그 남편과 화해하라. 남편도 아내를 떠나보내지 말라.

이 부분은 그리스도인 기혼자들에게 하시는 말씀이다. 그리스도인 기혼자 부부들은 이혼을 할 수 없다. 주님께서 복음서에서 명령하셨다. 사도가 주님의 명령이라는 것은 복음서에서 직접 언급하신 것을 말씀한다. 그리고 고린도 전서 7장 12절에는 "**이는 주의 명령이 아니라**"고 한 것은 복음서에 없이 사도 바울이 직접 권면한 것이다. 그러나 주님께서 직접 하셨건 사도 바울이 처음 말을 꺼낸 것이건 모두 하나님의 말씀이기에 이것과 저것 중에 무엇이 더 중요하다는 것은 아니다.

사도 바울은 고린도 전서 7장 10절에 "**여자는 남자에게서 갈리지 말라**"고 한다. 그런데 남편에게는 "**남편도 아내를 버리지 말라**"고 한다. 이것은 이러하다. "**갈리다**"라는 뜻은 "**서로 관계하지 않는다**"는 것이다. 부부가 서로 관계하지 않는 상태로 사는 것인데 단지 그것은 분방이나 각방을 의미를 넘어서 별거하는 것을 의미한다. 남편들에게는 "**아내를 버리지 말라**"고 한다. 이것은 별거를 넘어서 "**이혼하는 것**"을 의미한다. 사도 바울은 아내가 자신의 도리를 다하는데 남편이 이혼을 요구할 수 없다 말한다. 사도 시대에 사회법은 남편이 아내에게 이혼을 요청할 수 있었다. 그러나 아내는 남편에게 이혼을 요청할 수 없었다. 다만 각방을 쓰거나 별거 상태에 들어가서 남편을 압박할 뿐이다. 그러면 남편은 어쩔 수 없이 이혼해 주는 것이다. 아내들은 다만 그것을 유도할 수 있을 뿐이었다. 그러므로 각방이나 별거 상태에 돌입하는 하는 아내들의 태도는 이혼을 하자는 것과 같다.

사도 바울은 남편들에게 각방을 쓰려고 하거나 별거 상태에 들어가려고 하는 아내가 아니라면 그 여자를 버릴 수 없다고 말한다. 고린도 전서 7장 12절에 사도 바울은 "**그 남은 자들에게 말하노라**"고 하신다. "**이 남은 자들**"이란 두 부부 중에 한 사람만 그리스도인으로 사는 경우를 말한다.

12. 내가 나머지에게 말한다. 고로 말하는 이는 주님이 아니다. 만약 어떤 형제에게 믿지 않는 아내가 있어 그 여자가 함께 살기를 진심으로 바란다면, 그녀를 버리지 말라. 13. 어떤 여자에게 믿지 않는 남편이 있어, 그가 그의 아내와 함께 살기를 진심으로 바란다면, 그를 버리지 말라. 14. 믿지 아니하는 남자가 아내로 인하여서 거룩하게 될 수 있고 믿지 아니하는 아내가 형제로 인해 거룩하게 될 수 있기 때문이다. 그렇지 아니하면 너희 자녀가 깨끗하지 않을 것이다. 그러나 지금 깨끗하다.

이 부분은 사도 시대의 시대적 배경이 있다. 두 부부 중에 먼저 기독교로 개종한 배우자가 있게 되어서 겪게 되는 종교적 갈등에 대한 사도 바울의 교리적 진술이다. 사도 바울은 말하기를 "**만일 어떤 형제에게 믿지 아니하는 아내가 있어 남편과 함께 살기를 좋아하거든 저를 버리지 말라**"(고전 7:12)고 하신다. 이는 부부 중에 한 쪽만 그리스도인이라도 아직 그리스도인이 아닌 배우자가 성실하게 혼인 생활을 유지하고 신자인 배우자와 성실하게 혼인 생활을 하려고 하면 굳이 이혼할 필요가 없다는 뜻이다. 그래서 어떤 믿는 형제가 믿지 않는 아내가 있는데 그 아내가 남편과 함께 살기를 진정으로 원하고 바라면 그 아내를 버릴 수 없다는 것이다. 여기에서 버린다는 뜻은 이혼이다. 사도 바울은 그리스도인 아내들에게 말한다. "**어떤**

여자에게 믿지 아니하는 남편이 있어 아내와 함께 살기를 좋아하거든 그 남편을 버리지 말라"(고전 7:13) 어떤 그리스도인 여자에게 믿지 아니하는 남편이 있는데 그 남편이 혼인의 의무를 다하고 성실하게 아내에게 대한다면 그 남편을 그리스도인이 아니라는 이유로 이혼할 수 없다는 것이다.

사도 바울은 고린도 전서 7장 14절에서 "**믿지 아니하는 남편이 아내로 인하여 거룩하게 되고 믿지 아니하는 아내가 남편으로 인하여 거룩하게 되나니 그렇지 아니하면 너희 자녀도 깨끗지 못하니라 그러나 이제 거룩하니라**"라고 말한다. 이 경우에는 믿지 아니하는 상대편 배우자가 믿는 배우자의 신앙을 따라 가겠다고 하는 고백이 없을지라도 믿는 자의 신앙을 핍박하지 아니하며 자신도 그리스도인이 되고자 하는 마음이 어느 정도 있다면 그리스도를 믿는 배우자로 인하여서 거룩하게 될 수 있다는 것이다. 그래서 그러한 법도들을 지키지 않으면 너희 자녀도 거룩하지 못하다고 말한다. 그러나 그렇게 행하면 거룩하다고 말한다. 여기에서 비록 부부 간에 한 쪽만 믿음이 있는 가운데 유지되는 혼인 생활도 두 부부의 친밀도와 신뢰성에 따라서 부부 간에 종교적인 갈등을 극복할 수 있다는 것이다. 궁극적으로 신자 된 배우자가 그 상대편 배우자를 그리스도에게로 인도하는 것이다. 신자된 배우자가 신앙이 없는 배우자와 혼인 생활하는 것 자체가 더럽다고 할 수 없다. 그런데 사도 바울은 이러한 경우에 이혼을 할 수 있다고 말한다. 그것이 고린도 전서 7장 15절이다.

15. 만약 믿지 않는 자가 스스로 갈라지고자 한다면, 갈라지도록 내버려 둬라. 형제나 자매가 이러한 일로 얽매일 필요가 없다. 하나님께서 너희를 화평 중에 불렀다.

사도 바울은 혹 믿지 아니하는 자가 스스로 갈라지고자 한다면 갈라지게 내버려 두어라고 말한다. 이 의미가 무엇인가 그것은 믿지 아니하는 불신앙의 배우자가 신자인 배우자에게 이혼을 강력하게 요구할 때이다. 그때에 그 믿지 아니하는 배우자가 혼인의 도리를 다하지 아니하고 다른 사람과 행음하거나 혹은 그렇지 않더라도 부부간에 혼인 생활에 필요한 최소한의 의무도 다하지 않을 때에 그로 인하여서 신앙생활조차도 제대로 할 수 없을 정도로 혼인 생활이 파탄을 낼 때 그리스도인들은 이런 일로 인하여서 묶여서 하나님을 섬기는 데에 고통을 당할 필요가 없다는 것이다. 혼인 생활이 구주를 섬기는데 지대하게 방해가 되고 훼손 될 때 혹은 믿지 않는 배우자가 이혼을 요구할 때 그리스도인 배우자는 비로소 혼인의 끈을 놓아버릴 수 있다고 말한다.

사도 바울은 하나님은 화평 중에 너희를 부르셨다고 하며 다투지 말 것을 명한다. 사도 바울은 하나님께서 화평의 도구로 신자들을 불렀기 때문에 혼인 제도를 통하여서 상대편 배우자를 주께로 인도할 수도 있다면 그렇게 하라고 권면한다.

16. 네가 남편을 구원할지 어찌 알겠느냐? 네가 아내를 구원할지 어찌 알겠느냐?

사도 바울은 아내 된 자에게 그 아내의 거룩한 행실로 남편을 구원할지 어찌 알 수 있겠느냐고 하며 남편 된 자에도 그 남편의 거룩한 행실로 그 아내를 구원할지 어찌 알 수 있느냐고 말한다. 사도 바울은 이혼이라는 최후의 수단을 쓰는 것이 가능하나 매우 신중하라 권면한다.

17. 주께서 나누어주신 분량대로 하나님께서 각 사람을 부르신 그대로 행하라. 내가 모든 교회에게 이같이 명하노라. 18. 어떤자가 할례자로 부름 받았으면 무할례자가 되지 말라. 무할례자로 부름을 받았으며 할례를 받지 말라. 19. 할례자도 아무것도 아니고 무할례자도 아무것도 아니다. 오직 하나님의 계명을 지키는 것 뿐이다. 20. 각 사

람은 부르심을 받은 그 안에 머물라. 21. 종으로 부르심을 받았어도 염려하지 말라. 그러나 할 수 있으면 자유하라. 그것이 더 좋으니라. 22. 주 안에서 부르심을 받은 자는 종이라도 주께 속한 자유자요. 그와 같이 자유인으로서 부르심을 받은 자는 주님의 종이다. 23. 너희는 값으로 사셨으니 사람의 종이 되지 말라. 24. 형제들아! 각각은 그리스도 안에서 부르심을 받은 대로 이 안에서 하나님과 함께 머물러라.

사도 바울은 본문에서 부르심에 대하여서 가르친다. 첫째 사도 바울은 각 사람에게 나누어주신 분량에 따라서 행하라 말한다. 하나님께서 각 사람에게 나누어주신 믿음의 분량이 있다. 사도 바울은 그 믿음의 분량을 따라서 행하라고 말한다. 신자가 믿음의 분량을 넘어서 행하는 것은 교회의 질서를 파괴시키며 불법을 자행하는 것이다. 사도 바울은 교회의 질서를 파괴시켰던 고린도 교회 몇몇 무리들을 염두에 두고 이 말씀을 하고 있다. 그들이 믿음이 없기에 믿음의 분량을 넘어서 함부로 경고 망동하였다는 것이다. 참된 신앙이 있는 자는 자신의 믿음의 분량을 알고 행한다.

사도 바울은 고린도 전서 7장 18절에서 "**할례자로 부르심을 받은 자가 있느냐 무할례자가 되지 말며 무할례자로 부르심을 받은 자가 있느냐 할례를 받지 말라**"고 말한다. 이것은 어떻게 부르심을 받았던지 주 예수 그리스도 안에서 차별이 없으며 그렇기 때문에 할례를 받은 자가 양심을 따라 할례 받은 유대인으로 자신의 규례를 지키는 것 자체가 문제가 될 것이 없다는 것이다. 유대인으로서 피가 어려 있는 고기를 먹지 않는다면 그것을 굳이 먹으려고 할 필요 없다. 그러나 이방인으로 그리스도인이 된 자들이 굳이 유대인의 규례를 따라가려고 할 필요가 없다. 유대인처럼 할례를 받거나 고기를 먹지 않으려고 노력할 필요가 없다. 각 사람은 부르심을 받은 대로 행하면 된다. 그래서 고린도 전서 7장 19절에서 사도 바울은 "**할례받는 것도 아무것도 아니요 할례받지 아니하는 것도 아무것도 아니로되**

오직 하나님의 계명을 지킬 따름이니라"고 한 것이다. 이제 그리스도 예수 안에서 할례를 받은 자나 할례를 받지 못한 자나 일반이다. 그러므로 그러한 외적 모양을 내는 것은 아무런 의미가 없다. 그래서 사도 바울은 "**오직 하나님의 계명을 지킬 따름이니라**"(고전 7:19)고 한 것이다. 신자들의 삶에 중요한 것은 할례를 받은 것도 받지 않은 것도 아니다. 사도 바울은 고린도 교회 신자들에게 중요한 것은 하나님의 계명에 순종하는 것이라 말한다. 신자가 주의 계명에 순종하는 것이 하나님 나라를 풍성하게 성취하는 것이다. 하나님의 계명을 따라 살아가는 삶이 중요하다. 사도 바울은 고린도 전서 7장 20절에서 "**각 사람은 부르심을 받은 그 안에 머물라**"고 말한다. 그러면서 "**네가 종으로 있을 때에 부르심을 받았느냐 염려하지 말라 그러나 자유할 수 있거든 차라리 사용하라**"(고전 7:20)고 말한다. 사도 시대에는 종으로 있으면서 그리스도인이 된 자들이 있었다. 사도 바울은 그들에게 자신이 종의 신분이라는 것으로 근심하지 말라고 말한다. 그 신분 그대로 신자로서 살아가는 데 지장이 없다고 말한다. 그러나 자유 할 수 있으면 자유하도록 하라고 말한다. 실지로 이러한 놀라운 사도 바울의 권면으로 주님의 교회 안에서는 주인과 종의 관계에서 종이 자유를 얻어 그리스도 안에 형제가 되어서 사랑하는 관계가 되었다. 그리스도 안에서 있는 주인들이 자발적으로 배려하여 종들이 해방시켰다. 빌레몬서에 나오는 빌레몬의 종 오네시모가 사도의 권면으로 빌레몬이 자유케 하여 준 노예였다.(빌 1:9~21) 이는 그리스도인 주인들의 참된 사랑의 배려였다. 참된 사랑은 이웃을 노예화 하지 않는다. 자신의 종조차도 자유케 하는 것이 참 사랑이다. 타인의 권리를 묵살하고 짓밟는 것은 참 사랑이 아니다. 거기에 넘어서 타인을 억압하고 착취하고 가두어 두려는 것은 큰 죄악이다.

사도 바울은 그리스도인 주인들에게 다음과 같이 말한다. 고린도 전서 7장 22절에 "**주 안에서 부르심을 받은 자는 종이라도 주께 속한 자유자요 또 이와 같이 자유자로 있을 때에 부르심을 받은 자는**

그리스도의 종이니라"고 하신다. 직역하면 다음과 같다. "**주 안에서 부르심을 받은 자는 종이라도 주께 속한 자유자요. 그와 같이 자유인으로서 부르심을 받은 자는 주님의 종이다.**" 사도 바울은 그리스도인 주인들에게 그들의 종들이 세례 받고 교회의 일원이 되었으면 그리스도 안에 있는 자유인이라고 선언한다. 사도 바울은 종들을 자유케 하라고 우회적으로 표현한다. 그와 같이 주님 안에 자유인으로 부르심을 받은 자는 그리스도의 종이라고 말한다. 사도 바울은 그리스도인 주인들에게 하늘에 계시는 주님께 신자들 모두 종이라고 하면서 하늘에 계신 주님을 생각할 때에 그리스도인 주인들이 그리스도 안에 있는 형제를 종으로 부리는 것은 어리석다 말한다.

사도 바울은 고린도 전서 7장 23절에 "**너희는 값으로 사셨으니 사람의 종이 되지 말라.**"고 하신다. 이는 그리스도께서 우리를 그의 공로로 값을 지불하시고 사셨으니 이제 신자들은 그리스도 안에서 자유인이며 동시에 주님의 종이라는 것이다. 여기에서 그리스도의 종이란 자발적으로 주님을 사랑하는 종이다. 예수 그리스도의 종 된 신자들은 그리스도에게 순종하여야 할 자유 만 있다. 그것은 진리만을 따라가야 할 자유이다. 신자는 오직 진리만을 따라가야 한다. 사람이 한 평생 살면서 영원한 가치를 가슴에 품고 주님을 따라서 살아가는 그 놀라운 삶은 세상에 그 무엇과도 바꿀 수 없다.

제목: 처녀에 대한 계명
본문: 고린도 전서 7장 25~40절

[본 문]
25 처녀에 대하여는 내가 주께 받은 계명이 없으되 주의 자비하심
을 받아서 충성된 자가 되어 의견을 고하노니 26 내 생각에는 이것
이 좋으니 곧 임박한 환난을 인하여 사람이 그냥 지내는 것이 좋으
니라 27 네가 아내에게 매였느냐 놓이기를 구하지 말며 아내에게서
놓였느냐 아내를 구하지 말라 28 그러나 장가가도 죄 짓는 것이 아
니요 처녀가 시집가도 죄 짓는 것이 아니로되 이런 이들은 육신에
고난이 있으리니 나는 너희를 아끼노라 29 형제들아 내가 이 말을
하노니 때가 단축하여진 고로 이후부터 아내 있는 자들은 없는 자같
이 하며 30 우는 자들은 울지 않는 자같이 하며 기쁜 자들은 기쁘지
않은 자같이 하며 매매하는 자들은 없는 자같이 하며 31 세상 물건
을 쓰는 자들은 다 쓰지 못하는 자같이 하라 이 세상의 형적은 지나
감이니라 32 너희가 염려 없기를 원하노라 장가가지 않은 자는 주의
일을 염려하여 어찌하여야 주를 기쁘시게 할꼬 하되 33 장가간 자는
세상 일을 염려하여 어찌하여야 아내를 기쁘게 할꼬 하여 마음이 나
누이며 34 시집가지 않은 자와 처녀는 주의 일을 염려하여 몸과 영
을 다 거룩하게 하려 하되 시집간 자는 세상 일을 염려하여 어찌하
여야 남편을 기쁘게 할꼬 하느니라 35 내가 이것을 말함은 너희의
유익을 위함이요 너희에게 올무를 놓으려 함이 아니니 오직 너희로
하여금 이치에 합하게 하여 분노함이 없이 주를 섬기게 하려 함이라
36 누가 자기의 처녀 딸에 대한 일이 이치에 합당치 못한 줄로 생각
할 때에 혼기도 지나고 그같이 할 필요가 있거든 마음대로 하라 이
것은 죄 짓는 것이 아니니 혼인하게 하라 37 그러나 그 마음을 굳게
하고 또 부득이한 일도 없고 자기 뜻대로 할 권리가 있어서 그 처녀
딸을 머물러 두기로 마음에 작정하여도 잘하는 것이니라 38 그러므
로 처녀 딸을 시집보내는 자도 잘하거니와 시집보내지 아니하는 자

가 더 잘하는 것이니라 39 아내가 그 남편이 살 동안에 매여 있다가 남편이 죽으면 자유하여 자기 뜻대로 시집갈 것이나 주 안에서만 할 것이니라 40 그러나 내 뜻에는 그냥 지내는 것이 더욱 복이 있으리로다 나도 또한 하나님의 영을 받은 줄로 생각하노라

[원문 직역]

25. 처녀들에 관하여서 주의 명령을 내가 가지고 있지 않다. 그러나 미쁘신 주님의 자비를 따라서 하나의 의견을 내가 주노니 26. 나는 이것이 좋다고 생각한다. 임박할 환란을 인하여서 사람이 그대로 지내는 것이 좋다는 것이다. 27. 네가 여자에게 묶여 있느냐? 풀려고 하지 말라. 여자로부터 풀려 있느냐 여자에게 묶이지 마라. 28. 만약 네가 혼인을 했다면, 그것도 죄를 지은 것이 아니다. 그리고 처녀가 결혼을 해도 죄를 짓는 것이 아니다. 그러나 그러한 자들은 육신의 곤고함이 있을 것이다. 나는 너희를 아끼노라. 29. 형제들아! 내가 말하노니 시간이 단축된고로 주어진 시간이 별로 없다. 아내 있는 자들은 없는 자 같이 행동하라. 30. 우는 자들은 울지 않는 자 같이 하며 기쁜 자들은 기쁘지 않은 자 같이 하며 매매하는 자들은 가지고 있지 않은 자 같이 하여 31. 세상 물건을 쓰는 자들은 다 쓰지 못하는 자 같이 하라 이 세상의 형적은 지나감이라 32. 나는 너희가 염려 없기를 바란다. 장가가지 않은 자는 주의 일을 염려하여 어찌하여야 주를 기쁘시게 할꼬 하나 33. 장가간 자는 이 세상의 일을 염려하여, 어찌하여야 아내를 기쁘게 할꼬 하느니라. 34. 그래서 그는 마음이 나누인다. 그리고 혼인하지 아니한 여자나 처녀는 주의 일을 염려하여 자신의 몸과 영혼을 거룩하게 한다. 그러나 혼인한 여자들은 세상 일을 염려하여 어찌하여야 남편을 기쁘게 할꼬 하느니라. 35. 내가 너희에게 이것을 말하는 것은 너희의 유익을 위함이고 올무를 놓으려는 것이 아니다. 오직 너희로 하여금 혼란하지 않고 주님을 헌신적으로 합당하게 섬기게 하려는 것이다. 36. 만약 누가 자신의 처녀 딸에 대하여서 (혼인하지 않는 것이) 타당하지 않다고 생각한다면, 만

약 혼기가 지나가는 자가 마땅히 그와 같이 혼인하기를 바란다면, 마음대로 해라. 죄짓는 것이 아니니 혼인하게 하라. 37. 그러나 그의 마음이 (혼인하지 않기로) 굳건하게 서있는 자가 부득이하게 (혼인 할) 일도 없고 자기 뜻을 따라서 할 권리가 있어서 그의 마음에 결정하기를 그의 처녀 딸을 그대로 두어도 잘하는 것이다. 38. 그와같이 그 자신의 처녀 달을 시집보내는 것도 잘하는 것이요 시집 보내지 않는 것이 더 잘하는 것이다. 39. 여자는 남편이 살아 있는 그 순간까지 (혼인 제도에) 매여 있는 것이다. 만약 남편이 죽으면 풀리는 것이다. 그런데 혼인하고자 하는 자는 오직 주 안에서 만 할 수 있다. 40. 만약 그대로 혼자 살려고 하면 복되도다. 내가 내 자신을 따라서 생각해 보건데 나도 하나님의 성령을 받은 줄로 아노라.

[본문 해설]

25. 처녀들에 관하여서 주의 명령을 내가 가지고 있지 않다. 그러나 미쁘신 주님의 자비를 따라서 하나의 의견을 내가 주노니 26. 나는 이것이 좋다고 생각한다. 임박할 환란을 인하여서 사람이 그대로 지내는 것이 좋다는 것이다.

사도 바울은 처녀들에 대하여서 주께 받은 계명이 없다고 말한다. 이것은 처녀들에 대한 그리스도의 직접적인 말씀이 없다는 것이다. 그러나 사도 바울은 자신의 가르침이 하나님의 말씀이라는 것을 증거한다. 다만 그리스도의 직접적인 명령이 복음서에 없다는 것이다. 사도 바울은 본문 고린도 전서 7장 40절에 "**나도 하나님의 영을 받은 줄로 생각하노라**"라고 하면서 자신의 가르침이 하나님의 말씀과 다르지 않다고 말한다. 직역하면 다음과 같다. "**나도 하나님의 성령을 받은 줄로 아노라.**" 그것은 주님께서 직접 복음서에서 명령하신 것은 아니지만 이제 사도가 하나님의 뜻을 따라서 처녀들의 결혼에 대하여서 다룬다는 것이다.

사도 바울은 고린도 전서 7장 25절 후반부에 "**주의 자비하심을**

받아서 충성된 자가 되어 의견을 고한다."하면서 주안에서 처녀들의 혼인에 대한 의견을 피력하고 있다. 사도 바울은 자신의 소견이 미쁘신 주님의 자비를 따라서 교회에게 주어지는 하나님의 말씀이라 선언한다. 사도바울은 이제 고린도 전서 7장 26절에서 "**내 생각에는 이것이 좋으니 곧 임박한 환난을 인하여 사람이 그냥 지내는 것이 좋다.**"고 말한다. 직역하면 "**나는 이것이 좋다고 생각한다. 임박할 환란을 인하여서 사람이 그대로 지내는 것이 좋다는 것이다.**"가 된다. 사도 바울은 처녀들에게 혼인하지 않는 것이 좋다고 말한다. 그 이유는 "**임박할 환란을 인하여서**"라는 것이다. 그렇다고 하면 "**임박할 환란**"이 무엇인가? 첫째 "**임박하다**"라는 말씀을 살펴 보려고한다. "**임박하다**"라는 뜻은 헬라어로 "**에네스토산**"(ἐνεστῶσαν)라고 하는데 달리 표현하면 "**절박하다**"라는 의미도 있다. 이것에 대한 첫째 의미는 하나님 나라의 도래를 기다리는 성도들의 마음의 자세에 대한 것이다. 무엇보다 예수 그리스도의 재림을 기다리는 성도들의 자세에 대한 것이다. 사도 바울은 처녀들에게 너희들이 하나님 앞에서 얼마나 절박한 신앙의 자세를 가지고 있는 가 살펴보라고 말한다. 대충 사는 것이 신앙이 아니라는 것이다. 하나님 앞에서 절박한 자세로 신앙생활을 해야 한다는 것이다.

둘째로 "**환란**"이라는 의미다. "**환란**"이라는 의미가 헬라어로 "**아낭켄**"(ἀνάγκην)라고 하는데 그 의미는 이러하다. "**고통**", "**곤궁**", "**고난**", "**재난**", "**구속**", "**억제**", "**강요**" 그리고 "**강제**" 등의 의미가 있다. 그러므로 "**임박할 환란**"이란 사도 시대의 시대적 배경을 따라서 해석해 보아야 하고 우리 시대에 다시 그것이 어떻게 적용되어할 것을 살펴보아야 한다. 사도 시대는 로마 제국의 핍박으로 언제 교회 자체가 붕괴될지 모를 정도로 어려운 상황이었다. 그리고 사도 시대에 성도들은 그리스도께서 그 세대가 다 지나가기 전에 오시리라고 생각하였다. 그러한 시대적 배경을 가지고 사도의 가르침이 고린도 교회에게 주어졌다. 로마 제국의 공권력에 의하여 성도들이 붙잡혀 가면 그로 인하여서 큰 고초를 겪고 결국 순교에 이를 수 있는 상황이었다. 그러한 환란의 때를 면하게 하시고자 구주께서 다시 오시겠다고 약속하셨기 때문에 사도 시대 성도들은 삶 자체가 임박할 환란을 준비하는 삶이었다. 이것을 종말론적인 신앙의 자세이다. 참다운 신자들은 모두 이러한 자세를 견지해야 한다. 종말론적인 신앙의 자세는 성도들에게 매우 중요하다. 이 세상의 부질없는 것에 뜻을 두지 않고 살아가는 신앙의 자세이다. 구약 시대 출애굽 때, 모세와 함께 애굽을 탈출하려는 모든 이스라엘 백성들에게 주어진 명령이기도 하다. 마지막 애굽에서의 밤에 여호와께서 이스라엘 백성들에게 "**너희는 급하게 허리띠를 띠고 발에 신을 신고 손에 지팡이를 잡고 유월절 양식을 급히 먹으며 이 세상 장막을 떠날 채비를 하라**"(출 12:11)고 하셨다. 이러한 이스라엘 백성들의 출애굽의 자세는 종말론적 신앙의 자세를 보여준다. 신구약 모든 가르침은 성도들에게 일치하다. 이 세상에 뜻을 두지 말고 이 세상에서 바벨탑을 쌓고 살아갈 생각을 하지 말라는 것이다. 그와 같은 관점으로 사도 바울이 그리스도인 처녀들에게 임박할 환란을 인하여서 그대로 지내는 것이 좋다고 한 것이다. 헬라어의 "**환란**"이라는 의미는 "**구속**", "**억제**", "**강제**"라는 의미도 있다. 혼인을 하는 것 자체가 "**환란**"이라는 의미도 있다.

사도 바울은 너희를 아끼기 때문에 하는 말인데 굳이 혼인제도 아래에 묶여서 하나님을 섬기는 데에 방해를 받지 말라고 하는 것이다. 여기에서 임박할 환란은 이 세상의 도성이 곧 무너질 것을 의미한다. 이 세상에 나라가 곧 무너지기에 그 곳에 마음을 두지 말라는 것이다. 신자는 이 세상 도성에 마음을 쓰지 말아야 한다. 혼인 제도는 결혼 당사자들의 행복을 위해서 하나님께서 내신 제도가 아니다. 오히려 혼인 제도 안으로 들어가는 것 자체가 임박한 환란일 수 있다. 그래서 혼인제도 안에 들어가려는 혼인 당사자들은 "**임박할 환란**"을 각오하여야 한다. 혼인제도 안에 들어가는 것이 환란이다. 그들은 자신들의 가족들뿐 만 아니라 배우자의 가족들까지도 신경써야 하고 모든 관계 안에 매여서 더 많은 의무를 부여 받는다. 그러한 것들을 하지 않겠다고 하면 그러한 혼인 당사자들은 혼인할 자격도 없다. 혼인제도 안에 매여 있으면 이제 자기의 짐과 함께 배우자의 짐도 져야 하는 것이다. 자신의 연약성 때문에 힘든데 배우자의 부패성도 짊어져야 한다.

그래서 경건한 처녀들은 시집가려고 할 때 앞으로 자신에게 닥칠 환란을 다부진 마음으로 감당하려고 해야 하며 임박할 환란을 견디어 내겠다는 옹골찬 마음이 있어야 한다. 그래야 혼인제도 안에서 주님과 함께 승리할 수 있다. 혼인이 하나님 나라를 이루어 가는 고난의 길이라는 사실을 분명하게 깨닫고 가야 한다. 많은 처녀들이 혼인 제도를 통해 자신들의 행복을 실현하려고 하다가 실망하고 망가진다. 그리고 심각하게 후회한다.

사도 바울은 결혼 제도 안에 들어가는 것이 고난을 짊어 져야 하는 것을 알기에 처녀들을 아끼는 마음으로 결혼하지 말고 그대로 살라고 권면한 것이다. 이는 처녀로 지내는 것이 구주 하나님을 좀더 직접적으로 섬길 수 있으며 하나님의 영광을 위해 더 나은 선택일 수 있다는 것이다. 그래서 사도는 처녀들에게 그대로 살 것을 권면한 것이다.

27. 네가 여자에게 묶여 있느냐? 풀려고 하지 말라. 여자로부터 풀려 있느냐 여자에게 묶이지 마라.

사도 바울은 혼인 제도를 "**묶여 있는 상태**"로 말한다. 직역하면 "**네가 여자에게 묶여 있느냐? 풀려고 하지 말라. 여자로부터 풀려 있느냐 여자에게 묶이지 마라.**"가 된다. 혼인제도 안에 있는 것은 묶여 있는 것이다. 두 남녀가 서로를 묶고 있다. 여기에는 자기 마음대로 행할 자유가 없다. 항상 배우자와 함께 해야 한다.

사도 바울은 이미 묶여 있는 자들은 풀려고 하지 말라고 가르친다. 묶여 있는 자들이란 혼인제도 안에 있는 자들이다. 묶여 있는 자들은 홀로 달려가려고 해서 갈 수 있는 것이 아니다. 상대 배우자와 함께 가려고 해야 한다. 끝없이 상대 배우자를 기다리고 인내하고 견디며 긍휼을 베풀어야 한다. 그렇다면 혼인한 부부가 어떻게 서로를 사랑해야 하는가? 그것은 에베소서 5장 21~33절과 베드로 전서 3장 1~7절에 있다. 그 중에 에베소서는 5장 22절과 35절을 봉독한다. "**아내들이여 자기 남편에게 복종하기를 주께 하듯 하라**"(엡 5:22) "**남편들아 아내 사랑하기를 그리스도께서 교회를 사랑하시고 위하여 자신을 주심같이 하라**"(엡 5:25) 그리고 베드로 전서는 3장 1절과 7절을 봉독한다. "**아내 된 자들아 이와 같이 자기 남편에게 순복하라 이는 혹 도를 순종치 않는 자라도 말로 말미암지 않고 그 아내의 행위로 말미암아 구원을 얻게 하려 함이니**"(벧전 3:1) "**남편 된 자들아 이와 같이 지식을 따라 너희 아내와 동거하고 저는 더 연약한 그릇이요 또 생명의 은혜를 유업으로 함께 받을 자로 알아 귀히 여기라 이는 너희 기도가 막히지 아니하게 하려 함이라**"(벧전 3:7) 사도 바울과 사도 베드로는 아내들의 의무를 먼저 요구하고 있다. 이는 아내들이 남편에게 요구할 수 있는 최선의 방법이 아내의 의무를 다하는 것이기 때문이다. 아내의 거룩한 자태를 통해서 남편들에게 혼인 제도의 의무를 요구할 수 있다. 아내들이 남편에 대한 의무를 행할 마음 자세도 갖추지 않고 남편들에게 의무를 요구하는 것은 어리석은 짓이다. 하나님은 첫 사람 아담과 하와의 타락을 잘 아신다. 하나님의 말씀을 거부하고 자신의 아내를 따라 타락한 존재가 아담이었다. 타락한 아담은 아내의 유혹에 넘어가서 범죄하였다. 하와는 남편의 제재를 받지 않고 자기 임의대로 행하다가 뱀의 유혹에 빠졌다.

사도가 혼인한 부부들의 의무에 대하여서 말할 때 아내들의 의무를 먼저 요구한 것은 이러한 역사적 배경이 있다. 첫 사람의 부부관계도 하와가 아담의 말을 듣지 않고 임의로 행하여서 하나님 앞에서 범죄하였기 때문이다. 하와와 같이 임의로 행하는 아내는 남편에게 혼인의 의무를 요구할 자격이 없다. 다만 남편은 그런 아내의 불순종의 상태와 상관없이 아내를 사랑할 권리를 가지고 있다.

사도 바울은 에베소서 5장 21절에서 "**그리스도를 경외함으로 피차 복종하라**"고 한다. 부부는 서로에게 복종해야 할 것을 말한다. 혼인 제도는 그리스도와 교회에 대한 하나님의 비밀이다. 혼인제도 안에서 부부간의 질서가 파괴되면 그리스도와 교회의 비밀이 사라진다. 혼인 제도는 부부간에 질서를 따라서 그리스도와 교회에 대한 비밀을 알게 한다. 사도 바울은 처녀들에게 신중하게 혼인하라고 권면하고 있다. 처녀들이 혼인을 하면 끝없이 남편에게 순종하려고 하는 자세를 가져야 한다. 그 싸움이 만만치 않다. 여러 면에서 완전하지 못한 남편에게 순종한다는 것이 여간 어렵지 않다. 그러나 아내는 이러한 순종을 통하여서 하나님 나라를 알아가게 된다.

사도 바울은 혼인 제도를 모든 사람이 거쳐야 하는 절대적인 제도로 보지 않는다. 다만 혼인한 부부들이 당연히 지켜야 할 의무를 지킴으로서 하나님 나라를 알아가라는 것이다. 그 제도 자체는 이 세상에 속한 것이다. 그래서 사도 바울은 고린도 전서 7장 33~34절에서 혼인 제도를 이 세상에 속한 일이라 말한 것이다. 혼인 제도 자체는 이 세상에 없어질 형적이다. 다만 혼인 제도 안에 하나님께서 그의 백성을 인도하시는 거룩한 말씀이 있기에 중요하다. 성도들은 혼인 제도를 통하여서 그리스도와 교회의 관계를 제대로 깨닫고 실천함으로서 신앙의 자유를 누릴 수 있다. 교회가 그리스도에게 순종함으로 자유를 얻는다. 그와 같이 아내들도 남편에게 순종함으로서 신앙의 자유를 얻는다. 만약 그리하지 아니하면 가정은 끝없는 불화와 고통으로 점철될 것이다. 그러한 형태의 혼인 생활은 큰 재앙이다. 히브리서 기자는 다음과 같이 하나님의 법을 두려워하라고 말한다. "**살아 계신 하나님의 손에 빠져 들어가는 것이 무서울진저**"(히 10:31) 하나님의 말씀에 불순종하는 것은 그 자체가 큰 심판이다.

28. 만약 네가 혼인을 했다면, 그것도 죄를 지은 것이 아니다. 그리고 처녀가 결혼을 해도 죄를 짓는 것이 아니다. 그러나 그러한 자들은 육신의 곤고함이 있을 것이다. 나는 너희를 아끼노라.

사도 바울은 장가가고 시집가는 것이 죄는 아니라고 말한다. 그러나 그 제도 안에 들어가는 자들이 당할 극심한 육신의 고통을 경고하고 있다. 헬라어로 "**육신의 고난**"을 "**들립신 테 사르키**"(θλῖψιν τῆ σαρκὶ)라고 하는데 이것은 인간의 부패한 본성이 고통의 불 속에 기름을 쏟아 붓듯이 더 크게 가중될 것을 의미한다. 사람이 홀로 살아도 힘든데 혼인제도 안에 있으면 더 힘들 수 있다. 나 혼자의 부패성을 짊어지고 살아가기도 힘든데 배우자의 부패성도 짊어져야 한다. 이래저래 하나님을 향하여서 나아감이 더딜 수 밖에 없다. 그러므로 상대편 배우자의 육신의 부패성을 짊어질 각오를 해야 한다. 사도 바울은 이러한 맥락에서 언급하고 있는 것이다.

29. 형제들아! 내가 말하노니 시간이 단축된고로 주어진 시간이 별로 없다. 아내 있는 자들은 없는 자 같이 행동하라. 30. 우는 자들은 울지 않는 자 같이 하며 기쁜 자들은 기쁘지 않은 자 같이 하며 매매하는 자들은 가지고 있지 않은 자 같이 하여 31. 세상 물건을 쓰는 자들은 다 쓰지 못하는 자 같이 하라 이 세상의 형적은 지나감이라

사도 바울은 혼인한 자들에게 너희들의 혼인한 것을 자랑하지 말라고 말한다. 그것은 헛된 것이다. 그래서 아내 있는 자들은 없는 자 같이 행하라고 말한다. 흔히들 잉꼬부부라고 자랑하는 커플들 중에 갑자기 이혼하는 경우가 있다. 이러한 경우에 그들이 잉꼬부부였다는 사실이 얼마나 허탄한 것인지 모른다.

사도 바울은 성도들에게 혼인한 자들은 혼인하지 아니한 자처럼 살라고 말한다. 그것은 자신의 혼인을 자랑하지 말라는 것이다. 그러한 헛된 자랑은 악하다. 성도는 모두 형제와 자매다. 성숙한 부부는 함께 하나님의 교회를 돌아본다. 그러나 미성숙한 부부는 함께 하나님의 교회를 고통스럽게 한다. 그러므로 참된 성도들은 이 세상의 형적을 자랑하지 않는다. 오직 구주 예수 그리스도 만 자랑한다. 그리고 완성될 하나님 나라에서의 성도의 교제를 사모한다.

혼인 제도는 사람이 살아가는 하나의 방식이다. 부부가 서로 행복하게 사는 것은 권장할 만한 일이지만 그것이 하나님의 교회 앞에서 과시할만한 것은 못된다. 신자들이 살아가는 삶의 모든 것이 다 지나가는 한 형적일 뿐이다. 그런 것으로 인하여서 기뻐하거나 슬퍼하지 말아야 한다. 그런 것에 마음이 좌우되어서 하나님 나라를 흐트러뜨리지 말아야 한다.

사도 바울은 고린도 전서 7장 31절에서 "**세상 물건을 쓰는 자들은 다 쓰지 못하는 자같이 하라**"고 하신다. 그 의미는 이러하다. 이 세상에 쓰는 물건에 대하여 부질없는 집착을 버리라는 것이다. 그러한 집착에 사로잡혀 살아가는 자들 중에 기본적인 생활이 어려울 정도로 몰두하는 사람이 있다. 이것이 중독이다. 사도 바울은 신자들에게 이 세상의 형적에 중독자가 되지 말라 하신다. 이 세상에 속한 놀이 문화와 특정한 물건에 과도하게 집착하지 말라 한다. 특정한 물건에 마음을 집착하여 헤어 나오지 못하는 것은 모두 세상적인 것에 대한 애착 조절 장애아들이다. 사도 바울은 세상 물건을 적당하게 쓰고 족한 줄로 알라고 말한다. 주님께서 가져가시면 족하게 여기고 감사하라는 것이다.

오직 성도들은 성삼위일체 하나님의 영광을 위하여서 살아가는 자들이다. 사도 바울은 고린도 교회 성도들에게 이 세상 물건을 다 쓰지 못할 자처럼 처신하라 말한다. 신자들에게 이 세상의 물건은 다 지나가는 형적이다. 그러므로 사도 바울은 증거한다. 이 세상의 물건을 적당하게 누리되 집착하지 말라. 성도들에게는 영원한 하나님의 나라가 있기 때문이다.

32. 나는 너희가 염려 없기를 바란다. 장가가지 않은 자는 주의 일을 염려하여 어찌하여야 주를 기쁘시게 할꼬 하나 33. 장가간 자는 이 세상의 일을 염려하여, 어찌하여야 아내를 기쁘게 할꼬 하느니라.
34. 그래서 그는 마음이 나누인다. 그리고 혼인하지 아니한 여자나

처녀는 주의 일을 염려하여 자신의 몸과 영혼을 거룩하게 한다. 그러나 혼인한 여자들은 세상 일을 염려하여 어찌하여야 남편을 기쁘게 할꼬 하느니라. 35. 내가 너희에게 이것을 말하는 것은 너희의 유익을 위함이고 올무를 놓으려는 것이 아니다. 오직 너희로 하여금 혼란하지 않고 주님을 헌신적으로 합당하게 섬기게 하려는 것이다.

사도 바울은 혼인 제도의 어려움과 고통을 신자들에게 명백히 드러내어서 그 제도에 대한 불필요한 허상을 갖지 않게 하려고 한다. 그 제도가 가지고 있는 허상을 통하여서 혼인이 신자들에게 올무가 될 수 있음을 상기 시키는 것이다. 사도 바울은 혼인한 자들에게 분명하게 말한다. 혼인한 자들은 주의 법을 따라서 혼인 생활을 유지하라는 것이다. 그렇지 아니하면 그런 자들에게 혼인 제도는 너무 큰 고통이 될 것이다.

36. 만약 누가 자신의 처녀 딸에 대하여서 (혼인하지 않는 것이) 타당하지 않다고 생각한다면, 만약 혼기가 지나가는 자가 마땅히 그와 같이 혼인하기를 바란다면, 마음대로 해라. 죄짓는 것이 아니니 혼인하게 하라. 37. 그러나 그의 마음이 (혼인하지 않기로) 굳건하게 서 있는 자가 부득이하게 (혼인 할) 일도 없고 자기 뜻을 따라서 할 권리가 있어서 그의 마음에 결정하기를 그의 처녀 딸을 그대로 두어도 잘하는 것이다. 38. 그와같이 그 자신의 처녀 달을 시집보내는 것도 잘하는 것이요 시집 보내지 않는 것이 더 잘하는 것이다.

사도 바울은 혼기가 된 처녀 딸이 있다면 그들의 생각대로 결혼을 시켜도 죄가 되지 않는다 말한다. 그리고 마음에 작정하고 그대로 홀로 살도록 하여도 잘하는 것이라고 말한다. 처녀 딸을 시집보내지 않는 것이 더욱 잘하는 것이라고 말한다. 왜냐하면 이 세상의 환란이 극심하기에 그 딸이 누구를 만나서 큰 고통을 겪을지 모르기 때문이다. 자신의 처녀 딸을 아끼는 자들은 혼인제도 안으로 강제로 처녀 딸을 끌고 가지 말라는 것이다. 사도 바울은 혼인이란 혼기가 차면하는 것이 아니라 분명한 사명을 가지고 해야 한다고 가르친다. 경건한 신자들은 혼인 제도에 연연하지 않는다. 혼인을 막연하게 자기의 인생의 도피처로 생각하지도 자신의 행복을 이루는 수단으로 생각하여 그 혼인제도 안으로 들어가지 않는다.

사도 바울은 처녀가 시집을 가야 한다고 생각하는 것이 당연한 것이며 경건한 신자들이 그들의 처녀 딸들을 시집보내는 것도 합당하다고 말한다. 그러나 그리스도 안에서 처녀들은 신중하게 혼인을 결정하여 자신의 귀한 은사를 낭비하지 말라 말한다.

39. 여자는 남편이 살아 있는 그 순간까지 (혼인 제도에) 매여 있는 것이다. 만약 남편이 죽으면 풀리는 것이다. 그런데 혼인하고자 하는 자는 오직 주 안에서 만 할 수 있다. 40. 만약 그대로 혼자 살려고 하면 복되도다. 내가 내 자신을 따라서 생각해 보건데 나도 하나님의 심령을 받은 줄로 아노라.

사도 바울은 혼인 제도에 풀려날 때 다시 혼인하는 것도 자유이지만 주 안에서 만 해야 한다고 가르친다. 개혁 교회는 같은 개혁 신앙을 가진 자가 아니면 혼인 하지 말라고 가르친다. 같은 개혁 신앙을 가진 자와 혼인을 해야 같은 길을 갈 수 있고 자녀들을 한 마음으로 키울 수 있다. 개혁 신앙이 없는 배우자와의 혼인은 큰 고난이다. 사도 바울은 혼인에서 자유롭게 되었으면 그냥 그대로 사는 것이 더욱 복되다고 가르친다. 사도 바울은 혼인 제도를 덜 선한 것으로 말하고 있다. 사도 바울은 혼인 제도를 그리스도 안에서 자유의 문제로 돌리고 있으며 하나님을 영화롭게 하는 일에 매진하라고 말한다.

제목: 우상의 제물에 관하여서
본문: 고린도 전서 8장 1~13절

[본 문]

1 우상의 제물에 대하여는 우리가 다 지식이 있는 줄을 아나 지식
은 교만하게 하며 사랑은 덕을 세우나니 2 만일 누구든지 무엇을 아
는 줄로 생각하면 아직도 마땅히 알 것을 알지 못하는 것이요 3 또
누구든지 하나님을 사랑하면 이 사람은 하나님의 아시는 바 되었느
니라 4 그러므로 우상의 제물 먹는 일에 대하여는 우리가 우상은 세
상에 아무것도 아니며 또한 하나님은 한 분밖에 없는 줄 아노라 5
비록 하늘에나 땅에나 신이라 칭하는 자가 있어 많은 신과 많은 주
가 있으나 6 그러나 우리에게는 한 하나님 곧 아버지가 계시니 만물
이 그에게서 났고 우리도 그를 위하며 또한 한 주 예수 그리스도께
서 계시니 만물이 그로 말미암고 우리도 그로 말미암았느니라 7 그
러나 이 지식은 사람마다 가지지 못하여 어떤 이들은 지금까지 우상
에 대한 습관이 있어 우상의 제물로 알고 먹는 고로 그들의 양심이
약하여지고 더러워지느니라 8 식물은 우리를 하나님 앞에 세우지 못
하나니 우리가 먹지 아니하여도 부족함이 없고 먹어도 풍족함이 없
으리라 9 그런즉 너희 자유함이 약한 자들에게 거치는 것이 되지 않
도록 조심하라 10 지식 있는 네가 우상의 집에 앉아 먹는 것을 누구
든지 보면 그 약한 자들의 양심이 담력을 얻어 어찌 우상의 제물을
먹게 되지 않겠느냐 11 그러면 네 지식으로 그 약한 자가 멸망하나
니 그는 그리스도께서 위하여 죽으신 형제라 12 이같이 너희가 형제
에게 죄를 지어 그 약한 양심을 상하게 하는 것이 곧 그리스도에게
죄를 짓는 것이니라 13 그러므로 만일 식물이 내 형제로 실족케 하
면 나는 영원히 고기를 먹지 아니하여 내 형제를 실족치 않게 하리
라

[원문 직역]

1. 우상에게 드려진 음식에 대하여서는 우리가 모든 지식을 가지고 있다고 알고있다. 지식은 자만하게 한다. 사랑이 세워져야 한다. 2. 만약 누가 어떤 지식이 있는 것으로 생각한다면, 여전히 마땅히 알 것을 모르는 자이다. 3. 만약 누가 하나님을 사랑한다면, 이 사랑은 하나님에 의하여서 아신바 된 자다. 4. 그러므로 우상들에게 드려진 제물들에 대하여서 우리는 우상들이 주안에서 아무것도 아니라는 것을 알고 있다. 이는 하나님 한 분 외에는 아무것도 아니라는 것이다. 5. 그리고 만약 하늘과 땅에 있는 여러 신들이라고 하는 것들이 참된 것이 아니라면, 많은 신들과 많은 주들과 같은 것들이 있을지라도 6. 우리에게는 한 하나님이 계신다. 만물이 그로부터 나오고 우리가 그에게로 간다. 그리고 (우리에게는) 한 분 주 예수 그리스도가 계신다. 그를 통하여서 만물이 있고 우리도 그를 통하여서 있다. 7. 그러나 그 지식이 모든 자들 안에 있는 것은 아니다. 어떤 이들은 지금까지 우상 숭배의 관습이 있어서, 우상의 제물인 것을 알고도 먹는다. 그래서 그들의 양심이 약해지고 그들이 더러워졌다. 8. 음식은 우리를 하나님 앞에 세우지 못한다. 우리가 먹지 않는다고 해도 부족함이 없고 먹는다고 해도 만족함이 없다. 9. 너희 권리가 연약한 자들에게 (신앙이) 흔들리게 하는 것이 되지 않도록 주의하라. 10. 만약 우상을 섬기는 제단에 앉아있는 지식을 가지고 있는 너를 누구든지 본다면, 그의 양심이 연약해져서 우상의 제물을 먹는 것에 담대하게 되지 않겠느냐? 11. 너의 지식으로 그 연약한 자가 멸망에 이르게 되나니 그 형제는 그리스도께서 위하여서 죽으신 자이니라. 12. 그와 같이 형제들에게 죄를 짓어 그들의 약한 양심을 상해하는 것이다. 이것이 그리스도에게 죄를 짓는 것이다. 13. 이런 이유로 하여서 음식이 나의 형제의 신앙을 흔든다면, 나는 영원히 고기를 먹지 않을 것이다. 이는 나의 형제를 잃지 않고자 함이다.

[본문 해설]

1. 우상에게 드려진 음식에 대하여서는 우리가 모든 지식을 가지고

있다고 알고있다. 지식은 자만하게 한다. 사랑이 세워져야 한다. 2. 만약 누가 어떤 지식이 있는 것으로 생각한다면, 여전히 마땅히 알 것을 모르는 자이다. 3. 만약 누가 하나님을 사랑한다면, 이 사랑은 하나님에 의하여서 아신바 된 자다.

사도 바울은 본문에서 우상의 제물에 대한 신자들의 지식을 지적하면서 그러한 지식이 사랑과 하나가 되지 못하면 교만하게 된다고 말한다. 사랑은 지식을 올바르게 인도하는 지침이다. 자신이 지식에 대하여서 다 안다고 생각하고 사랑으로 덕을 세우지 못하면 그 지식은 헛것이다. 하나님을 알게 하는 참된 지식이란 하나님을 전심으로 힘을 다하여서 사랑하는 것이다. 하나님을 실체적으로 아는 지식은 항상 사랑으로 덕을 세운다. 참되게 하나님을 알게 되면 이웃을 무시하거나 멸시하거나 함부로 대하는 그러한 교만한 자세를 가질 수 없다. 신자들의 지식은 하나님을 경외함으로서 이웃을 겸손하게 대하는 지식이다.

사도 바울은 지식에 사랑이 함께 세워져야 참된 지식이라 말한다. 사도 바울은 3절에서 "**만약 누가 하나님을 사랑한다면, 이 사람은 하나님에 의하여서 아신바 된자라**"고 말한다. 하나님을 사랑하는 자는 이웃을 사랑하는 자이며 이웃을 사랑하는 자는 하나님이 인정하는 자이다. 그러므로 "**하나님이 아신다**"라는 뜻은 "**하나님이 사랑하는 자**"라는 뜻도 된다. 하나님께서 참되게 아시는 자는 곧 하나님의 사랑을 입은 자다. 우리가 하나님을 먼저 사랑한 것이 아니라 하나님께서 우리를 먼저 사랑하셨다. 신자의 선행은 신앙의 열매이다. 하나님께서 일체 우리를 참으셔서 받으심으로 우리가 그 사랑을 힘입어서 드릴 수 있도록 하신 것이다. 그러므로 신자의 선행은 하나님께서 주신 신앙의 열매다. 자랑할 것이 전혀 없다.

4. 그러므로 우상들에게 드려진 제물들에 대하여서 우리는 우상들이 주안에서 아무것도 아니라는 것을 알고 있다. 이는 하나님 한분

외에는 아무것도 아니라는 것이다. 5. 그리고 만약 하늘과 땅에 있는 여러 신들이라고 하는 것들이 참된 것이 아니라면, 많은 신들과 많은 주들과 같은 것들이 있을지라도

사도 바울은 고린도 교회 신자들에게 그 당시 소아시아 지역에 퍼져 있었던 여러 신들의 실체를 말하며 신자들이 섬기는 하나님은 그러한 신들과 다른 한 하나님이심을 증거한다. 그것이 4절에 있다. **"우리는 우상들이 주안에서 아무것도 아니라는 것을 알고 있다. 이는 하나님 한분 외에는 아무것도 아니라는 것이다."** 이는 이스라엘 하나님을 의미한다. 이스라엘의 신론은 유일신론이다. 유일하신 한 하나님 외에 다른 신을 인정하지 않는다. 사도 바울은 옛적 모세와 선지자들이 증거하였던 그 하나님을 증거한다. 구약은 그리스도를 비추어 주는 모형이고 신약은 그 실체를 증거하는 기록이다. 모형과 실체로서 구약과 신약이 서로 관계 할 찌라도 그 실체는 하나이다. 오직 구주 예수 그리스도이시다. 그 당시에 여러 신상들을 만들어 섬겼던 이방 민족들에게 복음이 전파 되었을 때, 사도 바울의 이 선언은 매우 중요하다. 많은 이방인 기독교도들이 다신론의 유혹에 빠져 있었기 때문이다.

이방인 기독교도들 중에 일부는 하나님께서 가장 위대하신 신이시지만 다른 여러 신들에게도 의미를 두려고 하였다. 그것이 바로 이방인의 축제일에 빠져들었던 고린도 교회 형편이었다. 그것이 우상의 제물을 먹으려는 연약한 교인들로 드러났다. 사도 바울은 그러한 잡다한 신앙을 경계하며 한 하나님만을 섬기는 순수한 신앙을 가르친다.

6. 우리에게는 한 하나님이 계신다. 만물이 그로부터 나오고 우리가 그에게로 간다. 그리고 (우리에게는) 한 분 주 예수 그리스도가 계신다. 그를 통하여서 만물이 있고 우리도 그를 통하여서 있다.

사도 바울은 이제 그 하나님을 아버지로 소개하면서 모든 만물이 그에게서 났고 우리도 그를 위한다고 말한다. 또한 아버지로 표상되시는 하나님과 함께 사도 바울은 구주 예수 그리스도를 증거한다. 그는 한 분 주 예수 그리스도이신데 만물이 그를 통하여 있고 우리도 그를 통하여 서 있다고 가르친다.

사도 바울은 만물을 만드셨을 뿐만 아니라 그의 백성들을 구속하신 예수 그리스도를 증거한다. 사도의 증거대로 예수 그리스도는 창조주이시며 동시에 우리 구주시다. 우리가 그를 창조주 하나님으로 알지만 더욱 구주 하나님으로 섬긴다. 우리 구주 예수 그리스도는 아버지와 함께 만물을 창조하신 창조주이시다. 그는 하나님 곁에 계신 하나님이시다.(요 1:1) 사도 바울은 이 본문에서 삼위일체 하나님을 매우 우회적으로 표현한다. 예수 그리스도께서 아버지 하나님과 동일본질이신 참되신 하나님이심을 증거한다. 사도 바울은 증거한다. 만물을 아버지 하나님과 함께 창조하신 아들 하나님이 계신다. 이러한 사도 바울의 진술은 요한복음 1장 1~3절과 연결된다. "**1 태초에 말씀이 계시니라 이 말씀이 하나님과 함께 계셨으니 이 말씀은 곧 하나님이시니라 2 그가 태초에 하나님과 함께 계셨고 3 만물이 그로 말미암아 지은 바 되었으니 지은 것이 하나도 그가 없이는 된 것이 없느니라**" 요한 복음 1장 1절 "**이 말씀이 하나님과 함께 계셨으니**"를 직역하면 "**이 말씀이 하나님 옆에 계신 하나님이시다.**"라고 해석된다. 사도 요한은 태초부터 하나님 옆에 계신 하나님으로서 성자 하나님을 증거한다. 그가 하나님의 말씀으로 육신으로 오신 인자가 되신 하나님 예수 그리스도이시다. 성삼위일체 하나님에 대한 교리는 사도들의 증거를 통해서 볼 때 신구약 성경 전체에 계시된 여호와 하나님에 대한 가장 정확한 진술이다.

7. 그러나 그 지식이 모든 자들 안에 있는 것은 아니다. 어떤 이들은 지금까지 우상 숭배의 관습이 있어서, 우상의 제물인 것을 알고도 먹는다. 그래서 그들의 양심이 약해지고 그들이 더러워졌다.

사도 바울은 고린도 전서 8장 7절에서 "**이 지식은 사람마다 가지지 못한다.**"고 증거 한다. 이 지식은 중생하지 아니한 사람은 가질 수 없다. 사도 바울은 단언한다. 아무나 가질 수 있는 지식이 아니다. 그 지식은 오직 주 안에 있는 성도들만이 가질 수 있다. 그래서 이 오묘한 교리를 모르는 어떤 자들은 우상 숭배의 관습에 빠져 들며 우상의 제물을 알면서도 먹고자 한다. 그들은 그러한 우상의 제물을 먹는 것이 이방신이 주는 축복으로 생각하였던 것이다. 그들의 양심이 약해지고 더러워졌다. 고린도 교회 안에 일부 연약한 신자들이 이방 신들의 축제에 참여하여 그들과 함께 우상의 제물을 먹는 것을 아무렇지도 않게 생각할 정도였다. 그 만큼 고린도 교회 신자들의 신앙이 연약하였다.

8. 음식은 우리를 하나님 앞에 세우지 못한다. 우리가 먹지 않는다고 해도 부족함이 없고 먹는다고 해도 만족함이 없다. 9. 너희 권리가 연약한 자들에게 (신앙이) 흔들리게 하는 것이 되지 않도록 주의하라.

사도 바울은 말하고 있다. "**식물은 우리를 하나님 앞에 세우지 못한다.**" 이는 특정한 식물을 먹거나 먹지 않거나 하는 것이 신앙생활의 본질이 아니라는 것이다. 그러한 식물을 먹고 먹지 않고 하는 것 자체가 신앙을 세우는 것은 아니다. 다만 우상의 제물을 먹는 것이 연약한 신자들에게 올무가 되지 않도록 주의하라고 하신다.

사도 바울은 식물에 대하여 먹지 않아도 부족함이 없고 먹어도 풍족함이 없다고 말한다. 다만 배가 부를 뿐이다. 그래서 사도 바울은 9절에 "**너희 권리가 연약한 자들에게 (신앙이) 흔들리게 하는 것이 되지 않도록 주의하라.**"고 말한다. 신자들이 우상의 제물을 먹어도 상관없다. 다만 그러한 자유로운 행동으로 신앙이 연약한 자를 흔들지 말아야 한다는 것이다. 신앙이 성숙한 자가 연약한 자를 위해 배려하는 것이 합당하다. 참된 신앙은 기계적으로 무엇을 하고 하지 않는 것이 아니다. 이웃 사랑을 실현해 가는 과정이 참된 신앙이다. 율법의 외적 문구를 피상적으로 지키는 것이 참된 신앙이 아니다. 그것은 율법주의적 신앙이다.

참된 신앙은 하나님을 향한 경외심으로 이웃 사랑을 이루어가는 것이다. 신자가 이웃 사랑을 포기할 수 없는 이유가 여기에 있다. 이웃 사랑은 하나님 사랑의 열매이다. 구주께서 복음서에서 가르치신 선한 사마리아 인의 비유는 참된 신앙이 무엇인가를 우리에게 제시한다. "**30 예수께서 대답하여 가라사대 어떤 사람이 예루살렘에서 여리고로 내려가다가 강도를 만나매 강도들이 그 옷을 벗기고 때려 거반 죽은 것을 버리고 갔더라 31 마침 한 제사장이 그 길로 내려가다가 그를 보고 피하여 지나가고 32 또 이와 같이 한 레위인도 그 곳에 이르러 그를 보고 피하여 지나가되 33 어떤 사마리아인은 여행하는 중 거기 이르러 그를 보고 불쌍히 여겨 34 가까이 가서 기름과 포도주를 그 상처에 붓고 싸매고 자기 짐승에 태워 주막으로 데리고 가서 돌보아 주고 35 이튿날에 데나리온 둘을 내어 주막 주인에게 주며 가로되 이 사람을 돌보아 주라 부비가 더 들면 내가 돌아올 때에 갚으리라 하였으니 36 네 의견에는 이 세 사람 중에 누가 강도 만난 자의 이웃이 되겠느냐**"(눅 10: 30~36) 이 본문에 사마리아인은 강도 만난 어떤 사람을 불쌍히 여겼다. 어려움에 처한 사람을 보고 불쌍히 여기는 마음이 참된 그리스도인의 마음이 되어야 한다. 인간이 부패한 본성은 이웃의 아픔에 공감하지 못하게 한다. 매우 완악한 자가 된다. 그리고 그럴뿐만 아니라 헛된 욕망에 빠져서 평생을 헤매다가 비참하게 죽는다. 대부분 부패한 자신의 본성을 제거하지 못한 사람들의 상태이다. 참된 신자는 형편이 어려운 사람을 볼 때, 한 없이 공감한다. 거기에 그리스도인의 책임이 있다. 그리스도인들은 이웃을 향하여 긍휼의 사랑을 베풀어야 한다. 신자들은 이 세상을 자기 마음대로 살 수 없다. 세상 사람들을 그리스도에게로 인도해야 하기 때문이다. 참된 신자들은 사회적 약자를 향한 배려를 통하여서 하나님의 사랑을 풍성하게 알아가게 되리라.

10. 만약 우상을 섬기는 제단에 앉아있는 지식을 가지고 있는 너를 누구든지 본다면, 그의 양심이 연약해져서 우상의 제물을 먹는 것에 담대하게 되지 않겠느냐? 11. 너의 지식으로 그 연약한 자가 멸망에 이르게 되나니 그 형제는 그리스도께서 위하여서 죽으신 자이니라.

사도 바울은 비록 우상의 제물에 대하여서 자유한 지식이 있는 신자가 우상의 집에 앉아서 먹을 때에 신앙이 연약한 자들이 보고 그 연약한 양심이 강퍅하게 되어서 우상의 제물을 함부로 먹는다면 지식있는 신자의 자유가 지식이 부족한 연약한 신자들을 멸망으로 몰아가는 것이 된다고 말한다. 그리스도께서 바로 그 연약한 형제를 위하여서 죽으셨다.

사도 바울은 본문을 통하여 이웃을 향한 배려가 얼마나 중요한 신앙의 도리인가를 가르친다. 성숙한 신앙인은 이 세상에서 조금 손해보고 조금 더 양보할지라도 더 나아가서 자신의 권리를 포기하면서까지 다른 사람을 그리스도에게 인도하려고 한다.

12. 그와 같이 형제들에게 죄를 짓어 그들의 약한 양심을 상해하는 것이다. 이것이 그리스도에게 죄를 짓는 것이다. 13. 이런 이유로 하여서 음식이 나의 형제의 신앙을 흔든다면, 나는 영원히 고기를 먹지 않을 것이다. 이는 나의 형제를 잃지 않고자 함이다.

사도 바울은 연약한 자가 죄를 짓도록 선동하는 것도 그리스도에게 죄를 짓는 것이라고 말한다. 그래서 사도 바울은 이미 자유자로서 자신이 먹을 수 있는 이방인의 제물로 인해 형제가 실족하게 된다면 영원히 그 제물을 먹지 않겠다고 선언한다. 그것은 그 연약한 형제를 배려하는 것이다. 그것이 신앙이다. 많은 그리스도인들이 신앙을 이웃과의 관계에서 풀어가지 못하므로 이웃에게 큰 상처를 주기도 한다. 참된 신앙은 이웃과의 관계를 원만하게 풀어가야 성숙하게 된다.

사도 바울은 이방인들이 가지고 온 제물은 물어 보지 말고 감사히 받아서 먹으라고 말한다. 만약에 그들이 그것이 우상의 제물이라고 말한다면 굳이 사양하고 먹지 말라고 말한다. 첫째의 경우는 그 가지고 온 사람의 성의를 받아들임으로서 그들을 민망하게 하지 않는 것이다. 그들에 대한 배려이다. 둘째의 경우는 그들이 그 우상의 제물을 말함으로서 그것을 먹어서 그들에게 올무가 되지 않게 하고자 함이다. 이는 기독교 신앙이 잡다한 신을 인정하는 종교로 오해받지 못하게 하려는 것이다.(고전 10:25~28)

제목: 복음을 위해 포기한 권리
본문: 고린도 전서 9장 1~15절

[본 문]
1 내가 자유자가 아니냐 사도가 아니냐 예수 우리 주를 보지 못하
였느냐 주 안에서 행한 나의 일이 너희가 아니냐 2 다른 사람들에게
는 내가 사도가 아닐지라도 너희에게는 사도니 나의 사도 됨을 주
안에서 인친 것이 너희라 3 나를 힐문하는 자들에게 발명할 것이 이
것이니 4 우리가 먹고 마시는 권이 없겠느냐 5 우리가 다른 사도들
과 주의 형제들과 게바와 같이 자매 된 아내를 데리고 다닐 권이 없
겠느냐 6 어찌 나와 바나바만 일하지 아니할 권이 없겠느냐 7 누가
자비량하고 병정을 다니겠느냐 누가 포도를 심고 그 실과를 먹지 않
겠느냐 누가 양 떼를 기르고 그 양 떼의 젖을 먹지 않겠느냐 8 내가
사람의 예대로 이것을 말하느냐 율법도 이것을 말하지 아니하느냐 9
모세 율법에 곡식을 밟아 떠는 소에게 망을 씌우지 말라 기록하였으
니 하나님께서 어찌 소들을 위하여 염려하심이냐 10 전혀 우리를 위
하여 말씀하심이 아니냐 과연 우리를 위하여 기록된 것이니 밭 가는
자는 소망을 가지고 갈며 곡식 떠는 자는 함께 얻을 소망을 가지고
떠는 것이라 11 우리가 너희에게 신령한 것을 뿌렸은즉 너희 육신의
것을 거두기로 과하다 하겠느냐 12 다른 이들도 너희에게 이런 권을
가졌거든 하물며 우리일까보냐 그러나 우리가 이 권을 쓰지 아니하
고 범사에 참는 것은 그리스도의 복음에 아무 장애가 없게 하려 함
이로라 13 성전의 일을 하는 이들은 성전에서 나는 것을 먹으며 제
단을 모시는 이들은 제단과 함께 나누는 것을 너희가 알지 못하느냐
14 이와 같이 주께서도 복음 전하는 자들이 복음으로 말미암아 살리
라 명하셨느니라 15 그러나 내가 이것을 하나도 쓰지 아니하였고 또
이 말을 쓰는 것은 내게 이같이 하여 달라는 것이 아니라 내가 차라
리 죽을지언정 누구든지 내 자랑하는 것을 헛된 데로 돌리지 못하게
하리라

[원문 직역]

1. 내가 자유인이 아니냐? 사도가 아니냐? 내가 우리 주 예수 그리스도를 알지 아니하냐? 너희는 주 안에서 나의 노고라. 2. 만약 내가 다른 사람에게 사도가 아니라고 해도, 너희에게는 내가 사도이다. 나의 사도됨의 인장이 주안에서 너희라. 3. 나에게 따지는 자들에게 답변할 것이 이것이라. 4. 우리가 먹고 마시는 권이 없겠느냐? 5. 우리가 게바나 주의 형제들이나 다른 사도들처럼 주 안에서 자매된 아내를 데리고 다닐 권이 없겠느냐? 6. 나와 바나바만 사업하지 않을 권세가 없겠느냐? 7. 어찌 싸움에 나갈 군인이 스스로 벌어서 살겠느냐? 누가 포도를 심고 그 열매를 먹지 않겠느냐? 누가 양떼를 치면서 그 젖을 먹지 않겠느냐? 8. 내가 사람의 예대로 이것을 말하는 것이냐 율법에도 있지 아니하냐? 9. 모세의 율법에 기록되었으되, 곡식을 밟아 떠는 소에게 재갈 물리지 말라고 하였다. 이것이 어찌 하나님께서 소들을 위하여심이냐? 10. 우리를 위하여서 모든 것을 말씀하신 것이 아니냐? 우리를 위하여서 기록하신 것이니 이는 밭 가는 자는 소망을 가지고 갈며 곡식을 떠는 자는 함께 얻을 소망을 가지고 떠는 것이다. 11. 만약 우리가 너희에게 신령한 것을 심었은즉 육신의 것으로 거둔다고 과하다 하겠느냐? 12. 만약 다른 이들도 너희에게 이러한 권리를 가지고 있다면, 우리는 더 그러하지 아니하냐? 그러나 우리가 이 권리를 쓰지 않았다. 그리고 모든 것을 인내하였다. 이는 그리스도의 복음에 어떤 장애도 없게 하려는 것이다. 13. 성전에서 일하는 자들은 성전으로부터 양식을 얻으며 제단을 섬기는 자들은 제단과 함께 나누는 것을 너희가 알지 못하느냐? 14. 그와같이 주님께서 복음을 전하는 자들에게 복음으로 살것이라고 명령하셨다. 15. 그러나 내가 이것을 하나도 쓰지 않았고 이 말을 쓰는 것은 내가 죽을지언정 나의 자랑이 헛된 곳으로 돌아가지 못하게 하려는 것이다.

[본문 해설]

1. 내가 자유인이 아니냐? 사도가 아니냐? 내가 우리 주 예수 그리

스도를 알지 아니하냐? 너희는 주 안에서 나의 노고라.

사도 바울은 본문을 통해서 사도권의 의미와 함께 주님의 복음을 위하여 일하는 자들의 마땅한 권리와 그것을 아끼는 궁극적 이유를 설명한다.

사도 바울은 첫째로 "**내가 자유자가 아니냐 사도가 아니냐 예수 우리 주를 보지 못하였느냐 주 안에서 행한 나의 일이 너희가 아니냐**"(고전 9:1)고 말한다. 직역하면 "**내가 자유인이 아니냐? 사도가 아니냐? 내가 우리 주 예수 그리스도를 알지 아니하냐? 너희는 주 안에서 나의 노고라.**" 사도 바울은 자신을 자유인이라 고백한다. 여기에서 자유인이란 다른 어떤 것으로부터도 매이지 않는 사람을 의미한다. 오직 복음에 만 매여 있고 세상의 어떠한 일에도 자유한 사람을 의미한다. 그리고 이어서 "**내가 사도가 아니냐?**"고 말씀하신다. 그리고 "**내가 우리 주 예수 그리스도를 알지 아니하느냐**" 말한다. 그러면서 마지막에 "**너희는 주 안에서 나의 노고라**"고 한다. 사도 바울이 세웠던 고린도 교회뿐만 아니라 그 외에 여러 교회들도 사도 바울의 노고로 세워진 곳이 많았다. 그러므로 사도 바울은 자신이 가르친 성도들에게 너희들이 나의 수고의 산물이라고 말한다.

2. 만약 내가 다른 사람에게 사도가 아니라고 해도, 너희에게는 내가 사도이다. 나의 사도됨의 인장이 주안에서 너희라.

사도 바울은 자신이 세웠던 교회의 성도들에게 "**너희에게는 사도니 나의 사도 됨을 주 안에서 인친 것이 너희라**"(고전 9:2)고 말한다. 사도 바울이 세우지 않은 교회에서도 바울은 여전히 사도이다. 그러나 만약 그렇지 않다고 해도 사도 바울이 세웠던 고린도 교회에게 사도 바울은 사도이다. 말하기를 바울의 사도됨의 표징을 주 안에서 증명하는 것이 고린도 교회라 말한다.

사도의 가르침을 따라 진리의 지식에 이른 자들이 사도 바울의 가르침이 없었다고 말할 수 없다. 사도 바울에게 배웠고 그로부터 세움을 입은 고린도 교회 신자들이 바울의 사도됨을 인증한다. 사도 바울은 이렇게 말한다. "**고린도 교회 성도들인 너희들이 지금 성도로서 살아가는 것 자체가 나의 노고가 없이 불가능한 것이고 그래서 내가 너희의 사도라는 것이 부정될 수 없다는 것을 기억하라.**" 사도는 성도들의 한계가 무엇이며 가르치는 직무를 맡은 사역자들의 책임이 얼마나 큰가를 가르친다.

3. 나에게 따지는 자들에게 답변할 것이 이것이라. 4. 우리가 먹고 마시는 권이 없겠느냐? 5. 우리가 게바나 주의 형제들이나 다른 사도들처럼 주 안에서 자매된 아내를 데리고 다닐 권이 없겠느냐? 6. 나와 바나바만 사업하지 않을 권세가 없겠느냐?

사도 바울은 자신에게 따지는 자들에게 이렇게 말한다. "**우리가 먹고 마시는 권이 없겠느냐? 5. 우리가 게바나 주의 형제들이나 다른 사도들처럼 주 안에서 자매된 아내를 데리고 다닐 권이 없겠느냐? 6. 나와 바나바만 사업하지 않을 권세가 없겠느냐?**" 이러한 사도 바울의 강변은 그의 삶을 살펴볼 때에 알 수 있다. 사도 바울이 "**우리가 먹고 마시는 권이 없겠느냐?**"고 한 것은 고린도 교회를 세울 때에 고린도 교회로부터 일정한 생활비를 받을 권리가 없겠느냐는 것이다.

7. 어찌 싸움에 나갈 군인이 스스로 벌어서 살겠느냐? 누가 포도를 심고 그 열매를 먹지 않겠느냐? 누가 양떼를 치면서 그 젖을 먹지 않겠느냐? 8. 내가 사람의 예대로 이것을 말하는 것이냐 율법에도 있지 아니하냐? 9. 모세의 율법에 기록되었으되, 곡식을 밟아 떠는 소에게 재갈 물리지 말라고 하였다. 이것이 어찌 하나님께서 소들을 위하여 심이냐? 10. 우리를 위하여서 모든 것을 말씀하신 것이 아니냐? 우리를 위하여서 기록하신 것이니 이는 밭 가는 자는 소망을 가지고 갈며 곡식을 떠는 자는 함께 얻을 소망을 가지고 떠는 것이다. 11. 만약

우리가 너희에게 신령한 것을 심었은즉 육신의 것으로 거둔다고 과하다 하겠느냐?

사도 바울은 복음의 사역을 감당하는 자를 군인과 농부와 목동에 비유하고 있다. 첫째 군대에 가서 국가를 위하여서 싸우는 자들이 스스로 벌면서 싸우는 자가 있느냐는 것이다. 그것은 당연히 없다. 모든 군인들은 국가가 내주는 피복을 걸치고 총을 들고 양식을 얻으면서 전쟁에만 몰두한다. 그래야 효과적으로 싸울 수 있기도 하다. 이제 포도를 심은 농부가 그 열매를 먹지 않겠느냐고 말한다. 그것도 옳다. 포도를 심은 농부는 그 포도나무로부터 잘 익은 열매를 먹으려고 포도를 심은 것이다. 그렇게 그 포도를 시장에 내다 팔기 위하여서 심었다고 해도 그 중 얼마의 열매를 먹는 것은 지극히 합당한 일이다. 사도 바울은 양을 치는 목동을 비유로 말하기를 양떼를 치는 목자가 그 양의 젖을 먹지 않겠느냐는 것이다. 그것도 지극히 합당하다. 그리고 8절에 이것이 사람의 예대로 하는 말이 아니라고 말한다. 겨우 이 세상 사람들이 긍정하는 그런 평범한 이치가 아니라 하나님의 율법에 있는 도리라고 말씀한다. 그래서 "**율법에도 있지 아니하냐?**"라고 한 것이다. 그리고 사도 바울은 모세의 율법을 갖다가 쓰고 있다. "**곡식을 밟아 떠는 소에게 망을 씌우지 말라**"(고전 9:9) 이 명령은 이러하다. 가을의 추수 때 곡식을 떠는 소의 입에 망을 씌우지 말라는 것이다. 소가 추수를 하면서 거기에 있는 곡식들을 먹도록 허락하라는 것이다. 그래서 소가 일을 하면서 더욱 힘 있게 일을 할 수 있게 하는 것이다.

사도 바울은 이 비유를 들어서 말하기를 "**기록하였으니 하나님께서 어찌 소들을 위하여 염려하심이냐 전혀 우리를 위하여 말씀하심이 아니냐**"(고전 9:9)라고 말하면서 "**과연 우리를 위하여 기록된 것이니 밭 가는 자는 소망을 가지고 갈며 곡식 떠는 자는 함께 얻을 소망을 가지고 떠는 것이라**"(고전 9:10) 주님의 일을 하는 자는 그 일을 통해서 얻은 열매로 살리라는 것이다. 그렇지 않을 것이면 그 일을 할 필요도 없다는 것이다. 그러한 소망도 없이 행할 사람은 없다는 것이다. 그래서 사도 바울은 고린도 전서 9장 11절에서 "**우리가 너희에게 신령한 것을 뿌렸은즉 너희 육신의 것을 거두기로 과하다 하겠느냐**"라고 말하고 있다. 그것은 이러한 뜻이다.

사도들의 가르침은 복음이었다. 그리고 복음은 신령한 것이다. 그렇게 신령한 것을 뿌렸는데 그러한 신령한 은혜를 받은 성도들이 하나님의 교회에 드린 헌상으로 사역자들에게 사례비를 책정하는 것이 과하다고 할 수 있겠느냐는 것이다. 사도 바울은 이러한 의미를 신령한 것으로 심고 육신의 것으로 거두는 것으로 비유하였다. 여기에서 신령한 것은 복음 사역이고 육신의 것은 성도들이 사도들에게 돌리는 당연한 급료였다.

12. 만약 다른 이들도 너희에게 이러한 권리를 가지고 있다면, 우리는 더 그러하지 아니하냐? 그러나 우리가 이 권리를 쓰지 않았다. 그리고 모든 것을 인내하였다. 이는 그리스도의 복음에 어떤 장애도 없게 하려는 것이다. 13. 성전에서 일하는 자들은 성전으로부터 양식을 얻으며 제단을 섬기는 자들은 제단과 함께 나누는 것을 너희가 알지 못하느냐? 14. 그와같이 주님께서 복음을 전하는 자들에게 복음으로 살 것이라고 명령하셨다. 15. 그러나 내가 이것을 하나도 쓰지 않았고 이 말을 쓰는 것은 내가 죽을지언정 나의 자랑이 헛된 곳으로 돌아가지 못하게 하려는 것이다.

사도 바울은 12절에서 "**만약 다른 이들도 너희에게 이러한 권리를 가지고 있다면, 우리는 더 그러하지 아니하냐?**"라고 말한다. 비록 고린도 교회를 직접 개척한 사역자가 아니라 해도 고린도 교회로 청빙을 받아 사역을 하면 급료를 받는 것이 합당하거든 하물며 고린도 교회를 개척한 바울과 바나바에게는 더욱 그러하다는 것이다. 사도 바울은 그 권리를 쓰지 않았다고 말한다. 고린도 교회가 사도들에게 급료를 지불할 수 없을 정도로 연약한 교회였기에 자비량 하면서 급료도 받지 않고 사역하였다고 말한다. 그가 그렇게 한 것은 그리스도의 복음에 장애가 없게 하고자 함이었다.

사도 바울은 고린도 교회가 진리에 분명하게 서서 거룩한 교회로 성장할 때까지 연약한 상태에 있는 그 교회를 생각해서 자비량하였다고 말한다. 사도 바울은 고린도 교회가 성숙하여서 사도들의 생활비를 지불하게 되는 신앙의 수준에 이를때까지 인내로 그리스도의 복음을 인하여서 참았다고 말한다.

사도 바울은 고린도 전서 9장 13절과 14절에 "**13 성전의 일을 하는 이들은 성전에서 나는 것을 먹으며 제단을 모시는 이들은 제단과 함께 나누는 것을 너희가 알지 못하느냐 14 이와 같이 주께서도 복음 전하는 자들이 복음으로 말미암아 살리라 명하셨느니라**" 사도 바울은 구약의 레위인의 삶을 비유로 하면서 복음 사역자들의 삶을 증거한다. 그것은 복음 전하는 자들은 복음으로 살리라는 것이다. 이것은 결국 사도 이후에 사역자들이 복음을 위하여서 살아가야할 것을 제시한 것이다. 이제 고린도 전서 9장 15절에 사도 바울은 "**그러나 내가 이것을 하나도 쓰지 아니하였고 또 이 말을 쓰는 것은 내게 이같이 하여 달라는 것이 아니라 내가 차라리 죽을지언정 누구든지 내 자랑하는 것을 헛된 데로 돌리지 못하게 하리라**"(고전 9:15)고 말한다. 사도 바울은 하나님의 복음을 전함에 있어서 헛되이 사람에게 매여서 목회 할 수 없다는 것을 제시한다. 사도 바울은 차라리 굶어 죽을지언정 하나님의 말씀이 땅에 떨어져 버린 거짓 교회를 세울 수 없다고 말한다. 사도는 본문에서 하나님의 교회가 어떻게 세워져야 할 것을 가르친다.

사도는 이렇게 말한다. "**내가 죽어도 좋은데 너희들의 거짓된 신앙은 결코 그만 두지 않겠다.**"(고전 9:15) 사도가 지금 고린도 교회 신자들에게 권징을 말한다. 그것은 합당한 권징이 교회의 영광과 복이기 때문이다. 사도 바울은 거룩한 교회를 이루는 사역자로서 후대에 모든 사역자들에게 본이 되었다. 복음적인 삶이란 취미 생활하듯이 그렇게 신앙 생활하는 것이 아니다. 그것은 지적 유희를 즐기는 삶도 아니다. 자기 마음대로 안일하게 신앙 생활하는 것은 더욱 아니다. 오직 하나님의 영광을 위해서 일사각오의 정신을 가지고 주를 향하여서 나아가는 삶이다. 이는 영혼의 생존이 걸린 진지한 사역이다. 우리는 사도들과 같이 절박한 자세로 사역해야한다. 사도들이 세웠던 그 거룩한 교회를 따라 정통 교회를 세워야 한다.

제목: 이와같이 달음질하라
본문: 고린도 전서 9장 16~27절

[본 문]

16 내가 복음을 전할지라도 자랑할 것이 없음은 내가 부득불 할
일임이라 만일 복음을 전하지 아니하면 내게 화가 있을 것임이로라
17 내가 내 임의로 이것을 행하면 상을 얻으려니와 임의로 아니한다
할지라도 나는 직분을 맡았노라 18 그런즉 내 상이 무엇이냐 내가
복음을 전할 때에 값없이 전하고 복음으로 인하여 내게 있는 권을
다 쓰지 아니하는 이것이로라 19 내가 모든 사람에게 자유하였으나
스스로 모든 사람에게 종이 된 것은 더 많은 사람을 얻고자 함이라
20 유대인들에게는 내가 유대인과 같이 된 것은 유대인들을 얻고자
함이요 율법 아래 있는 자들에게는 내가 율법 아래 있지 아니하나
율법 아래 있는 자같이 된 것은 율법 아래 있는 자들을 얻고자 함이
요 21 율법 없는 자에게는 내가 하나님께는 율법 없는 자가 아니요
도리어 그리스도의 율법 아래 있는 자나 율법 없는 자와 같이 된 것
은 율법 없는 자들을 얻고자 함이라 22 약한 자들에게는 내가 약한
자와 같이 된 것은 약한 자들을 얻고자 함이요 여러 사람에게 내가
여러 모양이 된 것은 아무쪼록 몇몇 사람들을 구원코자 함이니 23
내가 복음을 위하여 모든 것을 행함은 복음에 참여하고자 함이라 24
운동장에서 달음질하는 자들이 다 달아날지라도 오직 상 얻는 자는
하나인 줄을 너희가 알지 못하느냐 너희도 얻도록 이와 같이 달음질
하라 25 이기기를 다투는 자마다 모든 일에 절제하나니 저희는 썩을
면류관을 얻고자 하되 우리는 썩지 아니할 것을 얻고자 하노라 26
그러므로 내가 달음질하기를 향방 없는 것같이 아니하고 싸우기를
허공을 치는 것같이 아니하여 27 내가 내 몸을 쳐 복종하게 함은 내
가 남에게 전파한 후에 자기가 도리어 버림이 될까 두려워함이로라

[원문 직역]

16. 만약 우리가 복음을 전한다면, 그것이 나에게 자랑이 아니다. 왜냐하면 나에게 그것은 필수적이기 때문이다. 만약 내가 복음을 전하지 않는다면 나에게 재앙이 임할 것이다. 17. 내가 원하여서 자발적으로 이것을 실행한다면, 내가 상을 받을 것이다. 그러나 만약 억지로 행한다고 해도 해야 되는데 내가 사명을 받았기 때문이다. 18. 그런즉 나의 상이 무엇이냐? 이는 내가 복음을 전할 때, 값없이 복음을 전하고 복음 안에서 나의 권한을 다 쓰지 않는 것이다. 19. 그런즉 내가 모든 사람들로부터 자유한 자다. 그러나 스스로 모든 자에게 종이된 것은 많은 자들을 얻고자 함이다. 20. 내가 유대인에게 유대인처럼 행한 것은 유대인을 얻고자 함이요 내가 율법 있는 자들에게 내 자신은 율법 아래에 있지 않으나 율법 아래 있는 자처럼 행한 것은 율법 아래에 있는 자들을 얻고자 함이다. 21. 율법 없는 자에게 내가 하나님의 율법이 없는 자가 아니고 도리어 그리스도의 율법 아래에 있는 자나 율법 없는 자같이 된 것은 율법 없는 자들을 얻고자 함이다. 22. 모든 연약한 자들에게 연약한 자가 된 것은 약한 자들을 얻고자 함이다. 내가 다양한 종류의 사람에게 다양한 종류의 사람처럼 행한 것은 그 다양한 종류의 사람을 얻고자 함이다. 23. 내가 복음을 인하여서 모든 것을 행하는데 이는 복음에 참여자가 되고자 함이다. 24. 너희가 알지 못하느냐? 운동장에서 달음질 하는 모든 자들이 달음질 하는 것은 상을 얻고자 함이 아니냐? 너희도 얻도록 이와 같이 달음질하라. 25. 상을 얻기를 바라는 모든 자들은 모두 자신을 제어하는 단련을 한다. 저들은 썩은 면류관을 얻고자 함이라 그러나 우리는 불멸하는 면류관을 얻고자 함이다. 26. 그러므로 나는 그 마음에 목표 없는 자같이 달리지 않고 허공을 치는 것처럼 싸우지 않는다. 27. 내가 내몸을 치고 복종시키는 것은 내가 다른 사람에게 전파한 것이 어떤 경우에도 무가치하게 되지 않게 하고자 함이다.

[본문 해설]

16. 만약 우리가 복음을 전한다면, 그것이 나에게 자랑이 아니다.

왜냐하면 나에게 그것은 필수적이기 때문이다. 만약 내가 복음을 전하지 않는다면 나에게 재앙이 임할 것이다.

사도 바울은 복음을 전할지라도 자랑할 것이 없다고 말한다. 만일 복음을 전하지 아니하면 그에게 재앙이 임할 것이기 때문이다. 우리는 이웃 사랑의 최고의 형태가 복음 전파라는 사실을 잊지 말아야 한다. 사도 바울은 복음을 전하지 아니하면 자신에게 화가 임하리라고 말한다. 헬라어로 "**화가 임하다**"가 "**우아이**"(οὐαι)이다. 이 의미는 재앙이다. 그런데 재앙이란 개인이나 사회 전반에 미치는 큰 화를 말한다. 복음 전파는 영적 싸움에 있어서 원수들을 선제공격하는 것이다. 그러므로 신자들이 복음 전파에 게을러서는 안된다. 지금 우리 옆에 언제 죽을지 모를 불쌍한 영혼들이 넘쳐난다. 그 불쌍한 영혼들을 향한 진지한 사랑을 갖고 전도하는 일은 신자에게 복되다. 그래서 사도 바울은 부득불 복음을 전하지 아니하면 자신에게 화가 있으리라고 말한 것이다.

17. 내가 원하여서 자발적으로 이것을 실행한다면, 내가 상을 받을 것이다. 그러나 만약 억지로 행한다고 해도 해야 되는데 내가 사명을 받았기 때문이다.

사도 바울은 자발적으로 이것을 행하면 상을 얻으리라고 말한다. 그리고 자발적으로 하지 아니할지라도 그가 직분을 맡았다고 말한다. 모든 성도들은 이 세상에서 하나님의 나라의 복음을 전파할 사명을 받았다. 사명이란 맡기워진 일이다. 그 사명을 이루기 위하여서 신자들은 부단히 하나님의 뜻을 따라 행하여야 한다.

18. 그런즉 나의 상이 무엇이냐? 이는 내가 복음을 전할 때, 값없이 복음을 전하고 복음 안에서 나의 권한을 다 쓰지 않는 것이다.

사도 바울은 값없이 복음을 전하고 그 복음 안에서 자신의 권한을 다 쓰지 않는 것이 상이라 말한다. 이는 복음이 제한 받지 않고 풍성하게 가르쳐 지는 것을 의미한다. 사도 바울은 주님의 복음이 편만하게 증거되고 교회가 거룩하게 세워져 가는 것이 자신에게 보상이라 말한다. 그에게 보상은 그러한 것이다. 다른 보상이 필요하지 않았다. 오직 하나님의 교회가 거룩하게 세워지는 것이 사도 바울이 하나님으로부터 얻게 되는 보상이었다. 그것은 그러한 영광된 직분에 참여하게 된다는 사실 자체에 의미를 두는 자세이다. 하나님의 교회가 지상에 거룩하게 세워져가는 것은 그야말로 천사도 흠모하는 놀라운 사역이다.

사도 바울은 그러한 보람을 보상으로 표현하였던 것이다. 하나님 나라를 세우는 영광된 직분을 맡아서 주의 몸된 교회를 세워가는 일로 인하여서 이미 그는 보상을 받았다고 말하는 것이다.

19. 그런즉 내가 모든 사람들로부터 자유한 자다. 그러나 스스로 모든 자에게 종이된 것은 많은 자들을 얻고자 함이다. 20. 내가 유대인에게 유대인처럼 행한 것은 유대인을 얻고자 함이요 내가 율법 있는 자들에게 내 자신은 율법 아래에 있지 않으나 율법 아래 있는 자처럼 행한 것은 율법 아래에 있는 자들을 얻고자 함이다. 21. 율법 없는 자에게 내가 하나님의 율법이 없는 자가 아니고 도리어 그리스도의 율법 아래에 있는 자나 율법 없는 자같이 된 것은 율법 없는 자들을 얻고자 함이다. 22. 모든 연약한 자들에게 연약한 자가 된 것은 약한 자들을 얻고자 함이다. 내가 다양한 종류의 사람에게 다양한 종류의 사람처럼 행한 것은 그 다양한 종류의 사람을 얻고자 함이다.

이 본문에서는 복음 전도자의 자세가 표현되어있다. 첫째 복음 전도자는 자유인이어야 한다. 전도자가 생활에 매이면 전도인이 될 수 없다. 사도 바울은 그러한 세상일에 대하여서 참된 자유인이었다. 그는 어떠한 이해관계에도 매이지 않았다. 그러므로 세상의 어떤 것도 사도 바울을 맬 수 없었다. 그는 이 세상에 속한 모든 것으로부터 자유하였다. 그것이 전도자이다. 전도자는 사도 바울처럼 살 수 있어야 한다. 그래야 이 세상으로부터 자유하다. 그러나 많은 사람들은 적잖이 세속적 이해관계에 매여서 살아간다. 그러한 얽매임이 점차 커지면 복음 전도자가 될 수 없다. 그런데 사도 바울은 참된 자유인임에도 불구하고 스스로 복음 전도를 위하여서 종이 되었다고 말한다. 그리고 사도 바울은 20절에서 말하기를 "**내가 유대인에게 유대인처럼 행한 것은 유대인을 얻고자 함이요 내가 율법 있는 자들에게 내 자신은 율법 아래에 있지 않으나 율법 아래 있는 자처럼 행한 것은 율법 아래에 있는 자들을 얻고자 함이다.**" 사도 바울은 유대인들을 위하여서 할례 받은 자처럼 행동했다. 이는 유대인들을 그리스도교로 개종시키고자 함이다.

이어서 바울은 고린도 전서 9장 21절에 "**율법 없는 자에게는 내가 하나님께는 율법 없는 자가 아니요 도리어 그리스도의 율법 아래 있는 자나 율법 없는 자와 같이 된 것은 율법 없는 자들을 얻고자 함이라**" 이 본문에서 율법 없는 자들이란 구약의 이스라엘 백성에 속하지 아니한 이방인들을 의미한다. 사도 바울은 이렇게 율법 자체를 모르는 자들에게 자신도 법을 모르는 자처럼 행하였다고 말한다. 이는 그가 겸손하게 복음을 전하였다는 것을 말하는 것이다.

사도 바울은 고린도 전서 9장 22절에서 "**모든 연약한 자들에게 연약한 자가 된 것은 약한 자들을 얻고자 함이다. 내가 다양한 종류의 사람에게 다양한 종류의 사람처럼 행한 것은 그 다양한 종류의 사람을 얻고자 함이다.**"라고 말한다. 사도 바울은 주님의 복음으로 사람들을 하나님의 교회로 이끌고자 다양한 부류의 사람들을 만났을 때 그들과 공감하면서 그들의 입장에서 복음을 전하였다고 말한다. 복음 전도자의 중요한 특성을 가르친다. 복음 전도자는 세상과 유리된 삶을 살지 말아야한다. 세상 사람들의 고통과 아픔에 대하여서 공감하지 못하고서는 그들에게 복음을 전할 수 없다. 복음은 온 세상 모든 각계각층의 사람들이 공감할 수 있을 정도로 부요하고 넘친다.

그와같이 사도 바울은 유연하고 탁월한 자세로 이방인들에게 복음을 전하였다. 많은 전도자들 중에 자신의 거짓된 가르침에 사람들을 맞추려고 고집을 부리는 경우가 더러 있다. 결국 세상 사람들로부터 외면당하고 비난을 받기 쉽다. 그러한 자들은 복음의 정수를 모르는 자들이다. 복음이 이방 나라 사람들에게 어떻게 다시 살아나신 그리스도에게 돌아올 것에 대한 참된 진리의 도를 전하는 것이라는 사실을 모르는 것이다. 결국 사회로부터 지탄을 받는 전도자가 되어 버린다. 그러나 사도 바울은 복음에 반대하는 자가 아니라면 어떠한 부류의 사람이든지 가리지 않고 만나서 그들과 공감하며 그들에게 복음을 전파하였다. 자신의 연고지나 고집에 맞혀 주지 않는다고 이웃을 배척하거나 거부하는 전도자는 이미 참된 전도자가 아니다.

참다운 전도자란 다양한 계층과 성별 구별 없이 사람을 대면하여 복음을 전할 수 있어야 한다. 그저 자신의 연고지와 자신의 사회적 수준에 맞는 사람들만을 대상으로 전도하겠다는 발상은 거짓되다. 그들은 참된 전도자가 아니다. 참으로 경건한 성도들은 다양한 계층과 성별의 사람들을 만나서 대화하며 그들에게 하나님 나라를 전파한다. 참된 성도들은 연약한 사람을 만날 것을 두려워하지 않는다. 경건한 성도들은 삶이라는 전쟁터에서 두려움 없이 이웃을 사랑하여야 한다. 사도 바울은 시장 바닥과 같이 거친 삶의 현장을 누비며 복음을 전하였다. 이러한 사도 바울의 삶은 우리에게 크나큰 표본이다. 복음의 도리는 경건한 신자들에게 하나님의 능력이다.

23. 내가 복음을 인하여서 모든 것을 행하는데 이는 복음에 참여자가 되고자 함이다. 24. 너희가 알지 못하느냐? 운동장에서 달음질 하는 모든 자들이 달음질 하는 것은 상을 얻고자 함이 아니냐? 너희도 얻도록 이와 같이 달음질하라. 25. 상을 얻기를 바라는 모든 자들은 모두 자신을 제어하는 단련을 한다. 저들은 썩은 면류관을 얻고자 함이라 그러나 우리는 불멸하는 면류관을 얻고자 함이다. 26. 그러므로 나는 그 마음에 목표 없는 자같이 달리지 않고 허공을 치는 것처럼

싸우지 않는다. 27. 내가 내몸을 치고 복종시키는 것은 내가 다른 사람에게 전파한 것이 어떤 경우에도 무가치하게 되지 않게 하고자 함이다.

사도 바울은 자신이 그렇게 "**다양한 종류의 사람에게 다양한 종류의 사람처럼 행한 것은**" 복음에 참여하는 자가 되기 위함이라 말한다. 사람이 일평생 살면서 복음의 참여자가 되는 그 영광은 이루 말할 수 없는 은혜이다. 복음의 참여자로서 살아가는 것이 얼마나 놀라운 영광인지 모른다. 사도 바울은 고대 로마의 육상 경기를 예로 들면서 이기기를 다투는 자마다 모든 일에 자신을 제어하고 단련한다고 말한다. 그리고 부연 설명하기를 그들은 썩어질 면류관을 얻고자 하나 우리는 불멸하는 면류관을 얻고자 함이라고 말한다. 세상에 면류관도 피나는 노력을 통하여서 얻을 수 있는데 하물며 불멸의 면류관을 얻으려는 자가 대충 신앙생활 할 수 없다. 사도 바울은 "**달음질하기를 향방 없는 것같이 아니하고 싸우기를 허공을 치는 것같이 아니하였다.**"(고전 9:26)고 말한다. 그것은 그가 얼마나 분명하고 확실한 방향을 가지고 있는지를 깨닫게 한다. 사도 바울은 푯대이신 그리스도가 우리 앞서 가셨기에 향방 없이 아니하고 질서대로 달릴 수 있다고 말한다.

사도 바울은 고린도 전서 9장 27절에서 "**내가 내 몸을 치고 복종시키는 것은 내가 다른 사람에게 전파한 것이 어떤 경우에도 무가치하게 되지 않게 하고자 함이다.**"고 말한다. 사도 바울은 복음의 그 보배로운 가치가 헛되이 무가치하게 되지 않도록 일평생을 세상과 어둠의 권세와 싸웠다. 참된 신자들은 그리스도의 복음을 위하여서 세상에 헛된 가치들과 싸우고 또 싸워야 한다. 세상적인 것으로부터 돌이켜서 살아계신 하나님께로 나아가야 한다. 사도 바울은 하나님 나라를 많은 사람과 공유하고자 많은 수고로 그 나라를 전파하였다.

제목: 신령한 음료이신 예수 그리스도
본문: 고린도 전서 10장 1~13절

[본 문]

1 형제들아 너희가 알지 못하기를 내가 원치 아니하노니 우리 조
상들이 다 구름 아래 있고 바다 가운데로 지나며 2 모세에게 속하여
다 구름과 바다에서 세례를 받고 3 다 같은 신령한 식물을 먹으며 4
다 같은 신령한 음료를 마셨으니 이는 저희를 따르는 신령한 반석으
로부터 마셨으매 그 반석은 곧 그리스도시라 5 그러나 저희의 다수
를 하나님이 기뻐하지 아니하신 고로 저희가 광야에서 멸망을 받았
느니라 6 그런 일은 우리의 거울이 되어 우리로 하여금 저희가 악을
즐겨한 것같이 즐겨하는 자가 되지 않게 하려 함이니 7 저희 중에
어떤 이들과 같이 너희는 우상 숭배하는 자가 되지 말라 기록된 바
백성이 앉아서 먹고 마시며 일어나서 뛰논다 함과 같으니라 8 저희
중에 어떤 이들이 간음하다가 하루에 이만 삼천 명이 죽었나니 우리
는 저희와 같이 간음하지 말자 9 저희 중에 어떤 이들이 주를 시험
하다가 뱀에게 멸망하였나니 우리는 저희와 같이 시험하지 말자 10
저희 중에 어떤 이들이 원망하다가 멸망시키는 자에게 멸망하였나니
너희는 저희와 같이 원망하지 말라 11 저희에게 당한 이런 일이 거
울이 되고 또한 말세를 만난 우리의 경계로 기록하였느니라 12 그런
즉 선 줄로 생각하는 자는 넘어질까 조심하라 13 사람이 감당할 시
험밖에는 너희에게 당한 것이 없나니 오직 하나님은 미쁘사 너희가
감당치 못할 시험당함을 허락지 아니하시고 시험당할 즈음에 또한
피할 길을 내사 너희로 능히 감당하게 하시느니라

[원문 직역]

1. 형제들아! 너희가 모르기를 원치 아니노니 우리 조상들 모두 구
름 아래에 있었고 바다를 통과하여서 지나갔다. 2. 그리고 모두 모세
안에 속하여 구름과 바다 가운데서 세례를 받았다. 3. 그리고 모두

동일한 신령한 음식을 먹었다. 4. 그리고 모두 동일한 신령한 음료를 마셨다. 그들이 뒤따르는 신령한 반석으로부터 마셨다. 이 반석은 그리스도이셨다. 5. 그러나 하나님께서 그들의 많은 자들 안에서 기뻐하지 아니하셨다. 왜냐하면 그들이 광야에서 죽었기 때문이다. 6. 이러한 일은 우리의 기호가 되었다. 저들이 욕망한 것처럼 우리가 욕망하지 않게 하려는 것이다. 7. 그들중에 어떤 이들처럼 우상숭배자가 되지 말라. 기록된바 백성이 앉아서 먹고 마시고 뛰어 놀려고 일어난다 함과 같다. 8. 그들 중에 어떤 이들이 간음하다가 이만 삼천 명이 멸망에 이르렀다. 우리는 그 어떤 이들처럼 간음하지 말자. 9. 저희 들 중에 어떤 이들이 하나님을 시험하다가 뱀에 물려 죽은 것처럼 우리는 그리스도를 시험하지 말자. 10. 저희 중에 어떤 이들이 불평을 하다가 멸망시키는 자들에 의하여서 멸망을 당한 것처럼 우리는 불평하지 말자. 11. 이러한 일들이 저희들에게 함께 거울이 되었고 그것은 말세를 당한 우리의 경계를 위하여서 기록이 되었다. 12. 그러므로 선 줄로 생각하는 자는 넘어질까 두려워하라. 13. 사람에게 주어질 것이 아니라면 그런 시험이 너희에게 주어지지 않을 것이다. 하나님은 미쁘시다. 그는 너희가 감당하기 어려운 시험당함을 허락하지 아니하시고 그가 시험 당할 즈음에 감당할 피할 길을 주신다.

[본문 해설]

1. 형제들아! 너희가 모르기를 원치 아니노니 우리 조상들 모두 구름 아래에 있었고 바다를 통과하여서 지나갔다. 2. 그리고 모두 모세 안에 속하여 구름과 바다 가운데서 세례를 받았다. 3. 그리고 모두 동일한 신령한 음식을 먹었다. 4. 그리고 모두 동일한 신령한 음료를 마셨다. 그들이 뒤따르는 신령한 반석으로부터 마셨다. 이 반석은 그리스도이셨다.

사도 바울은 고린도 교회 성도들에게 모세 시대 광야 생활을 예로 들면서 그리스도를 해석하고 있다. 먼저 모세 시대에 배경을 살펴보고자 한다. 모세 시대에 이스라엘 백성들은 모세와 함께 애굽을 떠나서 광야로 향했다. 그러나 이스라엘 백성들은 몇 걸음 나가지 못하고 홍해라는 거대한 바다에 가로막혔다. 그리고 뒤에는 애굽의 병사들이 말과 병거를 앞세워서 쫓아오고 있었다. 이러한 상황에서 모세는 하나님께 간구하였다. 그러자 하나님께서 모세에게 지팡이를 들라고 명령하셨다. 그러자 홍해가 갈라졌다. 그리고 모세와 이스라엘 백성들이 홍해를 맨 땅처럼 건널 수 있었다. 홍해를 건넌 이후에 광야에서 이스라엘 백성들은 낮에는 구름 기둥으로 밤에는 불기둥으로 보호를 받았다. 그리고 이스라엘 백성들이 목마름을 인하여서 불평할 때 모세가 반석을 쳐서 거기에서 생수가 강같이 나왔다. 사도 바울은 모세 시대에 이스라엘 백성들에게 하나님께 베푸신 놀라운 표적이 새 언약의 우리에게 어떠한 의미가 있는가를 설명하고 있다.

사도 바울은 이스라엘 백성들이 홍해를 건넌 사건을 세례라고 증거하였다. 이스라엘이 애굽으로부터 나온 후에 홍해를 건넜을 때 세례를 받은 것이다. 그리고 반석에서 나온 물은 신령한 음료이다. 하늘로부터 내려온 만나는 신령한 식물이다. 그리고 이 신령한 음료를 낸 반석은 그리스도이시다. 이렇게 모세 시대에 광야에서 이스라엘 백성들이 경험한 사건들이 그리스도와 연관된다. 예수 그리스도께서 오심으로서 구약의 표적들이 그 의미가 되살아났다. 구약은 실체이신 그리스도를 비추어 준다. 가말리엘 문하생이었던 사도 바울조차도 다메섹에서 부활하신 그리스도를 만나기 전까지는 구약의 실체를 깨닫지 못하였다. 그가 다메섹 도상에서 그리스도를 뵈옵고 나서 구약을 올바르게 깨닫게 되었다.

주후 1세기 유대 랍비들의 문헌을 보면 그들이 참으로 구약을 형편없이 해석하는 것을 볼 수 있다. 주후 1세기 유대 땅의 랍비들은 구약을 너무 희랍 철학과 혼합해서 풀었다. 그래서 주전 1세기 경에 유대 묵시 문학을 보면 그 가르침들이 고대 희랍의 철학과 별반 다르지 않다. 주후 1세기에 유대인들은 난해하고 형편없는 랍비들의 구약 해석을 듣다가 예수 그리스도의 권세 있는 가르침을 듣고 놀랐다. 그 당시 세상의 철학에 빠져있었던 서기관들과 바리새인들은 예수 그리스도의 가르침을 전혀 이해하지 못하였다. 이제도 세상의 헛된 학문에 빠져서 구약을 이해하지 못하는 신학자들이 있다. 그들이 자유주의 신학자들이다. 그들은 헛되이 구약을 풀기 때문에 구약을 파괴시킨다. 사도 바울은 주님을 뵈옵고 나서 자신이 원래 속했던 바리새파나 혹은 그들과 동류인 서기관들의 가르침을 따르지 않고 예수 그리스도를 믿음으로 구약을 해석하였다. 모세 시대의 모든 사건을 주저하지 않고 그리스도에게 귀착시켰다. 이러한 사도 바울의 구약 해석은 부활하신 주님을 뵈었기 때문이다.

사도 바울은 담대하게 예수 그리스도를 구약이 예언하신 메시아라고 전파하였다. 이러한 사도 바울의 가르침을 통하여서 우리는 신구약 실체의 통일성의 교리를 이해할 수 있다. 구약 모세 시대의 모든 사건들은 신약의 예수 그리스도를 예표하는 모형과 그림자였다. 그리스도께서 오심으로서 그 희미한 모형과 그림자가 분명해졌다. 그리스도는 구약 모형과 그림자의 실체이시다. 부활하신 그리스도를 뵈옵지 못한 자들은 구약을 해석하지 못한다. 부활하신 그리스도를 믿음으로 마음에 영접하지 않은 자들은 구약을 읽을 때 그리스도로 해석할 수 없다. 오직 성경은 믿음으로만 해석되는 비밀스러운 책이다.

5. 그러나 하나님께서 그들의 많은 자들 안에서 기뻐하지 아니하셨다. 왜냐하면 그들이 광야에서 죽었기 때문이다. 6. 이러한 일은 우리의 기호가 되었다. 저들이 욕망한 것처럼 우리가 욕망하지 않게 하려는 것이다. 7. 그들중에 어떤 이들처럼 우상숭배자가 되지 말라. 기록된바 백성이 앉아서 먹고 마시고 뛰어 놀려고 일어난다 함과 같다. 8. 그들 중에 어떤 이들이 간음하다가 이만 삼천 명이 멸망에 이르렀다. 우리는 그 어떤 이들처럼 간음하지 말자.

구약 광야 교회가 구름 기둥과 홍해의 통과를 통하여서 세례를 받고 신령한 양식과 신령한 음료를 반석으로부터 마셨어도 그들 중에 다수가 하나님께 기뻐하심이 되지 못하여서 광야에서 멸망을 받았다. 이스라엘 백성들이 애굽을 떠나서 광야로 나왔으나 그 세대 사람들은 대부분이 광야에서 불순종을 인하여서 죽었다. 무엇보다 이스라엘이 하나님을 시험하였다. 그들은 하나님께 불평과 불만을 하였고 하나님의 명령을 순수하게 따르기보다 자신들의 고집대로 여호와의 말씀을 판단하였다. 여호와의 말씀을 순수하게 믿고 따르지 않고 그들의 주관적인 판단으로 가려서 받았다. 어떤 자들은 그 말씀에 불순종함으로서 불신앙을 드러냈다.

하나님께서 이스라엘 백성들에게 만나를 내리실 때에 매일 먹을 분량만을 거두어 가라 하셨다. 일부 이스라엘 사람들은 이틀치의 만나를 모아왔다가 하루가 지나서 썩어 버렸다. 그리고 안식일에는 만나가 없으니 그 전날 이틀 치를 모으며 안식일에는 광야에 나가지 말라고 명령하셨으나 이스라엘 백성들 중에 안식일에 양식을 얻고자 나가는 자들이 있었다. 하나님의 말씀은 듣는 자의 편리대로 받을 것이 아니다. 오직 듣는 자가 겸손함으로 받아야 한다.

참된 신자는 주의 말씀에 전적으로 순종하려 한다. 이스라엘 백성들이 광야에서 자기들 고집대로 행하다가 대부분 멸망하였다. 무엇보다 애굽에서 나올 때에 이십 세가 넘은 자들은 광야에서 모두 멸망을 당하였다. 그들은 불평과 불만에 가득차서 주의 말씀을 거부하였다. 광야로 나올 때에 이십 세가 되지 않은 청소년들만이 사십년 후에 육십 세가 되어서 여호수아와 함께 가나안으로 들어갔다. 그때에 여호수아와 갈렙만이 육십 세가 넘었다. 그들은 순수하게 하나님의 말씀을 좇았고 이스라엘 다음 세대의 지도자가 되어서 이스라엘을 이끌고 가나안으로 들어갔다.

사도 바울은 고린도 전서 10장 6절에 "**그런 일은 우리의 거울이 되어 우리로 하여금 저희가 악을 즐겨한 것같이 즐겨하는 자가 되지 않게 하려 함이니**"라고 하였다. 그들의 행동이 표본이 된다는 것이다. 우리로 저희의 악을 따라가지 않게 하고자 함이다. 실로 구약 백성들의 모든 악행은 새 언약의 성도들에게 경계의 표본이 된다. 그래서 구약은 신약을 비추어주는 거울과도 같다. 우리는 구약을 읽을 때에 새 언약의 교회 성도들이 어떻게 살아가야 할 것을 배울 수 있다. 구약은 믿음의 조상들의 아름다운 삶과 함께 하나님께 대적하였던 악한 무리들의 미련한 마음이 잘 증거 되어 있다.

사도 바울은 고린도 전서 10장 7절과 8절에 "**7 저희 중에 어떤 이들과 같이 너희는 우상 숭배하는 자가 되지 말라 기록된 바 백성이 앉아서 먹고 마시며 일어나서 뛰논다 함과 같으니라 8 저희 중에 어떤 이들이 간음하다가 하루에 이만 삼천 명이 죽었나니 우리는 저희와 같이 간음하지 말자**"고 말한다. 이 본문은 모세 시대가 배경이다. 모세가 십계명을 받으러 시내 산에 올라갔을 때, 이스라엘 백성들은 모세의 명령을 어기고 금송아지를 만들어서 신으로 섬기며 제단을 쌓았다. 그리고 그 앞에서 먹고 마시고 춤추고 놀았다. 이러한 모습은 고대 이방 종교의 제사 제도 형태이다. 고대 이방 종교의 종교 제의는 매우 흥겨웠다. 그들은 자신들이 섬기는 우상 앞에서 불을 피워놓고 춤을 추고 노래를 부르며 서로 뒤엉켰다. 그들은 관능적이고 성적인 부도덕한 제사를 그들의 신에게 드렸다. 그리고 무분별하게 간음하였다. 그래서 이방 종교의 축제 기간은 신전에서 사생아가 많이 나왔다. 이렇게 무분별한 성적 부도덕은 신전에서 다양한 형태의 여성 사제들을 배출하고 그들은 다시 행음하면서 제사를 드렸다. 그러므로 사도 바울은 우상 숭배와 매음굴이 많았던 고린도 지방의 교회들에게 이것을 경계하라고 말하였던 것이다.

구약 이스라엘 백성들도 가나안에 들어가서 자주 이러한 이방 종교의 흥겨운 제사 제도에 매료되었다. 그래서 그들이 그러한 예배에 빠졌다. 그리고 이방 신상을 산당을 만들어서 섬겼다. 그러나 구약 이스라엘 백성들이 조상의 전례를 따라 하나님께 드렸던 예배는 엄숙하고 경건했다. 흥겨운 축제 형태의 예배가 아니었다.

참된 예배는 하나님 앞에서 잠잠히 그 말씀을 듣는 것이다. 지금의 예배도 마찬가지이다. 엄숙하고 경건하게 예배가 진행되지 않고 축제 같은 형태로 진행되는 예배는 실지로 고대 이방 종교의 제사 형태와 닮았다.

9. 저희 들 중에 어떤 이들이 하나님을 시험하다가 뱀에 물려 죽은 것처럼 우리는 그리스도를 시험하지 말자.

모세 시대에 이스라엘 백성들의 불순종으로 하나님께서 불뱀을 보내셔서 많은 이스라엘 백성을 그 뱀에 물려 죽게 하셨다. 이 본문은 민수기 21장 5~6절에 있다. "**5 백성이 하나님과 모세를 향하여 원망하되 어찌하여 우리를 애굽에서 인도하여 올려서 이 광야에서 죽게 하는고 이 곳에는 식물도 없고 물도 없도다 우리 마음이 이 박한 식물을 싫어하노라 하매 6 여호와께서 불뱀들을 백성 중에 보내어 백성을 물게 하시므로 이스라엘 백성 중에 죽은 자가 많은지라**"

광야 교회 시대에 이스라엘 백성들의 삶은 쓴 나물과 같았다. 그들은 애굽에서 물질적으로 풍요롭게 살던 시대를 회상하며 하나님 앞에서 불평을 하였다. 애굽에서 그들은 채찍을 맞으며 노동에 시달리던 노예 상태였다. 그럼에도 불구하고 단지 노예 상태에서 조금 더 잘 먹고 잘 살던 것만을 추억하며 불평을 늘어놓았다. 그들은 광야로 나온 이후에 노예 상태로부터 자유하게 된 것을 망각하였다. 그들은 애굽에서 노예 상태였을 때에 먹었던 여러 음식만을 생각하였다. 죄와 어둠의 권세의 노예로 살아도 편안하고 안락하게 살아가기를 바라는 사람들이었다. 노예 상태라도 안락하고 편안하기만 하면 된다는 것이다. 그러한 자들은 광야로 모세를 따라 나오지 않은 것이 좋았을 뻔하였다. 그들은 살았으나 죽은자들이다. 그러한 자들은 하나님의 나라를 향하여서 가면서도 이 세상에서 부귀영화를 다 추구하며 살려는 자들이다. 그래서 진리를 위하여서 고난의 길을 가는 것에 낯설어 한다. 이러한 자들은 거짓 교인들이다. 그들은 진리보다 세상의 안락함과 쾌락을 좇는 거짓된 자들이다. 참된 신자는 이 세상을 겨울 나그네와 같이 살아도 진리를 따라 살아가는 그 거룩한 삶으로 충만하다. 세상으로부터 어떠한 핍박이 와도 하나님을 찬송한다. 참된 신자는 진리로 인하여서 당하는 모든 환난을 피하지 않는다. 진리따라 살아가는 길에 피할 수 없는 고난을 즐긴다. 진리를 따라 살아가는 참된 신자들은 이 세상이 주는 혹독한 핍박을 즐거이 받으며 하나님 안에서 자유하다. 참된 신자들은 지금 살아 있음에 감사하고 선한 양심을 따라 살아가려 한다.

사도 바울은 모세 시대 이스라엘 백성들처럼 하나님을 시험하지 말라고 하신다. 하나님을 시험하는 것이 무엇인가? 하나님을 믿지 않는 것이다. 그들은 하나님을 자신들의 마음 밖으로 밀어 내어 버리고 자신들의 잔꾀로 이 세상을 살아간다. 하늘에서 하나님께서 비웃으시리라고 시편 기자는 말씀한다. "**하늘에 계신 자가 웃으심이여 주께서 저희를 비웃으시리로다**"(시 2:4) 무엇보다 그러한 자들은 두 마음을 품어서 마음에 정함이 없다.(약 1:8)

10. 저희 중에 어떤 이들이 불평을 하다가 멸망시키는 자들에 의하여서 멸망을 당한 것처럼 우리는 불평하지 말자. 11. 이러한 일들이 저희들에게 함께 거울이 되었고 그것은 말세를 당한 우리의 경계를 위하여서 기록이 되었다.

사도 바울은 민수기 11장 1절을 가지고 모세 시대 이스라엘 백성들이 하나님을 향하여서 원망을 하다가 멸망한 사건을 설명하고 있다. "**백성이 여호와의 들으시기에 악한 말로 원망하매 여호와께서 들으시고 진노하사 여호와의 불로 그들 중에 붙어서 진 끝을 사르게 하시매**"(민 11:1) 사도 바울은 이러한 모든 일들이 말세를 당한 우리에게 경계로 기록하였다고 말한다. 여기에서 말세라는 의미는 세상의 종말이라는 의미다. 말세는 그리스도께서 오심으로서 시작되었다. 그리고 그리스도께서 다시 오심으로 궁극적으로 완성되리라. 그런데 이렇게 말세는 시간적으로 길어졌는가? 왜냐하면 하나님께는 시간의 길이가 의미가 없기 때문이다. 헬라어로 "**말세**"를 "**타 텔레**

톤 아이오논"(τὰ τέλη τῶν αἰώνων)이라 한다. 그때에 "**마지막**"이라는 의미의 "**타 텔레**"(τὰ τέλη)는 실은 "**마지막**"이라는 뜻 이외에도 "**종료**", "**결말**", "**종국**", "**결론**"이라는 의미도 있다. 말세란 단지 물리적 시간의 끝이라는 의미보다는 종국 · 결말 · 결론이라는 의미가 더 크다. 인류 역사의 결론이 말세이다.

구주 예수 그리스도께서 오신 이후를 말세라고 하는 이유는 그가 이 세상의 구원의 종결자이시기 때문이다. 예수 그리스도께서 성육신하시고 죽으시고 부활하심으로서 모든 구속의 역사가 다 성취되었다. 다른 구원은 없다. 구주 예수 그리스도께서 구원의 실체이시다. 구주가 오셔서 십자가로 승리하셔서 완성되었다. 하나님의 기나긴 구속 역사가 종결되었다. 그와같이 구주 예수 그리스도의 재림을 기다리는 신자들은 종말론적 신앙생활을 하여야 한다. 그것은 나그네와 같은 신앙생활이다. 내일 일을 자랑하지 않으며 헛되이 과장하고 허세를 부리지 않으며 세상적인 야망에 불타서 살지 않는다. 참된 신자는 오늘이라 일컫는 동안 진리와 관련하여서 강퍅함을 면하며 살아가는 것으로 만족한다. 참된 신자들은 매일 주님의 진리 안에서 겨울 나그네처럼 살아간다. 말세를 당한 신자의 삶의 자세이다. 신자들은 이 세상의 것을 누릴 때, 과도하게 자신의 분수를 넘어서 누리지 않으며 고대 이스라엘이 유월절 양식을 먹듯이 허리에 띠를 두르고 신발을 신고 언제든지 이 세상을 떠날 마음의 준비를 하며 적정하게 누린다.

12. 그러므로 선 줄로 생각하는 자는 넘어질까 두려워하라.

사도 바울은 신자들이 자신의 신앙이 어떠한 경지에 이르렀으며 대단하다고 자만하는 순간이 넘어지기 직전이라는 사실을 명심하라고 가르친다. 자신의 신앙을 자랑하는 것도 거짓되다. 신자들은 날마다 하나님 앞에서 회개해야할 죄인들이다. 우리들의 자랑이 없다. 하나님을 잘 섬기고 있다는 망령된 마음도 버려야 한다. 우리는 날마다 죄인이다. 우리에게는 선한 것이 조금도 없다. 그러므로 자신의 신앙이 제대로 서있다고 여기는 어리석은 마음을 버려야 할 것이다.

신자들이 어떠한 경우에 물질의 풍요로움에 젖어서 삶의 여유를 부리고 살아가게 되면 자신이 무엇 대단한 신앙인이 된 것으로 착각하게 된다. 그래서 스스로 선줄로 생각하고 교만해진다. 그러한 자는 넘어질까 두려워해야할 순간이다. 그러나 정작 본인은 깨닫지 못한다. 그러므로 그 사람이 어떠한 실체를 가진 사람인지 알려고 하면 그가 어떤 위치에 섰을 때 어떻게 행하는 가를 보면 알 수 있다. 유력한 위치에 서서 오만하고 방자하게 행하는 자는 거의 사도 바울의 경고에 해당되는 자들이다. 자기 외에 아무도 없는 줄로 알고 오만하게 행하는 자들이 그러한 상태에 있다. 멸망이 홀연히 임하리라.

13. 사람에게 주어질 것이 아니라면 그런 시험이 너희에게 주어지지 않을 것이다. 하나님은 미쁘시다. 그는 너희가 감당하기 어려운 시험당함을 허락하지 아니하시고 그가 시험 당할 즈음에 감당할 피할 길을 주신다.

사도 바울은 하나님께서 사람이 감당할 수 있는 정도의 시험밖에 넘어서는 시험을 주시지 않는다 말한다. 우리가 때로는 시험에 들 때도 있으나 주님께서 신자들에게 감당할 정도로 시험을 주신다. 오직 하나님은 미쁘시다. 그래서 사도 바울은 이제 "**너희가 감당치 못할 시험당함을 허락지 아니하시고 시험당할 즈음에 또한 피할 길을 내사 너희로 능히 감당하게 하시느니라**"(고전 10:13)고 말하신다. 참된 신자는 삶의 모든 환란을 능히 이긴다. 하나님께서 피할 길을 주신다. 신자들은 하나님의 인도하심을 믿고 말씀 따라 겸손히 살아가야 한다.

제목: 우상 숭배를 피하라
본문: 고린도 전서 10장 14~33절

[본 문]
14 그런즉 내 사랑하는 자들아 우상 숭배하는 일을 피하라 15 나
는 지혜 있는 자들에게 말함과 같이 하노니 너희는 내 이르는 말을
스스로 판단하라 16 우리가 축복하는 바 축복의 잔은 그리스도의 피
에 참여함이 아니며 우리가 떼는 떡은 그리스도의 몸에 참여함이 아
니냐 17 떡이 하나요 많은 우리가 한 몸이니 이는 우리가 다 한 떡
에 참여함이라 18 육신을 따라 난 이스라엘을 보라 제물을 먹는 자
들이 제단에 참여하는 자들이 아니냐 19 그런즉 내가 무엇을 말하느
뇨 우상의 제물은 무엇이며 우상은 무엇이라 하느뇨 20 대저 이방인
의 제사하는 것은 귀신에게 하는 것이요 하나님께 제사하는 것이 아
니니 나는 너희가 귀신과 교제하는 자 되기를 원치 아니하노라 21
너희가 주의 잔과 귀신의 잔을 겸하여 마시지 못하고 주의 상과 귀
신의 상에 겸하여 참여치 못하리라 22 그러면 우리가 주를 노여워하
시게 하겠느냐 우리가 주보다 강한 자냐 23 모든 것이 가하나 모든
것이 유익한 것이 아니요 모든 것이 가하나 모든 것이 덕을 세우는
것이 아니니 24 누구든지 자기의 유익을 구치 말고 남의 유익을 구
하라 25 무릇 시장에서 파는 것은 양심을 위하여 묻지 말고 먹으라
26 이는 땅과 거기 충만한 것이 주의 것임이니라 27 불신자 중 누가
너희를 청하매 너희가 가고자 하거든 너희 앞에 무엇이든지 차려 놓
은 것은 양심을 위하여 묻지 말고 먹으라 28 누가 너희에게 이것이
제물이라 말하거든 알게 한 자와 및 양심을 위하여 먹지 말라 29 내
가 말한 양심은 너희의 것이 아니요 남의 것이니 어찌하여 내 자유
가 남의 양심으로 말미암아 판단을 받으리요30 만일 내가 감사함으
로 참여하면 어찌하여 내가 감사하다 하는 것에 대하여 비방을 받으
리요 31 그런즉 너희가 먹든지 마시든지 무엇을 하든지 다 하나님의
영광을 위하여 하라 32 유대인에게나 헬라인에게나 하나님의 교회에

나 거치는 자가 되지 말고 33 나와 같이 모든 일에 모든 사람을 기쁘게 하여 나의 유익을 구치 아니하고 많은 사람의 유익을 구하여 저희로 구원을 얻게 하라

[원문 직역]

14. 그러므로 나의 사랑하는 자들아! 우상 숭배자들로부터 떠나라.
15. 내가 지혜자들에게 말하는 것 같이 말하노니 내가 너희에게 이른
대로 판단하라. 16. 우리가 축복하는 축복의 잔은 그리스도의 피에
참여하는 것이 아니냐? 우리가 떼는 떡은 그리스도의 몸에 참여 함이
아니냐? 17. 떡이 하나이고 우리 많은 자들이 하나의 몸이다. 왜냐하
면 우리 모두 한 떡으로부터 나누어졌기 때문이다. 18. 육신을 따라
이스라엘을 보라. 제물을 먹는 자들이 제단에 참여하는 것이 아니냐?
19. 그런즉 내가 무엇을 말하는 것이냐? 우상의 제물은 무엇이며 우
상은 무엇인가? 20. 우상에게 제사하는 자들은 귀신에게 하는 것이요
하나님께 제사하는 것이 아니다. 나는 너희가 귀신과 교제하는 자가
되지 않기를 바란다. 21. 너희가 주의 잔과 귀신의 잔을 겸하여 마시
지 못하고 주의 상과 귀신의 상에 겸하여 참여하지 못하리라. 22. 우
리가 주님을 시기나게 하겠느뇨? 우리가 주님 보다 강한 자냐? 23.
모든 것이 합법적이다. 그러나 모든 것이 유익한 것은 아니다. 모든
것이 허락이 되지만 덕을 세우는 것이 아니다. 24. 누구든지 자기의
것을 챙기지 말고 다른 사람의 것을 챙겨라. 25. 시장에서 파는 모든
것을 먹어라. 그러나 양심을 인하여서 아무것도 묻지 말라. 26. 땅과
거기 충만한 것이 주님의 것이다. 27. 믿지 않는 자들 중에 누가 너
희를 부르고 너희가 가고자 한다면, 너희 앞에 놓인 것은 모두 먹어
라. 그리고 양심을 인하여서 묻지 말라. 28. 만약 누가 너희에게 이것
이 제사 음식이라고 말한다면, 양심과 그 알려진 바 사실을 따라서
먹지 말라. 29. 내가 말하노니 양심은 자기 자신을 위하여서 있는 것
이 아니다. 다른 사람을 위하여서 있다. 왜 내 자유가 다른 사람의 양
심을 인하여서 판단받아야 하는가? 30. 만약 내가 은혜로 참여한다

면, 어찌 내가 감사한 것으로 비방을 받으리요? 31. 너희가 먹든지 마시든지 무엇을 하든지 하나님의 영광을 위하여서 하라. 32. 유대인에게나 헬라인에게나 하나님의 교회에게나 부끄러운 자가 되지 말라. 33. 그와 같이 내가 모든 자들을 모든 것으로 기쁘게 한 것처럼 나의 유익을 구하지 말고 많은 사람의 유익을 구하라 이로 그들이 구원을 받을 것이다.

[본문 해설]

14. 그러므로 나의 사랑하는 자들아! 우상 숭배자들로부터 떠나라. 15. 내가 지혜자들에게 말하는 것 같이 말하노니 내가 너희에게 이른 대로 판단하라.

제사 제도에 대한 고린도 교회 상황을 제시하고 그것을 훈계하는 형태로 되어있다. 사도 바울은 앞 절에서 "**사람이 감당할 시험밖에는 너희에게 당한 것이 없나니 오직 하나님은 미쁘사 너희가 감당치 못할 시험 당함을 허락지 아니하시고 시험당할 즈음에 또한 피할 길을 내사 너희로 능히 감당하게 하시느니라**"(고전 10:13)고 말한다. 그리고 나서 "**그러므로 나의 사랑하는 자들아! 우상 숭배를 피하라**"라고 말한다. 그렇다면 지금 고린도 전서 10장 13절에서 시험을 당한다는 것은 우상 숭배를 의미한다. 사도 바울은 고린도 교회 성도들에게 우상 숭배를 피하는 것이 시험을 당하지 않는 것이라 말한다. 예로부터 고린도 지방은 다른 지방보다 우상 숭배가 성행하였다. 그래서 여러 신상들을 만들어서 섬기는 문화가 창궐하였다. 놀랍게도 우상 숭배가 창궐한 지방일수록 문화가 퇴폐적이고 방종으로 치닫는다.

사도 시대에 고린도 지방에는 여러 우상을 섬기는 풍습이 있었다. 신자들 중에서도 그 유혹에 빠져서 우상의 제물에 절하기도 하고 그 제사상에 오른 음식을 먹기도 하였다. 사도 바울은 그렇게 하는 것은 주님의 진노를 격동시키는 것이라고 말한다. 그래서 사도 바울은 고린도 교회에게 많은 글을 쓸 수 밖에 없었다. 사도 바울은 우상 숭배를 피하라 권면한다. 그것이 고린도 교회 공동체가 시험에 빠져 들지 않는 방법이라 가르친다.

16. 우리가 축복하는 축복의 잔은 그리스도의 피에 참여하는 것이 아니냐? 우리가 떼는 떡은 그리스도의 몸에 참여 함이 아니냐? 17. 떡이 하나이고 우리 많은 자들이 하나의 몸이다. 왜냐하면 우리 모두 한 떡으로부터 나누어졌기 때문이다.

사도 바울은 고린도 전서 10장 16~17절에서 성도들이 주의 만찬에 참여하였을 때 그들이 참여한 주의 만찬의 의미에 대하여 말한다. 주의 만찬은 보이는 하나님의 말씀이다. 사도 바울은 그 잔을 축복의 잔이라고 하였다. 그 축복의 잔은 그리스도의 피에 참여하는 것이다. 그리스도의 보혈은 우리의 죄를 정결케 하는 구속의 공로이다. 신자들이 성찬에 참여함으로서 그리스도의 보혈의 공로를 얻는 것이다. 그렇다면 성찬의 의미를 모르고 성찬에 참여하는 것이 얼마나 형식적인 성찬식인가 하는 것이다. 참된 신자는 그리스도의 성찬에 참여함으로 거룩하게 된다.

사도 바울은 신자들이 성찬 시에 떡을 떼는 것은 그리스도의 몸에 참여하는 것이라 말한다. 그러면서 떡이 하나이고 우리가 한 몸이기에 우리가 한 떡에 참여한다 말한다. 헬라어로 "**참여한다**"고 하는 말이 "**코이노니아**"(κοινωνία)로 되어 있다. 달리 "**교제하다**"라는 의미도 있다. 이러한 해석을 따라서 성찬식의 의미를 살펴 보려 한다. 성찬은 첫째로 그리스도와 하나가 되는 시간이다. 성찬으로 그리스도와 연합하여 그의 몸과 피에 참여한다. 성도들은 성찬식을 통하여 신앙이 자란다. 성찬식을 기다리는 성도들은 간절히 하나님의 은혜를 사모하며 마음으로 그 날을 준비해야 한다. 그리고 믿음으로 나아가야 한다. 둘째로 성찬식은 그리스도와 연합된 신자들이 서로 상호간에 교통하는 것이다. 성찬식에 참여하는 것이 "**코이노니아**"(κοιν ωvία)라고 할 때 그것은 성도 상호간에 "**코이노니아**"(κοινωνία)도 된다. 성찬에 참여하는 자는 그리스도와 연합된 것처럼 성도 상호간에 교통한다. 권징을 받은 자가 수찬 정지가 되는 것은 그 교제로부터 잠시나마 분리 되는 것이다. 그것은 성도의 교제에 참여할 자격을 상실한 것이다. 성찬 참여자는 하나님 앞에서 마음이 거룩하고 성결해야 한다. 성찬은 그리스도와의 연합이며 동시에 성도 상호 간에 교통이라는 사실을 잊지 말아야 한다.

사도 바울은 그리스도의 몸이 하나이기에 신자들이 성찬에 참여하는 것 자체가 그리스도의 몸으로 하나가 되는 의식이라 말한다. 신자들은 전심으로 그리스도를 간절히 바라면서 동시에 성도 상호간에 그리스도의 사랑으로 온전히 하나가 되도록 서로 사랑해야 한다.

18. 육신을 따라 이스라엘을 보라. 제물을 먹는 자들이 제단에 참여하는 것이 아니냐? 19. 그런즉 내가 무엇을 말하는 것이냐? 우상의 제물은 무엇이며 우상은 무엇인가? 20. 우상에게 제사하는 자들은 귀신에게 하는 것이요 하나님께 제사하는 것이 아니다. 나는 너희가 귀신과 교제하는 자가 되지 않기를 바란다. 21. 너희가 주의 잔과 귀신의 잔을 겸하여 마시지 못하고 주의 상과 귀신의 상에 겸하여 참여하지 못하리라. 22. 우리가 주님을 시기나게 하겠느뇨? 우리가 주님 보다 강한 자냐?

사도 바울은 그리스도의 몸에 참여하는 신자들이 이방 제사에 참여하는 것이 얼마나 위험한가를 소개하고 있다. 성찬에 참여하는 자들은 이방 제사 제도에 대하여서 혐오할 수 있어야 한다. 그 큰 싸움을 포기할 수 없다. 조상 숭배 사상은 어떤 경우에도 버려야 할 우상 숭배이다. 사별한 부모님을 신격화하는 것은 심각한 죄악이다. 더 나아가 그들이 자신들에게 복을 줄 것이라고 생각하는 것은 더욱 큰 죄악이다.

23. 모든 것이 합법적이다. 그러나 모든 것이 유익한 것은 아니다. 모든 것이 허락이 되지만 덕을 세우는 것이 아니다. 24. 누구든지 자기의 것을 챙기지 말고 다른 사람의 것을 챙겨라. 25. 시장에서 파는 모든 것을 먹어라. 그러나 양심을 인하여서 아무것도 묻지 말라. 26. 땅과 거기 충만한 것이 주님의 것이다. 27. 믿지 않는 자들 중에 누가 너희를 부르고 너희가 가고자 한다면, 너희 앞에 놓인 것은 모두 먹어라. 그리고 양심을 인하여서 묻지 말라. 28. 만약 누가 너희에게 이것이 제사 음식이라고 말한다면, 양심과 그 알려진 바 사실을 따라서 먹지 말라. 29. 내가 말하노니 양심은 자기 자신을 위하여서 있는 것이 아니다. 다른 사람을 위하여서 있다. 왜 내 자유가 다른 사람의 양심을 인하여서 판단받아야 하는가? 30. 만약 내가 은혜로 참여한다면, 어찌 내가 감사한 것으로 비방을 받으리요? 31. 너희가 먹든지 마시든지 무엇을 하든지 하나님의 영광을 위하여서 하라. 32. 유대인에게나 헬라인에게나 하나님의 교회에게나 부끄러운 자가 되지 말라. 33. 그와 같이 내가 모든 자들을 모든 것으로 기쁘게 한 것처럼 나의 유익을 구하지 말고 많은 사람의 유익을 구하라 이로 그들이 구원을 받을 것이다.

사도 바울은 이제 우상의 제물에 대하여서 말한다. 고린도 지방은 우상의 제물들이 시장에서도 내다 팔리는 경우가 있었다. 사도 바울은 그러 할 때 그 물건이 우상의 제물이라 생각 되도 묻지 말고 사다 먹으라 말한다. 그것이 확인되지 않았기에 상관없다는 것이다. 그러나 누가 그것을 우상의 제물로 바쳐졌던 것이라고 말하는 순간 양심을 인하여서 그 제물을 멀리하라 말한다.

사도 바울은 우리의 양심은 우리를 위한 것이 아니라 다른 사람을 위한 것이라고 말한다. 사람의 양심은 각 사람이 다른 사람에 대하여 갖는 경건한 마음 자세이다. 양심이 없다는 것은 다른 사람의 마음의 고통을 생각하지 않는다는 것이다. 철저하게 이기적인 사람들은 양심이 없다. 다른 사람에 대한 고통에 공감 할 줄 모른다. 타인의 고통을 공감할 수 있는 사람은 성숙한 그리스도인이다. 타인의 고통에 공감 할 수 없을 뿐만 아니라 타인의 고통을 오히려 즐거워하는 자들은 하나님께서 버리신 자들이다. 신자는 타인의 불행을 즐거워해서는 안된다. 형제에게 거칠 돌이 없도록 치우려고 노력하는 것이 경건한 신자의 자세이다.

사도 바울은 그리스도인이 모든 일에 자유하지만 공동체의 선과 사회의 덕을 위하여서 절제할 수 있어야 한다 말한다. 사도 바울은 다음과 같이 증거한다. "**27. 믿지 않는 자들 중에 누가 너희를 부르고 너희가 가고자 한다면, 너희 앞에 놓인 것은 모두 먹어라. 그리고 양심을 인하여서 묻지 말라. 28. 만약 누가 너희에게 이것이 제사 음식이라고 말한다면, 양심과 그 알려진 바 사실을 따라서 먹지 말라.**" (고전 10:27-28) 이어서 사도 바울은 고린도 전서 10장 29절에서 "**왜 내 자유가 다른 사람의 양심을 인하여서 판단을 받아야 하는가**"라고 묻고 그 이유가 바로 하나님의 영광을 인하여서라고 말한다. 하나님의 영광을 위해서 신자는 누릴 수 있는 자유조차도 제한을 받을 수 있다. 사도 바울은 고린도 교회 신자들에게 유대인이나 헬라인이나 하나님의 교회에나 부끄러운 자가되지 말라 권면한다. 각 사람은 자신의 유익을 구하지 말고 많은 사람의 유익을 구하라고 말한다. 자신의 사욕 보다 공동체의 유익과 덕을 생각하라는 것이다. 그렇게 할 때에 다른 사람을 구원할 수 있다.

제목: 내가 그리스도를 본받는자 된 것 같이 너희는 나를 본받는자 되라
본문: 고린도 전서 11장 1~16절

[본 문]

1 내가 그리스도를 본받는 자 된 것같이 너희는 나를 본받는 자
되라 2 너희가 모든 일에 나를 기억하고 또 내가 너희에게 전하여
준 대로 그 유전을 너희가 지키므로 너희를 칭찬하노라 3 그러나 나
는 너희가 알기를 원하노니 각 남자의 머리는 그리스도요 여자의 머
리는 남자요 그리스도의 머리는 하나님이시라 4 무릇 남자로서 머리
에 무엇을 쓰고 기도나 예언을 하는 자는 그 머리를 욕되게 하는 것
이요 5 무릇 여자로서 머리에 쓴 것을 벗고 기도나 예언을 하는 자
는 그 머리를 욕되게 하는 것이니 이는 머리 민 것과 다름이 없음이
니라 6 만일 여자가 머리에 쓰지 않거든 깎을 것이요 만일 깎거나
미는 것이 여자에게 부끄러움이 되거든 쓸지니라 7 남자는 하나님의
형상과 영광이니 그 머리에 마땅히 쓰지 않거니와 여자는 남자의 영
광이니라 8 남자가 여자에게서 난 것이 아니요 여자가 남자에게서
났으며 9 또 남자가 여자를 위하여 지음을 받지 아니하고 여자가 남
자를 위하여 지음을 받은 것이니 10 이러므로 여자는 천사들을 인하
여 권세 아래 있는 표를 그 머리 위에 둘지니라 11 그러나 주 안에
는 남자 없이 여자만 있지 않고 여자 없이 남자만 있지 아니하니라
12 여자가 남자에게서 난 것같이 남자도 여자로 말미암아 났으나 모
든 것이 하나님에게서 났느니라 13 너희는 스스로 판단하라 여자가
쓰지 않고 하나님께 기도하는 것이 마땅하냐 14 만일 남자가 긴 머
리가 있으면 자기에게 욕되는 것을 본성이 너희에게 가르치지 아니
하느냐 15 만일 여자가 긴 머리가 있으면 자기에게 영광이 되나니
긴 머리는 쓰는 것을 대신하여 주신 연고니라 16 변론하려는 태도를
가진 자가 있을지라도 우리에게나 하나님의 모든 교회에는 이런 규
례가 없느니라

[원문 직역]

1. 내가 그리스도를 본받는 자가 된 것처럼 너희는 나를 본 받는자가 되라. 2. 나는 너희를 칭찬한다. 이는 나의 모든 것을 너희가 기억하고 내가 너희에게 주었던 그 유전을 너희가 잘 지키고 있기 때문이다. 3. 내가 너희가 알기를 원하는 바는 이것이다. 모든 남자들은 그리스도께서 머리가 되신다. 여자들의 머리는 남자이고 그리스도의 머리는 하나님이시다. 4. 모든 남자들은 머리위에 무엇을 얹고 기도나 예언을 하는 것은 그의 머리를 부끄럽게 하는 것이다. 5. 모든 여자들은 모자를 벗고 기도나 예언을 하는 것은 그녀의 머리를 부끄럽게 하는 것이다. 이는 머리를 밀어 버린 것과 같은 것이다. 6. 만약 여자가 무엇을 쓰지 않으면, 머리를 깍을 것이요 만약 여자들이 머리 민 것이 부끄러우면 무엇을 써야 한다. 7. 남자는 마땅히 하나님의 영광과 형상이기에 머리에 무엇을 쓰지 말아야한다. 여자는 남자의 영광이다. 8. 남자가 여자로부터 존재하는 것이 아니라 여자가 남자로부터 존재하는 것이다. 9. 여자를 위하여서 남자를 창조하신 것이 아니라 남자를 위하여서 여자를 창조하신 것이다. 10. 이를 인하여서 여자가 천사들을 인하여서 머리에 무엇을 쓰는 권리가있다. 11. 그러나 주 안에서는 남자 없이 여자만 있지도 않고 여자 없이 남자 만 있지도 않다. 12. 그렇게 여자가 남자로부터 나온 것처럼 남자도 여자로부터 나왔다. 그리고 만물이 하나님으로부터 나왔다. 13. 너희는 스스로 판단하라. 여자가 쓰지 않고 기도하는 것이 하나님께 합당하냐? 14. 본성 자체가 남자가 만약 긴 머리카락을 가지고 있으면 그에게 수치스럽다는 것을 너희에게 가르치지 않느냐? 15. 여자가 만약 긴 머리카락을 가지고 있다면 그녀는 영광이다. 이는 긴 머리카락이 그녀에게 주어진 외투와 같기 때문이다. 16. 만약 누가 계속적으로 이러한 것을 생각한다면, 우리나 하나님의 교회에게나 그러한 규례가 없다.

[본문 해설]

1. 내가 그리스도를 본받는자가 된 것처럼 너희는 나를 본 받는자

가 되라.

사도 바울은 고린도 교회 성도들에게 자신이 그리스도를 본 받은 것처럼 자신을 본 받으라고 말한다. 그렇다고 하면 사도 바울이 예수 그리스도의 무엇을 본받았는가 하는 것이다. 첫 번째로 사도 바울은 예수 그리스도의 마음을 본 받았다. 사도 바울은 빌립보서 2장 5절에 "**너희 안에 이 마음을 품으라 곧 그리스도 예수의 마음이니**"라고 하였다. 사도 바울이 항상 신자들에게 그리스도를 본 받으라고 할 때에 가장 먼저 주님의 마음을 본 받는 자가 되라고 하신다. 이제 그렇다고 하면 주님의 마음은 무엇인가를 살펴보려고 한다. 예수 그리스도께서는 공생애 기간 내내 항상 다음과 같이 말씀하셨다. "**내가 만일 그렇게 하면 이런 일이 있으리라 한 성경이 어떻게 이루어지리요 하시더라**"(마 26:54) 예수님께서는 항상 아버지 하나님의 말씀을 성취하시려는 삶을 사셨다. 그래서 누가복음 22장 42절에서도 다음과 같이 기도하셨다. "**가라사대 아버지여 만일 아버지의 뜻이어든 이 잔을 내게서 옮기시옵소서 그러나 내 원대로 마옵시고 아버지의 원대로 되기를 원하나이다 하시니**"(눅 22:42) 예수께서는 그의 공생애 내내 아버지의 뜻을 성취하시는데 온 마음을 집중시키셨다. 사도 바울은 그러한 마음을 본받았다. 사도 바울은 예수 그리스도의 뜻을 따라서 살았다. 사도 바울은 그리스도의 뜻 외에 다른 것에 관심이 없었다. 그리고 그리스도의 뜻을 구약으로부터 찾아서 발견하였다. 그리고 먼저 사도된 베드로와 열한 사도들을 통하여서 예수 그리스도께서 세상에 계실 때에 직접 이르신 말씀을 들었다.

사도 바울은 고린도 전서 11장 25절에 성찬식에 대하여서 말씀하실 때에 "**식후에 또한 이와 같이 잔을 가지시고 가라사대 이 잔은 내 피로 세운 새 언약이니 이것을 행하여 마실 때마다 나를 기념하라 하셨으니**"(고전 11:25)라고 주님의 가르침을 회상하였다. 이것은 열두 사도들을 통하여서 전해들은 것을 말한 것이다. 이렇게 사도 바울은 주 예수 그리스도의 뜻을 따라서 살았다. 사도들의 가르침은 교회의 기초이다. 사도 바울은 고린도 교회 신자들에게 자신을 본받으라고 말한다. 사도들이 사라진 지금 시대에는 사도들의 가르침은 거룩한 보편 교회의 정통 교리이다. 두 번째로 사도 바울은 예수 그리스도의 일하심을 본받았다. 예수께서 요한복음 5장 17절에 "**예수께서 저희에게 이르시되 내 아버지께서 이제까지 일하시니 나도 일한다 하시매**"(요 5:17)라고 말씀하셨다. 사도 바울도 평생을 그리스도의 교회를 세우는 일에 매진하였다. 구주의 몸 된 교회를 세우려는 성직자들은 사도의 가르침을 따라 나아가야 한다. 신자들도 하나님의 나라를 세우는데 수고해야 한다. 그것이 가깝게는 사도들의 본을 따르는 것이고 더 나아가 완전한 의미로 예수 그리스도의 본을 따라 가는 것이다. 참된 신자는 하나님의 교회를 이루는 일에 헌신적이다. 지금은 추수 할 때이다. 그 불쌍한 영혼들을 방치하면 하나님의 교회는 다음 세대에 사라지게 될 지도 모른다. 먼저 진리를 들은 자들은 전심으로 하나님의 교회를 이루려 애써야 한다.

2. 나는 너희를 칭찬한다. 이는 나의 모든 것을 너희가 기억하고 내가 너희에게 주었던 그 유전을 너희가 잘지키고 있기 때문이다.

사도 바울은 고린도 교회를 다음과 같이 칭찬한다. "**나의 모든 것을 너희가 기억하고 내가 너희에게 주었던 그 유전을 너희가 잘 지키고 있다.**" 고린도 교회 신자들은 사도들의 가르침에 충실하였다. 실지로 고린도 교회에 문제를 일으킨 자들은 다수가 아니었다. 그들은 몇몇 분파주의자들이었다. 대다수 고린도 교회 신자들은 사도가 가르쳐 준 교회의 규례와 법도를 잘 지키고 있었다. 헬라어 "**파라도세이스**"(παραδόσεις)는 "**유산**"이라고 하는데 이는 사도가 교회를 세울 때에 필요하다고 생각하여 결정한 교회법이다. 신자들은 교회법을 부지런히 살펴서 그 취지를 깨닫고 교회법에 순종해야 된다.

3. 내가 너희가 알기를 원하는 바는 이것이다. 모든 남자들은 그리

스도께서 머리가 되신다. 여자들의 머리는 남자이고 그리스도의 머리는 하나님이시다.

이것은 교회의 공적 질서에 대한 가르침이다. 이 원리를 따라 하나님의 교회 직분을 세워야 한다. 사도 바울은 공적으로 교회가 직원을 세울 때 항상 이러한 원리를 따르라 가르친다. 교회가 항존하는 직원으로서 목사와 교사들 그리고 치리 장로와 안수 집사를 세울 때, 교회 질서상 여자들에게 그 직분을 맡길 수 없다고 말한다. 교회의 항존 직원은 여자에게 돌아갈 수 없다. 이것이 사도 바울의 가르침이다. 다만 여자 성도들이 하나님께 인격적으로 나아가는 것은 남자와 분간할 수 없다. 이는 모든 신자들이 머리 되신 예수 그리스도께 당당히 나아 갈 수 있기 때문이다.

4. 모든 남자들은 머리위에 무엇을 얹고 기도나 예언을 하는 것은 그의 머리를 부끄럽게 하는것이다. 5. 모든 여자들은 모자를 벗고 기도나 예언을 하는 것은 그녀의 머리를 부끄럽게 하는 것이다. 이는 머리를 밀어 버린 것과 같은 것이다. 6. 만약 여자가 무엇을 쓰지 않으면, 머리를 깍을 것이요 만약 여자들이 머리 민 것이 부끄러우면 무엇을 써야 한다. 7. 남자는 마땅히 하나님의 영광과 형상이기에 머리에 무엇을 쓰지 말아야한다. 여자는 남자의 영광이다.

사도 바울은 교회의 일에 있어 남자가 항상 첫 질서를 차지하기 때문에 머리에 무엇을 쓸 수 없다고 말한다. 남자는 하나님의 영광을 그대로 투영한다. 그래서 머리에 무엇을 쓰고 기도하거나 예언하는 것은 그 머리를 욕되게 하는 것이다. 그는 머리에 무엇을 쓰지 않음으로서 직접 하나님의 영광을 비춘다. 그의 머리는 예수 그리스도가 되신다. 그런데 여자들은 남자들의 질서 아래에 있기 때문에 머리에 무엇을 쓴다. 그것은 직접 하나님의 영광을 드러내지 않고 간접적으로 드러내기 때문이다. 그래서 여자가 머리에 무엇을 쓰지 않고 기도하거나 예언하는 것은 부끄러운 것이다. 그것은 머리를 밀어 버리는 것과 같다.

사도 바울이 고린도 전서 11장 5절에 드러내고자 하는 교리는 이러하다. 여자는 하나님의 영광을 간접적으로 비추어 주는 존재라는 것이다. 그래서 여자가 직접 성직자의 길을 가거나 다스리는 장로가 되는 것은 수치스러운 짓이다. 여자들에게 사도 바울은 항상 간접적으로 하나님의 영광을 드러내라고 가르친다. 오히려 사도 바울은 고린도 전서 11장 7절에서 **"여자는 남자의 영광이라"**(ἡ γυνὴ δόξα ἀνδρός ἐστιν)고 말한다. 이는 가정에서나 교회에서나 여자들이 희생함으로서 남자들이 영광을 얻는다는 뜻이다. 그런데 그 남자들의 영광이 그리스도에게 주어지기에 여자들의 영광은 곧 하나님의 영광이다. 다만 여자들의 영광은 남자를 거쳐서 하나님께 나아가는 간접적인 영광이다. 잠언서 12장 4절은 여인의 덕목에 대하여서 잘 정리되어있다. **"어진 여인은 그 지아비의 면류관이나 욕을 끼치는 여인은 그 지아비로 뼈가 썩음 같게 하느니라"**(잠 12:4) 이 본문은 가정에 국한되는 말씀이 아니다. 공적으로 하나님의 교회에게도 해당된다. 하나님의 교회 안에 여인들의 거룩한 삶은 빛을 발하기도 한다. 이는 하나님의 교회 안에 여인들의 위치가 얼마나 큰 가치가 있는가를 보여준다. 여인들의 수고가 하나님께 간접적인 형태로 큰 영광이 된다. 사도 시대 교회 역사를 살펴보면 이 교리가 사실임을 알 수 있다. 사도 시대 교회를 실재적으로 이루는데 여러 면에서 수고하였던 자들이 거의 여인들이었다. 그들은 로마 제국의 귀부인들이기도 하였고 혹은 자신의 남편과 함께 교회를 이루었던 자들이기도 하다. 사도 바울이 언급한 자매 뵈뵈가 그러하였다. 그리고 사도 바울과 함께 교회를 세우는 일에 수고하였던 브리스길라와 아굴라 부부도 그러하다. 이때에 자매 뵈뵈와 브리스 길라는 모두 여인들이었다. 사도 바울은 그들의 도움으로 복음을 효과적으로 증거 할 수 있었고 주님의 교회를 세울 수 있었다. 독신자였던 사도 바울에게 그 신실한 신앙의 여인들은 아내 못지않은 소중한 동역자였다. 주님의 교회를 세워나갈 때에 독신이었던 사도 바울에게 신실한 신앙의 여인들의 값진 희생은 교회 설립의 밑거름 이었다.

8. 남자가 여자로부터 존재하는 것이 아니라 여자가 남자로부터 존재하는 것이다. 9. 여자를 위하여서 남자를 창조하신 것이 아니라 남자를 위하여서 여자를 창조하신 것이다. 10. 이를 인하여서 여자가 천사들을 인하여서 머리에 무엇을 쓰는 권리가있다.

사도 바울은 고린도 전서 11장 8절과 9절에서 "**남자가 여자에게서 난 것이 아니요 여자가 남자에게서 났다.**"고 말한다. 그리고 이어서 "**또 남자가 여자를 위하여 지음을 받지 아니하고 여자가 남자를 위하여 지음을 받은 것이다.**"고 말한다. 여기는 교회의 공적 직분에 있어 남녀의 역할 분담에 대한 원리가 있다. 이는 창조의 질서이며 구속의 질서이다. 창조의 질서와 구속의 질서는 한 하나님께서 내신 하나의 질서이고 분리될 수 없다. 남녀평등이란 하나님 앞에서 신자들의 인권의 평등을 말한다. 질서의 평등이 아니다. 주님 앞에서 개인적으로 인격적으로 남녀는 평등하다는 의미이다. 그러나 주님의 교회 안에서 공적으로 행하는 사역에 관하여서 질서의 차이가 있다. 여자들은 남자가 하는 일에 돕는 자들이다. 그러기에 여자는 책임이 없다. 책임은 남자가 진다. 그래서 직분도 남자가 가진다. 항상 여자는 간접적으로 하나님의 영광을 위한다. 첫 타락에서도 하와가 먼저 범죄 하였음에도 불구하고 아담이 범죄 하였다고 로마서 5장 14절은 기록하고 있다. 이는 책임 소재가 아담이라는 것이다. 아담의 가장 큰 실패의 원인은 하나님의 계명 보다 아내의 말에 더 큰 무게를 두었다는 데 있다. 인류 최초의 범죄는 하와가 범죄하고 아담이 그 범죄에 동참한 형태였다. 아내가 범죄를 저지르고 남편이 책임을 진다. 그렇게 공적 질서의 우위는 아담이다. 하와는 그 질서 아래에 있다. 그런데 하와가 위에 질서를 파괴시키고 앞서 하나님의 계명을 어기고 아담을 유혹하여서 계명을 어기게 하였다. 그리스도 안에서 신실한 아내 된 자는 남편에게 잘 순종하며 패역하지 않는다. 그리고 아내가 혼자 임의로 일하지 않는다. 남편에게 묻고 일한다. 이것이 공적인 교회의 일에도 마찬가지다. 하나님께서 교회에게 명하신 질서가 그러하다. 그렇게 창조 시에 가정에 그 질서가 무너졌을 때 첫 타락이 온 것처럼 교회도 그 질서를 어길 때 몰락한다. 하나님께서 창조의 질서를 따라 구속의 질서를 이루어 가신다.

주님의 교회는 그 질서를 따라서 직원들을 세운다. 이것이 하나님 나라의 질서이다. 그러므로 신자들은 모든 거룩한 보편 교회의 공적 사역에 있어서 치리회에서 묻고 행하여야 한다. 만약 어떤 신자라도 책임 질 수 없는 공적 일들을 임의로 시행하면 거룩한 보편 교회는 그 신자를 치리하여야 한다. 그래서 거룩한 보편 교회 공적 일들은 치리회의 지도 없이 시행될 수 없다. 치리회의 지도 아래에서 행하여져야 한다. 모든 신자들은 공적으로 거룩한 보편 교회 일을 행할 때는 항상 책임져야 하는 치리회에 상의하고 일해야 한다.

사도 바울은 고린도 전서 11장 10절에서 "**여자는 천사들을 인하여 권세 아래 있는 표를 그 머리 위에 둘지니라**"고 하였다. 하나님의 천사들이 그리스도의 사역을 도울 때, 여자들은 권세 아래 있는 표를 그 머리에 쓰고 있어서 책임을 묻지 않는다는 것이다. 여자들이 머리에 무엇을 쓰는 것은 자신들이 직접 그리스도의 영광에 참여하지 않고 간접적으로 참여한다는 것을 드러낸다. 여자들이 위에 쓴 것이 무엇인가? 그것은 자신의 위에 있는 질서에 대한 표시이다. 여자들이 자기 머리위에 무엇을 씀으로서 자신이 어떤 질서 아래에 있다는 것을 드러내는 것이다. 여자들은 가정에서 남편의 질서 아래에 있다. 그러므로 모든 일을 남편과 함께 상의해서 해야 한다. 그것이 여자들이 남편에게 묻고 행하는 원리이다. 그리고 교회 일에도 마찬가지다.

11. 그러나 주 안에서는 남자 없이 여자만 있지도 않고 여자 없이 남자 만 있지도 않다. 12. 그렇게 여자가 남자로부터 나온 것처럼 남

자도 여자로부터 나왔다. 그리고 만물이 하나님으로부터 나왔나. 13. 너희는 스스로 판단하라. 여자가 쓰지 않고 기도하는 것이 하나님께 합당하냐? 14. 본성 자체가 남자가 만약 긴 머리카락을 가지고 있으면 그에게 수치스럽다는 것을 너희에게 가르치지 않느냐? 15. 여자가 만약 긴 머리카락을 가지고 있다면 그녀는 영광이다. 이는 긴 머리카락이 그녀에게 주어진 외투와 같기 때문이다. 16. 만약 누가 계속적으로 이러한 것을 생각한다면, 우리나 하나님의 교회에게나 그러한 규례가 없다.

사도 바울은 고린도 전서 11장 11~12절에 "**11 주 안에는 남자 없이 여자만 있지 않고 여자 없이 남자만 있지 아니하니라 12 여자가 남자에게서 난 것같이 남자도 여자로 말미암아 났으나 모든 것이 하나님에게서 났느니라**" 사도 바울은 창조의 질서로 볼 때 남자가 여자 보다 먼저 이지만 그 남자도 여자들에게서 나왔다는 것을 진술한다. 그러므로 모든 것이 하나님에게서 났다고 말한다. 첫 사람 아담은 하와를 있게 한 원인자이지만 그 다음 모든 아담의 후손들은 여자들에게서 나왔다. 여자 없이 그 다음 후손이 있을 수 없다. 그러나 그 모든 후손들이 세상에 있게 된 최초의 원인자는 하나님이시다. 하나님께서 생명을 주시지 않으면 여자라 해도 자녀를 생산할 수 없다.

사도 바울은 남자가 창조의 질서와 구속의 질서에서 차지하는 첫 위치를 앞에서 강조하면서 동시에 여자의 위치가 남자에게 어떠한 존재인가를 드러냄으로서 남자들이 여자들로부터 완전히 자유로울 수 없다고 말한다. 그래서 가정의 일이나 교회의 일에 남자들은 여자를 소외시키지 말고 하나님의 일을 같이 해야 한다. 여자들은 매우 중요한 역할을 가정에서나 교회에서 맡고 있다. 그것은 가정이나 교회의 토대를 형성해 주는 귀한 일이다. 여자들은 남자들을 통하여서 간접적으로 그 영광을 드러낸다. 그러기에 여자들은 헛된 허영심이나 교만한 마음을 버리고 교회 질서를 따라야 할 것을 사도 바울은 가르친다.

제목: 주의 만찬의 질서에 대하여서
본문: 고린도 전서 11장 17~34절

[본 문]

17 내가 명하는 이 일에 너희를 칭찬하지 아니하나니 이는 저희의
모임이 유익이 못되고 도리어 해로움이라 18 첫째는 너희가 교회에
모일 때에 너희 중에 분쟁이 있다 함을 듣고 대강 믿노니 19 너희
중에 편당이 있어야 너희 중에 옳다 인정함을 받은 자들이 나타나게
되리라 20 그런즉 너희가 함께 모여서 주의 만찬을 먹을 수 없으니
21 이는 먹을 때에 각각 자기의 만찬을 먼저 갖다 먹으므로 어떤 이
는 시장하고 어떤 이는 취함이라 22 너희가 먹고 마실 집이 없느냐
너희가 하나님의 교회를 업신여기고 빈궁한 자들을 부끄럽게 하느냐
내가 너희에게 무슨 말을 하랴 너희를 칭찬하랴 이것으로 칭찬하지
않노라 23 내가 너희에게 전한 것은 주께 받은 것이니 곧 주 예수께
서 잡히시던 밤에 떡을 가지사 24 축사하시고 떼어 가라사대 이것은
너희를 위하는 내 몸이니 이것을 행하여 나를 기념하라 하시고 25
식후에 또한 이와 같이 잔을 가지시고 가라사대 이 잔은 내 피로 세
운 새 언약이니 이것을 행하여 마실 때마다 나를 기념하라 하셨으니
26 너희가 이 떡을 먹으며 이 잔을 마실 때마다 주의 죽으심을 오실
때까지 전하는 것이니라 27 그러므로 누구든지 주의 떡이나 잔을 합
당치 않게 먹고 마시는 자는 주의 몸과 피를 범하는 죄가 있느니라
28 사람이 자기를 살피고 그 후에야 이 떡을 먹고 이 잔을 마실지니
29 주의 몸을 분변치 못하고 먹고 마시는 자는 자기의 죄를 먹고 마
시는 것이니라 30 이러므로 너희 중에 약한 자와 병든 자가 많고 잠
자는 자도 적지 아니하니 31 우리가 우리를 살폈으면 판단을 받지
아니하려니와 32 우리가 판단을 받는 것은 주께 징계를 받는 것이니
이는 우리로 세상과 함께 죄 정함을 받지 않게 하려 하심이라 33 그
런즉 내 형제들아 먹으러 모일 때에 서로 기다리라 34 만일 누구든
지 시장하거든 집에서 먹을지니 이는 너희의 판단받는 모임이 되지

않게 하려 함이라 그 남은 것은 내가 언제든지 갈 때에 귀정하리라

[원문 직역]

17. 내가 명령한 것에 대하여 너희를 칭찬하지 않는다. 이는 너희가 더 좋아지지 않고 더 나빠지게 모였기 때문이다. 18. 먼저 너희가 교회에서 모일 때, 너희 중에 분쟁이 있다는 것을 내가 들어서 그것이 대강 어떤지 내가 믿는다. 19. 너희 안에 종교적 분쟁이 있는 것이 당연하다. 왜냐하면 너희 안에 잘 옳다 하는 자들이 있기 때문이다. 20. 그러므로 너희 들이 함께 모일 때, 주님께 속한 만찬을 먹을 수 없다. 21. 이는 그들이 먹을 때에 자기들의 만찬을 먼저 갖다 먹는다. 어떤 이는 시장하고 어떤 이는 술취 하였다. 22. 너희가 먹고 마실 집을 가지고 있지 아니하냐? 아니면 너희가 하나님의 교회를 멸시하느냐? 그리고 가지지 못한 자들을 부끄럽게 하느냐? 내가 너희에게 무엇을 말하랴? 내가 너희를 칭찬하랴? 내가 이를 인하여서 칭찬하지 않노라. 23. 내가 너희에게 전한 것은 주께로부터 받은 것이다. 이는 주 예수께서 잡히시던 밤에 떡을 가지사 24. 축사하시고 떼셨다. 그리고 말씀하셨다. 이는 너희를 위한 나의 몸이다. 이 일을 행할 때마다 나를 기억하는 것이다. 25. 그와 같이 떡을 먹은 이후에 잔을 가지사 말씀하시기를 이 잔은 나의 피로 세우는 새 언약이니 이를 행하여 마실 때마다 나를 기념하는 것이다. 26. 너희가 만약 이 떡을 먹으며 이 잔을 마실 때 마다 주의 죽으심을 그가 오실 때까지 알리는 것이다. 27. 그와같이 주의 떡과 잔을 합당하지 않게 먹고 마시는 자는 주의 몸과 피를 범하는 죄가 된다. 28. 사람이 자기 자신을 살피고 나서 그 떡을 먹고 그 잔을 마실지니라. 29. 그 몸을 분별하지 못하고 먹고 마시는 자는 자신의 정죄를 먹고 마시는 것이다. 30. 이를 인하여서 너희 중에 많은 자들이 약하여졌고 질병에 걸렸으며 죽었다는 것을 생각하라. 31. 우리가 우리를 살폈으면 정죄를 받지 아니하려니와 32. 정죄 받는 것은 주께로부터 징계를 받는 것이다. 이는 이 세상과 함께 정죄되지 않게 하려함이다. 33. 이와같이 나의 형

제들아! 먹기 위하여서 모일 때, 서로 서로 기나리라. 34. 만약 어떤 자가 시장하면 집에서 먹게 하라. 이는 모일 때, 정죄를 받지 않게 하려 함이다. 그 남은 것들은 돌아갈 때, 정할 것이다.

[본문 해설]

17. 내가 명령한 것에 대하여 너희를 칭찬하지 않는다. 이는 너희가 더 좋아지지 않고 더 나빠지게 모였기 때문이다. 18. 먼저 너희가 교회에서 모일 때, 너희 중에 분쟁이 있다는 것을 내가 들어서 그것이 대강 어떤지 내가 믿는다. 19. 너희 안에 종교적 분쟁이 있는 것이 당연하다. 왜냐하면 너희 안에 잘 옳다 하는 자들이 있기 때문이다. 20. 그러므로 너희 들이 함께 모일 때, 주님께 속한 만찬을 먹을 수 없다.

사도 바울은 본문에서 주의 만찬에 대한 중요한 교리를 가르친다. 사도 바울은 주의 만찬에 참여하는 자들 가운데 분쟁이 있어서는 아니된다고 말한다. 사도 바울은 고린도 전서 11장 17절에 "**내가 명하는 이 일에 너희를 칭찬하지 아니하나니 이는 저희의 모임이 유익이 못되고 도리어 해로움이라**" 직역하면 이러하다. "**내가 명령한 것에 대하여 너희를 칭찬하지 않는다. 이는 너희가 더 좋아지지 않고 더 나빠지게 모였기 때문이다.**" 고린도 교회가 사도의 명령을 따라서 주의 만찬을 시행하였음에도 불구하고 그 모임이 유익되지 못하였다. 이는 성찬을 시행하기는 하였으나 그 성찬의 의미를 모르고 대충 성찬식을 시행하였기 때문이다.

사도 바울은 성도들이 서로 분쟁할 때, 주의 만찬에 참여할 수 없다고 말한다. "**18 첫째는 너희가 교회에 모일 때에 너희 중에 분쟁이 있다 함을 듣고 대강 믿노니 19 너희 중에 편당이 있어야 너희 중에 옳다 인정함을 받은 자들이 나타나게 되리라 20 그런즉 너희가 함께 모여서 주의 만찬을 먹을 수 없으니**"(고전 11:18-20) 직역하면 이러하다. "**18. 먼저 너희가 교회에서 모일 때, 너희 중에 분쟁이**

있다는 것을 내가 들어서 그것이 대강 어떤지 내가 믿는다. 19. 너희 안에 종교적 분쟁이 있는 것이 당연하다. 왜냐하면 너희 안에 옳다 하는 자들이 있기 때문이다. 20. 그러므로 너희 들이 함께 모일 때, 주님께 속한 만찬을 먹을 수 없다." 주의 만찬을 참여하는 자들이 가져야 할 자세는 신자 상호간에 서로 존중하며 분쟁 없이 성찬에 임하는 것이다. 분쟁하는 마음으로 주의 만찬에 참여할 수 없다. 교회 안에 분쟁이 있고 다툼이 있으면 주의 만찬에 임할 수 없다. 그것은 범죄 행위이다. 분쟁이 있는 교회는 그 교회 공동체 전체가 주의 만찬을 거행하지 못한다.

21. 이는 그들이 먹을 때에 자기들의 만찬을 먼저 갖다 먹는다. 어떤이는 시장하고 어떤이는 술취하였다.

이는 서로 먼저 먹겠다고 무질서하게 성찬에 임하였다. 어떤 이는 시장하고 어떤 이는 술에 취하였다. 이는 성찬을 이방 종교의 축제로 오해한 것이다. 그래서 떡을 배부르게 먹고 잔을 취하도록 마셨다. 이는 큰 범죄였다. 고린도 교회 신자 가운데 성찬 예식 때 배를 고프게 하고 오거나 포도주를 지나치게 마셔서 취하기도 하였다. 그들이 주의 만찬을 오해한 것이다. 우리는 주의 만찬을 세상의 축제로 오해해서는 않된다. 이 날은 주님의 죽으심을 그가 오시기까지 기념하는 날이다. 성찬식은 세상의 이방 종교의 축제일과 같은 종교 의식이 아니다.

구약 교회 제사 제도와 신약시대 사도들이 세운 교회의 예배가 그것을 증거한다. 항상 엄숙하고 경건하게 예배를 드려야 한다. 고린도 교회의 연약함은 후대 교회에 본보기이다. 고린도 교회를 향한 사도 바울의 서신은 현대 교회 예배의 원칙과 기준을 제시한다.

22. 너희가 먹고 마실 집을 가지고 있지 아니하냐? 아니면 너희가 하나님의 교회를 멸시하느냐? 그리고 가지지 못한 자들을 부끄럽게

하느냐? 내가 너희에게 무엇을 말하랴? 내가 너희를 칭찬히랴? 내가 이를 인하여서 칭찬하지 않노라.

주의 만찬에 대한 오해로 인하여서 주의 만찬을 무질서하게 떡과 잔을 나누며세상적인 잔치를 벌이는 것으로 오해한 자들이 있었다. 그들이 주의 만찬에 임할때에 잔칫집에서 와서 먹고 마시듯이 하였다. 그것은 하나님의 교회를 더럽히는 행위이다. 지금 시대에도 하나님의 교회를 함부로 대하는 자들이 있다. 그들은 하나님의 교회를 통하여서 맘몬 신앙을 채우려고 한다. 그래서 신을 빙자해서 물질의 풍요를 얻고 건강하게 살고자 한다. 그러한 거짓 신자들은 주의 몸된 교회를 자신들의 놀이터로 삼는다. 하나님의 영광을 위하는 마음이 전혀 없다. 오로지 부어라 마셔라 하면서 하나님의 교회를 장사치의 소굴로 만들어 버렸다. 그들은 거짓 신자들이다.

사도 바울은 말한다. 너희가 "**빈궁한 자들을 부끄럽게 하느냐?**" 이때에 "**빈궁한 자**"에 해당하는 헬라어가 "**우 에코**"(οὐ ἔχω)라고 되어있다. "**에코**"(ἔχω)는 "**가지고 있다**"라는 뜻인데 "**우 에코**"(οὐ ἔχω)라고 하면 "**가지고 있지 않다**"가 된다. 즉 가난한 자들이다. 가난한 자들이 교회 왔을 때 신자들이 주의 만찬을 잔치집의 향연처럼 부어라 마셔라 하면서 먹고 마시고 떠들면 매우 부끄럽다는 것이다.

그렇게 교회가 주의 만찬을 성대한 잔치처럼 치루면서 부어라 마셔라하면 가난한 자들은 교회에 나올 수 없다. 가진 자들이 교회 안에 자리를 잡고 앉아서 그들의 부요함을 자랑하며 주의 만찬을 더럽히면 가난한 자들이 환멸을 느끼고 교회를 떠난다. 거룩한 교회란 가난한 자들이 교회에 들어와서 위화감이 없이 일체감을 느끼고 기쁨으로 신앙 생활하는 곳이어야 한다. 사도 바울은 고린도 전서 11장 23절~25절까지 주의 만찬에 대하여서 주님의 뜻을 전한다.

23. 내가 너희에게 전한 것은 주께로부터 받은 것이다. 이는 주 예수께서 잡히시던 밤에 떡을 가지사 24. 축사하시고 떼셨다. 그리고

말씀하셨다. 이는 너희를 위한 나의 몸이다. 이 일을 행할 때마다 나를 기억하는 것이다. 25. 그와 같이 떡을 먹은 이후에 잔을 가지사 말씀하시기를 이 잔은 나의 피로 세우는 새 언약이니 이를 행하여 마실 때 마다 나를 기념하는 것이다. 26. 너희가 만약 이 떡을 먹으며 이 잔을 마실 때마다 주의 죽으심을 그가 오실 때까지 알리는 것이다.

사도 바울은 성만찬에 대하여 "**내가 너희에게 전한 것은 주께로부터 받은 것이다.**"라고 말하는데 이는 먼저 사도된 자들을 통하여서 전해 들었다는 것이다. 예수 그리스도께서 최후의 만찬을 드실 때 열두 사도들이 있었다. 그들이 경험하였던 것을 사도 바울에게 전하여 준 것이다. 이 계명은 사도 바울이 그리스도인으로 개종한 이후 열두 사도들을 통해서 들었을 것이다. 최후의 만찬은 사도들의 기억에 매우 강렬한 경험이었다. 그 밤에 주님을 세 번이나 부인하였던 베드로는 최후의 만찬을 잊지 않았을 것이다. 사도 시대에 교회가 세워지고 나서 열두 사도들은 그 날의 주님의 말씀을 다른 교회 지도자들에게 자세하게 일렀을 것이다. "**너희를 위하는**"에 해당하는 헬라어 "**휘페르 휘몬**"(ὑπερ ὑμῶν)은 주님의 몸을 먹는 것이 우리를 위한 것이라는 것을 진술한다. 주님의 몸을 기념하는 것 자체가 우리에게 기쁨이요 영광이다. 그러므로 교회는 자주 감사함으로 이 날을 기념해야 한다. 사도 바울은 신자들에게 주님의 재림을 전심으로 기다리라고 말한다. 성만찬은 주님이 다시 오실 때까지 주님을 기다리며 기념하는 의식이다.

27. 그와 같이 주의 떡과 잔을 합당하지 않게 먹고 마시는 자는 주의 몸과 피를 범하는 죄가 된다. 28. 사람이 자기 자신을 살피고 나서 그 떡을 먹고 그 잔을 마실지니라. 29. 그 몸을 분별하지 못하고 먹고 마시는 자는 자신의 정죄를 먹고 마시는 것이다.

사도 바울은 주의 떡과 잔을 무분별하게 먹고 마신 사들이 받았던 형벌을 말한다. 주의 만찬에 대충 건성으로 참여하는 것은 죄를 먹고 마시는 것이다. 이는 성만찬이 얼마나 엄숙하고 거룩하게 지켜져야 할 것을 의미한다. 사도 바울은 **"사람이 자기 자신을 살피고 나서 그 떡을 먹고 그 잔을 마실찌니라"**라 하였다. 이는 주의 만찬에 임할 때 자가 자신의 행실과 마음 자세를 살피라는 것이다. 부도덕한 행실을 했거나 이웃을 향해 악한 마음을 품고 있거나 분쟁하고 다투려는 마음이 가득한 사람들은 주의 만찬에 참여하지 않는 것이 선하다.

30. 이를 인하여서 너희 중에 많은 자들이 약하여졌고 질병에 걸렸으며 죽었다는 것을 생각하라. 31. 우리가 우리를 살폈으면 정죄를 받지 아니하려니와 32. 정죄 받는 것은 주께로부터 징계를 받는 것이다. 이는 이 세상과 함께 정죄되지 않게 하려함이다.

사도 바울은 어떻게 주의 만찬에 임할 것을 가르친다. 사도 시대 고린도 교회에서 주의 만찬을 경홀히 여겼다가 몸이 약하게 되거나 병들거나 죽은 자들이 발생했다. 이는 고린도 교회에게 당혹스러운 경험이었을 것이다. 그리고 그 상황이 사도 바울에게 알려졌을 것이다. 사도 바울은 듣고 고린도 교회를 책망하고 있다. 사도 바울은 그들이 함부로 주의 만찬에 참여하였기에 하나님께서 징계를 하셨다고 말한다. 이러한 주님의 엄한 징계는 교회를 거룩케 하심이다. 사도 시대는 아직 직접 계시가 있었던 시대로서 하나님께서 직접적으로 신자들에게 관여하셔서 권징하시기도 하셨다. 그러나 이러한 표적적 권징은 사도시대로 제한되며 지금은 사라졌다. 이는 사도 시대에 있었던 기이한 일이었다. 그러나 고린도 교회 성만찬 사건이 주는 교훈은 여전히 지금도 유효하다.

33. 이와같이 나의 형제들아! 먹기 위하여서 모일 때에 서로 서로

기다리라. 34. 만약 어떤 자가 시장하면 집에서 먹게 하라. 이는 모일 때에 정죄를 받지 않게 하려 함이다. 그 남은 것들은 돌아갈 때에 정할 것이다.

사도 바울은 고린도 교회 성도들에게 질서를 따라서 합당하게 주의 만찬에 참여하라고 말한다. 그래서 새로온 신자들이나 혹은 외인들에게 판단을 받지 않게 하라고 말한다. 왜냐하면 그들이 성만찬을 오해해서 세상의 축제로 혼동할 수 있기 때문이다. 성만찬이 그렇게 변질되면 거룩한 보편 교회가 세상 종교로 전락하게 된다.

제목: 그리스도의 몸과 그 지체
본문: 고린도 전서 12장 1~11절

[본 문]
1 형제들아 신령한 것에 대하여는 내가 너희의 알지 못하기를 원
치 아니하노니 2 너희도 알거니와 너희가 이방인으로 있을 때에 말
못하는 우상에게로 끄는 그대로 끌려갔느니라 3 그러므로 내가 너희
에게 알게 하노니 하나님의 영으로 말하는 자는 누구든지 예수를 저
주할 자라 하지 않고 또 성령으로 아니하고는 누구든지 예수를 주시
라 할 수 없느니라 4 은사는 여러 가지나 성령은 같고 5 직임은 여
러 가지나 주는 같으며 6 또 역사는 여러 가지나 모든 것을 모든 사
람 가운데서 역사하시는 하나님은 같으니 7 각 사람에게 성령의 나
타남을 주심은 유익하게 하려 하심이라 8 어떤 이에게는 성령으로
말미암아 지혜의 말씀을, 어떤 이에게는 같은 성령을 따라 지식의
말씀을, 9 다른 이에게는 같은 성령으로 믿음을, 어떤 이에게는 한
성령으로 병 고치는 은사를, 10 어떤 이에게는 능력 행함을, 어떤
이에게는 예언함을, 어떤 이에게는 영들 분별함을, 다른 이에게는
각종 방언 말함을, 어떤 이에게는 방언들 통역함을 주시나니 11 이
모든 일은 같은 한 성령이 행하사 그 뜻대로 각 사람에게 나눠 주시
느니라

[원문 직역]
1. 신령한 것에 관하여서 형제들아! 나는 너희가 모르기를 원하지
않는다. 2. 너희는 알고 있다. 너희가 이방인들로 있을 때 말 못하는
우상을 향하여서 이끌리는 대로 이끌렸다. 3. 그러므로 나는 너희에게
알게 하고자 한다. 하나님의 성령으로 말하는 자는 어느 누구도 예수
를 저주하지 않는다. 그리고 성령으로가 아니라면 어느 누구도 예수
를 주님이라고 말할 수 없다. 4. 은사들의 다양성이 있으나 성령은
동일하시다. 5. 직분은 여러 가지 이나 주님은 한 분이시다. 6. 역사

는 여러 가지 이나 모든 사람들 안에서 모든 것을 역사하시는 하나님은 같으시다. 7. 각 사람에게 성령의 나타나심이 베풀어진 것은 유익하게 하려 함이다. 8. 어떤 이에게는 성령을 통하여서 지혜의 말씀이 베풀어졌다. 그러나 어떤 이에게는 그 동일한 성령을 따라서 지식의 말씀이 베풀어 졌다. 9. 다른 이에게는 동일한 성령 안에서 믿음이 베풀어 주셨다. 그러나 또 다른 이에게는 한 성령 안에서 치유의 은사가 베풀어 졌다. 10. 다른 이에게는 능력을 행함이 그리고 다른 이에게는 예언함이 그러나 다른 이에게는 영들을 분별함이 다른 이에게는 여러 종류의 방언 말함이 그리고 다른 이에게는 방언을 통역함이 베풀어졌다. 11. 이 모든 일들은 하나이시고 동일하신 성령께서 행하시는 것이다. 그와같이 성령께서 원하시는 대로 분배된 은사가 각각에게 베풀어진다.

[본문 해석]

오늘 본문은 사도 바울이 고린도 교회에게 여러 가지를 권면하는 과정에서 드러난 거룩한 보편 교회의 직분론에 대한 교리를 담고 있다. 고린도 전서는 사도 바울이 고린도 교회의 신앙적인 문제를 권면하고자 기록하였다. 그래서 사도 바울의 서신 중에서 고린도 전서는 분량이 방대하다. 이는 고린도 교회가 여러 문제들을 많이 안고 있는 교회라는 것을 의미한다. 그런데 이러한 고린도 교회에 대한 사도 바울의 긴 서신은 후대 교회에게 유익함이 있다. 고린도 교회의 상태가 심각한 것이 사도 바울의 고린도 전서 분량이 방대하게 된 원인이다. 하나님께서 일하시는 방식이 그러하다. 문제가 많은 곳에서 오히려 진리가 더욱 드러나기도 하다.

그런데 고린도 전서 12장은 13장과 연결시키면 의미가 드러난다. 고린도 전서 12장 전체를 살펴 보면 확연하게 알 수 있다. 그러므로 사도 바울은 은사와 직분이 있어도 사랑이 없으면 무가치 하다고 말한다. 그래서 더 좋은 은사 혹은 최고의 은사를 소개하겠다고 말하면서 사랑을 말한다.

사도 바울은 먼저 고린도 전서 12장 1절에서 권면한다. “**형제들아 신령한 것에 대하여는 내가 너희의 알지 못하기를 원치 아니하노니**” 직역하면 이러하다. “**신령한 것에 관하여서 형제들아! 나는 너희가 모르기를 원하지 않는다.**” 여기에서 신령한 것은 신령한 은사일 수도 있고 신령한 직임이나 사역일 수도 있다. 그러므로 이 신령한 것이란 매우 포괄적인 의미가 있다고 하겠다.

이제 사도는 고린도 전서 12장 2절에서 이렇게 말한다. “**너희도 알거니와 너희가 이방인으로 있을 때에 말 못하는 우상에게로 끄는 그대로 끌려갔느니라**” 사도 바울은 고린도 교회 신자들이 아직 세례를 받기 이전에 이방인으로 있을 때를 상기시키면서 그때에 그들이 하나님의 말씀에 무지하여서 말 못하는 우상이 이끄는 대로 따라서 행하였던 어리석은 때였다고 말한다. 사도 시대에는 신화적 사고 방식이 여전히 세력을 떨치고 있었던 시대라서 그리스도인들이 이방인으로 있을 때에 그러한 사고방식 아래에서 살고 있었다. 사도 바울은 그때를 기억하며 하나님의 구속의 은총을 상기하라고 말한다.

사도 바울은 고린도 전서 12장 3절에 이렇게 말한다. “**그러므로 내가 너희에게 알게 하노니 하나님의 영으로 말하는 자는 누구든지 예수를 저주할 자라 하지 않고 또 성령으로 아니하고는 누구든지 예수를 주시라 할 수 없느니라**” 직역하면 이러하다. “**그러므로 나는 너희에게 알게 하고자 한다. 하나님의 성령으로 말하는 자는 어느 누구도 예수를 저주하지 않는다. 그리고 성령으로가 아니라면 어느 누구도 예수를 주님이라고 말할 수 없다.**”

사도 바울은 말한다. 성령으로 아니고서는 그리스도를 올바르게 알 수 없다. 사도 바울은 성령을 전반부에는 하나님의 영이라고 하였고 후반부는 그대로 성령으로 말하고 있다. 여기에는 삼위일체 교리가 담겨 있다. 성령은 하나님의 영이시다. 그리고 또한 예수의 영이시다. 그래서 성령은 아버지의 영이시며 또한 그리스도의 영이시다.(행 16:7) 다시 말해서 성령은 아버지와 아들의 영이시다. 성부와 성자와 성령의 일체성을 드러내고 있다. 그것은 삼위일체 하나님에 대한 교리이다.

사도는 말한다. 성령으로 말하는 자는 예수를 저주할 자라 말하지 않는다. 그리고 성령으로 아니하고는 어느 누구도 예수를 주님이라고 부를 수 없다. 사도 바울은 고린도 교회 성도들에게 그들이 예수 그리스도를 주님으로 고백하게 된 것은 성령의 크신 은총이라고 말한다. 성령께서 고린도 교회 신자들에 구주 예수 그리스도가 어떠하신 분이신 것을 가르쳤다고 말한다.

시편에서도 다윗은 그의 아들에게 입 맞추지 않는 자들은 길에서 망하리라 증거하였다.(시 2:12) 그래서 사도 바울은 고린도 전서 12장 4절에서 이렇게 말한다. "**은사는 여러 가지나 성령은 같고**" 직역하면 이러하다. "**은사들의 다양성이 있으나 성령은 동일하시다.**" 사도 시대에는 다양한 은사가 있었다. 이 시대는 아직 신적 계시가 종결되지 않았고 여전히 성령께서 직접 교회 위에 역사하시면서 놀라운 표적과 기사를 행하시던 시대였다. 주후 1세기 기독교는 그렇게 계시 종결의 역사가 이를 때까지 매우 역동적이고 활발하게 성령의 역사 가운데 행하였다. 그러므로 성령의 직접 계시가 있었다. 그래서 주후 1세기 기독교는 그 이후에 여러 교회 시대와 경륜이 다르다. 주후 1세기는 기록 계시가 완성되지 않았으며 여전히 직접 계시가 활성화 상태에 있었다. 그러나 주후 2세기가 되면 모든 예언과 표적과 기사들이 점차로 그쳐지고 기록 계시로 남게된 하나님의 말씀으로서 성경을 해석하는 역사이다. 주후 2세기 이후에는 계시 해석사이다.

사도 바울이 고린도 교회에 보낸 이 서신은 주의 깊게 살펴야 한다. 지금도 사도 시대와 같은 은사들이 나타날 수 있다고 주장하는 것은 실로 고린도 전서에 대한 잘못된 해석에 기인한다. 지금도 사도 시대와 같은 은사가 있을 수 있다고 주장하는 자들은 주로 신비주의자들과 은사주의자들이다. 그들은 하나님의 말씀에 무지하여서 그의 말씀에 귀기울이지 않고 오로지 가시적 은사만을 추구하며 모든 일반 은총을 배제하고 오직 표적과 기사를 따라서만 살고자 하는 부류들이다. 이러한 자들은 다시 신비주의사들이라고도 할 수 있다. 은사주의자들과 신비주의자들은 동일한 부류들이다. 그들은 하나님의 말씀조차도 죽은 문자라고 비판하면서 직접 하나님께 나아가겠다고 허영을 부린다. 실로 심각한 거짓 교리를 가진 자들이다. 그들의 거짓된 체험들은 결코 건전한 신앙인들에게 유익함이 없다.

사도 바울은 고린도 교회 신자들에게 그들이 다양한 은사를 가지고 있는 것을 주지시키고 그런데 그 은사를 베푸시는 성령은 동일하시다는 사실을 증거한다. 이는 고린도 교회가 분란이 있을 정도로 매우 연약한 육신적인 상태에 머물러 있는 것을 환기시켜서 그들로 신령한 은사가 주어진 목적이 무엇인가를 알게 하고자 함이다. 성령께서 각 사람에게 신령한 은사를 베푸심은 교회를 세우시고자 하심이며 화목케 하심이다. 그러므로 다양한 은사를 받은 자들이 서로 육신적인 상태에 머물러서 다투는 것은 실로 어리석은 것이다. 은사를 베푸신 하나님의 뜻을 거스르는 것이다.

사도 바울은 거룩한 보편 교회의 직분에 대하여서 진술한다. "**직임은 여러 가지나 주는 같으며**" 직역하면 이러하다. "**직분은 여러 가지 이나 주님은 한 분이시다.**" 그렇다. 교회 안에 다양한 직분들이 있으나 그 직분을 세우신 분은 한 분 하나님뿐이시다. 우리 구주 예수 그리스도께서 거룩한 보편 교회의 직분자를 세우시는 주체이시다. 그러므로 경건한 신자들이 거룩한 보편 교회로부터 받게 될 모든 교회의 직분은 비록 다양하지만 그 직분을 맡기시는 하나님은 주님 한 분이시다. 우리 구주 예수 그리스도께서 각 교회에게 알맞은 직분자를 세우신다.

사도 바울은 고린도 전서 12장 6절에서 다음과 같이 말한다. "**또 역사는 여러 가지나 모든 것을 모든 사람 가운데서 역사하시는 하나님은 같으니**" 직역하면 이러하다. "**역사는 여러 가지 이나 모든 사람들 안에서 모든 것을 역사하시는 하나님은 같으시다.**" 사도 바울은 거룩한 보편 교회 안에 다양한 은사와 직분들을 따라서 매우 다양한 하나님의 역사들이 나타난다고 말한다. 그러나 그러한 역사를 행하시는 주체는 오직 한 분 하나님뿐이시라 말한다.

사도는 거룩한 보편 교회 안에서 다양한 은사를 주시는 분이 곧 다양한 직분을 세우시고 그 하나님께서 다양한 역사를 행하신다고 말한다. 이는 성부와 성자와 성령 하나님이시다. 한 하나님이시다. 삼위일체 교리가 담겨 있다. 그래서 사도 바울은 이렇게 표현한 것이다. "**4 은사는 여러 가지나 성령은 같고 5 직임은 여러 가지나 주는 같으며 6 또 역사는 여러 가지나 모든 것을 모든 사람 가운데서 역사하시는 하나님은 같으니**" 이는 성부 성자 성령 하나님께서 은사도 직임도 모든 역사도 행하시는 유일하신 참되신 하나님이심을 증거한다. 그래서 삼위일체이시다. 성령으로 계시되거나 주님으로 계시되거나 하나님으로 계시되어도 이는 삼위일체 하나님의 각 위격의 역사를 말하는 것 일 뿐이다. 항상 삼위는 일체로 사색하고 일체는 삼위로 사색해야 한다. 그렇게 삼위일체는 결코 분리되거나 분활되지 않는다. 오직 한 하나님 안에 아버지와 아들과 성령으로 계시는 하나님이시다.

사도 바울은 고린도 전서 12장 7절에 "**각 사람에게 성령의 나타나심이 베풀어진 것은 유익하게 하려 함이다.**"라고 말한다. 사도 바울은 성령께서 다양한 은사를 베푸신 것은 거룩한 보편 교회를 세우려 하심이라고 말한다. 사도 바울은 말한다. 고린도 전서 12장 8~10절이다. "**8. 어떤 이에게는 성령을 통하여서 지혜의 말씀이 베풀어졌다. 그러나 어떤 이에게는 그 동일한 성령을 따라서 지식의 말씀이 베풀어 졌다. 9. 다른 이에게는 동일한 성령 안에서 믿음이 베풀어 주셨다. 그러나 또 다른 이에게는 한 성령 안에서 치유의 은사가 베풀어졌다. 10. 다른 이에게는 능력을 행함이 그리고 다른 이에게는 예언함이 그러나 다른 이에게는 영들을 분별함이 다른 이에게는 여러 종류의 방언 말함이 그리고 다른 이에게는 방언을 통역함이 베풀어졌다.**" 사도 바울은 성삼위일체 하나님이 신자들에게 나누어주신 은사라고 말한다. 사도 시대에 다양한 은사들은 오직 하나님의 교회를 세우려 하신 것이 목적이다. 그러나 이러한 다양한 은사들 중에서 하나님의 말씀이 최종적으로 완성되어서 신구약 성경으로 남게 되었을 때 그 은사들도 함께 사라졌다. 그래서 주후 2세기 속 사도 시대에는 점차로 사도 시대에 활발하게 나타났던 은사들과 다양한 표적들이 사라졌다. 이는 하나님의 경륜적 방식이다. 하나님께서 주후 1세기 동안 매우 독특하게 거룩한 보편 교회를 세우시고자 스스로 홀로 일하셨다. 그러나 주후 2세기가 되면 그러한 사도적 표적들이 사라지고 거룩한 보편 교회는 항구적인 체제로 돌입한다.

그래서 주후 2세기 정통 교부 시대에는 주후 1세기에 놀라운 역사에 대한 증언들은 문헌에 있으나 다시는 주후 1세기와 같은 신기한 표적들은 전혀 문헌들에 남아 있지 않다. 주후 2세기 이후에 거룩한 보편 교회는 사도들이 남긴 문헌을 연구하고 그것을 해석하는 여러 문헌들이 발생하였다. 그러므로 교부 시대에 문헌들은 주로 사도들의 **디다케**를 해석하고 가르치는 것으로 주류를 이루고 있다.

사도 바울은 고린도 전서 12장 11절에서 이렇게 증거한다. "**11. 이 모든 일들은 하나이시고 동일하신 성령께서 행하시는 것이다. 그와같이 성령께서 원하시는 대로 분배된 은사가 각각에게 베풀어진다.**" 사도 바울이 고린도 전서 12장에서 증거하는 요지는 이러하다. 거룩한 보편 교회는 다양한 지체들이 있고 그들에게 다양한 은사들이 주어진다. 그러나 그 목적은 하나이다. 거룩한 보편 교회를 세우는 것이다. 그래서 이어지는 고린도 전서 12장 12~13절에서 사도 바울은 이렇게 말한다. "**12 몸은 하나인데 많은 지체가 있고 몸의 지체가 많으나 한 몸임과 같이 그리스도도 그러하니라 13 우리가 유대인이나 헬라인이나 종이나 자유자나 다 한 성령으로 세례를 받아 한 몸이 되었고 또 다 한 성령을 마시게 하셨느니라**"(고전 12:12~13) 사도 바울은 인체를 비유로 해서 그리스도와 교회에 대하여서 설명하고 있다. 사람의 몸에 지체가 여러 가지이다. 그러나 그 몸은 하나이다. 그와같이 그리스도의 교회도 각 지체들이 여럿이 있으나 그 몸은 하나이다. 사도 바울은 고린도 전서 12장 13절에서 거룩한 보편 교회의 일체성과 통일성을 가르치고 있다.

사도 바울은 거룩한 보편 교회의 일체성과 통일성이 어떻게 조화를 이루어야 할 것을 가르친다. "**14 몸은 한 지체뿐 아니요 여럿이니 15 만일 발이 이르되 나는 손이 아니니 몸에 붙지 아니하였다 할지라도 이로 인하여 몸에 붙지 아니한 것이 아니요 16 또 귀가 이르되 나는 눈이 아니니 몸에 붙지 아니하였다 할지라도 이로 인하여 몸에 붙지 아니한 것이 아니니 17 만일 온 몸이 눈이면 듣는 곳은 어디며 온 몸이 듣는 곳이면 냄새 맡는 곳은 어디뇨**"(고전 12:14~17) 사도 바울은 이어서 거룩한 보편 교회의 일체성과 통일성 안에서 다양성에 대하여서 이렇게 진술한다. "**18 그러나 이제 하나님이 그 원하시는 대로 지체를 각각 몸에 두셨으니 19 만일 다 한 지체뿐이면 몸은 어디뇨 20 이제 지체는 많으나 몸은 하나라 21 눈이 손더러 내가 너를 쓸데없다 하거나 또한 머리가 발더러 내가 너를 쓸데없다 하거나 하지 못하리라 22 이뿐 아니라 몸의 더 약하게 보이는 지체가 도리어 요긴하고 23 우리가 몸의 덜 귀히 여기는 그것들을 더욱 귀한 것들로 입혀 주며 우리의 아름답지 못한 지체는 더욱 아름다운 것을 얻고 24 우리의 아름다운 지체는 요구할 것이 없으니 오직 하나님이 몸을 고르게 하여 부족한 지체에게 존귀를 더하사 25 몸 가운데서 분쟁이 없고 오직 여러 지체가 서로 같이하여 돌아보게 하셨으니 26 만일 한 지체가 고통을 받으면 모든 지체도 함께 고통을 받고 한 지체가 영광을 얻으면 모든 지체도 함께 즐거워하나니 27 너희는 그리스도의 몸이요 지체의 각 부분이라**"(고전 12:18~27)

사도는 말한다. 모든 지체들이 한 가지 사역과 은사만을 추구한다면 그리스도의 몸은 세워질 수 없다. 만일 온 몸이 다 눈이라면 듣는 것은 어떻게 하며 온 몸이 다 귀라면 냄새 맡는 것은 어떻게 하냐는 것이다. 그것은 몸이 아니라고 말한다. 그래서 지체는 많아도 몸은 하나라고 말한다.(고전 12:20) 사도 바울은 이러한 가르침을 통하여서 고린도 교회 신자들에게 헛된 영광을 구하여서 자꾸 교회 안에서 높아지려고 하지 말라고 경고한다. 하나님께서 각 신자들을 그 위치에 맞게 은사를 따라서 직임을 베푸셔서 사역을 맡기신다는 것이다. 그러므로 주어진 위치에 감사하며 살 것을 가르친다.

[교리 강론]

1. 그리스도의 몸을 세우는 은사들과 직분들

사도 바울이 고린도 교회에게 서신을 보낼 때 고린도 교회는 분파를 형성하고 분열해 있었다. 사도 바울은 교회 안에 주어진 은사와 직분들에 대하여서 설명하면서 모두 그리스도의 몸을 세우려는 것이라고 말하였다. 사도 바울은 그리스도의 몸을 이 세상에 허락하신 분은 성삼위일체 하나님이라고 강조한다 사도 바울은 그리스도의 몸은 하나이기에 분열과 분파를 형성하는 것은 선하지 못하다고 말하였다.

2. 주후 1세기에 있었던 은사들과 주후 2세기 이후에 교회에게 사라진 은사들

이제는 계시적 표적들은 모두 사라졌다. 이 계시적 표적들은 구주 예수 그리스도께서 사도들에게 부어 주셨고 사도들은 각 교 회의 형편을 따라서 그 신령한 은사를 분배하여서 분정하였다.

그러나 사도들이 역사 속에 사라지면서 그 은사를 행할 수 있는 사람들도 함께 사라졌다. 왜냐하면 그러한 계시적 표적을 행할 은사를 사도 들이 분배하여 주었고 그 계시적 표적을 행할 은사가 전적으로 사도권에 속하여 있기 때문이다. 그래서 사도들이 사라지면서 계시적 표적을 행할 수 있는 은사가 사라졌다.

그러므로 주후 1세기 고린도 교회가 계시적 표적이 풍성해서 다양한 은사들이 발휘되었다고 할지라도 그것은 주후 1세기 사도 시대의 계시적 표적에 속하여서 후대에 사라진 것이다. 계시적 표적과 그것을 시행할 은사는 주후 1세기에만 해당하면 지금은 없다. 다만 후대 교회는 사도의 가르침을 따라서 그것으로 교훈하고 실천하는 것이다.

제목: 그리스도의 몸과 그 지체
본문: 고린도 전서 12장 12~31절

[본 문]

12 몸은 하나인데 많은 지체가 있고 몸의 지체가 많으나 한 몸임
과 같이 그리스도도 그러하니라 13 우리가 유대인이나 헬라인이나
종이나 자유자나 다 한 성령으로 세례를 받아 한 몸이 되었고 또 다
한 성령을 마시게 하셨느니라 14 몸은 한 지체뿐 아니요 여럿이니
15 만일 발이 이르되 나는 손이 아니니 몸에 붙지 아니하였다 할지
라도 이로 인하여 몸에 붙지 아니한 것이 아니요 16 또 귀가 이르되
나는 눈이 아니니 몸에 붙지 아니하였다 할지라도 이로 인하여 몸에
붙지 아니한 것이 아니니 17 만일 온 몸이 눈이면 듣는 곳은 어디며
온 몸이 듣는 곳이면 냄새 맡는 곳은 어디뇨 18 그러나 이제 하나님
이 그 원하시는 대로 지체를 각각 몸에 두셨으니 19 만일 다 한 지
체뿐이면 몸은 어디뇨 20 이제 지체는 많으나 몸은 하나라 21 눈이
손더러 내가 너를 쓸데없다 하거나 또한 머리가 발더러 내가 너를
쓸데없다 하거나 하지 못하리라 22 이뿐 아니라 몸의 더 약하게 보
이는 지체가 도리어 요긴하고 23 우리가 몸의 덜 귀히 여기는 그것
들을 더욱 귀한 것들로 입혀 주며 우리의 아름답지 못한 지체는 더
욱 아름다운 것을 얻고 24 우리의 아름다운 지체는 요구할 것이 없
으니 오직 하나님이 몸을 고르게 하여 부족한 지체에게 존귀를 더하
사 25 몸 가운데서 분쟁이 없고 오직 여러 지체가 서로 같이하여 돌
아보게 하셨으니 26 만일 한 지체가 고통을 받으면 모든 지체도 함
께 고통을 받고 한 지체가 영광을 얻으면 모든 지체도 함께 즐거워
하나니 27 너희는 그리스도의 몸이요 지체의 각 부분이라 28 하나님
이 교회 중에 몇을 세우셨으니 첫째는 사도요 둘째는 선지자요 셋째
는 교사요 그 다음은 능력이요 그 다음은 병 고치는 은사와 서로 돕
는 것과 다스리는 것과 각종 방언을 하는 것이라 29 다 사도겠느냐
다 선지자겠느냐 다 교사겠느냐 다 능력을 행하는 자겠느냐 30 다

병 고치는 은사를 가진 자겠느냐 다 방언을 말하는 자겠느냐 다 통역하는 자겠느냐 31 너희는 더욱 큰 은사를 사모하라 내가 또한 제일 좋은 길을 너희에게 보이리라

[원문 직역]

12. 그와같이 한 몸이 있다. 그리고 그 몸이 많은 지체를 가지고 있다. 그 몸의 모든 지체가 한 몸에 많이 있다. 그리스도도 그와 같다. 13. 한 성령 안에서 우리 모두 한 몸으로 세례를 받았다. 유대인이나 헬라인이나 종이나 자유자나 우리 모두 한 성령을 마셨다. 14. 몸에 지체가 하나가 아니라 많다. 15. 만약 발이 말하기를 나는 손이 아니라 하고 그래서 나는 몸으로부터 나지 않았다고 한다해도 몸으로부터 나오지 않은 것이 아니다. 16. 만약 귀가 나는 눈이 아니니 몸으로부터 나오지 않았다고 해도 몸으로부터 나오지 않은 것이 아니니. 17. 만약 모든 몸이 눈이라면, 어디로 듣고, 만약 모두 귀라면 어디로 냄새를 맡겠느냐? 18. 이제 하나님께서 각 지체를 두셨다. 그가 원하는 대로 그 몸안에 그들의 각각을 두셨다. 19. 만약 모두가 한 지체 뿐이라면, 몸은 어디뇨? 20. 이제 많은 지체가 한 몸이다. 21. 눈이 손더러 말하기를 너의 쓸모가 나에게 없다고 하거나 머리가 발에게 너희 쓸모가 나에게 없다고 할 수 없다. 22. 몸의 약하게 보이는 지체가 더 많이 쓸모있고 23. 몸의 영예가 없는 지체가 더 많이 존중되고 우리의 아름답지 못한 지체가 더욱 요긴하다. 24. 우리의 고상한 지체들은 필요가 없다. 하나님께서 몸을 연결시키셔서 부족한 지체에게 존귀를 더하신다. 25. 몸 가운데 분쟁이 없고 서로 서로 같이 하여 지체들을 보살피게 하셨다. 26. 만약 한 지체가 고통을 당하면, 모든 지체가 함께 고통을 당하며 만약 한 지체가 영광을 입으면 모든 지체가 영광을 입는 것이다. 27. 너희는 그리스도의 몸이다. 그리고 각 부분으로부터 나온 지체다. 28. 하나님께서 첫 위치에 사도를 두셨다. 둘째는 선지자들이다. 셋째는 교사들이다. 그 다음에는 능력 행함이요 그 다음이 치유의 은사를 받은 자들과 집사들과 장로들

이다. 그리고 각종 외국어를 말하는 자들이다. 29. 모든 자가 사도겠느냐? 모든 자가 선지자겠느냐? 모든자가 교사들이겠느냐? 모든 자가 능력자이겠느냐? 30. 모든 자가 병 고치는 은사를 가지겠느냐? 모든 자가 외국어를 말하겠느냐? 모든 자가 외국어를 통역하는 자이겠느냐? 31. 너희가 더 큰 은사를 사모하라. 너희에게 더 좋은 길을 보여주리라.

[본문 해설]

12. 그와같이 한 몸이 있다. 그리고 그 몸이 많은 지체를 가지고 있다. 그 몸의 모든 지체가 한 몸에 많이 있다. 그리스도도 그와 같다.

사도 바울은 인체를 비유로 그리스도와 교회를 설명한다. 사도 바울은 말한다. 인체는 하나의 몸으로 되어 있고 그 몸에는 서로 유기적으로 연결된 지체들이 있다. 그런데 그 연결된 지체들이 다양한 형태로 몸에 연결되어 있다. 그래서 "**그 몸의 모든 지체가 한 몸에 많이 있다.**"

사도 바울은 그리스도의 몸 된 교회도 이러한 구조로 형성되어 있다고 말한다. 그래서 우리는 인체를 통하여서 그리스도의 몸 된 교회의 구조를 볼 수 있다. 그리스도의 몸 된 교회는 먼저 머리가 있다. 머리를 구성하는 것이 치리회다. 치리회는 성직자 전체와 치리장로가 참여한다. 그 다음이 손과 가슴이다. 이는 교회에서 부지런히 일하는 집사들일 수 있다. 그리고 발과 같이 그리스도의 몸 된 교회에 이름 없이 빛도 없이 행하는 자들이 있다. 그들은 그냥 그리스도인이라 불린다. 이 구조들이 서로 조화를 이루어서 하나가 될 때 하나님의 교회는 아름답게 세워져 가며 효과적으로 하나님의 일을 한다. 주님의 교회는 질서와 조화가 다른 무엇보다 중요하다.

13. 한 성령 안에서 우리 모두 한 몸으로 세례를 받았다. 유대인이

나 헬라인이나 종이나 자유자나 우리 모두 한 성령을 마셨다. 14. 몸에 지체가 하나가 아니라 많다.

사도 바울은 모든 계층과 인종의 차별 없이 그리스도 안에서 한 성령으로 세례를 받았다 말한다. 그래서 한 몸이 되었다고 한다. 그리고 이어서 "**한 성령을 마시게 하셨느니라**"(πάντες ἓν πνεῦμα ἐποτίσθημε)고 말한다. 사도 바울은 모두 한 성령을 마셨다고 고백한다. 사도 바울은 왜 성령을 마시는 것으로 비유했는가? 이것은 주의 만찬과 연결되기 때문이다. 성찬 때에 신자들이 마시는 잔은 그리스도의 보혈을 상징하는 언약의 피이다. 그 잔은 한 성령을 마시는 것이다. 믿음을 통하여서 성령께서 성찬 때에 신자들 안에 내주하셔서 각 사람에게 그리스도의 보혈의 공로를 따라 언약의 피를 나누어 주신다. 이는 실재적으로 성령께서 각 사람에게 임재하는 것이기도 하다. 그리고 아울러서 그와 같이 그리스도 안에 있는 성도들의 교제가 연결된다.

거룩한 보편 교회의 신자란 일치된 신앙 고백을 따라서 믿음으로 교회의 공동체 안에 참여하는 것이다. 사도 바울은 고린도 전서 12장 14절에 "**몸의 지체가 하나가 아니라 많다**"고 말한다. 이는 그리스도의 몸이 하나로서 여러 지체로 되어 있다는 것이다. 각각 하는 역할이 다르지만 하나의 몸을 이루는 것이다.

15. 만약 발이 말하기를 나는 손이 아니라 하고 그래서 나는 몸으로부터 나지 않았다고 한다해도 몸으로부터 나오지 않은 것이 아니다. 16. 만약 귀가 나는 눈이 아니니 몸으로부터 나오지 않았다고 해도 몸으로부터 나오지 않은 것이 아니니.

사도 바울은 먼저 교회 안에 낮은 질서에 있는 자들게 말한다. 고린도 전서 12장 15절에 "**만약 발이 말하기를 나는 손이 아니라 하고 그래서 나는 몸으로부터 나지 않았다고 한다해도 몸으로부터 나오지**

않은 것이 아니다."고 말한다. 모든 지체들이 그리스도의 몸 된 교회를 부인할 수 없다. 신자들에게 교회는 어머니와 같다. 어머니가 없는 아이가 없듯이 교회 없는 신자는 없다. 사도 바울은 보다 높은 질서에 있는 자들게 말한다. 고린도 전서 12장 16절에 "**만약 귀가 나는 눈이 아니니 몸으로부터 나오지 않았다고 해도 몸으로부터 나오지 않은 것이 아니다.**"라고 말한다. 이는 눈이 비록 중요하지만 그보다 낮은 질서에 있는 지체도 소중하다는 것이다. 그리고 그들이 몸된 교회에 붙어 있어야 한다는 것이다.

17. 만약 모든 몸이 눈이라면, 어디로 듣고, 만약 모두 귀라면 어디로 냄새를 맡겠느냐? 18. 이제 하나님께서 각 지체를 두셨다. 그가 원하는 대로 그 몸안에 그들의 각각을 두셨다. 19. 만약 모두가 한 지체 뿐이라면, 몸은 어디뇨?

사도 바울은 고린도 교회 성도들에게 어떤 것이 합당한 교회의 자태인가를 설명한다. 사도 바울은 모든 몸이 눈이라면 듣는 것과 그 외에 여러 가지 기능은 어디에 갔느냐고 묻는다. 이는 명백한 장애인이다. 온전한 몸은 각 지체가 각각의 기능을 가지고 조화를 이루어 연결되어 있다. 눈은 보는 기능을 한다. 귀는 듣는 기능을 한다. 코는 맡는 기능을 한다. 몸이 정상적으로 활동 할 때에는 이 모든 기능이 조화를 이루어서 하나의 통일된 행동을 유발한다. 이렇게 정상적인 몸이 각각 다른 기능을 가지고 있으나 각 지체들이 서로 조화를 이루어 통일된 행동을 유발하는 것처럼 그리스도의 몸 된 교회가 정상적으로 활동할 때에 이와 같다.

각 직분자들이 각자 자신의 위치에 맞게 일을 하며 그것이 서로 조화를 이루어서 교회의 머리되신 예수 그리스도의 영광을 위하여 나아간다. 이것이 참된 그리스도의 몸의 형태다. 그런데 각 지체들을 각각의 위치에 맞게 일하도록 돕고 격려하며 이끌어 주는 기관이 치리회다. 각 지 교회의 치리회는 교회의 법을 따라서 성도들을 섬기며 각 지체들이 조화를 이루어 주의 일을 하도록 돕는다. 각 지체들이 하나의 조화를 이루어서 다툼이나 분쟁 없이 자연스럽게 하나의 방향으로 나아가는 것이 그리스도의 몸이다.

사도 바울은 고린도 전서 12장 19절에서 모두 한 가지 기능을 가진 지체뿐이면 몸은 어디에 있느냐고 묻는다. 이는 몸이 형성될 수 없다. 교회 안에 헌신된 그리스도인이 남녀 구분 없이 모두 성직자가 되겠다고 하면 교회에 다른 직원들은 어디에 있는가? 나름 교회 안에 중요한 직분자로서 치리 장로와 안수 집사와 권사와 서리 집사 직분은 어떻게 되는가? 더 이상 정상적이고 건강한 그리스도의 몸이라 할 수 없다. 교회 치리회는 각자의 역량에 따라서 하나님의 교회를 신실하게 섬길 수 있도록 각 직분자들을 지도해야 한다. 가르치는 자는 가르치는 일에 다스리는 자들은 다스리는 일에 그리고 섬기는 자는 섬기는 일에 은사가 있는지 살펴야 한다. 치리회는 모든 직분들이 하나님의 교회에 긴요하게 쓰이도록 이끌어 주어야 한다. 그것이 치리회의 할 일이다. 교회의 직분자들은 그리스도의 제자들을 양육하는 일에 봉사한다. 세례를 받은 신자들이 모두 그리스도의 제자들이다.

20. 이제 많은 지체가 한 몸이다. 21. 눈이 손더러 말하기를 너의 쓸모가 나에게 없다고 하거나 머리가 발에게 너희 쓸모가 나에게 없다고 할 수 없다.

사도 바울은 교회를 섬기는 지체는 많으나 그리스도의 몸은 하나라고 말한다. 이는 주의 몸된 교회가 가야 하는 목표가 하나라는 것이다. 몸이 활동하는 목표는 하나다. 지체들은 그 일에 봉사하는 자들이다. 그래서 각 지체들은 서로 존중하고 소중히 여겨야 한다. 그래서 고린도 전서 12장 21절과 같이 생각하지 말아야 한다고 말한다. "**눈이 손더러 말하기를 너의 쓸모가 나에게 없다고 하거나 머리가 발에게 너희 쓸모가 나에게 없다고 할 수 없다.**" 교회에 직분자들은 모두 소중하다.

어느 직분이든지 주의 몸된 교회에 긴요하지 않은 것이 없다. 그렇기 때문에 어떤 지체가 다른 지체에게 너는 쓸모 없다고 말할 수 없다. 그런데 놀랍게도 이 세대의 교회 안에 직분이 쓸모 없다고 생각하는 자들이 간혹 있다. 어떤 회중 교회는 목사와 교사가 필요 없다고 생각하여 성직자를 세우지 않는다. 성직자 없는 교회이다. 장로교회법에 따라 살펴보면 그런 교회를 허위 교회(vacant church)라 한다. 달리 설명하면 교회의 자리가 없다는 것이다. 교회가 아니다. 성직자와 신자들은 교회를 이루는 본질적 요소이다. 그렇기 때문에 두 부류 중에 하나가 없으면 교회가 성립되지 않는다. 그러므로 성직자가 없는 교회는 거룩한 보편 교회가 아니다. 그러므로 지 교회 안에 신자들을 가르치고 다스리는 목사와 교사가 없는 교회라면 참된 교회는 아니다. 거룩한 보편 교회 안에 가르치는 장로들은 교회의 중요한 직원들이다. 그러므로 교회 안에는 목사와 교사가 반드시 있어야 한다.

어떤 회중 교회는 목사 외에 모든 직원들을 유명무실하게 만들기도 한다. 치리 장로와 안수 집사 제도를 폐지한다. 담임 목사 외에 모든 직원들을 무력화시키고 직원들을 없애 버린다. 이러한 교회를 셀 교회라고 한다. 셀 교회는 낮은 질서의 직원들이 불필요하다. 각 셀을 중심으로 신자들이 뭉치기 때문이다. 그래서 치리 장로와 안수 집사들이 설 자리가 없어지기도 한다. 만약 그렇게 되면 교회의 구조가 변경된 것이고 이것은 장로교회가 아니다. 교회의 항존하는 직원들은 매우 중요하다. 반드시 있어야 한다. 쓸모없는 직분은 하나도 없다. 교회 안에는 치리 장로와 안수 집사도 필요하다. 이 모든 지체들은 하나가 되어서 하나님의 교회를 온전케 하는 것이다.

22. 몸의 약하게 보이는 지체가 더 많이 쓸모있고 23. 몸의 영예가 없는 지체가 더 많이 존중되고 우리의 아름답지 못한 지체가 더욱 요긴하다. 24. 우리의 고상한 지체들은 필요가 없다. 하나님께서 몸을

연결시키셔서 부족한 지체에게 존귀를 더하신다. 25. 몸 가운데 분쟁이 없고 서로 서로 같이 하여 지체들을 보살피게 하셨다. 26. 만약 한 지체가 고통을 당하면, 모든 지체가 함께 고통을 당하며 만약 한 지체가 영광을 입으면 모든 지체가 영광을 입는 것이다.

사도 바울은 말한다. 높은 질서에 속한 직분이 중요하기는 하지만 그렇다고 낮은 질서의 직분이 불필요하다 할 수 없다. 오히려 요긴하다. 여기에서 요긴하다는 것은 의외로 작지만 필요하다는 것이다. 우리 인체에서도 작지만 소중한 장기들이 몸 안에 있다. 이와 같이 주의 몸된 교회 안에도 비록 겉으로 들어난 직분이 아니지만 매우 요긴한 직분이 있다. 그러한 직분이 비록 교회가 정한 공적 직분은 아닐지라도 매우 요긴할 수 있다. 그래서 사도 바울은 "**몸의 영예가 없는 지체가 더 많이 존중되고 우리의 아름답지 못한 지체가 더욱 요긴하다.**"(고전 12:23)고 말한 것이다. 이는 낮은 질서에 있는 어떤 지체가 더욱 존중되어야 할 수도 있다는 것이다. 우리가 알고 있는 한 개혁 교회는 여인들에게 항존직을 열어 놓지 않고 있다. 성직자나 치리 장로나 안수 집사 모두 남자들의 몫이다. 그러나 여자로 태어난 교회 지체들의 수고가 더욱 요긴하기도 하다. 그래서 거룩한 보편 교회는 권사나 서리 집사 제도를 통하여서 여인들이 교회에 헌신할 수 있는 직분들을 마련하였던 것이다. 이것을 교회의 임시직이라고 말한다.

사도 바울은 고린도 전서 12장 24절에서 "**우리의 아름다운 지체는 요구할 것이 없으니 오직 하나님이 몸을 고르게 하여 부족한 지체에게 존귀를 더하신다.**"고 진술한다. 이는 높은 질서에 속한 자들이나 낮은 질서에 속한 자들이나 교회의 법에 따라서 주의 일에 수종드는 것이다. 오직 하나님께서는 몸을 고르게 하여 부족한 지체에게 존귀를 더하신다. 이 질서는 거룩한 보편 교회법을 따른다.

사도 바울은 고린도 전서 12장 25절에 그리스도의 몸된 교회가 어떠한 자태를 가져야 할 것을 말한다. "**몸 가운데서 분쟁이 없고**

오직 여러 지체가 서로 같이하여 돌아보게 하셨으니" 직역하면 다음과 같다. "**몸 가운데 분쟁이 없고 서로 서로 같이 하여 지체들을 보살피게 하셨다.**" 그리스도의 교회는 분쟁이 없이 조화를 이루고 화목하게 하나가 되는 자태를 세상에 보여 주어야 한다. 각 직분자들은 높고 낮음의 질서를 지키며 서로 수평적 조화를 이루어 하나님의 영광을 위하여서 나아가야 한다.

사도 바울은 고린도 전서 12장 26절에서 하나님의 교회 지체들이 "**만약 한 지체가 고통을 당하면, 모든 지체가 함께 고통을 당하며 만약 한 지체가 영광을 입으면 모든 지체가 영광을 입는 것이다.**"고 말한다. 하나님의 교회 지체들이 다른 지체에 대하여서 가져야 할 삶의 자세이다. 다른 지체의 고통을 나 몰라라 하고 따로 된 신자들은 거짓 신자다. 경건한 신자들은 이웃의 고통을 나 몰라라 하지 않는다. 교회와 신자들은 서로 연결되어 있다. 하나의 몸이기 때문이다. 참된 신앙은 개인주의적이지 않다.

모든 교회 공동체의 아픔과 고통이 각 신자들에게 공유가 되어 함께 아프며 함께 즐거워하여 고통과 즐거움을 함께 나눈다. 참된 신앙은 교양인으로서 교인을 경계한다. 대충 자신들의 지적 만족을 위하여서 신앙 생활하는 교인들을 말한다. 참된 신자들은 항상 교회 공동체와 함께 나아가며 자라간다. 거짓 신자들은 자기들의 귀를 즐겁게 해줄 선생만을 찾아다닌다. 삶이 없는 신앙인이다. 종교적 문화 생활만을 추구한다.

27. 너희는 그리스도의 몸이다. 그리고 각 부분으로부터 나온 지체다. 28. 하나님께서 첫 위치에 사도를 두셨다. 둘째는 선지자들이다. 셋째는 교사들이다. 그 다음에는 능력 행함이요 그 다음이 치유의 은사를 받은 자들과 집사들과 장로들이다. 그리고 각종 외국어를 말하는 자들이다. 29. 모든 자가 사도겠느냐? 모든 자가 선지자겠느냐? 모든자가 교사들이겠느냐? 모든 자가 능력자이겠느냐? 30. 모든 자가 병고치는 은사를 가지겠느냐? 모든 자가 외국어를 말하겠느냐? 모든

자가 외국어를 통역하는 자이겠느냐? 31. 너희가 더 큰 은사를 사모하라. 너희에게 더 좋은 길을 보여주리라.

사도 바울은 "**너희는 그리스도의 몸이다.**"라고 말하며 "**각 부분으로부터 나온 지체다.**"라고 언급한다. 사도 바울은 고린도 전서 12장 28절에서 교회의 질서를 언급한다. 교회의 첫째 질서는 사도들이다. 그분들은 교회의 기초 직원들로서 교회가 처음 세워질 때에 그리스도로부터 직접 부르심을 받은 비상직원이다. 그들로 인하여서 교회의 기초가 세워졌다. 그래서 사도 바울은 에베소서 2장 20절에서 "**너희는 사도와 선지자들의 터 위에 세우심을 입었다.**"고 말하였다. 그렇게 사도와 선지자들은 교회의 터가 된다. 그 터는 사도들의 가르침과 세워준 교회 제도이다. 사도들은 신약 성경을 기록하였고 교회의 여러 제도를 세웠다. 그들로 인하여서 항구적인 교회의 터가 세워진 것이다. 그 터는 곧 우리 구주 예수 그리스도이시다.

사도와 선지자들의 다음의 질서가 성직자들이다. 그들을 목사와 교사라고 부른다. 이들은 교회에서 가르치는 직무를 맡았다. 사도들이 장로회 제도를 세우고 사라진 이후에 목사와 교사들은 노회원으로서 각 치리회에서 활동하면서 교회의 방향을 설정하고 제반 업무를 관장하며 교회를 가르치고 다스렸다. 이들은 교회의 열쇠 권에 참여하는 자들이다. 이들이 없으면 교회가 세워질 수 없다.

그와같이 거룩한 보편 교회의 교사들은 하나님의 말씀을 올바르게 해석해서 가르쳐야 한다. 목사들은 신자들을 잘 목양해야 한다. 그 다음으로 능력들이다. 이들은 지금 시대에 사라졌다. 그 다음이 치유의 은사를 받은 자들과 집사들과 장로들이다. 이들 중에 치유의 은사를 받은 자들은 사라졌다. 사도 시대에는 치유의 은사를 발하는 직분자가 있었다. 하나님께서 그러한 신비한 은사를 맡기셨으며 사도들이 그들을 치유의 은사를 가진 직분자로 확정하여 주었다. 그러나 그들은 사도들의 사라짐과 함께 교회 안에서 사라졌다. 원래 그들은 사도들의 표적을 나누어 받은 자들이다. 사도들이 그 은사를 그들에게 나누어 준 것이다. 그러므로 사도들의 사라짐과 함께 그들도 사라졌다. 이적적 능력을 행하는 자나 치유의 은사를 받은 자들은 기록 계시의 종결과 함께 사라졌다. 이러한 계시적 이적을 행하였던 자들은 사도들의 권세 아래에 종속적이었다. 그러므로 사도들이 사라지면서 자연스럽게 그러한 은사를 받은 자들도 그쳐졌다.

그러나 그러한 은사의 직분을 맡은 자들이 사도 시대에는 분명하게 존재하였다.다만 안수 집사들과 치리 장로들은 후대까지 항존 직원으로서 보존되었다. 사도 바울은 고린도 전서 12장 29절~31절까지 "29. **모든 자가 사도겠느냐? 모든 자가 선지자겠느냐? 모든자가 교사들이겠느냐? 모든 자가 능력자 이겠느냐? 30. 모든 자가 병고치는 은사를 가지겠느냐? 모든 자가 외국어를 말하겠느냐? 모든 자가 외국어를 통역하는 자이겠느냐? 31. 너희가 더 큰 은사를 사모하라. 너희에게 더 좋은 길을 보여주리라.**"고 진술한다. 각 직분자는 하나님께서 세우시며 신자들은 헛되이 높은 직분을 탐하지 말라는 것이다. 신자들은 교회에서 직분자가 되고자 신앙 생활하는 것이 아니다. 직분은 마땅히 감당할 수 있는 자가 맡으면 된다. 직분자는 은사를 따라서 치리회가 추천하며 교회의 법을 따라서 회중이 결정한다. 직분을 맡을 자들은 다만 소망할 뿐 직분을 갖고자 욕망하지 말아야 한다. 사도 바울은 더 큰 은사를 사모하라고 말한다. 그것은 사랑의 은사이다. 더 좋은 길을 보여 주겠다고 말한다. 그것은 사랑이다. 고린도 전서 13장은 사랑장이라고 한다. 고린도 전서 13장은 그리스도인의 성품 중에 최고의 성품을 설명한다. 사랑의 은사가 최고이다. 성도들은 그 은사를 달라고 주께 기도해야 할 것이다. 이제 그 은사에 대한 자세한 설명은 다음 시간에 하기로 한다.

제목: 사랑은 언제나..
본문: 고린도 전서 13장 1~13절

[본 문]

1 내가 사람의 방언과 천사의 말을 할지라도 사랑이 없으면 소리
나는 구리와 울리는 꽹과리가 되고 2 내가 예언하는 능이 있어 모든
비밀과 모든 지식을 알고 또 산을 옮길 만한 모든 믿음이 있을지라
도 사랑이 없으면 내가 아무것도 아니요 3 내가 내게 있는 모든 것
으로 구제하고 또 내 몸을 불사르게 내어 줄지라도 사랑이 없으면
내게 아무 유익이 없느니라 4 사랑은 오래 참고 사랑은 온유하며 투
기하는 자가 되지 아니하며 사랑은 자랑하지 아니하며 교만하지 아
니하며 5 무례히 행치 아니하며 자기의 유익을 구치 아니하며 성내
지 아니하며 악한 것을 생각지 아니하며 6 불의를 기뻐하지 아니하
며 진리와 함께 기뻐하고 7 모든 것을 참으며 모든 것을 믿으며 모
든 것을 바라며 모든 것을 견디느니라 8 사랑은 언제까지든지 떨어
지지 아니하나 예언도 폐하고 방언도 그치고 지식도 폐하리라 9 우
리가 부분적으로 알고 부분적으로 예언하니 10 온전한 것이 올 때에
는 부분적으로 하던 것이 폐하리라 11 내가 어렸을 때에는 말하는
것이 어린아이와 같고 깨닫는 것이 어린아이와 같고 생각하는 것이
어린아이와 같다가 장성한 사람이 되어서는 어린아이의 일을 버렸노
라 12 우리가 이제는 거울로 보는 것같이 희미하나 그 때에는 얼굴
과 얼굴을 대하여 볼 것이요 이제는 내가 부분적으로 아나 그 때에
는 주께서 나를 아신 것같이 내가 온전히 알리라 13 그런즉 믿음,
소망, 사랑 이 세 가지는 항상 있을 것인데 그 중에 제일은 사랑이
라

[원문 직역]

1. 만약 내가 사람의 방언과 천사의 방언을 말하면서 사랑을 가지
고 있지 않다면, 소리 나는 구리와 시끄러운 꽹과리가 되고 2. 그리

고 만약 내가 예언을 하고 모든 비밀을 알고 모든 지식을 알고 만약 산을 옮길 만한 믿음을 가지고 있다고 해도, 내가 사랑이 없다면, 무가치하다. 3. 내가 나에게 있는 모든 것을 내어주고 기꺼이 나의 몸을 던져버린다고 해도, 내가 사랑이 없으면, 내게 유익이 없다. 4. 사랑은 인내로 기다리는 것이다. 사랑은 자비로운 것이다. 사랑은 시기하지 않는 것이다. 사랑은 허풍떨지 않는 것이다. 사랑은 교만하지 않는 것이다. 5. 무례히 행치 않는 것이다. 자신 것을 챙기는 것이 아니다. 사랑은 성내지 않는 것이다. (성을 내게 하지 않는것이다.) 악한 것을 생각하지 않는 것이다. 6. 불의를 보고 기뻐하지 않는다. 진리와 함께 기뻐한다. 7. 모든 것을 참으며 모든 것을 믿으며, 모든 것을 소망하며 모든 것을 인내하는 것이다. 8. 사랑은 결코 떨어지지 않는다. 예언도 폐하고 방언도 그치고 지식도 폐하리라. 9. 우리가 부분적으로 알고 있다. 그리고 부분적으로 예언한다. 10. 온전한 것이 오면, 언제든지 부분적인 것이 폐하여질 것이다. 11. 내가 어린 아이와 같았을 때에는 어린아이처럼 말한다. 그리고 어린 아이처럼 생각한다. 그리고 어린 아이 정도로 깨닫는다. 어른이 되었을 때에, 어린아이였을 때의 것들은 폐하여진다. 12. 지금은 우리가 수수께끼 안에서 거울을 통하여서 보는 것 같다. 그러나 그때에는 얼굴을 맞대어 보는 것과 같을 것이다. 지금은 우리가 부분적으로 안다. 그러나 그때에는 내가 알려진 그대로 내가 (내 자신을) 알 것이다. 13. 이제 믿음, 소망, 사랑 이 세 가지는 항상 있을 것인데 그 중에 제일은 사랑이다.

[본문 해설]

1. 만약 내가 사람의 방언과 천사의 방언을 말하면서 사랑을 가지고 있지 않다면, 소리 나는 구리와 시끄러운 꽹과리가 되고

사도 바울은 사람들이 어떠한 탁월한 재능을 가지고 있다고 해도 사랑이 없으면 소리나는 구리와 울리는 꽹과리와 같다고 말한다. 사랑이 없는 말은 비록 천사가 하는 말이라고 해도 가치가 없다는 것이다. 사랑 없이는 신비한 은사를 가진자도 아무 짝에도 쓸모가 없다. 구리로 된 괭과리와 같은 징징거리는 물건이 될 뿐이다.

2. 그리고 만약 내가 예언을 하고 모든 비밀을 알고 모든 지식을 알고 만약 산을 옮길 만한 믿음을 가지고 있다고 해도, 내가 사랑이 없다면, 무가치하다.

사도 바울은 신령한 은사를 가진 것뿐만 아니라 이제 교회를 세우는데 필요한 여러 가지 은사들조차도 사랑과 함께 하지 않으면 쓸모가 없다고 말한다. 그래서 예언하는 은사를 가지고 모든 비밀을 알고 모든 지식을 알고 산을 옮길만한 믿음을 가지고 있어도 사랑이 없으면 무가치하다. 이러한 모든 은사들은 하나님의 교회를 세우는데 필요한 은사들이다.

사도 바울은 하나님께서 사도들과 함께 교회를 세우는 자들로서 방언의 은사와 예언의 은사 그리고 지식의 은사와 믿음의 은사를 가진 자들을 교회 안에 두셨다고 말한다. 그러나 그러한 은사를 가진 자들도 그 은사를 사랑과 함께 실행하지 않으면 가치가 없다고 말한다. 사도 바울은 "**내가 아무 것도 아니요**"라고 하는 본문을 "**우덴 에이미**"(οὐδέν εἰμι)라고 기록한다. 이것은 직역하면 "**나의 존재 자체가 없다**"는 뜻이 된다. 결국 이 본문을 좀더 확대 해석하면 사람이 사랑이 없으면 존재 자체가 없는 것이다. 어떤 공동체에서 존재감이 없는 사람 그 사람은 사랑이 없는 사람이다. 사랑이 없는 신자가 존재감이 전혀 없다.

3. 내가 나에게 있는 모든 것을 내어주고 기꺼이 나의 몸을 던져버린다고 해도, 내가 사랑이 없으면, 내게 유익이 없다.

사도 바울은 사람이 어떤 이념이나 사상을 가지고 자신을 내어줄지라도 사랑이 없으면 어떤 유익도 없다고 말한다. 우리가 세상의 정치를 보면 어떤 이념을 가지고 살아가는 사람들을 본다. 보수주의니 진보주의니 하면서 이념을 가지고 서로 싸운다. 그리고 숭고하게도 그런 이념을 위하여서 죽기도 한다. 그러나 사도 바울은 그러한 것들도 사랑이 없으면 얻을 것이 없다고 말한다. 사랑 없는 이념 논쟁은 지루하고 헛될 뿐이다. 우리 주의 사랑은 모든 이념을 뛰어 넘는 최고의 가치이다.

4. 사랑은 인내로 기다리는 것이다. 사랑은 자비로운 것이다. 사랑은 시기하지 않는 것이다. 사랑은 허풍떨지 않는 것이다. 사랑은 교만하지 않는 것이다.

사도 바울은 사랑은 오래 참는 것이라고 말한다. 헬라어로 "**마크로두메이**"(μακροθυμεῖ)라고 한다. 달리 표현하면 "**인내로 기다린다**"라는 의미가 있다. 현대인들은 인내하지 못한다. 사랑의 속성은 인내다. 여기에서 인내란 사랑해야만 되는 사람에 대하여서 절망하거나 포기하지 않는 것이다. 항상 신선하게 그리스도의 사랑으로 마음을 지키는 것이다. 만물은 시간이 지나면 낡아지며 느슨해지고 부패해진다. 이것이 이 세상의 형적이다. 그러나 그리스도의 사랑은 시간이 지나도 지루해지고 낡아지고 느슨해지고 부패해지지 않는다. 그리스도의 사랑은 이 세상을 정화하는 영롱한 이슬과 같다. 사도 바울은 사랑의 은사가 넘치도록 위해서 기도하라 권면한다. 우리 주께서 주시지 않는 한 이 은사를 스스로 가질 수 있는 사람은 없다.

사도 바울은 "**사랑은 온유하다**"고 말한다. 직역하면 "**사랑은 자비로운 것이다.**"가 된다. "**온유하다**"라는 것은 인격의 하모니이다. 자신의 인격이 이웃과 조화를 이루는 것이다. 공동체와 조화를 이루는 성품은 복되다. 아름다운 사람은 이웃과 잘 다투지 않는다. 그리고 사랑을 나눈다. 사랑은 온유하고 따뜻하다. 그리고 자비롭다. 사랑의 은사를 받은 사람은 온기가 느껴진다. 사랑의 은사를 받으면 사납고 거친 것이 점차 사라진다. 그리스도인의 삶은 어떤 인간적 목표를 정하여서 그것을 이루는데 골몰하는 것이 아니다. 하나님의 교회는 사랑을 이루는 공동체다. 어떤 일을 목적으로 모인 단체가 아니다. 오직 사랑으로 행하여야 한다. 사랑으로 행하지 않는 모든 것이 헛되다. 사랑이 풍성한 공동체가 되는 것이 참된 교회의 자태이다.

사도 바울은 "**사랑은 투기하는 자가 되지 않는다.**"고 말한다. 직역하면 "**사랑은 시기 하지 않는다.**"가 된다. 이 시기하는 본성은 인간의 죄악된 본성이다. 죄악된 사람은 시기하고 질시하고 비난하고 공격하기를 좋아한다. 그 시기심으로 다른 사람을 비난하기를 좋아한다. 그리고 이웃을 폄하하기를 좋아한다. 대부분의 시기심과 질시는 비교 의식으로부터 나온다. 자신과 타인을 비교하기 좋아하고 그 비교를 통하여서 교만해지거나 우쭐해지고 혹은 그 반대로 급격히 무너지고 열등감에 빠질 때 시기하고 질시한다. 사랑이 넘치는 사람은 시기하지 않는다. 사랑은 자신보다 나은 점을 가진 이웃을 존중해주고 그의 좋은 점을 따르려고 하며 자신보다 가난하거나 어려운 사람은 보살펴주려고 한다. 가난한 사람 앞에서 거만을 부리거나 우쭐대지 않는다. 그래서 사랑의 은사를 가진 신자는 자신보다 연약한 이웃을 배려해주고 섬겨준다.

사도 바울은 "**사랑은 자랑하지 않는다.**"고 말한다. 직역하면 "**사랑은 허세를 부리지 않는 것이다.**"가 된다. 사랑은 이웃에게 허세를 부리지 않는다. 사랑을 하는 사람은 겸손하다. 사랑은 자기를 자랑하지 않는 것이다. 사랑은 다른 사람 앞에서 자신을 낮추게 한다. 사랑은 가식적으로 사람을 대하지 않는다. "**사랑은 교만하지 않다.**" 사랑은 다른 사람에게 위압감을 느끼도록 헛된 자랑을 늘어놓지 않는다. 사랑은 겸손과 함께 한다. 거만하게 사람을 대하지 않는다.

5. 무례히 행치 않는 것이다. 자신 것을 챙기는 것이 아니다. 사랑은 성내지 않는 것이다. (성을 내게 하지 않는것이다.) 악한 것을 생각하지 않는 것이다.

사도 바울은 사랑은 "**무례히 행치 아니하는 것이다**"라고 말한다. 성도들은 이웃에게 무례히 행치 않도록 주의해야 한다. 성숙하지 못한 사람은 이웃을 함부로 대하고 무례하다. 사랑이 충만한 자들은 어린 아이라도 함부로 대하지 않는다. 사랑은 무례히 행하지 않는다 할 때에 "**무례하다**"는 뜻은 "**그릇되게 대하다**" 혹은 "**온당치 못하게 대하다**"라는 의미도 있다. 사랑은 예의를 갖추어서 사람을 소중히 대하는 것이다. 타인을 존중할 줄 아는 사람은 그 마음에 사랑을 가지고 있는 사람이다. 사랑은 "**자기의 유익을 구치 아니하는 것이라**"고 말한다. 직역하면 "**사랑은 자신의 것을 챙기는 것이 아니다.**"가 된다. 사랑의 은사를 받지 못한 사람들은 자신의 것 만 챙기고 다른 사람의 고통에 무관심하다. 사랑의 은사가 충만한 사람은 다른 사람의 필요에 민감하며 그들의 아픔과 어려움에 공감하고 도와줄 수 있는 사람이다. 고린도 전서 13장의 말씀을 따라서 이웃을 사랑할 수 있는 사람은 얼마나 복된가? 이러한 거룩한 사랑을 참된 신자들은 더욱 사모해야 하리라.

6. 불의를 보고 기뻐하지 않는다. 진리와 함께 기뻐한다. 7. 모든 것을 참으며 모든 것을 믿으며, 모든 것을 소망하며 모든 것을 인내하는 것이다.

사도 바울은 사랑이란 불의를 보고 기뻐하지 않는 것이라고 말한다. 참된 사랑은 높은 도덕적 가치를 지니고 있다. 사랑하기 때문에 불의를 그대로 내버려 둘 수 없다. 하나님의 거룩한 사랑은 인간의 탐욕을 만족시켜 주지 않는다. 불의한자와 싸운다. 그래서 참된 사랑은 항상 하나님의 공의와 함께 역사한다. 그리고 그 거룩한 사랑은 진리와 함께 기뻐한다. 진리와 함께 기뻐하는 사랑이 참된 사랑이다. 그래서 하나님의 사랑은 진리의 지식이 넘치는 사랑이다. 지식 없는 사랑은 맹목적이고 사랑이 없는 지식은 허공이다.

사도 바울은 고린도 전서 13장 7절에서 "**모든 것을 참으며 모든

것을 믿으며, 모든 것을 소망하며 모든 것을 인내하는 것이다."라고 진술한다. 첫째 모든 것을 참는다. 이 의미는 이러하다. 이것은 "**인내한다**"라고 하는 의미와 같고 좀더 자세하게 설명하면 "**묵묵하게 주어진 상황을 극복해 가는 것이다.**" 이렇게 불평과 불만을 하지 않고 주어진 고통을 묵묵히 이겨 나가는 사랑은 참된 사랑이다. 그런 사랑을 가진 사람은 참으로 성숙한 인격이다. 대부분의 인생들은 자신에게 주어진 삶에 불만이 많다. 그래서 투덜대거나 하나님을 원망하기도 한다.

사도 바울은 "**모든 것을 믿는다.**"(고전 13:7)고 말한다. 참된 사랑을 가진 자는 모든 일에 신실하다. 헬라어 "**믿는다**"라는 의미는 "**피스튜에이**"(πιστεύει)라고 하는데 이는 "**그가 모든 일에 신실하다**"라는 의미를 가지고 있다. 그는 편견을 가지고 사람을 대하지 않는다. 사랑의 은사를 받은 자들은 타인을 잘 믿는다. 그들에게 항상 신뢰를 보낸다. 이러한 사랑을 소유한 자는 끝없이 자신을 해롭게 하는 자를 결코 미워하지 않는다. 사도 바울은 거룩한 사랑은 "**모든 것을 소망한다**"고 말한다. 이 사랑의 은사를 가진 자는 절망하지 않는다. 모든 것을 소망한다는 것은 그가 주어진 어렵고 힘든 상황에 매몰되지 않고 항상 소망 가운데 그 거룩한 사랑을 따라 살아간다는 것이다.

이제 사도 바울은 "**모든 것을 견디느니라**"(고전 13:7)고 한다. 견디는 것은 극복하는 것이다. 그것은 주어진 형편이 어려워도 그 힘든 형편에 매몰되지 않고 이겨내는 성품이다. 세상 풍파와 환란이 그리스도인들에게는 약하게 오리라고 기대하지 말라. 하나님은 오히려 그의 백성들을 더 큰 고난으로 이끄시기도 한다.

8. 사랑은 결코 떨어지지 않는다. 예언도 폐하고 방언도 그치고 지식도 폐하리라.

사도 바울은 사랑은 결코 떨어지지 않는다 말한다. 이 거룩한 사랑은 결코 실패하지 않는다. 세월이 흘러갈 때 다른 것들은 변할 수 있다. 그러나 사랑은 결코 떨어지지 않는다. 사도 바울은 예언도 폐하고 방언도 그치고 지식도 폐하리라고 말한다. 그는 한 세대가 사라질 때 예언이나 방언이나 지식의 은사들도 그칠 것을 알았다. 그러므로 예언과 방언과 지식의 은사들은 하나님의 기록 계시가 마쳐질 때 사라졌다. 그 은사들은 그때까지만 유효한 은사들이었다. 예언과 방언과 지식의 은사들은 사도들이 역사의 뒤안길로 사라질 때에 함께 사라졌다. 그러나 사랑은 여전히 교회를 세우는데 가장 중요한 은사로 남아 있다.

9. 우리가 부분적으로 알고 있다. 그리고 부분적으로 예언한다. 10. 온전한 것이 오면, 언제든지 부분적인 것이 폐하여질 것이다.

사도 바울은 "**우리가 부분적으로 안다**."고 말한다. 비록 사도 시대라고 해도 하나님의 뜻을 전부 알 수는 없다. 그때에도 부분적으로 알았다. 그리고 지금도 부분적으로 안다. 그래서 사도 시대의 예언도 부분적이다. 하나님의 모든 역사를 다 세세하게 기록할 수 없다. 그러나 이제 온전한 것이 올 때에는 부분적으로 하던 것이 폐하리라고 말한다. 사도 시대나 그 이후 시대나 주님이 다시 오실 때까지 신자들은 부분적으로 희미하게 주님을 알 뿐이다. 얼굴과 얼굴을 맞대고 보는 때는 주님께서 재림하실 때이다.

11. 내가 어린 아이와 같았을 때에는 어린아이처럼 말한다. 그리고 어린 아이처럼 생각한다. 그리고 어린 아이 정도로 깨닫는다. 어른이 되었을 때에, 어린아이였을 때의 것들은 폐하여진다. 12. 지금은 우리가 수수께끼 안에서 거울을 통하여서 보는 것 같다. 그러나 그때에는 얼굴을 맞대어 보는 것과 같을 것이다. 지금은 우리가 부분적으로 안다. 그러나 그때에는 내가 알려진 그대로 내가 (내 자신을) 알 것이다.

사도 바울은 어린 아이를 비유로 들면서 아이였을 때에 모든 것이 어렸다고 말한다. 그때에는 모형으로 된 것을 가지고 놀았다는 것이다. 그러나 실체를 누릴 수 있는 때가 되면 모형은 버린다는 것이다. 이것은 지금 이 세상에서 살아가는 우리의 삶이 어린아이와 같이 유치하고 그래서 연약하다고 말한다. 그래서 항상 헤매이고 허우적대고 그렇게 살아간다고 말한다.

사도 바울은 고린도 전서 13장 12절에서 "**우리가 이제는 거울로 보는 것같이 희미하나 그 때에는 얼굴과 얼굴을 대하여 볼 것이요 이제는 내가 부분적으로 아나 그 때에는 주께서 나를 아신 것같이 내가 온전히 알리라**"라고 말한다. 직역하면 이러하다. "**지금은 우리가 수수께끼 안에서 거울을 통하여서 보는 것 같다. 그러나 그때에는 얼굴을 맞대어 보는 것과 같을 것이다. 지금은 우리가 부분적으로 안다. 그러나 그때에는 내가 알려진 그대로 내가 (내 자신을) 알 것이다.**" 사도 바울은 지금 우리가 살아가는 삶이 그렇게 진리에 대하여서 희미하다는 것이다. 거울로 사물을 보는 것 같다. 사도 바울은 우리가 살아가는 이 세상은 수수께끼처럼 그렇게 알 수 없는 신비로 가득하다고 말한다. 그것은 우리가 연약해서 희미하게 밖에 볼 수 없기 때문이다. 그러나 그때에는 내가 알려진 그대로 내 자신을 알게 되리라고 말한다.

사도 바울은 우리가 하나님 나라에 들어가게 될 때 자신을 있는 그대로 볼 수 있다 말한다. 참된 거룩함이란 자기 자신을 그대로 볼 수 있는 것이다. 이것이 성숙한 모습이다. 사람은 자신을 보지 못해서 심각하다. 신자들이 더욱 거룩해져 가는 과정이란 자기 자신을 더욱 심오하게 보는 것이다.

13. 이제 믿음, 소망, 사랑 이 세 가지는 항상 있을 것인데 그 중에 제일은 사랑이다.

사도 바울은 믿음과 소망과 사랑은 항상 있다고 말한다. 이 속성은 사라질 수 없다. 세 가지 속성 중에서 사랑이 최고이다. 사랑은 우리의 신앙도 소망도 모두 하나가 되게 하여 주는 끈이다. 지금 사랑하면 복되다. 우리가 서로 사랑할 때에 비로소 하나님 나라가 그 공동체 안에서 실현되는 것이다.

제목: 사랑을 따라 구하라..
본문: 고린도 전서 14장 1~19절

[본 문]
1 사랑을 따라 구하라 신령한 것을 사모하되 특별히 예언을 하려
고 하라 2 방언을 말하는 자는 사람에게 하지 아니하고 하나님께 하
나니 이는 알아듣는 자가 없고 그 영으로 비밀을 말함이니라 3 그러
나 예언하는 자는 사람에게 말하여 덕을 세우며 권면하며 안위하는
것이요 4 방언을 말하는 자는 자기의 덕을 세우고 예언하는 자는 교
회의 덕을 세우나니 5 나는 너희가 다 방언 말하기를 원하나 특별히
예언하기를 원하노라 방언을 말하는 자가 만일 교회의 덕을 세우기
위하여 통역하지 아니하면 예언하는 자만 못하니라 6 그런즉 형제들
아 내가 너희에게 나아가서 방언을 말하고 계시나 지식이나 예언이
나 가르치는 것이나 말하지 아니하면 너희에게 무엇이 유익하리요 7
혹 저나 거문고와 같이 생명 없는 것이 소리를 낼 때에 그 음의 분
별을 내지 아니하면 저 부는 것인지 거문고 타는 것인지 어찌 알게
되리요 8 만일 나팔이 분명치 못한 소리를 내면 누가 전쟁을 예비하
리요 9 이와 같이 너희도 혀로서 알아듣기 쉬운 말을 하지 아니하면
그 말하는 것을 어찌 알리요 이는 허공에다 말하는 것이라 10 세상
에 소리의 종류가 이같이 많되 뜻 없는 소리는 없나니 11 그러므로
내가 그 소리의 뜻을 알지 못하면 내가 말하는 자에게 야만이 되고
말하는 자도 내게 야만이 되리니 12 그러면 너희도 신령한 것을 사
모하는 자인즉 교회의 덕 세우기를 위하여 풍성하기를 구하라 13 그
러므로 방언을 말하는 자는 통역하기를 기도할지니 14 내가 만일 방
언으로 기도하면 나의 영이 기도하거니와 나의 마음은 열매를 맺히
지 못하리라 15 그러면 어떻게 할꼬 내가 영으로 기도하고 또 마음
으로 기도하며 내가 영으로 찬미하고 또 마음으로 찬미하리라 16 그
렇지 아니하면 네가 영으로 축복할 때에 무식한 처지에 있는 자가
네가 무슨 말을 하는지 알지 못하고 네 감사에 어찌 아멘 하리요 17

너는 감사를 잘하였으나 그러나 다른 사람은 덕 세움을 받지 못하리
라 18 내가 너희 모든 사람보다 방언을 더 말하므로 하나님께 감사
하노라 19 그러나 교회에서 네가 남을 가르치기 위하여 깨달은 마음
으로 다섯 마디 말을 하는 것이 일만 마디 방언으로 말하는 것보다
나으니라

[원문 직역]

1. 너희는 사랑을 추구하라. 신령한 것을 더욱 사모하라. 예언을 하려고 하라. 2. 방언을 말하는 자는 사람에게 하는 것이 아니라 하나님에게 하는 것이다. 어느 누구도 이해할 수 없다. 심령으로 비밀을 말하는 것이다. 3. 예언을 하는 자는 사람에게 하는 것이다. 덕을 세우기 위하여서 하라. 그리고 위로의 말을 하고 격려의 말을 하라. 4. 방언을 말하는 자는 그 자신을 세우는 것이다. 그러나 예언은 교회를 세우는 것이다. 5. 너희 모두 방언을 말하기를 원한다. 그러나 더욱 예언을 하기를 원한다. 만약 번역을 하지 않는다면 방언을 말하는 자보다 예언을 말하는 자가 더욱 위대하다. 이는 교회가 덕을 세울 수 있기 때문이다. 6. 지금 형제들아 만약 내가 너희에게 방언을 말하고 만약 내가 너희에게 계시나, 지식이나 예언이나 가르침을 말하지 않는다면, 너희들 누가 유익을 얻겠느냐? 7. 이는 생명없는 풀룻이나 하프를 켜는 소리를 주는 것이다. 만약 그 소리들에게 다른 것을 주지 않으면, 풀룻인지 하프인지 어떻게 알겠느냐? 8. 만약 나팔이 불분명한 소리를 준다면, 어찌 전쟁을 예비하리요? 9. 그와같이 너희가 방언을 통하여서 분명한 말을 내지 못한다면, 어찌 말하는 것을 이해하리요? 너희가 허공에다가 말하는 것이 된다. 10. 이 세상에 여러 소리가 있으되 뜻없는 소리는 없다. 11. 만약 내가 소리의 힘을 알지 못한다면, 내가 말하는 자에게 이방인이 되고 말하는 자가 나에게 이방인이 되리라. 12. 그와같이 너희는 신령한 것을 사모하라. 그러나 교회의 덕을 위하여서 구하라. 이는 풍성케 하고자 함이다. 13. 방언을 말하는 자는 통역을 하기 위하여서 기도하라. 14. 만약 방언으로 기

도한다면, 나의 심령이 기도하거니와 나의 생각은 열매가 없다. 15.
그러므로 이것이 무엇이냐? 내가 심령으로 기도하리라. 그러나 생각
으로도 기도하리라. 내가 심령으로 시편을 부르리라 그러나 내가 생
각으로도 시편을 부르리라. 16. 때문에 네가 심령으로 축복할 때, 일
반 사람들이 가득차 있는 공간에 어찌 그들이 너에게 감사함으로 아
멘하리요? 왜냐하면 네가 알지 못하는 말로 축복했기 때문이다. 17.
너는 축복을 잘하였다. 그러나 다른 사람은 덕을 세움을 얻지 못했다.
18. 너희 모두가 방언을 말하는 것으로 내가 하나님에게 감사하다.
19. 그러나 나는 깨달은 가르침의 생각으로부터 나온 다섯 마디 말이
수만 마디 방언보다 교회에게는 낫다는 것을 알고 있다.

[본문 해설]

1. 너희는 사랑을 추구하라. 신령한 것을 더욱 사모하라. 예언을 하려고 하라.

사도 바울은 사랑을 따라 구하라고 말한다. 교회에서 행하는 모든 은사들은 사랑을 따라 구해야 한다. 그 은사를 구하는 목적이 사랑이다. 거룩하고 숭고한 사랑은 모든 은사의 기초이다. 사랑없는 은사는 헛되다. 사도 바울은 신령한 것을 사모하되 특히 예언을 하라고 가르친다. 신령한 것은 이 세상에 속하지 아니한 것들이다. 하나님의 교회를 세우는 모든 은사는 신령하다. 그런데 사도 바울은 예언을 하라고 말한다. 이는 가르치는 것이다. 교회에 덕을 세우는 최고의 은사는 가르치는 것이다.

2. 방언을 말하는 자는 사람에게 하는 것이 아니라 하나님에게 하는 것이다. 어느 누구도 이해할 수 없다. 심령으로 비밀을 말하는 것이다.

사도 바울은 방언의 의미를 가르친다. 방언은 사람에게 하는 것이

아니라 심령으로 하나님께 아뢰는 것이다. 이 심령으로 말하는 비밀은 알자가 없다. 오직 하나님만이 아신다. 고대 교회 시대에 예배 시에 방언으로 기도하는 은사가 있었다. 그러한 은사는 통역을 통하여서 하나님께서 말씀하실 때가 있었다. 참으로 신비한 은사였다. 그러나 그 은사는 사도 이후 시대에 사라졌다. 속사도 시대 이후 신비한 은사들이 정통 교회에서 사라졌다. 이는 항상 계시적 이적이었기에 계시 종결과 함께 사라진 것이다. 주후 1 세기의 교회는 신비하다. 오직 하나님의 말씀으로만 이해할 수 있는 교회 시대였다. 이것을 계시적 이적 시대라고 한다. 거룩한 보편 교회 전체가 신비한 은사로 가득찼다. 그렇게 하나님의 교회가 견고하게 세워져가며 주의 계시된 말씀의 기록이 종결될 때까지 신비한 신령한 은사들이 활발하였다. 주님 당대와 사도 시대 교회에 나타난 표적들은 그 이후 교회 시대에서는 따라할 수 있는 성격의 것이 아니다. 헛되이 지금 교회가 이러한 계시적 표적을 따라하려는 것은 어리석다. 사도 시대 교회에 나타난 여러 계시적 표적들은 이후 교회에는 그쳐진 것이다. 오직 후대 교회는 그러한 계시적 표적을 믿음으로 받고 감사할 뿐이다.

3. 예언을 하는 자는 사람에게 하는 것이다. 덕을 세우기 위하여서 하라. 그리고 위로의 말을 하고 격려의 말을 하라. 4. 방언을 말하는 자는 그 자신을 세우는 것이다. 그러나 예언은 교회를 세우는 것이다. 5. 너희 모두 방언을 말하기를 원한다. 그러나 더욱 예언을 하기를 원한다. 만약 번역을 하지 않는다면 방언을 말하는 자보다 예언을 말하는 자가 더욱 위대하다. 이는 교회가 덕을 세울 수 있기 때문이다.

사도 바울은 교회의 덕을 세우기 위하여서 예언을 하라고 말한다. 사도 시대에는 교회의 장래를 예언하는 그러한 특별한 은사가 있었다. 사도 바울은 예언의 은사를 방언의 은사보다 더욱 사모하라고 말한다. 왜냐하면 방언의 은사는 그 방언을 하는 사람에게만 유익하지만 예언의 은사는 여러 성도들과 공유가 가능하기 때문이다. 그래서 방언을 말하는 자에게는 통역의 은사를 받으라고 말한다. 사도가 방언과 예언의 은사를 넘치게 받도록 구하라는 것은 사도 시대 교회에 제한되는 말씀이다. 사도들의 서신에 권면 일부는 사도 시대에서만 유효한 지침들이 있다. 바로 이 본문이 그러하다. 사도 시대 교회에 나타난 여러 신비한 신령한 은사들은 사도들이 살아 있을 동안에만 유효하였다. 사도들이 사라지면서 그러한 신령한 은사들도 사라졌다. 이것은 매우 자연스러운 것이다.

6. 지금 형제들아 만약 내가 너희에게 방언을 말하고 만약 내가 너희에게 계시나 지식이나 예언이나 가르침을 말하지 않는다면, 너희들 누가 유익을 얻겠느냐?

사도 바울은 교회의 덕을 세우는 일이 중요하다고 가르친다. 비록 개인적인 신앙의 유익이 있어도 공적 모임에서 방언은 삼가라고 가르친다. 만약 사도가 교회에 나아갈 때 방언을 말하고 계시나 지식이나 예언이나 가르치는 것을 하지 않는 다면 신자들의 신앙은 자라지 못하고 그것은 교회를 세우라고 부르신 주님의 뜻에 어긋난다. 그래서 교회 안에 신령한 은사를 받은 자들이 많이 있어도 그 은사를 자신의 유익을 위해서만 쓰는 것은 옳지 않다고 말한다.

7. 이는 생명없는 풀릇이나 하프를 커는 소리를 주는 것이다. 만약 그 소리들에게 다른 것을 주지 않으면, 풀릇인지 하프인지 어떻게 알겠느냐? 8. 만약 나팔이 불분명한 소리를 준다면, 어찌 전쟁을 예비하리요? 9. 그와같이 너희가 방언을 통하여서 분명한 말을 내지 못한다면, 어찌 말하는 것을 이해하리요? 너희가 허공에다가 말하는 것이 된다.

사도 바울은 음악 기구인 악기를 예로 들며 그것들조차도 소리를 분별하지 못하면 아무런 의미가 없다고 말한다. 사도 바울은 고대 그리스 시대의 전쟁을 예로 들면서 나팔 소리가 불분명하다면 어찌 전쟁을 예비할 수 있겠느냐고 말한다. 전쟁이 일어나는 것을 예고하고자 파수꾼들은 적군이 쳐들어오면 최전선에서 나팔을 분명하게 불어야 한다. 그렇지 않으면 전쟁을 대비하지 못해서 죽는다.

사도 바울은 교회 안에서 쉬운 말로 가르치라고 말한다. 이해하기 어려운 말로 가르쳐서 허공에 외치는 소리가 되지 말라고 하신다. 성직자들은 성도들을 가르칠 때에 미사여구나 어려운 말로 가르치지 말아야 한다. 신자들이 공감할 수 있는 단순한 말로 해야 한다.

10. 이 세상에 여러 소리가 있으되 뜻없는 소리는 없다. 11. 만약 내가 소리의 힘을 알지 못한다면, 내가 말하는 자에게 이방인이 되고 말하는 자가 나에게 이방인이 되리라. 12. 그와같이 너희는 신령한 것을 사모하라. 그러나 교회의 덕을 위하여서 구하라. 이는 풍성케 하고자 함이다.

사도 바울은 성도의 교통에 대하여 강조한다. 모든 지식을 다 알고 있다는 듯이 오만하게 상대방에게 대하는 자들은 성도의 교제를 할 수 없다. 우리는 하나님을 알아가야 하고 그와 함께 이웃도 알아가야 한다. 하나님의 형상으로 지어진 이웃을 내가 다 알았다고 생각하는 것은 얼마나 어리석은가? 이웃을 향한 겸손한 마음이 소통의 중요한 덕목이 된다. 사도 바울은 소통이 되지 않는 관계는 서로에게 야만이 될 뿐이라고 말한다. 사람은 서로 말을 통하여 상대를 이해한다. 사람 간에 서로 소통하는 가장 큰 매개체는 대화이다. 이 대화는 인간의 부패성으로 인하여서 자주 왜곡되어 전달되고 오해를 사기도 한다. 그러나 대화를 포기할 수는 없다. 신자가 서로 대화를 포기하는 순간 영원히 상대를 이해할 수 없다.

사도 바울은 신령한 은사를 사모하라고 말한다. 그리고 그 은사는 교회의 덕을 위하여서 구하라고 말한다. 이는 교회를 풍성하게 하고

자 함이다. 참된 신자는 자신의 신앙이 신령하다고 자랑할 것이 아니다. 오히려 자신의 모습을 투명하게 비추어 줌으로 상대가 신뢰하도록 해야 한다. 우리 시대 신자들 중에 신령한 삶을 추구하면서도 소통이 되지 않는 사람이 있다. 이는 그 사람이 소통하려는 겸손한 마음이 없기 때문이다. 사도가 신령한 것을 사모하되 교회의 덕을 위해서 소통의 은사를 사모하라는 것은 성도의 교제를 위함이다.

13. 방언을 말하는 자는 통역을 하기 위하여서 기도하라. 14. 만약 방언으로 기도한다면, 나의 심령이 기도하거니와 나의 생각은 열매가 없다. 15. 그러므로 이것이 무엇이냐? 내가 심령으로 기도하리라. 그러나 생각으로도 기도하리라. 내가 심령으로 시편을 부르리라 그러나 내가 생각으로도 시편을 부르리라. 16. 때문에 네가 심령으로 축복할 때, 일반 사람들이 가득차 있는 공간에 어찌 그들이 너에게 감사함으로 아멘하리요? 왜냐하면 네가 알지 못하는 말로 축복했기 때문이다. 17. 너는 축복을 잘하였다. 그러나 다른 사람은 덕을 세움을 얻지 못했다.

사도 바울은 성도 상호간에 소통을 위하여서 방언을 말하는 자는 통역의 은사를 받으라고 말한다. 그래서 그냥 방언으로 기도하면 심령이 기도하는 것이라고 말한다. 여기에서 헬라어 “**프뉴마티**”(πνεῦματι)는 영이라는 뜻 외에도 심령이라는 뜻이 있다. 이것은 사람의 지각을 넘어서는 어떤 정서적인 평안함 같은 것이다. 이것은 마음의 깊은 곳으로부터 우러나오는 기도이다. 신자가 가난한 심령을 가지고 기도할 때 심령의 기도가 나온다. 마태복음 5장 3절에 주님께서 제자들에게 “**심령이 가난한 자가 복되다**”고 하시면서 “**천국이 저희의 것이라**”고 하셨다. 여기에서 심령이 가난하다는 의미가 바로 “**푸토코이 토 프뉴마티**”(πτωχοί τῷ πνεύματι)로 되어 있다. 이것은 그 마음이 겸손하다는 것이다. 영혼의 울림은 겸손한 심령으로부터 나온다. 심령의 찬송은 우리가 하나님 앞에 전심으로 나아가는 겸손한 영혼의 울림으로부터 나온다. 영으로 드리는 기도이다. 이러한 기도는 방언 없이도 할 수 있다. 그때에 어떤 음성도 없이 고요히 기도할 때에 심령으로 기도할 수 있다.

주님께서 심령이 가난한 것이 복이라고 하시고 몇 구절 뒤에 "**애통하는 것이 복이라 저희가 위로를 받을 것이라**"(마 5:4)고 하셨다. 심령이 가난한 자는 애통을 한다. 그것이 영혼의 울림이다. 이 영혼의 울림이 깨끗하고 성결하며 거룩하고 아름다울 때에 그 심령은 하늘의 보좌를 흔든다. 그래서 그렇게 영혼의 아름다운 울림을 하나님께 드릴 수 있는 자가 바로 심령으로 애통하는 자들이고 그들이 하늘의 보좌를 흔들어서 하늘로부터 위로를 받는다. 그러므로 항상 방언으로 기도하여야 심령으로 기도하는 것은 아니다. 신자들은 영혼의 울림이 있는 기도를 하나님께 드림으로서 신앙이 자란다. 성도들은 부지런히 영으로 기도해야 한다. 영혼의 울림이 있는 기도를 통하여서 하나님 앞에서 각자 자신들의 죄를 내려놓고 애통해야 한다. 그 아름다운 노래는 하늘나라의 향기다. 그래서 참된 성도의 기도는 하늘의 하나님께서 흠향하시는 것이다. 사적 기도는 침묵하거나 마음속으로 기도할 수 있으나 공적 기도는 깨닫고 말하는 기도가 되어야 한다. 그래서 공적 기도는 성도들을 감동시킨다.

사도 시대는 여러 신령한 은사들이 많아서 다양하게 그러한 신비한 은사를 따라서 기도를 드렸다. 그러나 이제 사도들이 사라진 시대는 다만 질서를 따라서 기도한다. 그래서 고린도 전서 14장 15절에 대하여 원문 해석이 필수적이다. "**그러면 어떻게 할꼬 내가 영으로 기도하고 또 마음으로 기도하며 내가 영으로 찬미하고 또 마음으로 찬미하리라**" 직역하면 "**그러므로 이것이 무엇이냐? 내가 심령으로 기도하리라. 그러나 생각으로도 기도하리라. 내가 심령으로 시편을 부르리라 그러나 내가 생각으로도 시편을 부르리라.**"이 된다. 개역 성경은 "**내가 영으로 기도하고**"로 역본했다. 헬라어로 "**프로슈소마이 토 프뉴마티**"(προσεύξομαι τῷ πνεύματι)라고 한다. 이는 직역하면 "**내가 심령으로 기도하리라**"가 된다. 왜냐하면 "**토 프뉴마티**"(τῷ πνε ύματι)라는 의미가 "**영으로**"도 되지만 "**심령으로**"도 되기 때문이다. 무엇보다 다음 구절이 매우 중요하다. 개역 성경은 "**마음으로 기도하며**"로 역본했다. 헬라어로는 "**프로슈소마이 토 노이**"(προσεύξομαι τῷ νοι)가 된다. 이는 직역하면 "**내가 생각으로 기도하리라**"가 된다. 헬라어 "**토 노이**"(τῷ νοι)는 "**누스**"(νοῦς)라고 하는 말로부터 왔다. 이는 지성적 마음을 의미한다. 이는 인간이 사색하는 마음의 기관을 의미한다.

사도 바울은 심령으로 기도하며 또한 마음으로 기도하라고 말한다. 심령과 마음을 달리 표현하고 있다. 심령은 인간의 영혼 깊숙한 곳에 있다. 그래서 이것은 무의식의 영역까지 포괄하는 영혼의 울림의 기도를 의미한다. 그 중에서 인간의 사색을 감당하는 지성적 마음으로 기도하는 것이 바로 "**프로슈소마이 토 노이**"(προσεύξομαι τῷ νοι)이다. 그러므로 이것이 "**지성적 마음으로 기도하며**"가 된다. 심령으로 기도하는 것은 타인과 교류가 불가하다. 기도하는 개인의 깊은 영혼의 울림이기 때문이다. 그러나 사색하는 마음으로 기도하는 것은 그 기도가 공적으로 표현될 때, 그 기도를 통하여서 성도들 상호간에 큰 은혜를 받는다. 주로 공적 예배시간에 대표자들의 기도가 그러한 기도이다. 그리고 각 개인이 하나님께 나아가서 드리는 기도가 "**심령으로 드리는 기도이다.**" 이 두 기도는 성격상 매우 다르다. 심령으로 드리는 기도는 하나님 앞에서 죄에 대한 애통을 유발하고 마음으로 드리는 기도는 이웃과 소통을 유발한다. 그래서 성도 상호간에 서로 은혜를 받는다.

고린도 전서 14장 16절에 보면 "**그렇지 아니하면 네가 영으로 축복할 때에 무식한 처지에 있는 자가 네가 무슨 말을 하는지 알지 못하고 네 감사에 어찌 아멘 하리요**"라고 되어 있다. 직역하면 "**때문에 네가 심령으로 축복할 때, 일반 사람들이 가득차 있는 공간에 어찌 그들이 너에게 감사함으로 아멘하리요? 왜냐하면 네가 알지 못하는 말로 축복했기 때문이다.**"가 된다. 이것을 우리 시대로 풀면 이러하다. 어떤 신령한 사람이 아무 말도 하지 않고 자기 홀로 심령으로 성도들을 축복했다고 하자 그 축복을 받는 자가 어떻게 아멘 할 수 있는가? 분명하게 알아들을 수 있는 말로 축복 기도를 해야 하지 않는가? 그와 같이 사도 시대에도 신령한 은사를 받은 자가 방언으로 기도하며 심령으로 축복하였을 때, 성도들은 그 말이 무슨 말인지 모르기에 아멘 할 수 없다. 이렇게 아멘이란 지성적 마음으로 가르쳐야 할 수 있다. 그러므로 공적 모임에서 알아들을 수 있는 말로 기도하는 것이 매우 중요하다. 그리고 진실된 마음의 기도가 되어야 한다.

18. 너희 모두가 방언을 말하는 것으로 내가 하나님에게 감사하다. 19. 그러나 나는 깨달은 가르침의 생각으로부터 나온 다섯 마디 말이 수만 마디 방언보다 교회에게는 낫다는 것을 알고 있다.

사도 바울은 고린도 교회 신자들이 방언으로 자랑하지 못하게 하고자 "**너희 모두 보다 방언을 더 많이 말하는 것으로 내가 하나님에게 감사하다**"고 진술하고 있다. 그러나 이어서 "**나는 깨달은 가르침의 생각으로부터 나온 다섯 마디 말이 수만 마디 방언보다 교회에게는 낫다는 것을 알고 있다.**"고 말한다. 이는 방언의 한계를 지적하는 것이다. 사도 바울은 교회의 기초 직원들인 사도들이 사라질 때, 방언과 예언의 은사들도 사라질 것을 알고 있었다. 그래서 고린도 전서 13장에 방언도 폐하고 예언도 그치리라고 진술한 것이다.

제목: 예언의 은사
본문: 고린도 전서 14장 20~33절

[본 문]
20 형제들아 지혜에는 아이가 되지 말고 악에는 어린아이가 되라
지혜에 장성한 사람이 되라 21 율법에 기록된 바 주께서 가라사대
내가 다른 방언하는 자와 다른 입술로 이 백성에게 말할지라도 저희
가 오히려 듣지 아니하리라 하였으니 22 그러므로 방언은 믿는 자들
을 위하지 않고 믿지 아니하는 자들을 위하는 표적이나 예언은 믿지
아니하는 자들을 위하지 않고 믿는 자들을 위함이니 23 그러므로 온
교회가 함께 모여 다 방언으로 말하면 무식한 자들이나 믿지 아니하
는 자들이 들어와서 너희를 미쳤다 하지 아니하겠느냐 24 그러나 다
예언을 하면 믿지 아니하는 자들이나 무식한 자들이 들어와서 모든
사람에게 책망을 들으며 모든 사람에게 판단을 받고 25 그 마음의
숨은 일이 드러나게 되므로 엎드리어 하나님께 경배하며 하나님이
참으로 너희 가운데 계시다 전파하리라 26 그런즉 형제들아 어찌할
꼬 너희가 모일 때에 각각 찬송시도 있으며 가르치는 말씀도 있으며
계시도 있으며 방언도 있으며 통역함도 있나니 모든 것을 덕을 세우
기 위하여 하라 27 만일 누가 방언으로 말하거든 두 사람이나 다불
과 세 사람이 차서를 따라 하고 한 사람이 통역할 것이요 28 만일
통역하는 자가 없거든 교회에서는 잠잠하고 자기와 및 하나님께 말
할 것이요 29 예언하는 자는 둘이나 셋이나 말하고 다른 이들은 분
변할 것이요 30 만일 곁에 앉은 다른 이에게 계시가 있거든 먼저 하
던 자는 잠잠할지니라 31 너희는 다 모든 사람으로 배우게 하고 모
든 사람으로 권면을 받게 하기 위하여 하나씩 하나씩 예언할 수 있
느니라 32 예언하는 자들의 영이 예언하는 자들에게 제재를 받나니
33 하나님은 어지러움의 하나님이 아니시요 오직 화평의 하나님이시
니라

[원문 직역]

20. 형제들아! 사색함에 있어서는 아이가 되지 말고, 악에 대하여는 아이가 되라. 그러나 생각하는데에는 성숙한 자가 되라. 21. 율법 안에 기록되어 있는대로 다른 언어와 다른 입술로 내가 사람들에게 말할 것이다. 그런데 나에게 복종하는 자들이 하나도 없을 것이다. 주께서 말씀하신다. 22. 그래서 방언을 말하는 사람들은 믿는 자들에게 아니라 믿지 않는 자들에게 표적으로서 행한다. 그러나 예언은 믿지 않는 자가 아니라 믿는 자에게 하는 것이다. 23. 만약 전체 교회가 모였을 때에, 모두가 방언을 말한다면, 무식한 자들과 믿지 않는 자들이 그들에게 발광한다 하지 않겠느냐? 24. 만약 모든 자들이 예언한다면, 믿지 않는 자들이나 무식한 자들이 들어왔을 때에, 모든 자들에 의하여서 책망을 받고 모든 자들에 의하여서 심리를 받는다. 25. 그 마음의 숨은 것들을 드러내게 된다. 그리고 그와 같이 엎드리어 하나님께 경배하고 하나님이 참으로 너희 가운데 계시다고 할 것이다. 26. 그러므로 형제들아! 어찌할꼬? 모였을 때에는, 각각 시편송도 있고 가르침도 있고 계시도 있고 방언도 있고 통역도 있다. 모든 것이 덕을 세우기 위함이다. 27. 만약 누가 방언을 말하면, 둘이나 많으면 셋을 따라서 그리고 그들 가운데 통역을 하라. 28. 통역하는 자가 없으면 교회에서는 방언을 침묵하라. 각각 개인적으로 하나님께 아뢰라. 29. 예언하는 자는 둘이나 셋이나 말하고 다른 이는 분변하라. 30. 만약 곁에 앉은 다른 사람에게 계시가 임하면 앞에 사람은 잠잠하라. 31. 모든 사람들이 배우고 모든 사람들이 권면을 받을 수 있게 하기 위하여서 한 사람씩 예언할 수 있다. 32. 그리고 예언하는 자들의 심령이 예언하는 자들에 의하여서 제재를 받는다. 33. 하나님께서는 무질서의 하나님이 아니시고 질서의 하나님이시다.

[본문 해설]

20. 형제들아! 사색함에 있어서는 아이가 되지 말고, 악에 대하여는 아이가 되라. 그러나 생각하는데에는 성숙한 자가 되라.

사도 바울은 사색함에 있어서는 아이가 되지 말라고 말한다. 헬라어 "**타이스 프레신**"(ταῖς φρεσίν)은 "**사색하는 것에 대하여서**"가 된다. 복수형태를 취하고 있다. 이는 생각을 여러 방면으로 해야 한다는 의미이다. 그것은 신중하게 사색하는 것을 의미한다. 성숙한 신자는 여러 생각을 다각도로 하고 판단할 수 있는 지혜가 필요하다. 이렇게 사도 바울은 생각하는 일에 성숙한 자가 되라고 하신다. 성숙한 생각은 성숙한 사랑을 낳는다. 참된 사랑은 지각이 있다. 그러한 지각은 하나님의 말씀으로부터 나온다. 하나님의 말씀은 이 세상에 모든 가르침을 판단하는 잣대이다. 지각 없는 사랑은 참된 사랑이 아니다.

사도 바울은 "**악에는 어린아이가 되라**"(고전 14:20)고 말씀하신다. 악에 대하여 어린아이가 되라는 것은 악을 모르거나 무지하다는 것이 아니다. 단지 악에 가담하는 일에 어린아이가 되라는 것이다. 악을 행하는 일에 어린 아이처럼 무감각하라는 것이다. 어떤 사람은 지혜에는 무분별하고 어리석게 행하면서 악을 행하는 일에 민첩하고 빨라서 그 속도를 가늠하기 어려운 사람도 있다. 악에 빠른 자들은 선에 대하여 둔감하다. 악에 대하여 빠른 자가 갈 길은 멸망이다.

21. 율법 안에 기록되어 있는대로 다른 언어와 다른 입술로 내가 사람들에게 말할 것이다. 그런데 나에게 복종하는 자들이 하나도 없을 것이다. 주께서 말씀하신다.

사도 바울은 이사야 28장 11절을 인용하고 있다. "**그러므로 생소한 입술과 다른 방언으로 이 백성에게 말씀하시리라**" 이 말씀을 이해하기 위하여서는 그 앞 뒤 문맥을 살펴보아야 한다. 이사야 28장 9~13절을 보면 이스라엘이 교만하여져서 하나님의 말씀을 듣지 아니함으로 하나님께서도 그들에게 생소한 입술과 다른 방언으로 말하시겠다는 말씀이 있다. 귀가 없는 자들에게는 하나님의 말씀이 생소한 입술과 다른 방언으로 들린다. 어떤 유익도 그들에게는 없다. 하나님의 말씀을 대적하는 자들의 어리석음이 그러하다. 그들은 어리석어 하나님의 말씀을 깨닫지 못한다.

사도 바울은 이사야서 28장 11절을 인용하며 교회 안에서 무지한 자들과 무식한 자들을 가르치지 않고 신령한 은사만 실행한다면 교회는 더욱 무지한 자들로 가득차고 많은 무지한 자들과 무식한 자들이 교회를 능멸할 것이라고 말한다. 사도 바울은 공예배시에 방언을 통역할 자가 없으면 공적으로 말하지 말라고 금한다. 방언은 개인적으로 홀로 있을 때만 하라고 권한다. 공교회 안에 중요한 질서 때문이다.

22. 그래서 방언을 말하는 사람들은 믿는 자들에게 아니라 믿지 않는 자들에게 표적으로서 행한다. 그러나 예언은 믿지 않는 자가 아니라 믿는 자에게 하는 것이다.

사도 바울은 방언이 교회 밖에 있는 자들에게 하나의 표적이 될 수 있다고 말한다. 이는 신비한 기사나 이적을 의미한다. 그러한 표적들은 믿지 않는 자들에게 약간의 신비한 이적으로서 영향력을 행사한다. 믿지 않는 자들은 방언과 같은 표적을 보고 신비하게 생각할 수 있다. 그러한 표적들을 통하여서 믿지 않는 자를 두려워하게 하는 것이다. 그것은 방언이라는 표적이 믿지 않는 자들에게 하나의 놀라운 이적으로서 보여주는 효과가 있다는 것이다. 그러나 믿는 자들에게는 방언 보다 예언이 효과가 더 크다. 그것은 가르침이 있기 때문이다.

23. 만약 전체 교회가 모였을 때에 모두가 방언을 말한다면, 무식한 자들과 믿지 않는 자들이 그들에게 발광한다 하지 않겠느냐? 24. 만약 모든 자들이 예언한다면, 믿지 않는 자들이나 무식한 자들이 들어왔을 때, 모든 자들에 의하여서 책망을 받고 모든 자들에 의하여서 심리를 받는다. 25. 그 마음의 숨은 것들을 드러내게 된다. 그리고 그

와 같이 엎드리어 하나님께 경배하고 하나님이 참으로 너희 가운데 계시다고 할 것이다.

사도 바울은 이 본문에서 비록 방언이 믿지 않는 자에게 표적이 되어도 공적 예배 시에 모두 방언을 하게 되면 믿지 않는 자들이 그 모습을 보고 신자들을 광신도라고 비난할 것이라고 말한다. 그러나 공적 예배 시에는 가르침이 있다면 무식한 자들이 들어와서 책망을 받고 하나님께 엎드리고 경배하며 찬송하게 되리라는 것이다. 사도 바울은 신자들에게 방언이 하나의 표적은 되지만 믿지 않는 자와 무식한 자들을 돌이키게 하지는 못한다고 말한다. 그래서 방언이 믿지 않는 자에게 기이한 표적으로 간주되지만 예언보다 더욱 가치가 있는 것은 아니라고 말한다.

26. 그러므로 형제들아! 어찌할꼬? 모였을 때에는, 각각 시편송도 있고 가르침도 있고 계시도 있고 방언도 있고 통역도 있다. 모든 것이 덕을 세우기 위함이다. 27. 만약 누가 방언을 말하면, 둘이나 많으면 셋을 따라서 그리고 그들 가운데 통역을 하라. 28. 통역하는 자가 없으면 교회에서는 방언을 침묵하라. 각각 개인적으로 하나님께 아뢰라. 29. 예언하는 자는 둘이나 셋이나 말하고 다른 이는 분변하라. 30. 만약 곁에 앉은 다른 사람에게 계시가 임하면 앞에 사람은 잠잠하라. 31. 모든 사람들이 배우고 모든 사람들이 권면을 받을 수 있게 하기 위하여서 한 사람씩 예언할 수 있다. 32. 그리고 예언하는 자들의 심령이 예언하는 자들에 의하여서 제재를 받는다. 33. 하나님께서는 무질서의 하나님이 아니시고 조화의 하나님이시다. 성도들의 모든 교회들 안에서 그러하시다.

사도 바울은 공적 예배 시에 시편 송을 노래하는 것과 가르치는 일과 직접 계시와 방언과 통역이 있다고 말한다. 이것은 사도 시대 공 예배를 의미한다. 사도 시대에 공 예배는 이러한 요소들이 모두 있었다. 그러나 후대 교회 시대에 이러한 것들 중에 방언과 통역과 직접 계시는 사라졌다. 그러한 표적들은 기록 계시가 아직 종결되기 이전에 있었던 일이다. 기록 계시의 종결과 함께 사라졌다.

사도 바울은 방언에 대하여서 질서를 말한다. "**27. 만약 누가 방언을 말하면, 둘이나 많으면 셋을 따라서 그리고 그들 가운데 통역을 하라. 28. 통역하는 자가 없으면 교회에서는 방언을 침묵하라. 각각 개인적으로 하나님께 아뢰라.**"(고전 14:27-28) 이어서 고린도 전서 14장 29절에 예언하는 자들에 대한 질서를 말한다. "**예언하는 자는 둘이나 셋이나 말하고 다른 이는 분변하라.**" 이 형태는 이러하다. 사도 시대 공 예배시에 직접 계시를 받아서 예언을 할 때가 있었다. 그때에 그것을 분변하는 은사를 가진 자가 함께 있었다. 그것은 예언을 해석하고 그 의미를 드러내는 것이다. 사도 바울은 31절에 "**너희는 모든 자들이 한 사람씩 예언할 수 있다. 이는 모든 자들이 배우며 모든 자들이 권면을 받게 하고자 함이다.**"라고 말하며 공 예배 시에 있는 예언에 대하여서 한 사람씩 차서를 따라서 하라고 말한다. 그렇게 함으로서 교회의 질서를 배우고 권면을 받는다. 이를 통하여서 교회를 세운다.

사도 바울은 고린도 전서 14장 33절에서 "**하나님은 어지러움의 하나님이 아니시요 오직 화평의 하나님이시니라**"고 언급한다. 직역하면 이러하다. "**하나님께서는 무질서의 하나님이 아니시고 조화의 하나님이시다. 성도들의 모든 교회들 안에서 그러하시다.**" 사도 바울은 하나님께서 무질서의 하나님이 아니시고 질서의 하나님으로서 성도들의 모든 교회들 안에서 다스리신다고 말한다. 이는 하나님께서 교회의 질서를 중요하게 바라보신다는 의미이다.

사도 바울은 질서를 따라서 교회를 세워야 할 것을 말한다. 성도들은 교회의 질서를 깨달아 알 때까지 교회에서 잠잠해야 한다. 하나님의 교회 질서를 깨닫기 전에는 어느 누구도 직분을 맡을 자격도 없다. 교회의 질서를 모르는 자들이 나서면 하나님의 교회는 파괴된다. 신자들이 교회의 질서를 깨닫게 될 때 비로소 참된 교회를 세워갈 수 있는 자들이 된 것이다. 그러므로 모든 신자들은 참된 교회의 질서를 알기 위하여서 부단히 하나님의 밀씀을 살피아 한다. 거룩한 보편 교회의 질서 중에 가장 높은 질서는 하나님의 말씀이다. 하나님의 말씀이 교회에 최고의 질서이다. 그 다음 질서가 정통 교회의 교리이다. 거룩한 보편 교회의 질서를 따라서 결정된 공 교회의 신앙 고백서는 정통 교리로서 하나님의 말씀 아래에 그 권위의 질서를 갖는다. 그리고 공 교회의 신앙 고백서 다음의 질서가 교회의 치리회이다. 교회 치리회는 교회의 법을 실행하는 기관이다. 이는 교회법에 버금가는 권위가 있다. 그리고 그 교회법과 치리회의 질서 아래에 교회의 직원들과 그 맨 아래의 질서에 교회의 회원들이 있다.

그런데 교회의 직원도 질서의 차이가 있다. 가르치는 장로로서 목사와 교사들로 구성된 성직자들의 질서가 가장 최고의 질서이다. 그 다음이 치리 장로의 질서이고 그 다음이 안수 집사의 질서이다. 그리고 교회에 회원 된 자들이 있다. 이러한 질서들은 차서를 따라서 각 질서 안에서는 동등권을 가지고 있다. 사도들은 서로 동등한 권세를 가지고 있다. 목사와 교사들도 동등한 권세를 가지고 있다. 그리고 치리 장로들도 서로 동등하다. 안수 집사도 마찬가지이다. 이렇게 각 질서의 동등성은 유지되지만 각 직분 간에 질서의 차이도 있다. 이러한 교회의 질서들에 무지한 상태에서 교회 직원이 되는 것은 하나님의 교회에게도 그 본인에게도 재앙이다.

제목: 여자는 교회에서 잠잠하라
본문: 고린도 전서 14장 34~40절

[본 문]
34 모든 성도의 교회에서 함과 같이 여자는 교회에서 잠잠하라 저
희의 말하는 것을 허락함이 없나니 율법에 이른 것같이 오직 복종할
것이요 35 만일 무엇을 배우려거든 집에서 자기 남편에게 물을지니
여자가 교회에서 말하는 것은 부끄러운 것임이라 36 하나님의 말씀
이 너희에게로부터 난 것이냐 또는 너희에게만 임한 것이냐 37 만일
누구든지 자기를 선지자나 혹 신령한 자로 생각하거든 내가 너희에
게 편지한 것이 주의 명령인 줄 알라 38 만일 누구든지 알지 못하면
그는 알지 못한 자니라 39 그런즉 내 형제들아 예언하기를 사모하며
방언 말하기를 금하지 말라 40 모든 것을 적당하게 하고 질서대로
하라

[원문 직역]
34. 교회 안에 여자들은 침묵하라! 왜냐하면 그녀들이 말하는 것이 허락되지 않았다. 그러나 그들은 복종할지어다. 그와 같이 율법이 말한다. 35. 만약 그들이 누구에게 배우고자 한다면, 그들의 집에서 남편에게 물어라. 그러므로 여자들이 교회에서 말하는 것은 부끄러운 일이다. 36. 하나님의 말씀이 너희에게로 왔느냐? 너희에게만 이르렀느냐? 37. 만약 누구든지 자신을 선지자나 신령한 자로 생각하거든, 내가 너희에게 쓴 것이 주의 명령인 것을 알아라. 38. 만약 누가 무지하면, 그들은 무지한 자들이다. 39. 그러므로 나의 형제들아! 예언을 하려고 하라. 그리고 방언을 하기를 금하지 말라. 40. 모든 것을 적절하게 하고 질서 있게 하라.

[본문 해설]
34. 교회 안에 여자들은 침묵하라! 왜냐하면 그녀들이 말하는 것이

허락되지 않았다. 그러나 그들은 복종할지어다. 그와 같이 율법이 말한다.

사도 바울은 교회 안에서 여자들에게 침묵을 명령한다. "**침묵하라**"에 해당하는 헬라어 "**시가토산**"(σιγάτωσαν)은 명령형이다. 사도 바울은 이어서 "**그와 같이 율법이 말한다.**"(καθὼς ὁ νόμος λέγε)고 지적한다. 이 본문에 해당하는 구약은 창세기 3장 16절이다. "**또 여자에게 이르시되 내가 네게 잉태하는 고통을 크게 더하리니 네가 수고하고 자식을 낳을 것이며 너는 남편을 사모하고 남편은 너를 다스릴 것이니라 하시고**" 사도 바울은 "**너는 남편을 사모하고 남편은 너를 다스릴 것이니라**"(וְאֶל־אִישֵׁךְ תְּשׁוּקָתֵךְ וְהוּא יִמְשׁאל־בָּךְ׃)라고 하는 구절을 따라서 그와 같이 율법이 말한다고 한 것이다. 직역하면 다음과 같다. "**너는 너의 남자를 그리워할 것이다. 그리고 그는 너를 지배할 것이다.**"가 된다. 율법이 가르치는 바는 남자가 여자를 다스린다. 이것이 창조의 원리다. 그런데 사도 바울은 이 창조의 원리를 구속의 원리에도 적용시킨다. 이것은 창조의 원리와 구속의 원리가 하나라는 것이고 그 원리는 하나님의 말씀에 기초한다.

사도 바울은 교회 안에 여자들에게 신앙적 권리를 차별하는 것이 아니다. 오직 교회의 질서를 따라서 여자들에게 주어진 기능적 차이를 말하는 것이다. 사도 바울이 여자들에게 교회 안에서 잠잠하라고 한 것은 이유가 없지 않다. 이는 여자들의 인권을 폄하하거나 무시하고자 한 것이 아니다. 여자가 교회 안에 차지하는 질서의 위치가 무엇인가를 가르치는 것이다.

첫째, 여자는 공적으로 가르칠 수 없다. 그것은 가르치는 직분을 공식적인 직함으로 가질 수 없다는 것이다. 여자가 목사와 교사가 되는 것은 불법이다. 여자는 나이를 막론하고 공적으로 교회 안에서 항존 직원이 될 수 없다. 목사와 교사와 장로와 안수집사는 여자가 할 수 없다. 이는 공적으로 교회가 지켜야 할 질서이다. 창조 질서를 따라서 볼 때 여자는 창조 질서의 꽃이다. 그러나 여자는 창조 질서의 머리는 아니다. 머리는 그리스도이시다. 그리고 그 다음이 남자이고 그 다음이 여자이다. 교회는 그리스도가 머리가 되시고 왕이 되시며 남자는 그리스도를 머리로 삼고 살아가야 한다. 여자는 그리스도를 머리로 하고 살아가는 남자를 자신의 머리로 삼는다. 교회의 질서를 버리고 남자의 머리가 되려는 여자는 하나님의 구주 아들 예수 그리스도를 대적하는 자이다.

둘째, 여자는 교회를 치리할 수 없다. 여자가 교회 안에서 치리 장로를 맡는 것은 교회를 무질서하게 하는 것이다. 여자는 가정에서 남편의 다스림을 받아야 한다. 그것이 가정에서부터 배우는 하나님 나라의 질서이다. 우리가 항상 하나님을 아버지로 표상하는 것을 통하여서 하나님께서 인류의 대표자로 남성을 세우셨다는 것은 그것이 창조의 질서와 함께 구속의 질서까지 연결되는 것을 의미한다. 그래서 각 가정에서 다스리는 질서에 있는 자가 전체 교회를 다스리는 질서의 직무를 얻을 수 있다. 한 가정에서 남편 아래의 질서에 있는 여자가 공동체를 다스릴 수 없다.

35. 만약 그들이 누구에게 배우고자 한다면, 그들의 집에서 남편에게 물어라. 그러므로 여자들이 교회에서 말하는 것은 부끄러운 일이다.

여자들은 교회의 질서에 순응해야 한다. 공동체의 질서를 따라 가는 것이다. 그래서 여자들이 교회에서 공적으로 무엇을 묻고 따지고 해서는 안된다. 먼저 남편에게 물어 보는 것이 순서다. 만약 남편이 없으면 조심스럽게 교회의 공적 질서에 물을 수 있다.

36. 하나님의 말씀이 너희에게로 왔느냐? 너희에게만 이르렀느냐? 37. 만약 누구든지 자신을 선지자나 신령한 자로 생각하거든, 내가 너희에게 쓴 것이 주의 명령인 것을 알아라. 38. 만약 누가 무지하면, 그들은 무지한 자들이다. 39. 그러므로 나의 형제들아! 예언을 하려고

하라. 그리고 방언을 하기를 금하지 말라. 40. 모든 것을 적절하게 하고 질서 있게 하라.

사도 바울은 무질서했던 고린도 교회 은사 체계나 혹은 교회의 질서를 가르친다. 사도 바울은 하나님의 말씀이 너희에게로 왔느냐고 하면서 그 답변을 직접 언급하지는 않지만 사도들을 통하여서 왔다고 가르친다. 그리고 너희에게만 이르렀느냐고 하면서 그것이 모든 교회에게 이르렀다고 말한다. 하나님의 말씀은 실지로 어느 한 특정한 사람들의 전유물이 아니다. 모든 성도들이 다 함께 누려야 할 하나님 나라의 보화이다. 그렇기 때문에 하나님의 말씀을 특권 의식을 가지고 대하면 안된다. 개혁 신앙을 따라 가는 신자들일수록 더욱 그러한 자세가 필수적이다. 좀더 진실하고 진정성 있게 이웃을 섬기려는 겸손한 자세가 중요하다. 하나님의 말씀은 모든 신자들의 것이다. 사도 바울은 스스로 선지자나 신령한 자로 생각하거든 사도의 서신을 기억하라고 말한다. 사도 바울은 그 서신에 교회의 질서에 대하여서 자세하게 다루었다. 그렇기 때문에 질서를 따라 행하지 않는 거짓 신자들이 스스로 선지자나 신령한자라고 생각하거든 사도들의 서신을 통하여서 진리를 깨닫고 헛되이 행하지 말라고 한것이다. 이제 사도 바울은 무지한 자들에게 말하기를 그들의 무지함이 하나님 나라에 누가 되지 않도록 주의하라고 말한다. 무지한 것은 심각한 죄악이다. 그래서 사도 바울은 고린도 전서 14장 39절에 예언을 하고 방언을 말하기를 금하지 말라고 한다. 예언은 하나님의 뜻을 드러내는 것이다. 방언은 통역을 통하여서 하나님의 계시를 드러낸다. 그렇게 방언을 하게 되면 예언을 통하여서 하나님의 계시를 드러내어서 널리 덕을 세우라는 것이다.

사도 바울은 좀더 풍성한 신앙생활을 위하여서 고린도 교회 신자들에게 예언이나 방언을 금할 필요가 없다고 말한다. 그러나 사도 바울은 고린도 전서 14장 40절에서 모든 것을 적당하게 하라고 말한다. 이것은 개혁 신앙이 가르치는 적정과 절도의 원리다. 가장 적정한 수준이 어느 정도인지 파악하고 절도 있게 행하는 것이다. 생각하는 것, 말하는 것 그리고 행동 하는 것까지 적정과 절도의 원리를 따라서 행하는 것이 개혁 신앙을 따라가는 신자들의 덕목이다.

제목: 하나님의 은혜로다
본문: 고린도 전서 15장 1~11절

[본 문]
1 형제들아 내가 너희에게 전한 복음을 너희로 알게 하노니 이는
너희가 받은 것이요 또 그 가운데 선 것이라 2 너희가 만일 나의 전
한 그 말을 굳게 지키고 헛되이 믿지 아니하였으면 이로 말미암아
구원을 얻으리라 3 내가 받은 것을 먼저 너희에게 전하였노니 이는
성경대로 그리스도께서 우리 죄를 위하여 죽으시고 4 장사지낸 바
되었다가 성경대로 사흘 만에 다시 살아나사 5 게바에게 보이시고
후에 열두 제자에게와 6 그 후에 오백여 형제에게 일시에 보이셨나
니 그 중에 지금까지 태반이나 살아 있고 어떤 이는 잠들었으며 7
그 후에 야고보에게 보이셨으며 그 후에 모든 사도에게와 8 맨 나중
에 만삭되지 못하여 난 자 같은 내게도 보이셨느니라 9 나는 사도
중에 지극히 작은 자라 내가 하나님의 교회를 핍박하였으므로 사도
라 칭함을 받기에 감당치 못할 자로라 10 그러나 나의 나 된 것은
하나님의 은혜로 된 것이니 내게 주신 그의 은혜가 헛되지 아니하여
내가 모든 사도보다 더 많이 수고하였으나 내가 아니요 오직 나와
함께 하신 하나님의 은혜로라 11 그러므로 내나 저희나 이같이 전파
하매 너희도 이같이 믿었느니라

[원문 직역]
1. 형제들아! 내가 너희에게 전한 복음을 너희에게 알게 한다. 그
안에서 너희가 받았던 것이고 너희가 세웠던 것이다. 2. 내가 너희에
게 전한 그 말씀을 어느것이든지 헛되이 믿지 아니하고 굳게 붙잡으
면 이를 통하여서 너희가 구원을 받을 것이다. 3. 첫째는 내가 받은
것을 너희에게 전한 것이다. 이는 그리스도께서 우리 죄인들을 위하
여서 성경대로 죽으셨다는 것이다. 4. 그리고 장사지내신 바 되셨다.
그리고 성경대로 사흘 만에 살아 나셨다. 5. 그리고 그가 게바에게

보이시고 그 다음에 12 사도에게 보여 주셨다. 6. 그리고 결국 오백 명의 형제들에게 일시에 보이시고 지금까지 살아 있는 자들이 매우 많다. 그리고 더러는 잠자는 자들도 있다. 7. 그 다음에 야고보에게 보이시고 그 다음에 모든 사도들에게 보이셨다. 8. 맨 나중에 만삭되어 낳지 못한 자 같은 내게도 보이셨다. 9. 왜냐하면 내가 사도들 중에 최고로 작은자이기 때문이다. 나는 사도라고 불리우기도 감당할 수 없다. 왜냐하면 내가 하나님의 교회를 핍박하였기 때문이다. 10. 내가 하나님의 은혜로 내가 되었다. 그의 은혜가 나에게 있어서 헛되지 아니하다. 모든 사도들 중에서 내가 가장 수고하였다. 그러나 내가 아니요 나와 함께 하신 하나님의 은혜로라. 11. 나 혹은 다른 사람이 이와같이 전했고 너희가 그와 같이 믿었다.

[본문 해설]

1. 형제들아! 내가 너희에게 전한 복음을 너희에게 알게 한다. 그 안에서 너희가 받았던 것이고 너희가 세웠던 것이다. 2. 내가 너희에게 전한 그 말씀을 어느것이든지 헛되이 믿지 아니하고 굳게 붙잡으면 이를 통하여서 너희가 구원을 받을 것이다.

사도 바울은 "**내가 너희에게 전한 그 말씀을 어느 것이든지 헛되이 믿지 아니하고 굳게 붙잡으면 이를 통하여서 너희가 구원을 받을 것이다.**"라고 말한다. 그렇다고 하면 사도가 전한 것은 무엇이며 그것을 헛되이 믿는다는 의미는 무엇인가? 그리고 그것을 붙잡는다는 의미와 함께 구원을 받는다는 의미를 해석하고자 한다.

첫 번째 사도가 전한 것은 복음이다. 그 복음은 우리 주 예수 그리스도께서 이 세상에 오셔서 행하신 모든 일이다. 그리스도께서 인간이 되신 것이 복음의 시작이다. 예수 그리스도는 하나님의 독생자이시고 하나님 곁에 계시는 하나님이시다. 영원하신 하나님께서 이 세상에 빛으로 오셨다. 그 빛으로 다 나아오라고 말씀하신다. 빛 되신 주님께서 이제 이 세상에 완전한 인간으로 성육신하셨다. 그가 이 세상에 오신 목적 중에 하나는 이 세상의 죄악을 몸소 짊어지시고자 하신 것이다.

주 예수 그리스도께서 하나님의 아들로서 이 세상에 오셔서 구속의 중보자가 되셨다. 그가 이 세상에 오신 것은 복음의 시작이다. 구약의 선지자들이 오리라고 하신 그 메시야가 오셨다. 이 놀라운 사건을 축하하고자 멀리 동방으로부터 동방 박사가 찾아 왔다. 그렇게 주님의 탄생은 매우 중요하다. 그리스도의 오심으로 세상은 재편되었다. 이제 구약은 사라지고 새 언약 가운데 모든 족속 안에 예수 그리스도의 교회가 세워졌다. 그리스도께서 머리가 되시는 주님의 교회가 세워졌다. 무엇보다 그의 당하신 수난이다. 예수 그리스도의 죽으심은 죄에 대하여서 죽으심이다. 예수 그리스도께서 세상 죄를 지고 가신 하나님의 어린양이셨다. 그리스도가 오심으로서 세상은 죄의 근원적인 문제를 끊어 버릴 수 있게 되었다. 인간성 안에 깊게 내재되어 있는 죄악된 본성은 예수 그리스도를 믿음으로서 극복이 된다. 주님께서 그 죄악을 짊어지셨다. 주후 1세기 유대인들은 매우 사납고 혼돈스러운 환경에서 살았다. 당대 유대 땅은 로마의 식민지였다. 그래서 많은 착취가 있었다. 무엇보다 기득권자들이 가난한 유대인들에게 여러 가지 종교법을 만들어서 억압을 하였다.

구주 예수 그리스도께서 공생애를 시작하시며 하나님 나라의 복음을 전하셨다. 그때에 이 세상의 관원들과 유대 종교 지도자들은 벌떼같이 일어나서 우리 주님을 죽이려고 하였다. 그렇게 주님께서 십자가에 죽으심은 모든 인생들이 일상에서 범하는 모든 죄와 연결되어있다. 모든 인류는 의로우신 예수 그리스도를 십자가에 매어 달어버린 공범들이다. 예수 그리스도께서 십자가에 죽으심은 모든 인간들 안에 내재되어 있는 부패한 본성과 깊게 연관되어 있기 때문이다. 예수 그리스도께서는 세상의 죄를 짊어지셨다. 그 세상 죄란 이 세상에 속한 모든 거짓된 원리들로서 전적으로 타락하여 부패한 본성으로부터 나오는 모든 죄악을 의미한다. 그러한 부패성은 유대인뿐만 아니라 모든 이방인들 본성에 내재되어있다.

그렇게 예수 그리스도께서는 온 세상 안에 있는 택자들을 위해서 죽으셨다.(마 1:21) 그 당대 유대인들은 자신들만 언약의 백성이며 아브라함의 자손이라고 여겼다. 그러나 이에 대하여서 예수께서는 세상 죄를 짊어지셨다고 선언함으로서 유대인뿐만 아니라 이방인의 구주도 되심을 증거한 것이다. 그러니까 그 세상 죄란 그 대상이 유대인을 넘어서서 이방인까지 포함되어 있다는 것이다. 그러므로 세상의 죄를 짊어 지셨다는 의미는 그 속죄 받을 대상이 혈통적 유대인으로 국한되지 않을 것을 의미한다. 유대인이 주를 십자가에 못박은 그 죄악은 모든 인류의 본성으로부터 나온 것이다. 그래서 모든 인류는 십자가에 죽으신 의로우신 주님의 죽으심에 공동 책임을 지게 되어 있다.

주 예수 그리스도께서 그의 백성들을 위하여 죽으셨다는 것은 그가 그 백성의 부패한 본성을 위해서 죽으셨다는 말이 된다. 우리 죄를 위하여 죽으신 그의 피묻은 십자가를 생각하면 우리는 더욱 숙연하게 그의 십자가 앞에 엎드려야 한다.

구주께서는 삼년의 공생애 동안 하나님 나라를 가르치시며 그의 죽으심을 준비하셨다. 그래서 유월절을 지키기 위하여서 매년 예루살렘에 올라가실 때 예수께서는 항상 그의 어머니 마리아와 주의 형제들을 먼저 보내시고 자신은 은밀하게 제자들과 예루살렘에 입성하셨다. 그러나 그는 그의 공생애 마지막 해의 유월절 때 "**호산나 다윗의 자손이여**"(마 21:9)라고 하는 외침을 들으시며 나귀를 타시고 드러나게 입성하셨다. 이렇게 자신을 드러내시는 이유는 유대인들이 그를 체포할 것을 아셨기 때문이다.

예수께서는 자신이 죽어야 할 때를 이미 아시고 의연하게 예루살렘 성안으로 들어가셨다. 구주께서 예루살렘에 입성하시고 최후의 만찬을 마치시고 겟세마네 동산에서 아버지 하나님께 마지막 기도를 드리셨을 때에 그를 체포하고자 하는 무리들이 모였다. 주님은 그 고난의 쓴 잔을 묵묵히 마시고 골고다 언덕을 십자가를 짊어지시고자 올라가셨다. 하나님께서는 그의 아들 예수 그리스도를 보내셔서 이러한 비참한 처형 방식으로 대속의 제물을 삼으셨다. 죄악의 댓가가 얼마나 무서운 가를 드러내셨다. 그 백성들의 죄를 없이하시고자 의로우신 그리스도께서 죽으셨다. 주님 예수 그리스도께서 세상 죄를 짊어지시고 죽으셨다. 그리고 사흘 만에 다시 살아나셨다. 그리스도께서는 부활하심으로서 그의 백성들은 죄에 대하여서 죽고 의에 대하여서 살게 되었다. 주 예수 그리스도의 부활은 의에 대하여서 살으심이다. 죄를 없이하시고 십자가로 승리하신 것이다. 신자들은 예수 그리스도의 죽으심을 따라서 죄에 대하여서 죽고 예수 그리스도의 살으심을 따라서 의에 대하여서 산자가 되었다. 신자들은 구주의 죽으심과 부활을 믿음으로 그리스도와 연합하여 그와 함께 죄에 대하여 죽고 의에 대하여 살게 되었다. 오! 놀라우신 주의 구원의 노래가 우리의 평생에 최고의 노래이다. 우리 죄를 위하여서 죽으신 주님이 우리의 최고의 찬송이시다.

예수 그리스도께서 부활하신 이후에 제자들과 함께 40일을 지상에 계시다가 하늘에 오르셨다. 그가 하늘에 오르신 것은 신자들의 처소를 예비하려 하심이고 그의 교회를 세우시고자 하심이다. 주님께서 하늘에 오르심으로서 오순절에 성령께서 임하셨고 신약의 교회가 세워졌다. 교회는 그리스도의 몸이며 왕이신 구주 예수 그리스도를 기다리는 거룩한 신부이다. 신랑을 위하여서 단장한 신부처럼 그렇게 거룩한 무리들은 믿음으로 그 영혼을 단장하고 구주를 기다려야 한다. 예수 그리스도께서 우리를 그의 나라로 이끄시고자 다시 오신다. 이것이 주님의 재림이다.

그러므로 복음의 마지막 교리는 구주께서 다시 오시리라는 것이다. 구주께서 왜 다시 오셔야 하는가? 그것은 복음의 궁극적 완성을 위하심이다. 비록 복음이 편만하게 전파되어도 이 세상은 바뀌지 않는다. 오직 주님 예수께서 그의 성도들을 구원하시고 세상을 궁극적으로 심판하셔야 한다. 그의 오심은 온 세상의 마지막이다. 그가 다시 오셔서 그의 택자들을 생명의 부활을 통하여서 하나님 나라로 이끄신다. 그리고 그의 백성들의 고통과 아픔과 그 눈의 눈물을 씻으신다. 그가 다시 오셔서 영원한 위로로 그 백성을 위로하신다.

그러므로 참된 신자들은 주님의 재림을 기다려야 한다. 우리 주님께서 천사장의 나팔 소리와 함께 홀연히 임하실 것을 믿어야 한다. 참된 신자들은 겸손하고 진지하게 그 날을 기다려야 한다. 주님은 다시 오신다. 참된 신자들은 그 날을 간절히 기다린다. 거기에 모든 소망이 있기 때문이다.

두 번째 헛되이 믿는다는 것은 무엇인가? 하나님의 복음의 역사가 일어나지 않았다거나 일어나지 않을 것이라고 주장하는 자들의 허탄한 믿음이다. 복음을 진지하게 살피지 않고 가벼이 여기는 자들이다. 그들은 복음을 믿는 자들이 아니다. 그들은 헛되이 믿는 자들이다. 실지로 역사 속에서 그러한 거짓된 믿음을 가진 자들이 많았다. 그들은 하나님의 크신 역사를 부정하였다. 그리고 복음을 심상히 여겼다.

세 번째로 굳게 붙잡는다는 것은 어떠한 의미일까? 이는 복음의 가르침을 자신의 심령에 담아서 그대로 행하는 것이다. 사도 야고보는 "**순종이 없는 신앙은 죽은 신앙이라**"(약 2:17)고 하였다. 참된 믿음은 믿고 아는 대로 행하여 아름다운 열매를 주께 드리는 것이다. 복음의 도리를 굳건하게 붙잡는다는 것은 그러한 의미이다.

네 번째로 "**구원을 받을 것이다.**"는 무엇인가? 그것은 하나님 나라의 열매를 풍성하게 누리는 삶이다. 헬라어 동사 "**소제스데**"(σώζεσΘε)는 현재시제로 되어 있다. 그것은 "**너희가 구원을 받고 있다.**"가 된다. 이는 구속의 도리를 굳게 붙잡으면 이미 구원을 받고 살아가는 것이다. 신자들이 예수 그리스도를 믿은 이후부터 구속은 이미 이루어졌다. 그리고 그것은 지나간 것이 아니라 지금 현재 그 구원을 이루어가고 있는 것이다. 하나님 나라는 이미 그리스도께서 오심으로 이 땅에 임하였다. 그리스도께서 우리를 자유케 하시고자 십자가로 승리하셨다. 이기신 주님의 능력을 따라서 신자는 하나님 나라의 풍성한 은혜를 누리고 살아가는 것이다. 구원은 단지 미래에 받을 것으로만 생각하지 말아야 한다. 지금 하늘의 구원을 누리고 살아가는 자가 되어야 한다. 그래서 사도 바울은 "**너희가 구원을 받고 있다.**"고 진술하였다.

3. 첫째는 내가 받은 것을 너희에게 전한 것이다. 이는 그리스도께서 우리 죄인들을 위하여서 성경대로 죽으셨다는 것이다. 4. 그리고 장사지내신 바 되셨다. 그리고 성경대로 사흘 만에 살아 나셨다.

사도 바울은 "**그리스도께서 우리 죄를 위하여서 성경대로 죽으셨다**"고 선언한다. 그 의미를 깨닫는 것이 중요하다. 인간의 죄가 얼마나 심각한지 창세기 8장 21절에서 하나님께서는 말씀하셨다. "**인간의 생각이 어려서부터 악하다**"(창 8:21) 인간 죄악의 심각함은 이루 헤아릴 수가 없다. 우리는 그의 진노에 날아간다고 모세는 시편 90편 9~12절에서 노래하고 있다. 우리의 날 수가 그렇게 쉽게 날아가는 것은 우리의 죄악 때문이다. 참된 신자들은 하나님의 존전에서 자신의 날을 계수하는 법을 배워야 한다. 그리고 그 날들을 주님을 위하여서 드려야 한다. 우리는 우리 죄를 위하여서 죽으신 구주를 생각할 때에 우리 중에 누구든지 이제 자기를 위하여서 사는 자도 없고 자신의 탐욕을 채우려고 행하는 자도 없다.(롬 12:7~8)

사도 바울은 그리스도께서 우리 죄를 위하여서 죽으셨을 뿐만 아니라 성경대로 사흘 만에 다시 살아나셨다고 증거하신다. 그리스도의 부활은 어그러지고 뒤틀려서 절망 가운데 살아갈 수밖에 없는 죄인을 살리신 크신 권능이다. 구주가 다시 살아나셔서 성도들도 주님 안에서 영원한 안식을 바랄 수 있게 되었다. 주님께서 마지막 날에 성도들을 다시 살리셔서 하나님 나라로 인도하실 것이다. 구주께서 다시 오실 때에 그 약속이 성취될 것이다.

5. 그리고 그가 게바에게 보이시고 그 다음에 12 사도에게 보여 주셨다. 6. 그리고 결국 오백명의 형제들에게 일시에 보이시고 지금까지 살아 있는 자들이 매우 많다. 그리고 더러는 잠자는 자들도 있다. 7.

그 다음에 야고보에게 보이시고 그 다음에 모든 사도들에게 보이셨다. 8. 맨 나중에 만삭되어 낳지 못한 자 같은 내게도 보이셨다.

사도 바울은 부활하신 주님께서 어떠한 경로로 자신을 보이셨는지를 증거한다. 첫째 주님께서 게바에게 보이셨다. 게바는 베드로의 히브리어 표현이다. 그리고 후에 열두 제자에게 보이셨다. 그리고 그 후에 오백명의 형제들에게 보이셨다. 사도 바울이 고린도 전서를 기록할 때에는 그들 중에 태반이나 살아 있었다. 그리고 그 후에 주의 형제 야고보에게 나타나셨다. 주님의 공생애 기간 동안 주께 일정한 거리를 두고 대하였던 주의 형제 야고보에게도 부활하신 주님께서 나타나셔서 그를 사도로 세우셨다. 그가 주님을 구주로 영접하였다. 맨 나중에 만삭되지 못하여 난 자 같다고 스스로 고백한 사도 바울에게 주님께서 나타나셨다. 주님의 교회를 핍박하던 바울에게 나타나셔서 그를 부르시고 그를 용서하시고 주의 사도로 부르셨다. 그래서 사울이었던 사도 바울이 그의 이름을 개명하고 바울이 되었다. 그리고 하나님의 교회 일꾼으로 평생을 사셨다. 사도 바울은 자신을 "**맨 나중에 만삭되지 못하여 난 자 같다.**"(고전 15:8)고 소개한다. 그의 이러한 겸손은 주님이 그를 온전하게 이끌어 주셔서 나타난 삶의 열매이시다. 오! 놀라우신 주님 강퍅하고 삐뚤어진 우리를 고치시는 그 손길이 그립습니다. 당신의 손으로 우리를 어루만져 주소서. 사도 바울은 평생에 다메섹 도상에서 그에게 나타나신 부활의 주님을 뵈었던 그 기억을 생애 최고의 순간으로 기억하고 있었다. 우리도 이제 다시 사신 주님을 믿음으로 우리 평생에 우리 구주님이 우리에게 나타나셔서 우리를 그의 자녀 삼으신 그 날을 기억하여야 하리라.

9. 왜냐하면 내가 사도들 중에 최고로 작은자이기 때문이다. 나는 사도라고 불리우기도 감당할 수 없다. 왜냐하면 내가 하나님의 교회를 핍박하였기 때문이다. 10. 내가 하나님의 은혜로 내가 되었다. 그

의 은혜가 나에게 있어서 헛되지 아니하다. 모든 사도들 중에서 내가 가장 수고하였다. 그러나 내가 아니요 나와 함께 하신 하나님의 은혜로라. 11. 나 혹은 다른 사람이 이와같이 전했고 너희가 그와 같이 믿었다.

사도 바울은 자신을 낮추기를 "**나는 사도 중에 지극히 작은 자라 내가 하나님의 교회를 핍박하였으므로 사도라 칭함을 받기에 감당치 못할 자로라**"(고전 15:9)고 고백하였다. 사도 바울의 외적 신분은 놀라울 정도로 높았다. 그는 태어나면서 로마 시민권자였고 가말리엘 문하생이었으며 베냐민 지파로서 히브리인 중에 히브리인이었다. 그러한 그가 주님의 사도가 되었을 때에 스스로를 만삭되지 못하여 난 자 같은 사도라고 폄하하며 사도 중에 지극히 작은자라고 고백하고 있다.

사도 바울은 고린도 전서 15장 10절에 "**나의 나 된 것은 하나님의 은혜로 된 것이다.**"고 고백한다. 직역하면 "**내가 하나님의 은혜로 내가 되었다.**"가 된다. 참된 신자는 사도 바울과 같은 고백을 한다. 나로 나되게 하시는 하나님께서 어떻게 나로 나되게 하시는가? 그것은 바로 나를 구원하신 그 구주 예수 그리스도의 형상을 내 안에서 온전하게 이루심으로 그렇게 하신다. 나를 위해서 죽으신 내 주 예수 그리스도의 아름다우신 형상을 온전히 내 안에서 이루어 가는 것이다. 그것이 바로 나로 나되게 하는 것이다.

사도 바울은 이미 고린도 전서 13장 12절에서 "**지금은 부분적으로 나를 알지만 그때에는 내가 나를 온전하게 알게 되리라**"고 말씀하였다. 하나님께서 우리 안에 이루실 거룩한 형상은 우리 구주 예수 그리스도를 바라보는 자들만이 알 수 있는 놀라운 은혜이다. 그 하나님이 우리 하나님이심을 인하여서 감사하지 않을 수 없다.

제목: 그리스도의 부활
본문: 고린도 전서 15장 12~19절

[본 문]

12 그리스도께서 죽은 자 가운데서 다시 살아나셨다 전파되었거늘
너희 중에서 어떤 이들은 어찌하여 죽은 자 가운데서 부활이 없다
하느냐 13 만일 죽은 자의 부활이 없으면 그리스도도 다시 살지 못
하셨으리라 14 그리스도께서 만일 다시 살지 못하셨으면 우리의 전
파하는 것도 헛것이요 또 너희 믿음도 헛것이며 15 또 우리가 하나
님의 거짓 증인으로 발견되리니 우리가 하나님이 그리스도를 다시
살리셨다고 증거하였음이라 만일 죽은 자가 다시 사는 것이 없으면
하나님이 그리스도를 다시 살리시지 아니하셨으리라 16 만일 죽은
자가 다시 사는 것이 없으면 그리스도도 다시 사신 것이 없었을 터
이요 17 그리스도께서 다시 사신 것이 없으면 너희의 믿음도 헛되고
너희가 여전히 죄 가운데 있을 것이요 18 또한 그리스도 안에서 잠
자는 자도 망하였으리니 19 만일 그리스도 안에서 우리의 바라는 것
이 다만 이생뿐이면 모든 사람 가운데 우리가 더욱 불쌍한 자리라

[원문 직역]

12. 만약 그리스도께서 죽은자들로부터 살아 나셨다고 증거되셨다
면, 어찌 너희 안에서 죽은자들로부터 부활이 없다고 하느냐? 13. 만
약 죽은자들로부터 부활이 없다면, 그리스도도 다시 사신 것이 아니
다. 14. 만약 그리스도께서 다시 사신 것이 아니라면, 우리의 선포도
헛된것이고 너희 믿음도 헛되다. 15. 우리가 하나님의 거짓 증인으로
발각되리니 왜냐하면 우리가 하나님을 따라서 죽은자가 다시 사는 것
이 없다면 다시 살아나시지 않았을 그리스도를 다시 살아나셨다고 증
거했기 때문이다. 16. 만약 죽은자들이 다시 살아나지 않는다면 그리
스도께서도 다시 살아나지 아니하셨을 것이다. 17. 만약 그리스도께
서 다시 살아나지 않으셨다면, 우리의 믿음이 무용지물이다. 여전히

너희가 죄가운데 있다. 18. 그러므로 그리스도 안에서 잠든 자들도 망한 것이다. 19. 만약 그리스도 안에서 우리가 바라는 것들이 이 생명에만 우리가 있다면, 우리는 모든 사람들 중에 가장 비참한 자들이다.

[본문 해설]

12. 만약 그리스도께서 죽은자들로부터 살아 나셨다고 증거되셨다면, 어찌 너희 안에서 죽은자들로부터 부활이 없다고 하느냐?

사도 바울은 이 본문 전체를 걸쳐 그리스도의 부활의 중요성을 강조하고 있다. 사도 바울이 살던 시대에 거짓 교리를 가진 교사들이 죽은 자들로부터 부활이 없다고 가르쳤다. 그들은 그 시대 상식에 따라 죽은 자들로부터 부활이 없다고 주장하였던 것이다. 이러한 종류의 주장은 현대 사회에서도 있다.

현대 사회는 과학 만능 주의 시대이다. 성경의 가르침을 과학아래에 두고 판단하는 시대이다. 우리 시대에는 예수님의 동정녀 탄생을 믿지 못하는 자들이나 주님께서 물위를 걸으신 사건을 믿지 못하는 자들이나 바다와 물결을 잠잠케 하신 그리스도의 신적 권능을 믿지 못하는 자들이 넘쳐나고 있다. 한 술 더 떠서 현생 인류가 하나님의 피조물이 아니라 원숭이로부터 진화했다고 주장하는 헛된 교리들이 난무하는 시대이다. 그것이 굉장히 진리에 가까운 말처럼 떠들어 대며 무슨 합리적인 대안처럼 호들갑을 떤다. 이렇게 하나님의 말씀을 헛된 이론으로 전복시키려는 움직임이 그때에나 지금 시대에나 항상 있어 왔다. 그러나 하나님의 말씀은 그렇게 세상의 헛된 이론에 사라질 가르침이 아니다. 세상의 헛된 이론은 진리에 기초하지 않고 그 시대의 상황에 따라서 만들어진 것이다. 사도 바울은 고린도 교회 성도들에게 그런 헛된 이론에 빠지지 말고 하나님의 말씀에 굳게 서서 주의 부활을 믿는 신앙을 가지라 가르친다.

사도 바울은 "**만약 그리스도께서 죽은자들로부터 살아나셨다고 증**

거되셨다면, 어찌 너희 안에서 죽은자들로부터 부활이 없다고 하느냐?"(고전 15:12)고 힐문하고 있다. 사도 바울은 그리스도께서 죽은 자들로부터 다시 살아나셨다고 말한다. 그리고 이 교리는 그리스도께서 어떠하신 분이신가를 알 수 있다고 말한다. 사도 바울은 부활의 교리가 얼마나 중요한지를 부활이 없다고 주장하는 자들의 헛된 가르침을 반박한다. 그래서 "**어찌 너희 중에 죽은 자들로부터 부활이 없다고 하느냐**"(고전 15:12)라고 말한 것이다. 고린도 지역에 많은 거민들이 부활을 믿지 않았던 것으로 추정된다. 어떻게 죽은 자가 다시 살 수 있는가 하는 것이다. 그때에 고린도 교회 교인 중에 일부가 그런 주장에 호도되었다. 사도 시대가 비록 지금 시대처럼 과학주의적 사고방식이 지배하는 시대는 아니었지만, 죽은 자의 부활에 대한 교리를 받아들이지는 못하였다. 그들은 그러한 교리를 들은 바가 없었을 것이며 그들의 상식에 따라서 보면 그리스도의 부활을 인정하기 어려웠을 것이다.

13. 만약 죽은자들로부터 부활이 없다면, 그리스도도 다시 사신 것이 아니다. 14. 만약 그리스도께서 다시 사신 것이 아니라면, 우리의 선포도 헛된것이고 너희 믿음도 헛되다.

사도 바울은 삼단 논법을 따라서 그리스도의 부활이 없다는 주장을 반박한다. 만약 죽은 자의 부활이 없다면 그리스도도 다시 살지 못하였을 것이고 그리스도께서 다시 살지 못하였다면 사도들의 전파하는 복음도 헛것이 되며 그 복음 안에서 주어진 믿음도 무가치하다는 것이다. 사도 바울은 그리스도의 부활을 부정하는 자들은 헛된 믿음으로 드러날 것이라고 가르친다. 참된 믿음을 가진 자는 어느 누구도 그리스도의 부활을 부인하지 않는다. 이것이 사도가 우리에게 가르친 것이다. 고린도 교회 신자들 중 일부는 그리스도의 부활을 부정하고도 참된 믿음이 가능하다고 생각하였다. 이것은 참으로 어리석다. 적당하게 진리와 거짓을 섞어서 예수께서 세상 죄를 짊어지시고 죽으신 것은 믿지만 그의 부활을 믿을 수 없다면 그들의 믿음은 헛되다. 예수 그리스도의 죽으심은 역사적 사실이기에 믿지만 그분의 부활은 믿을 수 없다고 말하는 자들이 있다면 그들의 믿음은 헛되다.

사도 바울은 그들의 거짓된 주장을 반박하며 그들을 책망한다. 우리는 사도의 가르침을 따라 주님의 죽으심과 부활이 분리될 수 없는 하나의 실체라는 사실을 깨닫게 된다. 그리스도께서 십자가에 죽으심을 믿는 자라면 그가 죽음을 이기시고 부활하셨음을 믿어야 한다. 주님의 죽으심은 많은 세상 사람들이 지켜보는 가운데 있었다. 그러나 그리스도의 부활은 열두 사도들과 주의 형제 야고보와 유다와 오백 명의 형제들만이 보았다. 그러나 주님의 부활은 역사적 사실이다. 사도 바울은 바로 그 주님을 다메섹 도상에서 뵈었다고 증거한다.

우리는 세상의 역사를 따라 진리를 판단하는 자들이 아니다. 하나님의 계시된 말씀을 따라 진리를 분별하는 자들이다. 하나님의 계시된 말씀은 세상의 역사로 받아들여지는 때가 있고 그렇지 않는 경우도 있다. 왜냐하면 하나님의 역사는 세상의 역사 위에 있기 때문이다. 그래서 하나님께서 아브라함에게 나타나신 것은 세상의 역사가들이 이해할 수도 없고 믿을 수도 없을 것이다. 그러나 참된 신자들은 아브라함에게 나타나신 전능하신 하나님을 믿는다. 참된 신자들이라면 그것을 부인하지 않는다. 그와 같이 예수 그리스도의 부활도 그러하다. 예수 그리스도의 부활은 신구약 전체의 교리에 핵심이다. 아브라함도 이삭도 이스라엘도 모세도 다윗도 부활의 신앙이 있었다. 아브라함의 부활 신앙은 히브리서 11장 17~19절에 잘 나타나 있다. “**17 아브라함은 시험을 받을 때에 믿음으로 이삭을 드렸으니 저는 약속을 받은 자로되 그 독생자를 드렸느니라 18 저에게 이미 말씀하시기를 네 자손이라 칭할 자는 이삭으로 말미암으리라 하셨으니 19 저가 하나님이 능히 죽은 자 가운데서 다시 살리실 줄로 생각한지라 비유컨대 죽은 자 가운데서 도로 받은 것이니라**” 히브리서 기자는 아브라함이 아들 이삭을 바쳤던 그 믿음이 바로 부활의 신앙이라고 가르친다. 하나 밖에 없는 독자 이삭을 바친다는 것은 그가 죽어도 다시 살 것을 믿었다는 것이다. 왜냐하면 하나님께서 아브라함의 자손으로서 이삭을 통하여서 언약의 계대를 이어가실 것을 말씀하셨기 때문이다. 그러므로 이삭이 죽어도 다시 살아나리라 믿었던 것이다. 이렇게 부활 신앙은 구약 전체를 흐르는 참된 신앙이다. 그런데 아브라함의 자손이며 무엇보다 이스라엘 공동체의 제사장 집단이었던 사두개인들은 부활을 믿지 않았다. 공관 복음에서는 사두개인들의 불신앙이 잘 드러나 있다. 그들의 신앙은 매우 세속화 되어 있었다. "23 **부활이 없다 하는 사두개인들이 그 날에 예수께 와서 물어 가로되** 24 **선생님이여 모세가 일렀으되 사람이 만일 자식이 없이 죽으면 그 동생이 그 아내에게 장가들어 형을 위하여 후사를 세울지니라 하였나이다** 25 **우리 중에 칠 형제가 있었는데 맏이 장가들었다가 죽어 후사가 없으므로 그의 아내를 그 동생에게 끼쳐두고** 26 **그 둘째와 셋째로 일곱째까지 그렇게 하다가** 27 **최후에 그 여자도 죽었나이다** 28 **그런즉 저희가 다 그를 취하였으니 부활 때에 일곱 중에 뉘 아내가 되리이까** 29 **예수께서 대답하여 가라사대 너희가 성경도, 하나님의 능력도 알지 못하는 고로 오해하였도다** 30 **부활 때에는 장가도 아니가고 시집도 아니가고 하늘에 있는 천사들과 같으니라** 31 **죽은 자의 부활을 의논할진대 하나님이 너희에게 말씀하신 바** 32 **나는 아브라함의 하나님이요 이삭의 하나님이요 야곱의 하나님이로라 하신 것을 읽어 보지 못하였느냐 하나님은 죽은 자의 하나님이 아니요 산 자의 하나님이시니라 하시니**"(마 22:23~32)

"18 **부활이 없다 하는 사두개인들이 예수께 와서 물어 가로되** 19 **선생님이여 모세가 우리에게 써 주기를 사람의 형이 자식이 없이 아내를 두고 죽거든 그 동생이 그 아내를 취하여 형을 위하여 후사를 세울지니라 하였나이다** 20 **칠 형제가 있었는데 맏이 아내를 취하였다가 후사가 없이 죽고** 21 **둘째도 그 여자를 취하였다가 후사가 없이 죽고 셋째도 그렇게 하여** 22 **일곱이 다 후사가 없었고 최후에 여자도 죽었나이다** 23 **일곱 사람이 다 그를 아내로 취하였으니 부활을**

당하여 저희가 살아날 때에 그 중에 뉘 아내가 되리이까 24 예수께 서 가라사대 너희가 성경도, 하나님의 능력도 알지 못하므로 오해함 이 아니냐 25 사람이 죽은 자 가운데서 살아날 때에는 장가도 아니 가고 시집도 아니가고 하늘에 있는 천사들과 같으니라 26 죽은 자의 살아난다는 것을 의논할진대 너희가 모세의 책 중 가시나무떨기에 관한 글에 하나님께서 모세에게 이르시되 나는 아브라함의 하나님이 요 이삭의 하나님이요 야곱의 하나님이로라 하신 말씀을 읽어 보지 못하였느냐 27 하나님은 죽은 자의 하나님이 아니요 산 자의 하나님 이시라 너희가 크게 오해하였도다 하시니라"(막 12:18~27)

"**27 부활이 없다 주장하는 사두개인 중 어떤 이들이 와서 28 물어 가로되 선생님이여 모세가 우리에게 써 주기를 사람의 형이 만일 아 내를 두고 자식이 없이 죽거든 그 동생이 그 아내를 취하여 형을 위 하여 후사를 세울지니라 하였나이다 29 그런데 칠 형제가 있었는데 맏이 아내를 취하였다가 자식이 없이 죽고 30 그 둘째와 셋째가 저 를 취하고 31 일곱이 다 그와 같이 자식이 없이 죽고 32 그 후에 여 자도 죽었나이다 33 일곱이 다 저를 아내로 취하였으니 부활 때에 그 중에 뉘 아내가 되리이까 34 예수께서 이르시되 이 세상의 자녀 들은 장가도 가고 시집도 가되 35 저 세상과 및 죽은 자 가운데서 부활함을 얻기에 합당히 여김을 입은 자들은 장가가고 시집가는 일 이 없으며 36 저희는 다시 죽을 수도 없나니 이는 천사와 동등이요 부활의 자녀로서 하나님의 자녀임이니라 37 죽은 자의 살아난다는 것은 모세도 가시나무떨기에 관한 글에 보였으되 주를 아브라함의 하나님이요 이삭의 하나님이요 야곱의 하나님이시라 칭하였나니 38 하나님은 죽은 자의 하나님이 아니요 산 자의 하나님이시라 하나님 에게는 모든 사람이 살았느니라 하시니**"(눅 20:27~38)

이 세 본문을 살펴보면 각 본문이 약간의 차이 외에 같다는 사실을 알게 된다. 중요한 구성은 이러하다. 사두개인은 부활을 믿지 않는다. 이것은 심각하다. 구약 아브라함 시대부터 모든 참된 성도들이 부활의 신앙을 가지고 있었는데 어떻게 이스라엘의 제사장 집단이라고 할 수 있는 사두개인들이 부활의 신앙이 없는가 하는 것이다. 그것은 그만큼 이스라엘 종교 지도자들의 신앙이 썩어 있었다는 것이다. 그 당시에 사두개인들의 이러한 불신앙이 고린도 교회 신자들에게도 영향을 주었으리라 사려 된다. 그렇게 유대 종교 지도자들이 부활이 없다고 생각할 정도였으니 세상 사람들이야 얼마나 더욱 부활을 부인하고 살았을 것인가 말할 수 없다. 그렇게 부활을 믿지 않았던 유대 공동체의 제사장 집단들인 사두개인들의 잘못된 가르침은 유대 공동체에게 크나큰 영적 고통이었다.

새 언약의 교회가 세워졌을 때에도 부활을 믿지 않는 거짓된 신앙이 교회 안에도 퍼져서 교회를 괴롭혔다. 사도 바울은 이러한 잘못된 가르침을 두고 볼 수 없어서 부활의 교리를 기록하지 않을 수 없었다. 부활의 교리가 중요한 이유는 하나님께서 죽은 자의 하나님이 아니시고 산자의 하나님이 되시기 때문이다.(눅 20:38) 그렇다고 하면 우리 주 예수 그리스도의 부활은 너무나 당연하다. 예수 그리스도의 부활은 우리 부활의 토대가 되기 때문이다. 신자의 구원은 그리스도의 부활을 토대로 이루어진다. 이제 그리스도께서 부활하셔서 첫 열매가 되심으로서 모든 신자들에게 부활의 소망이 되셨다. 참된 신자들은 부활의 소망을 가지고 그리스도 안에서 잠잔다. 그래서 부활의 신앙이 없으면 그 믿음은 헛되다.

13. 만약 죽은자들로부터 부활이 없다면, 그리스도도 다시 사신 것이 아니다. 14. 만약 그리스도께서 다시 사신 것이 아니라면, 우리의 선포도 헛된 것이고 너희 믿음도 헛되다. 15. 우리가 하나님의 거짓 증인으로 발각되리니 왜냐하면 우리가 하나님을 따라서 죽은자가 다시 사는 것이 없다면 다시 살아나시지 않았을 그리스도를 다시 살아나셨다고 증거했기 때문이다. 16. 만약 죽은자들이 다시 살아나지 않는다면 그리스도께서도 다시 살아나지 아니하셨을 것이다. 17. 만약 그리스도께서 다시 살아나지 않으셨다면, 우리의 믿음이 무용지물이다. 여전히 너희가 죄 가운데 있다.

사도 바울은 부활의 신앙이 없다면 사도들이 하나님의 거짓 증인이 된다고 말한다. 왜냐하면 그리스도께서 다시 사시지 않았는데 다시 살았다고 거짓으로 증거하였기 때문이다. 사도 바울은 부활을 거부하는 거짓 신자들에게 그들의 믿음이 헛되다고 말한다. 그러한 자들은 여전히 죄악 가운데 있다고 말한다.

원래 구약 이스라엘 백성들에게 제사장 제도는 아론의 지파에게 속하였다. 그리고 이 제도는 다윗 시대에 제사장 사독에게 주어졌다. 그래서 사두개인이라는 뜻이 원래 사독의 자손들이라는 뜻이 있다. 사독은 다윗 시대 제사장으로서 그 후손들이 제사장 집단을 형성하였다. 그들은 구약의 의식법을 따라서 할례를 시행하거나 또한 양의 피를 잡아서 희생 제사를 드리는 직무를 맡았다. 그리고 그러한 희생 제사를 드림으로서 유대인들의 죄가 사함을 받는다고 가르쳤다. 그러나 죽은 자의 부활을 믿지 않은 그들은 새 언약의 교회에게도 악한 영향력을 행사하였다.

사도 바울은 그들의 어리석음을 호되게 비판하였다. 제사장들이 늘 드리는 제사로서 죄 사함을 받을 수 없다. 그 희생 제사는 모형에 불과하다.(히 10: 1~4, 11) 예수 그리스도께서 우리 죄를 위에 십자가에서 죽으신 것이 구약 속죄 의식의 실체이다. 오직 그리스도의 보혈의 공로로 구속 곧 죄사함을 받는다. 속죄 사역의 실체가 되시는 그리스도의 부활을 거부하면 거짓 믿음이다.

예수 그리스도의 죽으심이 죄에 대하여서 죽으심이고 그의 살으심이 의에 대하여서 살으심이라면 세례는 그리스도의 죽으심과 살으심을 신자에게 연결시키는 성례이다. 신자들은 믿음으로 세례를 통하여서 그리스도와 연합되어 죄에 대하여서 죽고 하나님을 향하여서 사는 것이다. 그렇게 그리스도와 함께 십자가에 못 박힌 자들은 그리스도의 부활로서 그리스도와 함께 다시 사는 것이다. 그래서 그리스도의 부활은 우리 부활의 기초이다. 예수 그리스도께서 부활하심으로서 우리의 구주로서 인정되셨다. 우리도 그와 함께 죽으면 그와 함께 다시 살 것을 아는 것이다.

18. 그러므로 그리스도 안에서 잠든 자들도 망한 것이다. 19. 만약 그리스도 안에서 우리가 바라는 것들이 이 생명에만 우리가 있다면, 우리는 모든 사람들 중에 가장 비참한 자들이다.

사도 바울은 만약 죽은 자의 부활이 없다면 주 안에서 잠든 자 모두 망한 것이라 말한다. 이때에 주 안에서 잠든 자는 단지 신약 시대 성도만을 지칭하는 것이 아니다. 구약 시대 모든 성도들까지 포괄한다. 그리스도의 부활을 부인하면 아브라함과 이삭과 야곱과 같은 믿음의 족장들과 모세와 여호수아와 다윗과 같은 신앙의 선조들이나 여러 구약 선지자들도 다 망하게 되는 것이다. 사도 바울은 이러한 논증을 따라서 그리스도의 부활은 분명한 사실이라는 것을 강조한다.

사도 바울은 "**만일 그리스도 안에서 우리의 바라는 것이 다만 이 생뿐이면 모든 사람 가운데 우리가 더욱 불쌍한 자리라**"고 가르친다. 그리스도인은 이 세상에서 핍박받고 고난을 당하고 고통 속에 살다가 비참하게 죽어가게 되어 있다. 그러나 기뻐할 수 있고 감사할 수 있다. 그것은 구주 예수 그리스도께서 부활의 소망을 우리에게 약속하셨기 때문이다. 예수 그리스도의 다시 오실 때에 주 안에 잠자는 신자들은 생명의 부활로 나아간다. 신자들이 바라는 바는 이 생을 넘어서 하나님 나라에 이르는 것이기에 이 세상에서 고통받고 비참하게 살아도 소망이 있다. 신자들은 이유 없이 억압하고 핍박하는 무리들이 마지막 때에 당할 무서운 심판을 믿기에 모든 세상의 핍박과 공격을 감내한다.

예수 그리스도 그 좋으신 이름으로 인하여 신자들은 기뻐할 수 있다. 우리의 생애가 그분으로 인하여 소망이 넘친다. 나그네와 같은 생애를 감사할 수 있는 것은 구주 예수 그리스도께서 함께 하시기 때문이다. 사도 바울은 성도들에게 이 세상에서 어떠한 곤고와 비참한 상황이 닥칠지라도 감사하라고 교훈한다. 왜냐하면 참된 신자들에게는 영원한 부활이 있기 때문이다. 그 영원한 부활은 이 세상에서 진리를 인하여서 당하는 모든 환란과 핍박을 극복하게 하는 위로이다. 주님의 부활은 신자들의 삶의 어떠한 고난도 즐거움으로 바꾼다.

참된 신앙은 나그네와 같은 신앙이다. 그 나그네와 같은 신앙의 삶은 지상에서 불필요한 재물에 대한 탐욕을 품지 않는다. 지상에서의 재물은 일용할 양식으로 족하다. 간편한 옷이 좋다. 사치스럽고 비싼 화려한 옷은 나그네의 삶에 거추장스럽다. 무엇보다 나그네는 가야할 목표가 분명하다. 하늘 본향이다. 그 하늘 본향을 향하여서 담대히 나아간다. 성도들은 주 예수 그리스도께서 이루신 그 크신 사랑으로 영원한 본향을 향해 순례의 길을 가고 있는 이 세상의 나그네이다.

제목: 부활의 첫 열매
본문: 고린도 전서 15장 20~28절

[본 문]
20 그러나 이제 그리스도께서 죽은 자 가운데서 다시 살아 잠자는
자들의 첫 열매가 되셨도다 21 사망이 사람으로 말미암았으니 죽은
자의 부활도 사람으로 말미암는도다 22 아담 안에서 모든 사람이 죽
은 것같이 그리스도 안에서 모든 사람이 삶을 얻으리라 23 그러나
각각 자기 차례대로 되리니 먼저는 첫 열매인 그리스도요 다음에는
그리스도 강림하실 때에 그에게 붙은 자요 24 그 후에는 나중이니
저가 모든 정사와 모든 권세와 능력을 멸하시고 나라를 아버지 하나
님께 바칠 때라 25 저가 모든 원수를 그 발 아래 둘 때까지 불가불
왕 노릇 하시리니 26 맨 나중에 멸망받을 원수는 사망이니라 27 만
물을 저의 발 아래 두셨다 하셨으니 만물을 아래 둔다 말씀하실 때
에 만물을 저의 아래 두신 이가 그 중에 들지 아니한 것이 분명하도
다 28 만물을 저에게 복종하게 하신 때에는 아들 자신도 그 때에 만
물을 자기에게 복종케 하신 이에게 복종케 되리니 이는 하나님이 만
유의 주로서 만유 안에 계시려 하심이라

[원문 직역]
20. 이제 그리스도께서 잠자는 자들의 첫 열매로서 죽은자들로부터
다시 살아 나셨다. 21. 사망이 사람을 통하여서 왔기 때문에 죽은자
의 부활도 사람을 통하여서 온다. 22. 아담 안에서 모든 자들이 죽었
다. 그와 같이 그리스도 안에서 모든 자들이 삶을 얻을 것이다. 23.
각각 자신의 순서를 따라서 되는데 그리스도께서 첫 열매가 되시고
그 다음은 그리스도가 오실 때, 그에게 속한 자들이다. 24. 무엇보다
마지막에 그가 하나님 아버지께 나라를 바치실 때이다. 그리고 모든
정사와 권세와 권력을 폐하실 때이다. 25. 모든 원수들을 그 발 아래
에 두시기까지 그가 불가불 왕노릇하리라. 26. 마지막 멸망받을 원수

는 사망이다. 27. 그가 만물을 그의 발 아래에 두셨다 말씀하실 때에 만물이 아래에 놓여 있었다. 그는 그의 아래에 있는 만물 밖에 있었던 것이 확실하다. 28. 그가 만물을 그 자신 아래에 둘 때, 아들 자신도 만물을 그 자신 아래에 두는 자 아래에 있다. 이는 하나님께서 만물 안에서 만물이 되시고자 하심이다.

[본문 해설]

20. 이제 그리스도께서 잠자는 자들의 첫 열매로서 죽은자들로부터 다시 살아 나셨다.

그리스도께서 다시 살아나심으로 주 안에서 잠자는 자들의 첫 열매가 되셨다. 이는 주님의 부활이 모든 잠자는 자들의 부활의 기초가 되기 때문이다. 주님 예수 그리스도의 부활은 주 안에서 잠자는 자들에게 영원한 불멸의 소망이다. 구주 예수 그리스도께서 부활 하셨을 때에 그는 더 이상 부활하시기 이전의 상태에 머물러 계시지 않았다. 부활하신 이후 주님의 몸은 영광된 형체를 얻으셨다. 예수 그리스도께서는 부활하심으로 이 세상에 계실 때의 형체가 아닌 전혀 다른 형상을 입으셨다. 중보자로서 그리스도는 부활하신 이후에 영화롭게 되셨고 하늘에 오르셔서 하나님 우편에 앉으셨다. 이는 부활하신 이후 그리스도께서 전혀 다른 형상으로 그의 구속 사역을 이루어 가실 것을 의미한다. 예수 그리스도의 부활은 새로운 생명 현상이다. 예수 그리스도께서 죽은자들로부터 영광의 형상으로 다시 일어나심으로 그리스도를 따르는 모든 자들에게 그와 같이 영광된 형상으로 부활할 것을 소망할 수 있게 하셨다. 주님 안에서 잠자는 자들은 주님 안에서의 영원한 부활을 바라보며 기쁨으로 잠잔다. 그리고 주님께서 다시 오실 때에 성령으로 부활하여 영원한 하나님 나라에서 영생을 누리게 될 것을 소망한다. 그러기에 영생은 지금 시간 안에 우리 가운데 있는 것이고 그 영생하시는 하나님과 하나로 연합이 되는 순간이 영생의 시작이다. 예수 그리스도를 믿음으로 신자들은 그리스도와 연합하여서 하나님의 나라에 가는 것이다.

21. 사망이 사람을 통하여서 왔기 때문에 죽은자의 부활도 사람을 통하여서 온다.

사도 바울은 사망이 사람을 통하여서 왔기 때문에 죽은 자의 부활도 사람을 통하여서 온다고 말한다. 이를 통해 우리는 예수 그리스도께서 이 세상에 오셔서 고난을 당하시고 죽으실 뿐만 아니라 다시 살아 나셔야 하는 것이 필수적이라는 사실을 알게 된다. 그리스도의 부활은 복음의 가르침에 가장 중요한 요체이다. 예수 그리스도는 모든 사람이 범죄 하여서 사망에 이르렀을 때에 다시 살아나사 영광된 부활의 소망이 되셨다. 사도 바울은 사망이 사람을 통하여서 왔다면 그 사망을 극복하려고 할 때에 사람을 통하여서 죽은 자의 부활이 있어야 한다고 말한다. 예수 그리스도의 죽으심과 부활은 피할 수 없이 구속의 본질을 이룬다. 성노들은 이 믿음으로 구원에 이른다.

아담의 범죄로 사망이 왔다. 그래서 사도 바울은 사망이 한 사람을 통하여서 왔다. 죽은 자의 부활도 한 사람을 통하여서 온다. 우리 구주 예수 그리스도이시다. 전적으로 타락한 인생들은 구속의 중보자가 될 수 없다. 그와 반대로 비록 죄가 없이 순수하지만 인간이 아닌 천사들도 구속의 중보자가 될 수 없다. 그러므로 하나님의 독생자이신 구주 예수 그리스도께서 인간이 되셨다. 예수 그리스도는 보이지 않는 하나님의 형상이시다. 인간이 하나님의 형상으로 피조되었다고 할 때에 그 보이지 아니하시는 하나님의 형상이 구주 예수 그리스도이시다. 구주 예수 그리스도는 보여지신 하나님이시다. 그리스도가 인간이 되신 것은 너무나 자연스럽다.

예수 그리스도는 보이지 아니하시는 하나님의 형상이시다. 모든 인간은 예수 그리스도의 형상을 따라서 피조되었다. 인생들은 예수 그리스도를 비추어 주면 최고이다. 그리스도가 최고의 선이시다. 그가 우리 죄를 위하여서 십자가에 대속의 죽음을 당하셨다. 그분 외에 어느 누구도 우리를 대속할 수 없다. 그리고 우리를 위해서 속죄하시고 생명으로 부활할 수 없다. 그리스도께서는 세상을 재창조하시고자 다시 살아나신 것이다. 그래서 그리스도의 부활은 세상을 다시 창조하신 놀라운 사건이다. 그리스도의 부활은 모든 성도들의 부활의 토대이시다. 성도들이 부활 시에 입는 신령한 몸이란 구주 예수 그리스도께서 입으신 그 영광의 형체이다. 하나님께서 믿는 자들 안에 베푸시는 그 영광의 상태란 이루 말할 수 없다.

22. 아담 안에서 모든 자들이 죽었다. 그와 같이 그리스도 안에서 모든 자들이 삶을 얻을 것이다.

고린도 전서 15장 22절은 이렇게도 해석될 수 있다. “**아담 안에서 전 인류가 죽었다. 그와 같이 그리스도 안에 있는 모두는 삶을 얻을 것이다.**” 사도 바울은 지금 아담 안에서 전 인류가 죽었다고 선언하고 있다. 모든 인류는 아담의 후손이기에 어떤 사람도 예외가 있을 수 없다. 모든 인류는 아담 안에서 죽었다. 사도 바울은 로마서 3장 23절에서 “**모든 사람이 죄를 범하였으매 하나님의 영광에 이르지 못하더니**”라고 선언한다. 직역하면 다음과 같다. “**모든 사람이 죄를 범하였다. 하나님의 영광에 이르지 못한다.**” 사도 바울은 “**모든 사람이 죄를 범하였다.**”고 하여 과거 시제를 쓰고 있다. 헬라어 “**헤마르톤**”(ἥμαρτὸν)은 과거 시제이다. 이는 지나간 사건이라는 것이다. 그러나 “**하나님의 영광에 이르지 못하고 있다**”는 현재 시제를 쓰고 있다. 헬라어 “**휘스테룬타이**”(ὑστεροῦνται)는 현재 시제이다. 이는 한 번 범죄함으로서 모든 인류에게 죄가 침투했으며 이제 지속적으로 하나님의 영광에 이르지 못하는 상태에 살고 있다는 것이다. 아담의 불순종은 한 번 있었으나 그 원죄가 죄책이 되어서 인류는 하나님의 영광에 이르지 못하고 있다는 것이다. 고린도 전서 15장 22절 전반부에 사도 바울은 아담의 불순종으로 전 인류가 사망 가운데 놓여 있다고 말한다. 후반부에 “**그리스도 안에서 모든 자들이 삶을 얻을 것**

이다."고 말하면서 이제 그리스도 안에 있는 자는 모두 생명을 얻을 것이라고 가르친다. 그리스도를 구주로 믿고 세례를 받은 모든 신자들은 그리스도 안에서 생명을 얻는다. 아담 안에서 전 인류가 죽었다. 그러나 그리스도 안에 있는 자들은 새 생명을 얻을 것이다. 여기에서는 "**그리스도 안에**"라는 의미가 중요하다. 헬라어로 "**엔 크리스토**"(εν Χριστω)라고 하는데 이는 직역하면 "**그리스도 안에 있다.**"라는 뜻이다. 구원의 도리를 깨닫고 믿음으로 중생한 참된 신자들을 지칭한다. 중생한 신자들은 중생의 도리를 깨닫고 주 안에서 행하고자 하며 주님을 사랑하고 주님의 뜻을 사모한다. 참된 신자는 구주를 간절히 사모한다. 참된 구원은 구주 예수 그리스도를 따라 살아가려고 하는 자들이다. 이는 삶의 방향이 멸망으로 가는 세상을 따라 가지 않고 생명의 주님을 따라 간다. "**그리스도 안에 있는 모든 자들이 생명을 얻으리라**"는 것은 그리스도 안에 예정된 모두를 지칭한다. 이 본문은 제한 속죄 교리가 있다. 오직 믿음으로 중생한 참된 신자만이 영생을 얻을 것이라는 것이다.

주님께서는 마태복음서 7장 13~14절에서 "**13 좁은 문으로 들어가라 멸망으로 인도하는 문은 크고 그 길이 넓어 그리로 들어가는 자가 많고 14 생명으로 인도하는 문은 좁고 길이 협착하여 찾는 이가 적음이니라**"고 말씀하셨다. 직역하면 이러하다. "**13. 좁은 문으로 들어가라. 멸망으로 인도하는 문은 넓고 길은 잘 닦여 있다. 그래서 많은 자들이 그 길로 가고 있다. 14. 생명으로 인도하는 길은 압박감이 느껴질 정도로 협착하고 그 문은 좁아서 그 길을 찾는 자들은 극히 적은 무리들이다.**" 멸망으로 가는 문은 길이 잘 닦여 있다. 탄탄대로이다. 길이 넓어서 찾는 이가 많다. 그러나 생명 길은 매우 좁고 협착하다. 그래서 고난의 길이다. 찾는 이가 극히 적다. 그러므로 그리스도 안에(ἐν Χριστῷ) 있는 모든 자들은 많은 무리가 아니다. 지극히 적은 무리이다. 그리고 믿음으로만 그 나라에 참여할 수 있다.

23. 각각 자신의 순서를 따라서 되는데 그리스도께서 첫 열매가 되

시고 그 다음은 그리스도가 오실 때, 그에게 속한 자들이다.

사도 바울은 각각 자기 차례대로 된다고 말한다. 첫 순서는 그리스도이시다. 그는 부활의 첫 열매이시고 모든 성도들 부활의 근원이시다. 그리고 그 다음 순서는 주 안에서 잠자는 자들이다. 예수 그리스도께서 강림하실 때에 그리스도에게 속하여 마지막까지 살아 있는 성도들이 홀연히 변화하여서 주와 함께 있게 될 것이다.그리스도께서 강림하실 때에 다시 살아나 주를 만나는 순서가 있다. "**16 주께서 호령과 천사장의 소리와 하나님의 나팔로 친히 하늘로 좇아 강림하시리니 그리스도 안에서 죽은 자들이 먼저 일어나고 17 그 후에 우리 살아 남은 자도 저희와 함께 구름 속으로 끌어올려 공중에서 주를 영접하게 하시리니 그리하여 우리가 항상 주와 함께 있으리라**"(살전 4장 16~17)

24. 무엇보다 마지막에 그가 하나님 아버지께 나라를 바치실 때이다. 그리고 모든 정사와 권세와 권력을 폐하실 때이다. 25. 모든 원수들을 그 발 아래에 두시기까지 그가 불가불 왕노릇하리라.

사도 바울은 성도들에게 이 땅에서 인내할 것을 가르친다. 이 세상은 폭풍치는 바다와 같아서 신자들은 항상 배위에서 흔들리는 사람과 같다. 쉴새없이 쳐들어 오는 세파에 시달리고 곤비하다. 그래서 이 세상에서 신자의 삶은 불완전하다. 오히려 거친 파도만이 계속될 것이다. 왜냐하면 모든 세상일이 불확실한 우연에 갇혀 있기 때문이다. 그러므로 누구든지 연약한 마음은 이러한 세파에 의하여서 더욱 힘든 상태로 던져질 것이다.

사도 바울은 그리스도께서 마지막 때에 모든 정사와 권세와 능력을 멸하시고 나라를 아버지 하나님께 바치실 때까지 이러한 곤고한 역사가 계속될 것이라고 가르친다. 신자들은 그 질서가 완전히 잡혀서 잠잠해질 때까지 끝없이 세파와 싸워야 할 것을 가르친다. 그러할 때에 우리의 소망이 완성된다. 사도 바울은 후반부에 "**모든 정사와 권세와 권력을 폐하실 때가 올 것이라.**"(고전 15:24)고 하신다. 이는 그리스도께서 이 세상의 모든 정사와 권세와 권력을 멸하실 때이다. 이 세상이 곤비하고 힘들게 되었던 근원적 이유는 죄 때문이다. 그리스도만이 그 죄악을 완전히 멸하실 수 있으시다. 이 세상은 비록 잠시 동안 마귀와 어둠의 세력에 의하여서 지배를 당한다고 할지라도 성도들은 이 세상에 맞서서 거룩함과 순수함을 지켜야 한다. 왜냐하면 주님께서 마지막 날에 오셔서 세상을 심판하시고 모든 정사와 권세와 능력을 멸하실 것이기 때문이다. 이 세상 종말의 때까지 그리스도께서 세상을 내버려 두시는 것이다. 그래서 성도들은 이 세상 종말까지 그리스도의 남은 고난을 짊어지고 살아가야 한다.

26. 마지막 멸망받을 원수는 사망이다.

여전히 이 세상은 예수 그리스도에게 대항하는 많은 대적자들이 있다. 그들은 거짓 교리와 폭력적인 권력 투쟁과 부당한 재물을 축적하는 것과 그것으로 가난한 자들을 억압하고 핍박하는 일이다. 그 중에 사망은 맨 마지막 원수이다. 예수 그리스도께서 맨 나중에 멸하실 원수는 사망이다. 사망은 인류가 이길 수 없다. 그것은 어떠한 과학적 의술로도 사라지지 않는다.

그러나 오직 예수 그리스도께서 모든 원수를 멸하시고 그 마지막에 사망을 멸하실 것이다. 그리고 성도들에게 영생을 누리게 하여 주실 것이다. 그러므로 성도들은 그리스도 안에 믿음으로 소망을 버리지 말며 주님의 강림을 사모하며 기다려야 한다. 주님께서 죽은 자들로부터 살아 나셨기에 사망은 주님께 완전히 굴복하였다. 우리 주님께서 인류에게 가장 무서운 원수가 사망이라는 사실을 몸소 체험하셨다. 주님께서는 마지막 날에 성도들에게 사망을 없이 하여 주실 것이다. 예수 그리스도를 따라가는 가장 최고의 영광은 이 땅에서 죽어도 다시 살 것이며 살아서 믿는 자는 영원히 영생을 얻을 것

이라는 것이다.(요 11:25~26)

27. 그가 만물을 그의 발 아래에 두셨다 말씀하실 때에 만물이 아래에 놓여 있었다. 그는 그의 아래에 있는 만물 밖에 있었던 것이 확실하다. 28. 그가 만물을 그 자신 아래에 둘 때, 아들 자신도 만물을 그 자신 아래에 두는 자 아래에 있다. 이는 하나님께서 만물 안에서 만물이 되시고자 하심이다.

사도 바울은 만물을 발아래 두신다고 말씀하실 때에 만물을 아래 둔다 말씀하신 하나님은 그 만물들 중에 계시지 않는다고 말한다. 이것은 옳다. 주님은 만물 밖에 계신다. 만물을 초월하여 계시며 만물을 다스리신다. 하나님의 초월성은 모든 피조물에 대한 초월성이다. 하나님께서는 무소부재하시다. 하나님은 모든 피조물들을 완전하게 아시지만 피조물들은 하나님을 전혀 모른다. 지으신 분은 지은 물건을 속속히 알지만 지음 받은 물건은 지으신 분을 알 수 없다. 그렇게 하나님은 불가해하신 분이시다. 그래서 만물을 지으신 창조주께서 친히 인자로서 오신이가 예수 그리스도이시다. 예수 그리스도는 창조주이시다. 그는 하나님이시다. 그렇게 예수 그리스도는 하나님의 비밀이다. 이 세상이 결코 이해할 수 없는 분이 우리 구주 예수 그리스도이시다. 그래서 왜 아들 하나님께서 성육신하셨는지를 사도 바울은 고린도 전서 15장 28절에서 가르친다. 직역하면 다음과 같다. "**그가 만물을 그 자신 아래에 둘 때, 아들 자신도 만물을 그 자신 아래에 두는 자 아래에 있다. 이는 하나님께서 만물 안에서 만물이 되시고자 하심이다.**" 사도 바울은 그리스도가 사람이 되신 것은 하나님께서 만물 안에 계셔서 만물이 되신 것이라고 말한다. 예수 그리스도는 만물 안에 들어오신 하나님이시다. 예수 그리스도께서는 만유 만에 들어오셔서 만유가 되시었다. 그래서 예수 그리스도는 하나님의 계시 절정이며 보이지 아니하시는 하나님의 형상이시다. 그가 만물 가운데 하나님의 형상을 보여 주신 것이다. 그래서 예수 그리스도는 계시되신 하나님이시다.

제목: 예수 그리스도 안에서 죽은자들의 부활의 확실성
본문: 고린도 전서 15장 29~34절

[본 문]

29 만일 죽은 자들이 도무지 다시 살지 못하면 죽은 자들을 위하
여 세례받는 자들이 무엇을 하겠느냐 어찌하여 저희를 위하여 세례
를 받느뇨 30 또 어찌하여 우리가 때마다 위험을 무릅쓰리요 31 형
제들아 내가 그리스도 예수 우리 주 안에서 가진 바 너희에게 대한
나의 자랑을 두고 단언하노니 나는 날마다 죽노라 32 내가 범인처럼
에베소에서 맹수로 더불어 싸웠으면 내게 무슨 유익이 있느뇨 죽은
자가 다시 살지 못할 것이면 내일 죽을 터이니 먹고 마시자 하리라
33 속지 말라 악한 동무들은 선한 행실을 더럽히나니 34 깨어 의를
행하고 죄를 짓지 말라 하나님을 알지 못하는 자가 있기로 내가 너
희를 부끄럽게 하기 위하여 말하노라

[원문 직역]

29. 만약 게다가 죽은자들이 일어나는 것이 없다면, 죽은 자들에
의하여서 세례를 받는 자들이 무엇을 하겠느냐? 어찌하여 그들에 의
하여서 세례를 받느냐? 30. 어찌 우리가 매 시간 위험 가운데 있으리
요? 31. 날마다 내가 죽노라. 우리 주 예수 그리스도 안에서 내가 너
희의 자랑을 가지고 있다. 형제들아! 32. 만약 평범한 사람 처럼 에베
소에 있을 때에 맹수와 싸웠다면, 내게 유익이 무엇이냐? 만약 죽은
자가 다시 일어남이 없다면, 먹고 마시자 내일 우리가 죽을 것이다.
33. 속지 마라! 악한 동무들은 좋은 습관을 파괴시킨다. 34. 올바르게
깨어 있어라. 그리고 죄를 짓지 말라. 그들이 하나님께 무지함을 가지
고 있다. 그래서 너희에게 부끄러움을 갖도록 말하는 것이다.

[본문 해설]

29. 만약 게다가 죽은자들이 일어나는 것이 없다면, 죽은 자들에

의하여서 세례를 받는 자들이 무엇을 하겠느냐? 어찌하여 그들에 의하여서 세례를 받느냐?

사도 바울은 본문에서 "**만일 죽은 자들이 도무지 다시 살지 못하면 죽은 자들을 위하여 세례받는 자들이 무엇을 하겠느냐**"고 힐문하다. 이 본문은 직역하면 좀더 의미가 드러난다. "**만약 게다가 죽은자들이 일어나는 것이 없다면, 죽은 자들에 의하여서 세례를 받는 자들이 무엇을 하겠느냐?**" 헬라어의 "**휘페르**"(ὑπὲρ)는 "**위하여**"라는 뜻 외에도 "**~으로 인하여**", "**~때문에**"라는 뜻도 있다. 무엇보다 "**~ 대신에**", "**~이라는 명목으로**"라고도 해석이 된다. 사도 바울은 신자들에게 세례를 베풀었던 많은 믿음의 성직자들이 이미 순교하였다는 사실을 상기시키고 있다. 그리고 이어서 그들의 부활이 없다면 그들이 사역하였고 그들의 세례를 받은 자들도 부활이 없을 것이고 그렇다고 하면 그 세례가 무엇이 되겠느냐고 반문한다.

사도 바울은 부활의 의미를 분명하게 드러내기 위하여 고린도 교회 성도들에게 부활의 중요성을 반어법으로 설명하고 있다. 그리고 부활이 세례와 밀접하게 관련 되어있음을 가르친다. 그렇다면 세례가 무엇인가를 통하여서 살펴보고자 한다. 세례는 구약 시대에 결례로 있었다. 여기에서 결례란 청결케 하는 의식이라는 뜻이다. 그런데 이 결례가 신약 시대에 세례로 발전하였다. 더러운 것을 씻어 내는 결례가 새 언약에서 더욱 큰 의미를 부여받아서 확립되었다.

신약 시대의 역사로 돌아가서 세례의 시작은 세례 요한의 요단강 세례이다. 세례 요한은 광야에서 외치는 소리로서 이스라엘 백성들에게 나타나서 결례의 의식으로 세례를 베풀었다. 그때에 많은 이스라엘 백성들이 세례 요한에게 나아와서 요단강에서 세례를 받았다. 요단강은 놀랍게도 이스라엘 백성들이 가나안으로 들어가기 위하여서 요단 동편에서 마지막 행진하여서 건넜던 곳이다. 그때에 여호수아가 지도자로 있었다. 여호수아가 이스라엘 백성들을 이끌고 요단강을 건너서 가나안으로 들어갔다. 그러한 의미들은 세례가 새 언약에서 그리스도와 연관이 될 것을 드러내고 있는 것이다. 하나의 모형과 그림자로서 여호수아와 이스라엘 백성들이 건너간 요단강은 신약의 세례에 대한 교리를 형성하는데 중요한 단서이다.

여호수아는 예수 그리스도의 모형이다. "**예수 그리스도**"란 의미는 히브리어로 "**여호수아 메시야**"라는 뜻이다. 다시 히브리어 "**여호수아**"는 "**구원자**"라는 뜻이다. "**메시야**"란 "**기름 부음 받은자**"라는 뜻이다. 예수란 여호수아의 헬라어적 명칭이다. 그래서 주님께서 태어나셨을 때에 천사들이 요셉에게 "**아들을 낳으리니 이름을 예수라 하라 이는 자기 백성을 저희 죄에서 구원할 자**"(마 1:21)라고 한 것이다. 이러한 일련의 사건들을 통하여서 예수의 이름이 구원자라는 것을 알 수 있다. 그리고 예수의 언어적 기원 자체가 히브리어로 "**구원자**"라고 부르는 "**여호수아**"에게로 유래하고 있다. 이제 그리스도는 "**메시야**"라고도 하는데 이는 "**기름부음을 받았다**"는 의미이다.

구약 시대에 기름 부음을 받은 직분이 있다. 그들은 왕과 제사장과 선지자들이다. 그런데 이 세 가지 직분인 왕과 제사장과 선지자의 직분을 가지고 오신 분이 예수 그리스도이시다. 그가 이 삼중직의 완성자가 되시고 실체가 되신다. 그래서 세례는 그리스도와 밀접하게 연결되어 있다. 그러나 세례의 의미가 여호수아와 그 백성들이 들어갔던 요단강 사건에 모두 있는 것은 아니다. 그 이전에 이스라엘 백성들이 난지 팔일 만에 받은 할례에 더 큰 의미가 있다. 할례는 아브라함의 자손 됨의 외적 표징이다. 이 표징을 따라서 이스라엘 사람과 이방인이 구별되었다.

그와 동일한 기능을 가지고 있는 것이 새 언약의 세례이다. 세례는 새 언약의 교회 신자 됨의 표징이다. 유아 세례까지 포함하여서 모든 세례는 하나님의 언약 백성이 되었다는 표징이다. 세례 요한에 의하여 시행되었던 요단강 세례가 그리스도께서 받으시며 그 절정을 이루었다. 새 언약의 머리로 오신 그리스도께서 구약의 마지막 선지자인 세례 요한에게 세례를 받으신 것은 율법을 완성하실 자로서 받으신 것이다. 그런데 그리스도께서 세례 요한에게 세례를 받으시기 전에 이미 구약의 의식 법을 따라서 난지 팔일 만에 할례를 받으셨다. 이는 예수 그리스도께서 할례와 세례를 모두 받으심으로 구약과 신약 모든 성도들의 언약의 중보자이심을 증거하신다. 그리스도께서 할례를 받으신 것은 할례 받은 모든 구약 백성들의 구원의 근원이심을 드러내시고자 하심이며 그가 공생애를 시작하시면서 세례를 받으신 것은 새 언약 백성들의 구원의 근원이 되심을 드러내고자 하심이다. 이렇게 그리스도께서는 신구약 전체를 아우르는 분으로 오셨다. 그래서 신구약을 유언 언약이라고 하고 은혜 언약이라고 한다. 유언 언약이라고 함은 그리스도께서 죽으셔야 효력이 발생하는 언약이기 때문이고 은혜 언약이라는 것은 그 언약의 효력은 전적으로 그리스도의 공로에 기초하기 때문이다. 인간의 행위에 기초하지 않는다. 은혜 언약은 그리스도께서 죽으시고 다시 살아나심으로 그 효력을 발휘하는 언약이다. 그의 죽으심은 죄에 대하여 죽으심이고 그의 살으심은 하나님을 향하여서 살으심이시다. 그와 같이 그리스도 안에서 세례를 받은 자들은 그리스도와 함께 세례를 받아 한 몸을 이루어 그리스도의 몸으로 지어져 간다. 신자들은 그리스도의 몸의 각 지체들이다. 그것은 머리되신 그리스도와 연합되어 있다. 그래서 그리스도의 부활이 세례와 밀접하게 연결되어 있다는 것이다. 그 세례는 예수 그리스도의 몸된 교회와 연결되어 있다.

새 언약의 교회 신자들이 받는 세례는 그리스도의 부활 이후에 주의 명령으로 주어졌다. 그리스도께서 부활하시고 나서 사십 일 후에 감람산에서 승천하실 때에 사도들에게 땅 끝까지 이르러 복음을 전파하고 믿는 자를 모아서 세례를 주고 주의 제자를 삼으라 명령하셨다. 마태복음 28장 19~20절이다. "**19 그러므로 너희는 가서 모든 족속으로 제자를 삼아 아버지와 아들과 성령의 이름으로 세례를 주고 20 내가 너희에게 분부한 모든 것을 가르쳐 지키게 하라 볼지어다 내가 세상 끝날까지 너희와 항상 함께 있으리라 하시니라**" 직역하면 이러하다. "19. 그러므로 너희는 가서 모든 족속으로 제자를 삼으라 그리고 아버지와 아들과 성령의 이름으로 세례를 주고 20. 너희

에게 내가 명령한 모든 것을 지킬 수 있도록 가르쳐라. 그리고 보라 내가 세상의 끝 날까시 너희와 모든 날 동안 함께 있느니라" 이러한 주의 명령을 따라 사도들은 새 언약의 교회 성도들에게 성부와 성자와 성령의 이름으로 세례를 베풀었다. 세례가 구원의 중요한 외적 표징이라고 할 때에 마태복음 28장 19절은 신자들의 경배 대상이신 성삼위일체 하나님의 성호를 계시하고 있다. 이는 하나님께서 아버지와 아들과 성령으로 실존하여 계시다는 것을 증거한다.

전능하신 여호와 하나님께서는 삼위일체로 실존하여 계신다. 삼위일체 교리는 참으로 놀랍다. 이 교리는 그리스도인의 세례와 연결되어 있다. 우리가 경배하는 하나님은 성삼위일체이시다. 성삼위일체 하나님은 아버지와 아들과 성령이 하나이시다. 주의 몸된 교회는 성삼위일체 하나님의 이름으로 세례를 받은 신자들로 구성된다. 예수 그리스도의 명령을 따라 아버지와 아들과 성령의 이름으로 세례를 받은자들은 새 언약 아래에 아브라함 후손들이다. 그리고 언약 백성들이다.

사도 바울은 세례 받은 신자들을 그리스도의 부활과 연결하여 가르친다. 그래서 어찌 죽은자의 부활이 없다고 하여서 세례를 무효화 하려는가 라고 힐문한다. 죽은자의 부활이 없다면 세례는 의미가 없다. 성도들에게 베푸는 세례가 예수 그리스도의 부활 이후에 사도들에게 주어진 명령이라고 할 때에 그리스도의 부활은 우리의 세례에 유효한 기초이다. 부활하신 그가 친히 명령하셨기에 세례의 권위가 절대적이다. 성도들은 받은바 세례를 구주 예수 그리스도 안에서 받을 영원한 생명의 증표로 가슴에 품고 살아가야 할 것이다.

30. 어찌 우리가 매 시간 위험 가운데 있으리요?

사도 바울은 복음 사역을 통하여서 당하는 환란의 극한 고통을 이기게 되는 것이 부활의 소망 때문이라고 논증한다. 우리가 왜 이렇게 고난 가운데 살아야 하는가? 세상에서 헐벗고 굶주리며 이해할 수 없는 환란 가운데 살아게 되는 것은 오직 구주 예수 그리스도의 부활의 소망 때문이다. 그리고 왜 우리가 주의 교회를 세우기 위하여서 불철주야 애쓰며 고난의 쓴 잔을 마셔야 하는가?

고린도 전서 15장 30절을 통해서 드러난다. 이 구절은 사도 바울의 복음 사역에 대한 어려움을 드러내고 있다. 사도 시대는 로마 제국이 유대 왕국을 통치하였다. 당대 로마 제국은 유대뿐만 아니라 남부 유럽과 북부 아프리카 그리고 고대 근동 지방에까지 이르는 거대한 대제국을 형성하고 있었다. 그런데 로마 제국은 기독교에 대한 반감을 가지고 핍박하였다. 그러므로 사도 바울이 부활하신 그리스도를 전파하는 것은 생명의 위협을 느낄 만큼 어려웠다. 그는 자주 복음 사역으로 매를 맞았고 감옥에 투옥되었고 맹수와 사나운 것들에 위협에 시달렸다. 그래도 사도 바울은 담대하게 복음을 따라 부활의 주님을 증거하였다.

31. 날마다 내가 죽노라. 우리 주 예수 그리스도 안에서 내가 너희의 자랑을 가지고 있다. 형제들아!

사도 바울은 성도들에게 그리스도 안에서 자랑할 것이 있다면 날마다 죽는 것이라고 가르친다. 우리는 사도 바울의 가르침을 받아서 날마다 죽을 것을 자랑해야 한다. 자신의 이기적 욕망을 죽여야 하며 자신의 교만함을 죽여야 한다. 자신의 불필요한 고집스러움도 죽여야 한다. 하나님의 말씀을 대적하는 모든 부패한 본성들을 그리스도의 십자가에 매달아야 한다. 그래야 다시 산다.

생명의 부활이란 우리의 부패한 본성을 십자가에 매달고 그리스도의 성품으로 다시 부활하는 것이다. 예수 그리스도께서 다시 오실 때에 주 안에서 잠자는 자들이 홀연히 일어나서 주와 함께 있을 것이다. 그리고 살아있는 자들도 주와 함께 생명의 부활을 얻을 것이다. 이 소망을 가진 성도들은 지상에서 성령을 거스려 싸우는 육체의 본성과 싸워야 한다. 지상의 교회는 전투하는 교회다. 신자들은 죄와 피흘리기 까지 싸워야 한다. 그러한 각오로 죄와의 싸움에 마음을 다져야 한다.

사도 바울은 우리의 자랑이 주 안에 있다고 가르친다. 주 안에서 행하는 것 자체가 우리의 자랑이고 복이다. 하나님께 사죄의 은총을 누리는 자는 복되다. 이에 대하여서 시편 기자가 증거한다. "**1 허물의 사함을 얻고 그 죄의 가리움을 받은 자는 복이 있도다 2 마음에 간사가 없고 여호와께 정죄를 당치 않은 자는 복이 있도다**"(시 32:1~2) 직역하면 이러하다. "**1. 허물이 제거되고 그 죄가 가리움을 받는 자는 복이다. 2. 마음 안에 속임이 없고 여호와께서 그의 허물을 생각하지 않는 자는 복되다.**"가 된다. 시편 기자는 허물이 제거되고 그 죄가 가리워지고 마음에 간사가 없는 것 자체가 여호와의 긍휼로 되어진 복이라고 말한다. 그것이 복을 구성하는 실체이다. 시편 기자의 말씀은 마태복음 5장 4절 말씀과 연결된다. "**애통하는자는 복이 있나니 저희가 위로를 받을 것임이요**"(마 5:4) 이 본문을 통하여서 우리가 알게 되는 것은 이러하다. 사람이 하나님 앞에서 애통하는 그 자체가 복이라는 것이다. 그러한 천품을 받은 것이 복이다. 사죄의 은총은 애통하는 자에게 자연스럽게 주어지는 열매이다.

32. 만약 평범한 사람 처럼 에베소에 있을 때에 맹수와 싸웠다면, 내게 유익이 무엇이냐? 만약 죽은 자가 다시 일어남이 없다면, 먹고 마시자 내일 우리가 죽을 것이다.

사도 바울은 자신이 복음을 위하여서 당한 고난에 대하여 그것이 평범한 사람처럼 그렇게 행하였으면 그에게 유익이 없었다고 말한다. 사도 바울은 사도로서 하나님의 교회를 위하여 비상한 사역을 행하셨다. 그가 결코 평범하지 않은 사역을 행하신 것이다. 그가 이렇게 큰 고난을 자처하면서도 기뻐할 수 있었던 것은 부활의 소망이 있었기 때문이다. 사도 바울은 이 세상의 형적이 지나가는 순간적인 것을 깨닫지 못하고 헛된 욕망에 사로 잡혀 있는 자들을 책망한다.

부활이 없는 자처럼 살아가는 부패한 신자들을 비판한다. 사도 바울은 긴 생애 동안 하나님의 교회를 세우기 위하여서 고난을 쓴 잔을 마셨으나 항상 기뻐할 수 있었다. 그리고 쉬지 말고 기도할 수 있었고 범사에 감사할 수 있었다. 그렇게 그 복음을 우리에게 알려 주셨다.(살전 5:16~18) 사도 바울은 그리스도인들에게 지상에서 영원한 소망이 없기에 이 땅에서 사치하고 연락하며 살아가는 것은 비참한 생애라고 말한다. 사도 바울은 이 세상에 살면서 복음과 함께 고난을 받으면 그가 영원한 소망을 가진 자라고 말한다.

33. 속지 마라! 악한 동무들은 좋은 습관을 파괴시킨다.

사도 바울은 속지 말라고 말한다. 사람이 속는 이유는 그 자신의 욕망과 무관하지 않다. 그곳에 무엇인가 좋은 것이 있다고 생각하기에 속는다. 사도 바울은 악한 동무들은 좋은 습관을 파괴시킨다고 말한다. 여기에서 좋은 습관이라는 것은 사고하는 습관까지 포괄한다. 신자들의 생애에 가장 소중한 습관이 있다면 선하게 사고하는 습관이다. 한 사람이 어떻게 사고하느냐가 그 사람의 인격이고 그 사람의 삶의 방향이다. 오랜 기간 세상적으로 사고하고 살아왔다면 그것은 부패한 사고 습관이다. 그 부패한 사고 습관을 바꾸지 않으면 거룩할 수 없다.

이 세상은 다양한 사고방식이 있다. 이제 고대 시대부터 인류가 다양하게 사고하며 살아온 사고 습관들을 살펴보고 그것을 통하여서 인류가 어떻게 하나님 없이 생각하고 살았는가를 살펴보려고 한다. 가장 먼저 인류의 긴 역사 동안 형성된 가장 보편적인 사고방식은 신화적 사고 방식이다. 이 신화적 사고 방식은 세상의 모든 사물을 미신적으로 바라보는 사고방식이다. 이 미신적인 사고방식은 매우 오랜 기간 동안 주술이라는 매개체를 통하여서 인류를 지배하여 왔다. 그래서 동아시아에서 다양한 종교들은 긴 역사를 통하여 신화적 사고 방식으로 형성되었다. 그리고 그것이 각 지방에 토템 신앙과

정령 숭배 사상과 무속 신앙을 이루었다. 사마니즘은 대표적인 신화적 사고 방식의 산물이다. 이러한 미신적 사고방식은 동아시아인들의 사고 구조 안에 뿌리가 깊다. 아직도 제거가 되지 못하고 있다. 그래서 그리스도인 중에서도 이런 사고방식을 따라서 행하는 자들이 많다. 여전히 미신적 기독교인이다. 이것이 아시아 지역 기독교 신자들에게 일반적이다.

이 미신적 사고방식은 항상 그렇게 어떤 거대한 우상을 만들어서 그것으로 국가와 사회와 가정에 번영을 추구하는 사고방식이다. 신화적 사고 방식에 빠져 있는 자들은 주술자를 찾는다. 그 주술자는 복채를 받고 번영의 복을 빌어 준다. 그리고 한 해의 운세를 점쳐 준다. 그래서 그렇게 점을 치고 운세를 받으면 그것이 부적이 되어서 그 부적을 몸에 지니거나 집안에 붙여 놓음으로서 심리적 안정을 누리는 것이다. 실지로 그러한 부적들이 효력을 발휘하기도 한다는데 심각한 문제가 있다. 그러나 실지로 그렇게 미신을 통하여서 어떠한 가시적 역사가 일어날수록 더욱 위험한 상태에 이르게 된다. 미신이란 결코 어떠한 욕망들이 실현되지 않는 것이 아니다. 다만 그 미신을 따라 가면 그 미신에 미혹 받은 영혼들이 크나큰 영적 올무에 갇혀 버리게 된다는 것이다. 그것이 주술의 위험한 요소이다. 그러한 부적들이 주술적 매개체가 되어서 인간의 영혼을 더욱 무서운 죄악으로 옭아매어 버린다. 그 결국은 멸망이다.

그러므로 참다운 그리스도인들은 신화적 사고 방식의 산물로서 미신을 멀리해야 한다. 그리고 그 미신의 주술적 매개체로서 부적들을 제거해야한다. 그러한 거짓된 행위들이 교회 안에 들어오지 못하게 해야 한다. 그러나 중세 시대 로마 카토릭 교회 역사를 살펴 보면 타락한 교회 안에 미신적 신앙이 많이 양산되었다. 미신적 신앙은 대체로 인과율이다. 신에게 무엇을 바쳤더니 번영이 내렸다는 것이다. 이러한 기독교 미신들은 원래 토속적인 미신들과 혼합되어서 기독교 혼합주의로 발전한다. 이러한 기독교 혼합주의를 경계하고 배격해야 한다. 그러므로 신화적 사고 방식은 그리스도인이 가장 먼저 경계해야 할 가장 부패한 사고방식이다. 신화적 사고 방식은 기독교적 사고방식이 아니다.

신화적 사고 방식의 한계를 극복하고자 발생한 그 이후의 사고방식이 존재론적 사고방식이다. 이 존재론적 사고 방식은 서구 역사의 중요한 흐름이다. 서양은 신화적 사고 방식의 한계를 극복하고자 주전 6세기에 존재론적 사고방식을 발전시켰다. 그렇다면 존재론적 사고방식은 무엇인가? 존재론적 사고방식이란 만물을 추상화하는 사고방식이다. 존재론적 사고방식은 신을 추상화하고 개념화 하며 철학화 한다. 그래서 사물 가운데 모든 신비를 제거하고 모든 비이성적인 것을 제거하며 철저하게 합리적으로만 사물을 바라보려고 한다. 그래서 이 사고방식 아래에서는 미신과 주술은 줄어들었으나 형이상학적 세계에 대하여서 매우 건조한 추상화가 이루어졌다. 세상은 오직 논리적 이성으로만 바라보아야 할 대상으로 이해하였다. 거기에는 신의 존재까지도 추상화시키고 논리적으로 사변화하여서 매우 추상적인 신이 되었다. 이러한 사고방식 아래에서 하나님도 매우 이론적으로 변질되어서 사변적으로 연구하여 하나의 이론으로서 하나님을 정의한다. 이러한 사고 방식아래에서 변질된 기독교가 되어 버린 교회가 중세 로마 카톨릭 교회이다. 중세 로마 카톨릭 교회가 창궐하였던 시대는 존재론적 사고방식이 최고로 이르렀던 시대였다. 스콜라 신학은 기독교를 존재론적 사고방식으로 해석하였던 가장 사변적인 기독교 철학이다. 그 시대의 철학을 스콜라 철학이라고 부른다. 그들은 하나님을 보편 논쟁이라는 주제를 가지고 사변적으로 연구하며 신학과 철학을 섞어 버렸다. 그래서 결국 기독교의 하나님은 살아계신 하나님이 아니시고 철학적 논쟁 안에 갇혀 버린 추상적 신으로 간주하게 되었다. 이것은 기독교 신학의 변질이다. 중세 시대에 로마 카톨릭 교회의 스콜라 철학은 존재론적 사고방식을 따라 살아계신 하나님을 실체화하여서 추상적 이론으로 전락 시켰다.

이러한 유럽의 중세 시대에 존재론적 사고방식의 위험성은 사물을 실체화하는데 있다. 이것을 실체주의라고 한다. 실체주의는 사물의 연관성을 잘라 버리고 모든 사물을 서로 연관성이 없는 실체로 추상화 시켜 버리는 사고 방식이다. 그러므로 신(god) 까지도 피조물과 교통하는 신(god)이 아니라 그냥 하나의 이론이 되어 버렸던 것이다. 이러한 실체주의는 삶의 역동성을 상실시키고 기독교를 하나의 틀에 박힌 이론으로 전락 시켜 버린다. 중세 시대 기독교가 그러하였다.

참된 기독교 신학은 하나님을 실체주의에 가두지 않는다. 하나님은 만물을 초월하여 스스로 자유로우신 분이시다. 어디에 매여 계시는 분이 아니시다. 어떤 이론도 어떤 학문도 하나님을 가두어 둘 수 없다. 하나님은 모든 철학 위에 계시다. 그래서 기독교 신학은 철학화 될 수 없고 과학으로 이해되지 않으며 오직 믿음으로만 깨닫게 된다. 중세 시대는 모든 사물을 실체화함으로서 서로 분절되었고 신학은 사변화 되었다. 그러므로 지상의 가시적 교회도 정감이 넘치는 사랑이 충만한 교회가 아니라 단지 논리적으로 싸우는 이론적인 교회가 되었다.

모든 사물은 하나님 안에서 서로 긴밀하게 연결되어 있는 존재다. 결코 실체화 할 수 없다. 실체주의의 최고의 오류는 하나님을 실체주의에 가두는 것이다. 참된 기독교도들은 우리 삶 가운데 찾아오시는 그 거룩하신 하나님을 날마다 누리는 삶을 살아가고 있다. 그러므로 참된 신자들은 날마다 그 살아계신 하나님과 구주 예수 그리스도와 교통하며 살아간다. 그리고 예수 그리스도의 거룩하심을 따라서 이웃과 소통하며 살아간다. 참된 성도들은 그리스도의 거룩하심을 따라서 세상과 호흡해야한다. 참된 기독교 신자들은 세상으로부터 유리되고 단절되어서 세상과 따로 노는 비밀 집단이 되어서는 않 된다. 참다운 기독교 신학은 세상과 유리된 박제품 신학이 아니다. 참된 기독교 신학은 세상과 소통하면서도 세상보다 높은 가르침을 제시한다. 참된 교회에 속한 신자들은 예수 그리스도에 대한 건전한 말씀으로 상호간에 소통해야 한다. 참되게 구주 예수 그리스도와 연합된 신자들은 성도 상호간 연합된다. 그것은 예수 그리스도 안에서 하나의 몸으로 지어져 가는 거룩한 공동체이다. 이렇게 실체주의는 기독교 신학의 구조가 될 수 없다. 참된 기독교 신학은 살아 역사하는 하나님의 말씀에 기초하는 것이다.

그런데 인류 역사에서 가장 최근에 형성된 어쩌면 가장 위험한 사고방식이 존재론적 사고 방식의 실체주의적 폐해를 극복하고자 형성되었다. 그것은 기능적 사고방식이다. 기능적 사고방식이란 사물을 바라보는 시각이 기능적이다. 기능이라는 것은 사물이 서로 관계하는 방식이다. 그것은 어떤 사물이 다른 사물과 어떤 관계로 기능을 하는가가 중요하다. 이 기능적 사고방식은 사고하는 관점이 다른 대상을 기능적으로만 바라보는데 있다. 그때에 사고하는 사람과 그 대상이 어떠한 관계로 연결되어있는가를 중요시 한다. 그것이 기능적 사고방식이다. 그래서 사색하는 그 당사자는 그 대상의 실체를 중요시하지 않는다. 이 기능적 사고 방식은 당사자와 연관을 맺고 있는 대상의 존재 조차 중요하지 않다. 다만 사색하는 당사자와 그 대상이 기능적으로 어떻게 연관되어 있느냐가 중요하다. 이 기능적 사고방식의 폐해는 조작주의로 나아가게 되어 있다. 조작주의란 당사자가 그 대상에 대한 실체에 관심을 가지고 있지 않기에 당사자와 그 대상의 관계를 왜곡시키는 사고 방식이다. 기능적 사고 방식의 폐해는 조작주의에 있다.

당사자가 연관을 맺고 있는 대상의 존재를 살피지 않을때에 조작주의는 일어난다. 조작주의는 은행 제도로 그 폐해를 알 수 있다. 현금을 맡기는 은행은 온라인으로 되어있어서 사물과 사물을 실지로 연결키시지 않고 사이버 상에서 상거래를 한다. 즉 기능적으로 연결되어 있다. 그래서 단말기와 통장에 숫자로서 서로 현금을 거래한다. 그런데 바로 이 시스템을 뚫고 들어와서 조작이 발생할 때 오류가 있게 된다. 그래서 그 조작이 범죄로 연결되는 것이 바로 해킹이다. 해커들이 해킹을 통하여서 자기 통장으로 다른 사람의 현금을 가져갈 수 있다. 이것이 조작주의폐해이다. 조작주의는 기능화된 사회에서 매우 일반화되어 있다. 현대인들은 대체로 온라인상으로 물건을 보고 구매한다. 대개는 문제가 없으나 어떤 경우에 사기를 당하기도 하고 어떤 경우에 온라인상의 그림과 전혀 다른 물건을 받게 되기도 하는데 이것이 조작주의의 결과이다. 이 기능적 사고방식은 실체에 대한 관심보다 사물이 관계하는 방식에 더욱 초점을 두기 때문에 조작주의 오류에 빠진다. 그러므로 기능적 사고방식은 실체에 대한 확인 과정을 통하여서 어느 정도 오류가 극복된다. 무엇보다 조작주의는 기독교 신학을 왜곡시킨다. 그것은 신자들로 하여금 하나님의 존재에 대하여서 관심을 빼앗고 오로지 그 하나님이 기능적으로 그 자신에게 어떠한 하나님인 가를 중요하게 간주하기 때문에 하나님의 존재 그 자체에 대하여서 전혀 관심이 없다. 당사자에게 가시적 물질의 복을 부어주는 신을 추구한다. 그것이 기능적 사고 방식 시대의 종교 형태이다. 그 당사자는 신이 인간에게 물질적 풍요로움을 창출해주면 그만이다. 이러한 기능적 사고방식은 기능적 신(god)을 만든다. 이러한 기능화된 기독교는 참된 신앙을 근간으로부터 흔들어 버린다. 그 당사자는 종교적 제의를 통하여서 물질적 축복을 추구한다. 그 당사자에게 부와 권력을 가져다는 주는 신으로 족하다. 그 신의 실존에 관심이 없다. 그러므로 기독교 신앙이 매우 천박하고 더러운 이익을 추구하는 번영의 종교가 된다. 종교 행위자는 그 행위를 통하여서 더욱 많은 부와 권력을 가지면 된다. 하나님의 존재 자체에 관심이 없다. 그래서 기능적 사고 구조의 종교는 그들이 섬기는 신의 존재에 관심이 없기에 항상 실용적인 종교로 전락한다.

기능적 사고방식의 가장 큰 폐해는 종교에 있어서 결국 신을 기능적으로 인식한다는 것이다. 그것은 신이 자신에게 어떠한 실용적 이익을 주시는 분인가 하는 것이다. 이것이 신을 바라보는 출발점이다. 신이 자신에게 안락한 삶을 보장해 주시느냐 아니면 힘들게 하느냐에 따라서 신에 대한 자세가 바뀐다. 신이 자신에게 안락한 삶을 보장해 주면 그러한 신을 선호한다. 그러나 신이 나에게 고난의 길을 강요하고 어렵게 살게 하면 당장 그 신을 버린다. 신의 계시에는 관심이 없고 그 신을 통하여서 얻게 될 이 세상에서의 비익에만 관심이 있다. 그래서 이 사고 구조에 빠진 신자들은 교리도 없고 건전한 양심도 없다. 오직 기능적 구조 안에 자신에게 안락한 삶 만을 가져다 줄 신을 찾는다. 가장 이기적인 인간형을 가진 자들이 기능적 사고방식에 노출된 자들이다. 그들은 종교까지도 자신의 안락함을 이루는 기능적 매개체로 삼는다. 이 사고 방식에 노출된 자들은 조작하기를 좋아한다. 그들은 모든 상황을 자신에게 유리하게 조작하려 한다. 그래서 모든 정보를 독점하려고 한다. 국가 정보원 같은 기관이 바로 조작주의에 빠질 수 있는 가장 위험한 집단들이다. 개인의 인권과 가치는 중요하지 않다. 어떤 집단의 이익을 위하여서 빼내야 할 정보만 빼내면 된다는 것이다. 이것이 전형적인 기능적 사고방식을 가진 조작주의다. 심각한 것은 기능적 사고방식을 가진 사람들 머리에는 건전한 기독교 교리가 없다. 그들에게는 하나님 말씀이 들어갈 자리가 없다. 존재론적 사고방식이 하나님의 말씀을 추상화 하였다면 기능적 사고방식은 하나님의 말씀을 버렸다. 그러므로 하나님의 계시된 말씀이 필요하지 않다. 그들은 신에 대한 기능적 이익만을 추구하기 때문이다. 그리고 이러한 기능적 사고방식은 삶에 대한 책임성이 없다.

신화적 사고 방식이 그 문제점을 극복하며 존재론적으로 나아갔고 그 존재론적 사고방식의 한계를 극복하고자 기능적 사고방식으로 발전하게 되었다. 그러나 기능적 사고방식을 가진 자들은 교회 공동체를 중시하지 않는다. 개인주의자들이 많다. 그런데 기능적 사고 구조 안에서는 참된 구원이 없다. 왜냐하면 하나님의 존재에 관심 자체가 없기 때문이다. 그러나 정통 기독교 교리는 하나님의 존재를 거부하는 자를 어리석은 자라고 책망하고 있다. 참된 신앙이란 하나님의 존재를 믿는 것으로부터 시작된다. 실존 하시는 하나님께서 그리스도를 통하여서 우리를 구원하셨음을 믿는 것이다. 이제 어느 누구도 주와 함께 고난 받을 각오가 되어 있지 않으면 진리의 길을 갈 수 없는 위험한 시대에 들어와 있다. 주께서 이 세대를 어디로 이끄실지 어느 누구도 모른다. 그러나 참된 신자들은 하나님의 말씀을 따라 주님의 강림을 경건하게 기다려야 할 것이다. 그때에 거룩한 신앙 공동체가 중요하며 그 공동체 안에 그리스도의 사랑이 충만하게 넘치는 것이 중요하다.

34. 올바르게 깨어 있어라. 그리고 죄를 짓지 말라. 그들이 하나님께 무지함을 가지고 있다. 그래서 너희에게 부끄러움을 갖도록 말하는 것이다.

사도 바울은 "**올바르게 깨어 있으라**"(ἐκνήψατε δικαίως)고 가르친다. 인생이 살아 있음의 존재 의미는 하나님의 말씀에 순종하는 것이다. 참된 신자는 여호와의 말씀에 순종함으로서 세상으로부터 자유하다. 여호와의 말씀을 욕으로 여기는 자들이 받을 형벌은 가공할 것이다. 최후의 심판이 그들에게 남아 있기 때문이다. 사도 바울은 "**죄를 짓지 말라.**"(μὴ ἁμαρτάνετε)고 하신다. 죄의 시작은 죄악된 사고로부터 출발한다. 잘못된 사고 구조는 반드시 그 사람을 죄악으로 이끈다. 그래서 주의 말씀을 따라 죄로 더러워진 사고 구조를 거룩게 함이 참된 복이다. 여호와의 말씀은 그러한 부패한 사고 구조를 거룩하게 하는 은혜의 방도이다.

사도 바울은 "**그들이 하나님께 무지함을 가지고 있다.**"(ἀγνωσίαν Θεοῦ τινες ἔχουσιν)고 증거하고 있다. 정통 기독교 신학에 무지한 자들은 대부분 세속적 사고방식을 극복하지 못하며 종교 생활을 한다. 정통 기독교 교리에 무지한 것은 심각한 죄이다. 거룩한 신자들은 하나님의 말씀에 무지하지 말아야 한다.

사도 바울은 마지막으로 "**너희에게 부끄러움을 갖도록 말하는 것이다.**"(πρὸς ἐντροπὴν ὑμῖν λαλῶ)고 증거한다. 정통 기독교 교리에 무지한 것을 부끄러워 할 줄 아는 자들은 복되다. 자신이 뭐가 잘못되었는지도 모르는 상태에서 그대로 머물러서 살아가는 자들은 실로 부끄러운 자들이다. 참된 신자들은 정통 기독교 교리에 대하여서 무지한 것을 부끄러워할 줄 알아야 한다. 그러므로 진리를 더욱 사모해야 한다.

제목: 부활의 형체
본문: 고린도 전서 15장 35~49절

[본 문]

35 누가 묻기를 죽은 자들이 어떻게 다시 살며 어떠한 몸으로 오
느냐 하리니 36 어리석은 자여 너의 뿌리는 씨가 죽지 않으면 살아
나지 못하겠고 37 또 너의 뿌리는 것은 장래 형체를 뿌리는 것이 아
니요 다만 밀이나 다른 것의 알갱이뿐이로되 38 하나님이 그 뜻대로
저에게 형체를 주시되 각 종자에게 그 형체를 주시느니라 39 육체는
다 같은 육체가 아니니 하나는 사람의 육체요 하나는 짐승의 육체요
하나는 새의 육체요 하나는 물고기의 육체라 40 하늘에 속한 형체도
있고 땅에 속한 형체도 있으나 하늘에 속한 자의 영광이 따로 있고
땅에 속한 자의 영광이 따로 있으니 41 해의 영광도 다르며 달의 영
광도 다르며 별의 영광도 다른데 별과 별의 영광이 다르도다 42 죽
은 자의 부활도 이와 같으니 썩을 것으로 심고 썩지 아니할 것으로
다시 살며 43 욕된 것으로 심고 영광스러운 것으로 다시 살며 약한
것으로 심고 강한 것으로 다시 살며 44 육의 몸으로 심고 신령한 몸
으로 다시 사나니 육의 몸이 있은즉 또 신령한 몸이 있느니라 45 기
록된 바 첫 사람 아담은 산 영이 되었다 함과 같이 마지막 아담은
살려 주는 영이 되었나니 46 그러나 먼저는 신령한 자가 아니요 육
있는 자요 그 다음에 신령한 자니라 47 첫 사람은 땅에서 났으니 흙
에 속한 자이거니와 둘째 사람은 하늘에서 나셨느니라 48 무릇 흙에
속한 자는 저 흙에 속한 자들과 같고 무릇 하늘에 속한 자는 저 하
늘에 속한 자들과 같으니 49 우리가 흙에 속한 자의 형상을 입은 것
같이 또한 하늘에 속한 자의 형상을 입으리라

[원문 직역]

35. 그러나 누가 이르기를 어찌하여 죽은자가 다시 일어나는가? 어
떠한 몸으로 오는가라고 말한다. 36. 어리석은자여! 너는 씨뿌리는 자

이다. 만약 죽지 않으면 열매를 맺지 못한다. 37. 그리고 너는 씨를 뿌리는 자이다. 그것은 되어질 형체를 뿌리는 것이 아니다. 밀을 얻는 다면 혹은 나머지의 어떤 것을 얻는 다면 밀의 알갱이 상태를 뿌리는 것이다. 38. 하나님은 그에게 그가 원하는 몸을 주신다. 그리고 씨의 각각은 그의 몸이다. 39. 모든 육체는 동일한 육체가 아니다. 그러나 하나는 사람들의 몸이다. 그러나 다른 것은 동물의 몸이다. 그리고 다른 것은 새의 몸이고 다른 것은 물고기의 몸이다. 40. 그리고 하늘의 몸도 있고 땅의 몸도 있다. 그러나 하늘의 영광이 다르고 땅위에 영광이 다르다. 41. 해의 영광이 다르고 달의 영광이 다르다. 그리고 별과 별의 영광이 다르다. 42 그와 같이 죽은자의 부활도 그렇다. 그것이 썩어지도록 심기고 불멸함으로 다시 난다. 43. 부끄러움으로 심겨지고 영광으로 다시 난다. 연약함으로 심기워지고 능력으로 다시 난다. 44. 육의 몸으로 심고 신령한 몸으로 다시 난다. 만약 육의 몸이 있다면 신령한 몸도 있다. 45. 그와 같이 기록된바, 첫 사람 아담은 살아 있는 혼이 되었다 함과 같이 마지막 아담은 살려주는 영이시다. 46. 그러나 먼저는 신령한 몸이 아니고 육의 몸이다. 그 다음이 신령한 몸이다. 47. 첫 사람은 땅의 먼지로부터 생겼으나 두번째 사람은 하늘로부터 오셨다. 48. 땅에서 난 사람은 땅에서 난 형상이 있고 하늘로부터 난 사람은 하늘의 형상이 있다. 49. 그와 같이 우리가 땅의 형상을 입은 것처럼 하늘의 형상을 입으리라.

[본문 해설]

35. 그러나 누가 이르기를 어찌하여 죽은자가 다시 일어나는가? 어떠한 몸으로 오는가라고 말한다. 36. 어리석은자여! 너는 씨뿌리는 자이다. 만약 죽지 않으면 열매를 맺지 못한다. 37. 그리고 너는 씨를 뿌리는 자이다. 그것은 되어질 형체를 뿌리는 것이 아니다. 밀을 얻는 다면 혹은 나머지의 어떤 것을 얻는 다면 밀의 알갱이 상태를 뿌리는 것이다. 38. 하나님은 그에게 그가 원하는 몸을 주신다. 그리고 씨의 각각은 그의 몸이다.

사도 바울은 "**누가 묻기를 죽은 자들이 어떻게 다시 살며 어떠한 몸으로 오느냐**"(고전 15:35)라는 물음에 다음과 같이 답변한다. "**어리석은 자여 너의 뿌리는 씨가 죽지 않으면 살아나지 못하겠고 또 너의 뿌리는 것은 장래 형체를 뿌리는 것이 아니요 다만 밀이나 다른 것의 알갱이뿐이다.**"(고전 15:36~37) 이 구절을 통하여 우리가 알게 되는 것은 하나님 나라는 한 알의 밀알이 썩어야 새롭게 싹이 나는 원리와 같다는 것이다. 하나님 나라는 그 열매가 뿌려진 씨가 형체를 알아볼 수 없을 정도로 철저하게 썩어야 새롭게 열매를 맺도록 되어 있다.

사도 바울은 죽은자들이 어떻게 다시 살며 어떠한 몸으로 오느냐고 묻고 답하기를 "**너희들이 지금 이 세상에서 생명체가 어떻게 새롭게 열매를 맺는 자연의 원리도 모르는구나**"(고전 15:35)라고 말한다. 사도 바울은 자연의 열매 맺는 법칙과 원리를 가지고 하나님 나라를 풀고 있다. 자연에서 가을에 수확을 하기 위하여서 봄에 씨를 뿌리는데 그 씨가 토양 안에서 물을 머금고 완전 썩어야 거기로부터 싹이 나온다.

요한복음 12장 24절에서 주님께서 "**내가 진실로 진실로 너희에게 이르노니 한 알의 밀이 땅에 떨어져 죽지 아니하면 한 알 그대로 있고 죽으면 많은 열매를 맺느니라**"(요 12:24)고 하셨다. 한 알의 밀알이 땅에 떨어졌으면 썩어야 한다. 썩지 않고 그대로 있으면 그것은 그 한 알 그대로 있다. 그러나 그 한 알이 썩으면 많은 열매를 맺는다. 그러한 나무는 새들이 와서 깃들 정도다.

사도 바울은 땅에서 식물이 자라는 비유를 따라 신앙의 열매를 가르친다. 그것이 부활과 무관하지 않다는 것이다. 부활신앙은 이 세상에서 안락한 삶을 추구하는 신앙이 아니다. 영원한 생명을 사모하는 신앙이다. 부활신앙은 이 세상의 모든 형체가 다 지나갈지라도 흔들리지 않는 신앙이다. 부활의 신앙은 구주 예수 그리스도께 자신의 전 생애를 드려서 그의 백성에게 베풀어 주신 신앙이다. 그 신앙은 씨의 일부만 썩는 것으로는 되지 않는다. 그 뿌려진 씨 전체가 온전하게 썩어서 새롭게 다시 나는 신앙이다. 부활의 신앙은 이 세상에서 한 알의 밀알이 되어서 전적으로 썩어서 다시 새롭게 부활하는 신앙이다. 신자들의 부패한 자아가 그리스도와 함께 십자가에서 전적으로 죽어서 새 생명으로 다시 소생하는 것이다.

만약 그렇게 되지 아니하면 한 알 그대로 덩그러니 남아 있는 가치 없는 신앙이 될 것이다. 그것은 그 자신의 부패한 자아가 그대로 남아 있게 되는 것이다. 전적으로 타락한 인간의 부패성이 그리스도의 십자가 앞에서 모두 썩어서 없어져야 그리스도 안에서 다시 사는 것이다. 그래서 육의 몸으로 심고 신령한 몸으로 다시 사는 것이다.

사도 바울은 봄에 농부가 뿌리는 씨와 가을에 얻게 될 열매와는 실체가 다르다고 말한다. 씨는 열매가 아니다. 씨가 나무가 되어서 열매를 맺었을 때에는 씨의 모습은 온데 간데 없이 사라지고 열매만 남는다. 씨와 열매의 관계는 그러하다.

사도 바울은 부활의 신앙이 그와 같다고 가르친다. "**너의 뿌리는 것은 장래 형체를 뿌리는 것이 아니요**"(고전 15:37)라는 것이다. 이는 그리스도인이 고통스럽게 그 삶을 영위해 갈지라도 그 삶이 부활의 때까지 연결되지 않는다는 것이다. 그래서 지금 그리스도인으로서 이 세상에서 온갖 고초를 겪고 살아도 그 비참한 삶이 부활의 영광에 비할 바가 아니라는 것이다. 그것을 사도 바울이 지금 뿌리는 것이 장래 형체를 뿌리는 것은 아니라고 가르친 것이다. 참된 신자가 어떠한 고통 가운데서도 기뻐할 수 있는 것은 장래의 형체의 영광을 소망하기 때문이다. 그래서 시편 기자는 "**5 눈물을 흘리며 씨를 뿌리는 자는 기쁨으로 거두리로다 6 울며 씨를 뿌리러 나가는 자는 정녕 기쁨으로 그 단을 가지고 돌아오리로다**"(시 126:5~6)고 노래하였다.

39. 모든 육체는 동일한 육체가 아니다. 그러나 하나는 사람들의 몸이다. 그러나 다른 것은 동물의 몸이다. 그리고 다른 것은 새의 몸이고 다른 것은 물고기의 몸이다. 40. 그리고 하늘의 몸도 있고 땅의

몸도 있다. 그러나 하늘의 영광이 다르고 땅위에 영광이 다르다. 41. 해의 영광이 다르고 달의 영광이 다르다. 그리고 별과 별의 영광이 다르다.

사도 바울은 부활의 형체를 설명하기 위하여서 생명체의 육체를 비유로 들고 있다. 사도 바울은 말하기를 육체가 다 같지 않다고 말한다. 사람의 육체가 그 본질이 다르고 동물의 육체가 그 본질이 또 다르며 날아다니는 새나 물고기의 육체가 또 다르다고 말한다. 이렇게 이 세상의 생명체의 육체들이 다른 것도 하나님께서 그렇게 생명체를 내신 것이다. 그런데 사도 바울은 단지 생명체뿐만 아니라 우리가 살아가는 이 세상의 천체나 지구 전체의 형상도 다르다고 말한다. 사도 시대에도 천문학이 있었고 그래서 하늘의 몸에 대하여 어느 정도 알고 있었다. 그리고 지구의 구조에 대하여서도 어느 정도 지식이 있었다. 그렇기 때문에 천체와 지구의 형상이 다름을 증거할 수 있었다. 사도 바울은 이어서 하늘의 영광이 다르고 땅위에 영광이 다르며 해의 영광도 다르고 달의 영광도 다르고 별과 별의 영광도 다르다고 말한다. 사도 바울은 피조물은 형체뿐만 아니라 각각의 영광도 다르다고 말한다. 그것은 각 피조물이 하나님 앞에서 하는 일들의 차이 때문이다.

42 그와 같이 죽은자의 부활도 그렇다. 그것이 썩어지도록 심기고 불멸함으로 다시 난다. 43. 부끄러움으로 심겨지고 영광으로 다시 난다. 연약함으로 심기워지고 능력으로 다시 난다. 44. 육의 몸으로 심고 신령한 몸으로 다시 난다. 만약 육의 몸이 있다면 신령한 몸도 있다.

사도 바울은 죽은 자의 부활도 이와 같다고 말한다. 이는 썩을 것으로 심고 썩지 아니할 것으로 다시 살며 욕된 것으로 심고 영광스러운 것으로 다시 살며 약한 것으로 심고 강한 것으로 다시 산다는 것이다. 참으로 부활의 영광은 너무나 크기 때문에 현세에 참된 신자들이 당하는 모든 환란에 비교할 수 없다. 그 영광에 참여하고자 하는 자는 하나님의 말씀으로 인하여서 겪어야 할 고초가 많다. 그 고초를 이겨나갈 수 있는 것은 영원한 부활의 소망이 있기 때문이다. 이 세상을 살면서 사람들이 거대한 재물을 모아서 사치스럽고 안락하게 살아도 부끄럽고 그 반대로 살아도 부끄럽다. 이 세상에서는 어떠한 삶의 형태도 결국 부끄럽다. 이 세상의 삶이란 썩어질 육신의 죽음을 기다리는 집행 유예의 삶이다. 사망이 이미 선고 되었고 인생들은 누구나 죽음 앞에 서 있다.

사도 바울은 신자들이 하나님의 나라를 위해서 행하는 모든 수고가 썩을 것으로 심고 썩지 않을 것으로 수확하리라 말한다. 썩어질 것으로 심어서 썩지 아니할 부활의 영광으로 다시 난다. 그렇게 그리스도와 복음을 위하여서 전 생애를 드리지 않은 자는 결코 부활의 영광에 참여할 수 없다. 주님의 몸된 교회를 세우는 일에 자신의 전 생애를 드리는 것은 가장 가치 있는 일이다.

사도 바울은 고린도 교회를 세우고 난 후 일정한 시간이 지나서 이 부활의 교리를 가르쳤다. 사도 바울은 성도들에게 부활의 영광에 참여하고자 하는 자들은 하나님을 아는 일에 전력투구해야 할 것을 가르친다. 어차피 썩어 버릴 육신을 가지고 헛된 세상일에 분요하지 말라는 것이다. 일용할 양식 외에는 세상일은 가치 있는 일이 없다고 가르친다. 일용할 양식을 얻기 위하여서 수고하는 일 외에 모든 노력을 하나님의 나라를 세우는데 바치는 것이 모든 신자들의 마땅한 도리이다. 부활의 영광을 소망하는 자들은 썩어질 육신으로 하나님 나라를 위하여서 심고 부활의 영광으로 수확한다. 고린도 전서 15장 42절의 본문 이후에 다른 본문은 42절 본문에 대하여서 같은 의미를 다른 표현으로 설명하는 것이다. 그것이 43절 이하 본문이다. "**43 욕된 것으로 심고 영광스러운 것으로 다시 살며 약한 것으로 심고 강한 것으로 다시 살며 44 육의 몸으로 심고 신령한 몸으로 다시 사나니 육의 몸이 있은즉 또 신령한 몸이 있느니라**"(고전

15:43~44) 직역하면 다음과 같다. "**43. 부끄러움으로 심겨지고 영광으로 다시 난다. 연약함으로 심기워지고 능력으로 다시 난다. 44. 육의 몸으로 심고 신령한 몸으로 다시 난다. 만약 육의 몸이 있다면 신령한 몸도 있다**" 주님께서는 우리의 이 연약한 것을 받으셔서 가장 영광스러운 생명의 부활로 거두신다. 이 얼마나 영광스러운가? 하나님의 법을 따라 사는 것이 무가치하지 않다. 이 세상 사람들은 복음을 미련한 것으로 볼지라도 성도들에게 복음은 하나님의 능력이다. 참된 신자들은 하나님의 말씀을 지키고자 부단히 애쓴다. 어렵고 힘들어도 주의 말씀을 지키는 삶을 살아가고자 무척 곤비한 삶을 마다하지 않는다. 이는 주님과 함께 부활의 영광을 누릴 것을 소망하기 때문이다. 그래서 참된 신자들은 세상의 악에 대하여 주의 말씀을 따라 인내한다. 십자가의 고난을 이겨내지 못하고는 결단코 하나님의 영광에 이를 수 없다. 사도 바울은 주님의 복음과 하나님의 나라를 위하여 우리가 당하는 고난은 다가올 영광에 족히 비교할 수 없다고 가르친다.

사도 바울은 주님께서 우리에게 주실 부활의 영광을 "**신령한 몸**"으로 표현하였다. 이 신령한 몸은 창세 이후로 부활하신 그리스도 한 분 외에 어느 누구도 입은 적이 없는 영광의 몸이다. 그 몸이 어떠한 몸인지를 사도들은 알고 있었다. 사도 베드로는 "**우리는 그의 크신 위엄을 친히 본자라**"(벧후 1:16)고 하였고 사도 도마는 부활하신 주님을 뵈옵고 그의 못자국과 창자국을 만지고 나서 "**나의 주시며 나의 하나님이시라**"(요 20:27~28)고 고백하였다. 우리 주님 생전에 주님을 그렇게도 멀리하였던 주의 형제 야고보는 부활하신 주님을 뵈옵고 나서 예수님을 구주로 영접하였다. 그가 기록한 서신이 야고보서이다. 이렇게 주의 부활을 친히 뵈었던 사도들은 주님의 영광을 사모하며 평생 주님의 나라를 위하여서 수고하였다. 그리고 가장 미말에 처하였다고 고백한 사도 바울조차도 다메섹 도상에서 나타나신 주님을 뵈옵고 주의 나라를 위하여서 헌신하였다. 무엇보다 사도 바울이 부활에 대하여서 증거 할 때에 오백 명의 형제들이 일

시에 주의 부활을 보았는데 그들 중에 태반이나 살아 있다고 하였
다. "2 **너희가 만일 나의 전한 그 말을 굳게 지키고 헛되이 믿지 아
니하였으면 이로 말미암아 구원을 얻으리라 3 내가 받은 것을 먼저
너희에게 전하였노니 이는 성경대로 그리스도께서 우리 죄를 위하여
죽으시고 4 장사지낸 바 되었다가 성경대로 사흘 만에 다시 살아나
사 5 게바에게 보이시고 후에 열두 제자에게와 6 그 후에 오백여 형
제에게 일시에 보이셨나니 그 중에 지금까지 태반이나 살아 있고 어
떤 이는 잠들었으며 7 그 후에 야고보에게 보이셨으며 그 후에 모든
사도에게와 8 맨 나중에 만삭되지 못하여 난 자 같은 내게도 보이셨
느니라 9 나는 사도 중에 지극히 작은 자라 내가 하나님의 교회를
핍박하였으므로 사도라 칭함을 받기에 감당치 못할 자로라 10 그러
나 나의 나 된 것은 하나님의 은혜로 된 것이니 내게 주신 그의 은
혜가 헛되지 아니하여 내가 모든 사도보다 더 많이 수고하였으나 내
가 아니요 오직 나와 함께 하신 하나님의 은혜로라**"(고전 15:2~10)
왜 사도들이 그렇게 고난의 큰 강을 걸어도 기뻐할 수 있었는가 우리보다 몇 배나 고통스러운 삶을 이겨낼 수 있었는가? 그것은 부활하신 그리스도를 친히 뵈었기 때문이다. 그리고 그들의 증거는 이제 사도들의 기록으로서 신약 성경으로 우리에게 주어졌다. 주님의 부활을 직접 뵈옵지 못할 다가올 성도들에게 주님께서 이렇게 말씀하셨다. 이는 주님의 부활을 직접 뵌 도마에게 하신 것이다. "**예수께서 가라사대 너는 나를 본 고로 믿느냐 보지 못하고 믿는 자들은 복되도다 하시니라**"(요 20:29) 참다운 신자라면 부활하신 주님을 마음으로 뵈어야 한다. 사도들의 가르침을 믿고 부활의 주님을 가슴으로 영접해야 한다. 지금 부활의 주님의 뵈었던 사도들의 가르침을 따라가지 않는 자는 결단코 하나님 나라에 이르지 못한다. 사도들의 가르침은 정통 교회의 시금석이다. 사도들의 가르침을 순수하게 받아들이지 못할 것이면 그들의 신앙은 파선한 배이다. 아버지께서는 마지막 때에 그에게 예배드릴 자를 찾으신다. 참된 예배를 드리는 자가 부활의 영광에 참여할 자가 될 것이다. 그렇기 때문에 거룩한 공

동체가 얼마나 중요한가 생각해 보라. 왜냐하면 그 거룩한 공동체가 신자의 어머니이기 때문이다. 그렇게 거룩한 공동체를 이루고자 자신의 연약함을 주께 드릴 때에 그가 그 연약함으로 심고 영광으로 다시 나오는 것이다. 참된 신자는 결코 게으르게 앉아서 뒷짐지고 하나님 교회가 어디로 가거나 말거나 하고 있는 자들이 아니다. 헌신적으로 주님의 교회를 섬기지 않을 자들을 주님께서 영광으로 이끄시지 않는다. 주님의 교회를 위하여서 헌신적인 삶을 살아가야 하는 것이 사도들의 동일한 가르침이다.

사도들은 주님의 부활을 친히 뵈온 자들로서 담대하게 증거한다. “**육의 몸이 있은즉 또 신령한 몸이 있느니라**” 다만 육의 몸과 신령한 몸은 서로 비교할 수 없는 차이가 있다. 사도들은 그 영광의 신령한 몸을 바라보며 자신들의 고난을 이겨내었다. 신자로 사는 것이 힘들다고 생각하는 자가 있다면 사도들의 삶을 생각하며 이겨나가야 하리라. 이 썩어질 부패한 육신을 붙잡고 있어서는 하나님 나라에 이를 수 없다. 그리스도 앞에 다 내려놓아야 한다. 그가 우리를 붙들어 주신다. 그가 우리 하나님이시다.

45. 그와 같이 기록된바, 첫 사람 아담은 살아 있는 혼이 되었다 함과 같이 마지막 아담은 살려주는 영이시다. 46. 그러나 먼저는 신령한 몸이 아니고 육의 몸이다. 그 다음이 신령한 몸이다. 47. 첫 사람은 땅의 먼지로부터 생겼으나 두번째 사람은 하늘로부터 오셨다. 48. 땅에서 난 사람은 땅에서 난 형상이 있고 하늘로부터 난 사람은 하늘의 형상이 있다. 49. 그와 같이 우리가 땅의 형상을 입은 것처럼 하늘의 형상을 입으리라.

사도 바울은 첫 사람 아담은 산영이 되었다고 말한다. 헬라어로 “**푸쉬켄 조산**”(ψυχὴν ζῶσαν)이다. 이는 단지 살아있는 영혼이라는 뜻이다. 그러나 마지막 아담은 살려주는 영이라고 하신다. 이는 “**프뉴마 조포이운**”(πνεῦμα ζῳοποιοῦν)이라고 한다. 이는 생명을 살리는 성령으로 해석이 가능하다. 마지막 아담이신 그리스도는 성령이시다. 그리스도는 곧 성령이시다. 그래서 사도 바울은 마지막 아담은 생명을 살려주시는 성령이시라고 선포하였다. 첫째 사람 아담과 본질적으로 다르신 분이시다. 첫 사람 아담은 마지막 아담이신 그리스도께서 창조하신 피조물이다. 마지막 아담이 되신 예수 그리스도는 그 첫 사람 아담을 창조하신 창조주이시다. 그리스도는 첫 사람 아담의 실체이시다. 첫 사람 아담은 그리스도의 모형에 불과하다. 이것이 큰 차이다. 이제 우리가 첫 사람 아담의 형상을 입은 것 같이 마지막 사람 그리스도의 형상을 입어야 한다. 이것이 중생한 신자의 실체이다. 중생한 성도들은 이 세상에서 전적으로 타락한 아담의 형상을 입었으나 다시 그리스도의 공로로 부활하신 그리스도의 형상을 입을 것이다. 그와 같이 신령한 몸을 소유하게 될 것이다. 사도 바울이 이것을 가르친다. 이제 그리스도 안에 있는 신자들은 비록 죄악 가운데 태어난 연약한 자들이지만 마지막 아담이신 그리스도의 형상을 입기 위하여서 고난의 쓴 잔을 마다하지 말아야 한다. 참된 신자들은 인생의 본질과 진실을 붙잡고 싸워야 한다. 우리의 싸움은 혈과 육에 대한 싸움이 아니다. 하늘에 있는 악한 정신과 싸움이다. 하나님의 말씀을 대적하여 높아진 모든 것들과 싸워야 한다. 그것이 정치 분야이건 경제 분야이건 교육 분야이건 학문의 분야 이건 어떤 분야가 될지라도 그것들이 하나님의 말씀을 대적할 때 거룩한 신자들은 싸워야 한다. 주의 말씀이 진리임을 증거하는 증인으로서 싸워야 한다. 인생의 본질을 붙잡고 싸우지 않으면 살아 있으나 죽은 자이고 열락을 즐기나 헛된 허상일 뿐이다. 참된 신자는 죄와 어둠의 세력과 싸우고 또 싸운다. 하나님의 법에 대적하는 모든 어둠의 세력들과 싸운다. 그 거대한 악과 싸우고 또 싸운다. 죽을때 까지 싸운다. 부활하신 구주 예수 그리스도께서 그 신령한 몸으로 우리와 하나가 되시기까지 우리는 싸운다. 우리는 주님을 사랑하기에 죄와 싸울 뿐이다. 주님을 더욱 사랑하기에 불의를 용서하지 않을 뿐이다. 주님을 사랑하기에 거대한 세속주의와 싸우며 거짓된 가르침과 싸운다. 나아가다 깨어지고 부숴져 내 자신이 하나도 남아 있지 않아도 참된 성도들은 주님의 부활의 증거자로서 행할 뿐이다.

제목: 신자의 부활
본문: 고린도 전서 15장 50~58절

[본 문]

50 형제들아 내가 이것을 말하노니 혈과 육은 하나님 나라를 유업
으로 받을 수 없고 또한 썩은 것은 썩지 아니한 것을 유업으로 받지
못하느니라 51 보라 내가 너희에게 비밀을 말하노니 우리가 다 잠잘
것이 아니요 마지막 나팔에 순식간에 홀연히 다 변화하리니 52 나팔
소리가 나매 죽은 자들이 썩지 아니할 것으로 다시 살고 우리도 변
화하리라 53 이 썩을 것이 불가불 썩지 아니할 것을 입겠고 이 죽을
것이 죽지 아니함을 입으리로다 54 이 썩을 것이 썩지 아니함을 입
고 이 죽을 것이 죽지 아니함을 입을 때에는 사망이 이김의 삼킨 바
되리라고 기록된 말씀이 응하리라 55 사망아 너의 이기는 것이 어디
있느냐 사망아 너의 쏘는 것이 어디 있느냐 56 사망의 쏘는 것은 죄
요 죄의 권능은 율법이라 57 우리 주 예수 그리스도로 말미암아 우
리에게 이김을 주시는 하나님께 감사하노니 58 그러므로 내 사랑하
는 형제들아 견고하며 흔들리지 말며 항상 주의 일에 더욱 힘쓰는
자들이 되라 이는 너희 수고가 주 안에서 헛되지 않은 줄을 앎이니
라

[원문 직역]

50. 내가 이것을 말한다. 형제들아! 살과 피는 하나님 나라를 유업
으로 받을 수 없다. 썩어질 것은 썩지 아니할 것을 유업으로 받지 못
한다. 51. 보라, 내가 너희에게 비밀을 말한다. 우리 모두 잠을 자지
않을 것이다. 우리 모두 변화하리라. 52. 마지막 나팔 소리에 눈이 번
쩍 거리며 순간적으로 나팔소리가 들리고 죽은 자들이 썩지 아니하도
록 다시 일어나리라 우리도 변화하리라. 53. 이 썩을 것이 썩지 아니
할 것을 입겠고 이 죽을 것이 죽지 아니할 것을 입는 것이 필연적이
될 것이다. 54. 이 썩을 것이 썩지 아니할 것을 입고 이 죽은 것이

죽지 아니할 것을 입을 때에는 사망이 이김의 삼킨 바 되리라 기록된
말씀이 이루어지리라. 55. 사망아! 너의 이김이 어디 있느냐? 사망아!
너의 찌름이 어디 있느냐? 56. 죄가 사망의 찌름이며 죄의 권능은 율
법이다. 57. 우리 주 예수 그리스도를 통하여서 우리에게 이김을 주
시는 하나님께 감사하노라 58. 나의 사랑하는 형제들아! 그러므로 견
고하라, 흔들리지 말라. 항상 주의 일에 충만하라! 너희 수고가 주 안
에서 헛되지 아니함을 너희가 알고 있기 때문이다.

[본문 해설]

50. 내가 이것을 말한다. 형제들아! 살과 피는 하나님 나라를 유업으로 받을 수 없다. 썩어질 것은 썩지 아니할 것을 유업으로 받지 못한다.

사도 바울은 살과 피는 하나님 나라를 유업을 받지 못할 것이라고 말한다. 이 본문에서 "**살과 피**"는 "**썩어질 것**"과 평행을 이루어 이 세상에 속한 모든 것이다. 그리고 시간 속에 사라질 모든 것이다. 결국 살과 피는 이 세상에서 사라질 것이다. 그렇게 유업을 받지 못할 것으로 심어서 영원한 것으로 거두게 되는 복에 대하여서 사도 바울은 가르친다. 이 세상에 살면서 썩어질 것이 무엇일까 살펴보고자 한다. 이 세상에 살면서 우리가 누리는 거의 모든 것들은 다 썩어질 것들이다. 우리가 먹는 양식이나 음료나 또한 즐거운 어떤 놀이들도 다 사라질 것들이다. 무엇보다 일단 우리의 육신은 결코 하나님 나라를 유업으로 받지 못한다. 그렇게 썩어질 육신을 인하여서 영원한 하나님 나라를 등한히 하는 것이 얼마나 어리석은 선택인지 신자들은 생각해 보아야 한다. 먹고 마시고 좋은 옷을 입고 좋은 집에서 안락하게 사는 곳에 하나님 나라는 없다. 그 나라는 먹고 마시는데 있는 나라가 아니다. 사도 바울이 이 본문에서 우리에게 말씀하는 바는 이 세상의 썩어질 것으로 심고 영원한 것으로 거두는 신자들이 가져야 할 신앙의 자태가 무엇인가를 가르친다. 우리가 하나님 나라

를 위하여서 몸으로 자신을 드리건 물질로 드리건 그것은 썩어질 것으로 심는 것이다. 신자들이 겸손한 마음으로 하나님께 드릴 때 하나님께서는 그 썩어질 것을 받으셔서 영원한 것으로 갚으신다.

51. 보라, 내가 너희에게 비밀을 말한다. 우리 모두 잠을 자지 않을 것이다. 우리 모두 변화하리라. 52. 마지막 나팔 소리에 눈이 번쩍 거리며 순간적으로 나팔소리가 들리고 죽은 자들이 썩지 아니하도록 다시 일어나리라 우리도 변화하리라.

사도 바울은 부활의 교리를 비밀이라고 말한다. 비밀이란 아는 사람만 아는 것이다. 부활은 하나님 나라의 비밀 중에 비밀이다. 그래서 사도 바울은 매우 진지하게 신자들의 부활에 대하여서 조심스럽게 말하고 있다. "**보라**"고 하는 것은 어떤 중요한 문제를 상기 시킬 때에 쓰는 표현이다. 이는 부활의 소망이 얼마나 중요하고 큰 역사인가를 드러내고 있는 것이다.

사도 바울은 주 예수께서 강림하실 때 신실한 신자들은 결코 신앙의 잠을 자고 있지 않을 것이라고 말한다. 사람이 살아가면서 가장 어려운 것은 어떤 일을 시작할 때에 하겠다는 의욕을 마칠 때까지 흔들리지 않고 행하는 것이다. 신앙의 잠을 잔다는 것은 어떤 사람이 처음에는 깨어 있다가 점차적으로 잠이 드는 것을 의미한다. 이러한 상태가 되면 비록 율법을 많이 공부한 학자라고 해도 서기관과 바리새인들처럼 그렇게 주님으로부터 크나큰 책망을 받고 멸망으로 가게 되어 있다. 이렇게 신앙의 잠을 자는 것은 경계해야 할 나쁜 습성이다.

참된 신자들은 부단히 하나님의 말씀으로 자신을 돌아보고 살펴서 스스로를 다스리는 자들이다. 그렇지 않으면 어느 순간에 신앙의 잠을 자게 된다. 사람이 참으로 어려운 것이 신앙의 잠을 자지 않는 것이다. 신앙의 잠을 자지 않고 살아있는 삶이 얼마나 복된가를 알아야 한다. 하나님의 말씀으로 깨어 각성하고 살아가는 삶이 실로 복되다. 주 예수 그리스도께서 강림하실 때 신앙의 잠을 자지 않고 있는 자는 홀연히 변화 될 것이다. 그들의 인내와 눈물과 고통을 아시는 주님께서 강림하셔서 그렇게 환란 가운데 살아가는 모든 참된 신자들에게 영생을 주실 것이다.

53. 이 썩을 것이 썩지 아니할 것을 입겠고 이 죽을 것이 죽지 아니할 것을 입는 것이 필연적이 될 것이다. 54. 이 썩을 것이 썩지 아니할 것을 입고 이 죽은 것이 죽지 아니할 것을 입을 때에는 사망이 이김의 삼킨 바 되리라 기록된 말씀이 이루어지리라.

사도 바울은 이제 이렇게 썩어져서 없어질 우리의 살과 피가 썩지 아니할 것으로 입는 날에는 사망이 이김의 삼킨바 되리라고 하신다. 이 의미는 이러하다. 우리가 그리스도와 연합하여 부활할 때에 사망을 이기게 된다는 것이다. 우리가 이 세상에서 다 사라져 없어질 썩어질 것을 가지고 주님을 위하여서 심었을 때 이제 영원히 썩지 않고 죽지 않을 영생을 얻게 될 것이다. 참된 신자는 예수 그리스도와 함께 죽음을 넘어 설 때에 죽음을 이긴다. 죽음보다 더 깊은 사랑 그 사랑이 죽음을 넘어서게 한다. 우리가 이 죽음보다 더 깊은 사랑을 하지 못하면 결단코 죽음을 넘어서지 못한다. 그 사랑은 이 세상에 없는 사랑이다. 그 사랑은 구주 예수 그리스도의 사랑이다. 구주 예수 그리스도께서 그 사랑을 우리에게 찾아 주셨다. 자신의 모든 것을 다 주셨다. 자신의 하나 밖에 없는 생명을 기꺼이 우리를 위해서 대속의 제물로 드리셨다. 그것이 바로 고난의 십자가를 짊어지신 것이다. 이제 부활로서 죽음을 이기시고 승리하셨다.

그리스도의 거룩한 사랑이 죽음을 정복하였다. 이제 그가 그 거룩한 사랑으로 우리를 사랑하신다. 주님을 닮아가는 삶이란 죽음보다 깊은 사랑을 주님의 사랑을 따라가는 것이다. 주님께서 내가 너희를 사랑한 것 같이 너희도 서로 사랑하라고 말씀하셨다. 이는 죽음보다 깊은 사랑을 성도들에게 요구하시는 것이다. 이 세상에 없는 사랑 매우 희귀한 사랑 그 숭고한 사랑이 구주 예수 그리스도의 사랑이다.

그 사랑을 구현하는 공동체가 거룩한 보편 교회이다. 그래서 거룩한 보편 교회는 그 주님의 사랑을 구현하기 위해서 모인 목적 집단이다. 즉 일정한 목적이 있어서 모인 것이다. 거룩한 보편 교회의 회집은 서로 인간들 끼리 부어라 마셔라하는 연회가 아니다. 오직 성삼위일체 하나님께 예배를 드리는 곳이다. 우리를 위해서 자신을 드리신 주님께 참된 신자들은 죽음을 이길 숭고한 사랑을 드려야 한다. 그 사랑을 드리지 못하겠다는 자들은 어느 누구도 하나님을 정관 할 수 없을 것이다. 그렇게 주의 사랑은 죽음보다 깊은 사랑이다. 참된 신자란 우리 구주 예수 그리스도의 십자가의 크신 사랑을 잊지 못하고 그 사랑을 따라서 행하려고 하는 자들이다.

사도 시대에 그리스도인들이 그 사랑을 주님께 드렸다. 죽음보다 더한 사랑 곧 그리스도의 사랑이다. 지금 우리 시대에 교회가 이러한 사랑을 잃어 버렸다. 이러한 고귀한 사랑을 상실해 버렸다. 주님 앞에서 저울질이나 하는 그런 거짓 신자들이 넘쳐 나고 있다. 사도 바울은 죽음보다 진한 사랑으로 거룩한 보편 교회를 세우라고 권면한다. 그래서 사도 바울은 생명을 걸고 복음을 전하였다. 그렇게 거룩한 보편 교회는 가르치는 자와 가르침을 받는 자가 죽음을 넘어설 만큼 하나가 되고 그 사랑을 따라서 성도 간에 하나가 되는 교회를 세워간다. 그때에 비로서 "**세상이 너희가 내 제자인줄 알리라**" 말씀하신 주의 말씀에 일치하는 교회가 된다. 그리스도와 함께 죽고 함께 사는 그 영광에 참여할 자는 그 사랑을 그리스도로부터 배워야 한다. 그리스도와 함께 연합하지 않고서는 결단코 그 사랑을 깨닫지 못한다. 우리 구주 예수 그리스도와 함께 죽음보다 진한 사랑을 나누어야 영생을 얻으리라. 우리 죄를 위하여서 죽음에 넘겨지신 구주 예수 그리스도의 사랑을 알아가는 것이 하나님의 크신 은혜이다.

55. 사망아! 너의 이김이 어디 있느냐? 사망아! 너의 찌름이 어디

있느냐? 56. 죄가 사망의 쏘는 것이요 죄의 권능은 율법이다. 57. 우리 주 예수 그리스도를 통하여서 우리에게 이김을 주시는 하나님께 감사하노라

사도 바울은 사망아 너의 이기는 것이 어디 있느냐 힐문한다. 그리고 이어서 사망아 너의 쏘는 것이 어디 있느냐고 묻는다. 사도 바울은 죄가 사망의 표적이라고 말한다. 사망이 신자를 이기는 것은 죄 때문이다. 사망은 죄로 신자를 옭아매고 사망으로 이끈다. 죄가 있는 자는 어느 누구도 사망을 극복하지 못한다. 죽음보다 깊은 사랑이 죄를 온전히 내어 좇는다. 이것을 사도 요한이 요한 일서에서 말씀한다. 사도 요한은 사랑이 죄의 공포를 어떻게 내어 좇는가를 우리에게 가르친다. "**7 사랑하는 자들아 우리가 서로 사랑하자 사랑은 하나님께 속한 것이니 사랑하는 자마다 하나님께로 나서 하나님을 알고 8 사랑하지 아니하는 자는 하나님을 알지 못하나니 이는 하나님은 사랑이심이라 9 하나님의 사랑이 우리에게 이렇게 나타난 바 되었으니 하나님이 자기의 독생자를 세상에 보내심은 저로 말미암아 우리를 살리려 하심이니라 10 사랑은 여기 있으니 우리가 하나님을 사랑한 것이 아니요 오직 하나님이 우리를 사랑하사 우리 죄를 위하여 화목제로 그 아들을 보내셨음이니라 11 사랑하는 자들아 하나님이 이같이 우리를 사랑하셨은즉 우리도 서로 사랑하는 것이 마땅하도다 12 어느 때나 하나님을 본 사람이 없으되 만일 우리가 서로 사랑하면 하나님이 우리 안에 거하시고 그의 사랑이 우리 안에 온전히 이루느니라············16 하나님이 우리를 사랑하시는 사랑을 우리가 알고 믿었노니 하나님은 사랑이시라 사랑 안에 거하는 자는 하나님 안에 거하고 하나님도 그 안에 거하시느니라 17 이로써 사랑이 우리에게 온전히 이룬 것은 우리로 심판 날에 담대함을 가지게 하려 함이니 주의 어떠하심과 같이 우리도 세상에서 그러하니라 18 사랑 안에 두려움이 없고 온전한 사랑이 두려움을 내어쫓나니 두려움에는 형벌이 있음이라 두려워하는 자는 사랑 안에서 온전히 이루지 못하**

였느니라 19 우리가 사랑함은 그가 먼저 우리를 사랑하셨음이라 20 누구든지 하나님을 사랑하노라 하고 그 형제를 미워하면 이는 거짓말하는 자니 보는 바 그 형제를 사랑치 아니하는 자가 보지 못하는 바 하나님을 사랑할 수가 없느니라 21 우리가 이 계명을 주께 받았나니 하나님을 사랑하는 자는 또한 그 형제를 사랑할지니라"(요일 4:7~21)

사도 요한은 4장 18절에서 "**사랑 안에 두려움이 없고 온전한 사랑이 두려움을 내어 좇는다.**"고 말하면서 "**두려워하는 자는 사랑 안에서 온전히 이루지 못하였느니라**" 직역하면 다음과 같다. "**사랑 안에는 두려움이 없다. 완전한 사랑이 두려움을 내어 쫓는다.**" 그리고 "**두려워하는 자는 사랑으로 완전해지지 못한 것이다.**" 여기에서 두려움을 죄를 의미한다. 그리고 여기에서 사랑은 거룩하고 숭고한 하나님의 사랑이다. 이 거룩한 사랑 안에는 죄가 없다. 그 사랑은 순수하고 거룩한 사랑이다. 그 사랑이 죄를 내어 좇는다. 그러나 죄를 버리는 것을 두려워하는 자는 그 사랑을 갖지 못한자이다. 사도 요한은 하나님께서 그리스도를 보내신 그 사랑이 바로 그 사랑이라 말한다. 그리고 우리가 그 사랑으로 서로 사랑하면 하나님이 우리 안에 거하시고 그의 사랑이 우리 안에 온전히 이루게 된다고 말한다. 그래서 형제 사랑이 하나님 사랑의 완성이라고 가르친다. 그래서 사도 요한은 4장 19절에 "**우리가 사랑함은 그가 먼저 우리를 사랑하셨음이라**"고 말한다. 그리고 이어서 20절에 "**누구든지 하나님을 사랑하노라 하고 그 형제를 미워하면 이는 거짓말하는 자니 보는 바 그 형제를 사랑치 아니하는 자가 보지 못하는 바 하나님을 사랑할 수가 없느니라**"고 가르치신다. 우리가 형제를 미워할 수 없는 근원적인 이유는 바로 그 형제를 미워하는 것이 곧 하나님을 사랑하지 않는 것과 같은 것이기 때문이다. 눈앞에 있는 형제에 대한 사랑이 바로 보이지 아니하시는 하나님을 사랑하는 것과 일반이다.

사도 바울은 고린도 전서 15장 56절에서 "**사망의 쏘는 것은 죄요 죄의 권능은 율법이라**"고 진술하고 있다. 왜 사도 바울은 사망의 쏘는 것이 죄이고 죄의 권능이 율법이라고 하였는가 하는 것이다. 이는 죄가 없으면 우리는 이미 사망을 이길 수 있다는 것이다. 그런데 그 죄로 인하여서 사망을 극복하지 못한다. 그리고 그 죄의 권능이 율법에 있다. 이는 하나님의 율법이 죄인들의 죄를 낱낱이 드러내시고 결코 간과하지 아니하신다는 것이다. 생명의 법으로 주신 율법이 죄를 낱낱이 드러낸다. 이는 인생들의 전적인 타락이 원인이다. 생명에 이르게 해야 할 율법이 인류의 죄로 인해서 죄인들을 꼼짝하지 못하게 하는 공의의 법이 되었다. 율법이 더 이상 그리스도와 연합된 신자들을 옭아매지 못하게 하고 그리스도인 안에서 더욱 성숙해져 가는 과정이 율법을 넘어서는 과정이다. 사랑이 율법의 완성이다.

사도 바울은 57절에 "**우리 주 예수 그리스도로 말미암아 우리에게 이김을 주시는 하나님께 감사하노니**"라고 말한다. 이는 죄의 권능으로서 우리를 옭아매는 율법의 정죄를 우리 주 예수 그리스도의 거룩한 사랑으로 이겨 나가리라는 것이다. 그리스도의 사랑이 우리와 함께 있어서 우리로 죄의 권능으로부터 벗어나 자유케 하여 주신다. 그 하나님께 사도 바울은 감사하노라 고백한다.

58. 나의 사랑하는 형제들아! 그러므로 견고하라, 흔들리지 말라. 항상 주의 일에 충만하라! 너희 수고가 주 안에서 헛되지 아니함을 너희가 알고 있기 때문이다.

이제 사도 바울은 58절에 "**그러므로 내 사랑하는 형제들아 견고하며 흔들리지 말며 항상 주의 일에 더욱 힘쓰는 자들이 되라 이는 너희 수고가 주 안에서 헛되지 않은 줄을 앎이니라**"고 권면하신다. 직역하면 다음과 같다. "**나의 사랑하는 형제들아! 그러므로 견고하라, 흔들리지 말라. 항상 주의 일에 충만하라! 너희 수고가 주 안에서 헛되지 아니함을 너희가 알고 있기 때문이다.**" 사도 바울은 "**항상 주의 일에 더욱 힘쓰는 자들이 되라**"하신다. 이때에 주의 일이 무엇인가 하는 것이 중요하다. 우리가 오늘 본문에서 여기까지 살펴보았을 때에 과연 주의 일이 무엇인가를 알 수 있다. 예수 그리스도를 알아가는 것이 주의 일이다. 이는 주님께서 겟세마네 동산에서 기도하실 때에 말씀하셨다. 그리고 사도 베드로가 그의 서신 후서에 그리스도를 믿는 신자들에게 마지막 당부할 때 증거하셨다. "**2 아버지께서 아들에게 주신 모든 자에게 영생을 주게 하시려고 만민을 다스리는 권세를 아들에게 주셨음이로소이다 3 영생은 곧 유일하신 참 하나님과 그의 보내신 자 예수 그리스도를 아는 것이니이다**" (요 17:2~3) "**17 그러므로 사랑하는 자들아 너희가 이것을 미리 알았은즉 무법한 자들의 미혹에 이끌려 너희 굳센 데서 떨어질까 삼가라 18 오직 우리 주 곧 구주 예수 그리스도의 은혜와 저를 아는 지식에서 자라가라 영광이 이제와 영원한 날까지 저에게 있을지어다**"(벧후 3:17~18) 영생이란 참되신 하나님과 그의 보내신 예수 그리스도를 아는 것이다. 사도 베드로는 하나님께서 명하시는 가장 큰 계명은 구주 예수 그리스도의 은혜와 그를 알아가는 지식으로 자라가는 것이라고 말한다.

사도 베드로의 말씀을 따라서 볼 때 하나님의 영광을 위하는 것이란 하나님의 독생자이신 구주 예수 그리스도를 아는 것이다. 사도 바울은 부활의 교리를 흔들고 하나님을 아는 지식을 혼돈케 하여서 견고하게 신앙생활을 하지 못하게 하는 모든 비진리의 활동에 대하여 그러한 거짓된 활동을 이겨 나가는 것이 주님의 일이라고 가르친다. 참된 신자는 하나님을 알아 가는데 헌신해야 한다.

고린도 전서 15장 58절에 "**항상 주의 일에 더욱 힘쓰는 자들이 되라**"라는 본문을 직역하면 "**항상 주의 일에 충만하라!** "가 된다. 이는 하나님을 아는 일에 충만하라는 것이다. 사도 바울은 신자들이 부지런히 주님을 알아가야 신앙이 견고하게 되어 더욱 신실하게 되리라 가르친다. 주의 일은 세상일이 아니며 교회에서 하는 육체에 속한 일이 아니다. 하나님을 알아가는 데 모든 여력을 쏟아 붓는 것이 주의 일이다. 사도 바울은 주의 일에 힘쓰는 것이 주 안에서 헛되지 않는 줄을 너희가 알리라고 말한다. 호세아 선지자는 "**우리가**

여호와를 알자 힘써 여호와를 알지"(호 6:1)라고 말하였다. 여호와를 아는 것이 중생한 신자들의 핵심적인 삶의 부분이다. 주님을 아는 것은 다른 모든 것을 버릴지라도 추구해야 하는 가장 소중한 가치이다. 주의 말씀 안에 신자들의 영혼의 거룩함이 있고 부활의 소망이 있고 영생의 약속이 있다. 그와 같이 하나님의 일이란 그를 알아가는 것이며 그것이 영생이다. 이 세 가지는 하나이다. 하나님을 아는데 게으른 자는 반드시 그 신앙이 무너진다.

사도 바울은 다시 한번 고린도 교회 신자들에게 주의 일이 무엇인가를 가르친다. 그것은 하나님을 알아가는 것이다. 그러므로 사도 바울은 고린도 교회 신자들에게 "**너희가 하나님을 아는 일에 힘쓰지 않으면 결코 영생의 길을 갈 수 없다.**"고 선언한다. 그리고 이어서 "**너희가 주의 일에 더욱 힘쓸 때 비로소 영생의 도리로 충만하게 채워질 것이다.**"

시편 기자는 우리 구주 예수 그리스도의 크신 사랑을 알아가는 자의 복에 대하여 시편 1편 1~2절에 이렇게 말하고 있다. "**복 있는 사람은 악인의 꾀를 좇지 아니하며 죄인의 길에 서지 아니하며 오만한자의 자리에 앉지 아니하고 오직 여호와의 율법을 즐거워하여 그 율법을 즐거워하여 그 율법을 주야로 묵상하는자로다**"(시 1:1~2) 시편 기자는 이미 참된 복의 실체가 무엇인가를 깨닫고 고백하였다. 시편 16편 2절에도 "**내가 여호와께 아뢰되 주는 나의 주시오니 주 밖에는 나의 복이 없다 하였나이다**"(시 16:2)고 고백한다. 이러한 시편의 가르침은 우리에게 여호와의 복의 실체가 무엇인가를 가르치고 있다. 시편 119편 1절은 이제 그 율법을 알아가는 자의 복이 어떠한 형태로 드러나는지를 가르친다. "**행위 완전하여 여호와의 법에 행하는 자가 복이 있음이여**"(시 119:1) 시편 119편 2절은 그러한 여호와의 복을 지키는 자가 힘써 행하여야 할 간구에 대하여서 가르친다. "**여호와의 증거를 지키고 전심으로 여호와를 구하는 자가 복이 있도다**"(시 119:2) 하나님을 찾고 찾는 것이 복이다. 그렇게 목마른 사슴이 시냇물을 찾기에 갈급함 같이 하나님을 찾는 그 지향성 자체가 그 사람의 복이다. 이러한 복을 받은 자는 하나님을 알아가는 일을 사모하여 여호와를 구하는 것이다. 하나님의 사랑에 목말라 해야 한다. 결국 사도 바울이 증거하고자 한 주의 일이란 하나님을 전심으로 찾고 찾으며 그를 알아가는 것이다. 그것이 주의 일이다.

제목: 연보에 대하여서
본문: 고린도 전서 16장 1~9절

[본 문]
1 성도를 위하는 연보에 대하여는 내가 갈라디아 교회들에게 명한
것같이 너희도 그렇게 하라 2 매주일 첫날에 너희 각 사람이 이를
얻은 대로 저축하여 두어서 내가 갈 때에 연보를 하지 않게 하라 3
내가 이를 때에 너희의 인정한 사람에게 편지를 주어 너희의 은혜를
예루살렘으로 가지고 가게 하리니 4 만일 나도 가는 것이 합당하면
저희가 나와 함께 가리라 5 내가 마게도냐를 지날 터이니 마게도냐
를 지난 후에 너희에게 나아가서 6 혹 너희와 함께 머물며 과동할
듯도 하니 이는 너희가 나를 나의 갈 곳으로 보내어 주게 하려 함이
라 7 이제는 지나는 길에 너희 보기를 원치 하니하노니 이는 주께서
만일 허락하시면 얼마 동안 너희와 함께 유하기를 바람이라 8 내가
오순절까지 에베소에 유하려 함은 9 내게 광대하고 공효를 이루는
문이 열리고 대적하는 자가 많음이니라

[원문 직역]
1. 성도들을 위한 연보에 대하여서 내가 갈라디아 교회들에게 명령
한 것처럼 너희도 행하라. 2. 안식일의 첫날을 따라서 너희 각각은
만약 잘된다면 무엇이든지 그 자신을 따라서 비축해 두어라. 이는 내
가 갈때에 모금을 하지 않도록 하기 위함이다. 3. 내가 도착할때에,
만약 너희가 인정할 만한 사람이 있다면 이 서신을 통하여서 내가 너
희의 기쁨을 가지고 예루살렘으로 가도록 보내겠다. 4. 만약 그가 또
한 나아갈 가치가 있다면 그들이 나와 함께 나아갈 것이다. 5. 내가
마게도니아를 지날때에 너희에게 내가 갈것이다. 내가 지금 마게도니
아를 지나고있다. 6. 너희를 향하여서 얻을 것이 있다면 내가 머물러
있을 것이다. 그리고 겨울내내 있을 것이다. 이는 내가 만약 나아간다
면 너희가 나와 함께 동반하게 하려 함이다. 7. 나는 지금 지나는 길

에 너희를 보기를 원하지 않는다. 만약 주님께서 허락하시면 내가 계속 너희에게 일정한 기간 동안 머물러 있기를 원한다. 8. 오순절까지는 내가 에베소에 머물러 있을 것이다. 9. 나의 문이 크고 능동적으로 열릴 것이다. 많은 자들이 반대편에 설 것이다.

[본문 해설]

1. 성도들을 위한 연보에 대하여서 내가 갈라디아 교회들에게 명령한 것처럼 너희도 행하라.

사도 바울은 성도들을 위한 연보에 대하여 갈라디아 교회들에게 명령한대로 행하라고 하신다. 여기에서 연보란 구제헌금을 의미한다. 사도행전 11장 27절에 로마 황제 글라우디스 때에 로마 제국 전역에 큰 흉년이 들었다. 이를 아가보라고 하는 선지자가 미리 예언을 하였는데 제자들이 서로 힘을 모아서 예루살렘에 형제들에게 부주금을 보내기로 작정하였나고 기록이 되어 있다.(행 11:27~29) 이러한 사도 시대의 전통이 후대에 모든 교회의 전통이 되었다. 사도 시대에는 교회가 사도들의 가르침과 사도들의 일치된 교리 아래에서 하나였기 때문에 로마 제국 영토 안에 모든 지방에 교회들이 이렇게 통일적으로 구제를 위하여서 서로 돕고 협력할 수 있었다. 놀라운 것은 로마 제국의 식민지로 있었던 여러 소아시아나 가나안 지방 교회들이 민족과 인종과 언어를 뛰어 넘어서 서로 이렇게 놀랍게 사랑하였다는 것이다. 참으로 감동적이다. 그 당시에 예루살렘 교회는 다른 모든 이방인 교회들의 모 교회 역할을 하고 있었다. 그래서 매우 중대한 교리적 문제나 교회의 존립에 대한 문제가 발생하면 예루살렘 교회로 이방 교회들이 장로들을 파송해서 치리회를 개회하였다. 사도행전 15장이 예루살렘에서 개회된 모든 가시적 교회의 최초의 총회라고 할 수 있다. 이 총회에서 사도들은 몇 가지 교리를 정립하였고 각 교회에 시달하였다. 이렇게 예루살렘은 다른 이방인 교회들에게 모범과 귀감이 되는 이방인 교회의 마음의 고향과 같은 교회였다. 그러나 그 교회는 사도 시대에 매우 경제적으로 곤핍한 상태였다. 다른 이방인 교회들이 예루살렘 교회를 돕기 위하여서 부조를 하였다.

사도 바울은 고린도 교회 성도들에게 갈라디아 교회들에게 명령하였던 바로 그 구제의 원리를 따라서 구제하라고 말씀하고 있다. 그 구제의 원리는 갈라디아서 2장 10절에 나와 있다. "**다만 우리에게 가난한 자들 생각하는 것을 부탁하였으니 이것을 나도 본래 힘써 행하노라**" 직역하면 다음과 같다. "**오직 우리가 가난한 자들을 생각하는 것을 나도 힘을 다하여서 행한다.**" 사도 바울은 갈라디아 교회들에게 가난한자들을 생각하라고 명령하였다. 그때에 이 일이 교회에서 매우 중요한 일이라는 사실이다. 그래서 "**나도 힘써 행한다**"고 말한 것이다. 구제는 교회가 짊어져야 할 중요한 일이다. 그래서 교회 헌상의 가장 큰 부분이 성직자들의 몫이라고 하면 그 다음이 가난한 자들 위한 몫이다. 참된 교회는 가난한자를 생각해야 한다. 무엇보다 적정하게 지식을 배우고 학습하지 못한 가난한 신자들과 이웃들을 위하여서 교육 사업을 해야 한다. 왜냐하면 무지한 상태에 살아가는 자들도 지식이 가난한 자들이기 때문이다. 교회는 그들을 계도하고 가르치는 의무를 가져야 한다. 이는 다음 세대 신자들의 균등한 삶을 위해서도 필요하다. 가난한자들의 자녀들이 적정한 지식을 학습하지 못해서 무지하게 살아간다면 이는 실로 매우 심각한 가난의 대물림이다. 배우지 못하는 것이 가장 비참한 가난이다.

하나님의 교회는 이러한 부분에 대하여서 각별히 수고를 다하여야 한다. 무엇보다 하나님을 아는 지식이 다음 세대 교회에게 충분하게 뒤물림 되지 못하게 될 때 교회는 점차로 연약해지고 무지하게 될 것이다. 사도 시대 교회 안에 가난한 신자들이 많았을지라도 그들의 자녀들이 복음을 전승하면서 다음 세대에 로마 제국을 지배할 수 있었던 것이다. 이렇게 복음은 가난한자를 부요케 한다. 그래서 복음은 신자들의 삶에 최고의 선이다.

2. 안식일의 첫날을 따라서 너희 각각은 만약 잘된다면 무엇이든지

그 자신을 따라서 비축해 두어라. 이는 내가 갈 때 모금을 하지 않도록 하기 위함이다. 3. 내가 도착할 때 만약 너희가 인정할 만한 사람이 있다면 이 서신을 통하여서 내가 너희의 기쁨을 가지고 예루살렘으로 가도록 보내겠다.

사도 바울은 그 주간의 첫날에 헌상을 하라고 명한다. 이는 지금의 주의 날을 의미한다. 구약의 안식일은 토요일이었기 때문에 안식후 첫 날은 바로 주의 날이다. 그 날은 주님이 부활하신 날이고 주님의 날이다. 새 언약의 안식일이다. 그 날이 한 주간의 첫 날이다. 이 날에 모여서 사도 시대 교회는 예배를 드렸기 때문에 바로 그 예배 시간에 헌상을 드리라고 한 것이다. 그렇다고 하면 사도 시대에는 주의 날에 늘 드리던 헌상 이외에도 구제 헌금을 따로 거두었다고 할 수 있다. 그래서 매주일 구제 헌금을 모아 두었다가 사도가 고린도 교회를 방문할 때에 그 헌금을 고린도 교회에서 인정할 만한 사람을 통하여서 예루살렘으로 보내겠다고 말한다. 본문 3절에 사도 바울이 고린도 교회로부터 연보를 받아서 보내려고 하는 곳은 예루살렘 교회였다. 이 교회의 어려움이 어느 정도인지를 알 수 있다. 사도 바울은 "**너희가 인정할 만한 사람이 있다면**" 추천하라고 말한다. 그러면 사도 바울이 예루살렘 교회로 그 구제 헌금을 가지고 가게 허락하겠다고 말한다. 이때에 사도 바울의 서신을 가지고 예루살렘으로 갔던 "**인정할 만한 사람**"이란 고린도 교회 집사를 의미한다. 항상 사도 시대부터 교회는 재정적인 부분에 정직한 사람을 집사로 세웠다. 교회의 집사의 직분은 가난한자를 돌아보며 환란을 당한 자를 위로하고 교회의 책정된 구제비와 일반 재정을 수납하고 지출하는 일을 맡는다. 이러한 부분에 있어서 사람들에게 인정을 받고 그 행위가 합당하며 모범이 될 만하여야 한다.

4. 만약 그가 또한 나아갈 가치가 있다면 그들이 나와 함께 나아갈 것이다. 5. 내가 마게도니아를 지날 때 너희에게 내가 갈 것이다. 내

가 지금 마게도니아를 지나고 있다. 6. 너희를 향하여서 얻을 것이 있다면 내가 머물러 있을 것이다. 그리고 겨울 내내 있을 것이다. 이는 내가 만약 나아간다면 너희가 나와 함께 동반하게 하려 함이다.

사도 바울은 여러 가지 여건이 되어서 함께 갈 수 있으면 함께 예루살렘으로 들어가겠다고 말한다. 그러면서 사도 바울은 지금 마게도니아를 지나가고 있는데 곧 고린도 교회에 도착하게 될 것이라고 말한다. 그리고 나서 그곳에서 겨울 동안 있을 것이라고 말한다. 그리고 그 다음에 봄이 되어서 새로운 전도지를 찾아서 떠나겠다는 것이다.

7. 나는 지금 지나는 길에 너희를 보기를 원하지 않는다. 만약 주님께서 허락하시면 내가 계속 너희에게 일정한 기간 동안 머물러 있기를 원한다. 8. 오순절까지는 내가 에베소에 머물러 있을 것이다. 9. 나의 문이 크게 그리고 능동적으로 열릴 것이다. 많은 자들이 반대편에 설 것이다.

사도 바울은 지나가는 길에 고린도 교회를 방문하지 않을 것을 말한다. 그러나 상황이 허락되어서 계속 머물게 되면 일정 기간 머물겠다고 말한다. 그러나 오순절까지는 에베소에 머물러 있겠다고 말한다. 이는 아직도 고린도 교회에 복음의 대적자들이 적지 않게 있기 때문이다.

제목: 문안 인사
본문: 고린도 전서 16장 10~24절

[본 문]
10 디모데가 이르거든 너희는 조심하여 저로 두려움이 없이 너희
가운데 있게 하라 이는 저도 나와 같이 주의 일을 힘쓰는 자임이니
라 11 그러므로 누구든지 저를 멸시하지 말고 평안히 보내어 내게로
오게 하라 나는 저가 형제들과 함께 오기를 기다리노라 12 형제 아
볼로에 대하여는 저더러 형제들과 함께 너희에게 가라고 내가 많이
권하되 지금은 갈 뜻이 일절 없으나 기회가 있으면 가리라 13 깨어
믿음에 굳게 서서 남자답게 강건하여라 14 너희 모든 일을 사랑으로
행하라 15 형제들아 스데바나의 집은 곧 아가야의 첫 열매요 또 성
도 섬기기로 작정한 줄을 너희가 아는지라 내가 너희를 권하노니 16
이같은 자들과 또 함께 일하며 수고하는 모든 자에게 복종하라 17
내가 스데바나와 브드나도와 아가이고의 온 것을 기뻐하노니 저희가
너희의 부족한 것을 보충하였음이니라 18 저희가 나와 너희 마음을
시원케 하였으니 그러므로 너희는 이런 자들을 알아 주라 19 아시아
의 교회들이 너희에게 문안하고 아굴라와 브리스가와 및 그 집에 있
는 교회가 주 안에서 너희에게 간절히 문안하고 20 모든 형제도 너
희에게 문안하니 너희는 거룩하게 입맞춤으로 서로 문안하라 21 나
바울은 친필로 너희에게 문안하노니 22 만일 누구든지 주를 사랑하
지 아니하거든 저주를 받을지어다 주께서 임하시느니라 23 주 예수
그리스도의 은혜가 너희와 함께 하고 24 나의 사랑이 그리스도 예수
의 안에서 너희 무리와 함께 할지어다

[원문 직역]
10. 디모데가 가면, 주의깊게 대하라 이는 두려움 없이 너희를 향
하여서 행하게 하려함이다. 그는 나처럼 주님의 일에 애쓰는 자이다.
11. 그러므로 어느 누구도 그를 업신여기지 말라. 평안 가운데 그를

보내라. 이는 나에게 보내라는 것이다. 형제들과 함께 내가 그를 기다리고 있다. 12 형제 아볼로에 대하여서는 여러번 내가 그를 형제들과 함께 너희에게 가라고 권면한다. 그러나 그는 모든 면에서 지금 가려는 뜻이 없다. 그러나 기회가 있을 때 그가 갈것이다. 13. 지켜보아라, 믿음 안에 굳게 서라 남자처럼 행동하라, 강하라. 14. 너의 모두는 사랑 안에서 되어질 것이다. 15. 형제들아 내가 너희에게 권하노니 스테파노 집을 너희가 알고 있다. 이는 아카이아의 첫 열매이다. 그리고 성도들에 대한 섬김에 대하여서 그들 스스로 작정했다. 16. 이는 너희가 이러한 자들에게 그리고 함께 수고하는 모든 자들에게 복종하라. 17. 스테파노와 포르투나투스 그리고 아카이쿠의 온 것에 내가 기뻐한다. 18. 그들이 나와 너희의 심령을 시원하게 했다. 그러므로 너희는 그러한 자들을 알아 주라 19. 아시아의 교회들이 너희에게 문안한다. 그리고 아굴라와 브리스가와 그의 집에 있는 교회가 주 안에서 너희에게 문안한다. 20. 모든 형제들이 너희에게 문안한다. 그리고 거룩한 입맞춤으로 서로 문안하라. 21. 나 바울은 친필로 문안하노라 22. 주님을 사랑하지 않는자가 있다면, 그들은 저주를 받을지어다. 주님께서 오신다. 23. 주 예수의 은혜가 너희 함께 있기를 24. 나의 사랑이 너희 모두와 함께 그리스도 예수 안에서 있으리라.

[본문 해설]

10. 디모데가 가면, 주의깊게 대하라 이는 두려움 없이 너희를 향하여서 행하게 하려함이다. 그는 나처럼 주님의 일에 애쓰는 자이다.

사도 바울은 디모데가 고린도에 이르면 존경과 신뢰로 사도 바울을 대하듯이 하라고 말한다. 이는 일종의 사도 바울의 추천서와 같다. 사도 바울은 그러한 권면을 통하여서 나이 어린 디모데가 주님의 일을 하는데 걸림돌이 될 수 있는 부분을 미리 방지하고자 하였다. 사도 바울은 디모데를 추천하기를 "**이는 저도 나와 같이 주의 일을 힘쓰는 자이니라**"고 한다. 디모데는 그렇게 사도 바울과 함께 소아시아를 개척하는데 헌신하였던 참된 주님의 사역자였다.

11. 그러므로 어느 누구도 그를 업신여기지 말라. 평안 가운데 그를 보내라. 이는 나에게 보내라는 것이다. 형제들과 함께 내가 그를 기다리고 있다.

사도 바울은 어느 누구도 디모데를 업신여기지 말라고 말한다. 이는 젊은 디모데가 사도가 아니라는 이유로 파송된 교회의 신자들이 디모데의 권위를 인정하지 않고 함부로 대할 수 있었기 때문이다. 디모데는 사도 바울보다도 나이가 무척 어린 목사였다. 여기에서 "**멸시하다**"라는 의미는 소홀히 대한다는 의미도 있다. 항상 교회 안에는 나이가 어리다는 이유로 그 사람이 하나님께 맡은 직무의 중대함을 간과하고 소홀히 대할 수 있다. 비록 나이가 어려도 그가 하나님이 말씀을 맡은 사역사라변 손숭받아야 마땅하다.

사도 바울은 디모데를 보내어서 고린도 교회 사정을 알아보게 하고 여러 형제들과 함께 다시 돌아오기를 기대하고 있다. 이는 고린도 교회 형편을 살펴봄으로서 사도 바울이 어떻게 그 교회를 어떻게 도와 줄 것을 생각하고자 함이다.

12 형제 아볼로에 대하여서는 여러번 내가 그를 형제들과 함께 너희에게 가라고 권면한다. 그러나 그는 모든 면에서 지금 가려는 뜻이 없다. 그러나 기회가 있을때에 그가 갈 것이다.

사도 바울은 사도 시대 선지자 아볼로를 소개한다. 아볼로는 학식이 풍부하였다. 사도 바울은 그의 학식을 매우 소중히 여겼다. 선지자 아볼로는 주님의 계시를 해석해서 교회에 가르쳤다. 사도 바울은 아볼로에게 고린도에 가서 그 교회를 돕기를 권하였다고 말한다. 그러나 그가 지금은 갈 뜻이 없다고 말한다. 여기에서 우리들은 사역자가 어떠한 곳을 가든지 그것이 사역자 자신의 의지도 중요하다는 것이다. 이는 사도라고 해도 가고자 하지 않는 자에게 어떠한 사역지에 가라고 할 수 없다는 것이다. 이는 사역자가 가야할 곳을 그 자신의 의지를 따라서 결정할 수 있는 권한이 있다는 것이다.

13. 지켜 보아라, 믿음 안에 굳게 서라 남자처럼 행동하라, 강하라.

사도 바울은 첫째 깨어 있으라고 말한다. 둘째 믿음에 굳세서라 말한다. 그리고 셋째 남자답게 강건하라고 말한다.

첫째로 여기에서 깨어 있으라는 것은 방심하지 말고 긴장하고 있으라는 것이다. 신앙생활은 깨어 있는 것이 중요하다. 개혁 교회가 항상 성도들에게 교리 학습을 하는 것은 바로 그런 이유에서다. 개혁 교회를 세우려고 하면 항상 개혁 교리를 부지런히 살펴야 한다. 그리고 그에 관련되어서 여러 유익한 책들을 읽고 이해하여서 항상 시대정신에 헤매이지 말고 그로부터 자유하며 항상 각성하는 삶을 살아야 한다.

둘째로 사도 바울은 믿음에 굳게 서라고 말한다. 구주 예수 그리스도를 믿는 믿음 안에 굳게 서는 것이 중요하다. 예수 그리스도를 믿는 믿음 안에 굳게 서는 것은 그 하나님을 사랑하는 성도들에게는 필수적이다.

셋째로 남자답게 강건하라고 말한다. 여기에서 "**남자답다**"라는 의미가 중요하다. 남자다움의 특징은 항상 개척 정신이다. 진취적인 기상을 가지고 새로운 것에 도전하는 정신이다. 남자다우려면 모험을 두려워하지 말아야한다. 고리타분하게 현실에 안주하기보다 새로운 세계에 도전하려고 하는 정신이다. 그리고 무엇보다 창조적인 삶이다. 어제 우리가 행한 것을 그대로 답습하는 삶이 아니라 무엇인가 새로운 삶을 꿈꾸는 자세이다. 결코 타성에 젖어서 안일하게 대충 살려고 하지 말아야 한다. 어떠한 환란으로 내 자신이 다 무너질지라도 새로운 삶에 대한 두려움을 버리고 과감하게 주 안에서 행하여야 한다. 그때에 주님께서 바로 그 환란을 통하여서 더 풍성한 신앙의 열매를 넘치게 부어주신다.

일반적으로 우리는 삶의 현장이 바뀌는 것을 두려워한다. 그것은 안정감을 원하는 사람들의 일반적 습성이다. 그러나 남자답게 사는 사람은 변화해 가는 삶의 현장을 두려워하지 않는다. 오히려 답보 상태에 빠져서 변화 없이 굳어 가는 것을 싫어 한다.

사도 바울은 강건하라고 말한다. 이는 마음을 굳건하게 하는 것이다. 여기에서 "**굳건하다**"는 것은 자신에게 다가올 새로운 환경에 능동적으로 대처하기 위하여서 마음을 강하게 하고 담대히 하라는 것이다.

그러므로 그 사람의 마음이 굳어서 화석화 되어 가는 것을 말하는 것이 아니다. 그렇게 화석화 되어가는 사람은 매우 답답한 인격체를 갖게된다. 그러한 사람은 하나님께서 열여가실 새로운 날들에 대하여서 경계하고 항상 안락하고 편안하게 현실이 주는 단 맛에 빠져서 살고자 한다.

14. 너의 모두는 사랑 안에서 되어질 것이다.

이제 사도 바울은 "**너의 모두는 사랑 안에서 되어질 것이다**"(고전 16:14)고 말하신다. 주님의 일은 사랑으로 행하여야 한다. 사랑으로 행한다는 것은 모든 연약하고 부족함에도 불구하고 이웃을 사랑하는 것이다. 참으로 사랑은 우리의 것이 아니다. 하나님께서 거저 주시는 은혜이다. 자랑할 것이 우리에게는 없다. 오직 우리를 구속하신 주님을 자랑할 따름이다.

15. 형제들아 내가 너희에게 권하노니 스테파노 집을 너희가 알고 있다. 이는 아카이아의 첫 열매이다. 그리고 성도들에 대한 섬김에 대하여서 그들 스스로 작정했다. 16. 이는 너희가 이러한 자들에게 그리고 함께 수고하는 모든 자들에게 복종하라.

사도 바울은 아카이아의 첫 열매기 스테파노 집이라고 말한다. 아카이아는 고린도 지방 북서쪽 경계선에 있다. 아카이아는 주전 146년에 로마 황제 아우구스투스에 의하여서 점령당하여서 로마의 식민지가 되었다. 아카이아는 원로원들의 영지였다. 이 지방에 스테파노 집 사람들이 첫 열매가 되었다. 그들이 사도들의 전도를 받고 교회를 세우는 첫 가정이 되었던 것이다. 그들은 바로 하나님의 사람들이었다. 스테파노는 고린도 교회 성도였다. 그들은 아카이아 지방의 교회 성도들을 섬기는 일에 헌신하였다.

항상 사도 시대 교회는 하나님의 교회를 여러 방면에서 도왔던 가정들이 있었다. 그런데 실지로 이 가정이라는 의미는 좀더 확대해서 써야 한다. 왜냐하면 헬라어로 "**오이코스**"(οἰκός)라고 하는데 이는 매우 큰 집을 가지고 있었던 하나의 대가족을 의미한다. 그래서 스테파노집이라고 하면 스테파노의 가문 정도로 이해할 수 있다. 이들은 각 지방의 교회를 섬기는데 헌신하였다. 이들의 수고로 하나님의 교회가 로마 제국에 잘 정착하였다.

사도 바울은 고린도 교회 성도들에게 "**함께 일하며 수고하는 모든 자에게 복종하라**"(고전 16:16)고 말한다. 여기에서 "**함께 일하며 수고하는 모든 자**"란 교회 안에서 직분을 맡은 자들이다. 사도 바울은 그렇게 교회 안에 직분자들의 수고를 존중하고 그들에게 복종하라고 말한다. 이는 신앙의 첫 자세이다. 함께 일하며 수고하는 자들에게 교회가 복종하지 않으면 교회는 질서가 파괴되고 무너진다. 그래서 이들에게 복종하는 것은 신자들이 지켜야 할 도리이다.

17. 스테파노와 포르투나투스 그리고 아카이쿠의 온것에 내가 기뻐한다. 18. 그들이 나와 너희의 심령을 시원하게 했다. 그러므로 너희는 그러한 자들을 알아주라

사도 바울은 스데바나와 브도나도와 아가이고가 자신에게 온 것을 기뻐한다고 말한다. 그들은 고린도 교회 신자들이었는데 고린도 지방 근처에 사도 바울이 전도 여행 중일 때에 문안하러 왔다. 이는 사도 바울을 향한 참된 사랑을 표시하는 것이었다. 근처 지방에 사도들이 있을 때 문안하였던 신실한 스테파노와 포르투나투스와 아카이쿠는 사도들의 큰 기쁨이었다. 그래서 이들이 고린도 교회의 부족한 부분을 보충하였다고 말한다.

사도 바울은 고린도 교회가 여러 가지로 미흡한 부분이 있어서 마음이 근심되었으나 스데바나와 브드나도와 아가이고가 사도를 방문하여서 매우 기뻐하였다. 사도 바울은 그들이 그와 고린도 교회 신자들의 마음을 시원하게 해 주었다고 말한다. “**시원하게 하다**”라는 의미가 헬라어로 “**아네파우산**”(ἀνέπαυσαν)이라고 하는데 이는 “**시원하게 하다**” 외에도 “**심신을 상쾌하게 하다**”, “**편안하게 하다**”, “**맑게 하다**”, “**깨끗하게 하다.**”라는 의미가 있다. 그리고 “**마음**”이 헬라어로 “**프뉴마**”(πνεῦμα)라고 하는데 이는 인간의 영혼 가장 깊은 곳을 의미한다. 그들이 사도의 심령을 시원하게 해 주었다는 것은 사도를 더욱 풍성하게 해 주었다는 것이다. 다른 사람의 영혼을 풍성하게 해 줄 수 있는 경건한 신자들은 교회에게 보배이다. 참된 성도는 사도들의 영혼을 정화시켜 준다. 참으로 놀라운 성도들이다.

19. 아시아의 교회들이 너희에게 문안한다. 그리고 아굴라와 브리스가와 그의 집에 있는 교회가 주 안에서 너희에게 문안한다. 20. 모든 형제들이 너희에게 문안한다. 그리고 거룩한 입맞춤으로 서로 문안하라. 21. 나 바울은 친필로 문안하노라 22. 주님을 사랑하지 않는 자가 있다면, 그들은 저주를 받을 지어다. 주님께서 오신다. 23. 주 예수의 은혜가 너희 함께 있기를 24. 나의 사랑이 너희 모두와 함께 그리스도 예수 안에서 있으리라.

우리는 다시 한번 사도 시대 교회의 성도의 교제를 떠오르게 한다. 사도 바울은 아시아의 여러 교회들이 고린도 교회에 문안 한다고 말한다. 여기에서 “**문안하다**”라는 의미는 단지 인사하는 정도가 아니다. 이는 서로 서신으로 왕래하고 서로가 그리스도 안에서 하나 됨을 확인하는 것이다.

사도 바울은 항상 그의 서신 마지막에 "**문안하라**"는 말을 자주 하였다. 이는 성도들 상호간에 그리스도 안에서 교제가 중요함을 의미한다. 그리스도 안에서 서로 사랑함으로 교회는 부요하게 된다. 결국 서로 사랑하는 것은 매우 중요하다. 그 중요한 의미를 알아가는 것은 오직 하나님의 말씀을 통하여서이다. 그래서 하나님의 말씀이 성도의 교제의 근본이고 바탕이다. 그리고 토대이다. 그 말씀을 따라 교제하지 않는 것은 성도의 교제가 아니다. 항상 하나님의 말씀을 이루어가고자 하는 자세와 그 말씀을 사모하는 자세를 가지고 서로 사랑해야 한다.

사도 바울은 "**간절히 문안한다**"고 말한다. 그리스도 안에서 성도들이 간절히 문안한다고 하는 것이 매우 중요하다. 사도 시대 이러한 교회의 전통은 주님께서 사도들에게 명령하신 명령에 기초한다. "**34 새 계명을 너희에게 주노니 서로 사랑하라 내가 너희를 사랑한 것같이 너희도 서로 사랑하라 35 너희가 서로 사랑하면 이로써 모든 사람이 너희가 내 제자인 줄 알리라**"(요 13:34~35) 주님께서는 새 언약의 교회에게 새 계명을 주셨다. 그것은 주님께서 우리를 사랑하신 것처럼 서로 사랑하라는 것이다. 성도들이 서로 사랑함으로서 하나님의 교회를 세우는 것이다. 그 사랑은 주님께서 우리를 사랑하신 것 같이 서로 사랑하는 것이다. 이러한 그리스도인의 서로 사랑은 이웃 사랑 보다 더 어렵다. 이웃 사랑은 신자가 이웃을 향하여서 일방적으로 사랑하면 되지만 서로 사랑은 같은 신앙의 고백을 따라 성도들이 상호 신뢰를 바탕으로 사랑하는 것이기 때문이다.

참된 사랑은 두려움을 내어 좇는다. 성도들은 두려움 없이 사랑해야 한다. 성도들이 서로 사랑할 때 거룩한 보편 교회는 풍성하다. 이는 그리스도 앞에서 신자들이 배워야 할 참으로 소중한 계명이다. 신자들이 일평생을 알아가야 할 계명이 "**서로 사랑**"이다. 그렇기 때문에 때로는 상대방을 제대로 사랑하지 못한 아픔이 남아 있을 수 있다. 때로는 상대방의 사랑을 함부로 대한 아쉬움이 남을 수 있다. 그러나 참된 신자들은 사랑하기를 포기하지 말아야 한다. 주님 안에서 서로 사랑을 포기하지 않는 자가 하나님 나라를 이루어 가는 것이다. 주님 안에서 서로 사랑은 교회가 지켜야 할 가장 고귀한 계명이다.

제목: 하나님의 뜻을 따라서 그리스도의 예수의 사도된 바울은
본문: 고린도 후서 1장 1~11절

[본 문]

1. 하나님의 뜻으로 말미암아 그리스도 예수의 사도 된 바울과 및
형제 디모데는 고린도에 있는 하나님의 교회와 또 온 아가야에 있는
모든 성도에게 2. 하나님 우리 아버지와 주 예수 그리스도로 좇아
은혜와 평강이 있기를 원하노라 3. 찬송하리로다 그는 우리 주 예수
그리스도의 하나님이시요 자비의 아버지시요 모든 위로의 하나님이
시며 4. 우리의 모든 환난 중에서 우리를 위로하사 우리로 하여금
하나님께 받는 위로로써 모든 환난 중에 있는 자들을 능히 위로하게
하시는 이시로다 5. 그리스도의 고난이 우리에게 넘친것 같이 우리
의 위로도 그리스도로 말미암아 넘치는도다 6. 우리가 환난 받는 것
도 너희의 위로와 구원을 위함이요 혹 위로 받는 것도 너희의 위로
를 위함이니 이 위로가 너희 속에 역사하여 우리가 받는것 같은 고
난을 너희도 견디게 하느니라 7. 너희를 위한 우리의 소망이 견고함
은 너희가 고난에 참예하는 자가 된것 같이 위로에도 그러할 줄을
앎이라 8. 형제들아 우리가 아시아에서 당한 환난을 너희가 알지 못
하기를 원치 아니하노니 힘에 지나도록 심한 고생을 받아 살 소망까
지 끊어지고 9. 우리 마음에 사형 선고를 받은 줄 알았으니 이는 우
리로 자기를 의뢰하지 말고 오직 죽은 자를 다시 살리시는 하나님만
의뢰하게 하심이라 10. 그가 이같이 큰 사망에서 우리를 건지셨고
또 건지시리라 또한 이후에라도 건지시기를 그를 의지하여 바라노라
11. 너희도 우리를 위하여 간구함으로 도우라 이는 우리가 많은 사
람의 기도로 얻은 은사를 인하여 많은 사람도 우리를 위하여 감사하
게 하려 함이라

[원문 직역]

1. 하나님의 뜻을 통하여서 예수 그리스도의 사도된 바울과 형제

디모데는 고린도에 있는 하나님의 교회와 전체 아가야에 있는 모든 성도들에게 2. 너희에게 은혜와 평강이 우리 아버지 하나님과 주 예수 그리스도로부터 있을찌어다. 3. 찬송 받으실 하나님 곧 우리 주 예수 그리스도의 아버지이신 그는 긍휼의 아버지이시며 모든 위로의 하나님이시다. 4. 그는 우리의 모든 곤고 위에 우리를 위로하시는 분이시다. 그래서 모든 곤고 가운데 있는 하나님에 의하여서 위로를 받아야 할 자들을 우리로 위로를 통하여서 위로 하게 하신다. 5. 우리를 위한 그리스도의 고난이 넘친 것 같이 그리스도를 통하여서 우리의 위로가 넘친다. 6. 우리가 억압을 받는 것도 너희 위로와 구원을 위함이고 우리가 위로를 받는 것도 우리가 당한 그 고난의 견고하게 서있기 위한 너희의 수고의 위로를 위함이다. 7. 그리고 너희를 위한 우리의 소망이 든든함을 너희가 알고 있다. 이는 너희가 위로가 됨과 같이 고난에 동참자가 됨이라. 8. 형제들아! 우리는 너희가 모르기를 원하지 않는다. 아시아에서 우리가 당한 환난을 인하여서 우리가 힘에 지나게 고난을 당하여서 우리가 살아 가는 것에 자포자기 상태였다. 9. 그러나 우리가 우리 안에 사형 선고를 받았다. 이는 우리로 자신을 의지 하지 말고 죽은 자들을 다시 살리시는 하나님 만 의지하게 하려 함이다. 10. 그렇게 큰 사망으로부터 그가 우리를 건지셨다. 그리고 건지실 것이다. 그리고 건지시기를 소망한다. 11. 기도할때에 우리를 인하여서너희가 함께 연합되어서 돕나니 이는 많은 얼굴들로부터 우리가 얻은 은사를 많은 사람들을 통하여서 우리를 인하여서 감사하게 하려는 것이다.

[본문 해석]

1. 하나님의 뜻을 통하여서 예수 그리스도의 사도된 바울과 형제 디모데는 고린도에 있는 하나님의 교회와 전체 아가야에 있는 모든 성도들에게 2. 너희에게 은혜와 평강이 우리 아버지 하나님과 주 예수 그리스도로부터 있을찌어다.

고린도 전서를 보냈던 사도 바울은 이제 고린도 후서를 통하여서 고린도 교회 성도들을 위로하고자 한다. 사도 바울은 고린도 전서를 보낸 이후 신앙의 성숙을 이루었을 고린도 교회 성도들에게 고린도 후서를 통하여서 그들의 신앙의 성숙에 대한 칭찬과 함께 권면의 말씀을 하고 있다. 이제 사도 바울은 고린도 교회 성도들에게 그의 믿음의 아들 디모데와 함께 문안을 하고 있다. 그 문안하는 대상은 고린도에 있는 하나님의 교회와 온 아가야에 있는 모든 성도들이다.

아가야는 고린도 지역을 포함한 더 넓은 지역이다. 그러므로 아가야는 고린도 지역과 아르카디아와 엘리스로 되어있다. 엘리스는 아가야의 남서쪽이고 고린도는 남동쪽이고 아르카디아는 남쪽이다. 이것은 고린도 지역을 하나의 노회로 본다면 아가야는 대회로 볼 수 있다.

사도 시대에 지역 교회는 항상 노회로 보는 것이 타당하다. 그 지역 반경이 대체로 장로교회의 노회 제도 아래에서 크기와 비슷하다. 그리고 아가야는 몇몇 지역 노회(Presbytery)들을 합친 장로교 대회(Synod)정도의 크기라고 할 수 있다. 사도는 특히 고린도 교회에게 이 서신을 쓰면서 고린도 지역을 포함하여서 더 넓은 지역을 형성하고 있는 아가야 지방의 모든 성도들에게 서신을 보내고 있다. 이는 이 서신의 수신자가 고린도 교회를 넘어선다는 것을 알 수 있다. 고린도만이 면해 있는 그 주변의 모든 교회들에게 사도는 서신을 쓰고 있다. 그 지방은 서로 같은 풍습과 언어를 가지고 있었을 것으로 추정되며 그래서 각 지역 노회들이 사도들의 서신을 서로 교환했을 것으로 볼 수 있다.

사도 바울은 고린도 후서 1장 2절에 "**하나님 우리 아버지와 주 예수 그리스도로 좇아 은혜와 평강이 있기를 원하노라**"(고후 1:2)고 권면하고 있다. 이러한 권면의 구조는 사도 바울이 자주 쓰는 인사말의 형태이다. 은혜와 평강이 있기를 바랬던 사도 바울의 마음은 당시의 환란 가운데 자라가던 사도 시대 교회들의 상황과 무관하지 않다. 항상 불법 집회로 정죄를 받아서 매우 은밀하게 모여 예배를 드렸던 사도 시대에 교회들은 그렇게 두려운 상황에서도 넘치는 기뻠으로 주님을 섬겼다. 그렇게 어려운 형편에서도 뜨거운 사랑으로 서로를 사랑했다. 그러한 교회 중에 하나였던 고린도 교회 성도들에게 사도 바울은 하나님 아버지와 구주 예수 그리스도의 이름으로 은혜와 평강이 있기를 권면했다.

사도는 항상 아버지 하나님과 구주 예수 그리스도의 이름을 따라서 권면하고 위로하였다. 왜냐하면 사도 시대에 하나님 아버지와 구주 예수 그리스도는 성령과 함께 성도들이 경배해야할 유일하신 하나님이 되시기 때문이다. 아버지가 모든 구원의 근원이시고 아들이 그 구원을 이루시는 지혜와 말씀이 되시며 성령께서 능력과 효력이 되시기 때문이다. 성경에는 이러한 삼위엘체 구조가 자주 드러나 있다.

그런데 성령께서 직접적으로 언급되시지 않는 이유는 성령은 성도들을 어거하시고 이끄시는 주체이시기 때문이다. 성령은 신자들 안에서 역사하시는 주체이시기에 언급되지 않고 있다. 그러나 특별하게 성삼위일체 하나님에 대하여서 언급할 때에는 사도들도 성령을 말씀하신다.

언제 로마 군병들의 체포로 잡힐지 모르는 고단하고 곤비한 신앙생활을 하였던 사도 시대 교회 신자들에게 하나님의 은혜와 평강은 가장 소중하였다. 사도는 그렇게 고난 가운데 살아가는 신자들에게 하나님의 은혜와 평강을 원한다고 위로하였다.

3. 찬송 받으실 하나님 곧 우리 주 예수 그리스도의 아버지이신 그는 긍휼의 아버지이시며 모든 위로의 하나님이시다. 4. 그는 우리의 모든 곤고 위에 우리를 위로하시는 분이시다. 그래서 모든 곤고 가운데 있는 하나님에 의하여서 위로를 받아야 할 자들을 우리로 위로를 통하여서 위로 하게 하신다.

사도는 하나님을 찬송하시며 그가 우리 주 예수 그리스도의 아버지이시라고 말씀하고 있다. 그의 속성이 계시되어있다. 그는 긍휼의 아버시이시다. 우리가 하나님의 성품을 닮아간다는 것은 그의 긍휼의 성품을 닮아가는 것이다. 하늘의 성품 즉 천품을 성도들 안에 이루시고자 구주가 십자가에 죽으셨다. 구주의 십자가 보혈의 공로는 죽을 수 밖에 없는 악한 성품을 가진 자들을 하늘의 품성으로 바꾸어 주신다. 그래서 천품을 풍성하게 누려가는 자가 참된 성숙을 이루어 가는 자이다. 긍휼이란 다른 사람의 연약함을 살피고 그 연약함을 불쌍히 여기며 도우려고 하는 마음이다. 긍휼은 넘어져 있는 자를 일으켜 세우며 공동체의 약한 부분을 찾아가서 위로하는 성품이다. 이 긍휼이 넘치는 신앙은 항상 복되다. 그리고 그 풍성한 은혜를 나누어 주는 것이다.

사도는 우리 구주 예수 그리스도의 아버지이신 하나님께서 긍휼이 풍성하시다고 증거한다. 이제 둘째로 그 하나님은 위로의 하나님이시라고 증거하고 있다. 위로의 성품을 가진 자들은 다른 사람을 세워준다. 위로의 성품을 가진 자는 고통 받은 영혼을 살려 주는 것이다. 참으로 그리스도인들이 이러한 성품으로 가득차는 것이 하나님나라의 복이다. 사람들은 긍휼과 위로를 받기를 원하며 이는 깊게 마음의 고통을 당하고 있는 자들이 있기 때문이다. 그래서 그러한 자들이 하늘의 위로를 받으면 극심하게 고통을 당하는 심령으로 있다가 살아난다. 위로의 하나님께서는 우리가 위축 되어 있을 때 우리를 일으키신다. 위로의 하나님이 우리에게 가장 큰 보배이시다. 사도는 하나님께서 우리의 모든 곤고 위에 우리를 위로하시는 분이시라고 말씀한다. 곤고함이 넘칠 때 신자들을 위로하시는 분은 여호와 하나님이시다. 우리 구주 예수 그리스도의 아버지 하나님이시다.

사도는 하나님께 받은 그 위로로서 신자들을 위로한다고 말한다. 참으로 사람은 이 세상의 어떠한 것으로도 위로를 받지 못한다. 오직 구주가 찾아 오셔서 위로 해 주시기 전까지 인생들은 비참하다. 다만 전 인류는 그 비참함을 인식하는 자들과 인식하지 못하는 자들로 부류 될 뿐이다. 그 비참함을 인식하는 자들이 성도들이다. 인생들 위에 드리워진 그 비참함을 깨닫고 하나님의 위로를 사모하는 자들이 성도들이다. 그러나 그것을 인식하지 못하고 지각없이 살아가는 무리들이 세상에 속한 자들이다. 그들은 스스로 자신이 얼마나 비참한 자들인지를 인지조차 못하며 헛되이 과장하고 행하므로 점차적으로 멸망으로 나아간다. 사도는 고린도 교회 성도들에게 너희가 하나님의 위로가 필요한 죄인들임을 주지시킨다. 그래서 사도는 하나님의 위로를 가지고 그들에게 나아간다고 말씀하고 있다. 하나님의 위로만이 우리의 영혼을 살리기 때문이다.

5. 우리를 위한 그리스도의 고난이 넘친 것 같이 그리스도를 통하여서 우리의 위로가 넘친다.

사도는 구주를 따라서 복음의 사역을 하였다. 그들이 곳곳에서 주의 교회를 세울 때에 당한 모든 환난은 그리스도의 남은 고난이었다. 그래서 사도는 그리스도의 남은 고난이 넘쳤다고 말한다. 그런데 그 고난이 넘칠수록 그리스도로부터 오는 위로가 넘쳤다고 말씀하고 있다. 이 말씀은 그리스도의 복음으로 하나님의 교회를 세우는 모든 자들에게 크나큰 위로가 된다. 고난을 회피하는 자는 결코 그리스도로부터 오는 넘치는 위로를 받을 수 없다. 사도는 그리스도의 남은 고난을 짊어지는 그 복음적 삶을 포기하지 말라고 말한다. 그 고난 가운데 넘치는 위로를 경험하게 될 것이기 때문이다. 진정 복음과 함께 고난을 당해 보지 않고는 사도의 이 마음을 공감하지 못한다. 사도의 가르침을 공감하려면 복음과 함께 당하는 환난을 순종함으로서 몸소 경험해야 할 것이다. 그리스도로부터 오는 위로가 무엇인가 알고자 한다면 신자들은 필히 그리스도께서 주시는 고난을 온 몸으로 겪어야 한다. 사도가 담대한 확신의 말씀으로 증거하는 바는 성도들이 복음의 가르침을 깨닫고 순종해야 한다는 것이다. 순종하지 않으면 역사가 나타나지 않는다. 그것이 사도가 본문에서 가르치고 있는 말씀의 요지이다.

6. 우리가 억압을 받는 것도 너희 위로와 구원을 위함이고 우리가 위로를 받는 것도 우리가 당한 그 고난의 견고하게 서있기 위한 너희의 수고의 위로를 위함이다. 7. 그리고 너희를 위한 우리의 소망이 든든함을 너희가 알고 있다. 이는 너희가 위로가 됨과 같이 고난에 동참자가 됨이라.

사도는 주의 몸된 교회를 위하여서 환난을 받고 있다고 증거한다. 그리고 자신이 그러한 환난을 받는 이유는 성도들의 위로와 구원을 위함이라고 말한다. 사도 바울은 성도들의 위로와 구원을 위하여서 그렇게 기도하며 애를 썼다.

사도들이 당한 고난은 성도들의 위로와 구원을 위함이었다. 그것이 진정한 사역자의 자태이다. 사도는 이렇게 주의 몸된 교회를 인하여서 받는 모든 환란 가운데 하나님의 위로가 있다고 말하며 그 위로도 너희에게 위로가 되기를 바라는 마음이 있다고 말한다. 그리고 사도가 그러한 위로를 성도들에게 나누어 주고자 하는 것은 그 위로를 인하여서 사도들이 받는 것 같은 고난을 고린도 교회 성도들도 견디게 하려는 것이다.

참된 신자들은 가르치는 자들과 함께 고난을 받는다. 그러나 거짓 신자들은 항상 교회 안에서 안락하고 편안한 구석만을 찾아가며 주님의 교회를 파괴시키려고 한다. 사도는 성도들의 올바른 삶이란 편하고 안락한 삶을 추구하는데 있는 것이 아니라 오직 주의 말씀을 따라 살아가는데 있다고 말한다.

사도는 고린도 교회 성도들에게 "**우리가 받은 것 같은 고난**"이 그들에게 있으리라고 말한다. 이러한 본문들은 그리스도를 따라 경건하게 살아가는 삶이 그렇게 만만하지 않다는 것을 드러내고 있는 것이다. 분명하게 고난이 있고 진실에 대한 피할 수 없는 현실에 부딪치게 되어있다는 것이다.

거짓 신자들은 고난을 당할 때에 세상과 타협하며 편하게 가려한다. 그러나 참된 신자들은 사도들과 같은 종류의 고난이 닥칠 때 그것을 감당한다. 그때에 하늘의 위로가 있는 것이다. 그래서 자신의 헛된 지혜로 사는 자들과 주님의 말씀을 따라서 고난을 이겨내는 자들과 분명하게 차이가 있다. 그것은 시대를 바라보는 시각에 차이가 있다. 대충 그리스도의 고난을 회피하고 안락하게 살아가고자 하는 자들은 현재의 보편 교회가 아무런 문제가 없고 잘 번영하고 있다고 헛소리를 한다. 그래서 지금이 교회의 황금시기라고 떠들어 댄다. 이는 예레미야 선지자가 말한대로 이다. 그들이 유대의 멸망이 얼마 남지 않은 것을 전혀 감지도 못하고 이스라엘이 평강하다 평강하다가 하다가 홀연히 멸망에 이르렀다. 선지자 예레미야은 증거한다. 그러한 거짓 선지자들이 주의 백성의 영혼의 질병을 심상히 고쳐주고는 완치 되었다고 거짓을 말하다가 더 큰 중병에 걸리게 만든다고 말한다.(렘 6:14) 거짓 선지자들은 시대를 매우 안이하고 피상적으로 바라본다. 그들이 그렇게 시대를 안일하고 피상적으로 바라보는 이유는 그들 자신의 영적 어두움 때문이다. 그러한 거짓 선지자들에게는 진리가 없다.

진리를 깨닫고 행하는 참된 성도들은 그리스도의 십자가를 올바르게 인식하고 시대의 어두움을 간파하며 그 어두움 가운데 진리를 인하여서 당하는 환난을 부끄러워하지 않는다. 사도 바울은 참된 신자들에게 사도들이 받았던 동일한 위로가 하늘로부터 내려질 것이라고 교훈한다. 그리스도의 남은 고난을 짊어지는 삶이란 참된 신자들이 가야할 길이다. 그렇게 구주와 함께 고난을 받기 즐겨할 때 구주와 함께 하나님 나라를 누리게 될 것이다. 고린도 후서 1장 7절에 그러한 가르침이 잘 언급되고 있다. "**너희를 위한 우리의 소망이 견고함은 너희가 고난에 참예하는 자가 된것 같이 위로에도 그러할 줄을 앎이라**"(고후 1:7) 사도 바울은 고린도 교회 신자들에 대하여서 견고한 소망이 있다고 증거하며 그것은 그들이 그리스도의 고난에 참여 하는 동참자가 되리라는 것이다. 참된 신자들은 예외없이 그리스도로 인하여서 고난의 쓴 잔을 마시게 되어있다. 예수 그리스도를 안락하게 믿는 그러한 일은 없다. 다 거짓 신자들이다. 교회 역사를 면밀히 살펴보면 어느 시대에도 참된 신자들은 이 세상을 안락하게 산 적이 없다. 하나님의 진리가 분명하게 증거 되었던 사도 시대에도 그리고 그 이후에 사도적 교회로 돌아가고자 하였던 종교 개혁 시대에서도 성도들의 삶은 곤고하였다.

사도 시대에는 교회 자체가 모이는 것이 불법이었기 때문에 큰 환란 가운데 신앙생활을 하였다. 그러한 환난 가운데 신앙이 빛났다. 그리고 종교 개혁 시기에는 로마 카톨릭 교회의 큰 핍박을 인하여서 가족과 친척을 뒤로 하고 자신이 자란 모국을 떠나면서 까지 진리를 인하여서 환난을 당하였던 성도들이 넘쳐 나고 있다. 그러므로 이렇게 진리가 분명하게 가르쳐 지던 시대에서도 큰 환난이 있었다면 이제 그러한 시대를 지나서 점차적으로 진리가 사라져 버린 그 어두움의 시대에 성도들이 환란이 없을 것이라는 사고는 어리석다.

진리가 사라져 버린 어두운 시대에 참된 신자들에게 더 큰 환란이 있다. 거짓되게 알고 있는 자들이 유사품 진리로 종교 장사를 하기 때문에 참된 신자에게는 그것이 크나큰 고통이다. 그 종교 장사치 틈에 끼어서 참된 신자들이 진리를 외쳐도 묻혀 버린다. 오히려 그 종교 장사치들은 거짓으로 재물을 모아서 부귀영화를 누리며 스스로 높아져서 자기를 자랑하며 살아간다. 그러나 그들의 멸망은 확실하다. 그러나 그렇게 진짜 같은 가짜들이 살아가는 세상에 참된 신자들에게 신앙생활이란 더 큰 환란의 길이다. 진리가 풍성할 때에는 세상으로부터 핍박이 거세질 것이다. 그러나 진리가 혼돈되고 사라져 버린 시대에는 가난과 곤고와 외로움이 극대화 될 것이다. 그렇게 진리가 사라진 시대에는 진리를 사모하는 자를 찾아 보기 어렵게 되기 때문이다. 그렇기 때문에 어느 시대에나 참된 신자들에게 이 세상은 환란과 곤고가 다반사이다. 결코 피할 수 없다.

사도들이 교회의 아비로서 진리의 길을 보여주었다. 그 길은 결코 평탄한 길이 아니다. 진리를 따라서 고난의 길을 가는 것이 생명길이다. 얄팍한 유사 지식으로 진리를 대체하지 못한다. 진리는 우리에게 순종을 요구한다. 그리고 그 순종에는 고난이 필수적이다. 진리따라 살아가는 것은 곤비하다. 그러나 위로가 크다. 그것은 천상의 위로이다. 그것은 받은 자 외에 어느 누구도 모른다. 그래서 천상에는 고난의 큰 강을 건너와서 종려나무 가지를 들고 호산나 찬송하였던 승리한 신자들만이 가는 곳이다. 천상에는 신앙의 패배자나 외식하는 자들이 들어 갈 수 있는 곳이 아니다. 천상의 하나님 나라는 눈물 없이 갈 수 있는 곳이 아니고 이 세상에서 번영을 외쳐 대는 자들이 들어갈 수 있는 나라가 아니다. 우리 구주 예수 그리스도의 십자가의 크신 사랑을 따라서 환란과 곤고를 마다하지 않고 살아가야 한다.

8. 형제들아! 우리는 너희가 모르기를 원하지 않는다. 아시아에서 우리가 당한 환난을 인하여서 우리가 힘에 지나게 고난을 당하여서 우리가 살아가는 것에 자포자기 상태였다. 9. 그러나 우리가 우리 안에 사형 선고를 받았다. 이는 우리로 자신을 의지 하지 말고 죽은 자들을 다시 살리시는 하나님 만 의지하게 하려 함이다.

사도 바울은 고린도 교회 신자들에게 주님의 교회를 세우기 위하여서 그가 당한 환란에 대하여서 말한다. 사도 바울은 힘에 지나도록 심한 고난을 받아 살 소망조차 끊어지고 그 마음에 사형 선고를 받은 것 같았다고 말한다. 이는 마음이 무너진 상태를 의미한다. 더 이상 하나님의 교회를 세우는 것을 포기하고 복음을 전하지도 말고 다른 일을 하고 싶은 충동을 의미한다. 죽는 것 보다 하나님의 교회를 세우는 것이 더 어렵다고 생각하는 순간이다.

사도들이 주의 교회를 이렇게 어렵게 세웠다. 주님의 교회는 고난을 이겨낸 성도들이 세울 수 있다. 그래서 주님의 교회는 진실한 성도들이 세우는 것이다. 우리 시대 이 세상의 재물로 교회를 세울 수 있다고 생각하는 자들이 있다. 그래서 화려한 건물을 세우고 사람들을 모은다. 그러나 그곳은 단지 화려하고 눈부신 건물을 세워 놓았을 뿐이다. 거기에 참된 교회는 없다. 인간들이 자기 뜻대로 세력을 형성하면 교회라고 착각한다. 헛된 생각이다. 주의 몸된 교회가 무엇인가? 바로 참된 신자들이 주의 몸된 교회이다. 사도들은 주의 교회를 세우기 위하여서 수 없이 마음의 고통을 당하였다. 그것을 고린도 교회 성도들에게 나누어 주고 있다. 왜 그런가? 그것은 주님의 몸된 교회가 세워지기가 얼마나 어려운가를 공감하라는 것이다. 헛되이 믿으면 구원을 받을 수 없다는 것이다.

사도는 신자들에게 교회를 세우는 성직자들과 고난을 함께 하라고 말한다. 주의 몸된 교회를 세우기 위하여서 수 없는 마음의 고통을 당하고 살아가는 목회자들의 심정을 알라고 가르친다. 하루에도 열두 번씩 주의 교회를 세우는 것을 포기하고 싶은 그 고통스러운 마음을 알라고 가르친다. 많은 성도들은 아이 같이 가르치는 자에게 자신들의 어려운 삶을 알아달라고 칭얼댄다. 그러나 오히려 사도는 그 반대로 교회를 세우는 자들의 마음의 상태를 위로 해 줄 만한 성숙한 신자가 되라고 권면하고 있다. 이제 사도는 그 자신의 경험을 통하여서 주의 교회가 어떻게 세워지는 가를 가르치고 있다. **"우리로 자기를 의뢰하지 말고 오직 죽은 자를 다시 살리시는 하나님만 의뢰하게 하심이라"**(고후 1:9) 실지로 교회를 세우는 성직자들이나 그런 성직자들과 함께 교회를 세우려는 신자들은 자신들의 지혜로 교회를 세울 수 있다고 생각하면 그것은 심히 잘못된 생각이다. 참된 교회는 인간의 지혜나 능력으로 세울 수 없다. 오직 하나님의 거룩한 능력으로 세워지고 진리로 세워진다. 그래서 기나긴 세월 인내가 필수적이고 곤고가 양식이 되어야 하는 것이다. 주님의 교회는 세상과 구분되는 전혀 새로운 세상이다. 교회란 그 위치가 천상에 있으면 하나님 나라이고 지상에 있으면 지상의 교회이다. 그래서 하나님 나라가 지상에서 형성되어 가는 것이 지상의 교회이다. 진리에 무지한 상태에서 함부로 교회를 세워 놓으면 그 교회는 천상의 교회와 너무 달라서 세상에 큰 폐해를 끼치는 거대한 폐물이 되어 버리며 세상으로부터 밟힐 뿐이다. 참된 신자들은 좀더 진지하게 하나님의 교회가 무엇인가를 살펴야 하리라. 지금은 참된 교회가 거의 없다. 단지 신앙의 성장이 없는 사람들 만 한 가득 모아놓은 종교 단체와 유사하다.

10. 그렇게 큰 사망으로부터 그가 우리를 건지셨다. 그리고 건지실 것이다. 그리고 건지시기를 소망한다. 11. 기도할때에 우리를 인하여 서너희가 함께 연합되어서 돕나니 이는 많은 얼굴들로부터 우리가 얻은 은사를 많은 사람들을 통하여서 우리를 인하여서 감사하게 하려는 것이다.

이제 사도는 증거하고 있다. 주께서 큰 사망에서 우리를 건지셨고 건지실 것이고 앞으로도 건지시기를 그를 의지하여서 바란다고 말한다. 이는 소망이다. 큰 사망으로부터 우리를 건지실 그 분을 믿는 것이다. 그래서 사도 바울은 신자들에게 주의 몸된 교회를 세워가고자 하는 사도들을 기도로 도우라고 말한다. 만약에 성도들이 사도들을 위하여서 기도하면 그 기도로 사도들이 넘치는 은사를 얻고 그 은사를 다시 성도들에게 나누어 주어서 감사하게 되리라고 말한다.

그러므로 신자들에게 성직자를 위한 진지한 기도가 필요하다. 가르치는 자를 향한 진실한 사랑이 간절하다. 그것은 다시 그들에게 은사로 나누어지고 그로 인하여서 신자들이 감사하게 되리라는 것이다.

사도 바울의 에베소서 4장 11절에 보면 교회에 항존하는 직원으로서 교회를 세우는 직분자를 "**포이멘**"(ποιμήν)과 "**디다스칼로스**"(διδάσκαλος)라고 호칭하였다. "**포이멘**"(ποιμήν)과 "**다디스칼로스**"(διδάσκαλος)는 교회 안에서 안수 받은 성직자이다. "**포이멘**"(ποιμήν)은 지 교회를 맡아서 신자들을 돌보는 목회자이고 "**디다스칼로스**"(διδάσκαλος)는 "**포이멘**"(ποιμήν)과 함께 교회를 세울 때에 가르치는 직무를 맡았던 자들이다. 이러한 "**포이멘**"(ποιμήν)과 "**디다스칼로스**"(διδάσκαλος)는 우리 시대에 목사와 교사라고 할 수 있다. 그렇다고하면 성직자는 목사와 교사 뿐이어야 한다. 그러므로 이러한 본문을 따라서 보면 성직자가 가야할 길은 교회를 세우는 "**포이멘**"(ποιμήν)과 그러한 "**포이멘**"(ποιμήν)과 함께 교회를 세워가는 "**디다스칼로스**"(διδάσκαλος)의 길 뿐이다.

제목: 하나님은 미쁘시다.
본문: 고린도 후서 1장 12~24절

[본 문]
12 우리가 세상에서 특별히 너희에게 대하여 하나님의 거룩함과
진실함으로써 하되 육체의 지혜로 하지 아니하고 하나님의 은혜로
행함은 우리 양심의 증거하는 바니 이것이 우리의 자랑이라 13 오직
너희가 읽고 아는 것 외에 우리가 다른 것을 쓰지 아니하노니 너희
가 끝까지 알기를 내가 바라는 것은 14 너희가 대강 우리를 아는 것
같이 우리 주 예수의 날에 너희가 우리의 자랑이 되고 우리가 너희
의 자랑이 되는 것이라 15 내가 이 확신을 가지고 너희로 두번 은혜
를 얻게 하기 위하여 먼저 너희에게 이르렀다가 16 너희를 지나 마
게도냐에 갔다가 다시 마게도냐에서 너희에게 가서 너희가 보내줌으
로 유대로 가기를 경영하였으니 17 이렇게 경영할 때에 어찌 경홀히
하였으리요 혹 경영하기를 육체를 좇아 경영하여 예 예하고 아니 아
니라 하는 일이 내게 있었겠느냐 18 하나님은 미쁘시니라 우리가 너
희에게 한 말은 예 하고 아니라 함이 없노라 19 우리 곧 나와 실루
아노와 디모데로 말미암아 너희 가운데 전파된 하나님의 아들 예수
그리스도는 예 하고 아니라 함이 되지 아니하였으니 저에게는 예만
되었느니라 20 하나님의 약속은 얼마든지 그리스도 안에서 예가 되
니 그런즉 그로 말미암아 우리가 아멘 하여 하나님께 영광을 돌리게
되느니라 21 우리를 너희와 함께 그리스도 안에서 견고케 하시고 우
리에게 기름을 부으신 이는 하나님이시니 22 저가 또한 우리에게 인
치시고 보증으로 성령을 우리 마음에 주셨느니라 23 내가 내 영혼을
두고 하나님을 불러 증거하시게 하노니 다시 고린도에 가지 아니한
것은 너희를 아끼려 함이라 24 우리가 너희 믿음을 주관하려는 것이
아니요 오직 너희 기쁨을 돕는 자가 되려 함이니 이는 너희가 믿음
에 섰음이라

[원문 직역]

12. 우리의 자랑이 이것이다. 우리 양심의 증거이다. 이는 무엇보다 너희를 향하여서 하나님의 단순성과 순수성으로 하고 육신적인 지혜로 하지 않고 오히려 하나님의 은혜로 우리가 세상에서 행하였다.
13. 우리는 너희가 읽거나 혹은 알고 있는 것 외에 다른 것으로 쓰지 않았다. 나는 너희가 온전함에 이를 때까지 알아가기를 소망한다. 14.
그와 같이 너희가 우리를 부분적으로 알고 있다. 이는 우리 주 예수의 날에 너희가 우리의 자랑 인 것 처럼 우리가 너희의 자랑이기 때문이다. 15. 이 확신으로 우리가 너희에게 앞서서 올 것을 소원한다.
이는 너희가 두 번째 은혜를 소유하게 하고자 함이다. 16. 너희가 마
케도니아를 지날때에, 다시 마케도니아로부터 너희에게 가기를 원하였다. 그리고 너희로부터 유대로 나아가게 되기를 원하였다. 17. 우리
가 이것을 경솔하게 사용하고자 하지 않았다. 내가 육신을 따라서 경영하듯이 경영하겠느냐? 이는 나를 넘어서 예하고 아니라 하지 않는
다. 18. 하나님은 미쁘시다. 너희를 향한 우리의 말씀이 예라 하고 아
니오함이 없다. 19. 너희 안에 계신 하나님의 아들 예수 그리스도께서 우리를 통하여서 알려지셨다. 나와 실루아노와 디모데를 통하여서 그가 예가 되고 아니오가 아니다. 그러나 그 안에서 예가 된다. 20.
하나님의 약속은 주 안에서 예가 된다. 그러므로 그를 통하여서 우리가 하나님께 아멘 하여서 영광을 돌린다. 21. 너희와 함께 우리를 그
리스도를 향하여서 견고하게 하시고 우리에게 기름을 부으신 분은 하
나님이시다. 22. 우리를 인치신 분이 성령을 담보로 주신 이가 우리
마음 안에 계신다. 23. 나는 나의 생명 위에 하나님 증거를 기원하였
다. 이는 내가 너희를 아껴서 고린도에 가지 않은 것이다. 24. 우리는
너희 믿음을 주관하려 하지 않는다. 오히려 우리는 너희 은혜의 동역자이다. 너희가 믿음으로 서 있다.

[본문 해석]

12. 우리의 자랑이 이것이다. 우리 양심의 증거이다. 이는 무엇보다

너희를 향하여서 하나님의 단순성과 순수성으로 하고 육신적인 지혜로 하지 않고 오히려 하나님의 은혜로 우리가 세상에서 행하였다.

사도는 고린도 교회 신자들을 대할 때 하나님의 단순성과 순수성으로 하고 육신적인 지혜로 대하지 아니한 것을 자랑이라고 말한다. 그리고 그 자랑이 그들의 양심의 자유로부터 나온 것이다. 그들이 세상으로부터 돌아서서 하나님을 향하여 나아가게 된 것은 하나님의 크신 은혜이다. 하나님의 은혜를 깨닫기 전까지 어느 누구도 세상으로부터 돌이켜 하나님을 향하여서 나아가지 않는다.

사도는 여기에서 하나님의 속성을 증거하고 있다. 첫째 하나님은 단순하시다. 이는 하나님께서 두 가지 생각을 하시지 아니하신다는 것이다. 그래서 하나님께는 모든 것이 선이다. 하나님께서는 선하신 뜻 외에 다른 생각을 하시지 않는다. 그래서 하나님은 성실하시다. 헬라어 "**아플로테티**"(ἁπλότητι)란 "**단순성**"이외에도 "**관대함**"이나 "**신실함**" "**성실성**"이라는 의미도 있다. 하나님의 "**단순성**"은 달리 생각할 수 없는 것이다. 이는 "**성실하다**"는 말도 된다. 그리고 "**신실하다**"는 의미도 된다. 이제 헬라어 "**에일리크리네이아**"(εἰλικρινείᾳ)는 "**순수성**" 이외에도 "**행동의 깨끗함**"이라는 뜻도 있다. 그 외에도 "**청렴**" 혹은 "**결백**"이라는 뜻도 있다. 이것은 하나님은 불순한 의도를 가지시지 않는 다는 의미이다. 하나님의 뜻은 순수하고 성결하다. 그래서 신자들도 이러한 하나님의 성품을 본 삼아서 매사에 성실하고 순수해야 한다. 마음을 다하고 두 마음을 품지 않는 것이 헬라어 "**아플로테티**"(ἁπλότητι)이다. 사도 야고보는 이러한 하나님의 성품을 닮지 않은 자들을 "**두 마음을 품어서 그의 모든 길에 불안정한 자들**"(ἀνὴρ δίψυχος, ἀκατάστατος ἐν πάσις ταῖς οδοῖς αὐτοῦ)(약 1:8)이라고 말한다. 헬라어 "**아카타스타토스**"(ἀκατάστατος)라는 의미는 어떠한 일도 매듭을 짓지 못하고 이쪽저쪽으로 쏠리는 것을 의미한다. 실로 두 마음을 품은 자들은 항상 다른 사람을 배반한다. 그래서 겉으로 표현된 마음과 속으로 품은 마음이 달라서 항상 이중적으로 사람을 대한다. 이러한 자들은 부드러운 태도와 기름칠 한 것 같은 말솜씨를 가지고 있으나 결코 선하지 못하다. 이렇게 두 마음을 품은 자들과 교제하면 겉옷은커녕 속옷도 빼앗길 수 있다. 참으로 불순한 자들이다. 그러한 자들이 행함이 없는 신앙을 가진 자들이라고 사도 야고보는 증거한다. 성도를 대하는 성직자의 자세는 사도 바울과 같아야 한다. 하나님이 순수성과 단순성을 가지고 육신의 지혜로 하지 않는 것이다. 이러한 자세가 되어 있는 성직자라면 그는 신자들이 믿고 따라갈 수 있는 좋은 성직자이다.

13. 우리는 너희가 읽거나 혹은 알고 있는 것 외에 다른 것으로 쓰지 않았다. 나는 너희가 온전함에 이를 때까지 알아가기를 소망한다.
14. 그와 같이 너희가 우리를 부분적으로 알고 있다. 이는 우리 주 예수의 날에 너희가 우리의 자랑 인 것 처럼 우리가 너희의 자랑이기 때문이다.

사도는 고린도 교회 신자들이 읽고 아는 것 외에 다른 것을 쓰지 않는다고 말한다. 이는 구약 성경을 의미한다. 사도 시대 성도들이 항상 읽고 있었던 성경은 구약 성경이다. 사도들은 그것에 벗어나서 다른 것을 가지고 가르치지 않았다. 사도들은 그 당대에 널리 알려졌던 외경이라던가 유대 묵시 문학의 저서들을 멀리 하였다. 오직 구약 성경으로 하나님의 말씀을 풀었다.

사도는 고린도 교회 신자들에게 "**나는 너희가 온전함에 이를 때까지 알아가기를 소망한다.**"고 말한다. 하나님의 말씀을 온전하게 알 때 까지 끊임없이 성도들은 배워야 한다. 여호와의 율법을 즐거워하여 그 율법을 주야로 묵상해야한다. 주의 율법을 알아가는 그 기쁨을 누리지 못하는 자들은 실천적 무신론자들이다. 하나님을 믿는 자들이란 항상 주의 율법을 사모하는 자들이다.

사도 바울은 고린도 교회에게 구약을 온전하게 알 때 까지 계속 구약을 읽고 알아갈 것을 권면했다. 그리고 구약을 온전하게 이해하도록 하기 위하여서 서신을 보냈다. 그것이 사도 바울의 서신이다.

지금의 신약 성경이다. 신약은 구약에 대한 해석이다. 그래서 신구약은 하나의 책이다. 구약은 그리스도가 예시되어 있고 신약은 그리스도가 설명되어 있다. 구약을 통하여서 신자들은 그리스도의 강림이 필연적이라는 사실을 알게 되고 신약을 통하여서 이제 강림하신 예수 그리스도를 선하게 깨닫고 다시 오실 것을 바라보는 것이다. 예수 그리스도께서 신구약 성경을 푸는 열쇠이다. 성경은 구주 예수 그리스도에 대하여서 증거하고 있다. 사도는 고린도 교회 신자들에게 너희가 대강 우리를 알고 있는 것처럼 그렇게 주 예수의 날에 우리가 너희의 자랑인 것처럼 너희가 우리의 자랑이 되라고 말한다. 이 의미는 이러하다.

사도 바울은 고린도 교회 신자들에게 사도와 선지자들이 어떠한 자들인가를 대강 알라고 가르친다. 실지로 교회의 성직자가 어떠한 자들인가를 모르고 성직자를 대하는 교인들이 지금 시대에는 넘쳐나고 있다. 참된 신자들은 성직자를 대하는 자세가 거룩하다. 교회의 치리권자들인 성직자를 어떻게 대하는 가를 통하여서 그 사람의 신앙의 진위를 어느 정도 알 수 있다. 성직자를 이 세상 복이나 빌어주는 점쟁이나 점술가로 보는 자들은 멸망을 면하지 못할 것이다. 그들이 가진 잘못된 사고방식 때문에 멸망에 이를 것이다. 하나님의 교회 성직자는 계시를 해석하는 해석자이다. 그리고 그 계시를 나누어 주는 자들이다. 그러한 관점에서 성직자를 바라보아야 한다. 성직자를 정말 정당하게 대하는 신자들은 복되다. 그들은 하나님의 말씀을 아는 자들이다.

사도는 주 예수의 날에 참된 신자들이 가르치는 자들에게 자랑이듯이 참된 교사들이 신자들에게 자랑이라고 말한다. 참된 교회의 목사와 교사란 자신이 서 있는 위치를 제대로 파악할 줄 아는 자이다. 참된 신자란 진실한 성직자에게 신앙의 큰 위로가 된다.

15. 이 확신으로 우리가 너희에게 앞서서 올 것을 소원한다. 이는 너희가 두 번째 은혜를 소유하게 하고자 함이다. 16. 너희가 마케도

니아를 지날때에, 다시 마케노니아로부터 너희에게 가기를 원하였다. 그리고 너희로부터 유대로 나아가게 되기를 원하였다. 17. 우리가 이것을 경솔하게 사용하고자 하지 않았다. 내가 육신을 따라서 경영하듯이 경영하겠느냐? 이는 나를 넘어서 예하고 아니라 하지 않는다. 18. 하나님은 미쁘시다. 너희를 향한 우리의 말씀이 예라 하고 아니오함이 없다.

사도 바울이 고리도 교회를 두 번 씩이나 간 것은 하나님의 은혜를 그들에게 넘치게 나누어 주고 자 함이다. 사도들이 순례하고 지나가게 되면 그 교회는 항상 넘치는 은사와 분명한 말씀을 듣게 되기 때문이다. 그래서 사도들은 부지런히 전도하였으며 그와 함께 이미 세워진 교회를 순례함을 잊지 않았다. 이를 통하여서 그 교회들을 좀더 견고하게 세워주고자 함이었다.

사도 시대 교회는 아직 신약 성경의 기록이 완성되지 않았고 정통교리들도 정립되기 이전이었기에 사도들의 행보가 무척 바빴다. 그렇게 사도들은 성도들을 만나서 주의 은혜로 권면하고 가르쳤다. 주의 말씀이 풍성하였다. 사도는 그의 행적이 경솔하게 행하지 아니하였다고 말한다. 항상 신중하게 계획을 짜서 교회들을 돌아보았다. 사도의 이러한 행적은 후대 교회가 귀감으로 삼아야한다.

성직자들은 부지런히 신자들을 돌아보아야 한다. 신자들은 성직자들의 방문을 환대하고 그들을 소중해 대하며 그들로부터 하나님의 말씀을 받아서 그 말씀을 따라서 행하고자 하여야 한다. 사도는 모든 교회의 방문을 육신을 따라서 경영하듯이 하지 않았다고 말한다. 항상 신중하게 믿음으로 행하였으며 신자들에게 사도들의 방문을 환영하라고 말한다.

사도는 고린도 후서 1장 18절에 그의 권면은 하나님의 말씀이라고 말하면서 항상 예가 되고 아니오는 안된다고 말한다. 그때에 사도는 하나님의 말씀이 신실하다고 말한다. 헬라어 "**피스토스**"(πιστός)는 "**신실하다**"라는 뜻 외에도 "**믿을 만하다**", "**충실하다**"라는 뜻도 있다. 하나님은 우리가 의지할 유일한 분이시다. 그가 신실하시기 때문이다.

19. 너희 안에 계신 하나님의 아들 예수 그리스도께서 우리를 통하여서 알려지셨다. 나와 실루아노와 디모데를 통하여서 그가 예가 되고 아니오가 아니다. 그러나 그 안에서 예가 된다. 20. 하나님의 약속은 그리스도 안에서 예가 된다. 그러므로 그를 통하여서 우리가 하나님께 아멘 하여서 영광을 돌린다.

사도는 다음과 같이 고린도 교회 신자들에게 가르친다. "**너희 안에 계신 하나님의 아들 예수 그리스도께서 우리를 통하여서 알려지셨다.**" 우리는 여기에서 사도의 직무가 무엇인가를 알게 한다. 사도들은 구주 예수 그리스도를 알리는 직무를 맡았다. 그리고 이러한 사도들의 직무를 계승한 것이 목사와 교사들이다. 하나님의 교회 목회자는 구주 예수 그리스도를 증거하는 자들이다. 하나님께서는 성직자들을 통하여서 하나님의 아들 예수 그리스도를 신자들 안에 심으시는 것이다. 그러므로 사도는 신자들에게 "**예하고 아니라 함이 허락되지 않는다**"고 말한다. 오직 구주 예수 그리스도 안에서는 예만 된다. 그것이 "**아멘**"이다. "**아멘**"이란 히브리어이다. 이는 그렇게 될 줄 믿는다는 뜻이다. 신자들은 하나님의 말씀에 "**예**"로 고백하고 "**아니오**"로 고백하면 않된다. 그래서 사도는 말하기를 "**하나님의 약속은 그리스도 안에서 예가 된다.**"고 한다. 사도는 먼저 하나님의 약속이 그리스도 안에 있다고 말한다. 그리고 그 약속은 오직 신자들에게 예만을 요구한다는 것이다. 그렇다고 하면 하나님의 약속이 무엇인가 그것은 복음이다. 그렇다고 하면 복음이 무엇인가 그것은 구약 아브라함에게 나타나셔서 언약하셨던 그 언약의 내용 안에 분명하게 드러나 있다. 그러나 그때에 그 언약은 아직 약속이 성취되지 않은 상태에서 아브라함에게 주어졌다. 아브라함의 선택과 이삭의 탄생과 이삭의 할례와 이삭이 모리아 산에서 희생 제사로 드려질 뻔한 사건들은 그리스도의 예표들이다. 그때에 하나님께서 아브라함에게 나타나셔서 약속하셨던 그의 후손에 대한 말씀은 결국 그리스도를 지향한다.

구약의 모든 족장들은 그리스도를 예표한다. 선지자 이사야가 이스라엘의 남은자가 구원을 받는다고 하였을 때 그 남은 자의 최후의 한 사람은 그리스도이시다. 그래서 이사야는 "**이는 한 아기가 우리에게 났고 한 아들을 우리에게 주신바 되었는데 그 어깨에는 정사를 메었고 그 이름은 기묘자라, 모사라, 전능하신 하나님이라, 영존하시는 아버지라, 평강의 왕이라 할것임이라**"(사 9:6)고 증거하였다. 그때에 그 아이가 바로 임마누엘이라는 이름을 가지고 태어날 것을 예언하였다.(사 7:14) 그리고 선지자 이사야의 예언은 마태복음에서 성취가 된다.

사도 마태는 천사장 가브리엘과 마리아의 대화 가운데서 진술하고 있다. "**보라 처녀가 잉태하여 아들을 낳을 것이요 그 이름은 임마누엘이라 하리라 하셨으니 이를 번역한즉 하나님이 우리와 함께 계시다 함이라**"(마 1:23) 사도 마태는 이사야 선지자의 글을 인용하면서 이 모든 일이 된 것은 이주 주께서 선지자로 말씀하신 것이라고 증거한다. 이렇게 구약에 기초하였던 구주 예수 그리스도의 모든 행적은 결국 복음이다. 그래서 복음서에는 하나님의 나라가 잘 증거되어 있다. 바울 서신과 공동 서신이 신자들이 어떻게 하나님의 나라에 들어갈 것을 가르쳤다고 하면 복음서는 하나님 나라가 무엇인가를 가르치고 있다. 실지로 신자들은 복음서를 면밀히 연구하여 하나님 나라를 알아가야 한다.

21. 너희와 함께 우리를 그리스도를 향하여서 견고하게 하시고 우리에게 기름을 부으신 분은 하나님이시다. 22. 우리를 인치신 분이 성령을 담보로 주신 이가 우리 마음 안에 계신다. 23. 나는 나의 생명 위에 하나님 증거를 기원하였다. 이는 내가 너희를 아껴서 고린도에 가지 않은 것이다. 24. 우리는 너희 믿음을 주관하려 하지 않는다.

오히려 우리는 너희 은혜의 동역자이다. 너희가 믿음으로 서 있다.

사도는 고린도 교회 신자들을 그리스도를 향하여서 견고하게 하신 분이 하나님이시라고 가르친다. 사도는 고린도 교회를 위하여서 긴 세월을 기도하고 수고 하였다. 그러나 모든 영광을 하나님께 돌리고 있다. 참된 성직자의 모습이다. 사도는 하나님에 대하여서 "**우리를 너희와 함께 그리스도를 향하여서 견고케 하시는 분**"이시라고 말한다. 이는 하나님의 교회가 어떠한 자태가 되어야 할 것을 보여준다. 성직자들과 신자들이 함께 그리스도를 향하여서 견고하게 되어야한다. 이 견고케 하다라는 의미의 헬라어 "**베바이온**"(βεβαιῶν)은 "**확실히 하다**" "**확증하다**" "**승인하다**"라는 의미도 있다. 이는 하나의 건물의 상태를 의미한다. 그리스도 안에서 사도와 신자들은 그의 몸이다. 그래서 견고하게 지어져 가는 그리스도의 몸을 의미한다. 그때에 가르치는 자와 가르침을 받는 사가 하나가 되는 것이 바로 그리스도를 향하여서 견고케 되는 것이다. 가르치는 자의 가르침을 따라가지 않는 신자들이 있거나 가르침 자체가 잘못되었다면 그 건물은 견고할 수 없다. 참된 교회는 가르치는 자와 가르침을 받는 자가 그리스도를 향하여서 견고하게 하나가 되어가야 한다. 사도는 하나님께서 그렇게 하여 주시는 분이시라고 말한다.

사도는 이어서 "**우리에게 기름을 부으신 분은 하나님이시다.**"(고후 1:21)고 증거하고 있다. 사도들의 성직은 하나님의 기름 부으심으로 주어졌다. 성직자들의 모든 직무도 그러하다. 이 기름 부으심은 성직 서임과 관계된 안수를 의미한다. 사도 시대에서도 장로회에서 목사와 교사들에게 안수하여서 세웠다. 사도는 디모데서에서 말한다. "**네 속에 있는 은사 곧 장로의 회에서 안수 받을 때에 예언으로 말미암아 받은 것을 조심 없이 말며**"(딤전 4:14) 이 본문에서 사도 바울은 목회자 디모데에게 노회로부터 받은 은사를 조심없이 말라고 권면한다. 그때에 "**장로회**"(πρεσβυτερίος)라고 기록한 본문이 바로 노회이다. 장로회는 매우 오래된 사도적 전통이다. 노회에 대한 이해가 사라져 버린 지금 시내에 교회의 무질서란 이루 헤아릴 수 없다. 성직자는 노회의 사람이다. 노회를 떠나서는 성직자라고 불리울 수 없다. 다만 그것이 원리적으로 그러하다는 것이다. 노회가 타락하였을 때 노회와 성직자의 관계는 무너져 버린다. 모든 것이 다 무너졌다. 노회가 제 기능을 발휘하지 못하고 있다. 참으로 안타까운 일이다. 사도적 전통이 무너졌다. 그러나 참된 성직자들은 항상 자신이 노회원이라는 사실을 망각하지 않는다. 노회로부터 안수 받은 성직자들은 교회의 질서를 회복하기 위하여서 부단히 애써야 한다.

사도 바울이 고린도 후서 1장 21절에서 언급한 기름부음은 사역적인 의미에서 기름부음이다. 바울 사도는 자신의 사역과 구원이 별개가 아니라는 것을 증거하고 있다. "**저가 또한 우리에게 인치시고 보증으로 성령을 우리 마음에 주셨느니라**"(고후 1:22) 사도에게 임하신 성령은 가장 먼저 사도의 영혼을 거룩하게 하셨고 이어서 그 기름부음으로 사도의 사역을 거룩하게 하셨다. 참된 성직자란 자신의 구원을 부단히 살피고 그 구원을 증거하는 자이다. 막연하게 자신이 구원을 받았다는 그러한 생각을 하지 말아야 하며 항상 하나님의 말씀으로 자신을 살피고 다른 사람의 구원을 말해야 한다. 성령을 보증으로 받은 성직자들은 구주의 마음을 품었다. 그래서 구주의 뜻을 알고 있다. 오직 자랑할 것도 구주 예수 그리스도 뿐이다.

이제 사도는 좀더 성숙해진 고린도 교회 신자들에게 증거하고 있다. "**23 내가 내 영혼을 두고 하나님을 불러 증거하시게 하노니 다시 고린도에 가지 아니한 것은 너희를 아끼려 함이라 24 우리가 너희 믿음을 주관하려는 것이 아니요 오직 너희 기쁨을 돕는 자가 되려 함이니 이는 너희가 믿음에 섰음이라**"(고후 1:23~24) 직역하면 이러하다. "**23. 나는 나의 생명 위에 하나님 증거를 기원하였다. 이는 내가 너희를 아껴서 고린도에 가지 않은 것이다. 24. 우리는 너희 믿음을 주관하려 하지 않는다. 오히려 우리는 너희 은혜의 동역자이다. 너희가 믿음으로 서 있다.**" 사도 바울은 이후에 고린도에 가지 않았다. 왜냐하면 그들이 스스로 믿음을 풍성하게 하기를 원하였기 때문이다. 이제 사도들이 곧 세상을 떠날 것이고 사도 시대 교회 성도들은 믿음으로 스스로 알아서 신앙생활을 해야 했다. 언제든지 사도들이 그들의 믿음을 주관할 수 없다. 그래서 사도는 다시 고린도 교회에 가지 아니함으로서 그들이 스스로 신앙의 성숙을 이루기를 원하였다.

사도는 말한다. 그 자신이 고린도 교회 신자들의 믿음을 주관하기를 원하지 않고 함께 하나님의 교회를 이루어가는 은혜의 동역자가 되기를 원한다. 그리고 이어서 고린도 교회의 성숙함에 대하여서 "**너희가 믿음으로 서 있다**"(고후 1:24)고 칭찬한다. 사도의 가르침을 진실하게 따랐던 고린도 교회 신자들의 믿음이 세워졌다. 그것을 사도는 기뻐하였다. 우리 시대는 성직자의 가르침을 따라가려 하지 않는다. 자신들의 사욕을 좇아서 여러 스승을 마음에 두고 살아간다. 이는 헛된 신앙으로 나아가게 될 것이다. 참된 신앙이란 사도적 가르침에 굳게 서서 행한다. 그것이 참된 신앙이다.

제목: 그리스도인의 향기
본문: 고린도 후서 2장 1~17절

[본 문]
1 내가 다시 근심으로 너희에게 나아가지 않기로 스스로 결단하였
노니 2 내가 너희를 근심하게 하면 나의 근심하게 한 자밖에 나를
기쁘게 하는 자가 누구냐 3 내가 이같이 쓴 것은 내가 갈 때에 마땅
히 나를 기쁘게 할 자로부터 도리어 근심을 얻을까 염려함이요 또
너희 무리를 대하여 나의 기쁨이 너희 무리의 기쁨인 줄 확신함이로
라 4 내가 큰 환난과 애통한 마음이 있어 많은 눈물로 너희에게 썼
노니 이는 너희로 근심하게 하려 한 것이 아니요 오직 내가 너희를
향하여 넘치는 사랑이 있음을 너희로 알게 하려 함이라 5 근심하게
한 자가 있었을지라도 나를 근심하게 한 것이 아니요 어느 정도 너
희 무리를 근심하게 한 것이니 어느 정도라 함은 내가 너무 심하게
하지 아니하려 함이라 6 이러한 사람이 많은 사람에게서 벌받은 것
이 족하도다 7 그런즉 너희는 차라리 저를 용서하고 위로할 것이니
저가 너무 많은 근심에 잠길까 두려워하노라 8 그러므로 너희를 권
하노니 사랑을 저희에게 나타내라 9 너희가 범사에 순종하는지 그
증거를 알고자 하여 내가 이것을 너희에게 썼노라 10 너희가 무슨
일이든지 뉘게 용서하면 나도 그리하고 내가 만일 용서한 일이 있으
면 용서한 그것은 너희를 위하여 그리스도 앞에서 한 것이니 11 이
는 우리로 사단에게 속지 않게 하려 함이라 우리가 그 궤계를 알지
못하는 바가 아니로라 12 내가 그리스도의 복음을 위하여 드로아에
이르매 주 안에서 문이 내게 열렸으되 13 내가 내 형제 디도를 만나
지 못하므로 내 심령이 편치 못하여 저희를 작별하고 마게도냐로 갔
노라 14 항상 우리를 그리스도 안에서 이기게 하시고 우리로 말미암
아 각처에서 그리스도를 아는 냄새를 나타내시는 하나님께 감사하노
라 15 우리는 구원 얻는 자들에게나 망하는 자들에게나 하나님 앞에
서 그리스도의 향기니 16 이 사람에게는 사망으로 좇아 사망에 이르

는 냄새요 저 사람에게는 생명으로 좇아 생명에 이르는 냄새라 누가 이것을 감당하리요 17 우리는 수다한 사람과 같이 하나님의 말씀을 혼잡하게 하지 아니하고 곧 순전함으로 하나님께 받은 것같이 하나님 앞에서와 그리스도 안에서 말하노라

[원문 직역]

1. 내가 다시는 근심으로 너희에게 나아가지 않기를 내 스스로 결단하였다. 2. 만약 내가 너희를 근심한다면, 나로부터 근심을 당한 자가 없이 나를 기쁘게 한자가 누구냐? 3. 내가 이것을 썼다. 이는 내가 마땅히 기쁨을 얻어야 할자로부터 슬픔을 가지고 나가지 않게 하려 함이다. 이 모든 것 위에 내가 너희를 확신하는 바는 나의 기쁨이 너희 모두의 기쁨이라는 것이다. 4. 많은 환란과 번민하는 마음으로부터 내가 너희에게 많은 눈물을 가지고 썼다. 이는 너희로 슬퍼하게 하려는 것이 아니라 너희를 향하여 더욱 충만한 사랑을 가지고 있음을 알게 하려는 것이다. 5. 때때로 그가 무엇을 슬퍼한디면, 그것이 나를 슬프게 하는 것이 아니라 부분적으로 너희에게 그러하다. 이는 내가 너희 모두에게 짐을 지우지 않게 하려 함이다. 6. 많은 자들에 의하여서 이러한 자들이 심판을 받는 것은 당연하다. 7. 이는 너희가 그러한 자들을 더욱 용서하고 위로하라는 것이다. 어떤 경우에도 그들이 깊게 슬퍼하여서 슬픔에 삼켜 버린바 되지 않게 하려는 것이다. 8. 내가 너희를 그 사랑 안으로 들어가도록 확실하게 촉구한다. 9. 내가 이것을 쓰는 것은 너희가 순종하는지 하지 않는 지에 대하여서 너희의 증거를 알고자 함이다. 10. 그러므로 너희는 누구든지 용서하라. 그러면 나도 용서한다. 왜냐하면 내가 용서한 자이기 때문이다. 만약 내가 누구를 용서하였으면, 너희를 인하여서 그리스도의 면전에서 용서한 것이다. 11. 이는 사탄에게 이익을 주지 않고자 함이다. 우리는 그의 꾀를 모르지 않기 때문이다. 12. 나는 그리스도의 복음을 인하여서 드로아로 들어갔다. 그러자 나에게 주 안에서 문이 열렸다. 13. 내가 나의 형제 디도를 찾지않은 것에 대하여서 나의 심령으로 편안

하지 않았다. 그래서 그들을 떠나서 마케도니아로 들어갔다. 14. 그리스도 안에서 항상 우리에게 이김을 주시고 그를 아는 향기를 각처에서 너희를 통하여서 드러내시는 하나님께 감사하다. 15. 우리는 하나님 앞에서 구원에이르는 자들이나 멸망에 이르는 자들이나 그리스도의 향기이다. 16. 죽음에 이르는 자들에게 죽음의 향기이고 생명에 이르는 자들에게 생명의 향기이다. 그리고 누구에게든지 충분하다. 17. 우리는 허다한 무리들처럼 하나님의 말씀을 소매상하지 않고 순수하게 하나님으로부터 나온 것처럼 그리스도 안에서 하나님 앞에서 말한다.

[본문 해석]

1. 내가 다시는 근심으로 너희에게 나아가지 않기를 내 스스로 결단하였다. 2. 만약 내가 너희를 근심한다면, 나로부터 근심을 당한 자 밖에 나를 기쁘게 할자가 누구냐?

사도는 고린도 전서의 경우처럼 그렇게 근심으로 나아가지 않겠다고 말한다. 이는 고린도 교회 모든 문제들이 해결이 되었고 더 이상 그들에게 근심이 되게 할 필요가 없었기 때문이다. 이는 지난 시간에 언급한 고린도 후서 1장 23~24절 말씀을 근거로 해서 이해할 수 있다. "**23 내가 내 영혼을 두고 하나님을 불러 증거하시게 하노니 다시 고린도에 가지 아니한 것은 너희를 아끼려 함이라 24 우리가 너희 믿음을 주관하려는 것이 아니요 오직 너희 기쁨을 돕는 자가 되려 함이니 이는 너희가 믿음에 섰음이라**" 직역하면 이러하다. "23. 나는 나의 생명 위에 하나님 증거를 기원하였다. 이는 내가 너희를 아껴서 고린도에 가지 않은 것이다. 24. 우리는 너희 믿음을 주관하려 하지 않는다. 오히려 우리는 너희 은혜의 동역자이다. 너희가 믿음으로 서 있다." 사도 바울의 이러한 진술로 볼 때 사도는 더 이상 고린도 교회에 책망이 필요하지 않고 더 많은 위로가 필요함을 알았다.

사도의 이러한 지혜로운 목회는 고린도 교회 성도들에게 큰 위로가 되었다. 더 이상 책망할 필요가 없는 신자들에게는 위로가 필요하다. 그들은 이제 더욱 견고하게 하나님의 나라를 이루는 주님의 제자들이 되어가는 것이다. 이제 사도는 고린도 후서 2장 2절에서 만약 자신이 고린도 신자들에게 근심으로 나아가게 되면 사도 자신을 근심하게 한자들 외에는 사도를 기쁘게 할 자가 없다고 말한다. 그것은 사도의 속을 썩인 자들만이 사도의 근심을 기쁨으로 바꾼자가 되어서 그들만이 사도를 기쁘게 할 수 있다는 것이다. 그러나 실은 고린도 교회 모든 성도들이 하나의 공동체로서 고통을 당하였기 때문에 사도들에게 문제를 일으킨 자들뿐만 아니라 모든 고린도 교회 신자들이 사도의 즐거움에 참여하여야 한다는 것이다. 그래서 사도는 고린도 교회 신자들에게 다시는 근심으로 나아가지 않겠다고 한 것이다. 이미 그들이 신실하게 자랐기 때문이다.

3. 내가 이것을 썼다. 이는 내가 마땅히 기쁨을 얻어야 할 자로부터 슬픔을 가지고 나가지 않게 하려 함이다. 이 모든 것 위에 내가 너희를 확신하는 바는 나의 기쁨이 너희 모두의 기쁨이라는 것이다. 4. 많은 환란과 번민하는 마음으로부터 내가 너희에게 많은 눈물을 가지고 썼다. 이는 너희로 슬퍼하게 하려는 것이 아니라 너희를 향하여 더욱 충만한 사랑을 가지고 있음을 알게 하려는 것이다.

사도 바울은 고린도 교회 성도들을 향하여서 다음과 같은 사랑을 보여주고 있다. 그것은 그들을 향한 배려이다. 사도 바울이 고린도 교회를 방문 할 때에 그 이전에 보낸 서신을 인하여서 성도들이 마음이 근심을 가지고 사도 바울을 기다릴까 염려하였다. 그래서 이제 큰 위로의 말씀을 고린도 교회에게 들려줌으로서 더 이상 근심하지 말고 기쁨으로 서로 교제하고자 함이다. 왜냐하면 고린도 교회 성도들에게 사도의 기쁨이 곧 그들의 기쁨이 되기 때문이다. 이는 가르치는 자에 대한 신실한 반응이다.

사도 바울은 고린도 전서를 쓸 때 그가 얼마나 애통하고 비통했는 가를 말하면서 그러나 그것으로 고린도 교회가 너욱 근심에 쌓이기를 원하였던 것이 아니라 오히려 사도 바울이 고린도 교회를 향하여서 얼마나 많은 애정을 가지고 있는 가를 알기를 원하였기 때문이라고 말한다. 이 구절은 가르치는 자와 가르침을 받는 자가 가져야 할 아름다운 자세를 드러낸다. 고린도 교회 신자들이 사도의 기쁨을 자신들의 기쁨으로 여겼다는 것이다. 그리고 사도 바울도 고린도 교회를 지극히 사랑하고 있다는 것을 알렸다는 것이다.

5. 때때로 그가 무엇을 슬퍼한다면, 그것이 나를 슬프게 하는 것이 아니라 부분적으로 너희에게 그러하다. 이는 내가 너희 모두에게 짐을 지우지 않게 하려 함이다. 6. 많은 자들에 의하여서 이러한 자들이 심판을 받는 것은 당연하다. 7. 이는 너희가 그러한 자들을 더욱 용서하고 위로하라는 것이다. 어떤 경우에도 그들이 깊게 슬퍼하여서 슬픔에 삼켜 버린바 되지 않게 하려는 것이다. 8. 내가 너희를 그 사랑 안으로 들어가도록 확실하게 촉구한다.

사도는 고린도 교회 성도들 중에서 사도를 근심하게 한 자들에 대하여서 다음과 같이 말한다. 그들이 실지로는 사도를 근심하게 한 것이 아니라 어느 정도 고린도 교회 성도들을 근심하게 한 것이다. 항상 교회 공동체에서 문제를 일으키는 자들은 누구보다 그 공동체를 힘들게 한다. 그래서 이것은 가르치는 자에게도 근심이 되지만 더욱더 그 공동체에게 근심이 된다. 그러므로 사도의 책망은 옳고 그름을 분별하지 못하고 함부로 행하는 무지한 자들에게 하는 것이다.

이제 사도는 그들이 권징을 받아 마땅하다고 말한다. 그러나 고린도 교회 성도들이 인자를 가지고 그들을 용서하고 위로하라고 말한다. 왜냐하면 그 사람을 정죄함으로서 그가 깊게 슬퍼하여서 슬픔에 삼켜 버린바 될까 두렵기 때문이다. 이는 비록 악한 자라해도 그들이 그 무지한 상태로부터 깨닫고 돌이키면 긍휼을 받아들이고 그들을 위로하라고 말한다. 하나님의 교회는 어떠한 경우에도 이유 없이 신자들을 소외시킬 수 없다.

이제 사도는 고린도 교회의 신자들에게 "**너희를 권하노니 사랑을 저희에게 나타내라**"(고후 2:8)고 권면하고 있다. 교회에서 더욱 성숙한 신자들은 더 연약한 신자들을 받되 사랑으로 대하여야 한다. 그들의 무지를 긍휼히 여기고 사랑으로 대하여야 하리라고 가르친다.

9. 내가 이것을 쓰는 것은 너희가 순종하는지 하지 않는 지에 대하여서 너희의 증거를 알고자 함이다.

사도는 고린도 교회에게 하나님의 말씀에 순종하라고 가르친다. 이때에 하나님의 교회가 정한 질서가 있다. 항상 신자들은 자신이 속한 교회의 질서를 가장 먼저 따라야 한다. 그 질서는 하나님께서 그 신자에게 내려 주신 은혜이다. 교회의 질서가 하나님의 은혜라는 사실을 깨닫는 것은 매우 중요한 신앙의 항목이다.

이제 우리가 사도의 질서를 따라서 어떻게 순종할 것을 살펴보고자 한다. 개인 신자가 가장 먼저 순종해야할 권위는 하나님의 말씀이다. 하나님의 말씀이 신자가 순종해야할 가장 최고의 권위이다. 그 다음이 정통 교회의 법이다. 하나님의 말씀 다음으로 신자들이 순종해야할 권위는 정통 교회의 법이다. 정통 교회의 법은 신자들이 순종해야할 두 번째 질서에 속한다. 그리고 그 다음이 교회의 치리회이다. 장로교 신자들에게는 지 교회에 당회가 있다. 당회는 신자들이 순종해야 할 세 번째 질서이다. 그리고 신자들이 순종해야할 네 번째 질서는 가르치는 자들이다. 신자들은 가르치는 자의 말을 순종해야한다. 이러한 질서를 따라서 순종하는 것이 신앙의 성숙을 이루는 매우 중요한 항목이다.

사도 시대에는 사도의 가르침이 하나님의 말씀이었기 때문에 항상 사도의 가르침에 순종하는 것이 질서의 최고였다. 그러나 후대에는 사도들이 사라졌고 그들의 가르침이 후손들에게 유산으로 주어졌기 때문에 신구약 성경이 최종의 권위이다. 그러나 그 다음 질서는 항상 하나님의 말씀으로부터 추론하여 정리한 정통 교회의 법이다. 그리고 그 다음은 교회 치리회이다. 교회 치리회는 정통 교회의 법을 시행하는 기관이기 때문이다. 말씀을 가르치는 사역자들은 교회 치리회 아래에 속하여 있다. 그리고 모든 사역자들은정통 교회법을 따라서 교회를 치리하는 자들이다. 그렇게 신자들은 이러한 질서를 따라서 하나님께 순종함으로서 신앙이 자라는 것이다.

10. 그러므로 너희는 누구든지 용서하라. 그러면 나도 용서한다. 왜냐하면 내가 용서한 자이기 때문이다. 만약 내가 누구를 용서하였으면, 너희를 인하여서 그리스도의 면전에서 용서한 것이다.

사도가 고린도 교회에게 명령한 말씀은 이것이다. 누구든지 용서하라는 것이다. 신자들은 그리스도 앞에서 형제를 용서하는 그러한 성숙한 신앙이 되어야 한다. 관용과 용서는 신앙의 중요한 덕목이다. 누구든지 형제를 용서하지 않고는 결코 하나님 나라에 들어갈 수 없다. 하나님의 교회가 서로 용서함으로서 하나가 되며 그곳이 하나님의 나라가 된다.

사도 바울은 용서의 덕목을 통하여서 교회가 하나 되기를 바랬다. 참으로 용서하는 자비의 성품은 복되다. 그러한 성품을 가진 자는 하나님 나라에 가깝다. 우리 구주 예수 그리스도는 우리의 죄를 위하여서 십자가에 죽으셨다. 그가 우리 죄악을 용서하시고자 스스로 영문 밖에 골고다로 나아가셨다. 그러므로 그 죽기까지 우리를 사랑하신 그 사랑을 따라 가는 것은 사랑과 용서 외에 다른 방도가 없다. 하나님 나라는 사랑과 용서로 풍성해진다. 사도는 신자들에게 사랑과 용서로 하나가 되라고 가르친다.

11. 이는 사단에게 이익을 주지 않고자 함이다. 우리는 그의 꾀를

모르지 않기 때문이다.

사도는 사단에게 속지 않기 위하여서 서로 용납하라고 가르친다. 사단은 사람과 사람 사이를 이간질하고 서로 싸우게 만들고 문제를 일으켜서 서로 잡아 죽이게 만든다. 사도 바울은 이러한 사단의 궤계를 알기에 신자들이 거기에 말려 들어가지 않기 위하여서 서로 용서해야 하리라고 가르친다. 용서하지 않는 마음에 사단이 역사하고 그 마음이 더러워지게 되면 신앙의 성숙함도 이루지 못하게 된다. 그래서 신자들은 형제를 용서해야한다.

12. 나는 그리스도의 복음을 인하여서 드로아로 들어갔다. 그러자 나에게 주 안에서 문이 열렸다. 13. 내가 나의 형제 디도를 찾지 않은 것에 대하여서 나의 심령으로 편안하지 않았다. 그래서 그들을 떠나서 마케도니아로 들어갔다. 14. 그리스도 안에서 항상 우리에게 이김을 주시고 그를 아는 향기를 각처에서 너희를 통하여서 드러내시는 하나님께 감사하다.

사도는 그리스도의 복음을 위하여서 드로아로 갔다고 말한다. 거기에 전도의 문이 열렸고 그곳에서 전도하였다는 것이다. 그러나 디도를 만날 마음이 있어서 저희를 작별하고 마게도냐로 갔다고 말한다. 바울의 디도를 향한 사랑을 엿볼 수 있다. 이는 항상 자신과 함께 주님의 일을 돕는 같은 동역자들을 소중하게 여겼던 사도 바울의 성품을 엿볼 수 있다.

사도 바울은 사랑의 사도였다. 그는 긍휼의 사도였고 인자의 사도였다. 그가 회심하기 전에는 다메섹의 그리스도인들을 잔멸하러 갈 정도로 폭력적이었다. 매우 과격하였으며 거칠었다. 그러나 노년에 바울은 모든 자들과 더불어 자비와 긍휼을 나눌 수 있는 거룩한 성품을 가졌다. 이는 하나님께서 그를 얼마나 크게 쓰셨는가를 알 수 있게 한다. 진정으로 하나님께서 존귀하게 쓰셨다는 증거는 그 신자가 얼마나 그리스도를 닮아있느냐에 달려 있다. 예수 그리스도의 거룩하심을 온전하게 입는 것이 하나님의 사랑을 받은 증거이다. 예수 그리스도의 사랑 외에 다른 어떤 것으로도 사람의 부패한 본성을 치유할 수 없다.

사도는 복음 전파를 다음과 같이 해석하고 있다. "**항상 우리를 그리스도 안에서 이기게 하시고 우리로 말미암아 각처에서 그리스도를 아는 냄새를 나타내시는 하나님께 감사하노라**"(고후 2:14) 사도는 첫째 복음을 전파하는 삶 자체가 그리스도 안에서 이 세상을 이기는 것이라고 가르친다. 그리스도의 복음을 증거하는 것 자체가 이 세상에서 승리하는 삶이다. 둘째는 그러한 복음 전파를 통하여서 그리스도를 아는 냄새를 내게 되었다는 것이다. 복음 전파는 예수 그리스도의 향기를 풍기는 것이다. 사도 바울은 효과적인 복음 전파로 하나님의 나라가 확장되고 더욱 풍성하게 되는 것에 감사하였다. 항상 그리스도가 이기신다. 사람은 결코 이길 수 없다. 이 세상도 못 이기고 자신의 삶도 못 극복한다. 오직 그리스도만이 이기신다. 그리고 그리스도께서 이김을 주신다. 성도들은 더욱 그리스도를 의지해야할 것이다.

15. 우리는 하나님 앞에서 구원에 이르는 자들이나 멸망에 이르는 자들이나 그리스도의 향기이다. 16. 죽음에 이르는 자들에게 죽음의 향기이고 생명에 이르는 자들에게 생명의 향기이다. 그리고 누구에게든지 충분하다.

사도는 그의 가르침이 하나님 앞에서 구원에 이르는 자에게나 멸망에 이르는 자들에게 그리스도의 향기라고 말한다. 죽음에 이르는 자들에게는 죽음의 향기이고 생명에 이르는 자 들에게는 생명의 향기이다. 그리고 어느 누구도 이것을 감당할 수 없다. 사도의 가르침에 순종하는 자들은 생명에 이르는 자들로서 그리스도의 향기로 풍성하여 진다. 그러나 사도의 가르침에 불순종하고 자기들의 고집대로 살아가려고 하는 자들에게는 멸망에 이르는 향기가 된다. 이는 그 불순종이 더욱 큰 멸망의 냄새가 되어서 그 사망에 이를 자를 독하게 찌를 것이라고 말한다. 하나님의 말씀이 증거될 때 순종하려고 하는 자세와 그 말씀을 거부하는 사람들의 삶의 자세가 바로 생명과 죽음의 갈림길이다.

사도 시대에 교회 역사를 살펴보면 사도 바울의 전도를 통하여서 항상 교회가 세워졌지만 그 교회를 핍박하고 괴롭히는 불순종의 무리들도 있었다. 그들은 시기심과 폭력성을 앞세워서 하나님의 교회를 핍박하고 괴롭혔다. 그러나 멸망을 받는 것은 그들의 영혼뿐이다. 하나님께서는 그의 역사를 결코 뒤로 물리시지 않는다. 하나님의 뜻이 이렇게 두려운 것이다. 그 말씀에 순종해야 하는 이유가 그래서 있다.

17. 우리는 허다한 무리들처럼 하나님의 말씀을 소매상하지 않고 순수하게 하나님으로부터 나온 것처럼 그리스도 안에서 하나님 앞에서 말한다.

사도는 수다한 사람들 같이 하나님의 말씀을 혼잡하게 하지 아니한다고 말한다. 그리고 순전함으로 하나님께 받은 것 같이 하나님 앞에서와 그리스도 안에서 말하고 있다 증거 한다. 하나님의 말씀은 분명하다. 여러 말씀들이 난무하게 된 것은 항상 무지로부터 시작되고 세속적인 가르침을 섞어서 그러하다.

사도 시대에는 유대주의자들이 헬라 철학과 구약 성경을 섞어서 유대인들에게 가르쳤다. 이것이 유대 묵시 문학이다. 유대 묵시 문학을 살펴보면 고대 그리스 철학이 잘 섞여 있는 것을 볼 수 있다. 그래서 주후 1세기 유대인들은 유대 묵시 문학의 영향으로 유대 땅에 오실 메시야가 유대인들을 로마의 압제로부터 정치적으로 해방 시킬 메시야로 생각하였다. 그래서 복음서에 보면 유대인들이 주님께 자신들의 왕이 되어 달라고 간청한다. 그러자 주님께서 그들에게 "**내**

나라는 이 세상에 속한 나라가 아니라"(요 18:36)고 하시면서 그들의 요청을 거절하셨다. 이렇게 당대 유대인들과 주님이 서로 다른 생각을 하게된 것은 그들이 세속화되었기 때문이다. 주후 1세기 유대인들이 하나님의 말씀과 고대 헬라 철학이 혼합된 율법주의적 신앙을 그들의 조상 아브라함의 신앙으로 착각하였던 것이다. 이에 대하여서 예수께서 너희의 의가 서기관과 바리새인을 넘어가지 못하면 결단코 하나님 나라에 들어갈 수 없다고 단언하셨던 것이다.(마 5:20) 왜냐하면 율법주의적 신앙생활은 참된 신앙이 아니기 때문이다. 그것은 전혀 구약의 가르침이 아니다. 구약은 예수 그리스도를 비추어 준다. 그리스도가 구약의 실체가 되신다. 그렇기 때문에 고대 헬라 철학에 영향을 받은 유대주의와 행위거룩으로는 결코 하나님 나라에 이를 수 없다. 당대 최고의 학자 가말리엘 문하생이었던 사도 바울이 유대의 묵시 문학을 누구보다 잘 알고 있었을 것이다. 사도 바울은 유대교의 교리가 세속화된 혼합주의라고 증거한다.

다메섹에서 부활하신 그리스도를 뵈었던 사도 바울은 유대주의자들의 잘못된 구약 해석을 버리고 예수 그리스도를 중심으로 구약을 풀었다. 그것이 그의 서신 13권이다. 사도 바울이 그의 평생 큰 고초를 겪으면서 구주 예수 그리스도를 증거하고자 하였던 것은 그가 전한 복음이 후대의 거룩한 보편 교회에게도 전파되기를 바랬기 때문이다. 참된 신자들은 구주의 복음으로 각성하고 그 복음을 따라서 행하려고 한다. 위의 본문에서 사도 바울이 전하려고 하였던 것은 고린도 교회 신자들이 믿음 안에 굳게 서 있다는 것과 이제 고린도 교회에 문제를 일으킨 자들을 권징하는 것이 마땅하지만 그들이 돌이킬 때에는 언제든지 용서하고 형제로 받으라는 것이다.

사도 바울은 고린도 교회 신자들에게 순종의 덕목을 가르치고 있다. 그리고 이어서 그들이 순종해야할 덕목은 용서라고 말한다. 용서만이 신자들을 세울 수 있는 덕목이라고 가르친다. 참된 신자들은 용서를 잘한다. 그리고 이웃의 연약함을 긍휼히 여기는 신자들이 되어야 할 것을 가르친다. 이제 그러한 용서의 덕목으로 신자들은 마귀의 궤계를 이기게 된다. 서로 용서하지 아니하고 싸우고 물어뜯고 하게 되면 결국 마귀 만 좋아 하는 꼴이 된다는 것이다. 참된 신자들은 서로 용서 함으로서 신앙의 성숙을 이루게 되어있다. 사도는 복음 전파를 그리스도의 향기로 비유하고 있다. 그래서 사도의 가르침에 순종하는 자들은 복음이 그들에게 생명의 향기가 되지만 불순종하는 자들에게 멸망의 향기가 된다고 말한다.

제목: 너희는 그리스도의 편지이다.
본문: 고린도 후서 3장 1~18절

[본 문]
1 우리가 다시 자천하기를 시작하겠느냐 우리가 어찌 어떤 사람처
럼 천거서를 너희에게 부치거나 혹 너희에게 맡거나 할 필요가 있느
냐 2 너희가 우리의 편지라 우리 마음에 썼고 뭇 사람이 알고 읽는
바라 3 너희는 우리로 말미암아 나타난 그리스도의 편지니 이는 먹
으로 쓴 것이 아니요 오직 살아 계신 하나님의 영으로 한 것이며 또
돌비에 쓴 것이 아니요 오직 육의 심비에 한 것이라 4 우리가 그리
스도로 말미암아 하나님을 향하여 이같은 확신이 있으니 5 우리가
무슨 일이든지 우리에게서 난 것같이 생각하여 스스로 만족할 것이
아니니 우리의 만족은 오직 하나님께로서 났느니라 6 저가 또 우리
로 새 언약의 일꾼 되기에 만족케 하셨으니 의문으로 하지 아니하고
오직 영으로 함이니 의문은 죽이는 것이요 영은 살리는 것임이니라
7 돌에 써서 새긴 죽게 하는 의문의 직분도 영광이 있어 이스라엘
자손들이 모세의 얼굴의 없어질 영광을 인하여 그 얼굴을 주목하지
못하였거든 8 하물며 영의 직분이 더욱 영광이 있지 아니하겠느냐 9
정죄의 직분도 영광이 있은즉 의의 직분은 영광이 더욱 넘치리라 10
영광되었던 것이 더 큰 영광을 인하여 이에 영광될 것이 없으나 11
없어질 것도 영광으로 말미암았은즉 길이 있을 것은 더욱 영광 가운
데 있느니라 12 우리가 이같은 소망이 있으므로 담대히 말하노니 13
우리는 모세가 이스라엘 자손들로 장차 없어질 것의 결국을 주목치
못하게 하려고 수건을 그 얼굴에 쓴 것같이 아니하노라 14 그러나
저희 마음이 완고하여 오늘까지라도 구약을 읽을 때에 그 수건이 오
히려 벗어지지 아니하고 있으니 그 수건은 그리스도 안에서 없어질
것이라 15 오늘까지 모세의 글을 읽을 때에 수건이 오히려 그 마음
을 덮었도다 16 그러나 언제든지 주께로 돌아가면 그 수건이 벗어지
리라 17 주는 영이시니 주의 영이 계신 곳에는 자유함이 있느니라

18 우리가 다 수건을 벗은 얼굴로 거울을 보는 것같이 주의 영광을 보매 저와 같은 형상으로 화하여 영광으로 영광에 이르니 곧 주의 영으로 말미암음이니라

[원문 직역]

1. 우리가 다시 너희 자신들을 명령하는 것으로 다스리겠느냐? 너희를 향하여서 혹은 너희로부터 추천서와 같은 것이 필요한 것 인지 묻고 싶다. 2. 너희가 우리의 서신이다. 그 서신은 우리의 마음으로 쓴 것이다. 그리고 모든 사람들에 의하여서 알려지고 읽혀진 것이다. 3. 너희는 우리에 의하여서 섬김을 받는 그리스도의 서신이라는 것이 드러나 있다. 그것은 먹물로 쓴 것이 아니라 살아 계신 하나님의 성령으로 쓴 것이다. 돌 판에 쓴 것이 아니라 육신에 있는 마음의 판에 쓴 것이다. 4. 우리가 하나님을 향하여 그리스도를 통한 확신을 가지고 있다. 5. 이것은 그 자신으로부터 나온 것 같이 그렇게 그 자신으로부터 만족되어지는 것이 아니다. 우리의 만족은 하나님으로부터 이다. 6. 그것은 우리를 새 언약의 종으로 충분케 한다. 그것은 의문에 있지 않고 성령에 있다. 의문은 죽이는 것이다. 그러나 성령은 살려주시는 분이시다. 7. 만약 의문 안에서 죽음의 사역도 돌에 새겨졌어도 영광이 되어 없어질 그의 얼굴의 영광 때문에 모세의 얼굴을 향하여서 이스라엘 자손들이 볼수가 없었다면 8. 어찌하여서 더욱 성령의 사역이 영광 안에 있지 않겠느냐? 9. 만약 정죄의 직분이 영광에 이르렀다면, 더욱 풍성하게 의의 영광이 영광에 이르지 않겠느냐? 10. 영광의 뛰어남을 인하여서 부분적으로 이것 안에서 영광 되었던 것들이 영광이 될 것이 없었다. 11. 만약 영광을 통하여서 폐지될것이 있다면, 더 많은 것이 영광에 머물 것이다. 12. 그러므로 그러한 소망을 가지고 있으니 우리가 담대함을 사용한다. 13. 그리고 모세처럼 결국 없어질 것으로 이스라엘 자손들을 응시하지 못하게 하려고 그의 얼굴 위에 수건을 쓴것과 같지 않았다. 14. 그러나 그들의 생각이 강퍅해졌다. 오늘날 까지 옛 언약을 읽을때에 수건이 덮힌 체로 머물러 왔

다. 그 베일은 그리스도 안에서 벗겨질 것이다. 15. 그러나 오늘 까지 모세의 글을 읽을때에 그들의 마음위에 수건이 놓여 있다. 16. 그가 주께로 돌아갈때에, 수건이 벗겨질 것이다. 17. 주는 성령이시니 주의 성령께서 자유이시다. 18. 너희 모두는 주의 영광을 면전으로 벗겨졌다. 주의 영으로부터 그와 같이 그 형상을 거울로 보듯이 영광으로부터 영광에 이르게 한다.

[본문 해석]

1. 우리가 다시 너희 자신들을 명령하는 것으로 다스리겠느냐? 너희를 향하여서 혹은 너희로부터 추천서와 같은 것이 필요한 것 인지 묻고 싶다. 2. 너희가 우리의 서신이다. 그 서신은 우리의 마음으로 쓴 것이다. 그리고 모든 사람들에 의하여서 알려지고 읽혀진 것이다. 3. 너희는 우리에 의하여서 섬김을 받는 그리스도의 서신이라는 것이 드러나 있다. 그것은 먹물로 쓴 것이 아니라 살아 계신 하나님의 성령으로 쓴 것이다. 돌 판에 쓴 것이 아니라 육신에 있는 마음의 판에 쓴 것이다.

사도 바울은 고린도 교회 성도들에게 이제 권면하기를 "**우리가 다시 너희 자신들을 명령함으로서 다스겠느냐?**"(고후 3:1)고 하신다. 이미 모든 교회의 문제가 해결되고 성숙함에 이르게 된 거룩한 교회에게 다시는 명령함으로서 다스리고 싶지 않다고 말한다. 이는 놀라운 칭찬이다.

사도는 말하기를 "**너희를 향하여서 혹은 너희로부터 추천서와 같은 것이 필요한 것 인지 묻고 싶다.**"(고후 3:1)고 말한다. 그러면서 "**너희가 우리의 서신이다.**"(고후 3:2)고 말한다. 고린도 교회의 성숙하게 된 형편에 대하여서 듣게 된 사도 바울은 사도 바울 자신의 추천서가 필요 없다고 말한다. 고린도 교회의 거룩하게된 상태 자체가 사도 바울의 서신과 같다고 말한다. 그래서 모든 사람들에 의해서 읽혀진다고 말한다. 이는 고린도 교회 성도들의 신실한 신앙에 대한 것이다.

사도 바울의 이러한 증거로 볼 때 고린도 교회 신앙이 한층 성숙하여 진 것을 알 수 있다. 사도 더욱 분명하게 한 번 더 고린도 후서 3장 3절에 강조하고 있다. "**너희는 우리로 말미암아 나타난 그리스도의 편지니 이는 먹으로 쓴 것이 아니요 오직 살아 계신 하나님의 영으로 한 것이며 또 돌비에 쓴 것이 아니요 오직 육의 심비에 한 것이라**"(고후 3:3) 사도들의 교리는 결코 먹물로 해석이 되는 것이 아니라 하나님의 성령으로 해석이 된다. 그래서 사도는 그들이 기록한 서신들은 성도들의 마음에 쓴 것이라고 말한다. 그래서 그것은 돌로 된 비석에 쓰지 않았고 살과 같은 마음의 비석에 썼다고 말한다. 이는 참된 신앙의 가치가 무엇인가를 드러내는 것이다. 그것은 풍파에 스러져버리는 그러한 가치들이 아니라는 것이다. 돌 비석에 쓴 글씨들은 세월이 흘러가게 될 때에 만고풍상으로 점차적으로 그 글자가 희미해져 간다. 그러나 인간의 심비에 새긴 말씀은 세월이 흘러 갈수록 더욱 분명해진다. 그것은 성령께서 쓰셨기 때문이다.

사도 바울은 신자들에게 "**너희가 사도들의 서신이라**"(고후 3:2)고 말한다. 신자들이 이 세상에서 사도들의 서신이다. 신자들의 삶이 어떻게 세상에 알려지는가에 따라서 사도들의 가르침이 더욱 분명하게 드러날 수도 그렇지 않을 수도 있다. 예수께서 "**너희는 세상의 빛과 소금이라**"(마 5:13~15)고 하셨을 때 그렇게 빛과 소금의 역할을 감당하지 못하게 되면 그러한 신자들은 사도들의 서신을 왜곡하여 세상에 전달하는 자들이 된다. 사도들의 가르침에 선하게 반응하면 신앙의 성숙을 이루게 되나 그렇지 않으면 그 신자의 신앙은 뒤틀어지고 왜곡되어서 멸망으로 간다. 그래서 사도는 너희들이 우리들의 서신이라고 말한 것이다. 사도들의 서신을 삶을 통하여서 구현하는 신자가 되야 할 것을 말하는 것이다. 신자들은 사도들의 가르침을 따라 살아야 한다. 그렇다면 사도들의 가르침이 무엇인가? 그것이 속사도 시대에 정통 교부들을 통하여서 체계화되고 구체화 되었다. 그리고 그것이 거룩한 보편 교회의 공적 선포로서 여러 신조로 남겨졌다.

그러므로 신자들은 자신들이 사도들의 가르침을 합당하게 인지하고 있는가 살펴야 한다. 하나님의 말씀을 왜곡시켜서는 결코 선한 삶을 드러낼 수 없다. 거짓 교리로서는 참된 삶을 구현할 수 없다. 그리고 신자들은 세상의 헛망한 사업에 분요하여서 이리 저리 헤매이고 다니지 말아야 한다. 사도들의 서신을 구현하기 위하여서 세상의 죄악과 어두움과 싸워야 한다.

4. 우리가 하나님을 향하여 그리스도를 통한 확신을 가지고 있다. 5. 이것은 그 자신으로부터 나온 것 같이 그렇게 그 자신으로부터 사려 되어지는 것이 아니다. 우리의 사려는 하나님으로부터 이다.

사도는 우리가 하나님을 향하여서 그리스도를 통한 확신이 있다고 말한다. 그런데 그 확신들은 사도들 자신들로부터 나온 것이 아니라 하나님으로서 나왔다고 말한다. 복음의 큰 확신은 하나님으로부터 나온다. 사도 바울은 그리스도를 통하여서 하나님을 향한 확신을 가지고 있었다. 그와같이 사도들을 통해서 성도들이 받은 믿음의 확신도 오직 하나님으로부터 온 것이다. 그러므로 참된 신자들은 고백한다. 하나님께서 우리의 만족이시다. 그가 우리의 최고의 선이시다.

하박국 선지자는 그의 서신에서 이스라엘의 멸망에 대한 소문에 가슴 답답하고 놀랐다. 어떻게 하나님의 나라가 무너질 수 있는가 그는 당혹해하였다. 그러나 그는 다시 하나님께 감사할 수 있었다. 그것은 비록 무화과 나뭇잎이 마르고 포도 열매가 없으며 감람나무 열매 그치고 논밭에 식물이 없으며 우리에 양떼가 없으며 외양간 송아지가 없을 찌라도 여호와 하나님으로 그 구원의 하나님을 인하여서 기뻐할 수 있기 때문이었다. "17. **비록 무화과나무가 무성치 못하며 포도나무에 열매가 없으며 감람나무에 소출이 없으며 밭에 식물이 없으며 우리에 양이 없으며 외양간에 소가 없을지라도** 18. **나는**

여호와를 인하여 즐거워하며 나의 구원의 하나님을 인하여 기뻐하리로다"(합 3:17~18) 참으로 여호와 하나님으로 만족하며 살아가는 자는 복되다. 하나님 나라가 그들의 것이다. 인간은 하나님 안에서만 만족할 수 있는 존재이다. 인간은 하나님의 형상으로만 만족한다. 성도들은 오직 여호와만이 우리의 만족이심을 알기에 기뻐하고 또 기뻐한다. 그 하나님을 자기의 하나님으로 모시고 살아가는 백성들의 그 복에 대하여서 시편 기자도 말하고 있다. "**이러한 백성은 복이 있나니 여호와를 자기 하나님으로 삼는 백성은 복이 있도다**"(시 144:15)

6. 그것은 우리를 새 언약의 종으로 충분케 한다. 그것은 의문에 있지 않고 성령에 있다. 의문은 죽이는 것이다. 그러나 성령은 살려주시는 분이시다. 7. 만약 의문 안에서 죽음의 사역도 돌에 새겨졌어도 영광이 되어 없어질 그의 얼굴의 영광 때문에 모세의 얼굴을 향하여서 이스라엘 자손들이 볼 수가 없었다면 8. 어찌하여서 더욱 성령의 사역이 영광 안에 있지 않겠느냐?

사도는 이 본문에서 새 언약의 더 높은 가치에 대하여서 가르치고 있다. 사도 바울은 자신이 혼인을 하지 않고 살아가는 것이 새 언약의 일꾼이 되기 위함이라고 말한다. 그렇게 새 언약의 일꾼이 되는 것으로 족하다는 것이다. 그런데 그 일꾼 됨이 어떤 외적 문구에 달려 있지 않고 성령에 있다고 말한다. 의문은 죽이는 것이라고 말한다. 이는 율법주의를 말한다. 율법주의적 신앙은 단지 사람을 옭아매서 죽이려는 것이다. 그러나 성령은 살려 주시는 분이시라고 말한다. 생동감 있어 활력이 넘치는 신앙이라는 것은 성령의 역사를 따라서 살아가는 것이다.

이제 사도 바울은 구약과 새 언약의 직분을 비교하면서 구약 시대에 율법 아래에서 모세가 두 돌판에 기록한 그 도덕법이 의식법과 결합되어서 이스라엘 백성들에게 결코 행위로 구원을 받지 못할 것을 지적하였는데 그것조차도 영광이 있어서 모세가 수건으로 얼굴을 가리고 있었다고 말한다. 이스라엘 백성들이 모세의 얼굴을 정면으로 보지 못하였다. 그러나 더욱 성령의 직분을 따라 살아가는 것이 더욱 영광되지 않겠느냐고 말한다.

사도는 자신의 직분이 모세의 직분에 비견되게 중요하다고 말한다. 새 언약의 복음 사역이 얼마나 소중한가를 알라는 것이다. 어떤 시대에든지 복음이 희미해지면 성직자의 고귀한 사역이 아무나 얻을 수 있는 값싼 직분이 되어 버린다. 결국 지상의 가시적 교회는 혼탁하게 되고 가시적 교회를 치리하는 영광의 직분은 심하게 훼손을 당하게 된다. 그리스도께서 오셔서 진리가 더욱 분명하게 세상에 알려졌을지라도 하나님의 교회가 서글프게 몰락하였을 때 로마 카토릭 교회와 같이 진리로부터 멀어진 교회가 된다. 중세 시대에도 세상으로부터 도피처를 찾는 자들이 수도승이 되기 위해서 몰려왔다. 그래서 수도원이라는 곳을 통하여서 성직이 남발 되고 탁발승까지 생겨나며 중세의 교회의 성직자의 타락상이 심각하였다.

종교 개혁 시대에 잠깐 동안 진리가 개혁 교회에 머물렀고 개혁주의 정통 교회는 진리의 기둥과 터로서 서 있었다. 그러나 후대에 개신교가 여러 분파주의적 교회로 나누어지면서 개혁주의 정통 교리를 잃어 버렸고 어두움으로 곤두박질치고 있다.

9. 만약 정죄의 직분이 영광에 이르렀다면, 더욱 풍성하게 의의 영광이 영광에 이르지 않겠느냐? 10. 영광의 뛰어남을 인하여서 부분적으로 이것 안에서 영광 되었던 것들이 영광이 될 것이 없었다.

사도 바울은 새 언약 아래에서 성직자의 직분에 대하여서 다시 한 번 가르친다. 그것이 옛 언약의 직분 보다 더욱 영광된 직분이라는 것이다. 사도들은 말씀을 가르치는 사역자의 중대함을 가르친다. 그래서 사도 바울은 가르치는 직분을 맡은 사역자들은 하나님을 말씀을 부단히 착념해야 한다고 사랑하는 아들 디모데에게 권면하였다.

(딤전 4:13) 하나님의 말씀을 풀어서 가르쳐야 하는 성직자는 허탄한 욕망을 따라 그 길을 들어서지 말아야 한다. 새 언약 시대의 성직은 율법 시대의 어떠한 직분 보다 더욱 풍성하게 의의 영광에 이르게 한다. 그리스도의 교회에 사역자로서의 살아가는 생애는 영광되다.

12. 그러므로 그러한 소망을 가지고 있으니 우리가 담대함을 사용한다. 13. 그리고 모세처럼 결국 없어질 것으로 이스라엘 자손들을 응시하지 못하게 하려고 그의 얼굴 위에 수건을 쓴것과 같지 않았다. 14. 그러나 그들의 생각이 강퍅해졌다. 오늘날 까지 옛 언약을 읽을 때에 수건이 덮힌 체로 머물러 왔다. 그 베일은 그리스도 안에서 벗겨질 것이다. 15. 그러나 오늘 까지 모세의 글을 읽을때에 그들의 마음위에 수건이 놓여 있다. 16. 그가 주께로 돌아갈 때 수건이 벗겨질 것이다.

사도는 그러한 소망을 따라서 담대하게 말하고 있다. 그 소망은 새 언약의 직분에 대한 것이다. 사도는 모세가 그 얼굴에 수건을 쓰고 나왔던 것은 그가 받은 율법이 그리스도 안에서 그 의미가 사라질 것이라는 것을 알았기 때문이라고 말한다. 율법은 그리스도 안에서 흡수되고 통합된다. 더 이상 그리스도 안에서 율법은 힘을 잃어버린다. 그리스도가 율법을 완성하셨기 때문이다. 그래서 구약은 모든 능력을 그리스도와 그리스도 안에 있는 드리고 사라진다. 오직 영원한 도덕법으로서 십계명만이 그리스도 안에서 모든 신자들이 따라가야 할 규범으로 되어 있다.

십계명은 그리스도의 법이다. 그 법은 사랑의 법이다. 그리스도께서 이루신 그 크신 사랑을 따라 가고자 하는 자들은 사랑의 법을 소중하게 여겨야 하리라. 그리스도께서 오심으로서 구약은 모든 실체가 벗겨졌다. 그래서 구약을 읽을 때 그리스도를 망각하면 여전히 수건에 가려진 상태가 되어서 구약이 해석 되지 않는다. 그러나 그리스도를 따라서 구약을 해석하게 구약은 언제든지 그 실체를 드러낸다. 구약을 푸는 열쇠는 그리스도이시다. 예수 그리스도는 신구약의 실체이시다. 신구약의 실체의 통일성이라는 것은 그리스도 안에서 해석이 된다.

누구든지 주께로 돌아가야 수건이 벗겨 질 것이다. 하나님의 말씀이 해석이 되지 않는 근원적인 장애물은 그리스도에게 돌아가지 않는 인간의 부패한 본성에 있다. 참된 신자들은 그리스도에게 그 모든 주권을 드리고 그분에게 돌아가서 구약을 해석하며 신약을 이해하게 되어 있다.

17. 주는 성령이시니 주의 성령께서 자유이시다. 18. 너희 모두는 주의 영광을 면전으로 벗겨졌다. 주의 영으로부터 그와 같이 그 형상을 거울로 보듯이 영광으로부터 영광에 이르게 한다.

사도는 성령께서 우리의 주님이시라고 말한다. 그리고 주의 성령께서 계신 곳이 자유하다 말한다. 사람의 영혼을 자유롭게 할 수 있는 유일한 권능은 성령께 있다. 오히려 원문은 직역하면 성령께서 자유라고 하신다. 그렇다 성령께서 우리의 자유이시다. 세상에 모든 얽매이기 쉬운 죄를 벗어 버리게 하시는 것은 성령의 사역이시다. 우리가 세상에 것으로 얽매이는 것은 바로 하나님의 성령께서 우리에게 더욱 소중하다는 의미도 되는 것이다. 세상으로부터 벗어나는 유일한 방도는 하나님의 성령을 의지하는 것이다.

사도는 새 언약의 복음을 통하여서 참된 신자들이 수건을 벗고 거울을 보는 것 같이 주의 영광을 본다고 말한다. 이는 성령께서 우리를 자유케 하시는 목적이 있다는 것이다. 그것은 우리를 그리스도의 장성한 분량에 이르게 하시기를 원하시는 것이다. 그리스도께서 우리 죄를 위하여서 죽으셨다. 그러므로 그리스도께서 우리에게 주시고자 하신 것은 곧 자신의 형상이시다. 그리스도께서 성령으로 우리 안에 거하셔서 그의 형상으로 우리를 이끄신다.

[교리 강론]

1 너희가 우리의 편지라

사도 바울은 신자들에게 고린도 후서 3장 2절에 "**너희가 우리의 편지라 우리 마음에 썼고 뭇 사람이 알고 읽는 바라**"고 말한다. 성도들이 이 말씀을 통하여서 가져야 할 책임성이라는 것은 사도들의 가르침이 돌판에 새긴 단지 글자가 아니라 신자들의 마음에 역사하는 거룩한 능력이 되어야 하리라는 것이다. 가르치는 자들에게 면류관은 가르침을 받는 자들이다. 그들이 교회의 목사와 교사들의 면류관이다. 신자들의 정통 교리에 대한 올바른 이해와 넘치는 기쁨은 말씀을 가르치는 자들에게 즐거움이다. 신자들이 이 세상에 살면서 모든 어려움을 능히 극복하고 사도들의 가르침대로 행하는 것은 사도들의 마음에 쓴 편지와 같다.

사도들의 교리는 의문이 아니다. 성령의 역사이다. 그 가르침을 제대로 이해하는 것은 성령의 역사에 동참하는 것이다. 사도의 가르침을 제대로 이해하고 살아가는 것이 얼마나 중요한가를 알게 한다. 신자들은 자신들이 사도들의 편지라는 사실을 깊게 각성하여야 한다.

2. 율법과 복음의 관계

율법은 항상 의문에 속한다. 그리고 정죄의 기능이 있다. 그러나 복음은 항상 영혼을 살린다. 우리 구주 예수 그리스도가 복음이시다. 구주 예수 그리스도를 따라서 살아가는 그 삶이 복되다. 이제 새 언약에 속한 참된 신자들은 율법의 수건을 벗겨내고 복음의 실체를 누리게 된다. 사도 바울이 고린도 교회 신자들에게 가르치고자 하였던 것이 그것이다. 항상 그 마음이 수건에 덮혀 있어서 구약을 읽을 때 그 뜻을 깨닫지 못하는 자들이 되지 말고 복음의 실체를 누리라는 것이다.

사도는 선포한다. 그리스도께서 성령으로 도우시리니 진리의 말씀을 순종함으로 더욱 풍성한 삶을 누리라. 하나님께서는 순종하는 영혼에게 진리를 깨닫게 하신다. 하나님께서는 진리를 깨닫게 하시고자 그의 말씀에 순종하는 은혜를 신사에게 먼저 부어주신다. 그리고 진리로 이끄신다. 진리의 영을 따라 가는 삶이란 진리 앞에 순종하는 삶이다. 진리가 가시고자 하는 그 길을 겸손하게 따라 가는 것이다. 그래서 진리의 성령으로 다스림을 받는 참된 신자들은 구약을 통하여서 그리스도를 깨닫고 그리스도 안에서 자유를 누린다.

그러나 항상 율법주의적 신앙은 의문에 매여 있다. 그리고 자기 자랑으로 가득차 있다. 그의 영혼이 자유롭지 못하다. 그러므로 구주 예수 그리스도를 알아가는 그 복에 대하여서 시편 기자가 1편에서 가르쳤던 그 의미를 알아가야 한다. 시편 기자는 놀랍게도 율법 시대에 복음을 깨닫고 여호와의 율법을 즐거워하고 그 율법을 주야로 묵상하였다. 참된 신자는 율법 안에서 복음의 가치를 깨닫고 살아가는 자들이다.

제목: 하나님의 말씀을 혼잡케 아니하고 진리를 나타내는 사도의 가르침
본문: 고린도 후서 4장 1~6절

[본 문]

1 이러하므로 우리가 이 직분을 받아 긍휼하심을 입은 대로 낙심
하지 아니하고 2 이에 숨은 부끄러움의 일을 버리고 궤휼 가운데 행
하지 아니하며 하나님의 말씀을 혼잡케 아니하고 오직 진리를 나타
냄으로 하나님 앞에서 각 사람의 양심에 대하여 스스로 천거하노라
3 만일 우리 복음이 가리웠으면 망하는 자들에게 가리운 것이라 4
그 중에 이 세상 신이 믿지 아니하는 자들의 마음을 혼미케 하여 그
리스도의 영광의 복음의 광채가 비취지 못하게 함이니 그리스도는
하나님의 형상이니라 5 우리가 우리를 전파하는 것이 아니라 오직
그리스도 예수의 주 되신 것과 또 예수를 위하여 우리가 너희의 종
된 것을 전파함이라 6 어두운 데서 빛이 비취리라 하시던 그 하나님
께서 예수 그리스도의 얼굴에 있는 하나님의 영광을 아는 빛을 우리
마음에 비취셨느니라

[원문 직역]

1. 이를 인하여서 우리가 이 직분을 얻었다. 그와 같이 우리가 긍
휼을 입었다. 우리가 마음을 상실하지 않는다. 2. 그러나 우리가 부끄
러워서 감추어야 할 일들을 끊어 버리고 우리가 속임수 가운데 걷지
않으며 하나님의 말씀을 섞음질하지 말자. 그러나 우리는 진리를 선
포함으로서 하나님 앞에서 모든 사람들에 대하여서 너희 스스로에게
명령하라. 3. 만약 우리의 복음이 가리워졌다면 이는 망하는 자들에게
가리워진 것이다. 4. 그들 안에 이 세상의 신이 믿지 않도록 그 지
성을 어둡게 하였다. 그래서 그리스도의 영광의 복음의 빛을 비추이
지 못하게 하였다. 그는 하나님의 형상이시다. 5. 우리가 우리 자신에
대하여 선포하는 것이 아니라 주 예수 그리스도와 예수를 통하여서
우리가 스스로 너희의 종된 것을 선포하였다. 6. 하나님께서 말씀하셨

다. 어둠으로부터 빛이 비추였다. 그것이 예수 그리스도의 얼굴 안에서 하나님의 영광의 빛으로 너희의 마음 안에 비추였다.

[본문 해석]

1. 이를 인하여서 우리가 이 직분을 얻었다. 그와 같이 우리가 긍휼을 입었다. 우리가 마음을 상실하지 않는다.

사도 바울은 복음을 전하기 위하여서 사도의 직분을 받았다고 말한다. 교회 직원에 대한 참된 교리는 사도 바울의 이 진술에서 분명하게 드러나 있다. 사도 바울은 고린도 후서 3장에서 복음에 대하여서 자세하게 설명하고 나서 이러한 복음을 전하는 자로서 사도의 직분을 맡았다고 말한다.

사도의 직분은 주의 복음을 전하고 주의 몸된 교회를 세우는 사역을 위해서 베풀어진 것이다. 사도들은 초기 거룩한 보편 교회의 기초 직원으로서 부르심을 받았다. 사도 직분의 성격은 항상 교회의 기초 직원이라는 것에 의미가 있다. 사도 직분은 부활하신 예수 그리스도를 뵈옵고 직접 세우심을 받은 자들 외에는 없다. 그래서 그리스도의 부활을 뵈올 수 없는 속사도 시대부터 거룩한 보편 교회 안에는 사도직이 없다. 오직 사도들의 치리회로서 장로회와 사도들의 교리서로서 신구약 성경이 유일한 사도적 권위를 갖는다. 그래서 사도의 직분은 거룩한 보편 교회의 기초직이다. 그리고 그 사도의 직분은 사도시대로 종결될 수밖에 없다. 왜냐하면 주의 부활을 직접 목도하고 주로부터 서임을 받은 자들만이 사도들이 되기 때문이다. 마지막 다메섹 도상에서 부르심을 받은 사도 바울은 스스로 만삭되어 난자 같지 않은 자신에게도 크신 긍휼하심을 따라서 사도 직분이 주어졌다고 고백하였다.(행 9:1-9, 고전 15:8) 그렇게 사도 직분은 사라졌으나 거룩한 보편 교회의 항존 직원으로서 목사와 교사 그리고 치리장로와 안수집사 제도는 남게 되었다.

그들은 각 치리회에서 동등한 권세를 가지고 그리스도 교회를 세운다. 그러한 교회의 모든 항존 직원들의 권세는 사도들로부터 나왔다. 사도들이 안수 집사를 세웠다.(행 6:1-6) 그렇게 안수 집사들은 거룩한 보편 교회의 항존 직원이 되었다. 그렇다고 하면 왜 목사와 교사와 치리 장로들의 장립식이 사도행전에 기록이 되지 않았는가? 그 이유는 이러하다. 목사와 교사와 치리 장로들은 통칭 교회의 장로들이다. 그리고 교회의 장로들은 사도와 선지자들까지 포함한다. 그렇다고 하면 사도와 선지자들과 목사와 교사와 치리 장로들은 모두 교회의 장로들이다. 목사와 교사 그리고 치리 장로는 사도들과 함께 거룩한 보편 교회를 세우는 치리권자들이기에 사도들이 따로 장립식을 시행하지 않았다. 모두 사도 시대 교회의 장로회에서 목사와 교사들은 따로 세웠을 것으로 볼 수 있다. 공적 치리회에서 속하여서 교회를 다스리는 장로 직분은 사도들의 권세 아래에서 사도들의 직무를 계승하기에 따로 장립 의식을 기록할 필요가 없었다.

디모데 전서 4장 14~15절에서 사도 바울은 믿음의 아들 디모데가 장로회에서 안수를 받았다고 기록함으로서 사도 시대에 성식사를 안수하는 기관이 있었음을 시사하고 있다. "**14 네 속에 있는 은사 곧 장로의 회에서 안수받을 때에 예언으로 말미암아 받은 것을 조심없이 말며 15 이 모든 일에 전심 전력하여 너의 진보를 모든 사람에게 나타나게 하라**" (딤전 4:14-15) 직역하면 이러하다. "**14. 장로회의 안수와 함께 예언을 통하여서 너에게 베풀어진 네 안에 있는 은사에 대하여서 게을리하지 말라. 15. 모든 사람에게 너의 진보가 드러남이 있도록 이 일에 수고를 다하라. 이 일 안에 계속 있으라.**" 헬라어 본문에서는 몇 가지 중요한 목사와 교사들의 직무에 대한 사도 바울의 가르침이 있다. 첫째는 성직자 곧 목사와 교사는 장로회에서 안수를 받는다는 것이다. "**장로회**"에 해당하는 헬라어 "**프레스부테리온스**"(πρεσβυτερίον)은 "**장로들의 모임**", "**장로들의 구성체**"라는 의미가 있다. 이것은 예수께서 사도들이 거룩한 보편 교회를 효과적으로 다스리게 하고자 세우셨다. 그 장로회라는 치리회로부터 거룩한 보편 교회를 치리할 장로들을 세웠다. 그리고 사도들은 그들에게 지 교회를 치리할 권세를 맡겼다. 그러한 모든 체제가 완성되면 사도들은 그 세워진 교회를 떠나서 다른 지역으로 갔다. 그리고 세워진 교회는 사도들의 교리를 따라서 장로회라는 치리회를 통하여서 그 지역 지 교회들을 다스렸다. 그러므로 누구든지 장로회로부터 안수 받지 못한 경우에 장로회 성직자가 될 수 없다. 그리고 장로회 성직자 외에는 누구도 장로교회에서 주일 공적 예배에 강도권과 성례권을 시행할 수 없다. 다만 비상시에 제한적으로 일반 신자라도 성례를 행할 경우가 매우 제한적으로 있을 따름이다.

둘째는 "**예언을 통하여서 성직자들에게 베풀어진 그들 안에 있는 은사에 대하여서 게을리하지 말라.**"는 것이다. 여기에서 예언을 "**프로페테이아스**"(προφητειας)라고 하는데 이는 사도들의 교리를 해석하고 가르치는 행위를 의미한다. 그러니까 여기에서 예언이라는 것은 성직자의 고유 직무라고 할 수 있는 가르치는 직무를 의미한다. 목사와 교사는 그러한 직무를 맡았다. 하나님의 말씀을 예언하는 직무이다. 그것은 가르치는 권세를 의미한다.

사도 바울은 믿음의 아들 디모데에게 그러한 은사를 게을리하지 말라고 권면한다.(딤전 4:13~15) 그렇다고 하면 성직자가 예언의 은사를 게을리하는 것이 무엇인가? 그것은 하나님의 말씀을 착념하여서 연구하고 그것을 체계적으로 세워서 성도들에게 가르치는 직무를 게을리하는 것이다. 하나님의 말씀을 맡은 성직자들이 분주하게 여기 저기 세상적인 일에 뛰어 다니면서 하나님의 말씀을 연구하고 가르치는 일에 소홀히 한다면 이는 거룩한 보편 교회의 목사와 교사로서 자격이 상실된 자이다. 참된 성직자들이란 하나님의 말씀을 사모하여서 그 말씀을 밤낮으로 묵상하고 그것을 체계화 하여서 성도들에게 알기 쉽게 가르치는 자들이다.

사도 바울은 목회자의 직무를 다하라고 권면한다. 사도 바울은 디모데 전서 4장 15절에 "**모든 사람에게 너의 진보가 드러남이 있도록 이 일에 수고를 다하라. 이 일 안에 계속 있으라.**"고 가르친다. "**수고를 다하다**"에 해당하는 헬라어 "**멜레타**"(μελετα)는 "**주의 깊게 살피**

다", "**아픔, 고통, 괴로움, 고뇌, 비탄, 등을 감수하며 전력하다**"라는 의미와 함께 "**노력, 수고, 산고, 진통을 겪으면서 전력하다**"라는 의미도 있다. 목회자란 하나님의 말씀을 위해서 목숨을 거는 자들이다. 사도 바울은 목사와 교사들이 이 일에 헌신적으로 임할 것을 권면하고 있다. 그러므로 목사 곧 교사와 치리 장로는 사도들의 교회 치리권을 계승하였다. 그래서 사도행전은 안수 집사들처럼 따로 장립 의식을 시행하는 기록을 남기지 않았다. 안수 집사들은 교회의 실무를 위해서 사도들이 따로 세웠다. 그들이 사도 시대 교회의 일곱 집사들이다. 그리고 그 이후에 안수 집사들은 지속적으로 그런 형태로 발생하였을 것이다.

바울 사도는 자신의 직분 수여가 크신 긍휼하심으로 주어졌다고 말한다. 교회를 다스리는 직분은 하나님의 크신 긍휼을 따라서 주어진 신적 권위가 있다. 이 교회 치리권자의 길은 세속의 영광을 추구하는 길이 아니다. 오직 하나님의 영광을 직접적으로 드러내며 그의 몸된 교회를 진리로 이끌고 다스리는 직분이다. 거룩한 보편 교회의 모든 직분이 하나님의 긍휼하심으로 주어졌다는 사실을 망각하면 그는 스스로 자신을 속이는 것이다. 실로 거룩한 보편 교회의 모든 직분은 하나님의 크신 자비하심으로 어느 누구도 제대로 감당할 수 없는 그 고귀한 직을 베풀어 주신 것이다. 오직 맡은 자에게 구할 것은 충성이다. 그리고 낙심하지 않는 것이다.

사도 바울은 그의 직무를 수행하면서 자주 낙심할 수밖에 없는 절망적인 상황을 마주 대하였다. 그럴 때마다 사도 바울은 그 직분을 허락하신 구주 예수 그리스도의 긍휼히 여기심을 알고 마음이 상실하지 않았다. 그리고 모든 교회의 직분자들에게 위로의 증거를 하고 있다. 그것이 바로 "**우리가 마음을 상실하지 않는다.**"(고후 4:1)는 고백이다. 사도 바울의 이러한 고백으로 모든 교회의 직원들은 위로를 받는다. 교회의 모든 직분자들은 자신들의 직분이 주 예수 그리스도의 긍휼하심으로부터 주어졌다는 것과 어떠한 어려운 형편에서도 마음을 상실하지 말라는 것이다.

이것은 두 가지 점에서 직분자들에게 가르치고 있다. 첫째는 스스로 그 직분을 맡은 것을 자랑하지 말라는 것이다. 권위주의적 자세를 가지고 다른 신앙의 형제들 보다 과도하게 높다고 하는 의식을 버리라는 것이다. 하나님의 긍휼하심으로 그 직분을 감당하고 있기 때문이다.

둘째는 그 직분으로 인하여서 닥치는 모든 환란과 곤고와 핍박과 곤핍에 대하여서 마음으로 잃어버리지 말라는 것이다. 왜냐하면 하나님께서 위로해 주시기 때문이다. 그러한 직분을 성실하고 정직하게 감당하려고 하는 자들을 버리시지 않으시기 때문이다. 그래서 모든 직원들은 자신들에게 주어진 직무를 오직 기뻐함과 간구와 감사함으로 수행한다.

2. 그러나 우리가 부끄러워서 감추어야 할 일들을 끊어 버리고 우리가 속임수 가운데 걷지 않으며 하나님의 말씀을 섞음질하지 말자. 그러나 우리는 진리를 선포함으로서 하나님 앞에서 모든 사람들에 대하여서 너희 스스로에게 명령한다.

이제 사도 바울은 성도들에게 증거하고있다. "**우리가 부끄러워서 감추어야 할 일들을 끊어 버리고 우리가 속임수 가운데 걷지 않으며 하나님의 말씀을 섞음질하지 말자.**" 사도 바울은 성도들의 삶 가운데 부끄러워서 감추고 싶은 연약한 부분을 하루 속히 끊어 버리라고 권면한다. 실로 그러한 연약한 부분을 모든 신자들은 가지고 있다. 사도 바울은 거기로부터 자유할 수 있도록 신앙의 싸움을 싸우라고 말한다. 그리고 이어서 "**우리가 속임수 가운데 걷지 않으며**"라고 말한다. 여기에서 "**속임수**"라는 것이 헬라어로 "**파누르기아**"(πανουργίᾳ) 라고 하는데 그 의미는 "**교활**", "**간교**", "**술책**"이라는 의미도 있다. 이는 잔꾀를 부리며 살아가는 자들을 의미한다. 그들은 허탄한 이익을 얻기 위하여서 이 세상에서 하나님의 말씀을 무시하고 자시 멋대로 살아가는 자들이다. 그들은 적극적으로 그렇게 살아간다. 그 마지막은 멸망이다. 사도 바울은 성도들에게 우리는 그러한 교활하고 간교하게 삶을 걷지 말 것을 가르친다. 그리고 세 번째 사도 바울은 성도들에게 "**하나님의 말씀을 섞음질하지 말라.**"고 가르친다. "**섞음질 하다**"에 해당하는 헬라어 "**돌룬테스**"(δολοῦντες)는 원형이 "**돌로오**"(δολόω)이다. 이것은 "**위조 변조하다.**", "**속이다**", "**왜곡하다.**", "**질을 떨어뜨리다**", 그리고 "**간통하다**"라는 의미도 있다. 이는 하나님의 말씀을 세상의 가치와 섞어 버리는 것이다. 이것을 혼합주의라고 말한다. 이러한 혼합주의는 교회사 가운데 자주 있어 왔다. 그러한 세속 사상과 섞여 있는 형태로 교회가 세워질 때에 그것을 거짓 교회라고 부른다.

정통 교부 시대에는 교회 밖으로 뛰쳐나간 분리주의자들이 주로 그러한 혼합주의자들이었다. 그들은 이러한 혼합주의적 교리로 인하여서 이단으로 정죄를 받았다. 그러나 중세 시대가 되면 이제 거룩한 보편 교회 전체가 거짓 교회로 정죄 될 만큼 심각한 교리적 오류의 시대로 접어든다. 그것이 로마 카톨릭 교회이다. 로마 교회는 거짓 교회이다. 거기로부터 비롯되는 모든 종교적 의식들은 미신적이고 거짓되다.

로마 카톨릭 교회로부터 종교가 개혁이 되어서 개혁 교회가 세워졌을 때 거짓 교회들이 함께 일어났다. 재세례파, 퀘이커, 그리고 여러 기독교 분파주의자들이 있었다. 잉글랜드 성공회, 거기로부터 뛰쳐나온 감리 교회, 뉴잉글랜드 회중 교회, 등도 모두 거짓 교회들이다. 이후 발생한 모든 개신교 분파주의 교회들은 거짓 교회이다. 거짓 교회가 되는 것은 정통 교리로부터 이탈이다. 사도적 전승을 따라가지 아니하고 분파를 형성할 때 거짓 교회가 된다.

중세 시대는 로마 교회가 거짓 교회였고 종교 개혁 이후 시대에는 모든 개신교 분파주의 교회들이 거짓 교회이다. 하나님의 진리를 세속주의와 혼합하는 것은 실로 심각한 부패이다. 거짓 교회는 그 결과들이 처음은 쉽게 나타나지 않지만 오랜 세월 후에 분명하게 드러난다. 참된 교회란 정통 교리를 따라서 세워지는 교회이다. 장로교회는 웨스트민스터 표준 문서를 따라서 세워지는 정통 교회라고 할 수 있다.

사도 바울은 증거하고 있다. "**우리는 진리를 선포함으로서 하나님 앞에서 모든 사람들에 대하여서 너희 스스로에게 명령한다.**"(고후 4:2) 성도들은 모든 사람들에 대하여서 하나님 앞에 서 있다. 그것은 신자들의 삶이 그 만큼 공적이라는 것이다. 신자들이 이 세상에서 곤고하고 고난을 피할 수 없는 이유는 그 삶의 형태가 공적이기 때문이다. 거짓말도 할 수 없고 정직하게 살아야 하고 이웃에게 본이 되는 삶을 살아야 한다면 그것은 실로 공적인 삶을 사는 것과 다를 바 없다. 그렇게 신자들은 그 시대 사회의 기준이 되고 방향이 되며 모범이 되어야 하기에 그렇게 공적이다. 그래서 사도는 진리를 선포함으로서 하나님 앞에서 모든 사람들에 대하여서 너희 자신들에게 명령한다고 말한다.

3. 만약 우리의 복음이 가리워졌다면 이는 망하는 자들에게 가리워진 것이다.

사도 바울은 말한다. 만약 복음이 가려졌으면 망하는 자들에게 가려졌다. 하나님의 말씀은 그의 백성들에게 명백하다. 다만 그 말씀을 깨닫지 못하는 자들은 망할 자들이다. 그들은 진리를 깨닫지 못한다. 그 이유는 그들이 하나님의 성령을 받지 못하였기 때문이다. 진리는 오직 하나님의 성령께서 다스리심으로서 깨닫게 되어 있다. 진리를 깨닫지 못하는 가장 근본적인 이유는 그러한 자들에게는 하나님의 성령의 조명의 역사가 없기 때문이다. 그들은 진리를 깨닫지 못한다.

그렇게 하나님의 진리는 참된 백성들에게 빛이다. 그리고 거룩한 산성이다. 그렇게 사도 바울은 하나님의 말씀은 어떤 것에도 매이지 않는다고 말한다. 다만 멸망으로 갈 자들에게 하나님의 복음이 가려졌다는 것이다. 그들은 어떠한 경우에도 진리에 이를 수 없다. 그들의 멸망은 그들의 어두운 마음으로부터 비롯되기 때문이다. 그러므로 모든 참된 신자들은 정규적 수단들(ordinary means)를 통하여서 역사적 정통 교리를 학습하여 분명한 이해에 이르러야 한다. 그러므로 정통 교리를 알아가는 것은 참된 신자에게는 매우 필수적이다. 그리고 또한 매우 갈급한 것이다. 신자들은 정통 교리를 알아가려고 하는 수고와 노고가 필요하다. 신구약 성경을 드러내는 정통 교리는 그냥 게으르게 신앙생활 하면서 깨달을 수 있는 교리가 아니다.

4. 그들 안에 이 세상의 신이 믿지 않도록 그 지성을 어둡게 하였다. 그래서 그리스도의 영광의 복음의 빛을 비추이지 못하게 하였다. 그는 하나님의 형상이시다.

사도 바울은 "**이 세상의 신이 믿지 못하도록 그 지성을 어둡게 하였다.**"(고후 4:4)고 말한다. 여기에서 이 세상 신이란 모든 세속주의 사상을 의미한다. 탐심, 헛된 욕망, 그릇된 사고방식 등 하나님의 말씀을 혼잡하게 하는 모든 세상의 사상들이 이 세상의 신이다. 이 세상의 신은 전능하신 하나님을 믿지 못하게 하려고 거짓된 사상을 유포하며 신자들조차도 미혹하려고 한다. 그러나 참된 신자들은 결국 진리 안에 머물고 오히려 더욱 세상의 헛된 교리와 싸운다.

사도 바울은 "**지성을 어둡게 하였다.**"고 말한다. 헬라어 "**타 노에마타**"(τὰ νομήματα)는 인간의 지성적인 마음을 의미한다. 헬라어 "**노에마**"(νομήμα)는 인간이 학습하고 판단하고 추리하며 기억하는 마음의 기능을 말한다. 그러므로 이 세상의 신은 이 세상 사람들의 지성을 어둡게 하여서 하나님의 말씀을 이해하지 못하게 한다. 이는 이 세상의 신이 여러 가지 거짓된 사상들을 유포하여 진리와 혼합시켜서 혼돈케 한다는 것을 의미한다. 그래서 하나님의 존재하심에 대하여서 그의 진리의 말씀에 대하여 혼돈하고 혼잡하게 하는 것이다. 그것이 이 세상의 신들이 하는 거짓된 행태이다. 그러나 진리를 사모하는 참된 신자들은 구주 예수 그리스도를 믿음으로 진리에 이른다. 진리는 오직 믿음으로 인식할 수 있다. 믿음이 없으면 진리를 인식할 수 없다. 왜냐하면 인간의 지성 까지도 죄로 어두워졌기 때문이다. 거룩하신 하나님을 인식하려고 하면 필수적으로 그 하나님께서 말씀하신 진리의 말씀을 믿어야 한다.

참된 신자들은 주 예수 그리스도를 믿음으로 성삼위일체 하나님을 인식하게 된다. 주 예수 그리스도께서 성삼위일체 하나님에게로 신자를 인도해 주시는 구속의 중보자이시기 때문이다. 그 백성들에게 찾아오신 구주 예수 그리스도께서 하나님 나라의 비밀한 계시를 신자들에게 깨닫게 하여서 주신다. 참된 신자들은 진리의 말씀 안에서 성삼위일체 하나님을 인식하며 하나님 나라를 소망한다. 우리 구주 예수 그리스도께서 진리 그 자체이시다. 그러므로 거짓된 신자들의 어두운 지성으로 항상 불필요한 신비한 현상만을 추구한다. 그들이 신비주의자들이다. 거짓 종교는 대부분 신비주의이다. 그렇지 아니하면 매우 복잡한 세상 철학을 가져다가 하나님의 말씀을 혼잡케 한다.

그러나 참된 진리는 오직 우리 구주 예수 그리스도 안에 있다. 여호와의 말씀이 진리이다. 진리를 사모하는 자는 예수 그리스도를 믿는다. 왜냐하면 예수 그리스도께서 진리의 실체이시기 때문이다. 그러므로 이제 이 세상 신에 사로잡혀서 진리의 주를 깨닫지 못한자들은 그리스도의 영광의 복음의 빛의 비추임을 받지 못한다.(고후 4:4) 성도들은 이 세상의 헛된 신에 노출되지 않도록 끊임없이 주님의 말씀으로 무장해야 한다.

사도 바울은 에베소 교회 성도들에게 하나님의 말씀으로 전신 갑주를 입으라고 권면하였다. "**10 종말로 너희가 주 안에서와 그 힘의 능력으로 강건하여지고 11 마귀의 궤계를 능히 대적하기 위하여 하나님의 전신갑주를 입으라 12 우리의 씨름은 혈과 육에 대한 것이 아니요 정사와 권세와 이 어두움의 세상 주관자들과 하늘에 있는 악의 영들에게 대함이라 13 그러므로 하나님의 전신갑주를 취하라 이는 악한 날에 너희가 능히 대적하고 모든 일을 행한 후에 서기 위함이라 14 그런즉 서서 진리로 너희 허리 띠를 띠고 의의 흉배를 붙이**

고 15 평안의 복음의 예비한 것으로 신을 신고 16 모든 것 위에 믿음의 방패를 가지고 이로써 능히 악한 자의 모든 화전을 소멸하고 17 구원의 투구와 성령의 검 곧 하나님의 말씀을 가지라"(엡 6:10-16)

사도 바울은 예수 그리스도를 하나님의 형상이라고 말한다. 이 본문은 히브리서 1장 1~3절과 연결된다. "**1 옛적에 선지자들로 여러 부분과 여러 모양으로 우리 조상들에게 말씀하신 하나님이 2 이 모든 날 마지막에 아들로 우리에게 말씀하셨으니 이 아들을 만유의 후사로 세우시고 또 저로 말미암아 모든 세계를 지으셨느니라 3 이는 하나님의 영광의 광채시요 그 본체의 형상이시라 그의 능력의 말씀으로 만물을 붙드시며 죄를 정결케 하는 일을 하시고 높은 곳에 계신 위엄의 우편에 앉으셨느니라**"(히 1:1-3) 히브리서에서 사도 바울은 그 아들을 "**하나님의 영광의 광채이시고 그 본체의 형상이시라**"고 말했다. 예수 그리스도는 보이지 아니하시는 하나님의 형상이시다. 그렇다고 하면 아담의 형상에 대한 의미가 분명하게 드러난다. 아담은 하나님의 형상을 따라서 피조되었다. 이는 아담이 예수 그리스도의 형상을 따라서 피조되었다는 의미이다. 그러니까 모든 인류는 아담 안에서 예수 그리스도의 형상을 따라서 피조 되었다. 예수 그리스도께서 아담의 형상의 실체이시다. 아담은 오실자의 표상이었다.

사도 바울은 로마서 5장 14절에서 다음과 같이 선포한다. "**그러나 아담으로부터 모세까지 아담의 범죄와 같은 죄를 짓지 아니한 자들 위에도 사망이 왕 노릇 하였나니 아담은 오실 자의 표상이라**"(롬 5:14) 그러므로 아담의 범죄는 이어서 예수 그리스도의 성육신을 필연적으로 끌어당긴다. 첫 사람 아담의 실패는 마지막 아담이신 실체이신 예수 그리스도의 강림으로서 완성이 되기에 그러하다.

하나님의 영원한 작정을 따라서 볼 때 아담의 타락은 이미 작정되어 있었다. 왜냐하면 하나님의 작정은 인간 창조의 완성을 첫 사람 아담을 통해서가 아니라 그 실체가 되시는 마지막 아담이신 예수 그리스도 안에서 성취하시고자 하신 것이다. 그러므로 하나님께서 창세전에 작정 하신 언약은 은혜 언약이었다. 다만 아담이 받은 행위 언약은 은혜 언약의 예표와 모형으로서 그에게 주어진 것이다. 그 행위 언약으로서는 구원에 이를 수 없다. 그것을 첫 사람 아담이 전적으로 타락함으로서 보여주었다. 그리고 두 번째 언약이라고 할 수 있는 은혜 언약이 아브라함의 언약 가운데 주어졌다. 은혜 언약은 행위 언약을 완성하며 하나님의 영원한 작정을 드러낸다. 하나님께서 가장 먼저 작정하신 것은 하나님의 영광이다. 모든 신적 작정의 첫 자리는 오직 하나님께 영광이다.

그리고 그 다음으로 작정하신 것이 은혜 언약이다. 하나님께서는 은혜 언약을 따라서 그의 백성들을 모으시고 그들로부터 의의 영광을 얻으시고자 하셨다. 그리고 그 나머지를 버리시기로 작정하셨다. 그것이 공의의 영광이다. 하나님께서 그의 영원하신 작정으로 행하셨을 지라도 인간들이 변명할 수 없는 이유는 하나님의 작정은 인간이 변명할 수 없도록 그들의 전적 타락의 책임성까지 작정하셨기 때문이다. 하나님의 작정의 범위가 이렇게 넓고 심오하기 때문에 인간이 전혀 하나님 앞에서 자신의 죄를 하나님께 전가하고 스스로 의롭다고 변명할 수 없다. 인간의 죄악이라는 것은 실로 인간 자신에게서 직접적으로 나오는 심각한 어두움이다. 그 어두움을 구주 예수 그리스도께서 십자가에서 모두 제거하셨다. 자기 아들을 버리시면서까지 하나님께서 작정하셨던 구원의 큰 노정이란 하나님의 자유로우시고 기뻐하신 뜻의 의논에 따라서 결정된 것이다. 그 모든 일들이 하나님께 영광이기에 신자들이 가져야 할 자세는 오직 감사와 찬송이다. 그리고 주의 법에 순종이다. 그 순종까지도 우리 자신의 의를 따라서가 아니라 하나님의 은혜를 따라서 믿음으로 순종해야 한다. 하나님께서 스스로 행하신다. 신자들은 오직 믿음으로 그의 뜻에 순종하여야 한다.

5. 우리가 우리 자신에 대하여 선포하는 것이 아니라 주 예수 그리

스도와 예수를 통하여서 우리가 스스로 너희의 종된 것을 선포하였다.

사도 바울은 증거한다. 사도들의 가르침은 인간의 가르침이 아니다. 첫째 사도들의 가르침은 그리스도 예수께서 주님 되심을 증거한다. 사도들의 첫 직무는 예수 그리스도의 주되심을 전파하는 것이다. 그렇다고 하면 예수 그리스도께서 어떠하신 분이신가? 구주 예수 그리스도의 어떠하심은 그의 부활에서 분명하게 그 성격이 드러났다. 예수 그리스도께서 부활하시고 승천하셔서 온 세상의 임금이 되셨고 하늘 위에 높이 되시고 천사들조차 호령하시는 주권자가 되셨다.

복음이 전파된다는 것은 이 세상에서 더 이상 옛 사람의 육신의 법에 매여 살지 않고 예수 그리스도를 주로 모시고 새 사람을 따라서 생명의 성령의 법을 따라서 살아가는 것을 의미한다. 그때에 예수 그리스도께서 그 생명을 주권하시는 주님이 되신다. 그가 온 세상의 주님이시며 동시에 그의 백성들에게 주님이시다. 그러므로 예수 그리스도의 주되심은 실로 온 세상에 선포되어야 할 복음이다. 복음은 왕의 강림을 알리는 것이다. 그것이 복음이다. 예수 그리스도의 주되심을 전파하는 것이 복음이다.

둘째는 사도들의 직무는 교회의 종된 직무이다. 사도들도 동일하게 거룩한 보편 교회의 신자이지만 특별하게 하나님의 교회를 세우기 위하여서 부르심을 받은 교회의 종이다. 교회의 종이라고 하는 것은 항상 살펴야할 신구약 성경과 함께 정통 교리 아래에 있는 자들이다. 물론 사도들은 성경의 기록자들이다. 그러나 사도들은 철저하게 구약에 따라서 모든 신약 성경을 기록하였다. 사도들의 서신에는 구약을 인용하였던 본문들이 수도 없이 많다. 그것은 사도들이 구약에 충실하였다는 것을 의미한다. 그리고 사도들의 가르치는 권세와 다스리는 권세를 물려받은 평범한 항존 직원으로서 목사와 교사들도 거룩한 보편 교회의 종이다. 하나님의 교회를 세우는데 특별하게 부르심을 받은 일꾼들이다. 여기에서 종이란 노예와 다르다. 여기에서 종이란 일꾼이라는 말도 되고 직원이라는 말도 된다. 회사를 위해서 일하는 자들을 직원이라고 부른다. 사도들은 하나님의 교회를 위해서 일하는 직원들이다.

6. 하나님께서 말씀하셨다. 어둠으로부터 빛이 비추였다. 그것이 예수 그리스도의 얼굴 안에서 하나님의 영광의 빛으로 너희의 마음 안에 비추였다.

진리를 빛으로 해석하여 그 빛을 예수 그리스도라고 증거하였던 사도가 있다. 그가 사도 요한이다. 사도 요한은 그의 저서 요한복음에서 다음과 같이 증거하고 있다. "**1 태초에 말씀이 계시니라 이 말씀이 하나님과 함께 계셨으니 이 말씀은 곧 하나님이시니라 2 그가 태초에 하나님과 함께 계셨고 3 만물이 그로 말미암아 지은 바 되었으니 지은 것이 하나도 그가 없이는 된 것이 없느니라 4 그 안에 생명이 있었으니 이 생명은 사람들의 빛이라 5 빛이 어두움에 비취되 어두움이 깨닫지 못하더라 6 하나님께로서 보내심을 받은 사람이 났으니 이름은 요한이라 7 저가 증거하러 왔으니 곧 빛에 대하여 증거하고 모든 사람으로 자기를 인하여 믿게 하려 함이라 8 그는 이 빛이 아니요 이 빛에 대하여 증거하러 온 자라 9 참 빛 곧 세상에 와서 각 사람에게 비취는 빛이 있었나니 10 그가 세상에 계셨으며 세상은 그로 말미암아 지은 바 되었으되 세상이 그를 알지 못하였고 11 자기 땅에 오매 자기 백성이 영접지 아니하였으나 12 영접하는 자 곧 그 이름을 믿는 자들에게는 하나님의 자녀가 되는 권세를 주셨으니 13 이는 혈통으로나 육정으로나 사람의 뜻으로 나지 아니하고 오직 하나님께로서 난 자들이니라 14 말씀이 육신이 되어 우리 가운데 거하시매 우리가 그 영광을 보니 아버지의 독생자의 영광이요 은혜와 진리가 충만하더라**"(요 1:1~14) 사도 요한은 태초부터 계신 하나님의 말씀에 대하여서 구약 모세 오경부터 분명하게 기록되어서 이스라엘 가운데 전승된 그 하나님의 말씀을 예수 그리스도로 대입하여서 설명하였다.

구약에서 선지자들을 통하여서 말씀하신 그 하나님께서 이 모든 날 마지막에 아들 안에서 말씀하셨다.(히 1:1~2) 사도 요한은 실로 하나님의 아들을 말씀으로 설명하였다. 하나님의 말씀이 육신이 되어서 우리 가운데 거하셨다. 그가 예수 그리스도이시다. 사도 요한은 하나님의 말씀이 성육신하셔서 우리 가운데 오신 구주 예수 그리스도께서 구약이 예언한 메시아라고 증거하였다. 이는 당대 유대인들에게 감당하기 어려운 진리였다. 그러나 사도 요한은 하나님의 말씀이 사람이 되셔서 우리 가운데 찾아오신 예수 그리스도에 대한 교리를 구약 성경을 따라서 증거하였다. 우리 가운데 찾아오신 예수 그리스도는 오시리라고 하신 메시아이시다. 하나님의 말씀이 육신을 입어 우리 가운데 찾아 오셨다. 사도 요한은 그 말씀이 곧 하나님이시라고 말한다.(요 1:1) 예수 그리스도는 계시된 하나님이시다. 보이지 아니하시는 하나님의 형상이시다. 그 말씀이 빛이시다. 하나님의 말씀이 예수 그리스도이시며 예수 그리스도께서 생명의 빛이시다. 빛이 표상하는 바는 인간의 마음 안에서 번뜩이는 지성을 향한 하나님의 진리의 말씀이다. 인간의 마음은 그 말씀을 받아들여야 하며 오직 하나님 안에서만 그 마음이 만족할 수 있는 수수께끼와 같은 존재이다. 참된 신자가 하나님의 지식을 알아가는 과정이 성화이다. 성도들의 삶이 곤고하고 어려운 것은 이 세상의 안락함과 하나님의 말씀이 전혀 궤를 달리 하기 때문이다. 그래서 하나님의 말씀을 따라 살아가면 환란과 곤고가 다반사이며 광야로 나가게 된다. 그러나 거기에서 하늘의 신령한 양식인 만나를 먹게 된다. 신자에게는 여호와의 말씀이 그에게 최고의 영광이다. 주의 말씀이 곧 우리 구주 예수 그리스도의 이시다. 예수 그리스도는 우리의 빛이시며 그 빛은 어두울 때 오히려 더욱 강렬한 영향력을 행사한다. 시대가 어두울수록 그래서 신자들이 진리에 더욱 멀어져갈 수록 참된 신자들은 빛 되신 주님에게 나아가서 그 빛으로 어두움을 제거하고 빛 되신 예수 그리스도를 따라 행하게 된다.

사도 바울은 고린도 후서 4장 6절 후반부에 "**그 하나님께서 예수 그리스도의 얼굴에 있는 하나님의 영광을 아는 빛을 우리 마음에 비취셨느니라**"고 증거한다. 우리가 구주 예수 그리스도를 알게 된 것은 하나님께서 성령으로 우리 마음 안에 그 아들을 빛으로서 비추어 주셨기 때문이다. 우리의 죄악을 제거하여 주시고 그 빛으로 우리를 비추어 주셔서 진리를 알게 되었다. 신자의 최고의 복이란 하나님의 말씀을 따라서 거룩한 길을 걸어가는 것이다. 점차적으로 우리의 옛 사람은 십자가 밑에 매장되고 예수 그리스도 안에서 새 사람을 따라서 더욱 밝은 빛 가운데로 나아가는 것이다. 그것이 하나님의 나라에 온전하게 이르기 전까지 지속될 것이며 그것이 하나님께서 그의 백성들에게 내리시는 복이다.

[교리 강론]

1. 진리의 빛과 성도들의 신앙

아담 이후 전적으로 타락한 인류 가운데 어떻게 신적 작정을 따라서 창세전에 택정함을 받은 자들은 그리스도를 깨닫는가? 실로 하나님의 자비하신 긍휼하심은 그의 백성들에게 넘치고 있다. 다만 이 세상이 그것을 깨닫기에는 너무 어둡다. 그래서 예수께서도 이사야를 인용하시면서 "**그들이 돌이킬까 두렵다**"고 하셨다.(마 13:14-15) 이것은 역설적인 표현이다. 그들이 결코 돌이키지 않을 것을 그렇게 표현하신 것이다. 그들이 결코 하나님의 나라로 돌아오지 않을 것을 아시고 말씀하신 것이다. 진리의 빛과 성도들의 신앙은 어떻게 연결되어있는가? 그것은 영원하신 하나님의 신적 작정으로부터 비롯된다. 창세전에 그리스도 안에서 선택하신 주의 백성들은 그의 음성을 듣자마자 깨닫는다. 그것이 하나님의 백성들의 특성이다. 그래서 예수께서도 자신의 양은 자신의 음성을 듣는다고 하셨다.

참된 신자들은 하나님의 영원한 작정 가운데 시간의 충만한 때가 되면 하나님의 부르심에 긍정적으로 반응하며 그러한 부르심을 따라서 중생에 이른다. 그 부르심을 내적 부르심이라고 말한다. 그리고 하나님께서 그 부르신 자들을 중생시키시고 중생시키신 자들을 회심케 하시며 믿음으로 칭의하여 주신다. 그들을 신자라 부른다. 신자된 자들은 지속적으로 하나님의 말씀으로 영혼의 양식을 삼고 끊임없이 진리로 자라간다. 더욱 진리가 풍성해진다. 그것도 하나님의 성령의 사역이다.

하나님의 성령께서 전혀 인간이 감지하도 못하는 사이에 그의 모든 일을 다 하신다. 하나님의 성령의 사역은 그렇게 사람이 감지할 수 없을 정도로 은밀하게 각 사람에게 이루어진다. 하나님께서는 질서의 하나님이시다. 모든 것을 질서 안에서 행하신다. 하나님께서 역사하시는 초자연적인 표적까지도 항상 하나님께서 일정한 질서 안에서 행하시는 것을 볼 수 있다. 그러므로 그의 선택 받은 성도들을 거룩한 보편 교회의 질서를 따라서 진리 안에서 깨닫고 돌아오게 하신다. 신자들의 신앙이 하나님의 말씀으로 충만하게 자라가게 되면 하나님 나라가 그 신자들 안에 넘치도록 부어진다. 그 놀라운 은혜를 깨닫는 자들도 오직 하나님의 성령의 다스림 아래에 있는 그의 택자들 뿐이다. 그 외에는 결코 진리를 깨달아 알 수 없다.

2. 교회의 직분에 대하여서

사도는 신약 교회의 최고의 질서에 속한다. 그들은 그리스도의 전권 대사이다. 사도들은 신약 교회의 기초를 놓았고 하나님의 말씀을 기록하였다. 무엇보다 사도들로부터 모든 직분자들이 세워졌다. 사도들이 거룩한 보편 교회의 모든 직분자를 분배하여서 분정한 것이다. 사도의 직무로부터 교회 모든 정규적 직원들이 나왔다. 사도들의 은사로 나누어진 것이다.

그럴뿐만 아니라 사도들은 표적을 행하는 권세를 받았다. 그것을 계시적 표적이라고 말한다. 모든 표적들은 사도들이 하나님의 말씀을 드러내기 위하여서 받은 은사들을 통하여서 실행되었다. 사도들은 전적으로 하나님의 말씀과 연관해서 그 은사들을 사용했다. 그래서 그 은사는 오직 직접 계시가 여전히 활동할 때 한시적으로 사도들에게 주어진 권세이다. 무엇보다 사도직은 계승되지 않는다는 것이다.

그것은 사도직이 예수 그리스도께서 부활 하신 이후에 직접 서임하신 자들로 제한된다는 것을 의미한다. 그러므로 사도들이 사라진 이후에 거룩한 보편 교회에는 사도들이 다시 있지 않았다. 선지자는 사도들의 다음 질서로서 사도들과 함께 교회에서 예언도 하며 신약 교회가 세워지도록 돕는 일꾼이었다. 사도 시대 교회에서는 미래에 대한 예언도 하였다. 그래서 거룩한 보편 교회가 그러한 유익으로 인하여서 환란 가운데서도 진리로 세워졌다. 선지자도 사도시대로 마쳐진다. 그들은 사도들과 함께 신약교회를 세우는 교회의 비상 직원이었다. 그리고 거룩한 보편 교회의 기초 직원이다. 그리고 그 다음 질서를 차지하는 직분이 목사 곧 교사이다. 목사곧 교사는 항상 동일한 직분의 다른 표현이다. 목양은 치리권을 표상하고 교직은 가르치는 권세를 표상한다. 그러므로 목사 곧 교사는 하나님의 교회를 치리하고 가르치는 권세를 맡은 자들로서 평범한 항존 직원이다. 그들이 평범한 항존 직원인 것은 그들에게는 사도적 표징으로서 기사와 이적을 행할 권세가 주어지지 않았으며 더 이상 비상한 교회 시대가 아닌 평범한 교회 시대를 치리하는 직무이기에 그러하다. 다만 목사와 교사는 하나님의 교회가 지상에 있는 날 동안 계속될 항존하는 직분이다. 목사와 교사들은 사도들이 세우신 치리회를 통하여서 교회를 치리하며 진리 안에서 강설하고 성례식을 거행한다.

치리 장로는 성직자를 돕는 직원이다. 치리 장로의 개인 신분은 당회 아래에 있고 그들의 직무는 전적으로 목사직에 종속적이다. 이는 치리 장로들이 목사와 함께 일하며 홀로 일할 수 없다는 관점에서 그러하다. 치리 장로의 직무는 어떠한 경우에도 목사없이 홀로 사역할 수 없다. 그들의 사역은 항상 목회자의 보조이다. 그러나 치리 장로 자신은 당회 아래에 있으면서 노회와 총회의 총대로 파송될 때에 목사와 함께 동등하게 토론하고 견해를 말할 수 있다.

안수 집사는 초대 교회에서 일곱 집사를 장립할 때 그 윤곽이 드러났다. 안수 집사는 교회에서 구제와 재정의 출납을 맡으며 많은 가난한 자들을 돕는 사역을 행한다. 그리고 거룩한 보편 교회의 실무적 사역을 수행한다. 이러한 평범한 항존 직원 제도는 하나님께서 교회를 항구적으로 평안하게 이끄시고자 허락하신 중요한 제도이다. 거룩한 보편 교회가 이 세상에 존재하는 한 지속되어야 한다.

그리고 이제 모든 일반 신자들은 당회 아래에 지 교회에 소속된다. 마땅히 목사와 당회의 지도에 순응해야 하며 그 지도 방침을 따라야 한다. 그리고 당회 아래에 지 교회에 소속되어서 거룩한 보편 교회를 세우는 일원으로 성장해야 한다.

제목: 보배를 담은 질그릇
본문: 고린도 후서 4장 7~18절

[본 문]
7 우리가 이 보배를 질그릇에 가졌으니 이는 능력의 심히 큰 것이
하나님께 있고 우리에게 있지 아니함을 알게 하려 함이라 8 우리가
사방으로 우겨쌈을 당하여도 싸이지 아니하며 답답한 일을 당하여도
낙심하지 아니하며 9 핍박을 받아도 버린 바 되지 아니하며 거꾸러
뜨림을 당하여도 망하지 아니하고 10 우리가 항상 예수 죽인 것을
몸에 짊어짐은 예수의 생명도 우리 몸에 나타나게 하려 함이라 11
우리 산 자가 항상 예수를 위하여 죽음에 넘기움은 예수의 생명이
또한 우리 죽을 육체에 나타나게 하려 함이니라 12 그런즉 사망은
우리 안에서 역사하고 생명은 너희 안에서 하느니라 13 기록한 바
내가 믿는 고로 말하였다 한 것같이 우리가 같은 믿음의 마음을 가
졌으니 우리도 믿는 고로 또한 말하노라 14 주 예수를 다시 살리신
이가 예수와 함께 우리도 다시 살리사 너희와 함께 그 앞에 서게 하
실 줄을 아노니 15 모든 것을 너희를 위하여 하는 것은 은혜가 많은
사람의 감사함으로 말미암아 더하여 넘쳐서 하나님께 영광을 돌리게
하려 함이라 16 그러므로 우리가 낙심하지 아니하노니 겉사람은 후
패하나 우리의 속은 날로 새롭도다 17 우리의 잠시 받는 환난의 경
한 것이 지극히 크고 영원한 영광의 중한 것을 우리에게 이루게 함
이니 18 우리의 돌아보는 것은 보이는 것이 아니요 보이지 않는 것
이니 보이는 것은 잠깐이요 보이지 않는 것은 영원함이니라

[원문 직역]
7. 우리가 질그릇 안에 보화를 담고 있다. 이는 능력의 지극히 탁
월함이 하나님에게 속하였고 우리로부터는 아니라는 것을 드러내는
것이다. 8. 모든 압박 가운데서도 우리는 감금되지 아니하며, 혼란스
러운 상황에서도 우리는 낙심하지 않는다. 9. 핍박을 받아도 버린바

되지 않는다. 두드려 맞아서 넘어져도 망하지 않는다. 10. 우리가 항상 예수의 죽으심을 몸 안에 가지고 다니는 것은 예수의 생명이 우리 몸 안에서 나타나게 하려는 것이다. 11. 항상 우리 살아있는 자가 예수를 인하여서 죽음에 넘기워지는 것은 예수의 생명도 우리 죽을 육신 안에서 드러나게 하려 함이다. 12. 그러므로 사망은 우리 안에서 역사하고 생명은 너희 안에서 역사한다. 13. 기록된대로 우리가 동일한 믿음의 심령을 가지고 있다. 내가 믿었다. 그러므로 내가 말하였다. 그리고 우리가 믿었다. 그러므로 우리가 말한다. 14. 우리가 알고 있다. 주 예수를 일으키신 자가 예수와 함께 우리를 일으키시리라. 그리고 너희와 함께 서게 하시리라. 15. 왜냐하면 모든 것이 너희를 위하여서 있기 때문이다. 이는 감사가 넘침을 통하여서 은혜가 풍성하게 하려는 것이다. 그래서 하나님의 영광으로 충만케 하려 함이다. 16. 그러므로 우리가 마음을 상실하지 아니하노니 우리의 겉 사람은 후패하지만, 우리의 속 사람은 날마다 새로워지고 있다. 17. 우리가 잠시 받는 환란의 가벼운 것이 탁월함을 따라 더욱 탁월함에 이르는 영원한 영광의 중대한 것을 생산한다. 18. 우리가 정관하는 것은 보이는 것이 아니다. 보이지 아니하는 것들이다. 왜냐하면 보이는 것은 잠깐이요 그러나 보이지 않는 것은 영원하기 때문이다.

[본문 해석]

7. 우리가 질그릇 안에 보화를 담고 있다. 이는 능력의 지극히 탁월함이 하나님에게 속하였고 우리로부터는 아니라는 것을 드러내는 것이다.

사도 바울은 고린도 교회 신자들에게 말한다. "**우리가 질그릇 안에 보화를 담고 있다.**"(고후 4:7) 사도 바울이 비유로 말한 질그릇은 신자들 자신들이다. 우리들은 질그릇과 같다. 인생들이 자신들의 실체가 질그릇이라는 사실을 깨닫는 데는 많은 삶의 통찰이 필요하다. 얼핏 부요하게 자라고 좋은 교육을 받았으며 남부럽지 않은 배경과 혹은 근사한 외모를 가졌다고 하면 자신이 질그릇이라고 여기지 않을 수 있다. 그것은 신앙의 연단이 아직 미미한 것이다.

참된 신자들은 자신이 하나님 앞에서 질그릇임을 자각한다. 참된 성숙한 신자들은 자신이 얼마나 볼품없는 질그릇인 것을 하나님의 학교에서 깨닫고 우리 구주 예수 그리스도의 구속의 은총에 하나님께 감사한다. 사도 바울은 우리를 질그릇이라고 선언한다. 인생들이 하나님 앞에서 범한 죄악을 헤아려 보면 실로 질그릇이라고 해도 결코 과언이 아니다. 구주께서 우리 죄를 위하여서 십자가를 지셨다. 그가 우리의 왕이시며 머리이시고 군주이시다. 그러므로 참으로 우리는 질그릇이다. 언제 깨질지 모르는 질그릇이다. 그렇게 연약한 질그릇이다. 우리는 자랑할 것이 전혀 없다.

그러나 신앙이 어린 육에 속한 그리스도인들은 자신의 존재를 증명하기 위하여서 부단히 자신들의 욕망을 채워줄 목표를 정하고 신앙 생활한다. 그러나 실로 허망하다. 하늘에 계신 아버지 하나님께서 그러한 자들을 향하여서 참된 신앙으로 돌아오기를 기다리고 계신다. 누구든지 자신이 질그릇임을 깨닫지 못하는 한 계속 헛된 길을 가게 될 것이다. 자신을 자랑하는 자들은 실로 하나님의 크신 은총을 모르는 자들이다. 우리는 우리가 얼마나 질그릇과 같은 존재인가를 우리 죄를 위해서 십자가에 죽으신 구주 예수 그리스도를 묵상하여 보면 알 수 있다. 구주 예수 그리스도께서 왜 십자가에 죽으셔야 했는가? 그것은 우리가 하나님 앞에서 범한 죄악 때문이다. 그 율법에 대하여서 전혀 반대의 부패한 본성을 가지고 있는 우리들은 하나님 앞에서 질그릇과 같다.

사도 바울은 우리가 보배를 담고 있는 질그릇이라고 말한다. 참된 신자들이라면 자신이 얼마나 볼품없는 질그릇인 것을 겸허하게 받아들이면서 동시에 그러한 질그릇과 같은 우리 안에 담겨진 그 보배로우신 구주 예수 그리스도의 이름을 찬송할 것이다. 신자들은 보배를 질그릇에 담은 자들이다. 비록 신자들이 이 세상에서 고난을 당하고 핍박을 받고 고통 가운데 살아갈지라도 환란과 핍박이 넘칠지라도 우리가 결코 멸망당하지 않는 가장 큰 이유는 그 질그릇에 구주 예수 그리스도의 보배로우신 이름을 담고 있기 때문이다. 우리가 볼품없는 질그릇임에 대하여서 구주 예수 그리스도께서 우리의 보배이시다. 옛 사람 모세는 창세기 15장에서 여호와께서 아브라함에게 나타나셔서 증거하셨던 그 약속의 말씀을 기록하였다. 그것은 "**나는 너의 가장 큰 상급이고 방패이다.**"(창 15:1) 하나님께서 신자들에게 최고의 상급이다. 여기에서 상급이란 보상이 아니다. 그것은 그가 친히 우리 가운데 찾아오셔서 우리의 하나님이 되신 것이다. 그것은 그 자체가 최고의 보배이다. 하나님의 아들 구주 예수 그리스도께서 우리의 보배이시다.

사도 바울은 후반부에 다음과 같이 고백한다. "**능력의 심히 큰 것이 하나님께 있고 우리에게 있지 아니함을 알게 하려 함이라**"(고후 4:7) 그렇다. 능력의 심히 큰 것이 하나님께 있고 우리에게 있지 않다. 사도 바울은 그 능력이 심히 크다는 것을 헬라어로 "**휘페르볼레**"(ὑπερβολὴ)로 표현하였다. 헬라어 "**휘페르볼레**"(ὑπερβολὴ)는 그 능력에 있어서 비교가 되지 않는 매우 탁월한 상태에 대한 표현이다. 그런데 사도 바울은 그러한 능력의 심히 큰 것이 하나님에게 있다고 말한다. 헬라어 본문은 소유격을 통하여서 그 능력의 심히 큰 것의 소유자가 누구인가를 드러내고 있다. 하나님께서 그 지극히 큰 능력의 주권자이시다.

결국 이 본문에서 하나님의 절대 주권을 알 수 있다. 하나님께서 절대적 주권자이시다. 세상 모든 만사를 주관하시는 분 그가 성삼위일체 하나님이시다. 그가 그러한 권능을 가지고 계신다. 그리고 사도 바울은 증거한다. "**우리로부터는 없다.**"(μὴ ἐξ ἡμῶν) 신앙생활의 권능은 우리의 생래적인 능력도 아니며 우리의 경건함도 아니다. 그러므로 우리는 자랑할 것이 없으며 우리 자신으로부터 능력의 심히 큰 것이 없다. 그래서 사도 바울은 "**우리로부터는 없다.**"(μὴ ἐξ ἡμῶν)고 말한 것이다.

인간이 그 부패한 본성으로부터 나올 것은 죄악 밖에 없다. 비록 여러 가지 건전한 습관을 따라서 부패한 본성이 잠시 동안 억제될 수 있으나 그 부패성으로부터 점차로 돌이켜서 완전하게 거룩하게 될 수 없다. 그래서 그 부패성으로부터 완전하게 자유롭게 될 수 없다. 그러므로 인생들이 하나님 앞에서 결코 자기의 의를 드러낼 수 없으며 스스로 의롭다 할 수 없다. 어느 누구도 인간 자신의 의로 하나님 앞에 나아갈 수 없다. 인생들은 모두 전적으로 타락했다. 하나님 앞에서 인간의 의라고 할 만한 것들은 모두 너덜너덜한 옷과 같다.(사 64:6)

8. 모든 압박 가운데서도 우리는 감금되지 아니하며, 혼란스러운 상황에서도 우리는 낙심하지 않는다. 9. 핍박을 받아도 버림바 되지 않는다. 두드려 맞아서 넘어져도 망하지 않는다. 10. 우리가 항상 예수의 죽으심을 몸 안에 가지고 다니는 것은 예수의 생명이 우리 몸 안에서 나타나게 하려는 것이다.

이제 사도 바울은 증거한다. "**사방으로 우겨쌈을 당하여도 싸이지 아니하며 답답한 일을 당하여도 낙심하지 아니한다.**"(고후 4:8) 신자들의 삶에 답답하고 고통스러운 일들이 한 두 가지가 아니다. 무엇보다 구조적으로 왜곡되어있는 이 세상의 사회 구조 가운데 살아가는 성도들에게 사방으로 우겨쌈을 당하고 답답한 일을 당하는 것은 다반사이다. 그런데 사도 바울은 증거한다. "**사방으로 우겨쌈을 당하여도 싸이지 않는다.**" 직역하면 이러하다. "**모든 압박 가운데서도 우리는 감금되지 아니한다.**" 신자들은 날마다 다가오는 압박감과 답답한 일에 매이지 않는다. 이 세상의 비참한 현실이 그리스도인들의 마음을 감금시킬 수 없다. 왜냐하면 능력의 심히 큰 것이 하나님께 있고 우리에게 있지 않기 때문이다. 우리가 여러 가지 연약함이나 사회 구조적 모순 가운데 답답한 일을 당하여도 결코 낙심할 것이 없는 것은 하나님께서 우리의 보호자가 되셔서 우리를 보호해 주실 것이기 때문이다. 하나님께서 우리의 보호자이시다. 그가 지켜 주시리라. 오직 믿음으로 우리는 당한 고난을 이겨나가야 할 것이다. 고린도 후서 4장 8절의 "**낙심하다**"에 해당하는 헬라어 "**엑사포류메노이**"(ἐξαπορούμενοι)는 "**자포 자기하다**", " **절망하다**"라는 의미도 있다. 놀라운 것은 고린도 후서 4장 8절 전체 동사가 현재형 분사로 되어있다는 것이다. 그것의 의미는 이러하다. 우리가 계속적으로 우겨쌈을 당하고 답답한 일을 당하고 있다는 것이다. 그러나 그것에 매여서 절망하지 않는다.

성도들은 세상의 형편이 더 좋아지기를 바랄 것이 아니다. 오히려 그러한 세상의 비참한 형편에 상관없이 지속적으로 헤쳐 나갈 수 있는 능력을 달라고 간구해야 한다. 세상이 어떠하든지 우리는 상관하지 않는다. 오직 그러한 세상을 믿음으로 헤쳐 나갈 권능에 우리 주님께 있기 때문이다.

신자들이 우리 구주 예수 그리스도를 믿음으로 이 세상을 이겨나가는 것 자체가 은혜이다. 사도 바울은 우리가 그 은혜를 풍성하게 누리는 것은 질그릇이 보배를 담고 있는 것과 같다고 말한다. 구주 예수 그리스도는 우리의 보배이시다. 신자들은 자신들이 질그릇이라는 사실을 잊지 말아야 한다. 그리고 세상이 질그릇과 같이 연약한 신자들을 강포하게 폭풍우처럼 휘몰아쳐도 오직 우리의 보배이신 구주 예수 그리스도께서 지켜 주시리라는 것이다.

사도 바울은 고린도 후서 4장 9절에서 "**핍박을 받아도 버린 바 되지 아니하며 거꾸러뜨림을 당하여도 망하지 아니하리라**"고 말한다. 직역하면 이러하다. "**핍박을 받아도 버림바 되지 않는다. 두드려 맞아서 넘어져도 망하지 않는다**" 성도들이 이 세상에서 핍박을 받고 두드려 맞고 거꾸러뜨림을 당할 것이다. 그러나 하나님의 은혜로 인하여서 결코 버린바 되지는 않는다. 성도들은 세상의 핍박을 두려워하지 말고 오직 믿음으로 전진해야 한다. 사도 바울은 고린도 후서 4장 10절에서 "**우리가 항상 예수 죽인 것을 몸에 짊어짐은 예수의 생명도 우리 몸에 나타나게 하려 함이라**"라고 증거한다. 직역하면 이러하다. "**우리가 항상 예수의 죽으심을 몸 안에 가지고 다니는 것은 예수의 생명이 우리 몸 안에서 나타나게 하려는 것이다.**"

사도 바울의 교리는 이러하다. 신자들은 항상 십자가에서 죽으신 그리스도를 몸에 가지고 다니는 자들이다. 그것은 그리스도와 함께 죄에 대하여서 죽고자 함이다. 신자들은 삶 가운데 우리 죄를 위해서 죽으신 구주 예수 그리스도의 보혈의 공로를 항상 기억해야 할 것이다. 그것이 항상 예수의 죽으심을 몸 안에 가지고 다니는 것이다. 그런데 그렇게 함으로서 예수의 생명도 우리 몸 안에 나타나게 하는 것이다. 이것은 예수 그리스도의 부활이다. 우리는 구주 예수 그리스도의 부활을 우리 몸 안에 지닌 자들이다. 우리가 죄에 대하여서 죽은 것처럼 하나님을 향하여서 의에 대하여서 살아 났다. 우리 죄를 위하여서 죽으신 구주 예수 그리스도는 우리의 죄를 속량하시고 십자가로 승리하심으로서 부활하셨다. 그래서 사도 바울은 예수의 죽으신 십자가를 우리의 몸에 짊어지는 것은 그의 부활도 우리 몸 안에서 나타나게 하려 함이라 말한다.

이것이 우리가 구주 예수 그리스도와 함께 죄에 대하여서 죽고 의에 대하여서 사는 것이다. 우리는 그리스도의 십자가에 죽으심을 따라서 죄에 대하여서 죽은 자들이다. 그러므로 우리는 날마다 구주 예수 그리스도 앞에 우리의 옛 자아를 내려 놓아야한다. 그리스도와 함께 십자가에 못박아야 한다. 그러나 그와 같이 우리는 부활하신 구주 예수 그리스도의 영광의 구원을 바라보며 하나님 나라의 의를 따라 살아가야 한다. 이러한 모든 놀라운 역사는 오직 믿음으로만 성취될 수 있다.

그러므로 십자가는 우리의 영광이다. 예수 그리스도의 십자가는 부활의 영광이며 구주 예수 그리스도께서 앞서 가신 영광의 길이다. 참된 신자들은 구주의 말씀을 따라서 십자가의 길을 가는 것을 마다하지 말아야한다. 그것이 참된 신앙의 노선이다. 개혁 신앙은 이 세상을 나그네와 행인과 같이 살아가는 신앙의 노선을 가진다. 그러한 신앙의 노선을 따라서 이 세상을 살아가는 자들이다.

11. 항상 우리 살아있는 자가 예수를 인하여서 죽음에 넘기워지는

것은 예수의 생명도 우리 죽을 육신 안에서 드러나게 하려 함이다. 12. 그러므로 사망은 우리 안에서 역사하고 생명은 너희 안에서 역사한다.

사도 바울은 살아 있는 우리가 예수를 위하여서 죽음에 넘기워지는 것은 예수의 생명도 우리 죽을 육신 안에 드러나게 하려는 것이라 말한다. 골로새서 3장 5절에 사도 바울은 권면한다. "**그러므로 땅에 있는 지체를 죽이라 곧 음란과 부정과 사욕과 악한 정욕과 탐심이니 탐심은 우상 숭배니라**"(골 3:5) 사도 바울이 증거하였던 죽음에 넘기워지는 져야 할 것은 우리의 옛 사람이다. 우리가 하나님의 구속의 크신 긍휼 가운데 옛 사람을 못박아야 비로소 새 사람으로 살게 된다. 자신의 부패한 옛 사람을 그대로 두면 새 사람이 더욱 효과적으로 그리스도 안에서 활동하기 어렵다. 그래서 사도 바울은 로마서 6장 6절에서 다음과 같이 가르친다. "**우리가 알거니와 우리 옛 사람이 예수와 함께 십자가에 못 박힌 것은 죄의 몸이 멸하여 다시는 우리가 죄에게 종 노릇 하지 아니하려 함이니**"(롬 6:6) 로마서 본문에서 사도 바울의 진술은 이러한 의미가 있다. 우리가 그리스도와 함께 옛 사람을 날마다 십자가에 매어 달고 다시는 죄의 몸이 우리를 주장하지 못하게 하여서 죄의 종 노릇하지 못하게 하려는 것이다. 실로 구주 예수 그리스도의 이름으로 구속을 받아서 중생한 그리스도인들은 죄에 종노릇하지 않도록 부르심을 받은 자들이다. 그래서 날마다 이 세상에 속한 옛 사람의 부패성을 십자가에 못 박고 새 사람을 입어야 한다.

사도 바울은 고린도 후서 4장 12절 본문에 많은 것을 시사한다. 사도 바울은 하나님의 말씀으로 거룩한 보편 교회를 가르치고 권징하는 목회자로서 날마다 그리스도와 함께 죽는다고 말한다. 사도 바울은 자신이 날마다 그리스도와 함께 죽을 때 더욱 생명이 드러나게 될 것이라 말한다. 그러므로 사망은 사도 바울 자신 안에서 역사하고 생명은 신자들 안에서 역사한다고 말한 것이다. 이것은 목회자로서 사도 바울의 신실한 신앙의 태도를 드러내기도 하지만 고린도 교회 신자들의 연약한 신앙의 상태를 드러내기도 한다. 사도 바울은 고린도 교회 성도들을 살리기 위해서 자신이 그리스도와 함께 십자가에 날마다 죽는다고 말한 것이다.

13. 기록된 대로 우리가 동일한 믿음의 심령을 가지고 있다. 내가 믿었다. 그러므로 내가 말하였다. 그리고 우리가 믿고 있다. 그러므로 우리가 말한다.

사도 바울은 시편 116편 10절을 인용하고 있다. "**내가 믿는고로 말하리라**" 다윗의 이러한 증거는 신앙 고백에 대한 것이다. 사도 바울은 다윗의 시편을 따라서 다시 "**우리도 믿는 고로 또한 말하노라**"고 증거한다. 참된 믿음은 그에 맞는 신앙 고백이 반드시 있다. 참된 신앙이란 선한 양심이 하나님을 향하여 찾아가는 것이다.(벧전 3:21) 그리고 그 하나님에 대한 참된 신앙 고백을 찬송으로 드리는 것이다. 사도 바울은 "**우리가 같은 믿음의 마음을 가졌다.**"고 말한다. 이는 고린도 교회 신자들의 신앙에 대한 정체성을 드러내는 말이다. 여기에서 마음이 일치한다는 것은 단지 사회적인 연결성이나 혈통적 관계나 인간적인 관계의 일치를 말하는 것이 아니다. 일치된 신앙 고백을 의미한다. 그러므로 여기에서 믿음의 마음이란 하나님의 아들 구주 예수 그리스도의 보혈의 공로로 구속 곧 죄사함을 받은 모든 신자들의 영혼의 상태를 말한다.

중생한 성도들은 일치된 믿음의 마음으로 서로 교제한다. 그것이 성도의 교제이다. 참된 성도의 교제는 신앙 고백의 일치 안에서 이루어진다. 참된 신앙은 반드시 일치된 신앙 고백에 이르게 된다. 그리고 그러한 일치된 신앙 고백 안에서 서로 사랑하는 것이다. 그것이 참된 신앙의 자태이다.

14. 우리가 알고 있다. 주 예수를 일으키신 자가 예수와 함께 우리

를 일으키시리라. 그리고 너희와 함께 서게 하시리라.

사도 바울은 부활의 소망을 고린도 교회 성도들에게 가르친다. 그것은 "**주 예수를 다시 살리신 이가 예수와 함께 우리도 다시 살리시리라**"(고후 4:17)는 것이다. 성삼위일체 하나님의 거룩한 능력을 따라서 주 예수 그리스도께서 부활하셨다. 그리고 그와같이 구주 예수 그리스도를 믿는 자들을 다시 살리시리라. 그리고 하나님 앞에서 성도들과 함께 세워 가신다는 것이다. 하나님의 교회는 성직자들이 홀로 세우는 곳이 되지 않는다. 항상 성도들이 가르치는 자와 함께 세워나가야 하는 곳이다. 그래서 가르치는 자와 모든 좋은 것을 함께하지 않는 자들은 거짓되다. 참된 성도들은 가르치는 자와 모든 좋은 것을 함께한다. 그래서 가르치는 자의 치리 아래에 순종하며 함께 주의 몸된 교회로 세워져 간다. "**서게 하실 줄**"에 해당하는 헬라어 "**파라스테세이**"(παραστήσει)는 미래형으로 되어있다. 이것은 결국에 세워질 하나님의 나라에 대한 것이다.

15. 왜냐하면 모든 것이 너희를 위하여서 있기 때문이다. 이는 감사가 넘침을 통하여서 은혜가 풍성하게 하려는 것이다. 그래서 하나님의 영광으로 충만케 하려 함이다. 16. 그러므로 우리가 마음을 상실하지 아니하노니 우리의 겉 사람은 후패하지만, 우리의 속 사람은 날마다 새로워지고 있다. 17. 우리가 잠시 받는 환란의 가벼운 것이 탁월함을 따라 더욱 탁월함에 이르는 영원한 영광의 비중을 생산한다. 18. 우리가 정관하는 것은 보이는 것이 아니다. 보이지 아니하는 것들이다. 왜냐하면 보이는 것은 잠깐이요 그러나 보이지 않는 것은 영원하기 때문이다.

사도 바울은 고린도 교회 성도들에게 모든 것이 너희를 위하여서 있다고 말한다. 이는 교회의 직원들의 존재 목적에 대한 것이다. 교회 사역자들의 존재 목적은 교회를 위함이다. 바울도 아볼로도 그리고 게바도 모두 그리스도의 교회를 위하여서 존재하는 직원들이다. 이는 교회의 직원들이 성도들과 그리스도 안에서 연합이되고 그로 인하여서 하나님께 영광을 돌리는 것이다. 예수 그리스도의 지체로서 각 지체들이 하나님의 교회 안에서 교회 치리회의 치리 아래에서 하나가 되어서 하나님께 감사가 넘치게 하려는 것이다.

사도 바울은 고린도 후서 4장 16절에 "**우리가 낙심하지 아니 하노라**"고 말한다. "**낙심하다**"에 해당하는 헬라어 "**엥카게오**"(ἐγκακέω)는 "**마음을 상실하다**"라는 의미가 있다. 사도 바울이 그 마음을 상실하지 않게 되는 그 크신 은혜에 대하여서 후반부에 다루고 있다. 사도 바울은 말한다. "**겉사람은 후패하나 우리의 속은 날로 새롭도다**"(고후 4:16) 여기에서 겉 사람은 이 세상에 속한 모든 것이다. 그것은 젊은 시절을 의미하기도 하지만, 자신에게 속한 사회적 지위, 혹은 부요함, 건강, 명예, 다른 여러 사람들과의 친밀한 관계까지 포함한다. 그러한 모든 육체적 사회적 여건이 악화되어가는 것을 사도 바울은 겉 사람이 후패한다고 진술한 것이다. 그러나 사도 바울은 증거한다. "**우리의 속 사람은 날로 새로워지고 있다.**" 여기에서 속사람은 신자들의 마음이다. 하나님 나라를 사모하는 신자의 마음의 상태이다. 그것이 더욱 풍성해져가는 것을 말한다. 무엇보다 경건한 신자들의 삶이 더욱 풍성해져가는 것이다.

그러나 이 세상에 속한 자들은 겉 사람도 속사람도 모두 후패한다. 그들은 모든 것이 썩어간다. 그들은 소망이 없다. 그래서 이 세상에서 스러질 것들을 위해서 동분서주하는 삶은 실로 가련하기 짝이 없다. 구주 하나님을 모르고 살아가는 인생의 비참함이란 이루 헤아릴 수 없다. 사도 바울은 그것을 깨달은 것이다. 사도 바울은 세월이 흘러갈지라도 낙심할 필요가 없었다. 사도 바울은 하늘의 신령한 은혜가 넘쳤기 때문이다.

사도 바울은 고린도 후서 4장 17절에서 "**우리의 잠시 받는 환난의 경한 것이 지극히 크고 영원한 영광의 중한 것을 우리에게 이루게 함이니**"라고 말한다. 사도 바울은 신자들이 이 세상에서 받는 환란이 장차에 영광에 비교할 때 오히려 가볍다고 말한다. 사도 바울이 신자들에게 이 세상에서의 환란이 하늘 영광에 비해서 오히려 가볍다고 하는 의미는 매우 중요한 가르침이다. 가장 먼저 구주 예수 그리스도를 알아가는 것이다. 이 세상에서 환란이 구주 예수 그리스도를 알아가는 데 어느 정도 필요하다. 그리고 그러한 환란을 기뻐할 수 있는 것은 하나님 나라의 영광이 더 크기 때문이다.

사도 바울은 고린도후서 4장 18절에서 다음과 같이 진술한다. "**우리가 정관하는 것은 보이는 것이 아니다. 보이지 아니하는 것들이다. 왜냐하면 보이는 것은 잠깐이요 그러나 보이지 않는 것은 영원하기 때문이다.**" 사도 바울은 신자들이 정관해야 하는 것은 보이는 것이 아니라고 말한다. 왜냐하면 보이는 것은 잠깐이기 때문이다. 보이지 않는 것을 정관해야한다. 세월 속에 변해가는 것은 모두 보이는 것들이다. 그러나 시간과 공간에 영향을 받지 않는 것은 영원하다. 부요함, 명예, 인기, 사회적 지위 등과 육신의 나이 등은 변해가는 것이다. 스러질 것이다. 그러나 진리, 자유, 찬송, 감사, 영광, 등은 변하지 않는다. 신자들은 영원한 것을 추구해야 하리라. 그것이 신자들이 이 세상에서 어떠한 환란 가운데서도 기뻐할 수 있는 이유이다.

제목: 하늘에 있는 영원한 집
본문: 고린도 후서 5장 1~10절

[본 문]
1 만일 땅에 있는 우리의 장막 집이 무너지면 하나님께서 지으신
집 곧 손으로 지은 것이 아니요 하늘에 있는 영원한 집이 우리에게
있는 줄 아나니 2 과연 우리가 여기 있어 탄식하며 하늘로부터 오는
처소로 덧입기를 간절히 사모하노니 3 이렇게 입음은 벗은 자들로
발견되지 않으려 함이라 4 이 장막에 있는 우리가 짐 진 것같이 탄
식하는 것은 벗고자 함이 아니요 오직 덧입고자 함이니 죽을 것이
생명에게 삼킨 바 되게 하려 함이라 5 곧 이것을 우리에게 이루게
하시고 보증으로 성령을 우리에게 주신 이는 하나님이시니라 6 이러
므로 우리가 항상 담대하여 몸에 거할 때에는 주와 따로 거하는 줄
을 아노니 7 이는 우리가 믿음으로 행하고 보는 것으로 하지 아니함
이로라 8 우리가 담대하여 원하는 바는 차라리 몸을 떠나 주와 함께
거하는 그것이라 9 그런즉 우리는 거하든지 떠나든지 주를 기쁘시게
하는 자 되기를 힘쓰노라 10 이는 우리가 다 반드시 그리스도의 심
판대 앞에 드러나 각각 선악간에 그 몸으로 행한 것을 따라 받으려
함이라

[원문 직역]
1. 우리는 알고 있다. 만약 우리의 이 땅에서의 장막이 무너지면,
우리가 하나님으로부터 세워진 하늘에 있는 손으로 짓지 아니한 영원
한 집을 가지고 있다는 것이다. 2. 그리고 왜냐하면 여기에서 우리는
탄식한다. 우리가 하늘로부터 우리의 처소를 덧입기를 사모하기 때문
이다. 3. 만약 이렇게 입는다면, 우리는 벗은 자들로 발견되지 않을
것이다. 4. 왜냐하면 장막안에 있는 우리들이 짐을 지고 있듯이 신음
하고 있는 것은 벗기를 원하여서 그렇게 하는 것이 아니다. 덧입기를
원하여서 그렇게 하는 것이다. 이는 죽음이라는 주제가 생명에 의해

서 삼켜지기를 바라기 때문이다. 5. 그 생명 안으로 우리를 들어가게 하신 이는 하나님이시다. 그가 우리에게 성령의 보증을 주셨다. 6. 그러므로 우리가 모든 일에 담대하여 우리는 알고 있다. 우리가 몸 안에 거하고 있을때에는 주님으로부터 떠나 있는 것이다. 7. 왜냐하면 우리가 믿음으로 행하고 있고 보이는 것으로 행하지 아니하기 때문이다. 8. 우리가 담대하여 그리고 우리가 기뻐하는 것은 장래에 몸으로부터 떠나서 주님에게 있고자 함이다. 9. 그러므로 우리가 열망하는 것은 함께 있던지 떠나 있던지 주님에게 기쁘심이 되기를 원한다. 10. 왜냐하면 우리 모두가 그리스도의 심판의 자리 앞에 드러나는 것이 필연적이다. 이는 몸을 통하여서 그가 행한 것에 대하여서 선악간에 심판을 받았기 때문이다.

[본문 해석]

1. 우리는 알고 있다. 만약 우리의 이 땅에서의 장막이 무너지면, 우리가 하나님으로부터 세워진 하늘에 있는 손으로 짓지 아니한 영원한 집을 가지고 있다는 것이다. 2. 그리고 왜냐하면 여기에서 우리는 탄식한다. 우리가 하늘로부터 우리의 처소를 덧입기를 사모하기 때문이다. 3. 만약 이렇게 입는다면, 우리는 벗은 자들로 발견되지 않을 것이다. 4. 왜냐하면 장막안에 있는 우리들이 짐을 지고 있듯이 신음하고 있는 것은 벗기를 원하여서 그렇게 하는 것이 아니다. 덧입기를 원하여서 그렇게 하는 것이다. 이는 죽음이라는 주제가 생명에 의해서 삼켜지기를 바라기 때문이다.

고린도 후서 5장 1절에서 "**땅에서의 장막**"이라고 할 때, "**장막**"에 해당하는 헬라어 "**오이키아 투 스케누스**"(οἰκία τοῦ σκήνους)는 "**잠시 거하는 처소**"라는 의미가 있다. "**스케누스**"가 "**임시로 지은 집**", "**천막**"이라는 의미가 있다.

사도 바울은 신자들의 몸을 임시로 지은 집 혹은 천막이나 잠시거하는 처소로 보고 있다. 이것은 나그네와 같은 삶에 대한 진술이다.

그러므로 “**땅에 있는 우리의 장막 집이 무너진다.**”(고후 5:1)라는 의미는 결국 몸의 죽음을 의미한다. 그것은 몸이 무너지는 것이다. 사람이 나이가 들어감은 점차적으로 그 땅에 속한 장막 집이 무너져 내리는 것을 경험한다. 좀더 젊었을 때에는 결코 없었던 육신의 연약한 상태를 경험한다. 그것이 그 사람의 땅에 있는 장막이 무너져 내리는 것이다. 이러한 육체의 쇠약함은 다소 간의 차이는 있지만 결국 피할 수 없는 모든 인생들에게 지금 진행되고 있는 것이다.

이러한 덧없는 인생의 노선에서 구주 예수 그리스도를 모르고 살아가는 것은 실로 그는 살아 있으나 죽은 자들이다. 그러나 성도들은 그렇지 아니하다. 그들은 하나님으로부터 세워진 하늘에 있는 손으로 짓지 아니한 영원한 집을 가지고 있다. “**가지고 있다.**”에 해당하는 헬라어 동사 “**에코멘**”(ἔχομεν)은 현재형이다. 그러므로 성도들은 지금 가지고 있다는 것이다.

사도 바울은 성도들에게 더 높은 질서에 대한 사모함을 촉구하고 있다. 그 더 높은 질서는 이 세상의 질서로서는 깨달을 수 없다. 사도 바울은 이 본문에서 성도들에게 두 가지를 깨닫게 한다. 첫째는 인간의 이 세상에서 삶의 허망함이다. 백날을 살아도 헛될 뿐이다. 이스라엘 역사 가운데 최고로 영화로운 왕이었다고 인정받는 다윗의 아들 솔로몬의 전도서에서 그가 노년에 고백한 그 고백이 모든 인생들이 새겨들어야 할 고귀한 말이다. “**1 다윗의 아들 예루살렘 왕 전
도자의 말씀이라 2 전도자가 가로되 헛되고 헛되며 헛되고 헛되니
모든 것이 헛되도다 3 사람이 해 아래서 수고하는 모든 수고가 자기
에게 무엇이 유익한고 4 한 세대는 가고 한 세대는 오되 땅은 영원
히 있도다 5 해는 떴다가 지며 그 떴던 곳으로 빨리 돌아가고 6 바
람은 남으로 불다가 북으로 돌이키며 이리 돌며 저리 돌아 불던 곳
으로 돌아가고 7 모든 강물은 다 바다로 흐르되 바다를 채우지 못하
며 어느 곳으로 흐르든지 그리로 연하여 흐르느니라 8 만물의 피곤
함을 사람이 말로 다 할 수 없나니 눈은 보아도 족함이 없고 귀는
들어도 차지 아니하는도다 9 이미 있던 것이 후에 다시 있겠고 이미**

한 일을 후에 다시 할지라 해 아래는 새 것이 없나니 10 무엇을 가리켜 이르기를 보라 이것이 새 것이라 할 것이 있으랴 우리 오래 전 세대에도 이미 있었느니라 11 이전 세대를 기억함이 없으니 장래 세대도 그 후 세대가 기억함이 없으리라"(전 1:1~11) 주전 천 년경에 솔로몬이 고백한 이러한 고백은 지금 시대 모든 인생들에게도 가장 명확한 인생의 실체를 진술한다. 전도자는 말한다. "**너는 청년의 때 곤고한 날이 이르기 전, 나는 아무 낙이 없다고 할 해가 가깝기 전에 너의 창조자를 기억하라**"(전 12:1) 그리고 전도서 12장 13절에 인생이 살아가야할 결론의 말씀을 증거한다. "**일의 결국을 다 들었으니 하나님을 경외하고 그 명령을 지킬 지어다 이것이 사람의 본문이니라**"(전 12:13) 결국 하나님의 말씀에 순종하는 삶 외에 더 복된 삶은 없다는 것이다.

사도 바울은 이 본문을 통하여서 두 번째로 성도들이 이 세상에서 살아가는 삶의 영광됨을 가르치고 있다. 그것은 더 높고 완진한 복락이다. 그것이 하늘의 영원한 집을 사모하는 것이다. 결국 신자의 부활을 의미한다. 오직 믿음으로 그리스도 안에서 잠자는 모든 자들이 얻게 될 하늘에 있는 영원한 집은 예수 그리스도의 재림 시에 성도들이 얻게 될 신령한 몸을 의미한다. 그 영광의 소망을 바라고 신자들이 이 세상에서의 삶을 살아가야 할 것을 가르친다.

사도 바울은 고린도 후서 5장 2절에서 "**과연 우리가 여기 있어 탄식하며 하늘로부터 오는 처소로 덧입기를 간절히 사모하노니**"라고 말한다. 직역하면 이러하다. "**그리고 왜냐하면 여기에서 우리는 탄식한다. 우리가 하늘로부터 우리의 처소를 덧입기를 사모하기 때문이다.**" 성도들이 지상에서 살면서 탄식하는 바는 하늘로부터 우리의 처소를 덧입기를 사모하는 것이다. "**탄식하다**"에 해당하는 헬라어 "**스테나조멘**"(στενάζομεν)은 현재형 분사형태이다. 그 의미는 "**신음하다**", "**괴로워하다**", "**번민하다**", "**압박당하다**", "**무거운 짐에 시달리다**"라는 의미가 있다. 이것은 생명에 이르는 근심이다. 하나님의 나라를 사모하는 탄식이다. 하나님 나라에 속한 그의 백성들이 이 세상에서 번민하고 괴로워하는 이유는 이 세상 장막을 벗게 될 때에 더 이상 죄의 짐을 없고자 하는 신앙의 싸움 때문이다.

신자들이 그 삶에 탄식이 없다면 잘못된 신앙이다. 참된 신앙은 얼마나 고통스러워하며 얼마나 아파하는지 모른다. 왜냐하면 그 죄악된 본성이 끊어져 나갈 때 부패한 그 본성의 옛 사람의 본질이 우리 구주 예수 그리스도의 보혈의 공로로 씻겨져 나가기 때문에 으르렁거림이 있고 고통이 있다. 신자들은 그들의 신앙에 큰 싸움이 있다. 신자들은 그러한 성화의 과정을 통해서 점차적으로 진리로 나아가며 더욱 성숙한 신앙에 이르게 된다. 모든 신자들은 하나님께서 각 사람에게 내리시는 고난과 고통의 시련을 멀리하지 말아야 한다. 쉬운 길로만 가고자 고난의 십자가를 회피한다면 하나님 나라도 그러한 자에게 회피할 것이다.

사도 바울은 신자들이 이 세상에 허망한 것들을 탄식하며 벗어버리고 하늘로부터 오는 처소를 덧입기를 소망해야 한다고 말한다. 하늘로부터 오는 처소란 무엇인가? 그리스도 안에서 중생한 성도들에게 충만해져가는 새 사람이다. 이 새 사람의 자태는 가만히 태만하고 게으르게 신앙생활을 해서 얻을 수 있는 것이 아니다. 신자가 구주 예수 그리스도로 옷 입는 그러한 새 사람을 입으려고 하면 옛 사람 과 끝없이 투쟁해야 한다. 옛 사람 안에 남아있는 부패성을 끊어내려고 하는 신앙의 몸부림을 피할 수 없다. 많은 거짓된 신자들이 성숙한 신앙에 이르기 위한 고난의 과정을 회피하기에 그들에게 하나님 나라가 없다. 그러한 자들은 하나님 나라의 도리를 모른다. 그러한 신자들은 자기 편리한대로 살아간다. 그들은 그 마음에 깊이 드리워져 있는 육신의 장막의 부패한 본성을 내버려 둔다. 왜냐하면 귀찮기 때문이다. 그냥 안락하게 살고 싶은 것이다. 그러나 그들의 마지막은 멸망이다.

신앙의 큰 싸움을 싸우지 않는 신자들은 거짓 신자들이다. 참된 신자들에게 하나님의 징계가 없을 수 없고 십자가의 고난도 피할 수 없다. 사도 바울은 히브리서에서 참된 아들들에게 아버지 하나님께서 징계하신다고 교훈하였다. 그래서 징계가 없는 아들은 사생아라고 말하였다. 우리가 옛 사람을 벗어 버리고 하늘에 속한 신령한 그 새 사람을 더욱 충만하게 덧입고자 할 때 신자들을 향하신 하나님의 연단은 필수적이다.(히 12:5-8) 그러므로 신자들이 중생한 이후에 회심을 통해서 믿음으로 의롭다 함을 얻었다고 하여도 성화의 전과정 가운데 하나님의 연단은 지속된다. 요한 일서 1장 8~9절에서 사도 요한이 증거한다. **"만일 우리가 죄 없다하면 스스로 속이고 진리가 우리 속에 있지 아니할 것이요. 만일 우리가 우리 죄를 자백하면 저는 미쁘시고 의로우사 우리 죄를 사하시며 모든 불의에서 우리를 깨끗케 하실 것이요"**(요일 1:8~9)

사도 요한이 증거하신대로 하나님께서는 미쁘시고 의로우사 진실로 회개하는 자들을 용서하신다. 부패한 인간이 그 마음 안에 가지고 있는 부패성은 자신이 스스로 자신을 모른다고 할 정도로 매우 깊다. 오직 여호와의 율법으로 자신을 비추어 보기 전까지 어느 누구도 깨닫지 못한다. 오직 하나님의 말씀으로 자신을 비추어 보면 우리가 얼마나 큰 죄인인 것을 깨닫게 되리라. 그래서 주의 말씀은 신자들의 빛이다. 그 빛으로 나아오라고 말씀하신다. 그것이 은혜이다. 하나님의 은혜를 받은 자들은 예외 없이 그 빛으로 나아간다.

사도 바울은 고린도 후서 5장 3절에서 증거한다. **"이렇게 입음은 벗은 자들로 발견되지 않으려 함이라"** 직역하면 이러하다. **"만약 이렇게 입는다면, 우리는 벗은 자들로 발견되지 않을 것이다."** 모든 인생들은 이 세상에서 입고 있는 육신의 장막을 벗을 것이다. 누구든지 구주 예수 그리스도로 옷 입지 못한다면 비참하게 벌거숭이에 불과하다. 그래서 이 세상에 속한 인간 육신의 장막은 잠시 동안 거할 처소에 불과하다. 나그네와 같이 이 세상을 살아가야 하는 신자들에게 이 육신의 장막은 인생의 여정 가운데 잠시 걸치고 있는 의복과 같다. 그 스러질 육신의 장막을 치장하고 그것으로 자랑하는 자는 그것으로 높아질지라도 결국은 사망이다.

그래서 신자들은 이 세상에 살 때에 어찌하든지 주의 부활을 본 삼아 주님의 부활에 동참하는 자가 되도록 해야 한다. 본문에서 사도 바울이 입으라고 권면하는 그 의복이란 구주 예수 그리스도이시다. 사도 바울은 예수 그리스도로 옷 입으라고 권면한다. 그러면 어떻게 그리스도로 옷을 입는 것인가? 그리스도로 옷을 입는 것은 육신에 속한 것이 아니다. 그것은 오직 믿음으로 신령에 속한 것이다. 신자들은 예수 그리스도라는 의복을 마음 안에 입어야 한다. 그것은 심령의 변화이다. 구주 예수 그리스도의 온전하심을 옷 입는 것이다. 그러므로 우리 구주 예수 그리스도로 옷을 입는 다는 것은 그리스도의 온전한 성품을 닮아가는 것이다. 그래서 예수 그리스도로 옷을 입는 다는 것은 우리가 그리스도의 마음을 갖는 것이다. 그것이 인생에게 최고의 복이다. 시편 기자는 1편에서 **"복있는 자는 악인의 꾀를 좇지 않고 죄인의 길에 서지 않고 오만한 자의 자리에 앉지 않고 여호와의 율법을 즐거워하여 그 율법을 주야로 묵상하는 자로다"** (시 1:1~2)라고 말하였다. 시편 1편 1~2절에서 다윗은 말한다. 참으로 복된 자란 하나님의 율법을 따라서 살아가는 삶의 습관이 배어있는 자이다. 이는 실로 매우 중요한 교리이하다. 경건한 습관은 하루아침에 길러지지 않는다. 날마다 반복적으로 하나님의 말씀이 몸에 배도록 연단해야 한다. 그런데 하나님의 말씀을 알아가는 습관이란 인간이 육체의 연단으로 되는 것이 아니다. 오직 여호와의 율법을 밤낮으로 묵상함으로서 진리를 깨닫고 그 진리대로 살아가는 마음의 연단이 중요하다. 끝없이 여호와의 율법에 복종함으로서 하나님 나라의 성품을 이루어가는 것이다.

이러한 시편의 교훈은 예수께서 산상 보훈의 첫 단락에서 말씀하신 여덟 가지 복과 연결된다. 그때에 그 여덟 가지 복이란 하나님 나라에 속한 백성들의 성품이다. 그것은 믿음으로 받는 것이다. 인간의 노력으로 얻을 수 없다. 그래서 오직 믿음으로 그의 말씀에 순종해가는 자들이 차츰 그의 본성 안에서 옛 본성을 버리고 새 사람을 입는 것이다. 이것이 인간의 공로가 아니다. 하나님의 거룩하신 능력의 열매이다. 그래서 신자들의 삶에 있어서 여덟 가지 복은 그 자체가 복이다.(마 5:3~12) 인간의 공로나 열심이 아니라 하나님의 크신 은총이다. 그러나 그 복을 점차로 얻어가는 데 인간에게 하나님께서 연단 과정을 생략하시는 것도 아니다. 각 사람의 형편과 그 사람의 기질을 따라서 신앙의 연단을 시키신다. 거기에 신자들이 해야 할 것은 순종뿐이다. 우리의 자랑도 우리의 공로도 없다. 오직 우리를 연단해서 거룩한 백성으로 삼으시는 주 하나님의 은총만이 있을 따름이다. 신자들의 삶에 실로 하늘의 성품을 얻어가는 구원의 복락이란 인간의 공로를 말할 수 있는 여지가 없다. 오 직 전적으로 구주의 크신 은혜이다. 인간의 지혜도 인간의 노력도 아니다. 오직 전적으로 하나님의 은총이다. 참된 신자들은 믿음으로 그것을 깨닫고 감사하게 되어있다. 그래서 사도바울이 데살로니가 교회에게 가르친 것이다. "**항상 기뻐하라. 쉬지 말고 기도하라. 범사에 감사하라. 이는 그리스도 예수 안에서 너희를 향하신 하나님의 뜻이니라**"(살전 5:16~18)

사도바울은 고린도 후서 5장 4절에서 다음과 같이 가르친다. "**이 장막에 있는 우리가 짐 진 것같이 탄식하는 것은 벗고자 함이 아니요 오직 덧입고자 함이니 죽을 것이 생명에게 삼킨 바 되게 하려 함이라**" 직역하면 이러하다. "**왜냐하면 장막안에 있는 우리들이 짐을 지고 있듯이 신음하고 있는 것은 벗기를 원하여서 그렇게 하는 것이 아니다. 덧입기를 원하여서 그렇게 하는 것이다. 이는 죽음이라는 주제가 생명에 의해서 삼켜지기를 바라기 때문이다.**" 사도 바울은 신자들이 이 세상에서 고난의 쓴 잔을 마시고 십자가의 큰 고통을 당하는 것은 짐을 벗어버리기 위함이 아니라고 말한다. 오히려 덧입고자 함이라고 말한다. 그것은 죽음이 생명에 의해서 삼켜 버리게 되기를 바라는 것이다. 신자들이 이 세상에서 고난의 큰 강을 믿음으로 건너는 것은 오직 이 세상을 벗어나기 위함이 아니다. 오히려 하나님 나라를 덧입기 위함이다. 그러므로 신자들은 하나님께서 각 사람에게 주시는 고난의 쓴 잔을 회피하지 말아야한다. 오히려 그러한 신앙의 연단을 거쳐서 더욱 하나님 나라를 덧입는다.

사도 베드로는 증거한다. **"물은 예수 그리스도의 부활하심으로 말미암아 이제 너희를 구원하는 표니 곧 세례라 육체의 더러운 것을 제하여 버림이 아니요 오직 선한 양심이 하나님을 향하여 찾아가는 것이라"**(벧전3:21) 참된 신앙이란 우리가 즉시 흠 없이 완전하게 살아가는 것을 의미하지 않는다. 오직 선한 양심이 하나님을 향하여서 찾아가는 것이다. 그러므로 참된 신자는 자신의 흠없는 완결한 삶을 자랑하는 자가 아니다. 오직 구주 예수 그리스도를 겸손하게 따라가는 것이다. 참된 그리스도인은 선한 양심이 하나님을 향하여서 전진하는 것이다. 그래서 참된 신자는 흠 없는 완전무결한 삶을 자랑하지 않는다. 오직 하나님의 성품을 닮아가려고 한다. 우리의 신앙은 흠 없는 행위에 초점이 있는 것이 아니다. 신의 성품에 참여하는데 있다.(벧후 1:4) 구주 예수 그리스도께서 제자들에게 보여주신 그의 인성적 연약하심과 신성적 권능은 이러하다. 예수 그리스도께서 사마리아의 수가 성에 들어가실 때 행로에 곤하셔서 우물곁에 앉으셨다. 그리고 제자들이 먹을 것을 구하고자 마을로 들어갔다. 그리고 수가 성 여인에게 물을 달라고 하셨다.(요 4:6~9) 그리고 배에서 폭풍이 칠 때 주무셨다.(마 8:24) 그렇게 구주 예수 그리스도께서는 인성을 따라서 연약하셨으나 그는 죄가 없으셨고 신성적 권능으로 십계명을 다 이루셨다. 하나님의 율법을 완성하셨다.

예수 그리스도는 그 연약하신 두 어깨에 십자가를 지시고 영문 밖에 골고다 언덕으로 올라가셨다. 그리고 다른 죄인들처럼 그 무죄하신 분이 십자가에서 달려 돌아가셨다. 이것이 예수 그리스도께서 성취하신 구속 사역이었다. 그것은 율법의 완성이었다. 구주 예수 그리스도께서 행하신 모든 선한 행실은 아버지 하나님을 향하여서 있었다. 이제 그가 우리들에게 주 예수 그리스도를 향하여서 있으라 하신다. 신자는 그리스도를 향하여서 서 있는 자들이다.

우리 구주 예수 그리스도께서 우리 죄를 위하여서 율법의 모든 요구를 다 성취하시고 모든 죄를 멸하시며 부활하셨다. 그가 무엇을 행하셨는가? 오직 아버지 하나님의 율법에 순종하셨다. 그와같이 오직 신자들도 구주 예수 그리스도를 본받아 선한 양심으로 하나님을 향하여서 나아가야 한다. 그러므로 참된 신자들은 자신이 얼마나 이웃을 내 몸과 같이 사랑하는가? 성도 상호간에 돌아 보아야 한다.

성도들의 신앙의 마땅한 의무는 성화의 법으로서 십계명을 이루어 가는 것과 새 언약 아래에 거룩한 보편 교회에게 주신 서로 사랑하라고 하신 계명을 성취해 가는 것이다. 그러한 길이 비록 외롭고 힘든 고난의 길이라고 하여도 그리로 가야 한다. 무엇보다 우리 구주 예수 그리스도께서 그 모범을 보여 주셨다. 그러므로 신자들은 완벽하게 행하며 살아가는 자가 아니라 비록 연약할 지라도 선한 양심으로 하나님을 향하여서 나아가는 자이다. 그것이 물세례의 참된 의미이다. 사도 베드로가 거룩한 보편 교회에게 가르쳤다.(벧전 3:21) 신자들은 끊임없이 하나님의 말씀에 순종하는 연습을 포기하지 말아야 한다.

5. 그 생명 안으로 우리를 들어가게 하신 이는 하나님이시다. 그가 우리에게 성령의 보증을 주셨다. 6. 그러므로 우리가 모든 일에 담대하여 우리는 알고 있다. 우리가 몸 안에 거하고 있을때에는 주님으로부터 떠나 있는 것이다. 7. 왜냐하면 우리가 믿음으로 행하고 있고 보이는 것으로 행하지 아니하기 때문이다. 8. 우리가 담대하여 그리고 우리가 기뻐하는 것은 장래에 몸으로부터 떠나서 주님에게 있고자 함이다. 9. 그러므로 우리가 열망하는 것은 함께 있던지 떠나 있던지 주님에게 기쁘심이 되기를 원한다. 10. 왜냐하면 우리 모두가 그리스도의 심판의 자리 앞에 드러나는 것이 필연적이다. 이는 몸을 통하여서 그가 행한 것에 대하여서 선악 간에 심판을 받았기 때문이다.

사도 바울은 생명 안으로 우리를 들어가게 하시고 보증으로 성령을 주신 분이 하나님이시라고 말한다. 직역하면 이러하다. **"그 생명 안으로 우리를 들어가게 하신 이는 하나님이시다. 그가 우리에게 성**

령의 보증을 주셨다."(고후 5:5) 사도 바울이 증거하는 바는 이러하다. 하나님께서 신자들을 생명으로 들어가게 하시고 그 보증으로 성령을 주셨다는 것이다. 그렇다고 하면 성령께서 하시는 사역은 무엇인가?

첫째로는 성령께서 성도들에게 진리의 말씀을 깨닫게 하여 주신다. 신자들은 성령의 조명하심이 없으면 결코 하나님의 말씀을 깨달아 알 수 없다. 신자들이 진리의 성령으로 각성하기 전까지는 진리의 말씀을 깨달을 수 없다. 그러므로 선한 교리를 깨닫게 되는 것은 전적으로 하나님의 주권적인 은총이다. 하나님의 성령이 아니고서는 어느 누구도 하나님에 대하여서 결코 알 수 없다. 신자들이 진리의 말씀을 깨닫게 되는 것은 전적으로 하나님의 은혜이다. 우리로부터 비롯된 것은 전혀 없다.

둘째로는 성령께서 그의 거룩하신 능력으로 성도들을 이끄셔서 진리를 따라 행하게 하여 주신다. 그러므로 신자들이 경건에 이르는 연습을 할지라도 성령께서 도우시지 아니하시면 진리를 행할 수 없다. 진리를 깨닫게 하여 주신 성령께서 진리를 행할 수 있게 하여 주신다. 모두 성령의 거룩하신 능력이다. 그러므로 우리로 진리에 순종케 하여 주시는 분이 성령이시다. 그가 크신 은혜로 어리석고 무능한 우리를 진리로 이끌어 주시고 진리의 빛을 따라 행하게 하여 주신다.

성령께서 신자들의 구원의 보증이 되심은 이렇게 신자들을 모든 진리로 이끄시고 그들을 진리 안에서 행하게 하여 주시는 포괄적인 의미를 함께 가지고 있다. 그러므로 신자들이 주님을 닮아가게 되는 모든 원천은 성령 하나님이시다. 그가 우리의 심령에 구주가 되셔서 보증으로서 우리를 진리로 어거하신다.

모든 신자들은 그 놀라우신 성삼위일체 하나님을 찬송해야 하리라. 그렇게 성령 하나님께서는 구주 예수 그리스도께서 성취하신 구속의 모든 효력을 신자들안에 부어 주시는 은혜의 통로이시다. 성령께서 각 신자들에게 구원의 보증이 되시지 않으시면 어느 누구도 진리로 인도함을 받지 못할 것이다. 그러므로 그 진리를 깨달을 수도 그 진리를 따라 행할 수 도 없다. 모든 인생들은 하나님 앞에서 전적으로 타락하여서 무능하게 되었기 때문이다.

누가 자신을 자랑하는가? 누가 자신의 지혜를 자랑하는가? 누가 자신의 지식을 자랑하는가? 누가 자신의 공로를 자랑하는가? 누가 자신의 좋은 성품을 자랑하는가? 그러한 자랑은 헛될 뿐이다. 참된 신자들은 주의 성령께서 그의 은혜로 부어주신 하늘의 보화를 소유한 자들이다. 그러므로 자랑할 것이 전혀 없다. 하나님의 백성으로서 우리는 오직 하나님을 아는 것과 그 하나님께서 인애와 공평과 정직으로 온 땅 가운데 행하시는 분이심을 자랑할 것이다.(렘 9:23~24) 우리는 우리 구주 예수 그리스도 만을 자랑해야 한다. 모든 영광을 하나님께 돌림이 마땅하다.

사도 바울은 고린도 후서 5장 6~8절에서 다음과 같이 증거한다. **"6. 이리므로 우리가 항상 남대하여 몸에 거할 때에는 주와 따로 거하는 줄을 아노니 7 이는 우리가 믿음으로 행하고 보는 것으로 하지 아니함이로라 8 우리가 담대하여 원하는 바는 차라리 몸을 떠나 주와 함께 거하는 그것이라"** 직역하면 이러하다. **"6. 그러므로 우리가 모든 일에 담대하여 우리는 알고 있다. 우리가 몸 안에 거하고 있을 때에는 주님으로부터 떠나 있는 것이다. 7. 왜냐하면 우리가 믿음으로 행하고 있고 보이는 것으로 행하지 아니하기 때문이다. 8. 우리가 담대하여 그리고 우리가 기뻐하는 것은 장래에 몸으로부터 떠나서 주님에게 있고자 함이다."** 사도 바울은 신자들이 몸 안에 거하고 있을 때에는 주님으로부터 떠나 있는 것이라고 말한다. 이것은 어떠한 의미인가? 그것은 우리가 이 세상에 있는 동안에는 인자되신 그리스도를 뵈옵지 못하고 살고 있다는 것을 의미한다. 그러니까 그리스도의 인성은 지금 하늘에 계시지만 땅에는 없다는 것이다. 우리 구주 예수 그리스도의 인성은 편재하시지 않다. 그래서 예수 그리스도의 인성은 신성과 결합되셨어도 제한적으로 일정한 장소에 거하신다. 그래서 예수 그리스도의 신성은 인성 안에도 있지만 인성 밖에도 있다.

왜냐하면 그의 신성은 편재하시기 때문이다. 예수 그리스도의 신성은 성삼위일체 하나님의 신성과 하나이시다. 그래서 예수 그리스도의 신성은 그의 인성 안에도 인성 밖에도 계신다. 이 본문은 예수 그리스도의 신성적 편재성과 인성적 제한성을 가르친다.

사도 바울은 이 세상에 거할 때 인자이신 구주 예수 그리스도와 따로 거하는 것을 알고 있다고 말한다. 그러나 그는 인자가 되신 구주 예수 그리스도를 뵈올 날이 얼마나 남지 않았다는 것도 알고 있었다. 그래서 그는 고린도 후서 5장 7절에서 "**왜냐하면 우리가 믿음으로 행하고 있고 보이는 것으로 행하지 아니하기 때문이다.**"라고 증거하였던 것이다. 사도 바울은 담대하게 주의 복음을 증거하였다. 이 세상에서는 인자가 되신 구주 예수 그리스도를 뵈올 수 없으나 오직 믿음으로 행함으로서 하나님의 복음을 담대하게 증거한다는 것이다. 그는 오직 믿음으로 행하였으며 보이는 것으로 행하지 아니하였다고 말한다. 여기에서 보이는 것이란 무엇인가? 인생들 상호간에 서로 맞물려 있는 모든 세상적인 이해관계, 욕망, 탐심, 자기 자랑, 안목의 정욕 등 이다. 이러한 세상적인 이해관계에 매우 강력하게 얽혀 있으면 복음을 따라서 살아갈 수 없다. 그래서 거짓 신자들은 믿음을 따라 행하지 않고 보이는 것을 따라 행한다. 육신적 이익을 따라서 행한다. 그들의 결국은 멸망이다.

사도 바울은 고린도 후서 5장 8절에서 다음과 같이 증거한다. "**우리가 담대하여 원하는 바는 차라리 몸을 떠나 주와 함께 거하는 그것이라**" 직역하면 이러하다. "**우리가 담대하여 그리고 우리가 기뻐하는 것은 장래에 몸으로부터 떠나서 주님에게 있고자 함이다.**" 사도바울에게 삶과 죽음은 그 다지 중요한 일이 아니다. 다만 살아 있을 때에는 오직 복음을 전하고 하나님의 나라를 확장하는 일에 수고하며 죽을지라도 인자 되신 주를 뵈옵는 날이기에 기뻐할 수 있다는 것이다. 그에게는 죽음이 그렇게 하찮은 것이었다. 그에게 순교란 그렇게 큰 의미가 없다. 그는 이미 이 세상에 속한 사람이 아니었다. 성도들이 이러한 사도들의 삶을 따라 가면 모든 죄악으로부터 자유롭고 날마다 기뻐할 수 있다. 범사에 감사할 수 있다. 그러므로 사도들은 모든 신자들의 신앙의 사표와 같다.

사도 바울은 고린도 후서 5장 9절과 10절에서 다음과 같이 말한다. "**9 그런즉 우리는 거하든지 떠나든지 주를 기쁘시게 하는 자 되기를 힘쓰노라 10 이는 우리가 다 반드시 그리스도의 심판대 앞에 드러나 각각 선악간에 그 몸으로 행한 것을 따라 받으려 함이라**" 직역하면 이러하다. "**9. 그러므로 우리가 열망하는 것은 함께 있던지 떠나 있던지 주님에게 기쁘심이 되기를 원한다. 10. 왜냐하면 우리 모두가 그리스도의 심판의 자리 앞에 드러나는 것이 필연적이다. 이는 몸을 통하여서 그가 행한 것에 대하여서 선악 간에 심판을 받았기 때문이다.**"

사도 바울은 자신이 서 있는 그 자리에서 주를 기쁘시게 하는 것만을 마음에 두었다. 다른 것에 관심이 없다. 그것이 사도의 길이다. 성도들이 따라가야 할 신앙의 노선이다. 사도 바울은 10절에서 "**이는 우리가 다 반드시 그리스도의 심판대 앞에 드러나 각각 선악간에 그 몸으로 행한 것을 따라 받으려 함이라**"고 증거한다. 그러므로 누구든지 진리따라 살아가는 않는 세월만큼 하나님 앞에서 받을 심판이 크다. 우리의 삶은 자랑할 것이 없다. 우리가 주님의 백성으로 살아가고 있다면 주님의 계명은 우리가 마땅히 행하여야 할 도리이다.

제목: 그리스도의 사랑이 우리를 강권하시도다
본문: 고린도 후서 5장 11~21절

[본 문]

11 우리가 주의 두려우심을 알므로 사람을 권하노니 우리가 하나
님 앞에 알리워졌고 또 너희의 양심에도 알리워졌기를 바라노라 12
우리가 다시 너희에게 자천하는 것이 아니요 오직 우리를 인하여 자
랑할 기회를 너희에게 주어 마음으로 하지 않고 외모로 자랑하는 자
들을 대하게 하려 하는 것이라 13 우리가 만일 미쳤어도 하나님을
위한 것이요 만일 정신이 온전하여도 너희를 위한 것이니 14 그리스
도의 사랑이 우리를 강권하시는도다 우리가 생각건대 한 사람이 모
든 사람을 대신하여 죽었은즉 모든 사람이 죽은 것이라 15 저가 모
든 사람을 대신하여 죽으심은 산 자들로 하여금 다시는 저희 자신을
위하여 살지 않고 오직 저희를 대신하여 죽었다가 다시 사신 자를
위하여 살게 하려 함이니라 16 그러므로 우리가 이제부터는 아무 사
람도 육체대로 알지 아니하노라 비록 우리가 그리스도도 육체대로
알았으나 이제부터는 이같이 알지 아니하노라 17 그런즉 누구든지
그리스도 안에 있으면 새로운 피조물이라 이전 것은 지나갔으니 보
라 새 것이 되었도다 18 모든 것이 하나님께로 났나니 저가 그리스
도로 말미암아 우리를 자기와 화목하게 하시고 또 우리에게 화목하
게 하는 직책을 주셨으니 19 이는 하나님께서 그리스도 안에 계시사
세상을 자기와 화목하게 하시며 저희의 죄를 저희에게 돌리지 아니
하시고 화목하게 하는 말씀을 우리에게 부탁하셨느니라 20 이러므로
우리가 그리스도를 대신하여 사신이 되어 하나님이 우리로 너희를
권면하시는 것같이 그리스도를 대신하여 간구하노니 너희는 하나님
과 화목하라 21 하나님이 죄를 알지도 못하신 자로 우리를 대신하여
죄를 삼으신 것은 우리로 하여금 저의 안에서 하나님의 의가 되게
하려 하심이니라

[원문 직역]

11. 그러므로 주께 대한 경외를 알기 때문에 우리가 사람들을 권면한다. 우리가 하나님께 드러나 있다. 그러나 나는 너희 양심 안에 드러나기를 소망한다. 12. 다시 우리가 너희에게 우리 자신을 천거하는 것이 아니다. 그러나 우리를 인하여서 너희에게 자랑할 기회를 주어서 너희로 마음으로가 아니라 외모로 자랑하는 자들에 대하여서 그것을 가지고 있게 하려는 것이다. 13. 우리가 빠져도 하나님께 대하여서 빠진 것이고, 온전하면 너희를 위해서 온전하다. 14, 왜냐하면 그리스도의 사랑이 우리를 둘러쌓고 있기 때문이다. 우리가 이것을 생각해 볼때, 한 사람이 모든 사람을 위해서 죽었기에 모든 사람이 죽은 것이다. 15. 그가 모든 자들을 위해서 죽은 것은 산자로 더 이상 자신들을 위해서 살지 않고 그들을 위해서 죽었다가 살아나신 자를 위해서 살게 하려 함이다. 16. 그러므로 지금 우리가 육신을 따라서 아무것도 아는 것이 없다. 만약 그리스도를 육신을 따라서 알았다면, 이제는 더 이상 그렇게 알지 않을 것이다. 17. 그와같이 만약 누가 그리스도 안에 있으면, 새로운 피조물이다. 옛 사람은 지나갔다. 보라! 새 사람이 되었다. 18. 만물이 예수 그리스도를 통하여서 우리와 그 자신을 화목케 하시는 하나님께로부터 났다. 그리고 화목의 사역을 우리에게 맡기셨다. 19. 그와같이 하나님께서 그리스도 안에서 세상을 그자신과 화목하게 하셨다. 그들의 죄를 그들의 것으로 간주하지 아니하시고, 화목의 말씀을 우리에게 맡기셨다. 20. 그러므로 그리스도를 대신하여서 우리가 대사가 되어서 하나님께서 우리를 통하여서 권면하시는 듯이 그리스도를 대신하여서 우리가 권면한다. 너희는 하나님과 화목하라. 21. 죄를 알지도 못하신 분을 우리를 대신하여서 죄인으로 삼으신 것은 우리가 그리스도 안에서 하나님의 의가 되게 하시고자 하심이다.

[본문 해석]

11. 그러므로 주께 대한 경외를 알기 때문에 우리가 사람들을 권면

한다. 우리가 하나님께 드러나 있다. 그러니 나는 너희 양심 안에 드러나기를 소망한다. 12. 다시 우리가 너희에게 우리 자신을 천거하는 것이 아니다. 그러나 우리를 인하여서 너희에게 자랑할 기회를 주어서 너희로 마음으로가 아니라 외모로 자랑하는 자들에 대하여서 그것을 가지고 있게 하려는 것이다.

고린도 후서 5장 11절을 보기로 한다. 먼저 "**우리가 주의 두려우심을 알므로**"에 해당하는 헬라어 "**에이도테스 톤 포본 투 퀴리우**"(εἰδότες τὸν φόβον τοῦ κυρίου)에 대하여서 살펴보기로 한다. 이것은 달리 해석하면 "**우리가 주님을 경외할 것을 알고 있다.**"가 된다. 이는 사도 바울이 고린도 교회 신자들을 설득하는 것이다. "**주님을 경외하다**"고 할 때에 "**경외**"는 헬라어로 "**포보스**"(φόβος)는 "**두려워하다**"라는 의미도 있으나 이는 하나님의 공의로우심을 드러내는 의미이다. 우리는 하나님의 자비하심을 아는 것만큼이나 우리 하나님의 공의로우심을 함께 알아야 한다. 그러므로 하나님의 공의로우심은 우리 구주 예수 그리스도의 보혈의 공로 외에 결코 어느 누구도 하나님 앞에 감히 설 수 없다는 의미를 가지고 있다.

사도 바울은 말한다. "**하나님의 공의를 알아라.**" 우리가 하나님 앞에 알려졌다는 것은 하나님 앞에서 사도 바울의 진실한 마음이나 자세가 알려졌다는 것을 의미한다. 그리고 이제 사도 바울이 고린도 교회 교인들에게 이어서 하는 말은 "**너희의 양심에도 알리워졌기를 바라노라.**"는 것이다. 이는 헬라어로 "**엘피조 카이 엔 타이스 쉬네이데세신 휘몬 페파네로스다이**"(ἐλπίζω καὶ ἐν ταῖς συνειδήσεσιν ὑμῶν πεφανερῶσθαι)라고 하는데 "**알리워졌기를**"에 해당하는 헬라어 "**페파네로스다이**"(πεφανερῶσθαι) 완료형, 수동태 부정사로서 직역하면 "**너희의 양심 안에 드러났기를 바란다.**"가 된다. 이 본문에서 "**양심**"이라는 의미가 "**양심**"이라는 뜻도 있으나 "**의식**"이라는 뜻도 있다. 하나님 앞에 사도들은 알려졌다. 고린도 교회의 양심 가운데서도 사도 바울이 알려지기를 바란다는 것이다. 이는 사도 바울이 주님의 몸된 교회를 세우기 위하여서 얼마나 진실하게 사역하였는가를 고린도 교회가 알기를 원하는 것을 의미한다.

고린도 후서 5장 12절이다. 본문 중에 "**자천하다**"라는 말이 있다. 이것에 해당하는 헬라어는 "**헤아우투스 쉬니스타노멘**"(ἑαυτοὺς συνιστάνομεν)이다. 이것은 "**스스로 천거한다**"는 의미를 가지고 있다. 이는 자랑한다는 것이 아니라 진리를 분별하게 하려 함이다. 고린도 교회는 상당히 문제가 많은 교회였다. 무엇보다 고린도 교회 안에 분파를 형성하여서 "**나는 바울 파다.**" 혹은 "**나는 아볼로 파다.**" 혹은 "**나는 게바 파다**" 혹은 "**나는 그리스도 파다.**"(고전 1:12)라고 하는 자들이 있었다. 그리고 고린도 교회는 여러 가지 연약함으로 넘어지기도 하였다. 그들이 왜 그렇게 되었는가? 그것은 그들이 외모를 자랑하는 연약함이 있었기 때문이다. 사도 바울은 고린도 교회에게 "**너희가 올바로 분별하고 그러한 것을 멀리하라**"고 권면한다. 외모의 반내는 마음이나. 여기에서 외모는 단지 잘생긴 풍채만을 의미하는 것이 아니라 그 사람의 타고난 좋은 배경이나 출신 성분 혹은 학력이나 사회적 위치 등을 의미한다. 그리고 좋은 성격도 외모이다. 다른 사람과 잘 관계를 형성하는 친화력도 외모이다. 좋은 성격도 외모이다.

13. 우리가 빠져도 하나님께 대하여서 빠진 것이고, 온전하면 너희를 위해서 온전하다. 14, 왜냐하면 그리스도의 사랑이 우리를 둘러쌓고 있기 때문이다. 우리가 이것을 생각해 볼때, 한 사람이 모든 사람을 위해서 죽었기에 모든 사람이 죽은 것이다. 15. 그가 모든 자들을 위해서 죽은 것은 산자로 더 이상 자신들을 위해서 살지 않고 그들을 위해서 죽었다가 살아나신 자를 위해서 살게 하려 함이다.

사도 바울은 13절에 이렇게 말한다. "**우리가 만일 미쳤어도 하나님을 위한 것이요 만일 정신이 온전하여도 너희를 위한 것이니**" 직역하면 이러하다. "**우리가 빠져도 하나님께 대하여서 빠진 것이고,**

온전하면 너희를 위해서 온전하다." 본문 중에 "**미쳤다**"에 해당하는 "**엑세스테멘**"(εξέστημεν)은 원형이 "**엑시스테미**"(εξίστημι)이다. 이것은 "**매니아가 된다**"라는 뜻이다. 이 의미를 신학적으로 해석하면 "**내가 하나님께 푹빠졌다.**"가 된다. 사도 바울은 하나님께 미친 사람이었다. 이 의미는 방금 진술한대로 그는 하나님께 그의 온 마음을 다 바친 사람이었다. 하나님 밖에 모르는 자였다. 사람들은 일반적으로 다양한 취미가 있다. 그것이 깊어지면 그 취미에 빠진 사람을 **매니아**라고 한다. 그렇다. 하나님께 빠진 사람은 하나님을 사랑하며 그 사랑을 따라서 살아가려고 한다. 사도 바울은 자신이 하나님께 그 마음을 뺏겨버린 사람이라고 말한다. 사도 바울은 그리스도의 사랑에 매료된 사람이었다. 사도 바울은 그리스도의 사랑에 빠진 사람이었다. 그가 깊게 사모하고 더욱 알고자 하는 분은 하나님이셨다.

이제 이어서 사도 바울은 "**만일 정신이 온전하여도 너희를 위한 것이다.**"라고 말한다. 여기에서 "**정신이 온전하다**"가 헬라어로 "**소프로누멘**"(σωφρονοῦμεν) 이것은 "**건전한 사고를 하다**" 혹은 "**감각이 있다**"라는 의미이다. 이것은 사도 바울이 건전하고 정통적인 교리를 따라서 신자들을 가르쳤다는 것을 의미한다. 매우 냉철하고 객관적으로 거룩한 보편 교회를 치리했다는 의미이다. 그러므로 사도 바울은 신자들에게 마음이 뺏긴 성직자는 아니다. 그는 오직 하나님께 그 마음이 뺏긴 사람이다. 신자들을 향하여서는 매우 공정하고 엄정하게 교훈과 치리를 행사하였다고 말하는 것이다. 이러한 공정하고 엄정한 교훈과 치리가 신자들에게는 필요하다. 신자들의 귀나 가렵게 하려고 달콤한 거짓말을 하는 성직자보다 하나님의 말씀을 엄정하게 전하는 성직자가 사도 바울을 닮은 성직자이다.

이제 고린도 전서 5장 14절에 사도 바울은 증거한다. "**14 그리스도의 사랑이 우리를 강권하시는도다 우리가 생각건대 한 사람이 모든 사람을 대신하여 죽었은즉 모든 사람이 죽은 것이라**" 직역하면 이러하다. "**14, 왜냐하면 그리스도의 사랑이 우리를 둘러쌓고 있기 때문이다. 우리가 이것을 생각해 볼 때, 한 사람이 모든 사람을 위해**

서 죽었기에 모든 사람이 죽은 것이다." 그러므로 "**강권하시도다**"에 해당하는 헬라어 "**수넥케이**"(συνέχει)는 "**강력하게 붙잡다**"라는 의미가 있다. 사도 바울은 여기에서 그리스도의 사랑이 얼마나 강력한지 "**그가 우리를 그의 사랑으로 강력하게 붙잡았다.**"고 말한다. 그 증거는 그리스도께서 우리 죄를 대신하여서 죽으신 것이다. 이러한 강력한 사랑 앞에 무릎꿇지 않을 자가 없다. 하나님께서 예정하신 모든 택자들은 그리스도의 사랑에 강권함을 인하여서 이제 우리 자신에 대하여서 죽고 그리스도와 함께 하나님을 향하여서 산자로 여길 것이다.

이제 사도 바울은 15절에서 이렇게 증거한다. "**저가 모든 사람을 대신하여 죽으심은 산 자들로 하여금 다시는 저희 자신을 위하여 살지 않고 오직 저희를 대신하여 죽었다가 다시 사신 자를 위하여 살게 하려 함이니라**" 여기에서 "**그리스도께서 모든 자들을 대신하여서 죽었다.**"고 할때에 "**모누**"는 헬라어로 "**판테스**"(πάντες)로 되어있는데 이것은 **택자 모두**를 의미한다. 이는 "**산 자들로 하여금 다시는 저희 자신을 위하여 살지 않고 오직 저희를 대신하여 죽었다가 다시 사신 자를 위하여 살게 하려 함이니라**"라는 후반부가 증거한다. 헬라어 "**산자들**"이란 "**존테스**"(ζωντες)라고 하는데 그리스도의 보혈의 공로를 믿음으로 살아가는 자 모두를 의미한다. 그것은 **택자 모두**이다. 하나님의 선택받은 백성들 외에 어느 누구도 하나님을 위해서 살아가는 자 없다. 그러므로 그리스도는 택자를 위해서 죽으셨다. 이제 그리스도인은 그 자신을 위해서 살지 않고 그리스도를 위해서 살아갈 것을 사도 바울은 권면한다.

16. 그러므로 지금 우리가 육신을 따라서 아무것도 아는 것이 없다. 만약 그리스도를 육신을 따라서 알았다면, 이제는 더 이상 그렇게 알지 않을 것이다. 17. 그와같이 만약 누가 그리스도 안에 있으면, 새로운 피조물이다. 옛 사람은 지나갔다. 보라! 새 사람이 되었다.

이제 사도 바울은 중생한 그리스도인들은 더 이상 다른 사람을 육신을 따라서 판단하지 말 것을 권고 한다. 사도 바울은 이제 중생한 그리스도인들은 사람의 재산이나 지위나 신분이나 출신 등으로 평론하지 말 것을 교훈한다. 그리고 이어서 사도 바울은 말한다. **"만약 그리스도도 육신을 따라서 알았다면, 이제는 더 이상 그렇게 알지 않을 것이다."**(고후 16) 다메섹에서 부활하신 예수 그리스도를 뵈옵기 전까지 사도 바울은 그리스도에 대한 아는 것이 없었다. 다만 유대의 갈릴리 나사렛 사람이며 갈릴리 어부들과 몇몇 사회적으로 별로 탁월하지도 못한 사람들을 모아다가 가르치며 살았던 평범한 필부로 보았을 것이다. 그래서 그리스도를 따르는 신자들을 잔멸하고자 다메섹으로 달려간 것이었다. 그러나 사도 바울은 다메섹에서 부활하신 그리스도를 뵈옵고 더 이상 그분을 평범한 유대인으로 바라보지 않았다.

사도 바울은 고린도 후서 5장 17절을 통하여서 성도들 상호간에서도 서로 육신을 따라서 알지 말아야 할 연유를 증거한다. **"그런즉 누구든지 그리스도 안에 있으면 새로운 피조물이라 이전 것은 지나갔으니 보라 새 것이 되었도다"**(고전 5:17) 사도 바울은 말한다. 누구든지 그리스도 예수 안에 있으면 새로운 피조물이다. 이제 이전 것은 지나갔고 새로운 것이 되었다. 이렇게 새 창조된 그리스도인들은 서로 서로 육신을 따라서 판단하지 않는다. 무엇보다 우리 구주 예수 그리스도를 육신적인 안목으로 바라보지 않는다. 그는 하나님의 한 위가 되시며 우리의 머리이시며 하나님 나라의 왕이 되심을 믿음으로 바라본다. 고린도 후서 5장 17절은 의미하는 바가 크다. 사도 바울은 누구든지 그리스도 안에 있으면 새로운 피조물이라고 부른다. 이전 것은 지나갔다고 말한다. 그리고 새것이 되었다고 말한다. 무엇이 새롭게 되었는가? 그것은 중생함으로서 믿음으로 의롭다 함을 받은 것이다. 그러면 그것으로 다 된 것인가? 아니다. 신자들의 일평생에 걸쳐서 성화를 이루어가야 하는 과정이 남았다. 그러면 무엇이 새롭게 되었는가? 그것은 신자들의 심령이 그리스도의 보혈로 새롭게 되어서 날마다 새로운 사람으로 변화되어 간다. 그래서 옛 사람은 날마다 죽고 새사람으로 날마다 살게 된다. 그것이 성화이다. 성화는 단번에 되지 않는다. 신자들의 일평생에 걸쳐서 서서히 변화되어가는 지난한 과정이다. 그 과정에서 크나큰 영적 전투를 벌이게 된다. 그러나 사도 바울이 증거한대로 이것은 단지 혈과 육에 대한 싸움이 아니기에 물리적으로 치고받고 하는 그러한 싸움이 아니다. 그리고 이 세상에서 얼마나 많은 세력을 얻는 세력 다툼도 아니다. 오직 의와 공의와 사랑이 넘치도록 쉴세 없이 옛 본성과 싸우는 것이다.

18. 만물이 예수 그리스도를 통하여서 우리와 그 자신을 화목케 하시는 하나님께로부터 났다. 그리고 화목의 사역을 우리에게 맡기셨다.
19. 그와같이 하나님께서 그리스도 안에서 세상을 그자신과 화목하게 하셨다. 그들의 죄를 그들의 것으로 간주하지 아니하시고, 화목의 말씀을 우리에게 맡기셨다. 20. 그러므로 그리스도를 대신하여서 우리가 대사가 되어서 하나님께서 우리를 통하여서 권면하시는 듯이 그리스도를 대신하여서 우리가 권면한다. 너희는 하나님과 화목하라. 21.
죄를 알지도 못하신 분을 우리를 대신하여서 죄인으로 삼으신 것은 우리가 그리스도 안에서 하나님의 의가 되게 하시고자 하심이다.

사도 바울은 말한다. "**모든 것이 하나님께로 났나니**"(고후 5:18) 우리 구원의 모든 것이 하나님으로부터 나왔다. 사도 요한은 우리 구원에 대하여서 다음과 같이 증거하였다. "**12 영접하는 자 곧 그 이름을 믿는 자들에게는 하나님의 자녀가 되는 권세를 주셨으니 13 이는 혈통으로나 육정으로나 사람의 뜻으로 나지 아니하고 오직 하나님께로서 난 자들이니라**"(요 1:12~13) 신자들의 구원의 은총은 전적으로 하나님의 주권적인 은혜이다. 인간 편에서 어떠한 공로도 없다. 그리고 가치도 없다. 사도는 말한다. "**이제 그 하나님께서 그리스도를 통하여서 우리를 자신과 화목하게 하셨다.**"(고후 5:18) 신자들이 하나님과 화목이 되는 그 중보자는 오직 예수 그리스도 뿐이다. 인간이 그리스도 없이는 항상 하나님께 혐오적인 존재일 뿐이다. 오직 그리스도의 보혈의 공로를 따라서 화목케 될 수 있을따름이다. 거기에 인간 편에서 어떠한 자랑도 있을 수 없다. 오직 모든 선한 것이 빛들의 아버지이신 하나님께로서 나온다. 그러므로 더욱 우리 구원의 모든 은총도 그리스도 안에서 하나님으로부터 나온다. 그리고 이어서 사도 바울은 말한다. "**우리가 화목의 사역을 맡은 자들이다.**"(고후 5:18) 사도 직무의 중요한 가치는 하나님과 인간편에 화목의 사역을 맡은 것이다. 그것은 하나님께서 사도들에게 맡기신 권세이다. 신자들이 하나님과 화목케 되는 것은 하나님의 뜻을 깨닫고 거기에 순종 할 때이다. 사도들은 하나님의 뜻을 전하는 자들이다. 사도들의 사역은 하나님과 사람을 화목하게 하는 사역이었다. 결국 이 사역의 중요한 특징은 하나님의 말씀을 온전하게 신자들에게 전하는 사역이 중요하다. 왜냐하면 화목케 하시는 말씀을 모르고서 신자들은 결코 하나님과 어떻게 화목하게 될 줄 알 수 없기 때문이다. 주님의 복음은 하나님과 화목케 하시는 우리 구주 예수 그리스도의 구원의 사역을 드러낸다. 그렇게 그리스도의 복음을 전하였던 사도들은 화목케 하는 사역을 맡은 자들이다. 그리고 이것은 더욱 확대해서 거룩한 보편 교회의 모든 항존 직원들도 이 사역을 맡은 자들이다. 하나님과 신자들 사이를 화목케 하는 사역이다.

이제 사도 바울은 다음과 같이 증거한다. "**19 이는 하나님께서 그리스도 안에 계시사 세상을 자기와 화목하게 하시며 저희의 죄를 저희에게 돌리지 아니하시고 화목하게 하는 말씀을 우리에게 부탁하셨느니라 20 이러므로 우리가 그리스도를 대신하여 사신이 되어 하나님이 우리로 너희를 권면하시는 것같이 그리스도를 대신하여 간구하노니 너희는 하나님과 화목하라**"(고후 5:19~20) 직역하면 이러하다. "19. 그와같이 하나님께서 그리스도 안에서 세상을 그자신과 화목하게 하셨다. 그들의 죄를 그들의 것으로 간주하지 아니하시고, 화목의 말씀을 우리에게 맡기셨다. 20. 그러므로 그리스도를 대신하여서 우

리가 대사가 되어서 하나님께서 우리를 통하여서 권면하시는 듯이 그리스도를 대신하여서 우리가 권면한다. 너희는 하나님과 화목하라."(고후 2:19~20) 그러면 신자들은 어떻게 하나님과 화목할 수 있는가? 가장 먼저는 그리스도의 보혈의 공로를 의지해야 한다. 둘째는 오직 믿음으로 자기의 죄를 자백하고 하나님과 화목케 되어야 한다.

예수 그리스도의 보혈의 공로를 믿지 않는다면 어느 누구도 우리 하나님과 화목케 될 수 없다. 그러나 더욱 자신의 죄를 고백하지 않는다면 하나님과 화목케 될 수 없다. 예수께서 마태복음 9장 12절에서 말씀하셨다. "**12 예수께서 들으시고 이르시되 건강한 자에게는 의원이 쓸데없고 병든 자에게라야 쓸데있느니라13 너희는 가서 내가 긍휼을 원하고 제사를 원치 아니하노라 하신 뜻이 무엇인지 배우라 내가 의인을 부르러 온 것이 아니요 죄인을 부르러 왔노라 하시니라**"(마 9:12~13) 그리고 예수께서 요한복음 9장 39~41절에 다음과 같이 말씀하셨나. "**39 예수께서 가라사대 내가 심판하러 이 세상에 왔으니 보지 못하는 자들은 보게 하고 보는 자들은 소경되게 하려 함이라 하시니 40 바리새인 중에 예수와 함께 있던 자들이 이 말씀을 듣고 가로되 우리도 소경인가 41 예수께서 가라사대 너희가 소경되었더면 죄가 없으려니와 본다고 하니 너희 죄가 그저 있느니라**"(요 9:39~41) 자신의 죄를 인정하지 않는 자의 재앙에 대하여서 예수께서 말씀하신 것이다.

사도 요한도 동일한 맥락에서 말씀하였다. "**7 저가 빛 가운데 계신 것같이 우리도 빛 가운데 행하면 우리가 서로 사귐이 있고 그 아들 예수의 피가 우리를 모든 죄에서 깨끗하게 하실 것이요 8 만일 우리가 죄 없다 하면 스스로 속이고 또 진리가 우리 속에 있지 아니할 것이요 9 만일 우리가 우리 죄를 자백하면 저는 미쁘시고 의로우사 우리 죄를 사하시며 모든 불의에서 우리를 깨끗케 하실 것이요 10 만일 우리가 범죄하지 아니하였다 하면 하나님을 거짓말하는 자로 만드는 것이니 또한 그의 말씀이 우리 속에 있지 아니하니라**"(요일 1:7~10) 오직 신자들은 아버지 하나님께 그리스도의 보혈의 공로를 의지하여서 믿음으로 죄를 자백하지 않는한 사죄의 은총을 받을 수 없다. 오직 의인은 믿음으로 살리라는 것은 이러한 맥락에서 의미가 있다. 인간의 행위로 하나님 앞에서 의롭게 될 수 없다. 오직 믿음으로만 의롭게 된다. 그러나 자신의 죄를 자백하지 않고 의롭게 될 수 없다. 오직 신자들은 믿음으로 하나님의 존전에 나아가서 자신의 죄를 토설하고 자백해야 한다.

이제 사도 바울은 고린도 후서 5장 21절에 다음과 같이 말한다. "**하나님이 죄를 알지도 못하신 자로 우리를 대신하여 죄를 삼으신 것은 우리로 하여금 저의 안에서 하나님의 의가 되게 하려 하심이니라**"(고후 5:21) 사도 바울은 아버지 하나님께서 죄도 알지 못하시는 구주 예수 그리스도를 우리를 대신하여서 죄인으로 삼으신 것은 우리로 그리스도 안에서 하나님의 의가 되게 하려 하심이라고 말한다.

그렇다고 하면 하나님의 의란 무엇인가? 첫째 그것은 믿음의 의이다. 그러므로 하나님의 아들 우리 구주 예수 그리스도를 믿는 믿음으로서 얻게 되는 의가 하나님의 의이다. 둘째 그 의는 구원의 의이다. 하나님을 믿음으로 구원에 이르는 그 의는 오직 예수 그리스도를 믿음으로서 거룩하게 되는 의이다. 우리 구주 예수 그리스도 외에 소망이 없다. 그러나 이제 그리스도를 참되게 믿는 자들이라면 누구든지 하나님 나라의 의를 소유한 자들이다.

[교리 강론]

1. 그리스도의 사랑이 우리를 강권하시도다.

실로 신자들이 이 세상을 살아가면서 허탄한 행위 가운데 빠지고 신앙생활도 헤매이며 어려움 가운데 처하게 되기도 한다. 물론 그것이 복음과 함께 고난을 받는 경우도 있으나 그렇지 않고 신자들 각자의 어리석은 마음이나 행위 때문에 당하는 고난도 있다. 그러나 어떠한 때에든지 그리스도의 사랑이 우리를 강권하여 주신다. 그리스도의 사랑이 우리를 붙잡아 주셔서 우리가 살아간다. 모든 신앙의 토대는 오직 우리 구주 예수 그리스도의 보혈의 공로 뿐이다. 그가 우리를 위해서 행하신 놀라운 구속의 사역을 인하여서 우리가 구속곧 죄사함을 얻었다. 신자들은 항상 그리스도의 사랑이 우리를 강권하시고 계시다는 하나님의 실재적인 임재를 믿음으로 경험하며 살아가야 한다. 오직 하나님의 말씀으로서만 그러한 경험이 가능하다. 우리 하나님의 말씀을 믿음으로 삶 가운데 그러한 경험을 해야 한다.

2. 화목케 하시는 복음

우리 구주 예수 그리스도의 구속 사역은 전적으로 아버지 하나님과 화목케 하시는 사역이셨다. 모든 신자들은 그리스도의 화목케 하시는 사역을 본받아서 신자들의 삶 가운데서도 화목케 하는 사역을 해야 한다. 오직 진리의 말씀으로 그리스도 안에서 하나님과 화목하며 더욱 신자들 상호간에서도 그리스도의 사랑 안에서 서로 화목해야 한다. 그것은 노력하지 않고 될 수 없다. 모든 참된 신자들은 각자 생활하는 곳에서 화목케 하는 사역을 애써야 한다. 그렇지 않고는 하나님과 화목케 될 수 없다. 그래서 산상보훈에서 예수께서 여덟가지 복중에 "**화목케 하는 자가 복되다.**"(마 5:9)고 하시고 "**그들은 하나님의 아들이라 일컬음을 받을 것이라**"(마 5:9)고 하신 것이다. 마태복음 5장 9절이다. "**화평케 하는 자는 복이 있나니 저희가 하나님의 아들이라 일컬음을 받을 것임이요**"(마 5:9) 각 사람 상호간에 화목케 하는 성품을 가진 자는 복되다. 그들이 하나님의 자녀들이라 일컬음을 받을 만 하다. 우리 구주 예수 그리스도께서 화목제물로 오신 것을 기억하는 참된 신자들은 항상 화목케 하는 하늘의 성품을 추구해야 한다. 그것이 복음이다.

제목: 하나님의 일꾼
본문: 고린도 후서 6장 1~10

[본 문]
1 우리가 하나님과 함께 일하는 자로서 너희를 권하노니 하나님의
은혜를 헛되이 받지 말라 2 가라사대 내가 은혜 베풀 때에 너를 듣
고 구원의 날에 너를 도왔다 하셨으니 보라 지금은 은혜받을 만한
때요 보라 지금은 구원의 날이로다 3 우리가 이 직책이 훼방을 받지
않게 하려고 무엇에든지 아무에게도 거리끼지 않게 하고 4 오직 모
든 일에 하나님의 일꾼으로 자천하여 많이 견디는 것과 환난과 궁핍
과 곤난과 5 매맞음과 갇힘과 요란한 것과 수고로움과 자지 못함과
먹지 못함과 6 깨끗함과 지식과 오래 참음과 자비함과 성령의 감화
와 거짓이 없는 사랑과 7 진리의 말씀과 하나님의 능력 안에 있어
의의 병기로 좌우하고 8 영광과 욕됨으로 말미암으며 악한 이름과
아름다운 이름으로 말미암으며 속이는 자 같으나 참되고 9 무명한
자 같으나 유명한 자요 죽는 자 같으나 보라 우리가 살고 징계를 받
는 자 같으나 죽임을 당하지 아니하고 10 근심하는 자 같으나 항상
기뻐하고 가난한 자 같으나 많은 사람을 부요하게 하고 아무것도 없
는 자 같으나 모든 것을 가진 자로다

[원문 직역]
1. 우리가 하나님과 함께 일하면서 너희에게 권면한다. 너희는 하
나님의 은혜를 헛되이 받지 말라. 2. 왜냐하면 그가 말한다. 내가 받
을만한 때에 너의 말을 들을 것이다. 내가 구원의 날에 너를 도울 것
이다. 3. 이 사역이 비판받지 않게 하기 위하여서, 아무에게도 아무것
도 위반하지 않았다. 4. 그러나 모든 일에 하나님의 사역자로서 스스
로 천거하였다. 오래 참음과 환란과 궁핍과 어려움이 있었다. 5. 상함
과 감옥에 갇힘과 소란스러움과 수고함과 자지 못함과 배고픔과 6.
청결함과 지식과 오래 참음과 선함과 성령 안에 있음과 신실한 사랑

과 7. 진리의 말씀 안에서 하나님의 능력 안에서 좌위의 의의 병기를 통하여서 있다. 8. 영광과 불명예를 통하여서 중상과 선한 평판을 인하여서 속이는 자처럼 보이는 진리가 있는자이다. 9. 무명한자처럼 보이는 유명한자이고 죽은 자처럼 보이나 보라 살아 있으며 권징을 받는자 같으나 죽음에 이르지 않는다. 10. 슬픔에 빠져 있는자 같으나 항상 기뻐한다. 곤핍한 자 같으나 풍성하고 아무것도 없는 자 같으나 모든 것을 가진 자라

[본문 해설]

1. 우리가 하나님과 함께 일하면서 너희에게 권면한다. 너희는 하나님의 은혜를 헛되이 받지 말라.

사도 바울은 "**우리가 하나님과 함께 일하는 자**"라고 증거한다. 이것은 사노들이 수께로 받은 대사로서의 직무적 성격 때문이다. 하나님의 큰일을 부여 받은 자로서 그가 언급한 것이다. 그것은 사도직의 권위를 드러내고 있다. 오직 복음을 전하고 주의 몸된 교회를 세우는 일로 부르심을 받은 사도들이 이제 고린도 교회에게 권면을 한다. 그것은 "**하나님의 은혜를 헛되이 받지 말라**"이다. "**헛되이**"에 해당하는 헬라어 "**에이스 케논**"(εἰς κενόν)은 "**비어있는 상태로 들어간다**"라는 의미가 있다. 그러므로 공허하며 허망한 것을 의미한다.

사도 바울이 하나님의 은혜를 헛되이 받지 말라고 한 것은 하나의 경고이다. 하나님의 은혜를 헛되이 받는 자들은 주로 하나님 앞에 나아갈 시간을 전혀 갖지 못하고 하나님께서 자신에게 주어진 생애를 낭비하는 자들이다. 그들에게는 크게 아쉬울 것이 없다. 하나님 앞에 기도하지 않아도 삶에서 크게 아쉬울 것이 없다. 그러니까 그들은 하나님의 존전에 나아가야 한다는 그 심령에 절박함이 없다. 그렇게 하나님의 은혜를 만홀히 여기는 자들이다. 그들이 하나님의 은혜를 헛되이 받는 자들이다. 그들은 하나님의 은혜를 받을 만 할 때에 헛되이 세월을 낭비하며 결국 그 개인의 영혼이 곤고해지게 된

다. 실로 모든 인생들에게 주어진 생애는 동일하다. 다만 각 사람의 경험치가 다르다. 인생에게 주어진 시간이야 일정하지만 각 사람들이 경험하는 삶의 현장이 다양하기에 그것이 오랜 세월을 지나고 나면 현저하게 그 특징들이 드러난다. 과연 신자들이 하나님의 은혜를 헛되이 받고 있지는 않는가? 자신이 지금 살아 있음이 구주의 크신 은혜 인 것을 모르고 하나님의 은혜를 헛되이 받고 있지는 않는가?

여기에서 하나님의 은혜를 헛되이 받고 있다는 의미는 삶의 본질적인 부분을 간과하고 그 세대에 사라질 헛된 것에 분요한 것을 쫓는 것을 말한다. 물론 삶에 본질적이지 않는 부분이 일상에서 전혀 불필요하다는 것은 아니다. 다만 거기에 심각하게 매몰되어서 하나님을 앙망하지 않는 것이 문제이다. 자신의 즐거움과 쾌락과 욕망을 위해서는 많은 시간과 재물을 허비하지만 하나님의 나라를 위해서는 단 한 푼어치의 시간과 재물도 드리지 않는 상태를 말한다. 그것이 하나님의 은혜를 헛되이 받는 삶이다.

우리가 살아가는 생애는 실로 하나님의 은혜로 가득차 있다. 우리가 실로 일반적인 활동을 하고 살아가는 순간이 얼마나 큰 축복인가는 질병이 걸려서 허약해지거나 혹은 오랜 세월이 흘러서 한 걸음을 움직이기 힘든 노년의 순간을 경험할 때 더욱 크게 알게 될 것이다. 그러나 누구든지 하나님의 은혜를 경험하기 위하여서 일부러 질병에 걸려서 허약해질 필요도 없다. 그리고 매우 나이 많은 노년까지 기다릴 필요도 없다. 오히려 지금 하나님의 기록된 계시의 말씀을 따라서 일상 가운데 진리를 경험해야 한다. 하나님의 은혜를 경험하는 데에는 나이도 성별도 차이가 없다. 그것은 어떤 지위조차도 차별이 없다. 하나님의 은혜가 모든 자에게 공평하게 임하는데 인간들이 스스로 거부하는 것이다. 왜냐하면 그들은 자신의 욕망대로 살아가는 것을 하나님의 은혜 안에 살아가는 것 보다 더욱 선호하기 때문이다. 그것이 전적으로 타락한 인간의 부패성이다. 모든 인생들이 그러한 부패한 영혼의 구조를 가지고 살아간다. 그래서 예수 그리스도께서 그렇게 헛되이 살아가는 자들을 돌아오게 하시고자 십자가에 죽으셨다. 다시는 자기 자신을 위하여서 살지 말고 살아계신 하나님을 위하여 살게 하려 하심이다.

그런데 사도 바울이 고린도 교회 신자들에게 하나님의 은혜를 헛되이 받지 말라고 하신 것은 중요하다. 왜냐하면 세례를 받고 신자라는 이름으로 교회 안에 들어온 자들은 더욱 하나님의 은혜를 헛되이 받지 말아야할 자들이기 때문이다. 여기에서 주를 위해서 살아간다는 것은 자기 마음대로 살아가지 않고 하나님의 계시된 말씀을 따라 살아가는 것이다. 그것이 어렵도 힘들어도 그렇게 주의 계시된 말씀을 고귀하게 여기고 살아가는 것이다. 그것이 참된 신앙이다.

2. 왜냐하면 그가 말한다. 내가 받을만한 때에 너의 말을 들을 것이다. 내가 구원의 날에 너를 도울 것이다.

이 본분은 사도 바울이 이사야 49장 8절을 인용하였다. "**여호와께서 또 가라사대 은혜의 때에 내가 네게 응답하였고 구원의 날에 내가 너를 도왔도다 내가 장차 너를 보호하여 너로 백성의 언약을 삼으며 나라를 일으켜 그들로 그 황무하였던 땅을 기업으로 상속케 하리라**"(사49:8) 이 본문에서 사도 바울이 전반부를 인용하였다. 그러므로 이사야 본문의 전반부의 역본과 비교하려고 한다. 전반부를 직역하면 이러하다. "**그러므로 여호와께서 말씀하셨다. 은혜의 때에 내가 너를 응답하였다. 구원의 날에 내가 너를 도왔다.**" 70인경은 이러하다. "**그와같이 주께서 말씀하신다. 받을만한 때에 너에게 들었다. 그리고 구원의 날에 너를 도왔다.**" 사도 바울의 서신은 70인경 본문을 그대로 인용하였다. 그렇다고 하면 이 본문은 어떠한 의미가 있는가?

사도 바울은 선지자 이사야가 이스라엘을 구원할 메시야에 대한 예언을 하면서 진술한 구절을 인용하였다. 그것은 이사야 49장 6절에 진술되어있다. "**그가 가라사대 네가 나의 종이 되어 야곱의 지파들을 일으키며 이스라엘 중에 보전된 자를 돌아오게 할 것은 오히려**

경한 일이라 내가 또 너로 이방의 빛을 삼아 나의 구원을 베풀어서 땅 끝까지 이르게 하리라"(사 49:6) 이 본문에서 선지자 이사야는 이스라엘을 구원할 메시야에 대한 하나님의 계시를 진술하고 있다. 결국 사도 바울은 그 메시야가 구주 예수 그리스도이심을 증거한다. 사도 바울이 이 본문을 인용한 이유는 이러하다. 구주의 복음이 천하 만민에게 전파되는 지금 시대가 하나님의 나라에 들어와서 은혜를 받을 만한 때이고 구원의 날이라는 것이다. 결국 선지자 이사야가 사도 시대를 전망하면서 그러한 기록을 남겼다는 사실을 주지시키고 있다. 사도 시대 이후에 온 천하에 복음이 전파되어서 얼마든지 하나님의 회중으로 들어오게 되는 그 날을 선지자 이사야가 바라보았다는 것이다. 그래서 이사야서를 인용하면서 사도 바울은 고린도 교회 신자들에게 너희들이 살고 있는 시대가 어떠한 시대인가를 깨닫으라고 가르치는 것이다.

실로 지금은 은혜의 때이다. 구원의 날이다. 구약의 이스라엘 공동체에서 태어나서 거기로부터 할례를 받고 성장하였던 사도들에게는 구주 예수 그리스도의 강림하심과 그리고 그가 우리 죄를 위하여서 속죄의 제사를 드리시고 십자가에 죽으신 것 그리고 삼일 만에 부활하셔서 우리 구주로 인정되시고 하늘에 오르신 그 놀라운 일련의 과정을 경험하였던 분들이었다. 그들이 구약의 교회가 얼마나 폐쇄적인가를 누구보다 잘 알고 있었다. 반드시 구약 교회에 회원이 되려면 모세의 율법을 따라 살기로 신앙을 고백해야 하고 할례를 받은 이후에 이스라엘의 회중 가운데서 거주지를 두어야 비로소 구약 교회 회원이 되었다. 그러니까 구약 교회의 회원이 되는 것은 이스라엘 인이 되는 것이다.

이러한 폐쇄적인 구약 교회의 형태에 대하여서 신약 교회는 다르다. 사도들의 가르침을 따라서 세례를 받아 구주 예수 그리스도를 주님으로 영접하여서 가시적 교회 안에 거하게 되면 신자가된다. 실로 개종의 절차가 매우 단순하다. 실로 하나님의 은혜와 구원이 구약 시대에 비하여서 매우 크게 확장된 것이다. 누구나 하나님의 교회에 들어올 수 있다. 그리고 누구나 하나님의 나라의 언약 백성이 될 수 있다. 그러나 사도 바울이 그러한 시대에 사는 신자들에게 경계의 말씀을 하신 이유가 그 앞 구절에 있다. 그것은 "**하나님의 은혜를 헛되이 받지 말라**"는 것이다. 하나님의 나라가 무엇이며 그 나라의 백성으로 살아가는 도리에 대하여서 무지하고 자기 마음대로 살아가는 것은 결국 하나님의 은혜를 헛되이 받는 것이다. 그러한 자들에게는 하나님의 심판이 이방인과 동일하다. 거짓 신자들이기 때문이다. 그러니까 하나님의 교회의 확장이 이렇게 넓어졌다고 해도 그것이 모든 가시적 교회 신자들의 구원을 보증하지 못한다는 것이다.

가시적 교회의 세례가 구원의 보증이 아니라는 것이다. 어떤 외적 표징도 구원의 증표가 되지 못한다. 오직 복음을 듣고 믿음으로 만 구원을 받는다. 그러므로 참된 신자들의 구원은 하나님의 진리의 말씀을 깨닫고 거기에 순복하는 백성들이다. 그렇지 아니하면 실로 구원이 없다. 믿음으로 순종하지 않는 신자는 구원이 없다. 결국 믿음에 대한 올바른 정의와 순종의 의미 그리고 새 언약 교회 공동체로 들어올 때 받은 세례의 참된 의미를 깨닫기 전에는 구원을 받은 것이 아닐 수 있다. 구원은 믿음으로 받는다. 그런데 그 믿음은 하나님의 계시된 말씀을 받아들이는 경로이다. 오직 믿음으로만 하나님의 말씀을 깨달을 수 있다. 참된 신자들은 예외 없이 하나님의 말씀을 사모하며 그 말씀을 깨닫고 순종하려고 하는 마음을 가지고 있다. 결국 사도 바울이 이 본문에서 증거하는 바는 이렇게 넘치는 은혜의 때이고 구원의 날에도 하나님의 구원에 이르지 못하는 자들이 있을까하는 우려의 말씀이다. 하나님의 구원의 은혜를 결코 멸시하지 말라는 것이다. 자기 마음대로 살아가지 말라는 것이다. 오직 주의 진리의 말씀을 따라 살아가라는 것이다.

3. 이 사역이 비판받지 않게 하기 위하여서, 아무에게도 아무것도 위반하지 않았다.

사도 바울은 그리스도의 복음 사역이 방해를 받지 않게 하고자 아무에게도 아무것도 위반하지 않았나고 말한다. 이는 실로 전도자의 자세이다. 하나님의 복음을 맡은 자들은 넓은 의미에서 모든 신자들에게 해당하지만 좁은 의미로는 사도들과 같은 직분자들에게 해당된다. 가시적 교회 안에 주어진 교회의 질서로서 목사와 교사 그리고 치리 장로와 안수 집사들은 자신들의 직책이 비판받지 않기 위하여서 스스로 위반하지 않아야 한다. 결국 불법을 행하면서까지 자신의 직무를 수행하거나 혹은 자신의 잇속을 챙기지 말라는 것이다. 이러한 일에 이 나라 교회는 날마다 실패하고 있다. 장로교회 성직자들 중에는 장로 교회법을 무시하고 자기 임의대로 지 교회를 세우려고 하는 자들이 있다. 비록 그들이 외적으로 대형 교회를 이루었다고 해도 그러한 교회는 거짓 교회이다. 장로 교회법을 따라서 신자들을 가르치고 치리하고 인도하는 교회가 되지 못하고는 결코 장로교회라 불리울 자격이 없다. 사도 시대에 기원을 두고 있는 장로교회는 오직 하나님의 말씀과 장로 교회법을 따라서 세워져야 한다.

사도 바울 자신도 그의 사역이 비판받지 않기 위하여서 사도 시대에 널리 통용되었던 사도들의 규례를 준수했다. 사도 시대에는 이미 서신에서 드러난 대로 사도들이 세웠던 교회법이 있었다. 최초의 예루살렘 공의회는 이방인들에게 할례를 주는 것을 금지하였다. 그리고 야고보서에 잘 드러난 대로 사도 시대 교회에 성도들이 지켜야 하는 치리서가 있었다. 그것은 일정한 규범이었다. 사도들의 서신에서 널리 드러나고 있는 그러한 치리서의 규범들을 사도 야고보는 좀 더 자세하게 서신으로 남겼다. 그러므로 야고보서는 사도 시대의 대표적 치리서로 손색이 없다. 사도 야고보의 서신을 살펴보면 매우 자세하게 신자들이 어떻게 살아가야할 규범을 가르치고 있다. 실로 야고보서는 정통 교회에 소중한 치리서이다. 신자들은 반드시 야고보서의 가르침을 따라 살아야 한다. 그것은 신자 된 도리이다. 그러한 도리를 따라 살지 않는 자들은 멸망이다. 그것을 사도 야고보가 본문에서 증거한다.

"영혼 없는 몸이 죽은 것같이 행함이 없는 믿음은 죽은 것이니라"(약2:26) 이 본문을 좀더 정통 교리적으로 의역하면 이러하다. **"영혼 없는 몸이 죽은 것 같이 순종이 없는 믿음은 죽은 것이다."** 사도 야고보의 이러한 선언은 실로 참된 믿음이 무엇인가를 우리에게 증거한다. 그것은 신자들이 자신에게 주어지는 어떠한 불이익이나 고통이나 환란이나 어려움이나 곤고함이나 핍박이 있을지라도 주의 법을 지키려고 하는 자세이다. 그것이 참된 신앙의 자태이다. 그러므로 하나님의 말씀을 따라서 행하지 않는 믿음이란 죽은 믿음이다. 그것은 사도 시대 신자들의 행함의 도리이다. 여기에서 행함은 자신의 의를 드러내는 그러한 행함이 아니다. 단지 주의 말씀에 순종하는 것이다. 우리 시대에 거짓 신자들이 횡행한다. 그들은 자기 의를 따라 살아간다. 자기의 잇속을 챙기며 살아간다. 단지 그것이다. 이 세상에서 맘몬 신앙을 따라 살아가면서 거짓되이 행하면서 거짓 신앙을 자랑하며 살아간다. 교회에서 자신이 어떠한 위치에 있으며 어떻게 대접받고 있는 사람인가를 과시한다. 그리고 자신의 열심이 어떻게 자신의 의를 따라 되었는지를 자랑한다. 실로 이러한 자들은 모두 멸망이다. 하나님의 교회는 사람이 자기 의로 세워지는 것이 아니다. 오직 하나님의 교회는 하나님의 진리의 말씀으로 세워질 뿐이다. 진리의 지식이 없는 자들은 이미 화로다. 그들의 멸망이 홀연히 올 것이다. 실로 정통 교회의 가르침에 순복하고 살아가는 것이 복되다.

4. 그러나 모든 일에 하나님의 사역자로서 스스로 천거하였다. 오래 참음과 환란과 궁핍과 어려움이 있었다. 5. 상함과 감옥에 갇힘과 소란스러움과 수고함과 자지 못함과 배고픔과

사도 바울은 자신의 직책이 손상을 받게 하지 않고자 자신이 당한 고난의 삶을 한 가지씩 매우 자세하게 열거하고 있다. 그것은 그것을 통하여서 신자들에게 경각심을 주고자 함이다. 첫째는 많이 견디었다고 말한다. 헬라어로 "**엔 휘포모넨 폴레**"(ἐν ὑπομονῇ πολλῇ)으로 되어있다. 이것은 "**인내**", "**버팀**", "**견고함**"이라는 의미가 있다. 둘째는 환란 안에 있었다고 말한다. 헬라어로 "**엔 들립세신**"(ἐν θλίψεσιν)이라고 한다. 그 의미는 "**고난**", "**고생**", "**시련**", "**재난**", "**비탄**", "**고민**", "**수난**", "**고통**", "**재해**", "**불행**"이라는 뜻도 있다. 결국 사도 바울은 그리스도의 복음을 위하여서 그 모든 것을 감수하였다고 고백하는 것이다. 셋째로 궁핍 안에 있었다고 말한다. 헬라어로 "**엔 아낭카이스**"(ἐν ἀνάγκαις)라고 말한다. 이것은 "**결핍**", "**곤궁**", "**가난**", "**곤핍**"이라는 의미도 있다. 결국 그가 그리스도의 복음을 위하여서 매우 곤핍하게 살았다는 것을 고백한다. 넷째로 어려움 안에 있었다. 헬라어로 "**엔 스테노코리아이스**"(ἐν στενοχωρίαις)라고 하는데 의미는 "**굶주림**"이다.

이제 고린도 후서 6장 5절에서 첫째로 매맞음이 있었다. 그가 복음을 전하다가 태형을 받은 적이 있었다. 둘째로 감옥에 갇혔다. 셋째로 요란한 상황이 있었다. 달리 해석하면 "**소요**"가 일어났다는 것이다. 복음을 전하다가 그도 원하지 않는 소요 사태가 발생하였다. 넷째로 그가 복음을 위하여서 수고 하였다. 헬라어 "**코포이스**"(κόποις)는 "**매우 어려운 일**"을 의미한다. 그것은 고단한 일이다. 그가 그러한 삶을 살았다. 다섯째로 잠도 못자고 그렇게 복음 사역을 위해서 일하였다.

6. 청결함과 지식과 오래 참음과 선함과 성령 안에 있음과 신실한 사랑과 7. 진리의 말씀 안에서 하나님의 능력 안에서 좌위의 의의 병기를 통하여서 있다.

이제 사도 바울은 그러한 삶 가운데서도 자신이 어떠한 자태를 가지고 살았는지를 고백한다. 먼저 "**깨끗함**"이다. 헬라어로 "**아그노테스**"(ἁγνότητι)라고 하는데 "**청결함**"이다. 혹은 "**성실**", "**진실**", "**진심**", "**순수함**"이라는 의미도 있다. 이 의미는 잉글랜드와 스코틀랜드의 청교도들에게도 해당하는 명칭이다. 잉글랜드와 스코틀랜드 청교도들의 생애는 그야말로 성결 그 자체였다. 그들은 진리에 대하여서 누구보다 순결하였다. 신자들이 가장 먼저 순결해야 하는 부분은 신자들의 마음이다. 그 마음이 깨끗하지 못하면 진리가 깨달아지지 않는다. 하나님 앞에서 자신의 부패한 본성을 고백하고 회개하여서 돌이키지 않는 한 어느 누구도 진리를 깨달을 수 없다. 진리는 오직 순결한 영혼에게 구주 예수 그리스도를 소개하는 중매장이다. 그러므로 구주 예수 그리스도를 참되게 알려면 실로 겸손한 마음과 순수한 마음이 중요하다. 신자들이 자신들의 헛된 욕망을 버리지 못하는 한은 결코 진리를 깨달아 알 수 없다.

사도 바울은 "**지식**"에 대하여서 증거한다. 사도 바울은 하나님의 아는 지식에 충만한 분이었다. 사도 바울이 증거한 지식은 순결한 양심으로 인하여서 세워진 지식이다. 그 지식은 세상 지식과 다르다. 오직 믿음으로 순결한 마음의 상태에서 깨달아지는 지식이다. 하나님을 아는 지식은 하나님을 사모하는 마음과 정비례하는 것이다. 진실로 주 하나님을 사랑하는 자들에게는 믿음으로 청결한 마음을 통하여서 진리를 정관하게 되리라.

사도 바울은 "**인내**"를 말한다. 헬라어로 "**마크로두미아**"(μακροθυμία)라고 하는데 "**인내**", "**참음**", "**관용**", "**자제함**"이라는 의미가 있다. 법률용어로서는 "권리 행사의 보류"라고 하는 의미가 있다. 하나님 앞에서 자신의 권리 행사를 보류하고 하나님의 복음을 위해서 살았던 사도 바울의 생애를 엿볼 수 있는 고백이다.

사도 바울은 고린도 후서 6장 7절에 "**진리의 말씀**"과 "**하나님의 능력**"과 "**좌우에 있는 의의 병기**"를 평행적으로 진술하고 있다. 이것은 동일한 의미의 다른 표현이다. 사도 바울이 증거하는 하나님의 능력이란 진리의 말씀을 의미한다. 결국 진리의 말씀이 하나님의 능력이다. 그리고 좌우에 있는 의의 병기도 하나님의 진리를 의미한다. 진리의 말씀을 풍성하게 표현하고 있는 것이다.

8. 영광과 불명예를 통하여서 중상과 선한 평판을 인하여서 속이는 자처럼 보이나 진리가 있는자이다. 9. 무명한자처럼 보이나 유명한자이고 죽은 자처럼 보이나 보라 살아 있으며 권징을 받는자 같으나 죽음에 이르지 않는다. 10. 슬픔에 빠져 있는자 같으나 항상 기뻐한다. 곤핍한자 같으나 풍성하고 아무것도 없는 자 같으나 모든 것을 가진 자라

사도 바울은 자신의 직분이 영광됨을 매우 정확하게 알고 있다. 그는 고린도 후서 6장 8절에 이렇게 선언한다. "**영광과 불명예를 통하여서 중상과 선한 평판을 인하여서 속이는 자처럼 보이나 진리가 있는 자이다.**" 이 말의 의미는 이러하다.

사도 바울은 자신의 삶이 영광과 불명예, 그리고 중상과 선한 평판이 교차한다고 말한다. 사도 바울을 오해한은 많은 유대인들은 사도 바울을 불명예와 중상으로 대하였다. 그러나 사도 바울의 복음을 듣고 거룩한 보편 교회로 돌아온 신자들은 사도 바울의 사역을 경탄하고 함께 기뻐하였다. 그래서 오해와 왜곡으로 인하여서 사도 바울이 속이는 자처럼 보이지만 실상은 진리를 전하는 자이다. 실로 진리를 왜곡하는 자들은 사도 바울의 가르침을 거절한다. 그들은 일부 유대인들이고 일부는 헬라인들이다. 유대인들은 표적을 추구하고 헬라인들은 지혜를 추구한다. 그러나 그리스도인들은 십자가에 달리신 예수 그리스도를 추구한다.

유대인들이 보기에 십자가의 도리는 고난의 길을 가는 것이다. 결코 신비한 이적들을 통하여서 환상을 따라가는 종교가 아니다. 그래서 신비주의를 추구하는 유대인들은 사도들의 십자가의 도리를 싫어하였다. 천사 숭배 사상이 팽배하였던 유대인들에게는 무엇인가 신비한 경험을 중요시하였다. 매우 신비주의적 종교였다. 사도 바울은 그들이 종교에 열심이 있으나 진리의 지식을 좇지 않는다고 로마서에서 우려를 표명하였다.(롬 10:2) 헬라인들은 자신들의 오래된 사색의 전통 안에서 자연을 사색하는 철학이 있었다. 헬라인들은 그들의 철학적 사고 구조 안에서 기독교 복음을 미련한 것으로 간주하였다.

사도 바울은 십자가에 달리신 구주 예수 그리스도를 믿음으로 영접하기 전까지 어느 누구도 복음을 이해할 수 없다고 증거하였다. 사도 바울은 이 세상의 어떠한 지혜로도 알 수 없는 복음의 놀라운 가치에 대하여서 교훈하였다. 복음은 진리이다. 그러나 세상 지혜로 알 수 없는 진리이다. 그것은 구속의 진리이며 하나님 나라의 진리이다. 그래서 복음은 실로 우리에게 최고의 선이다.

사도 바울은 고린도 후서 6장 9절에서 "**무명한자처럼 보이는 유명한자이고 죽은 자처럼 보이나 보라 살아 있으며 권징을 받는자 같으나 죽음에 이르지 않는다.**"라고 고백한다. 사도 바울 당대에 모든 사도들은 무명한 자들이었다. 알아주는 이 없었다. 합법적으로 예배조차도 드릴 수 없을 정도로 은밀하게 예배를 드려야 하는 비참한 상황이었다. 사회적으로 사도들은 죽은 자와 방불하였다. 그들은 정처 없이 떠돌아다니는 순회 전도자였다.

일반적으로 생업에 종사하여서 자기 삶을 꾸려가는 사람들에게 사도들은 이해할 수 없는 자들이었다. 이 세상에 유력자들은 사도들을 이해하지 못하였다. 그리고 이 세상에 유명한 자들에게 사도들은 알려지지도 않았다. 사도 바울은 이 세상에서 무명한자로 살아가면서 복음에 대하여서 증거하였다. 참된 성직자란 이 세상에서 유명해진 사람이 아니다. 하나님의 말씀을 올바르게 전하는 자이다.

바울은 왜 무명한자 같으나 자신이 유명한자라고 하였을까? 그것은 하나님의 칙령을 전하는 칙사로서 천사도 흠모하는 복음 전파의 사명을 받은 하나님 나라의 사자들이었기 때문이다. 진리이신 하나님께서는 사도들을 유명한자로 인정하신다. 세상은 진리를 모르지만 진리를 받은 자들은 사도들을 알고 있다. 모든 참된 그리스도인들은 사도들을 모를 수 없다.

만왕의 왕이시며 만주의 주가 되시는 예수 그리스도께서 사도들을 세우셨다. 그래서 세상이 알아주지 않아도 별로 상관없었다. 오직 사도들은 자신들을 세워주신 교회의 왕이신 예수 그리스도께서 그들을 알고 계시기에 그것으로 만족하였다. 실로 사도들처럼 모든 신자들은 이 세상에서 유명하려고 하지 말아야 한다. 오직 하나님이 인정하시는 자들로서 세워져야 한다. 우리 구주 예수 그리스도께서 인정하시는 복음의 일꾼들이 되어야 한다. 그러한 자가 실로 유명한자들이다. 여기에서 "**유명하다**"라는 의미는 "**이름값이 있다**"라는 의미이다. 그냥 세상에 유명하게 알려진 것과 실로 이름값을 가지고 있는 것은 다르다. 허세를 부리고 있는 유명인들도 많이 있다. 진리는 없으면서 진리가 있는 척 알려진 자들도 많이 있다. 그러므로 이 세상에서 유명하게 되는 것은 헛되다.

사도 바울은 헬라어 본문에서 "**무명한자**"를 "**아그노우메노이**"(ἀγνοούμενοι)라고 하였다. 이것은 "**무지하다**"라는 의미이다. 그것은 세상이 무지하여서 사도들의 참된 이름값을 모른다는 의미이다. 그리고 "**유명하다**"는 "**에피기노스코메노이**"(ἐπιγινωσκόμενοι)이라고 하는데 이는 달리 해석하면 "**위로부터 온 지식이 있다**"는 의미도 된다. 그것은 하늘로부터 인정을 받은 자라는 의미이다.

사도는 이제 증거 한다. "**죽은 자처럼 보이나 보라 살아 있다.**" 실로 사도들은 그 당대에 사회적으로 죽은 자들이다. 세상 사람들의 시각으로 이해가 되지 않을 분들이었다. 그러나 사도 바울은 증거한다. 자신들이 사회적으로는 죽은 자처럼 살지라도 결코 그렇지 않다는 것이다. 실로 영생이 넘치는 분들이었다.

사도들은 이미 하나님 나라의 영광에 휩싸여서 모든 고난 가운데서도 기뻐하며 생명력이 충만하게 살아 있었다. 다만 세상이 결코 사도들의 그러한 충만한 생명력을 볼 수 없었다. 오직 믿음으로 만 볼 수 있기 때문이다. 사도들은 삶 가운데 자신들의 존재감에 감사하며 찬송하였다. 아무도 알아주는 이 없어도 그리스도의 생명으로 충만하였다. 그것이 성직자가 가야 할 길이다.

사도 바울은 "**권징을 받는자 같으나 죽음에 이르지 않는다.**"고 고백한다. 결국 사도들의 삶 자체가 하나님의 큰 권징 아래에 있었다. 고난을 당하고 곤핍을 겪고 가난과 싸우고 궁핍과 싸우며 그렇게 그들의 생애는 지나갔다. 그러나 사도들은 죽음에 이르지 않았다. 왜냐하면 주님과 함께 동행하기 때문이다. 여기에서 사도 바울은 실로 진정한 죽음이 무엇인가를 가르친다. 사람이 실로 살아 있으나 죽은 자와 방불한 것은 그 마음에 하나님이 없는 상태이다. 하나님이 없는 상태로 계속 살아가는 것이 죽은 것이다. 왜냐하면 하나님 자신이 영생이시기 때문이다. 그러므로 사도 바울은 결코 죽은 자가 아니었다. 사도 바울은 생명이 충만하여서 진리를 전파하였다. 이 세상에서는 어디를 보아도 살아 있으나 죽은 자와 방불한 자들로 가득하다. 하나님의 말씀을 거절하고 자기 고집대로 살아가는 자들은 살아 있으나 죽은 자와 방불하다. 이미 사망 선고가 내려진 버려진 자들이다.

참된 신자들은 구주 예수 그리스도께서 가셨던 그 거룩한 도리를 따라가면 된다. 진리의 성령께서 우리 구원의 보증이시다. 그러므로 영생은 곧 유일하신 참 하나님과 그가 보내신 자 예수 그리스도를 아는 것이다.(요 17:3) 실로 그것이 인생의 최고의 선이다. 하나님을 모르고 살아가는 것은 소망이 없다. 사도 바울이 죽어 있지 않다고 한 것은 그 영혼의 상태이다. 사도 바울은 큰 고난 가운데서도 죽지 않고 더욱 진리로 살아 기뻐하고 찬송하는 모습을 하나님께 드렸다. 실로 사도 바울의 삶 자체가 거룩한 신앙 고백이다. 우리는 진리의 정신이 살아있어야 한다. 그것이 살아 있지 않은 자들은 가장 비참하고 가련한 자들이다. 그런데 세상은 그런자 들이 세력을 잡고 헛되이 자기의 자리를 자랑하며 세상에서 위세를 자랑하고 세상 것으로 부요함을 자랑한다. 모두 멸망이다. 사도 바울은 성도들에게 증거한다. 진리로 살아서 진리로 풍성하라는 것이다.

고린도 후서 6장 10절에서 사도 바울은 다음과 같이 증거한다. **"슬픔에 빠져 있는 자 같으나 항상 기뻐한다. 곤핍한 자 같으나 풍성하고 아무것도 없는 자 같으나 모든 것을 가진 자라"** 이 세상 사람들은 환란과 곤핍 가운데 있는 성도들을 바라볼 때 저가 가난하기 때문에 실로 얼마나 번민이 가득하고 슬픔에 잠겨 있을까 넘겨짚는다.

그러나 사도 바울이 증거하고 있다. 그 자신은 "**항상 기뻐한다.**" 참된 신자들은 이 세상에서 결코 슬퍼하지 않는다. 죄를 슬퍼할지언정 자신의 처지를 비관하거나 한탄하지 않는다. 오히려 감사하며 찬송한다. 하늘 상급을 바라보기 때문이다. 많은 선지자들이 그러한 핍박 가운데 살았다.

사도 바울은 자신의 처지를 보고 세상 사람들이 측은히 여길지 모르지만 그것은 사도들의 실체를 보지 못한 표피적 시각임을 드러낸다. 오히려 사도 바울은 항상 기뻐한다고 말한다. 우리는 사도 바울이 데살로니가 교회에게 가르친 세 가지 그리스도인에 대한 삶의 계명을 기억하여야 한다. "**항상 기뻐하라. 쉬지말고 기도하라. 범사에 감사하라. 이는 그리스도 예수 안에서 너희를 향하신 하나님의 뜻이니라**"(살전 5:16~18) 사도 바울은 영원한 기쁨으로 충만하였다. 그의 눈 앞에 보이는 것이 아무 것도 없어도 놀라운 감사로 넘쳤다. 그것이 신자들이 가야할 노선이다.

사도 바울은 증거 한다. "**곤핍한자 같으나 풍성하다.**"(고후 6:10) 이 세상의 가치 판단으로 볼 때에 사도들의 생애는 손해 보는 인생이다. 다른 사람들이 직업을 통해서 재물을 축적할 때 사도들은 복음을 전한다고 여기 저기 정처 없이 떠돌아다녔기 때문이다. 그러나 사도 바울은 반론을 제기한다. 자신이 곤핍한자 같으나 실상은 매우 풍성하다. 사도 바울처럼 진리로 풍성하게 되면 이러한 고백이 자연스럽게 나온다. 사도 바울의 생애가 그러하였다.

사도 바울은 이렇게 선포한다. "**아무것도 없는 자 같으나 모든 것을 가진 자라**"(고후 6:10) 이는 실로 하나님의 사람들만이 고백할 수 있는 신앙 고백이다. 왜 사도 바울은 아무것도 없으면서 모든 것을 가진 자라고 하였을까?

사도 바울은 복음을 위해서 가난한자가 되었다. 그는 생업을 포기하고 일용할 양식으로 족하였으며 부를 축적하지도 않았다. 그런데 그렇게 물질적 가치로 판단할 때에 무척 가난한 사도 바울이 모든 것을 가진 자라고 할 수 있는가? 그것은 사도 바울이 항상 감사할 수 있었던 원천이다. 그것은 오직 하나님이시다. 하나님은 만유의 주권자이시다. 그가 만물의 소유주이시다. 하나님을 구주로 영접하게 되면 온 세상이 하나님의 것이기에 모든 것을 가진 것이다. 다만 그것을 아끼어서 하나님을 영화롭게 하는 삶을 살아가는 것이다. 사도 바울은 매일의 양식으로 만족하고 하나님 안에서 자유하였다. 하나님이 우리의 아버지이시다. 그는 온 세상의 주재자이시다. 과연 우리의 필요한 것을 주시지 않으시겠는가? 오직 성도들은 사도들을 믿음과 같이 복음의 풍성함에 이르고자 달려가야 한다. 그래서 사도 바울은 증거한다. "**운동장에서 달음질하는 자들이 다 달아날지라도 오직 상 얻는 자는 하나인 줄을 너희가 알지 못하느냐 너희도 얻도록 이와 같이 달음질하라**"(고전 9:24) 사도 바울이 이 비유에서 말씀하고자 하는 것은 이러하다. 많은 사람들이 복음을 위하여서 달음질하지 않고 대부분 다른 목적으로 달려간다. 그러한 자들에게는 하나님 나라의 상급이 없다. 이 세상이라는 경주로를 달려가는 자들은 많다. 그러나 하나님 나라를 향하여서 달려가는 자들은 극히 드물다.

그러므로 오직 상얻는 자는 하나라는 것은 어떤 대상에 대한 것이 아니다. 하늘 상을 받는 방식이 오직 하나라는 것이다. 복음을 위해서 살아야 상을 받는다.

제목: 하나님의 백성
본문: 고린도 후서 6장 11~18절

[본 문]
11 고린도인들이여 너희를 향하여 우리의 입이 열리고 우리의 마
음이 넓었으니 12 너희가 우리 안에서 좁아진 것이 아니라 오직 너
희 심정에서 좁아진 것이니라 13 내가 자녀에게 말하듯 하노니 보답
하는 양으로 너희도 마음을 넓히라 14 너희는 믿지 않는 자와 멍에
를 같이 하지 말라 의와 불법이 어찌 함께 하며 빛과 어두움이 어찌
사귀며 15 그리스도와 벨리알이 어찌 조화되며 믿는 자와 믿지 않는
자가 어찌 상관하며 16 하나님의 성전과 우상이 어찌 일치가 되리요
우리는 살아 계신 하나님의 성전이라 이와 같이 하나님께서 가라사
대 내가 저희 가운데 거하며 두루 행하여 나는 저희 하나님이 되고
저희는 나의 백성이 되리라 하셨느니라 17 그러므로 주께서 말씀하
시기를 너희는 저희 중에서 나와서 따로 있고 부정한 것을 만지지
말라 내가 너희를 영접하여 18 너희에게 아버지가 되고 너희는 내게
자녀가 되리라 전능하신 주의 말씀이니라 하셨느니라

[원문 직역]
11. 우리의 입이 고린도 교인들 너희를 향하여서 열렸다. 우리의
마음이 넓어졌다. 12. 너희가 우리 안에서 제한된 것이 아니라 너희
의 마음 안에서 제한된 것이다. 13. 내가 자녀에게 하듯이 말한다. 너
희가 그 자체의 보답으로서 마음을 넓혀라. 14. 믿지 않는 자와 멍에
를 매지 말라. 왜냐하면 어찌 의로움과 무법함이 협력할 수 있으며
혹은 어찌 빛과 어두움이 교제할 수 있는가? 15. 그리고 어찌 그리스
도가 벨리아르에게 일치할 수 있는가? 어찌 믿는자가 믿지 않는 자
와 함께 공유할 수 있는가? 16. 어찌 하나님의 성전과 우상이 함께
일치하리요? 왜냐하면 우리는 살아계신 하나님의 성전이기 때문이
다. 그와 같이 하나님께서 말씀하셨다. 그들 안에 내가 거할 것이다.

그리고 걸어갈 것이다. 그리고 내가 그들의 하나님이이 될 것이다. 그리고 그들이 나의 백성이 될 것이다. 17. 그러므로 너희는 그들 중에서 나와라. 그리고 따로 있어라. 주님께서 말씀하신다. 그리고 더려운 것을 만지지 말라. 내가 너희를 영접할 것이다. 18. 그리고 내가 너희에게 아버지가 되고 너희는 나에게 아들과 딸이 되리라. 전능하신 주께서 말씀하신다.

[본문 해설]

11. 우리의 입이 고린도 교인들 너희를 향하여서 열렸다. 우리의 마음이 넓어졌다. 12. 너희가 우리 안에서 제한된 것이 아니라 너희의 마음 안에서 제한된 것이다. 13. 내가 자녀에게 하듯이 말한다. 너희가 그 자체의 보답으로서 마음을 넓혀라.

사도 바울은 고린도 교회 성도들을 향하여서 입이 열렸고 마음이 넓혀져 있다고 말한다. 사도 바울은 고린도 교회 성도들을 향하여서 애정 어린 기도를 드렸다. 그리고 그들을 진심으로 사랑하였다. 사도 바울은 고린도 교회 성도들이 사도들 안에서 제한된 것이 아니라 그들의 마음 안에서 제한되었다고 말한다. 고린도 후서 6장 12절에 "**좁아지다**"에 해당하는 헬라어 "**스테노코레이스데**"(στενοχωρεῖσθε)는 "**제한되다**", "**감금당하다**", "**가둬넣다**"라는 의미도 있다. 결국 사도는 말한다. 고린도 교회 성도들이 스스로 그들의 마음 안에서 자신들을 가둬두었다는 것이다. 실로 마음이 좁은 사람의 특징은 자신 안에 자신을 가두어 버린다. 그리고 다른 사람을 탓한다. 고린도 교회 교인들이 그러하였다. 그들은 자신들 마음 안에 스스로를 가둬버렸다. 실로 참된 신자들은 자신의 마음 안에 자신을 감금시키는 어리석은 행위를 하지 말아야 한다.

사도 바울은 고린도 후서 6장 13절에서 다음과 같이 권면한다. "**내가 자녀에게 말하듯 하노니 보답하는 양으로 너희도 마음을 넓히라**" 사도 바울은 자녀에게 말하듯이 말한다고 하면서 고린도 교회 성도들에게 아비에게 보답하는 심정으로 마음을 넓히라고 말한다. 마음이 좁은 사람은 모든 것을 용납하지 못한다. 그러나 마음이 넓은 사람은 많은 것을 용납한다. 그것이 하나님의 사람의 자태이다.

14. 믿지 않는 자와 멍에를 매지 말라. 왜냐하면 어찌 의로움과 무법함이 협력할 수 있으며 혹은 어찌 빛과 어두움이 교제할 수 있는가? 15. 그리고 어찌 그리스도가 벨리아르에게 일치할 수 있는가? 어찌 믿는 자가 믿지 않는 자와 함께 공유할 수 있는가? 16. 어찌 하나님의 성전과 우상이 함께 일치하리요? 왜냐하면 우리는 살아계신 하나님의 성전이기 때문이다. 그와 같이 하나님께서 말씀하셨다. 그들 안에 내가 거할 것이다. 그리고 걸어갈 것이다. 그리고 내가 그들의 하나님이이 될 것이다. 그리고 그들이 나의 백성이 될 것이다.

이 본문에서 사도 바울이 증거하는 바는 이러하다. 하나님의 백성은 믿지 않는 자와 함께 혼인할 수 없다. 실로 믿지 않는 자와 멍에를 매지 말 것에 대한 선언이다. 사도 바울은 고린도 교회 신자들에게 우상의 제물에 대하여서도 언급하였다. 우상의 제물 자체가 사람을 망하게 하지는 않지만 그것으로 인하여서 연약한 성도들의 마음이 무너질 수 있으니 주의하라는 것이었다. 사도 바울은 고린도 교회 신자들에게 결코 이 세상의 풍습을 따라가지 말 것을 권면한다. 사도 바울은 혼인과 관계하여서 배우자 선택의 순결성을 강조하면서 동시에 이 세상을 살아가는 신자들의 순결성을 교훈한다.

사도 바울은 고린도 후서 6장 16절 후반부에 "**우리는 살아 계신 하나님의 성전이라 이와 같이 하나님께서 가라사대 내가 저희 가운데 거하며 두루 행하여 나는 저희 하나님이 되고 저희는 나의 백성이 되리라 하셨느니라**" 라고 증거하였다. 직역하면 이러하다. "**왜냐하면 우리는 살아계신 하나님의 성전이기 때문이다. 그와 같이 하나님께서 말씀하셨다. 그들 안에 내가 거할 것이다. 그리고 걸어갈 것이다. 그리고 내가 그들의 하나님이 될 것이다. 그리고 그들이 나의 백**

성이 될 것이다." 사도 바울의 후반부 선언은 언약의 백성들에게 매우 중요하다. 새 언약의 교회에 들어온 신자들은 모두 세례를 통하여서 구약의 할례 받은 이스라엘 백성들과 동일하게 언약의 백성들이다. 그 언약은 아브라함의 언약 가운데 그 약속의 성취자로서 오신 예수 그리스도 안에서 얻게 된 것이다. 그래서 새 언약의 신자들은 구약의 아브라함의 자손들과 동일하게 언약의 백성들이다. 신구약 언약 안에서 믿음으로 들어온 모든 신자들은 언약의 백성들이다. 그 언약은 "**내가 저희 가운데 거하며 두루 행하여 나는 저희 하나님이 되고 저희는 나의 백성이 되리라**"는 것이다. 그것은 이사야 7장 14절에 대한 성취로서 마태복음에서 드러났다. "**그러므로 주께서 친히 징조로 너희에게 주실 것이라 보라 처녀가 잉태하여 아들을 낳을 것이요 그 이름을 임마누엘이라 하리라**"(사 7:14) 선지자 이사야는 이사야 7장 14절에서 장래에 처녀에게서 잉태하여서 태어나실 메시야가 임마누엘이라는 이름으로 하나님의 언약을 성취할 것을 예언하였다. 결국 그 예언은 구주 예수 그리스도의 성육신으로 증명이 되었다.

사도 마태는 그의 복음서에서 선지자 이사야서의 예언을 따라서 오신 메시야 이신 예수 그리스도에 대하여서 기록하였다. "**보라 처녀가 잉태하여 아들을 낳을 것이요 그 이름은 임마누엘이라 하리라 하셨으니 이를 번역한즉 하나님이 우리와 함께 계시다 함이라**"(마 1:23) 사도 마태는 천사가 전하는 아기 예수에 대한 예언을 기록하면서 선지자 이사야서를 인용하였다. 결국 하나님께서 우리와 함께 하신다는 그 놀라운 예언은 이미 오래전부터 모세 오경에서 기록이 되어있었다. 출애굽기 6장 7절에 여호와 하나님께서 친히 모세에게 말씀하셨다. "**너희로 내 백성을 삼고 나는 너희 하나님이 되리니 나는 애굽 사람의 무거운 짐 밑에서 너희를 빼어낸 너희 하나님 여호와인 줄 너희가 알지라**" 임마누엘의 언약의 내용은 이미 창세기 아브라함의 선택에서부터 분명하게 드러났다. 그것은 하나님께서 이스라엘을 부르신 목적 중에 하나였다. 하나님께서 이스라엘을 부르신 목적은 그들의 하나님이 되시고자 하심이다. 그리고 그들을 하나님의 백성으로 삼으시고사 하심이다. 하나님께서 그 백성의 하나님이 되시고 그들이 그의 백성이 되는 복이란 신자들에게 최고의 복이다. 그래서 하나님 나라의 복의 최고는 하나님 자신이시라는 교리가 성립이 된다. 하나님께서 우리 하나님으로 계시는 것 자체기 이미 복되다. 하나님 나라의 복은 멀리 있는 것이 아니다. 하나님께서 우리의 하나님이 되시는 것이 최고의 복이다. 그런데 이러한 모든 축복은 오직 믿음으로 받는다. 하나님의 말씀을 믿음으로 신자들은 그 복을 얻는다. 그리고 그러한 신자들이 모여서 세워지는 것이 거룩한 보편 교회이다.

사도 시대 교회는 거룩한 보편 교회의 자태를 보존하고 있었다. 사도 시대에 교회는 매우 교리적으로 통일적이면서 동시에 매우 느슨한 공동체였다. 그래서 사도 시대의 교회는 교리적으로 통일적이었기에 회중 교회가 될 수 없으며 매우 느슨하였기에 감독 교회가 아니다. 사도들의 가르침에 굳게 세워진 매우 통일된 교리 공동체였다. 그러나 서로 사랑하는 느슨한 연합체였다.

사도 시대 교회의 정치 제도로서 장로 제도는 매우 중요하다. 사도 시대 각 교회의 장로 정치 제도는 거룩한 보편 교회의 자태를 드러낸다. 그러므로 사도 시대 교회는 장로회를 중심으로 서로 각자 독립적이다. 갈라디아 장로교회와 에베소 장로교회가 서로 독립적이고 에베소 장로교회와 고린도 장로교회가 서로 독립적이다. 이렇게 사도 시대 모든 장로교회는 진리의 통일성 이외에는 서로 독립적이었다. 하나님 나라의 의는 하나님의 나라의 언약 가운데서 성취가 되며 그 언약은 임마누엘의 하나님이라는 그 언약의 내용을 이루어 가는 공동체 안에서 완전케 된다. 그래서 하나님의 교회는 신자들을 담고 있는 언약의 공동체이고 계시 공동체이다. 오직 하나님의 명령에 순종하는 삶의 공동체였다. 그러므로 하나님의 교회는 추상적인 하나님 나라가 아니라 구체적인 하나님 나라이다. 비록 이 세상에서 완전하지는 않지만 성도들을 담고 있는 언약의 공동체이고 하나님의 나라이다.

사도 바울은 증거한다. "**우리는 살아 계신 하나님의 성전이라**"(ἡμεῖς γὰρ ναὸς Θεοῦ ἐσμεν ζῶντος)(고후 6:16) 성도들은 살아 계시는 하나님의 성전이다.

첫째로 모든 참된 성도들 안에 하나님이 살아 계시다. 실로 하나님의 실존을 경험하는 자들은 모두 하나님의 계시된 진리의 말씀을 믿음으로 순종하는 자들뿐이다. 하나님의 계시된 진리의 말씀을 믿기 전까지 어느 누구도 하나님의 나라를 경험할 수 없다. 거기에는 하나님의 계시된 말씀에 순종하는 것을 포함한다.

둘째로 성도들은 성전이다. 참된 성도들은 거룩하신 하나님이 거하시는 성전이다. 구약 시대 성전이 무엇인가? 그것은 하나님의 언약궤를 보관하고 있었던 예루살렘 성전이다. 그 언약궤 안에는 십계명이 기록된 두 돌판이 있었고 아론의 싹난 지팡이가 있었다. 실로 언약궤는 신자들이 그 중심으로 간직하고 있어야 하는 하나님 나라의 법이다. 신자들이 하나님의 성전이라면 그것은 여호와의 법궤를 마음에 모시고 있는 자들이다. 하나님의 법에 무지한 것은 그 자체가 거짓된 신자이다. 신자들이 하나님의 성전이라면 그것은 오직 하나님의 은혜로 된 것이다. 그리고 믿음으로 속죄를 받은 신자들에게 최고의 영광이다. 그러므로 신자들이 이 세상에서 핍박받고 고난을 당하며 좌우로 우겨삼을 당하여도 기뻐할 수 있는 이유는 하나님께서 우리의 성전이시기 때문이다. 그가 우리의 성전이 되시는 것이 우리의 구원이다. 하나님 나라의 의는 오직 성전 된 우리가 하나님의 법궤를 마음에 모시고 살아가는 것이다. 그리고 그 의미들이 더욱 확장되고 심화 되어서 주님으로 충만하게 되는 것이다.

17. 그러므로 너희는 그들 중에서 나와라. 그리고 따로 있어라. 주님께서 말씀하신다. 그리고 더러운 것을 만지지 말라. 내가 너희를 영접할 것이다. 18. 그리고 내가 너희에게 아버지가 되고 너희는 나에게 아들과 딸이 되리라. 전능하신 주께서 말씀하신다.

사도 바울은 고린도 교회 신자들에게 세속적 풍습을 따라 살지 말 것을 권면한다. 그것이 이것이다. "**주께서 말씀하시기를 너희는 저희 중에서 나와서 따로 있고 부정한 것을 만지지 말라**"(고후 6:17) 직역하면 이러하다. "**너희는 그들 중에서 나와라. 그리고 따로 있어라. 주님께서 말씀하신다. 그리고 더러운 것을 만지지 말라.**"

사도 바울은 세상 풍속을 교회 안으로 들여오지 말고 따로 떼어 놓으라고 권면한다. 왜냐하면 참된 교회라면 세상의 풍속을 따라 가면서 하나님을 섬길 수 없기 때문이다. 참된 신자들은 이 세상의 악한 풍습을 점차로 끊어 가야 한다. 그러한 일에 온 힘을 다하여야 한다. 물론 신자들이 이 세상에서 지혜롭게 처신해야 하지만 점차적으로 그러한 세상의 풍습을 버려야 한다. 그래서 거룩한 보편 교회 안에서 시행되지 못하도록 해야 한다. 미신적인 신앙이란 이러한 세상적 풍습을 기독교의 규례와 혼합해서 지키는 것이다. 이방 종교의 미신적 종교 행태를 교회 안으로 끌어 들이는 자들은 화로다.

참된 교회는 그러한 거짓된 이방 종교의 풍속을 따르지 않는다. 사도 바울은 매우 단호하게 말한다. 이방인들의 제사 제사를 멀리하라는 것이다. 그리스도와 벨리알이 함께 할 수 없다는 것이다. 실로 거룩한 교회는 이러한 일에 분별하여서 멀리해야 한다. 그러한 이방 종교로부터 유래된 거짓된 풍속들을 따라가는 것은 불법을 행하는 자들이다. 예수께서 이미 책망하시고 정죄하셨다. 그런데 이러한 일을 행하면서 그것이 옳다고 하는 자들은 도대체 누구인가? 그들의 거짓 종교는 신속히 멸망으로 나아가게되리라. 참된 신앙은 오랜 시간을 믿음으로 견대어 내야 한다. 그리고 이방 종교의 풍속들을 멀리해야 하리라. 실로 하나님의 은혜이다.

[교리적 관찰]

1. 혼인에 대한 개혁주의 입장

혼인에 대한 개혁주의 입장을 가장 잘 보여주는 곳은 웨스트민스터 신앙 고백서 24장이다. 제 1 절이다. "**혼인은 한 남자와 한 여자**

가 사이에 있어야 한다. 어떤 남자가 한 여자 보다 더 많은 아내를 소유하고 있으면 합법적이지 못하다. 어떤 여자가 한명의 남편 보다 더 많은 남자를 소유하고 있어도 마찬가지로 합법적이지 않다."

제 2 절이다. "혼인은 남편과 아내의 상호간 섬김을 위해서 제정되었다. 때문에 합법적 출생으로 인류를 증가 시키며 거룩한 후사로 교회의 증가를 위함이고 불결을 방지하고자 함이다."

제 3 절이다. "모든 종류의 사람들이 그들의 만족할 만한 내용을 주기 위해서 판단을 가질 수 있는 나이에 혼인하는 것이 합법적이다. 그러나 여전히 그리스도인은 주님 안에서 오직 혼인해야한다. 그리고 참되게 개혁 신앙을 고백하는 자들은 이교도들, 교황주의자들, 혹은 다른 우상숭배자들과 혼인해서는 아니된다. 경건한 자들은 결코 그러한 자들과 혼인함으로서 멍에를 맬 필요가 없다. 그들이란 생활에 있어서 현저하게 악하거나 가증스러운 이단적 주장을 주장하는 자들을 말한다."

웨스트민스터 신앙 고백서는 24장 1절에서 일부일처제를 증거한다. 24장 2절에서 무엇보다 혼인의 목적에 대하여서 합법적 후사로 인류를 증가시키는 것과 교회에게는 거룩한 후손들을 증가시키는데 있으며 불결을 방지하는데 있다고 말한다. 그리고 24장 2절에서 혼인은 남편과 아내 상호간에 섬김을 위해서 제정되었다고 말한다. 그리고 24장 3절에서 개혁 신앙을 가진 장로교회 청년들이 선택할 수 있는 배우자는 이교도들이 되어서는 않된다. 그러니까 세례를 받지 않은 여자와 혼인 할 수 없다. 성삼위일체 하나님의 이름으로 세례를 받은 자가 아니라면 혼인의 대상이 될 수 없다. 둘째로 로마 카톨릭 교회의 신자들과 혼인할 수 없다. 셋째로 우상 숭배자들과 혼인할 수 없다. 점쟁이를 찾아가서 점술을 보고 그것을 숭배하는 자들, 여러 가지 운세를 좋아하여서 그러한 것을 믿는 배우자와 혼인할 수 없다. 넷째로 현저하게 악하거나 가증스러운 이단적 주장을 하는 자들과 혼인할 수 없다. 가장 선한 혼인의 대상은 동일한 개혁 신앙을 가진 배우자를 만나는 것이다. 실로 이것은 하나님의 큰 은혜이다. 이를 위해서도 기도해야 하리라.

2. 그리스도인과 세상 풍속들

예수 그리스도를 믿는 신자들은 세상 풍속을 따라가지 말아야 한다. 그 세상 풍속을 기독교 문화와 뒤섞여서 혼합주의적 문화를 세워도 않된다. 한국 교회의 제사 제도에 대한 추모예식은 세속 사상과 혼합된 종교 의식이다. 정통 기독교 교리를 따라서 볼 때에 죽은 자를 추모하는 의식은 시행될 수 없다. 기독교의 추모 예식은 하루 속히 버려야 할 혼합주의적 산물이다.

그 외에도 그리스도인들은 세상 풍속과 결합된 모든 종교적 의식들을 폐지해야 한다. 촛불 예배라든가, 격렬하게 춤추고 노래하며 악을 쓰는 예배는 이미 혼합주의적 예배이다. 거룩한 보편 교회 안에 다양한 종류의 악기를 들여 놓는 것도 혼합주의이다. 예배란 하나님의 말씀에 순종하는 시간이다. 더욱 하나님께서 기뻐하실 만한 예배를 드림이 합당하다. 그러므로 모든 혼합주의적 예배를 멀리해야 할 것이다.

3. 하나님의 언약의 공동체 안에 있는 신자들의 자태

하나님께서 창세전에 예수 그리스도 안에서 그의 백성들을 구원하시기로 선택하셨다. 그리고 그러한 신적 작정은 은혜 언약으로 드러났다. 은혜 언약이 역사 가운데 아브라함의 약속 가운데서 분명하게 드러났을지라도 이미 아담과 아벨, 셋 그리고 셋의 후손들과 노아의 가족들에게 이르기 까지 이미 선사 시대에 은혜 언약은 베풀어졌다. 그리고 노아 홍수 이후에 은혜 언약은 아브라함의 등장까지 자연 언약 안에 담겨 있었다.

아브라함은 은혜 언약의 한 신기원을 이룬 인물이라고 할 수 있다. 하나님께서 아브라함의 언약 안에서 약속하신 그 은혜 언약은 할례를 통하여서 후대에 계승되었다. 그리고 애굽에서 탈출 하면서 유월절의 제사를 드릴 때 은혜 언약의 표징들이 들어났다. 할례와 유월절 만찬이다. 그리고 모세가 시내 산에서 십계명을 받았을 때 은혜 언약은 더욱 분명하게 드러났다. 율법은 보조 언약으로서 은혜 언약을 비추어주는 모형과 그림자였다. 은혜 언약이 다윗에게 오면 하나의 왕권의 형태로 드러난다. 그리고 다윗 이후에 선지자들은 구약의 마지막 선지서 말라기 까지 지속적으로 다윗의 왕권을 계승하실 메시야가 오시리라 예언하였다. 구약 선지자들은 은혜 언약이 예수 그리스도 안에서 성취될 것을 예언하였다. 구약 이스라엘 공동체는 구약 교회였다. 그들의 중보자는 예수 그리스도였고 그들의 구원은 오직 믿음을 통하여서 주어졌으며 그 언약의 내용은 임마누엘이었다. 다만 그것이 그림자와 모형으로 주어졌기에 아직은 희미하였다.

그러나 구약 경륜의 시대가 닫히고 새 언약의 경륜의 시대가 열렸을 때 은혜 언약은 더욱 분명해졌다. 이스라엘 공동체 안에 머물러 있었던 교회는 이제 새 언약 시대에 모든 열방 가운데 세워질 수 있게 되었다. 그때에 사도 시대에 세워졌던 거룩한 보편 교회는 장로교회였다. 사도 시대에 장로 제도는 거룩한 보편 교회를 세우는 새 언약의 교회의 구조로서 있었다.

구약 시대에부터 시작되었던 장로 제도는 사도들과 선지자들을 통하여서 새 언약의 교회에서 그대로 계승되었고 더욱 분명해졌다. 이러한 장로제도 아래에서 거룩한 보편 교회는 은혜 언약을 효과적으로 보존하였다. 그렇게 구주 예수 그리스도를 머리로 하여서 세워진 새 언약의 거룩한 보편 교회는 장로 교회였다. 그리고 그러한 장로 교회는 은혜 언약을 보존하고 강화하면서 예수 그리스도께서 스스로 교회의 임금이시고 머리로서 다스리시기에 가장 효과적이었다.

예수 그리스도는 교회의 머리이시다. 그가 친히 거룩한 보편 교회의 머리로서 교회법을 가지시고 치리회 안에서 모든 신자들을 통치하신다. 그러니까 예수 그리스도께서 친히 은혜 언약을 성취하신 거룩한 보편 교회의 머리이시며 왕으로서 거룩한 보편 교회법을 가지시고 치리회를 통하여서 온 교회를 치리하신다. 그가 하나님이시다.

그 하나님께서 예수 그리스도를 중보자로 삼으셔서 온 교회를 통치하신다. 참된 하나님의 백성들은 적법한 교회법에 순응하는 것이 합당하다. 결국 새 언약의 교회 공동체는 이미 구원의 실체가 모두 드러나 있다. 구약의 교회 공동체와 일치하게 세워져야 한다.

다만 구약은 모형과 그림자로서 희미하고 새 언약은 실체로서 분명하다는 경륜의 차이가 있다. 그것은 예수 그리스도를 머리로 하여서 세워지는 하나의 교회이다. 그것이 신구약의 교회이다. 동일한 약속 동일한 믿음 동일한 주님을 따라서 구원의 은혜를 누리는 하나님의 백성들은 차별이 없다. 신자들은 장로 교회법에 순응해야 함이 선하다. 그것이 장로교회 신자들이 나아가야할 자태이다.

제목: 사도 바울의 심정
본문: 고린도 후서 7장 1~16절

[한글 본문]
1 그런즉 사랑하는 자들아 이 약속을 가진 우리가 하나님을 두려
워하는 가운데서 거룩함을 온전히 이루어 육과 영의 온갖 더러운 것
에서 자신을 깨끗케 하자 2 마음으로 우리를 영접하라 우리가 아무
에게도 불의를 하지 않고 아무에게도 해롭게 하지 않고 아무에게도
속여 빼앗은 일이 없노라 3 내가 정죄하려고 이 말을 하는 것이 아
니라 이전에 말하였거니와 너희로 우리 마음에 있어 함께 죽고 함께
살게 하고자 함이라 4 내가 너희를 향하여 하는 말이 담대한 것도
많고 너희를 위하여 자랑하는 것도 많으니 내가 우리의 모든 환난
가운데서도 위로가 가득하고 기쁨이 넘치는도다 5 우리가 마게도냐
에 이르렀을 때에도 우리 육체가 편치 못하고 사방으로 환난을 당하
여 밖으로는 다툼이요 안으로는 두려움이라 6 그러나 비천한 자들을
위로하시는 하나님이 디도의 옴으로 우리를 위로하셨으니 7 저의 온
것뿐 아니요 오직 저가 너희에게 받은 그 위로로 위로하고 너희의
사모함과 애통함과 나를 위하여 열심 있는 것을 우리에게 고함으로
나로 더욱 기쁘게 하였느니라 8 그러므로 내가 편지로 너희를 근심
하게 한 것을 후회하였으나 지금은 후회하지 아니함은 그 편지가 너
희로 잠시만 근심하게 한 줄을 앎이라 9 내가 지금 기뻐함은 너희로
근심하게 한 까닭이 아니요 도리어 너희가 근심함으로 회개함에 이
른 까닭이라 너희가 하나님의 뜻대로 근심하게 된 것은 우리에게서
아무 해도 받지 않게 하려 함이라 10 하나님의 뜻대로 하는 근심은
후회할 것이 없는 구원에 이르게 하는 회개를 이루는 것이요 세상
근심은 사망을 이루는 것이니라 11 보라 하나님의 뜻대로 하게 한
이 근심이 너희로 얼마나 간절하게 하며 얼마나 변명하게 하며 얼마
나 분하게 하며 얼마나 두렵게 하며 얼마나 사모하게 하며 얼마나
열심 있게 하며 얼마나 벌하게 하였는가 너희가 저 일에 대하여 일

**절 너희 자신의 깨끗함을 나타내었느니라 12 그런즉 내가 너희에게
쓴 것은 그 불의 행한 자를 위한 것도 아니요 그 불의 당한 자를 위
한 것도 아니요 오직 우리를 위한 너희의 간절함이 하나님 앞에서
너희에게 나타나게 하려 함이로다 13 이로 인하여 우리가 위로를 받
았고 우리의 받은 위로 위에 디도의 기쁨으로 우리가 더욱 많이 기
뻐함은 그의 마음이 너희 무리를 인하여 안심함을 얻었음이니라 14
내가 그에게 너희를 위하여 자랑한 것이 있더라도 부끄럽지 아니하
니 우리가 너희에게 이른 말이 다 참된 것같이 디도 앞에서 우리의
자랑한 것도 참되게 되었도다 15 저가 너희 모든 사람들이 두려워하
고 떪으로 자기를 영접하여 순종한 것을 생각하고 너희를 향하여 그
의 심정이 더욱 깊었으니 16 내가 너희를 인하여 범사에 담대한 고
로 기뻐하노라**

[원문 직역]

1. 그러므로 사랑을 받은 자들아! 우리가 이 약속들을 가지고 있으므로, 모든 영혼과 육신의 더러움으로부터 우리 자신을 깨끗하게 하자. 이는 하나님을 경외함으로서 거룩함을 이루고자 함이다. 2. 너희는 우리를 마음에 두어라. 우리가 어떠한 자에게도 악도 행하지 아니하였다. 우리가 어떠한 자도 잘못 이끌지 않았다. 우리가 어떠한 자도 속이지 않았다. 3. 내가 정죄하고자 말하는 것이 아니다. 왜냐하면 내가 전에 말했다. 우리의 마음 안에서 너희가 우리와 함께 죽고 함께 살고자 있는 것이다. 4. 나에게는 너희를 향하여서 담대한 것도 많고, 너희로 인하여서 나에게는 자랑할 것도 많다. 내가 우리의 모든 환란 가운데 위로로 충만하였다. 그리고 내가 기쁨으로 풍성하다. 5. 그리고 왜냐하면 우리가 마케도니아로 가고자 하였을때, 우리의 육신이 어느 누구에게도 안락을 얻지 못하였다. 그러나 모든 압박 안에 있었다. 밖으로는 충돌이었고 안으로는 두려움이 있었다. 6. 그러나 풀이 죽은 자들을 위로하시는 그 하나님께서 우리를 디도를 오게 하심으로서 위로하셨다. 7. 그가 옴으로서 뿐만 아니라 우리에게 위로가 되었

던 그 위로로서도 그러하다. 그것은 그가 우리에게 너희의 갈망과, 너희의 탄식과 나를 위한 너희의 열심을 보고하였기 때문이다. 그것은 나를 더욱 기쁘게 하였다. 8. 이는 만약 내가 서신 안에서 너희를 비탄했다면 나는 후회하지 않았다. 만약 내가 후회하고 있었다면, 내가 그 서신이 만약 잠시 동안 너희를 슬퍼하는 것이라는 것을 본다. 9. 지금 내가 기뻐한다. 이는 너희가 슬퍼하였기 때문이 아니라 너희가 회개에 이르도록 슬퍼하였기 때문이다. 왜냐하면 너희가 하나님을 따라서 애통하였기 때문이다. 이는 어떤 것으로도 우리로부터 너희가 실족되지 않게 하고자 함이다. 10. 왜냐하면 하나님을 따라한 애통은 구원에 이르는 회개를 후회 없이 하게 한다. 그러나 세상 근심은 사망을 산출한다. 11. 왜냐하면 보라 그 스스로 하나님을 따라서 애통하게 된 이것이 얼마나 너희에게 근면하게 하며 그러나 얼마나 변명하게 하며 그러나 얼마나 분노하게 하며 그러나 얼마나 두렵게 하며 그러나 얼마나 간절하게 하며 그러나 얼마나 열망하게 하며 그러나 얼마나 원수 갚게 하는가? 모든 것 안에 너희가 행함에 있어서 결백함으로 너희 자신을 입증했다. 12. 그러므로 만약 내가 너희에게 글을 썼다면, 잘못된 것을 인하여서도 아니고 잘못된 행위를 인하여서도 아니다. 오히려 하나님 앞에서 너희를 향하여 우리를 위한 너희의 근면함을 드러냄을 인하여서이다. 13. 이를 인하여서 내가 너희의 모든 위로 위에 더욱 넘치도록 위로를 받았다. 그리고 우리가 디도의 기쁨 위에 더욱 기뻐하였다. 이는 너희 모든 것으로부터 그의 심령이 새롭게 됨이라. 14. 이는 만약 그에게 너희로 인하여서 무엇이든지 자랑한다면, 내가 부끄러울 것이 없었다. 그러나 모든 것처럼 진리 안에서 내가 너희를 말하였다. 그와같이 우리의 자랑이 디도 앞에서 진리가 되었다. 15. 그리고 그의 마음이 더욱 풍성하게 너희를 향하여서 너희의 모두의 순종을 기억함에 있다. 마치 두렵고 떨림으로 너희가 그를 영접하였다는 것이다. 16. 내가 기뻐하고 모든 것 안에 너희로 내가 확신하였다.

[본문 해설]

1. 그러므로 사랑을 받은 자들아! 우리가 이 약속들을 가지고 있으므로, 모든 영혼과 육신의 더러움으로부터 우리 자신을 깨끗하게 하자. 이는 하나님을 경외함으로서 거룩함을 이루고자 함이다.

이제 사도 바울은 증거한다. "**사랑을 받은 자들아! 우리가 이 약속들을 가지고 있으므로, 모든 영혼과 육신의 더러움으로부터 우리 자신을 깨끗하게 하자. 이는 하나님을 경외함으로서 거룩함을 이루고자 함이다.**" 첫째 사도 바울은 우리가 이 약속을 가지고 있다고 말한다. 이 약속이란 무엇인가? 그것은 앞 장에서 사도 바울이 언급한 것이다. "**17 그러므로 주께서 말씀하시기를 너희는 저희 중에서 나와서 따로 있고 부정한 것을 만지지 말라 내가 너희를 영접하여 18 너희에게 아버지가 되고 너희는 내게 자녀가 되리라 전능하신 주의 말씀이니라 하셨느니라**"(고후 6:17~18) 그 약속이란 하나님께서 우리 하나님이 되시고 우리가 그의 백성이 되리라는 약속이다. 이 약속은 은혜 언약 아래에서 모든 그의 백성들에게 베푸시는 하나님의 약속이다. 그 약속은 실로 성도들의 최고의 선이 무엇인가를 드러내고 있다. 하나님을 자신의 하나님으로 섬기는 그 백성의 복에 대하여서 시편 기자는 다음과 같이 고백하였다. "**허물에 사함을 얻고 그 죄가 가리움을 받는 백성은 복되다**"(시 32:1) 시편 기자는 이어서 "**마음에 간사가 없고 여호와께 정죄를 당치 않은 자는 복이 있도다**"(시 32:2)라고 고백한다. 직역하면 이러하다. "**그 심령 안에 흐려짐이 없고 여호와께서 그에게 지속적으로 심판을 생각하고 계시지 않는 아담은 복되다.**" "**간사**"에 해당하는 히브리어 "**레미야**"(רְמִיָּה)는 "**간사**"라는 뜻 외에도 "**배역**","**반역**", "**변절**", "**교활**", "**느슨한**" 혹은 "**생각 따위가 흐린**"이라는 뜻도 있다. 실로 여호와께 복을 받은 자들이란 첫째는 허물에 사함을 얻고 그 죄가 가리움을 받는 자들이다. 히브리 성경에서 "**사함**"이라는 말이 "**나샤**"(נָשָׂא)동사의 분사형태로 되어 있다. 히브리어 "**나샤**"(נָשָׂא)란 "**치우다**", "**철거하다**", "**제거하다**",

“**헤제하다**”, “**석방하다**”라는 의미가 있다. 그리고 “**부채를 갚다**”라는 의미도 있다. 그런데 맨 마지막에 의미가 앞의 모든 의미를 다 담고 있다. 그것은 하나님께서 그의 백성들의 모든 허물을 다 갚아 주신다는 것이다. 여기에서 “**갚다**”의 의미는 무엇인가 먼저 지불됨이 있고 나서 주어지는 은혜이다. 그러니까 그 죄 값을 치루시는 분이 오히려 하나님 자신이시라는 것이다.

그의 백성들의 허물을 사하실 때에 그 자신이 그 대속의 값을 지불하신다. 그것이 구약 시대에 모세의 오경에 기록되어있는 속죄의 제사이다. 유월절 어린양의 보혈로 대속의 값을 지불하게 하셨던 그 율법의 요구가 허물의 사함을 얻는 방책이었다. 그것이 모형이 되고 그림자가 되어서 구주 예수 그리스도께서 십자가에서 죽으셨다. 예수 그리스도의 속죄의 큰 사랑으로 지불이 되는 허물의 사함이다. 결국 “**그 죄의 가리움**”도 동일하다. 그것은 앞의 고백과 평행을 이루는 동일한 의미의 다른 고백 형태에 불과하다. 그러므로 “**허물에 사함을 얻고 그 죄가 가리움을 받는**”것은 하나님의 아들 구주 예수 그리스도의 대속의 완전한 희생 제사를 통하여서 성취되는 은혜이다. 그래서 은혜 언약이다. 비록 그것이 구약 아브라함의 언약 아래에서 분명하게 드러났다고 할지라도 그 약속의 성취는 오직 예수 그리스도 안에서 있게 되었다. 그래서 구주 예수 그리스도는 구약의 모든 속죄의 제사의 실체로서 이 세상에 오셔서 그 참혹한 십자가를 짊어지시고 영문밖에 골고다로 나아가셨던 것이다. 그리고 이어서 시편 기자는 “**그 심령 안에 흐려짐이 없고 여호와께서 그에게 지속적으로 심판을 생각하고 계시지 않는 아담은 복되다.**”(시 32:2)고 고백하고 있다.

첫째 복된 자들은 “**그 심령 안에 흐려짐이 없다.**”고 말한다. 그 심령이 흐려지는 것은 마음이 간사하거나 교활하여 부패한 것이다. 이 세상의 가치에 마음이 매몰 될 때 그 심령이 흐려진다. 그러므로 그 심령을 흐리지 않는 자가 복되다. 여기에서 심령은 히브리어로 “**루아흐**”(רוּחַ)이다. 이것은 하나님의 형상으로 피조된 인간의 원래적 모양이다. 인간의 "**루아흐**"(רוּחַ)는 원래 하나님과 교통하고 하나님과 교제하며 살도록 피조되었나. 그러나 그들이 스스로 자신의 뜻을 따라서 여호와의 계명을 어겼을 때 인간의 "**루아흐**"(רוּחַ)는 흐려졌고 어두워졌다. "**간사하**다"거나 "**교활하다**"는 의미는 모두 하나님의 계명을 어기려고 하는 인간의 부패한 본성을 의미한다.

시편 기자는 말한다. "**여호와께서 그에게 지속적으로 심판을 생각하고 계시지 않는 아담은 복되다.**" 히브리어는 "**심판을 생각하고 계시지 않다**"가 미완료태로 되어있다. 히브리어의 미완료태는 어떤 일에 대하여서 그쳐짐이 없다는 의미로 쓰인다. 그러니까 하나님께서 그 백성의 심판을 전혀 생각하고 계시지 않는다는 것이다. 그것은 지속적인 속죄의 큰 은혜를 말한다. 여기에서 "**아담**"이 표상되고 있다. 그것은 아담의 본성을 계승하는 모든 인류를 포함한다. 단지 이스라엘 백성에게 국한되는 것이 아니라, 결국 새 언약 아래에서 교회 안으로 들어올 모든 인류를 표상한다. 시편 기자는 "**아담**"이라는 표상을 통하여서 하나님의 구속에 들어올 백성들은 단지 이스라엘 백성들뿐만 아니라 모든 열방 가운데 구주 예수 그리스도를 믿음으로 세례를 받은 이방인 신자들까지 포함한다는 것을 드러내고 있다.

하나님의 백성들이 될 자들은 첫 사람 아담 안에서 범죄한 모든 인류 가운데 있다. 그것은 보편 구원설을 의미하는 것이 아니다. 구속을 받을 대상이 혈통이나 육정이나 사람의 뜻에 달려 있지 않다는 것이다.(요 1:13)

사도 바울은 고린도 후서 7장 1절 후반부에서 "**모든 영혼과 육신의 더러움으로부터 우리 자신을 깨끗하게 하자. 이는 하나님을 경외함으로서 거룩함을 이루고자 함이다.**"라고 말한다. 여기에서 영육이란 곧 전인격을 의미한다. 인간은 영육 통일체이다. 그러니까 사도 바울은 전인격을 단지 영육으로 표현한 것이다. 영혼과 육신의 더러움이란 부패한 본성으로 되어있는 옛 사람을 의미한다. 그러한 옛 사람을 벗어버릴 것을 사도 바울이 그렇게 표현한 것이다. 실로 신자들의 삶 가운데 옛 사람을 벗어 버리는 것은 쉬운일 이 아니다.

날마다 생각과 말과 행실로 죄를 범하는 것이 모든 인생들의 공통적인 특징이다. 그러한 죄로부터 돌이키는 것은 오직 성삼위일체 하나님의 크신 은혜이다.

고린도 후서 7장 1절 가장 후반부에 "**하나님을 경외함으로서 거룩함을 이루고자 함이다.**"라고 사도는 말한다. 하나님을 경외함이 거룩함의 출발점이다. 신자들의 거룩함이란 하나님을 경외함으로부터 비롯된다. 하나님을 경외하지 않는 마음으로는 결코 거룩함을 성취할 수 없다. 다윗의 아들 솔로몬의 잠언에 다음과 같은 교훈이 있다. "**여호와를 경외하는 것이 지식의 근본이다.**"(잠 1:7) 직역하면 이러하다. "**여호와를 경외함이 지식의 머리이다.**" 결국 모든 지식의 시작은 여호와를 경외함으로서 시작된다. 거룩함은 그 지식으로부터 나온다. 하나님을 경외함으로서 만 하나님을 알 수 있고 하나님의 지식을 깨닫고 순종해야 거룩하게 되리라.

고린도 후서 7장 1절 후반부의 "**거룩함**"을 헬라어로 "**하기오수넨**"(ἁγιωσύνην)이라고 하는데 이것은 "**성별**"이라는 의미도 있다. 원래 히브리어 거룩함이란 의미의 "**콰도쉬**"(קדוש)도 동일한 의미를 가지고있다. 이는 "**구별**"이라는 의미가 있다. 그러므로 "**콰도쉬**"(קדוש)는 이 세상으로부터 **분리**(divisio)의 개념이 아니다. 단지 **구별**(distingtio)이다. 그것은 "**분별하다**"(discern)라는 개념으로도 이해할 수 있다. 세상으로부터 구속의 진리의 말씀을 옳게 분별하는 것이 신자들의 거룩함이다. 사도 바울은 그러한 의미로 교훈한 것이다. 결국 참된 신자들은 하나님의 학교에서 가장 먼저 여호와 경외함을 배워야 한다. 그리고 삶의 전 영역에서 여호와를 아는 지식으로 충만해져가야 한다. 그런 다음에 삶의 궁극적인 물음에 답변할 수 있는 수준에 이르러야 한다. 그리고 부지런히 하나님의 말씀을 사모하고 깨달아 알아가야 한다.

2. 너희는 우리를 마음에 두어라. 우리가 어떠한 자에게도 악도 행하지 아니하였다. 우리가 어떠한 자도 잘못 이끌지 않았다. 우리가 어

떠한 자도 속이지 않았다. 3. 내가 정죄하고자 말하는 것이 아니다. 왜냐하면 내가 전에 말했다. 우리의 마음 안에서 너희가 우리와 함께 죽고 함께 살고자 있는 것이다. 4. 나에게는 너희를 향하여서 담대한 것도 많고, 너희로 인하여서 나에게는 자랑할 것도 많다. 내가 우리의 모든 환란 가운데 위로로 충만하였다. 그리고 내가 기쁨으로 풍성하다. 5. 그리고 왜냐하면 우리가 마케도니아로 가고자 하였을때, 우리의 육신이 어느 누구에게도 안락을 얻지 못하였다. 그러나 모든 압박 안에 있었다. 밖으로는 충돌이었고 안으로는 두려움이 있었다. 6. 그러나 풀이 죽은 자들을 위로하시는 그 하나님께서 우리를 디도를 오게 하심으로서 위로하셨다. 7. 그가 옴으로서 뿐만 아니라 우리에게 위로가 되었던 그 위로로서도 그러하다. 그것은 그가 우리에게 너희의 갈망과, 너희의 탄식과 나를 위한 너희의 열심을 보고하였기 때문이다. 그것은 나를 더욱 기쁘게 하였다.

사도 바울은 자신의 사도직으로 고린도 교회 성도들에게 행한 그 사역에 대한 결백성을 드러낸다. 사도 바울은 권면한다. "**마음으로 우리를 영접하라**"(고후 7:2) 사도는 교회를 세우고자 순회 전도를 하는 전도자들을 마음으로 영접하라고 권면한다. 실로 교회의 가르치는 자들을 마음으로 영접하지 못하는 자들이 진리를 따라 변화되리라는 것은 불가능하다. 오직 진리를 전하는 자들을 성도들은 마음으로 영접해야한다. 그러면서 사도 바울은 증거한다. "**우리가 아무에게도 불의를 하지 않고 아무에게도 해롭게 하지 않고 아무에게도 속여 빼앗은 일이 없노라**"(고후 7:2) 실로 성직자가 갖추어야 할 자태를 보여준다.

사도 바울은 자신이 고린도 교회의 어느 누구에게도 불의를 행하거나 해롭게 하거나 속이지 않았다고 단언한다. 실로 경건한 사도의 모습이다. 하나님의 교회를 치리하는 자들은 사도 바울이 고백한 이러한 자태를 가지고 있어야 한다. 신자들을 볼모로 치부를 일삼거나 거짓된 교리를 증거하는 자들은 모두 삯꾼들이다. 비록 그 삯군들이

유순한 태도와 기름기 흐르는 말로 유혹할지라도 그 결국은 멸망이다. 실로 거짓 교리를 청산유수처럼 가르치는 거짓 교사들이 받을 심판은 가공하다. 그들의 멸망의 증거는 그들의 거짓된 교리이다. 거짓 교리를 가르치는 교회 교사들은 이미 하나님으로부터 버려진 자들이다. 그들의 거짓 교리로 하나님의 교회가 혼탁해지고 혼미해지며 더욱 이지러지게 되었다.

사도 바울은 참된 교사는 불의하지 않고 해롭게 하지 않고 속여 빼앗는 일을 하지 않는다고 말한다. 여기에서 "**해롭게 하다**"는 의미는 헬라어로 "**에프데이라멘**"(ἐφθείραμεν)은 "**부패시키다**", "**파괴시키다**", "**폐허로 만들다**", 라는 뜻 외에도 "**잘못 이끌다**"라는 뜻도 있다. 성도들을 해롭게 하는 자들이란 거짓 교리로 사술을 부려서 신자들을 잘못된 길로 인도하는 자들이다. 그들의 거짓 교리는 성도들의 영혼의 독약이다. 성도들이 진리에 이르지 못하게 훼방한다. 그리고 그 거짓 교사들은 신자들을 속여서 재물을 빼앗는다. 그것이 거짓 교사들이 하는 일이다. 그래서 거짓 교사들은 사치스러운 삶을 살면서 멸망의 날에 도살당할 가축처럼 육신의 살을 찌운다. 도살할 날을 기다리는 가축과 다를바 없다. 그들의 마음은 혼미하여서 그 자신과 그의 추종자들을 모두 멸망에 이르게 할 것이다.

사도 바울은 고린도 후서 7장 3~4절에서 다음과 같이 말한다. "**3 내가 정죄하려고 이 말을 하는 것이 아니라 이전에 말하였거니와 너희로 우리 마음에 있어 함께 죽고 함께 살게 하고자 함이라 4 내가 너희를 향하여 하는 말이 담대한 것도 많고 너희를 위하여 자랑하는 것도 많으니 내가 우리의 모든 환난 가운데서도 위로가 가득하고 기쁨이 넘치는도다**" 직역하면 이러하다. "**3. 내가 정죄하고자 말하는 것이 아니다. 왜냐하면 내가 전에 말했다. 우리의 마음 안에서 너희가 우리와 함께 죽고 함께 살고자 있는 것이다. 4. 나에게는 너희를 향하여서 담대한 것도 많고 너희로 인하여서 나에게는 자랑할 것도 많다. 내가 우리의 모든 환란 가운데 위로로 충만하였다. 그리고 내가 기쁨으로 풍성하다.**" 사도 바울은 신자들과 함께 죽고 함께 살고자 하였다. 실로 참된 교회 교사의 자태이다. 참된 교회의 교사는 신자들과 힘께 죽고 함께 살려고 한다. 그런데 사도는 지금 고린도 교회 신자들에게도 촉구한다. 너희가 주의 몸된 교회를 위해서 나와 함께 죽고 함께 살자는 것이다.

현대 시대는 주의 몸된 교회를 세우고자 죽도록 충성하는 신자들을 찾아보기 어렵다. 이는 실로 매우 염려스러운 어두움이다. 그러나 참된 교회 사역자들은 성도들과 함께 죽고 함께 살려 한다. 그리고 참된 성도들도 그렇게 사역자와 함께 죽고 함께 살려 한다. 그것은 주의 몸 된 교회를 세우고자 함이다. 이것이 복되다.

하나님의 교회는 사람이 세울 수 있는 인간적인 단체가 아니다. 하나님의 교회는 가르치는 자와 가르침을 받는 자가 다 하나가 되어서 하나님의 영광을 위해서 세상과 싸워야 하는 지상에 하나님의 나라이다. 그러므로 가르치는 자와 가르침을 받는 신자들은 서로 하나가 되어서 일치된 마음으로 주의 몸 된 교회를 그리스도의 사랑으로 세워야 한다. 그러므로 성도 상호간에 서로 사랑하는 것만이 유일한 교회됨의 참된 표지이다. 예수 그리스도께서 제자들에게 이미 말씀하셨다. "**새 계명을 너희에게 주노니 서로 사랑하라 내가 너희를 사랑한 것같이 너희도 서로 사랑하라 너희가 서로 사랑하면 이로써 모든 사람이 너희가 내 제자인 줄 알리라**"(요 13:34-35) 실로 서로 사랑하지 않는 교회 공동체는 거룩한 보편 교회로 세워질 수 없다. 서로 물어뜯고 자신이 우위에 서려고 형제를 비방하고 자신은 모든 죄로부터 자유한 자처럼 행동하며 자신 외에 모든 자들을 잘못되었다고 물어뜯는다면 그러한 교회 공동체는 소망이 없다.

하나님의 교회는 성도들이 오직 진리를 따라서 서로 사랑하며 서로 용납하는 곳이다. 하나님의 교회는 서로 사랑함으로서 온전하게 조화를 이루어 완성되어가는 퍼즐과 같다. 성도 상호간에 서로 사랑하지 않으면 각자 자신들이 알고 있는 허접한 지식이라는 것이 모두 빗방울에 쓸려 가는 모래와 같다. 단단한 벽돌로 구워지려면 그리스도의 사랑으로 결속해야 할 것이다. 그것이 거룩한 보편 교회의 견고한 성채이다.

사도 바울은 고린도 후서 7장 4절에서 고린도 교회를 향하여서 칭찬을 아끼지 않는다. "**내가 너희를 향하여 하는 말이 담대한 것도 많고 너희를 위하여 자랑하는 것도 많으니 내가 우리의 모든 환난 가운데서도 위로가 가득하고 기쁨이 넘치는도다**" 직역하면 이러하다. "**4. 나에게는 너희를 향하여서 담대한 것도 많고 너희로 인하여서 나에게는 자랑할 것도 많다. 내가 우리의 모든 환란 가운데 위로로 충만하였다. 그리고 내가 기쁨으로 풍성하다.**" 사도 바울은 실로 더욱 굳건해진 고린도 교회 상태를 기꺼이 칭찬하기를 아끼지 않고 있다. 고린도 교회는 이제 사도의 가르침을 따라서 견고하고 거룩한 교회로 나아갔다는 것이다. 여러 가지로 연약한 교회가 그러한 모든 교회 안에 문제들을 제거하고 더욱 거룩하게 나아가게 되었다. 그것은 하나님의 크신 은혜였다.

사도 바울은 고린도 후서 7장 5~7절에 "**5 우리가 마게도냐에 이르렀을 때에도 우리 육체가 편치 못하고 사방으로 환난을 당하여 밖으로는 다툼이요 안으로는 두려움이라 6 그러나 비천한 자들을 위로하시는 하나님이 디도의 옴으로 우리를 위로하셨으니 7 저의 온 것뿐 아니요 오직 저가 너희에게 받은 그 위로로 위로하고 너희의 사모함과 애통함과 나를 위하여 열심 있는 것을 우리에게 고함으로 나로 더욱 기쁘게 하였느니라**"라고 고백한다. 사도 바울은 마게도냐를 전도할 때 사도 바울과 그의 전도 행렬이 큰 고난을 당하였으나 디도가 가지고 온 고린도 교회에 대한 위로의 전갈을 듣고 큰 위로를 받고 기뻐하게 되었다고 말한다.

사도 바울은 고린도 교회 성도들이 "**사모함과 애통함과 나를 위하여 열심 있는 것**"(고후 7:7)을 알게 되었다고 말한다. 직역하면 이러하다. "**그가 우리에게 너희의 갈망과, 너희의 탄식과 나를 위한 너희의 열심을 보고하였기 때문이다.**" 사도 바울은 고린도 교회가 사도의 가르침에 순복하여서 더욱 하나님 나라를 갈망하고 자신들의 죄악에 대하여서 탄식하며 사도 바울을 기쁘게 할 헌신적인 삶을 디도를 통하여서 듣게 되었다. 그것을 듣고 "**내가 기쁨으로 풍성하였다.**"고 말한다.

8. 이는 만약 내가 서신 안에서 너희를 비탄했다면 나는 후회하지 않았다. 만약 내가 후회하고 있었다면, 내가 그 서신이 만약 잠시 동안 너희를 슬퍼하는 것이라는 것을 본다. 9. 지금 내가 기뻐한다. 이는 너희가 슬퍼하였기 때문이 아니라 너희가 회개에 이르도록 슬퍼하였기 때문이다. 왜냐하면 너희가 하나님을 따라서 애통하였기 때문이다. 이는 어떤 것으로도 우리로부터 너희가 실족되지 않게 하고자 함이다. 10. 왜냐하면 하나님을 따라한 애통은 구원에 이르는 회개를 후회 없이 하게 한다. 그러나 세상 근심은 사망을 산출한다.

사도 바울은 고린도 전서를 통하여서 신자들이 마음이 상하지 않았을 까 염려가 되었다고 말한다. 그러나 이제 그것을 보낸 것을 후회하지 않는 것은 "**그 편지가 너희로 잠시만 근심하게 한 줄을 앎이라**"(고전 7:8) 그리고 이어서 사도 바울은 "**내가 지금 기뻐함은 너희로 근심하게 한 까닭이 아니요 도리어 너희가 근심함으로 회개함에 이른 까닭이라**"고 말한다. 직역하면 이러하다. "**지금 내가 기뻐한다. 이는 너희가 슬퍼하였기 때문이 아니라 너희가 회개에 이르도록 슬퍼하였기 때문이다.**" 사도 바울은 고린도 교회 신자들이 그의 책망에 잠시 동안 근심하였으나 그로부터 회개함에 이르렀기 때문에 기뻐한다고 말한다. 참된 신앙이란 회개에 이르는 것이다. 가르치는 자의 책망을 듣고 근심하여서 물러나는 것이 아니라 하나님의 존전 앞에 더 나아가서 회개하는 것이다. 그것이 살길이다. 고린도 교회 신자들이 그렇게 하였다. 사도 바울은 그것이 무척 기뻤던 것이다. 신자들은 하나님의 존전 앞에서 그의 긍휼히 여기심을 바라며 그 앞에 나아가야 한다. 그것이 참된 신자의 자태이다.

사도 바울은 이것을 "**너희가 하나님의 뜻대로 근심하게 된 것**"(고후 7:10)이라고 가르친다. 직역하면 이러하다. "**왜냐하면 너희가 하**

나님을 따라서 애통하였기 때문이다." 그리고 이어서 "**우리에게서 아무 해도 받지 않게 하려 함이라**"라고 말한다. 직역하면 이러하다. "**이는 어떤 것으로도 우리로부터 너희가 실족되지 않게 하고자 함이다.**"

사도는 고린도 후서 7장 10절에 증거한다. "**하나님의 뜻대로 하는 근심은 후회할 것이 없는 구원에 이르게 하는 회개를 이루는 것이요 세상 근심은 사망을 이루는 것이니라**" 직역하면 이러하다. "**왜냐하면 하나님을 따라한 애통은 구원에 이르는 회개를 후회 없이 하게 한다. 그러나 세상 근심은 사망을 산출한다.**" 그것이다. 하나님의 뜻대로 하는 근심과 세상 근심이 본질적으로 다르다. 하나님의 뜻대로 하는 근심은 자신이 얼마나 하나님 앞에서 크나큰 죄인인 것을 근심한다. 그리고 어찌하든지 이러한 근심스러운 자신의 실체를 어떻게 벗어나서 영생하시는 하나님과 연합하여 하나가 되는가에 그 마음이 집중한다.

그러나 세상 근심은 이 세상에서 어떠한 위치에 이르며 자신이 얼마나 부요한 자가 되어야 할 것을 계산하고 그에 따라 근심을 한다. 그것은 멸망이다. 사도 바울은 그러한 근심은 사망을 산출한다고 말한다. 사망에 이르는 근심은 세상 근심이다. 자신의 욕망에 부합한 삶으로 진전이 없으면 실망하고 낙담하고 절망하여 결국 사망으로 나아간다. 그 마음이 죽은 자와 방불하다. 만약 그러한 상태에서 식욕까지 잃어버리면 육체까지도 사망에 이른다.

11. 왜냐하면 보라 그 스스로 하나님을 따라서 애통하게 된 이것이 얼마나 너희에게 근면하게 하며 그러나 얼마나 변명하게 하며 그러나 얼마나 분노하게 하며 그러나 얼마나 두렵게 하며 그러나 얼마나 간절하게 하며 그러나 얼마나 열망하게 하며 그러나 얼마나 원수 갚게 하는가? 모든 것 안에 너희가 행함에 있어서 결백함으로 너희 자신을 입증했다. 12. 그러므로 만약 내가 너희에게 글을 썼다면, 잘못된 것을 인하여서도 아니고 잘못된 행위를 인하여서도 아니다. 오히려 하

나님 앞에서 너희를 향하여 우리를 위한 너희의 근면함을 드러냄을 인하여서이다. 13. 이를 인하여서 내가 너희의 모든 위로 위에 더욱 넘치도록 위로를 받았다. 그리고 우리가 디도의 기쁨 위에 더욱 기뻐하였다. 이는 너희 모든 것으로부터 그의 심령이 새롭게 됨이라. 14. 이는 만약 그에게 너희로 인하여서 무엇이든지 자랑한다면, 내가 부끄러울 것이 없었다. 그러나 모든 것처럼 진리 안에서 내가 너희를 말하였다. 그와같이 우리의 자랑이 디도 앞에서 진리가 되었다. 15. 그리고 그의 마음이 더욱 풍성하게 너희를 향하여서 너희의 모두의 순종을 기억함에 있다. 마치 두렵고 떨림으로 너희가 그를 영접하였다는 것이다. 16. 내가 기뻐하고 모든 것 안에 너희로 내가 확신하였다.

사도는 고린도 교회 성도들에게 하나님의 뜻대로 한 근심이 얼마나 애통하게 하며 근면하게 하고 변론하게 하며 분노하게 하고 두렵게 하며 간절하게 하고 열망하게하며 벌하게 하는 것을 상기시킨다. 그리고 이어서 고린도 교회가 이 모든 일을 말씀에 순종함으로서 결백함을 스스로 입증하였다고 칭찬하고 있다. 참된 신자들은 자신의 죄악된 상태에 대하여서 하나님의 말씀으로 간절하게 애통하며 경외함으로 순종에 이르러 정결함을 입는다. 그런데 그것은 오직 진리를 깨닫고 자신이 처한 비참한 상태를 인지할 때 비로소 가능하다. 모든 신자들은 하나님의 말씀에 순종함으로서 성결케 된다.

신자가 거룩함에 이르는 첫 자세는 죄를 깨닫는 것이다. 인간은 어느 누구도 자신이 얼마나 큰 죄인이라는 사실을 깨닫기 전까지는 하나님의 존전에 나아오지 않는다. 신자들은 하나님의 말씀으로 죄를 깊게 인식할 때 비로소 그 죄를 토설하기 위해서 하나님께 나아온다. 진리의 지식에 박약한 수준에 있는 신자들은 하나님께 나아오지 않는다. 오히려 하나님으로부터 멀리 떨어져 있는 자들 일수록 자기 의를 따라 자기 자랑과 자기 교만에 빠져서 살아간다.

사도 바울은 고린도 후서 7장 12~13절에 다음과 같이 권면한다.

"12 그런즉 내가 너희에게 쓴 것은 그 불의 행한 자를 위한 것도 아니요 그 불의 당한 자를 위한 것도 아니요 오직 우리를 위한 너희의 간절함이 하나님 앞에서 너희에게 나타나게 하려 함이로다 13 이로 인하여 우리가 위로를 받았고 우리의 받은 위로 위에 디도의 기쁨으로 우리가 더욱 많이 기뻐함은 그의 마음이 너희 무리를 인하여 안심함을 얻었음이니라" 직역하면 이러하다. "12. 그러므로 만약 내가 너희에게 글을 썼다면, 잘못된 것을 인하여서도 아니고 잘못된 행위를 인하여서도 아니다. 오히려 하나님 앞에서 너희를 향하여 우리를 위한 너희의 근면함을 드러냄을 인하여서이다. 13. 이를 인하여서 내가 너희의 모든 위로 위에 더욱 넘치도록 위로를 받았다. 그리고 우리가 디도의 기쁨 위에 더욱 기뻐하였다. 이는 너희 모든 것으로부터 그의 심령이 새롭게 됨이라." 사도 바울은 이 구절을 통해서 고린도 후서를 써서 보낼 때 그의 심정을 드러낸다. 그러니까 더 이상 고린도 교회를 책망하고자 붓을 든 것이 아니라 오히려 고린도 교회가 더욱 신실하게 개혁된 그러한 교회가 된 것에 대한 기쁨을 나누려고 함이다.

사도 바울은 고린도 교회가 진리로 거룩하게 된 것을 기뻐하며 그것이 그의 위로가 되었다고 말한다. 환란과 핍박 가운데서도 복음 전파에 수고를 다하였던 사도 바울에게 고린도 교회의 신실한 신앙의 변화는 큰 위로가 되었다. 그리고 그 일에 디도가 수고하였음을 증거하고 있다. 이 본문은 우리에게 사도 바울의 서신을 받은 이후에 고린도 교회가 얼마나 거룩하게 개혁이 되었는가를 알 수 있다. 실로 고린도 교회는 분파주의적 교회에서 거룩한 보편 교회의 자태를 갖게 되었다. 이러한 고린도 교회의 변화는 하나님의 크신 역사로 비롯된 것이다.

사도 바울은 고린도 후서 7장의 마지막 단락을 다음과 같이 권면한다. **"14 내가 그에게 너희를 위하여 자랑한 것이 있더라도 부끄럽지 아니하니 우리가 너희에게 이른 말이 다 참된 것같이 디도 앞에서 우리의 자랑한 것도 참되게 되었도다 15 저가 너희 모든 사람들**

이 두려워하고 떪으로 자기를 영접하여 순종한 것을 생각하고 너희를 향하여 그의 심정이 더욱 깊었으니 16 내가 너희를 인하여 범사에 담대한 고로 기뻐하노라" 이제 사도 바울은 고린도 교회가 분파주의적인 다툼을 버리고 치리회가 제 기능을 발휘하여 고린도 교회를 분리시키려는 자들을 권징하고 부끄러울 것이 없는 거룩한 보편 교회가 되었다는 사실을 자랑한다. 거룩한 보편 교회의 회복은 진리로 치리회가 복구되어 그 기능이 유지 보존이 되고 진리를 따라서 치리회가 전체 교회를 다스리는 형태가 이루어져야 가능하다.

사도 신조가 말하는 **나는 거룩한 보편 교회를 믿습니다.**고 할 때에 그 거룩한 보편 교회란 사도들의 가르침에 따라 세상과 구별되는 교회로서 일치된 신앙 고백을 따라서 치리회 안에서 성령께서 주권자로 통치하는 교회이다.

그러므로 거룩한 보편 교회는 정통 교리와 그 교리를 따라서 세워지는 치리회가 있는 교회이다. 사도 바울은 고린도 교회의 회복에 기뻐하고 기뻐하였다. 그들은 사도 바울이 보낸 디도를 매우 정중하게 대우하였고 디도의 권면을 순종하였다. 디도는 고린도 교회의 그 거룩한 자태에 깊은 감명을 받았고 그러한 디도의 보고로 사도 바울도 범사에 담대하게 기뻐하였다.

[교리 강론]

1. 나는 거룩한 보편 교회를 믿습니다.

사도 시대 교회는 거룩한 보편 교회의 자태를 가장 잘 드러내었던 교회였다. 그래서 이후 모든 세대 교회의 모범이 되는 교회였다. 그 거룩성은 세상과 확연하게 구별이 되는 자태를 통해서 드러났다. 거룩한 보편 교회의 거룩성은 세상과 구별되는 것에 있다. 그것은 순수한 정통 교리를 확립하는 것이다. 세속 사상에 혼합되지 않고 순결하고 순수한 정통 교리를 세우는 것이 거룩한 보편 교회가 세상과 구별되는 첫 자태이다.

그러나 다양한 교리를 가진 교파주의적 교회가 되어버린 현대 교회는 더 이상 순수한 교리를 따라서 세워진 거룩한 보편 교회가 아니다. 모두 분파주의적 교회들의 집합체에 불과하다. 현대 교회는 다양한 교파들의 다양한 교리들이 난무하며 정통 교리가 사라져 버렸다. 정통 교리의 경계선이 무너져 버린 현대 교회에서 교리 논쟁은 무의미하게 되어 버렸다. 교파 교회 시대에 다양한 교리는 하나님의 말씀이 혼잡외에 다른 것이 아니다. 그래서 현대 교회는 교리 논쟁이 의미가 없다. 이것을 교파주의 교회 시대라 부른다. 이는 사도 시대 교회와 매우 다르다.

사도 시대 교회는 그렇지 않았다. 사도 시대 교회는 매우 첨예한 교리 논쟁이 있었다. 그 한 가지 사례가 예루살렘 공회의 교리 논쟁이다.(행 15:1-34) 안디옥 장로회에 유대로부터 내려온 어떤 형제들이 이방인 그리스도인들도 할례를 받아야 구원을 받으리라는 주장이 있었고 안디옥 장로회에서 그러한 주장이 논란이 되자 예루살렘 공회에 이 안건을 상정하였다. 그러므로 안디옥 장로회는 사도 바울과 바나바 그리고 여러 장로들을 총대로 파송하여서 예루살렘 공회로 파송하였다.

사도 시대 교회 첫 종교 회의는 이렇게 교리 논쟁으로 시작하였다. 그 시대 상황에서는 이러한 교리 논쟁은 매우 첨예한 것이었다. 예루살렘 총회는 하나님의 뜻 가운데 이방인 성도들에게 할례를 시행하지 말 것을 규례와 법도로 결정하였다. 그 결정을 따라서 이제 할례를 시행하는 규례는 더 이상 사도 시대 교회에게는 금지되었다. 그것은 하나의 정통 교리가 결정된 것이다.

이제 오직 구주 예수 그리스도를 믿음으로 세례를 받고 새 언약의 교회에 일원이 되었으면 그것으로 족하다. 그에 덧 부쳐서 옛 언약의 규례였던 할례를 받을 필요가 없다. 이러한 정통 교리의 입장을 따라서 갈라디아 교회에게 사도 바울이 서신을 보냈다. 율법과 복음의 관계에 있어서 옛 언약의 의식법에 속한 율법은 구주 예수 그리스도 안에서 완성이 되었기에 다시는 시행할 수 없다는 것이다. 이제 새 언약에서는 세례로 대체되었다는 것이다. 이렇게 사도 시대에 첨예한 교리 논쟁은 사도 시대 교회의 하나의 방향을 결정하였다.

그리고 속사도 시대 교회에도 첨예한 교리 논쟁이 있었다. 그래서 정통 교리가 확립되었다. 그것이 니케아 신조와 니케아-콘스탄티노플 신조와 칼게돈 신조로 결실을 보았다. 이렇게 건전한 교회 시대에는 생소한 교리적 주장이 발생하면 첨예한 교리 논쟁을 통하여서 걸러 내었다. 그리고 정통 교리를 확립하였다. 이러한 교리 논쟁의 전통은 후대에 정통 교회 신앙 고백서가 작성되는데 지대한 영향을 주었다.

역사적으로 속사도 시대에 정통 교회로부터 벗어나서 분파를 형성하였던 분파주의자들에 대한 정통 교회의 교리 논쟁의 역사가 있다. 가장 대표적으로 정통 교회를 괴롭혔던 분파주의자들은 노스틱주의자들이다. 그들은 고대 헬라 철학을 기독교 교리와 혼합시켜서 전혀 이질적인 거짓 교리를 가르쳤다. 그들은 기독교 혼합주의자들이었다. 그들은 지체없이 정죄되었고 교회로부터 그 세력들 모두 출교되었다. 그리고 그 후에 몬타누스 분파주의자들이 일어났다. 그들은 신비주의적 종교 활동을 통하여서 정통 교회로부터 이탈하였다. 그들도 기독교 신비주의자들이었다. 그들의 주장은 정통 교리로부터 매우 멀었고 스스로 분파를 형성해서 정통 교회로부터 떨어져 나갔다. 그리고 그 후에 교회의 보편성을 거부한 도나투스주의자들이 있었다. 그들은 세례 제도에 대한 교회의 보편적 통일성의 교리를 거부하고 자기들 만의 회중 교회를 형성하여서 재세례를 받도록 하였다. 그들은 정통 교회로부터 정죄되었다. 도나투스주의자들은 지금의 침례교회가 표방하는 회중 교회주의자들의 원형이라고 할 수 있다. 그리고 후대에 삼위일체 교리에 대한 이설들이 일어났다. 대표적으로 아리우스주의자들이다. 로마 제국 치하에 정통 교회는 종교 회의를 개최하여서 교리 논쟁을 하게 되었다. 그것이 니케아 종교 회의이다. 그리고 니케아 신조를 확립하였다. 그것은 사도 신조를 재확인하는 것이었다. 그리고 그리스도에 대한 정통 교리를 확립하고자 칼게돈 신조가 작성되었다. 그러한 교리 논쟁의 산물로서 후대에 작성된 아타나시우스 신조는 가장 잘 정리된 삼위일체론에 대한 신조로 남아있다.

그리고 16~17세기 종교 개혁 시대에서도 교리 논쟁은 활발하였고 개혁 교회는 그러한 첨예한 교리 논쟁을 통하여서 정통 개혁주의 교리를 확립하였다. 그런데 화란에서 정통 개혁주의 신학에 반발하는 알미니우스주의자들이 일어났다. 그들의 항명으로 화란 국가는 도르트 총회를 개회하였다. 도르트 총회는 알미니우스주의자들을 정죄하고 도르트 신경을 결정하였다. 알미니우스주의는 고대 이단이었던 펠라기우스의 사상을 정통 교리와 섞었던 중세 시대 세미 펠라기우스 사상을 계승한 개신교내에 세미 펠라기우스주의자들이었다. 그들은 항론파라는 명칭으로 불리우며 도르트 총회에서 활동하였다. 그들은 도르트 총회에서 이단으로 정죄되었다. 그리고 화란 개혁 교회는 도르트 신조를 확립하였다. 그리고 벨직 신앙 고백서와 하이델베르그 요리 문답을 채택하였다.

그러나 18세기에 들어오면 교회는 부적 세속화되어 긴다. 세속주의가 교회에 범람하여 정통 교회를 잠식하여 갔다. 그래서 개신교는 분파주의자들의 각축장이 되어버린다. 그리고 거짓 교리로 정죄된 알미니우스주의 교리가 모든 분파주의 교회들이 신봉하는 교리가 되었다. 그것이 교파주의적 교회 시대를 알리는 것이었다. 잉글랜드 감독 교회로서 성공회에서 분파를 형성한 감리 교회와 재세례파를 전신으로 하여서 후대에 개신교 정통 교회로 들어온 침례 교회와 성결 교회라든가 오순절 교파 모두 알미니우스주의를 따라서 분파를 형성한 분파주의 교회들이다.

이렇게 형성된 18세기 이후의 개신교 교파 교회들에게 더 이상의 교리 논쟁은 무의미항ㅆ다. 오직 다양한 분파로 갈려버린 교파 교회만이 난립하게 되었다.

무엇보다 미국의 개신교는 분파주의자들의 종교 각축장이었다. 그러나 실로 모든 분파주의자들의 교리는 한 가지로 일치한다. 그것은 알미니우스주의 사상이다. 인간의 구원에 대한 신인 협동설 교리는 모든 분파주의 교회들의 교리적 입장이 되었다. 진리는 사라지고 거짓 교리가 난무하는 개신교의 교파주의적 교회 현실에서는 초교파가 가장 보편적 교회인 것처럼 오해가 되었다. 그래서 초교파를 지향하는 교회가 가장 보편적인 교회로 신자들은 인식하고 많은 회중 교회들이 초교파주의를 지향하였다. 초교파란 모든 교리를 혼합해서 받아들이는 것이다. 초교파주의는 기독교 혼합주의 외에 다른 것이 아니다. 그렇게 개신교가 분파주의자들의 각축장으로 변질되면서 정통 개혁 교회는 사라져갔다. 정통 개혁 교리는 한 분파의 가르침으로 전락해 버렸다.

다양한 분파주주의 개신교가 우후죽순 일어나면서 개혁 장로교회가 하나의 분파로 전락해버 렸다. 그리고 개혁 교회 자체도 서서히 교리적으로 무너지면서, 피선교국가의 장로교회들은 전혀 개혁 교리가 소개되지 못하는 형태의 초교파 교회가 되어 버렸다. 그러므로 이제는 정통 교리를 제대로 구현하는 개혁 장로교회를 찾기는 어렵다.

오히려 미합중국 장로교회가 1967년 기존의 교회법으로서 웨스트민스터 신앙 고백서를 버리고 화해를 주제로 하는 전혀 다른 신앙 고백서를 결정하였다. 더 이상 장로 교회가 아니게 되었다. 이렇게 역사적으로 첨예한 교리 논쟁은 매우 중요하다. 그것은 기독교 진리를 보존하는 하나의 도구로 중요하였다. 그러나 이제 어두움이 짙게 드리워져 있다. 정통 교리는 어디에서도 찾아 볼 수 없다. 그와 함께 정통 교회도 찾기 어려운 역사의 유물이 되었다. 사도 신조와 니케아 신조와 칼게돈 신조와 아타나시우스 신조가 가르쳐 지는 교회를 찾기 어렵게 되었다.

거룩한 보편 교회란 무엇인가? 거룩한 보편 교회란 하나의 거룩한 보편 교리를 따라서 전체 교회가 치리회로 다스려지는 교회를 의미한다. 로마 카톨릭 교회는 거룩한 보편 교회가 아니다. 로마 카토릭 교회는 타락한 감독 교회일 뿐이다.

거룩한 보편 교회는 특정한 교회를 정통 교회라고 말하는 것이 아니다. 거룩한 보편 교회는 세속화 되지 않은 정통 교리를 따라서 세워진 교회를 의미한다. 그리고 모든 교회가 일치된 교리를 따라서 치리회를 가지고 다스려지는 교회이다. 그러니까 거룩한 보편 교회가 가지고 있어야할 표지는 이러하다.

첫째는 거룩한 보편 교회는 정통 교리를 가지고 있어야 한다. 그것이 최소한 거룩한 보편 교회이다. 그러나 거룩한 보편 교회가 되려면 한 가지 표지가 더 있어야 한다. 그것은 둘째로 거룩한 보편 교회란 전체 교회를 다스리는 통일된 치리회가 있어야 한다. 치리회가 없는 교회는 정통 교회가 아니다. 치리회가 없으면 사람이 자기 마음대로 다스리는 거짓 교회가 된다. 그러나 치리회가 있으면 치리회가 교회법으로 교회를 다스린다. 그래서 장로교회는 교회법으로 다스리는 교회이다. 회중 교회는 회중들이 한 사람의 성직자에게 매여서 다스림을 받는 교회이다. 감독 교회는 사역자들 위에 높이 된 감독이 다스리는 교회이다. 감독이 곧 교회법이다. 그러니까 사람이 다스리는 교회이다.

정통 교회는 정통 교리와 그 교리를 따라서 결정된 교회법으로 다스려지는 교회이다. 그래서 장로교회가 정통 교회이다. 회중 교회와 감독 교회는 정통 교회가 아니다. 다시 요약하면 거룩한 보편 교회란 정통 교리를 가지고 전체 교회를 치리회를 통하여서 다스리는 교회이다. 지금의 다양한 개신교 분파주의 교회들은 거룩한 보편 교회로서 자태를 잃어 버린지 오래 되었다.

제목: 사도 바울의 당부
본문: 고린도 후서 8장 1~24절

[한글 본문]
1 형제들아 하나님께서 마게도냐 교회들에게 주신 은혜를 우리가
너희에게 알게 하노니 2 환난의 많은 시련 가운데서 저희 넘치는 기
쁨과 극한 가난이 저희로 풍성한 연보를 넘치도록 하게 하였느니라
3 내가 증거하노니 저희가 힘대로 할 뿐 아니라 힘에 지나도록 자원
하여 4 이 은혜와 성도 섬기는 일에 참여함에 대하여 우리에게 간절
히 구하니 5 우리의 바라던 것뿐 아니라 저희가 먼저 자신을 주께
드리고 또 하나님 뜻을 좇아 우리에게 주었도다 6 이러므로 우리가
디도를 권하여 너희 가운데서 시작하였은즉 이 은혜를 그대로 성취
케 하라 하였노라 7 오직 너희는 믿음과 말과 지식과 모든 간절함과
우리를 사랑하는 이 모든 일에 풍성한 것같이 이 은혜에도 풍성하게
할지니라 8 내가 명령으로 하는 말이 아니요 오직 다른 이들의 간절
함을 가지고 너희의 사랑의 진실함을 증명코자 함이로라 9 우리 주
예수 그리스도의 은혜를 너희가 알거니와 부요하신 자로서 너희를
위하여 가난하게 되심은 그의 가난함을 인하여 너희로 부요케 하려
하심이니라 10 이 일에 내가 뜻만 보이노니 이것은 너희에게 유익함
이라 너희가 일 년 전에 행하기를 먼저 시작할 뿐 아니라 원하기도
하였은즉 11 이제는 행하기를 성취할지니 마음에 원하던 것과 같이
성취하되 있는 대로 하라 12 할 마음만 있으면 있는 대로 받으실 터
이요 없는 것을 받지 아니하시리라 13 이는 다른 사람들은 평안하게
하고 너희는 곤고하게 하려는 것이 아니요 평균케 하려 함이니 14
이제 너희의 유여한 것으로 저희 부족한 것을 보충함은 후에 저희
유여한 것으로 너희 부족한 것을 보충하여 평균하게 하려 함이라 15
기록한 것같이 많이 거둔 자도 남지 아니하였고 적게 거둔 자도 모
자라지 아니하였느니라 16 너희를 위하여 같은 간절함을 디도의 마
음에도 주시는 하나님께 감사하노니 17 저가 권함을 받고 더욱 간절

함으로 자원하여 너희에게 나아갔고 18 또 저와 함께 한 형제를 보
내었으니 이 사람은 복음으로서 모든 교회에서 칭찬을 받는 자요 19
이뿐 아니라 저는 동일한 주의 영광과 우리의 원을 나타내기 위하여
여러 교회의 택함을 입어 우리의 맡은 은혜의 일로 우리와 동행하는
자라 20 이것을 조심함은 우리가 맡은 이 거액의 연보로 인하여 아
무도 우리를 훼방하지 못하게 하려 함이니 21 이는 우리가 주 앞에
서만 아니라 사람 앞에서도 선한 일에 조심하려 함이라 22 또 저희
와 함께 우리의 한 형제를 보내었노니 우리가 여러 가지 일에 그 간
절한 것을 여러 번 시험하였거니와 이제 저가 너희를 크게 믿은 고
로 더욱 간절하니라 23 디도로 말하면 나의 동무요 너희를 위한 나
의 동역자요 우리 형제들로 말하면 여러 교회의 사자들이요 그리스
도의 영광이니라 24 그러므로 너희는 여러 교회 앞에서 너희의 사랑
과 너희를 대한 우리 자랑의 증거를 저희에게 보이라

[원문 직역]

1. 형제들아! 우리가 마케도니아 교회들 안에 주어진 하나님의 은혜를 너희에게 알게 하였다. 2. 이는 많은 환란의 증거들 안에서 그들의 기쁨이 충만함이 그리고 그들의 극심한 가난이 그들의 순전한 부요함 안으로 더욱 풍성해졌다는 것이다. 3. 내가 증거한다. 그들이 능력을 따라서 그리고 능력에 넘치게 그 자신의 의향을 따라서 하였다. 4. 그들이 우리의 많은 위로와 함께 은혜와 성도를 향한 섬김의 교제를 간구하였다. 5. 그리고 그와 같이 우리가 바라지 않았으나 그들이 그들 자신들을 주님께 먼저 바치고 하나님의 뜻을 통하여서 우리에게 주었다. 6. 우리가 디도를 권함으로서 그와 같이 그가 시작했고 너희 가운데서 그 은혜를 마치게 하려 하였다. 7. 그러나 마치 모든 것 안에서 너희가 충만한 것처럼 믿음과 말씀과 지식과 모든 근면과 너희 안에 있는 우리의 사랑으로 이 은혜 안에서 너희로 행하게 하려 함이다. 8. 마치 명령 하듯이 내가 말하는 것이 아니다. 오히려 다른 자들의 간절함을 통하여 그래서 너희 사랑의 신실함을 증명하고

자 하였다. 9. 왜냐하면 너희가 우리 주 예수 그리스도의 은혜를 알고 있다. 즉 그가 부요하신 분으로서 너희를 인하여서 가난하게 되셨다는 것이다. 이는 그렇게 가난한 너희가 부요하게 되도록 함이다. 10. 내가 이 의견을 너희에게 주었다. 왜냐하면 너희 안에 그가 이것을 함께 가져오기 때문이다. 이는 누구든지 행하게 하려는 것뿐만 아니라 지난 해 로부터 너희로 시작하게 하고자 함이다. 11. 이제 너희가 그 행함을 성취하라. 그와 같이 하고자 하는 열심이 있고 그와 같이 가지고 있는 것으로부터 성취하라. 12. 왜냐하면 만약 그 열심이 보여 진다면, 그 만큼 만약 받을 만한 것을 가지고 있다면, 그와 같이 그가 가지고 있지 않은 것은 아니다. 13. 왜냐하면 다른 사람들에게 경감을 시키고 너희에게는 고생스럽게 하려는 것이 아니라 동등하게 하고자 함이다. 14. 지금 시간에 너희의 부요함은 그들의 결핍을 목적으로 있다. 이는 그들의 부요함이 너희의 결핍을 목적으로 있게 하려 함이다. 이로 인하여서 동등하게 하려 함이다. 15. 그와 같이 기록된 바 그 많은 자가 너무 많이 남아있지 못하게 하려 함이다. 그리고 그 적은자도 너무 적게 가지고 있지 못하게 하려 함이다. 16. 디도의 마음 안에 너희를 위하여서 동일한 열심을 주신 하나님께 감사하노라. 17. 그가 권고를 받고 간절하게 원하는 마음으로 너희에게 나아갔다. 18. 내가 그와 함께 한 형제를 보내었다. 그는 복음 안에서 교회의 모두를 통하여서 칭송을 받는 자이다. 19. 이 뿐 아니라 그는 주의 영광과 우리의 바램을 위해서 우리에 의해서 이러한 섬김의 은혜로 함께 교회들로부터 선택을 받은 우리의 동료이다. 20. 이것을 멀리하는 것은 어느 누구도 우리에 의해서 관리되는 이러한 부요함 안에서 우리를 비난하지 못하게 하려 함이다. 21. 왜냐하면 주님 앞에서 뿐만 아니라 사람 앞에서도 선한 일들을 주의하려 함이다. 22. 우리가 그들에게 우리의 형제를 한 사람을 함께 보냈다. 우리가 그를 그 열심에 있어서 모든 일에 여러 번 검증하였다. 그러나 지금 그가 너희를 향하여서 크게 확신함으로서 더욱 간절하다. 23. 디도에 관하여서 그는 나의 동무이다. 그리고 너희를 향하여서 나의 동역자이다.

우리 형제들이라면, 그는 교회들의 사자이다. 그리고 그리스도의 영광이다. 24. 그러므로 너희는 너희 사랑의 확증과 너희에 의한 우리의 자랑을 그들에게 교회들의 앞에서 보이라.

[본문 해설]

1. 형제들아! 우리가 마케도니아 교회들 안에 주어진 하나님의 은혜를 너희에게 알게 하였다. 2. 이는 많은 환란의 증거들 안에서 그들의 기쁨이 충만함이 그리고 그들의 극심한 가난이 그들의 순전한 부요함 안으로 더욱 풍성해졌다는 것이다. 3. 내가 증거한다. 그들이 능력을 따라서 그리고 능력에 넘치게 그 자신의 의향을 따라서 하였다. 4. 그들이 우리의 많은 위로와 함께 은혜와 성도를 향한 섬김의 교제를 간구하였다. 5. 그리고 그와 같이 우리가 바라지 않았으나 그들이 그들 자신들을 주님께 먼저 바치고 하나님의 뜻을 통하여서 우리에게 주었다.

사도 바울은 고린도 교회 신자들에게 마케도니아 교회의 사례를 들어서 이웃 교회를 돕는 교회로서 자태가 어떠하여야 할 것을 가르친다. 사도 바울은 "**우리가 마케도니아 교회들 안에 주어진 하나님의 은혜를 너희에게 알게 하였다.**"고 진술한다. 사도 바울은 마케도니아 교회가 이웃 교회에게 보여준 따뜻한 구제의 손길을 하나님의 은혜라고 말한다. 마케도니아 교회에 복음이 처음 전파되었던 사실에 대하여서 사도행전 16장에서 기록하고 있다.

사도 바울이 전도 여행을 하면서 무시아에서 드로아로 내려갔을 때, 밤에 환상 중에 마게도니아 사람 하나가 서서 사도 바울에게 도와 달라고 요청하였다. 사도 바울이 이 환상을 본 후에서 이것은 하나님께서 마케도니아에 복음을 전하라는 것으로 믿고 마케도니아로 갔다. 그때에 세워진 교회가 마케도니아 교회였다.(행 16:8~10) 마케도니아 교회는 극심하게 가난한 교회였다. 그리고 환란이 많았던 교회였다. 그럼에도 그러한 환란 가운데서도 기쁨이 넘쳤던 교회였다. 마케도니아 교회는 모든 교회들에게 귀감이 되는 교회였다. 그들은 그렇게 척박한 삶의 한가운데 놓여 있었으면서도 매우 성도의 교제가 좋았다. 그래서 마케도니아 교회는 어느 교회 못지 않게 주님의 기쁨이 넘쳤다. 그리고 마케도니아 교회는 가난한 교회였기에 더욱 가난한 교회들을 향하여서 부요한 교회가 될 수 있었다. 마케도니아 교회는 가난한 교회였으나 하나님의 진리로 무장한 견고한 교회였다.

사도 바울은 고린도 후서 8장 2절에서 다음과 같이 진술한다. **"이는 많은 환란의 증거들 안에서 그들의 기쁨이 충만함이 그리고 그들의 극심한 가난이 그들의 순전한 부요함 안으로 더욱 풍성해졌다는 것이다."** 마케도니아 교회는 많은 환란의 증거들 가운데서도 기쁨이 충만하였고 그들의 극심한 가난이 오히려 순수한 신앙으로 나아가게 하였다. 참된 교회는 마케도니아 교회와 같아야 한다. 참된 교회는 보이는 가시적 풍요로움에 젖어서 하나님의 나라를 망각하지 않고 오직 하나님의 신령한 말씀으로 풍성하여서 더욱 넘친다. 참된 신앙이란 그렇게 하나님의 나라로 충만한 것이다.

사도 바울은 고린도 후서 8장에서 가난한 교회에 대한 구제에 대하여서 마케도니아 교회를 사례로 하여서 진술하고 있다. 고린도 후서 8장 4절에 이렇게 말한다. **"내가 증거한다. 그들이 능력을 따라서 그리고 능력에 넘치게 그 자신의 의향을 따라서 하였다."** 마케도니아 교회가 그들의 능력을 따라서 그리고 그 능력에 넘치게 그들의 의향을 따라서 연보하였다고 말한다. 그래서 고린도 후서 8장 5절에 다음과 같이 말한다. **"그리고 그와 같이 우리가 바라지 않았으나 그들이 그들 자신들을 주님께 먼저 바치고 하나님의 뜻을 통하여서 우리에게 주었다."** 사도 바울이 바랐던 것은 아니었는데 마케도니아 교회는 먼저 자신들을 주님께 드렸고 하나님의 뜻을 통하여서 사도들에게 연보를 주었다.

이것은 마케도니아 교회의 연보가 넘쳤다는 것을 의미한다. 마케도니아 교회는 가난한 이웃 교회를 외면하지 않고 구제하는 교회였다. 그 당시에는 특별하게 예루살렘 교회가 매우 어려웠다. 그러므로 사도 바울이 예루살렘 교회를 돕기 위하여서 여러 가지로 애를 썼다. 사도 바울이 갈라디아에 보낸 서신에서 "**다만 우리에게 가난한 자들 생각하는 것을 부탁하였으니 이것을 나도 본래 힘써 행하노라**"(갈 2:20) 고 언급하였다. 이 가난한 자들은 예루살렘 교회를 의미하였다.

사도 바울은 고린도후서 8장 5절에서 "**우리의 바라던 것뿐 아니라 저희가 먼저 자신을 주께 드리고 또 하나님 뜻을 좇아 우리에게 주었도다**"라고 말한다. 이는 마케도니아 교회의 신실한 구제의 자세를 보여 주는 것이다. 마게도니아 교회는 가난할지라도 서로 나누는 은혜가 풍성한 교회였다.

사도 바울은 주의 몸된 교회들이 서로 작은 것이라도 나누는 그 마음을 따라서 풍성하여 질 것이라고 교훈한다. 사도 바울이 원하였던 바는 거룩한 보편 교회들이 연보를 통하여서 부요함을 나눔으로서 서로 풍성해져가는 것이었다. 그것이 하나님 나라의 넘치는 기쁨과 은혜이다. 그렇게 주님의 교회는 서로 나누면서 풍성해진다.

6. 우리가 디도를 권함으로서 그와같이 그가 시작했고 너희 가운데서 그 은혜를 마치게 하려 하였다. 7. 그러나 마치 모든 것 안에서 너희가 충만한 것처럼 믿음과 말씀과 지식과 모든 근면과 너희 안에 있는 우리의 사랑으로 이 은혜 안에서 너희로 행하게 하려 함이다. 8. 마치 명령 하듯이 내가 말하는 것이 아니다. 오히려 다른 자들의 간절함을 통하여 그래서 너희 사랑의 신실함을 증명하고자 하였다.

사도 바울은 고린도 후서 8장 6절에 "**우리가 디도를 권함으로서 그와같이 그가 시작했고 너희 가운데서 그 은혜를 마치게 하려 하였다.**"고 언급한다. 사도 바울은 그가 파송한 디도를 통하여서 예루살렘 교회와 같이 가난한 교회를 고린도 교회가 어떻게 도울 것을 전하고 그로 인하여서 마케도니아 교회에게도 넘쳤던 은혜가 고린도 교회에게도 넘치시기를 소원하였다. 그래서 고린도 후서 8장 7절에 **"마치 모든 것 안에서 너희가 충만한 것처럼 믿음과 말씀과 지식과 모든 근면과 너희 안에 있는 우리의 사랑으로 이 은혜 안에서 너희로 행하게 하려 함이다."**라 말한다. 사도 바울은 본문에서 "**믿음**"과 "**말씀**"과 "**지식**"과 "**모든 근면**"과 "**고린도 교회 안에 있는 사도 바울과 그 일행들의 사랑**"으로 은혜 안에서 행하기를 원하였다. "**믿음**"과 "**말씀**"과 "**지식**"과 "**모든 근면**"과 "**고린도 교회 안에 있는 사도 바울과 그 일행들의 사랑**"이 모두 여격으로 되어있다. 그것은 수단의 여격이다. 사도 바울은 믿음, 말씀, 지식, 모든 근면과 고린도 교회 안에 있는 사도 바울의 일행들의 사랑으로 고린 교회가 행하기를 바랬다. 실로 살아 있는 믿음이란 가난한 이웃을 돌아볼 줄 아는 믿음이다. 무엇보다 가난한 교회를 돌아보는 일은 모든 교회가 힘써야 할 부분이다. 이러한 부분에 지금의 한국 교회는 실패하고 있다. 회중교회주의가 가득한 한국 교회는 이웃 교회를 돌아보는 일에 인색하다. 자신이 속한 개교회의 물질적 풍요로움과 재정적 부요함을 위해서 헌금을 하지만 실로 가난한 교회를 위해서 연보를 드리는 지 교회나 신자들은 찾아보기 어려운 실정이다. 이는 실로 사도 시대 교회와 대조를 이루는 안타까운 현상이다.

거룩한 보편 교회는 가난한 이웃 교회를 살피고 돌아보는 교회이다. 참되게 부요한 교회란 재무 구조를 자랑하는 교회가 아니라 오직 가난한 교회를 돌아보는 교회이다. 그러므로 참된 교회는 그 교회의 외면적 화려함을 젖어서 그것을 자랑할 것이 아니라 오직 믿음으로 이웃을 섬기며 돌보고 가난한 교회를 돌아보는 것으로 기뻐하는 교회이다. 그러므로 참된 믿음이란 사랑의 수고를 마다하지 않는 믿음이다.

사도 바울은 고린도 후서 8장 8절에서 다음과 같이 권면한다. **"내가 명령으로 하는 말이 아니요 오직 다른 이들의 간절함을 가지고 너희의 사랑의 진실함을 증명코자 함이로라"** 직역하면 이러하다. **"마치 명령 하듯이 내가 말하는 것이 아니다. 오히려 다른 자들의 간**

절함을 통하여 그래서 너희 사랑의 신실함을 증명하고자 하였다." 사도 바울은 이에 대하여서 명령하는 것이 아니라고 말한다. 실로 가난한 교회를 돌아보는 것은 자발적인 드림이 되어야 한다. 왜냐하면 억지로 하는 구제는 하늘의 신령한 은혜가 넘칠 수 없기 때문이다. 강제로 떠밀려서 하는 연보는 노예적 신앙 행위일 뿐이다.

사도 바울은 고린도 교회에게 다음과 같이 권면한다. 고린도 교회는 가난한 교회를 위해서 넘치는 연보를 나누어 줌으로서 사랑의 신실함을 증명하거라. 사도 바울은 고린도 교회가 자발적으로 가난한 교회를 돌아봄으로서 사랑의 신실함을 증명하라고 권면하였다. 그리고 실지로 고린도 교회는 넘치는 구제로 가난한 교회를 섬겼다.

9. 왜냐하면 너희가 우리 주 예수 그리스도의 은혜를 알고 있다. 즉 그가 부요하신 분으로서 너희를 인하여서 가난하게 되셨다는 것이다. 이는 그렇게 가난한 너희가 부요하게 되도록 함이다. 10. 내가 이 의견을 너희에게 주었다. 왜냐하면 너희 안에 그가 이것을 함께 가져오기 때문이다. 이는 누구든지 행하게 하려는 것 뿐만 아니라 지난 해로부터 너희로 시작하게 하고자 함이다. 11. 이제 너희가 그 행함을 성취하라. 그와같이 하고자 하는 열심이 있고 그와같이 가지고 있는 것으로부터 성취하라. 12. 왜냐하면 만약 그 열심이 보여 진다면, 그 만큼 만약 받을 만한 것을 가지고 있다면, 그와같이 그가 가지고 있지 않은 것은 아니다.

사도 바울은 고린도 후서 8장 9절에서 "**너희가 우리 주 예수 그리스도의 은혜를 알고 있다.**"고 말한다. 그들이 알고 있는 주 예수 그리스도의 은혜란 "**그가 부요하신 분으로서 너희를 인하여서 가난하게 되셨다.**"는 것이다. 그리고 그렇게 가난하게 되신 이유는 "**그렇게 가난한 너희로 부요하게 되도록 함이다.**" 구주 예수 그리스도는 부요하신 분으로서 가난하게 되셨다. 이는 우리를 부요하게 하시고자 하심이다. 이는 실로 놀라우신 은혜이다. 사도 바울이 이 본문에서 언급하는 부요함이란 이 세상의 부요함이 아니다. 이 세상의 부요함이 결코 이를 수 없는 하나님 나라의 부요함이다. 그것은 물질의 부요함을 뛰어넘는 하나님 나라의 은혜이다.

그렇다면 우리의 가난함이란 무엇인가? 그것은 죄로 인하여서 벌거벗겨진 황폐한 영혼의 상태를 말한다. 이러한 가련하고 비참한 상태에 있었던 교회가 소아시아 일곱 교회 중에 있었다. 라오디게아 교회였다. 요한 계시록 3장 17~18절에 예수 그리스도께서 라오디게아 교회를 책망하실 스스로 부요하다고 자랑하였던 라오디게아 교회에게 그들의 가련함과 가난함과 벌거벗음이 무엇인가를 지적하고 계신다. “**네가 말하기를 나는 부자라 부요하여 부족한 것이 없다 하나 네 곤고한 것과 가련한 것과 가난한 것과 눈 먼것과 벌거벗은 것을 알지 못하도다 내가 너를 권하노니 내게서 불로 연단한 금을 사서 부요하게 하고 흰 옷을 사서 입어 벌거벗은 수치를 보이지 않게 하고 안약을 사서 눈에 발라 보게 하라**”(계 3:17~18) 참된 신앙의 부요함이란 자신들의 경제적 상황이 어려워도 기뻐하고 감사할 수 있는 것이다. 하나님 나라의 부요한 은혜가 흘러넘치는 교회는 경제적으로 부요한 교회가 아니다. 가난하나 이웃을 부요케 하는 교회이다. 거짓 교회들은 단지 자신들의 물질적 풍요로움을 자랑할 뿐이다. 이웃을 섬기지 않는다. 거짓 교회이다.

그러한 거짓 교회들은 자신들이 근원적으로 곤고하고 가련하며 가난하고 눈 멀고 벌거벗은 신앙의 상태라는 사실을 알지 못하고 스스로 자만하여서 자신들의 세상적 부요함을 자랑하며 말하기를 자신들은 부자이고 부요하다 하며 부족한 것이 없다고 한다. 주님께서는 그들의 가련함을 보시고 말씀하셨던 것이다. “**내가 너를 권하노니 내게서 불로 연단한 금을 사서 부요하게 하고 흰 옷을 사서 입어 벌거벗은 수치를 보이지 않게 하고 안약을 사서 눈에 발라 보게 하라**”(계 3:18) 라오디게아 교회를 향하신 우리 주님의 이 말씀은 이 시대에 재물의 부요함에 젖어서 하나님 나라를 망각한 거짓 교회들에 대한 책망의 말씀이다.

거룩한 보편 교회의 참된 부요함은 이 세상에서 안락하게 살아가며 명예와 권세가 높아지고 천하를 호령하며 자기 욕망에 중독 되어서 살아가는 것이 아니다. 오직 여호와의 말씀으로 부요하게 되어서 그 말씀을 따라 살아가는 자들이 넘치는 교회이다. 그런 측면에서 사도 시대 교회는 부요하였다. 그 중에서도 예루살렘 교회가 그러하였다. 예루살렘 교회는 다른 여타 교회들보다 무척 가난하였으나 사도 시대 어느 교회보다 신실하였다. 그리고 모든 교회들의 모교회로서 의연하게 경건한 신앙을 지켰다.

주후 70년 예루살렘이 로마 군대의 말발굽에 밟히기 전까지 예루살렘 교회는 견고하게 서 있었다. 어쩌면 예루살렘 교회는 사도 시대 교회 가운데 가장 부요한 교회였다. 천상의 부요함을 경험한 예루살렘 교회는 더욱 하나님 나라의 부요함을 사모하였다. 그러나 모든 거짓 교회들은 하늘의 신령한 복을 경험한 적이 없기에 이 세상 가치를 추구하는 맘몬의 신앙의 교회가 된다. 거짓 교회들은 하나님 앞에 진실한 마음과 참된 순종이 없다. 오직 개교회의 이익을 얻기 위하여서 이웃 교회와 서로 다투고 싸운다. 그러한 분파주의 교회들이 예수 그리스도께서 말씀하신 곤고하고 가련하고 눈멀고 벌거벗은 교회들이다.

사도 바울은 고린도 교회에게 진술한다. "**내가 이 의견을 너희에게 주었다. 왜냐하면 너희 안에 그가 이것을 함께 가져오기 때문이다. 이는 누구든지 행하게 하려는 것 뿐만 아니라 지난 해로부터 너희로 시작하게 하고자 함이다. 이제 너희가 그 행함을 성취하라. 그와같이 하고자 하는 열심이 있고 그와같이 가지고 있는 것으로부터 성취하라.**" (고후 8:10-11) 사도 바울은 이미 작년에부터 구제 헌금을 할 것에 대하여서 권면하였음을 말한다. 이제는 그 연보를 보내는 일을 실행하라고 권면한다. 사도 바울은 고린도 후서 8장 12절에 구제 헌금을 하는 마음 자세에 대하여서 가르친다. "**할 마음만 있으면 있는 대로 받으실 터이요 없는 것을 받지 아니하시리라**" 직역하면 이러하다. "**왜냐하면 만약 그 열심이 보여 진다면, 그 만큼 만약 받을 만한 것**

을 가지고 있다면, 그와같이 그가 가지고 있지 않은 것은 아니다." 하나님께서는 즐겨 헌상하는 자를 기뻐하신다. 부득이 함으로 하는 것을 기뻐하시지 않는다. 그래서 하나님께서는 신자들이 중심으로 드리는 것은 받으시지만 인색한 마음으로 드리는 것은 열납하지 아니하신다. 헌상을 드리는 신자들은 마음 자세가 중요하다. 가난한 교회를 돕는 것은 하나님 나라의 확장과 넘치는 부요함에 참여하는 것이다. 이는 실로 놀라운 은혜이다.

13. 왜냐하면 다른 사람들에게 경감을 시키고 너희에게는 고생스럽게 하려는 것이 아니라 동등하게 하고자 함이다. 14. 지금 시간에 너희의 부요함은 그들의 결핍을 목적으로 있다. 이는 그들의 부요함이 너희의 결핍을 목적으로 있게 하려 함이다. 이로 인하여서 동등하게 하려 함이다. 15. 그와같이 기록된 바 그 많은 자가 너무 많이 남아있지 못하게 하려 함이다. 그리고 그 적은자도 너무 적게 가지고 있지 못하게 하려 함이다.

사도 바울은 고린도 교회에게 넘치는 연보를 요구한 그 이유에 대하여서 진술한다. "**이는 다른 사람들은 평안하게 하고 너희는 곤고하게 하려는 것이 아니요 평균케 하려 함이다.**"(고후 8:13) 직역하면 이러하다. "**다른 사람들에게 경감을 시키고 너희에게는 고생스럽게 하려는 것이 아니라 동등하게 하고자 함이다.**" 그리고 이어서 그렇게 하는 것은 "**이제 너희의 유여한 것으로 저희 부족한 것을 보충함은 후에 저희 유여한 것으로 너희 부족한 것을 보충하여 평균하게 하려 함이라**"(고후 8:14)고 말한다. 직역하면 이러하다. "**지금 시간에 너희의 부요함은 그들의 결핍을 목적으로 있다. 이는 그들의 부요함이 너희의 결핍을 목적으로 있게 하려 함이다. 이로 인하여서 동등하게 하려 함이다.**" 사도 바울은 다음과 같이 증거한다. 하나님의 교회 가운데 좀더 여유가 있는 교회가 가난한 교회들을 도우면 그 여유가 있는 교회가 가난한 교회의 부족함을 메꾸어서 서로 동등하게 되리라는 것이다. 본문을 직역하면 더욱 분명하다. "**지금 시간에 너희의 부요함은 그들의 결핍을 목적으로 있다.**" 그러니까 고린도 교회의 부요함은 가난한 교회의 결핍을 채워주는 것이 목적이라는 것이다. 그러니까 좀더 물질적으로 재정이 넉넉한 교회는 그 보다 가난한 교회를 위해서 존재한다는 것이다. 그러므로 부요한 교회가 가난한 교회를 돕지 않는 것은 그 부요한 교회가 존재 목적을 잃어버리고 표류하는 교회라는 것이다. 부요한 교회는 가난한 교회를 위해서 존재한다. 그것이 사도 바울의 권면의 요지이다. 목적을 상실한 교회란 사명을 망각한 교회이다. 하나님의 심판을 피할 수 없다. 그러므로 가난한 교회를 돕지 않는 부요한 교회는 모두 거짓 교회이다. 사도는 하나님께서 가난한 교회를 돕게 하시고자 부요한 교회를 그 옆에 두신 것이라고 가르친다.

사도 바울은 이어서 교훈한다. 고린도 교회가 가난하게 되었을 때는 다른 부요한 교회가 그 결핍을 채워줄 것이다. 그리고 그렇게 하는 것이 하나님의 교회가 부요함과 가난함으로 갈리어시 서로 반목질시하지 않고 하나로 연합되는 방식이다. 부요한 교회가 가난한 교회를 섬기는 것은 서로 사랑함으로서 하나님의 은혜가 충만하게 되려는데 있다. 지상의 각 교회들이 서로 연보를 나누는 것은 그리스도의 사랑으로 마음의 일치를 이루고자 함이다.

사도 바울은 구약 출애굽기를 따라서 다음과 같이 증거한다. "**기록한 것같이 많이 거둔 자도 남지 아니하였고 적게 거둔 자도 모자라지 아니하였느니라**"(고후 8:15) 직역하면 이러하다. "**그와같이 기록된 바 그 많은 자가 너무 많이 남아있지 못하게 하려 함이다. 그리고 그 적은자도 너무 적게 가지고 있지 못하게 하려 함이다.**" 이 말씀은 출애굽기 16장 18절을 따라서 증거한 것이다. "**오멜로 되어 본즉 많이 거둔 자도 남음이 없고 적게 거둔 자도 부족함이 없이 각기 식량대로 거두었더라**"(출 16:18) 출애굽기 본문은 이스라엘 백성들이 모세의 명령을 따라서 광야에서 아침에 나가서 만나를 거두어 오고 그것이 어떻게 된 것을 기록한 것이다. 결국 이 본문은 주기도문에서 **"일용할 양식을 주옵시고"**라고 하는 말씀과 연결된다. 하나님께서 이스라엘의 광야 교회 시대에 한 주간에 육일 동안은 아침에 들판에 나가서 하루치 만나를 거두라고 명령하셨다. 그것을 거두어 오고 하루 만에 다 먹으라고 명령하셨다. 그러나 백성들 중에 더러 그것을 남겨 두었다가 벌레가 생기고 냄새가 났다. 그들이 여호와의 계명을 불순종하였다. 그리고 이제 제 육일 째에는 두 배로 거두고 하루치를 그대로 두어서 안식일에 먹으라고 명령하셨다. 그렇게 행하자 남겨둔 만나가 안식일에는 썩지 않고 냄새도 없고 그대로 먹을 수 있게 되었다. 그러나 백성들 중에 더러 만나를 얻기 위하여서 안식일에 나갔다가 얻지 못하였다. 이스라엘 백성들이 불순종하였다. 이것이 부패한 인간의 본성이다.

이것은 게으름과 목적 없는 재물 축적과 안식일을 거룩하게 지키지 않고 자기의 욕망을 따라서 살아가는 자들에 대한 하나님의 심판의 말씀이다. 이 세상 사람들의 모든 특징이 이 세 가지에 다 걸려 넘어진다. 어떤 인생들은 게으르다. 그래서 마땅히 나가서 매일의 양식을 얻어야 하는데 그렇게 하지 않는다. 그런데 또 다른 어떤 사람들은 탐욕에 쩌들어 있다. 그래서 재물을 맹목적으로 모은다. 그들은 탐심으로 재물을 모으는 것이다. 그런데 그들의 탐심은 우상 숭배이다. 그들은 우상 숭배자들이다. 우리 시대에 자본의 축적에 목을 매는 자들은 현대판 우상 숭배자들이다. 그들의 부지런함은 거짓되다. 그리고 세 번째 하나님께서 명령하신 안식일을 도외시하는 것이다. 그들이 안식일을 범하면서까지 들판에 나가서 만나를 얻으려고 할 때 이러한 자들에게 임할 하나님의 심판은 가공하다. 그것은 영혼이 혼미한 상태에 빠지고 결국 멸망으로 가게 된다.

하나님께서 지상의 교회에게 원하시는 것은 많이 거둔 자도 남지 않고 적게 거둔 자도 모자라지 않는 것이다. 그것은 나그네와 같은 생애 동안 이 세상의 부요함에 정신을 팔지 말고 오직 주어진 일상을 믿음으로 살아가는 것이다. 이는 그 많은 자가 너무 많이 남아 있지 못하게 하려 함이고 적은 자가 너무 적게 가지고 있지 못하게 하려는 것이다. 이는 매우 중요한 신앙의 원리이다. 물질이 지나치게 많으면 영혼이 썩어버린다. 그 영혼은 부패한 상태가 되어서 볼품이 없다. 결코 아름답지 못하다. 탐욕과 이 세살의 부요함에 헤매이는 가련한 영혼이다. 그런데 물질을 너무 적게 가지고 있으면 그 영혼은 척박하고 메마르다. 그는 아무것도 할 수 없다.

하나님의 나라를 위해서 힘써 나아갈 수 없다. 실로 곤고하다. 그래서 하나님께서는 지상의 모든 거룩한 보편 교회가 적당한 경제적 상태를 서로 나누어서 그 기쁨이 충만하게 되기를 원하신다. 재물은 지나치게 많아도 재앙이며 극심하게 적어도 실로 곤고하다. 그러나 가난한 것이 더욱 복되다. 왜냐하면 과도하게 많은 물질로는 하나님 나라에 들어갈 수없기 때문이다. 그것이 예수께서 말씀하신대로 부자가 하늘나라에 들어가기가 낙타가 바늘귀에 들어가기보다 더 어렵기 때문이다.(마 19:23-24) 우리 구주 예수 그리스도께서는 가난한 촌 동네 나사렛에서 자라셨다. 그리고 그의 형제들 사도 야고보와 유다서를 기록한 유다도 그러하다. 주님의 제자들인 사도 베드로와 그의 형제 안드레도 갈릴리의 가난한 어부 출신이었다. 그렇게 주의 제자들은 모두 가난한 서민들이었다.

사도 바울은 주를 위해서 모든 것들 버리고 가난한 자가 되었다. 그리고 그는 그것으로 오히려 기뻐하였다. 바나바도 부자였다. 그러나 그는 모든 재산을 교회에 헌납하고 사도 시대에 귀중한 사역자로서 살았다.(행 4:36~37) 바나바가 사도 바울을 여러 사도들에게 천거한 마가의 친척이다. 마가도 그의 다락방을 사도들에게 제공할 정도로 부요하였다. 그러나 마가는 처음 바울의 전도 여행에서 도무지 가난과 배고픔을 견디지 못하고 고향으로 돌아갔다가 나중에 다시 돌아와서 주의 나라의 전도자로서 신실하게 생을 마쳤다. 사도 바울이 마가를 데려오라고 믿음의 아들 디모데에게 부탁하였다.(딤후 4:11) 그렇게 사도 시대에 신실한 주의 종들은 모두 가난하였다. 스스로 가난한 자들이 되었다.

실로 우리 시대에 종교를 빌미로 종교 재벌이 된 자들이 많이 있다. 이는 멸망의 전조이며 교회의 몰락의 적신호이다. 실로 위험한 교회 시대에 살고 있다. 그들은 종교로 장사를 하여서 재물을 모으는 것이 얼마나 가공할 심판이 될 것을 모르고 있다. 지상의 거룩한 보편 교회는 가난하나 이웃을 부요케 하는 교회이다.

16. 디도의 마음 안에 너희를 위하여서 동일한 열심을 주신 하나님께 감사하노라. 17. 그가 권고를 받고 간절하게 원하는 마음으로 너희에게 나아갔다. 18. 내가 그와 함께 한 형제를 보내었다. 그는 복음 안에서 교회의 모두를 통하여서 칭송을 받는자이다. 19. 이 뿐 아니라 그는 주의 영광과 우리의 바램을 위해서 우리에 의해서 이러한 섬김의 은혜로 함께 교회들로부터 선택을 받은 우리의 동료이다.

사도 바울은 디도와 함께 한 형제를 보낸다고 말한다. 그는 사도 바울과 함께 긴 세월을 가르치고 전도하였던 바나바였다. 디도와 함께 바나바는 고린도 교회를 견고하게 하고자 사도 바울이 파송한 믿음의 동역자였다. "**그는 복음 안에서 교회의 모두를 통하여서 칭송을 받는자이다.**"라고 말한다. 사도 바울과 동역한 자들 중에서 복음 안에서 교회의 모두를 통하여서 칭송을 받을 자는 바나가가 가장 유력하다. 바나바는 바울을 사도들에게 천거하였을 정도로 매우 관대하고 온화한 사도였다. 사도 바울과 함께 바나바는 여러 곳을 전도 여행으로 다녔다. 그렇게 바나바는 사도 바울에게 중요한 동역자였다. 그러나 믿음의 동역자 바나바는 전도 여행에서 이탈했다가 돌아온 마가의 문제로 하룻 밤새 심하게 다투었다.(행 15:37~39) 그래서 바울은 실라를 데리고 가고 바나바는 마가를 데리고 베드로의 전도 행렬에 가담하게 된다. 그런데 사도 바울은 이 바나바와의 다툼은 자신의 잘못이었음을 겸허하게 시인하였다. 그것이 그가 마지막 로마의 감옥에서 디모데에게 부탁하였던 마가와의 화해의 몸짓이었다.(딤후 4:11) 아마도 마지막 순교의 때에 마가를 만났을 것으로 볼 수 있다. 사도 바울은 좀더 젊은 날에 마가를 배척하였던 자신의 잘못을 뉘우쳤다. 그렇게 바나바는 사도 바울 조차도 존경하였던 사도 시대 존경받는 사역자였다.

20. 이것을 멀리하는 것은 어느 누구도 우리에 의해서 관리되는 이러한 부요함 안에서 우리를 비난하지 못하게 하려 함이다. 21. 왜냐하면 주님 앞에서 뿐만 아니라 사람 앞에서도 선한일들을 주의하려 함이다. 22. 우리가 그들에게 우리의 형제 한 사람을 함께 보냈다. 우리가 그를 그 열심에 있어서 모든 일에 여러번 검증하였다. 그러나 지금 그가 너희를 향하여서 크게 확신함으로서 더욱 간절하다. 23. 디도에 관하여서 그는 나의 동무이다. 그리고 너희를 향하여서 나의 동역자이다. 우리 형제들이라면, 그는 교회들의 사자이다. 그리고 그리스도의 영광이다. 24. 그러므로 너희는 너희 사랑의 확증과 너희에 의한 우리의 자랑을 그들에게 교회들의 앞에서 보이라.

사도 바울은 연보를 맡은 일로 자신의 사도직이 비난을 받지 않기를 바란다고 말한다. 그래서 사도 바울은 자신은 이러한 연보를 가까이 하지 않고 멀리 한다고 말한다. 왜냐하면 주님 앞에서 뿐만 아니라 사람들 앞에서도 선한 일들에 주의를 하려 함이라고 말한다. 그래서 신실한 형제를 함께 보낸다고 말한다. 그런데 그 사람은 여러 번 검증을 받은 사람이었다. 그런데 그 형제가 고린도 교회를 향하여서 크게 확신하고 더욱 간절하게 그 사역을 감당하려고 한다는 것이다.

사도 바울은 고린도 후서 8장 23절에 디도에 관하여서 다시 언급한다. 디도는 사도 바울의 동무라고 말한다. 이는 사역을 떠나서도 격의 없이 서로 대화를 나눌 수 있는 사도 바울의 친한 벗이라는 것이다. 그럴뿐만 아니라 고린도 교회를 향하여서는 사도 바울의 동역자이다. 그리고 디도는 고린도 교회의 형제이면서 동시에 사자이다. 교회의 사자들은 성직자들이다. 디도는 하나님의 교회를 치리하는 치리권자 중에 한 사람이었다. 그럴뿐만 아니라 디도는 그리스도의 영광이라고 말한다. 그가 얼마나 신실하였는가를 알 수 있다.

사도 바울은 고린도 교회의 구제 헌금에 대한 사세에 대하여서 다음과 같이 당부한다. "**그러므로 너희는 너희 사랑의 확증과 너희에 의한 우리의 자랑을 그들에게 교회들의 앞에서 보이라.**"(고후 8:24) 그러니까 고린도 교회의 사랑의 확증과 사도 바울이 자랑할 만한 것을 디도가 갔을 때 보이라고 말한다. 이는 고린도 교회를 향한 사도 바울의 간곡한 부탁이다. 그들의 넘치는 구제 헌금으로 가난한 교회에게 넘치는 기쁨이 나누어지기를 간구하는 것이다. 실로 가난한 교회를 돕는 그 부요함은 단지 물질이 아니다. 그것은 서로 나누는 마음의 교류이다. 그러한 심령의 교통을 통하여서 성도들은 함께 자란다. 실로 함께 지어져가는 하나님의 교회는 그렇게 무질서하게 외면적 부요함에 취해서 가난한 교회를 멸시하는 교회가 되지 말아야 하리라. 서로 사랑하는 교회가 되어야 하리라. 그것은 참된 교회의 거룩한 자태이다.

[교리 강론]

고린도 후서 8장의 교리적 진술은 연보에 대한 것이다. 특별하게 구제 헌금에 대한 신자들의 자세를 권고한다. 새 언약의 교회는 구약의 십일조 보다 더욱 넘치게 하나님께 헌상해야한다. 매일의 양식 외에는 모든 재물은 하나님의 교회에 드리는 것이 참된 신자의 자태이다. 본문은 연보에 대한 가장 중요한 요점을 제시하고 있다. 모든 신실한 신자들은 하나님의 교회의 구제 헌금에 동참해야 한다. 그리고 그렇게 모아진 헌상들은 각 지 교회의 가난한 신자들에게 분배되거나 그 지역의 가난한 교회에 나누어 져야 한다.

사도 시대 교회는 그렇게 거룩한 보편 교회로 확장되었다. 새 언약의 교회 신자들은 십일조에 매여 있어서는 않된다. 오직 하나님의 영광을 위해서 주님께서 본인에게 허락하신 매일의 양식에 넘쳐흐르는 재물이 있다면 하나님의 나라와 이웃을 위해서 더욱 헌상해야 한다. 사도 바울은 하나님의 교회가 진리로 보존되도록 너무 지나친 재물을 축적하는 교회도 되지 말고 너무 경제적으로 빈곤한 상태에 있지 말 것을 권면한다. 그래서 좀더 재정적으로 부요한 교회가 미자립 교회를 돕는 것은 가장 자연스러운 사도적 교회의 표징이다. 그러므로 재정적으로 자립하는 지 교회가 이웃 교회를 돕기 위해서 치리회에 바쳐야 할 헌상에 대하여서 살펴보고자 한다.

자립 교회들은 교회 유지에 필요한 재정 이외에 잉여 자본을 가난한 이웃 교회로 돌리거나 상회 치리회에 보고하고 긴요하게 쓰일 수 있도록 해야 한다. 그래서 지 교회는 검소하게 교회를 유지하되 잉여 재물을 지나치게 축적하지 말고 더욱 힘써 나누어야 한다. 신자들의 헌상 생활은 어떠한가? 신자들은 자신의 수입 십분의 일을 반드시 하나님께 드려야 한다. 그것은 새 언약의 교회가 옛 언약 보다 더욱 완전한 실체를 따라 세워졌기 때문이다. 십일조는 헌상의 예표에 불과하다. 새 언약의 교회는 더욱 넘치도록 헌상을 드려야 한다. 그래서 각 지 교회에 소속된 신자들은 건축 헌금과 감사 헌금을 즐겨 헌상해야한다. 모든 건축 헌금은 교회 건물의 유지 보수를 위해서 쓰인다. 모든 감사 헌금은 그 외 교회 경비를 위해서 쓰인다.

현실적으로 교회 지출에 가장 최우선은 교회 건물 유지비이다. 매주 성도들이 모이는 예배당의 유지비용을 우선적으로 남겨 두어야 하는 것은 당연하다. 그러나 그 다음은 교역자 사례비이다. 다른 어떤 지출 보다 사역자들의 사례비가 우선적으로 지급되도록 해야 한다. 그 다음은 구제비에 쓰여야 한다. 교회 행사비는 잉여 자본으로 지출하거나 부족한 부분은 성도들이 자발적으로 다시 헌상함이 선하다. 여기까지 참된 신자가 행하여야 할 헌상의 자세에 대하여서 간략하게 서술해 보았다.

제목: 그리스도인의 연보
본문: 고린도 후서 9장 1~15절

[한글 본문]
1 성도를 섬기는 일에 대하여 내가 너희에게 쓸 필요가 없나니 2
이는 내가 너희의 원함을 앎이라 내가 너희를 위하여 마게도냐인들
에게 아가야에서는 일 년 전부터 예비하였다 자랑하였는데 과연 너
희 열심이 퍽 많은 사람들을 격동시켰느니라 3 그런데 이 형제들을
보낸 것은 이 일에 너희를 위한 우리의 자랑이 헛되지 않고 내 말한
것같이 준비하게 하려 함이라 4 혹 마게도냐인들이 나와 함께 가서
너희의 준비치 아니한 것을 보면 너희는 고사하고 우리가 이 믿던
것에 부끄러움을 당할까 두려워하노라 5 이러므로 내가 이 형제들로
먼저 너희에게 가서 너희의 전에 약속한 연보를 미리 준비케 하도록
권면하는 것이 필요한 줄 생각하였노니 이렇게 준비하여야 참 연보
답고 억지가 아니니라 6 이것이 곧 적게 심는 자는 적게 거두고 많
이 심는 자는 많이 거둔다 하는 말이로다 7 각각 그 마음에 정한 대
로 할 것이요 인색함으로나 억지로 하지 말지니 하나님은 즐겨 내는
자를 사랑하시느니라 8 하나님이 능히 모든 은혜를 너희에게 넘치게
하시나니 이는 너희로 모든 일에 항상 모든 것이 넉넉하여 모든 착
한 일을 넘치게 하게 하려 하심이라 9 기록한 바 저가 흩어 가난한
자들에게 주었으니 그의 의가 영원토록 있느니라 함과 같으니라 10
심는 자에게 씨와 먹을 양식을 주시는 이가 너희 심을 것을 주사 풍
성하게 하시고 너희 의의 열매를 더하게 하시리니 11 너희가 모든
일에 부요하여 너그럽게 연보를 함은 저희로 우리로 말미암아 하나
님께 감사하게 하는 것이라 12 이 봉사의 직무가 성도들의 부족한
것만 보충할 뿐 아니라 사람들의 하나님께 드리는 많은 감사를 인하
여 넘쳤느니라 13 이 직무로 증거를 삼아 너희의 그리스도의 복음을
진실히 믿고 복종하는 것과 저희와 모든 사람을 섬기는 너희의 후한
연보를 인하여 하나님께 영광을 돌리고 14 또 저희가 너희를 위하여

간구하며 하나님의 너희에게 주신 지극한 은혜를 인하여 너희를 사모하느니라 15 말할 수 없는 그의 은사를 인하여 하나님께 감사하노라

[원문 직역]

1. 왜냐하면 성도들을 향한 섬김에 관하여서 너희에게 쓴 것이 나에게 충분하다. 2. 왜냐하면 내가 너희의 열심을 알고있기 때문이다. 내가 마케도니아 교회에게 너희에 대하여서 자랑하고 있다. 즉 아가야가 작년부터 준비하였다. 그리고 너희의 열정이 많은 자들을 격려하였다. 3. 내가 이일에 대하여서 너희를 위한 우리의 자랑이 헛되지 않게 하려고 형제들을 보냈다. 내가 말한 것처럼 너희가 준비하는 자로 있게 하려 함이다. 4. 만약 마케도니아 사람들이 나와 함께 너희에게 갔을때, 너희가 준비가 되지 아니한 것을 우리가 보았을 때, 우리가 부끄러워하지 않도록 내가 너희의 상태에를 이러한 확신으로 말하지 않고자 함이다. 5. 그러므로 너희들에게로 그들이 앞서 나아가고 너희의 앞선 기부금을 먼저 조정하기도록 내가 형제들을 권면하는 것이 필요하다고 생각하였다. 이렇게 준비하는 것이 기부금 답고 탐욕스럽지 않다. 6. 이것이다. 인색하게 심는 자는 드물게 거두고 연보위에 넘치게 심는 자는 연보 위에 넘치게 거두리라. 7. 그와같이 각각은 그 마음에 따라서 선택한 대로 하고 마음이 내키지 않는데 억지로 하거나 강제로 하지 말라. 왜냐하면 하나님께서는 즐겨 내는 자를 사랑하시기 때문이다. 8. 하나님께서 너희들을 위해서 모든 은혜를 넘치게 하실 수 있으시다. 이는 모든 일에 항상 모든 것을 넘치도록 갖게 하여서 모든 선한 일을 풍성하게 하게 하려 함이다. 9. 그와같이 기록된바 그가 흩으셨다. 그가 가난한자들에 베푸셨다. 그의 의가 영원토록 머물 것이다. 10. 심는자에게 씨와 먹을 양식을 주시는 분이 공급해 주실 것이다. 그리고 너의 씨를 증가시킬 것이다. 너희의 의의 수확들을 증가시켜 주실 것이다. 11. 너희가 모든 일에 부요하여서 모든 관대함으로 연보함에 이른다. 이는 누구든지 우리를 통하여서

하나님께 감사함을 이루려함이다. 12. 이러한 사역적 섬김이 성도들의 부족한 부분을 채워줄 뿐만 아니라 하나님께 드리는 많은 감사를 인하여서 넘쳤다. 13. 이러한 섬김의 증거를 통하여서 그리스도의 복음을 위한 너희의 고백의 순종과 그들을 향하여 그리고 모든 자들을 향하여서 섬기는 연보의 관대함 위에 하나님을 영화롭게하였고, 14. 너희를 위한 그들의 기도로 너희 위에 하나님의 넘치는 은혜를 인하여서 너희를 사모하며 15. 말할 수 없는 선물로 인하여서 하나님께 감사하였다.

[본문 해설]

1. 왜냐하면 성도들을 향한 섬김에 관하여서 너희에게 쓴 것이 나에게 충분하다. 2. 왜냐하면 내가 너희의 열심을 알고있기 때문이다. 내가 마케도니아 교회에게 너희에 대하여서 자랑하고 있다. 즉 아가야가 작년부터 준비하였다. 그리고 너희의 열정이 많은 자들을 격려하였다.

사도 바울은 고린도 교회가 성도들을 섬기는 일에 대하여서 더 이상 쓸 것이 없다고 말한다. 이는 사도 바울이 고린도 교회의 섬김에 만족하고 있다는 것이다. "**섬김**"에 해당하는 헬라어 "**디아코니아스**"(διακονιας)는 "**봉사**","**수고**","**공헌**", "**이바지**","**편의**", "**기부**"라는 의미도 있다. 사도 바울은 고린도 교회가 연보로 섬기는 부분에 있어서 만족하고 있음을 언급한 것이다.

사도 바울이 마케도니아 교회에게 고린도 교회 성도들의 섬김에 대한 열심을 자랑하였다고 말한다. 실로 고린도 교회는 모든 분열의 위기를 극복하고 사도 바울의 가르침에 순종함으로서 실로 거룩한 보편 교회로 거듭났다. 이러한 고린도 교회의 자태는 실로 감사한 일이다. 사도 바울은 고린도 교회 성도들이 연보를 드림으로서 이웃 교회를 섬긴 것에 대하여서 격려하고 있다.

사도 바울이 로마의 교회에게 보낸 서신에 어느 정도 기록되어있다. "**25. 그러나 이제는 내가 성도를 섬기는 일로 예루살렘에 가노니 26. 이는 마게도냐와 아가야 사람들이 예루살렘 성도 중 가난한 자들을 위하여 기쁘게 얼마를 동정하였음이라**"(롬 15:25~26) 이 본문을 통하여서 우리는 사도 시대 당대에 예루살렘 교회가 얼마나 어려웠으며 그럼에도 불구하고 각 교회들이 예루살렘 교회를 얼마나 풍성하게 도와주었는지를 알 수 있다. 이러한 각 교회들이 서로 돕는 아름다운 전통으로 인하여서 사도 시대 교회는 더욱 풍성해졌다. 그리고 그러한 교회 상호간에 연보로 인하여서 그리스도의 교회라는 견고한 연대감을 가지게 되었고 서로 사랑하게 되었다. 가난한 교회는 부요한 교회의 도움으로 각박한 형편을 이겨내고 더욱 풍성해졌으며, 부요한 교회들은 그러한 섬김을 통하여서 하나님의 교회를 전체적으로 평균케 하였다.

3. 내가 이일에 대하여서 너희를 위한 우리의 자랑이 헛되지 않게 하려고 형제들을 보냈다. 내가 말한 것처럼 너희가 준비하는 사로 있게 하려 함이다. 4. 만약 마케도니아 사람들이 나와 함께 너희에게 갔을때, 너희가 준비가 되지 아니한 것을 우리가 보았을 때, 우리가 부끄러워하지 않도록 내가 너희의 상태를 이러한 확신으로 말하지 않고자 함이다. 5. 그러므로 너희들에게로 그들이 앞서 나아가고 너희의 앞선 기부금을 먼저 조정하기도록 내가 형제들을 권면하는 것이 필요하다고 생각하였다. 이렇게 준비하는 것이 기부금 답고 탐욕 스럽지 않다.

사도 바울은 디도를 보낸 것을 말하고 있다. 고린도 교회가 연보를 하는 일에 미리 준비하게 하고자 디도를 보냈다고 말한다. 그래서 마케도니아 그리스도인들이 사도 바울과 함께 이 일로 고린도 교회를 살피러 갔을 때 그들이 준비가 되어있지 않으면 부끄럽게 되기에 디도를 먼저 보냈다는 것이다. 디도는 고린도 교회에 먼저 파송되어서 예루살렘 교회로 보낼 연보의 필요성과 당위성을 가르치고 그들로 연보를 보낼 준비를 하게 하였던 것이다.

사도 시대에 각 교회는 각 노회를 의미한다. 그러므로 각 교회 안에는 여러 지 교회(particular church)가 있었다. 그래서 여러 지 교회가 이러한 부분을 준비하려면 한 일년 정도 미리 가서 각 지 교회에게 알려야 했다. 그렇게 사도 바울은 디도를 먼저 보내서 고린도 교회 안에 각 지 교회가 연보를 준비케 하였던 것이다.

6. 이것이다. 인색하게 심는 자는 드물게 거두고 연보위에 넘치게 심는 자는 연보 위에 넘치게 거두리라. 7. 그와같이 각각은 그 마음에 따라서 선택한 대로 하고 마음이 내키지 않는데 억지로 하거나 강제로 하지 말라. 왜냐하면 하나님께서는 즐겨 내는 자를 사랑하시기 때문이다.

이제 사도 바울은 "**적게 심는 자는 적게 거두고 많이 심는 자는 많이 거둔다**"고 말한다. 직역하면 이러하다. "**인색하게 심는 자는 드물게 거두고 연보위에 넘치게 심는 자는 연보 위에 넘치게 거두리라.**" 본문 중에 "**적게 심다**"에 해당하는 "**페이도메노스**"(φειδομένος)는 "**꾀부리다**","**삼가다**", "**드물다**"라는 의미도 있다. 그러니까 인색하다는 것이다. 매우 억지로 하는 기부를 의미한다.

사도는 말한다. 인색하게 심는 자는 드물게 거두리라. 실로 인색한 것은 그 사람의 신앙의 상태를 의미한다. 넘치게 기부하는 신앙은 신실한 신앙이다. 그와 반대로 인색하게 기부하는 신앙은 부실한 신앙이다.

사도 바울은 인색하게 기부하는 자들은 결국 드물게 거두게 될 것이라고 말한다. 과연 인색한 자들이 드물게 거두게 될 열매가 무엇인가? 그것은 빈약한 신앙생활이다. 인색한 신앙인들은 매우 빈약한 신앙생활을 영위한다. 그들은 몇 푼의 재물을 아끼려다가 그 자신의 영혼을 반 토막으로 날려 버린다. 그들이 얻는 것은 서푼어치 재물이고 그들이 잃어버리는 것은 영혼의 부요한 능력이다. 이는 실로 가장 어리석은 자들의 가련한 행태이다. 넘치게 기부하여도 풍성하게 거두게 될 것인데 인색한 영혼은 그 인색함을 통하여서 결국 영혼의 각박함을 수확하리라.

사도 바울은 고린도 후서 9장 6절 후반부에 "**연보 위에 넘치게 심는 자는 연보 위에 넘치게 거두리라**"고 말한다. 풍성하게 연보를 하는 자들에게는 영혼의 풍성함으로 돌아온다는 것이다. 그들의 인격은 거룩하며 경건하고 실로 자비롭다. 인자와 긍휼이 넘치며 이웃을 넘치게 사랑할 수 있다. 그것은 자신의 부요함을 나누어서 영혼을 살찌웠기 때문이다. 본문의 "**연보**"를 헬라어로 "**율로기아**"(εὐλογία)라고 한다. 가난한 자를 돕는 "**연보**"를 헬라어로는 "**축복**"이라고 말한다. 원래 헬라어의 "**축복**"이라는 뜻이 "**율로기아**"(εὐλογία)이기 때문이다. 사도 바울은 "**축복**"이라는 단어를 "**연보**"로 가져다 썼다. 하나님의 축복이 가련한 영혼들에게 연보로 도움을 받는 것에 있다. 그와같이 하나님께 은혜를 받은 자들은 마땅히 넘치는 "**연보**"를 해야 할 것을 가르치는 것이다. 하나님의 축복이란 받을 자격이 없는 자들이 부요함을 받은 것을 의미한다. 신자들이 축복을 받을 자격이 있어서 받은 것이 아니다. 하나님께서 그들의 죄악을 일체 참으시고 용서하시고 그들을 축복하신 것이다. 그것은 하나님의 긍휼하심과 인자하심이 그 배경이다. 연보의 의미가 축복이라는 의미와 같은 것은 하나님께 복을 받은 자란 구제를 힘써하는 자라는 뜻이다. 하나님의 복을 그 마음으로부터 받은 자들은 구제에 넉넉하다. 그러니까 하나님께 받은 복을 나누는 것이다. 그래서 사도 바울이 예수 그리스도께서 부요하신 자로서 가난한 우리를 부요케 하시고자 가난하게 되셨다고 말한다.

실로 우리는 하나님의 은혜에 인색하지 말아야 한다. 하나님께 넘치는 은혜를 받은 자들은 구제를 통하여서 그 열매를 드러낸다. 그래서 사도 야보고도 "**하나님 앞에서 더러움이 없는 경건이란 고아와 과부를 그 환란 중에 돌아보고 자기를 지켜 세속에 물들지 않는 것이라**"(약 1:27)고 하였다.

사도 바울은 고린도 후서 9장 7절에 "**각각 그 마음에 정한 대로 할 것이요 인색함으로나 억지로 하지 말지니 하나님은 즐겨 내는 자를 사랑하시느니라**"고 선포한다. 직역하면 이러하다. "**그와같이 각각은 그 마음에 따라서 선택한 대로 하고 마음이 내키지 않는데 억지로 하거나 강제로 하지 말라. 왜냐하면 하나님께서는 즐겨 내는 자를 사랑하시기 때문이다.**" 하나님께 연보를 내는 자세에 대하여서 사도 바울이 증거한다. 사도 바울은 "**그 마음에 정한대로 연보하라**"고 말한다. "**정한대로**"에 해당하는 헬라어 "**프로에레타이**"(προῆρηται)는 "**결정하다**", "**선택하다**", "**~을 택하다**", "**맡기다**"라는 의미가 있다. 사도 바울은 고린도 교회 성도들에게 연보를 할 때 마음 자세에 대하여서 증거한다. 그것은 마음에 정한대로 즉 스스로 선택하라는 것이다. 자신의 마음에 이끌리는 대로 연보하라고 하는 것이다. 그리고 이어서 "**인색함으로나 억지로 하지 말라**"고 말한다. 인색한 자들에 대하여서 사도 바울은 자주 책망하고 있다. 구제에 인색한자들은 거짓 신자들이다. 참된 신자들은 구제에 인색하지 않는다. 그 거짓 신자들의 탐욕과 무책임성으로 하나님의 교회가 무너져가고 있다. 사도 바울은 고린도 교회에게 억지로 연보하지 말라고 말한다. 억지로 하는 것은 그야 말로 의무감이다. 하나님 앞에서 드리는 연보를 세금으로 생각하는 것이다. 그래서 그들은 사회적 체면이나 가시적 교회에서의 위치 때문에 어쩔 수없이 연보한다.

사도 바울은 증거한다. "**하나님께서는 즐겨 내는 자를 사랑하시기 때문이다.**"(고후 9:7) "**즐겨내다**"에 해당하는 헬라어 "**힐라론**"(ἱλαρον)은 "**기분좋은**", "**마음이 밝은**", "**즐거운**", "**유쾌한**", "**기꺼이**", "**반가운**", "**기쁜**", "**행복한**"이라는 뜻도 있다. 헌상을 드리는 것이 행복해야 한다. 헌상을 드리는 마음이 어둡거나 어거지가 되면 재앙이다. 헌상을 드리는 마음이 기쁘고 즐겁고 마음이 밝고 유쾌해야 한다. 신자들은 하나님께 우리 소유 일부를 드리는 큰 기쁨이 있어야 한다. 그것이 연보이다. 연보는 부요함이며 축복이다. 그러므로 하나님 앞에서 넘치도록 연보를 드리는 자들은 복되다. 하나님으로부터 복이 넘친다. 하나님께서는 즐겨 헌상하는 자를 사랑하신다. 하나님의 사랑을 받는 자가 어떠한 자세로 삶을 살아가는 것인지는 분명하다. 캄캄한 영혼들은 재물에 대한 탐욕으로 진리의 빛을 인식하지 못하고 인색하게 헌상한다. 그러나 진리의 빛을 깨달은 자들은 재물에 대한 탐욕보다 구제의 기쁨에 참여한다. 실로 헌상은 복되다. 신실한 신자들의 헌상을 통하여서 하나님의 나라는 확장되며 거룩한 보편교회는 가난한 이웃을 부요케 하는 그 높은 즐거움에 참여하는 자가 된다.

8. 하나님께서 너희들을 위해서 모든 은혜를 넘치게 하실 수 있으시다. 이는 모든 일에 항상 모든 것을 넘치도록 갖게 하여서 모든 선한 일을 풍성하게 하게 하려 함이다. 9. 그와같이 기록된바 그가 흩으셨다. 그가 가난한자들에 베푸셨다. 그의 의가 영원토록 머물 것이다.

사도 바울은 연보의 원리를 가르친다. 그것은 하나님께서 연보를 통하여서 모든 은혜를 교회들에게 넘치게 하시는 것이다. 서로 나누면 영육 간에 풍성해지지만 움켜지고 나누지 않으면 결국 썩고 곪아 터진다. 그때에 지상의 교회가 심히 더러워진다. 실로 그리스도인의 삶은 매일의 양식으로 족하기에 지나치게 많은 부요함은 탐하는 것은 멸망의 빙거이다. 그 재물과 함께 그 영혼도 불타 버릴 것이다. 탐심은 불타는 욕정이다. 그 욕정은 결국 다 탈 때까지 꺼지지 않는다. 그래서 사도 바울은 재물을 사랑하는 것이 일 만 악의 뿌리가 되는 것이라 가르쳤다.(딤전 6:10) 매일의 양식을 넘어서는 재산을 모으고 축적하기만 하고 구제하지 않는 다면 그의 신앙은 헛되다. 그러나 열심히 부지런히 연보를 하는 자들은 하나님께서 모든 것이 넉넉하여 모든 착한 일을 넘치게 하게 하시고자 더 많은 축복을 내리신다. 그러므로 연보를 넉넉하게 하는 것이 하늘의 복을 넘치게 받는 비결이다.

사도 바울은 고린도 후서 9장 9절에서 "**기록한 바 저가 흩어 가난한 자들에게 주었으니 그의 의가 영원토록 있느니라 함과 같으니라**"고 말한다. 직역하면 이러하다. "**그와같이 기록된바 그가 흩으셨다. 그가 가난한자들에 베푸셨다. 그의 의가 영원토록 머물 것이다.**" 사도 바울은 시편 112편 9절을 따라서 의로운 자가 어떠한 자인가를 드러내고 있다. 즐겨 헌상을 하며 이웃을 돌아보는 자들이다. 실로 이웃을 돌아볼 마음이 없는 자들을 경건한 자라고 할 수 없다. 자신의 이웃의 곤고함을 살피고 그들에게 흩어 구제하는 삶이란 하나님 나라의 의가 그에게 영원토록 머무는 은혜를 받은 삶이다. 참된 성도들은 흩어 구제해야한다. 자신의 재물이 쌓아가는 것을 보고 기뻐할 것이 아니다. 과도하게 재물이 모여드는 것을 두려워하고 즐겨 헌상을 드리고 힘써서 흩어 구제해야 한라. 재물을 모으는 것에 치심하는 자들은 멸망이다. 재물은 다시 사회로 환원하는 것이 복되다. 부요함은 나누기 위해서 있고 축복은 연보로 드러난다. 참된 복인들은 결코 구제에 인색하지 않다. 거짓 신자들은 구제에 인색하다.

11. 너희가 모든 일에 부요하여서 모든 관대함으로 연보함에 이른다. 이는 누구든지 우리를 통하여서 하나님께 감사함을 이루려함이다.
12. 이러한 사역적 섬김이 성도들의 부족한 부분을 채워줄 뿐만 아니라 하나님께 드리는 많은 감사를 인하여서 넘쳤다.

사도 바울은 다음과 같이 진술한다. 모든 일에 부요한자들은 모든 관대함으로 연보한다. 그러니까 부요한자가 연보하지 않는 자들이라면 그들은 실로 부요한자가 아니라는 것이다. 그들의 실상은 매우 가난한 자들이라는 것이다. 가난한 자들은 그 마음이 여유롭지 못하다. 그러므로 적절한 의미로 부요한자들과 탐욕에 찌든 자들의 차이가 드러난다. 모든 일에 여유롭고 모든 관대함으로서 넘치게 연보를 하는 자들은 실로 적절한 의미의 부요한자이다. 그러나 오로지 재물에 눈이 멀어서 인색하고 비정하며 끝없이 재물을 모으는 것 만을 욕정하는 자들은 실상 무척 가련한 인생들이다. 그들은 교회 공동체에 중대한 질병이다. 그들로 인하여서 교회 공동체는 더욱 각박해지고 더욱 인색해지고 더욱 인심이 사나와지며 결국 그 교회 공동체는 몰락하게 되어있다.

그러므로 넘치는 부요함을 관대함으로 인색하지 않게 연보하는 신자들이 참으로 복 된자들이다. 그들의 신앙은 사도 바울이 증거하신 대로 하나님께 감사를 드리는 것이다. 사도들의 가르침이 그렇게 열매를 맺은 것이다. 그것에 사도들은 참된 보람을 느끼며 모든 감사를 하나님께 돌렸다. 실로 넘치는 구제를 통하여서 열매가 드러나지 않는 한 그 교회는 여전히 유아상태이거나 죽은 교회이다.

구제에 인색한 교회 공동체는 이미 교회가 그 사명을 버린 것이다. 교회의 교회됨이 사라진 것이다. 결국 그 존재가 사라질 날 만을 기다리게 되리라. 가시적 교회의 존재 목적 중에 하나는 바로 구제이다. 그것을 사도들이 가르치고 있다. 그때에 가장 먼저 도와야 할 대상은 각 교회 안에 있는 가난한 자들이다. 그들의 삶을 지 교회 당회가 살피고 그들을 구제하지 않는 것은 교회의 하나됨을 헤치는 행위이다. 신자들이 가장 먼저 하나님의 교회를 돌아보는 자세가 필요한 이유이다.

사도 바울은 고린도 후서 9장 12절에서 증거한다. "**이 봉사의 직무가 성도들의 부족한 것만 보충할 뿐 아니라 사람들의 하나님께 드리는 많은 감사를 인하여 넘쳤느니라**" 직역하면 이러하다. "**이러한 사역적 섬김이 성도들의 부족한 부분을 채워줄 뿐만 아니라 하나님께 드리는 많은 감사를 인하여서 넘쳤다.**" 구제와 연보는 가난한 신자들의 부족한 부분만을 채워주는 것이 아니다. 그러한 연보를 통하여서 하나님께 많은 감사를 드리는 것이며 실상은 풍성한 영혼의 상태에 이르는 것이다. 신자들이 서로 베풀고 나누어서 얻게 되는 영혼의 부요함은 이루 형언할 수 없다. 그 은혜를 따라서 살아가는 성도들이 복되다. 그러나 서로 베풀고 나누지 않아서 겪게 되는 영혼의 곤고함은 이루 헤아릴 수 없다.

인체를 비유로 해서 말하면 이러하다. 나누지 못하는 인체는 동맥 경화증이나 뇌졸중에 걸린다. 인체의 근육이 경색되고 혈류가 멈추어서 결국 패혈증으로 죽어간다. 한 사회 공동체가 그렇게 더욱 각 독립된 세포와 같은 단위들로 서로 분리되고 배타적이고 경색될 때 혈류가 멈추게 되어서 죽은 사회가 된다. 인체가 생존을 위해서 끊임없이 동맥으로부터 맑은 피를 공급해서 인체의 말단까지 피를 보내는 것처럼 교회에서 부요한 자들이 구제비로 섬겨야 하는 봉사가 거기에 있다. 그러므로 이 세상을 살아 가면서 가치없는 인생들은 경제적으로 빈곤한 자들이 아니다. 부요함을 나누지 못하여서 인색한 자들이다. 그들은 탐욕에 쩌들어 있는 죄악의 인간일뿐이다. 그렇게 그러한 자들은 사회로 비유할 인체의 패혈증처럼 사회 공동체를 허약하게 하거나 무너뜨리는 가장 위험한 원흉들이다. 그들의 인색함으로 인체와 같은 사회 공동체가 경색되어서 점차로 죽어갈 것이기 때문이다.

사도 야고보는 그러한 자들의 심각한 상태에 대하여서 증거하였다. "**1. 들으라 부한 자들아 너희에게 임할 고생을 인하여 울고 통곡하라 2 너희 재물은 썩었고 너희 옷은 좀먹었으며 3 너희 금과 은은 녹이 슬었으니 이 녹이 너희에게 증거가 되며 불같이 너희 살을 먹으리라 너희가 말세에 재물을 쌓았도다**"(약 5:1~3) 직역하면 이러하다. "**1. 지금 들어라! 부요한 자들아! 앞으로 닥칠 너희의 재앙 위에 통곡함으로 울어라 2. 너의 부요함은 부패해졌고 너희 겉옷은 좀이 먹었다. 3. 너희 금과 은이 녹이 슬었으니 그것들의 녹이 너희에게 증거가 될 것이다. 불같이 너희 살을 먹으리라. 너희가 말세에 자본을 축적하였구나.**" 야고보서 본문은 자본주의자들에 대한 가장 통렬한 정죄이고 단죄이다. 말세에 자본을 쌓아 놓고 살아가는 자들은 그들의 정수리에 재앙을 스스로 가져다가 쏟아 붓고 있는 자들이다. 그들이 당할 멸망이 실로 참혹하다. 이 세상에서 썩어질 부요함을 의지하고 살아가는 자들의 멸망은 홀연히 임할 것이다.

자본주의 자체가 하나님의 말씀에 대한 크나큰 패역이다. 그러한 패역적인 이념에 취해서 살아가는 자들이 받을 하나님의 재앙이 얼마나 큰지 모른다. 그래서 사도 야고보는 경고하고있다. **"자본주의자들아! 너희에게 앞으로 닥칠 재앙에 울고 통곡하라"** 본문에 **"통곡하라"**에 해당하는 헬라어 **"올롤루조"**(ὀλολύζω)는 더 이상 표현할 수 없는 비참한 회한의 눈물을 의미한다. 그것은 돌이킬 수 없는 죽음의 눈물이며 그들이 마땅히 받을 죄악의 눈물이기에 변명조차 할 수 없는 어두운 눈물이다.

13. 이러한 섬김의 증거를 통하여서 그리스도의 복음을 위한 너희의 고백의 순종과 그들을 향하여 그리고 모든 자들을 향하여서 섬기는 연보의 관대함 위에 하나님을 영화롭게하였고, 14. 너희를 위한 그들의 기도로 너희 위에 하나님의 넘치는 은혜를 인하여서 너희를 사모하며 15. 말할 수 없는 선물로 인하여서 하나님께 감사하였다.

사도 바울은 이러한 풍성한 연보로 인하여서 그리스도의 복음이 더욱 진전될 수 있었다고 말한다. 실로 복음의 진전이 없는 시대는 대체로 인색한 구제를 하던 시대였다. 그러나 그리스도의 복음이 편만하게 전파되던 때에는 주로 그 시대 교회가 풍성하게 연보를 하였던 시대였다. 자본의 축적만을 목적으로 삼는 자본주의는 하나님 나라와 멀다. 하나님 나라는 나그네와 같은 생애에 일용할 양식 외에 더 많은 재물을 탐욕하지 않고 본향을 향하는 나그네처럼 살아가는 자들이다. 그들에게는 너무 넘치는 부요함은 하루 속히 나누어야 할 부요함이며 그리스도의 복음을 전하는 매개물이다.

지금 시대 교회 안에 자본주의적 교리들이 스며들어 있다. 교회는 헌금을 많이 낼 수 있는 교인들을 선호하며 그래서 교회는 자본을 축적하고 더 큰 건물을 구입해서 더 많은 교인들을 얻어서 더 많은 자본을 축적하는 것으로 목적으로 삼는다. 그리고 넘치는 자본으로 토지를 매입하고 거기에 불필요한 건물들을 세워서 과시한다. 실로 사도 시대 교회와 정확하게 반대로 가고 있다. 그것이 이 시대 교회의 자화상이다. 무엇이 문제인가? 선한 교리가 세워지지 않은 것이 문제이다. 하나님을 사랑하고 이웃을 사랑해야 하는 중요한 교리가 빠져 버리고 가시적 부요함에 취해서 그것이 생애 목적이 되어 버린 지극히 세속주의 교리가 교회를 점령한 것이다. 하나님의 말씀이 아니라 세속주의 교리가 세력을 얻어서 교회를 중병에 빠뜨렸다. 불법을 자행하고서라도 세력을 얻으면 된다는 어처구니없는 인식이다.

사도 바울은 고린도 후서 9장 14~15절에서 증거한다. "**14 또 저희가 너희를 위하여 간구하며 하나님의 너희에게 주신 지극한 은혜를 인하여 너희를 사모하느니라 15 말할 수 없는 그의 은사를 인하여 하나님께 감사하노라**" 직역하면 이러하다. "**14. 너희를 위한 그들의 기도로 너희 위에 하나님의 넘치는 은혜를 인하여서 너희를 사모하며 15. 말할 수 없는 선물로 인하여서 하나님께 감사하였다.**"

사도 바울은 고린도 교회 신자들에게 말한다. 마케도니아 신자들이 고린도 교회를 위하여서 간구할 때에 하나님께서 고린도 교회에게 베풀어주신 은혜를 인하여서 그들을 사모하며 말할 수 없는 선물로 인하여서 하나님께 감사하고 있다는 것이다. 넘치는 부요함으로 힘에 지나도록 연보를 통하여서 이웃 교회들에게 나누어주는 교회란 모든 교회의 귀감이 되리라. 헬라어로 "**감사하다**"라는 말이 "**카리스**"(χάρις)로 되어있다. 이는 주어가 사람이고 받으실 분이 하나님일 때에 "**감사하다**"가 된다. 그러나 주어가 하나님이시고 받을 자들이 신자들 일 때에 "**은혜**"가 된다. 하나님의 은혜는 신자들에게 그 하나님께 감사로 표현되어야 하는 것이다. 감사를 드리지 못하는 신앙이란 거짓 신앙이다.

사도 바울은 그 감사의 표현을 연보의 풍성함으로 드러난다고 말한다. 참된 신자들이 즐겨 헌상을 드리는 것은 실로 매우 적절한 신앙의 표현이다. 신앙이 있노라하면서 인색하고 경색된 척박한 마음을 가지고 살아가며 자신의 경건함을 자랑하는 자들은 헛된 자들이다. 거짓 신앙이다.

그들이 아무리 많은 지적 유희를 통하여서 얄팍한 지식이 가득해도 그 마음에는 하나님 나라가 머물 자리가 없다. 실로 인색하게 살아가는 것처럼 거짓 신앙도 없다. 참된 신자들은 그 마음에 풍성함을 따라서 하나님을 사랑하고 이웃을 사랑하는 자들이다. 그와 같이 이웃을 섬기고 봉사하는 자들이다.

제목: 우리들의 무기는 성령의 능력이다.
본문: 고린도 후서 10장 1~7절

[한글 본문]
1 너희를 대하여 대면하면 겸비하고 떠나 있으면 담대한 나 바울
은 이제 그리스도의 온유와 관용으로 친히 너희를 권하고 2 또한 우
리를 육체대로 행하는 자로 여기는 자들을 대하여 내가 담대히 대하
려는 것같이 너희와 함께 있을 때에 나로 하여금 이 담대한 태도로
대하지 않게 하기를 구하노라 3 우리가 육체에 있어 행하나 육체대
로 싸우지 아니하노니 4 우리의 싸우는 병기는 육체에 속한 것이 아
니요 오직 하나님 앞에서 견고한 진을 파하는 강력이라 5 모든 이론
을 파하며 하나님 아는 것을 대적하여 높아진 것을 다 파하고 모든
생각을 사로잡아 그리스도에게 복종케 하니 6 너희의 복종이 온전히
될 때에 모든 복종치 않는 것을 벌하려고 예비하는 중에 있노라 7
너희는 외모만 보는도다 만일 사람이 자기가 그리스도에게 속한 줄
을 믿을진대 자기가 그리스도에게 속한 것같이 우리도 그러한 줄을
자기 속으로 다시 생각할 것이라

[원문 직역]
1. 바울 나 자신은 너희에게 그리스도의 관대하심과 온유함을 통하
여서 권면한다. 대면하여서는 너희 안에서 겸손하고 떨어져 있으면
너희를 향하여서 담대하였다. 2. 육신을 따라서 우리가 행하는 것처럼
우리를 여기는 자들 위에 내가 거칠게 대하듯이 그곳에 있을때에 너
희에게 거칠게 대하지 않기를 나는 바란다. 3. 왜냐하면 우리는 육신
안에서 살지만, 육신을 따라서 싸우지 않는다. 4. 왜냐하면 우리들의
싸울 무기는 육신에 속한 것이 아니고 하나님께 견고한 진을 파하는
강력한 힘이기 때문이다. 잘못된 견해들을 파하며 5. 하나님의 지식을
대적하여서 일어난 모든 높아진 것을 멸하고 그리스도의 순종을 위하
여서 모든 지성을 사로 잡는다. 6. 그리고 너희의 순종이 성취되었을

때, 준비된 것 안에서 모든 불순종을 징벌하는 것이다. 7. 너희는 외모를 따라서 만 보는 구나. 만약 어떤 사람이 자기를 그리스도에게 속한 것으로 여긴다면, 그 자신이 그리스도에게 속한 것처럼 우리도 그리스도에 속한 것을 그것을 그 자신으로부터 그는 다시 생각하라.

[본문 해설]

1. 바울 나 자신은 너희에게 그리스도의 관대하심과 온유함을 통하여서 권면한다. 대면하여서는 너희 안에서 소심했고 떨어져 있으면 너희를 향하여서 담대하였다. 2. 육신을 따라서 우리가 행하는 것처럼 우리를 여기는 자들 위에 내가 거칠게 대하듯이 그곳에 있을때에 너희에게 거칠게 대하지 않기를 나는 바란다.

사도 바울은 그리스도의 관대하심과 온유하심을 통하여서 권면한다고 말한다. 이 본문은 마태복음 11장 28~30절 말씀과 연결된다. 사도 바울은 구주 예수 그리스도의 거룩하심을 묵상하면서 권면하고 있다. "**28 수고하고 무거운 짐진 자들아 다 내게로 오라 내가 너희를 쉬게 하리라 29 나는 마음이 온유하고 겸손하니 나의 멍에를 메고 내게 배우라 그러면 너희 마음이 쉼을 얻으리니 30 이는 내 멍에는 쉽고 내 짐은 가벼움이라 하시니라**"(마 11:28~30) 직역하면 이러하다. "**28. 찌들어 있고 짓눌려 있는 자들아 모두 나에게 오라. 내가 너희를 새롭게 하리라. 29. 나의 멍에를 너희 위에 메라. 그리고 나로부터 배워라. 이는 내가 그 마음이 온유하고 겸손하기 때문이다. 너희들이 너희 영혼에게 안식을 찾아줄 것이다. 30. 왜냐하면 나의 멍에는 선량하고 나의 짐은 부드럽기 때문이다.**"

이 세상의 짐은 삶을 찌들게 하고 짓누른다. 거기에는 인간 본성의 탐욕이 들어붙어 있기 때문이다. 인간의 부패한 본성이 들어붙어 있는 이 세상의 짐은 항상 찌들리고 짓누른다. 거기로부터 벗어나는 것은 사람이 스스로 할 수 없다. 인간 자신으로부터는 그 찌들리고 짓누르는 이 세상의 짐을 내려놓지 못한다. 그것이 이 세상에 부패한 인간의 본성이다. 그래서 구주 예수께서 말씀하신다. "**내게로 오**

라. 내가 너희를 새롭게 하리라."

이 세상에 살면서 이 세상에 속하지 않은 자로서 재창조되어서 새로운 피조물이 되는 유일한 방도는 오직 예수 그리스도의 보혈의 공로뿐이다. 믿음으로 구주를 받아들이는 방도 외에 다른 은혜의 방도가 없다. 그 구속의 은총을 받는 길 외에 이 세상의 찌들리고 짓눌린 삶의 여정에 새롭게 되는 방도는 없다. 구주 예수 그리스도 외에는 이 세상에 소망이 없다. 바랄 것도 없다. 오직 구주 예수 그리스도 뿐이다. 그분의 말씀 따라 가는 길 외에 하나님께 피조함을 받은 인생들이 살길이 없다. 선지자 이사야는 그 관대하시고 온유하신 구주를 다음과 같이 묘사했다. "**2 그는 외치지 아니하며 목소리를 높이지 아니하며 그 소리로 거리에 들리게 아니하며 3 상한 갈대를 꺾지 아니하며 꺼져가는 등불을 끄지 아니하고 진리로 공의를 베풀 것이며 4 그는 쇠하지 아니하며 낙담하지 아니하고 세상에 공의를 세우기에 이르리니 섬들이 그 교훈을 앙망하리라**"(사 42:2~4) 직역하면 이러하다. "**2. 그는 고함을 치지 아니하시며, 언성을 높이지 아니하시며, 그 소리로 거리에 들리게 하지 아니하신다. 3. 상한 갈대도 꺽지 아니하실 것이다. 꺼져가는 등불도 끄지 아니하실 것이다. 진리로 공의를 낼 것이다. 4. 그는 세상에 공의를 세우시기 까지 쇠하지 아니하실 것이다. 그리고 그는 낙담하지 아니하실 것이다. 변두리들이 그의 율법을 앙망하리라.**" 70인경의 해석은 이러하다. "**2. 그는 고함을 치지 아니하셨다. 그는 늦추시지 아니하실 것이다. 그의 소리가 바깥에 들리지 아니하실 것이다. 3. 상한 갈대도 꺽지 아니하실 것이다. 그리고 연기 나며 꺼져가는 등불도 소화시키시지 아니하실 것이다. 그러나 진리 안으로 판단을 가져올 것이다. 4. 그가 세상 위에 심판을 두시기 전까지 쇠하시지 아니하실 것이다. 그리고 그가 낙담하지 아니하실 것이다. 그리고 민족들이 그의 이름 위에 소망을 둘 것이다.**"

이사야서의 본문은 그리스도에 대한 예언이다. 그때에 예수 그리스도의 온유하시고 겸손하신 성품이 잘 드러나 있다. 거룩하고 온유하신 그리스도의 성품을 묵상할 때 참된 신자들은 심령의 위로를 크게 받는다. 왜냐하면 그가 얼마나 우리에게 그러한 온유하심으로 다가오셨는가를 알기 때문이다. 삶의 모든 고난과 고통은 이 세상의 왜곡된 구조로부터 온 것이다. 신자들은 그러한 세상의 왜곡된 구조로부터 엄습하는 환란에 낙심할 것이 없다. 하나님께서 반드시 진리로 심판하시기 때문이다. 그는 세상을 심판하시기까지 쇠하시지도 낙담하시지도 아니하신다. 그것이 신자들에게 큰 위로이다. 그 공평하신 하나님께서 그의 공의로우심으로 온 세상을 다스리신다.

사도 바울은 그러한 구주의 크신 온유하심과 관대하심으로 권면한다고 말한다. 그런데 그는 이어서 말하기를 "**너희를 대하여 대면하면 겸비하고 떠나 있으면 담대하였다.**"(고후 10:1)고 한다. 직역하면 이러하다. "**대면하여서는 너희 안에서 소심했고 떨어져 있으면 너희를 향하여서 담대하였다.**"

사도 바울은 신자들을 대면하면 소심해지고 멀리 있을 때에 담대하였던 이유는 그가 언변이 매우 약하였기 때문이다. 사도 바울은 고린도 후서 11장 6절에 "**내가 비록 말에는 졸하나 지식에는 그렇지 아니하니 이것을 우리가 모든 사람 가운데서 모든 일로 너희에게 나타내었노라**"고 말한다. 그 본문에서 "**만약 말에 내가 서툴다고 해도, 지식에 있어서는 아니다. 내가 모든 사람 안에서 모든 일로 너희에게 나타내었다.**"고 말한다.

사도 바울은 매우 어눌한 눌변가였다. 그래서 고린도 교회 성도들에게 별로 하려고 하는 말을 하지 못하고 소심하게 되었다. 그러나 멀리 떨어져서 서신을 보낼 때에는 달랐다. 그는 담대하게 그가 쓰고자 하는 말을 글로 옮겼다. 그는 결코 자신의 사상을 펼침에 있어서 지식이 빈약하지 않았다. 그는 풍성한 지식을 가지고 사도 시대에 여러 교회들에게 다양한 서신들을 보냈다. 그리고 그러한 서신들은 후대 교회를 진리로 인도하는 빛이 되었다.

사도 시대 교회 안에서 유명하였을 사도 베드로는 다음과 같이 사도 바울의 서신이 하나님의 말씀이라고 증거하였다. "**15 우리 사랑**

하는 형제 바울도 그 받은 지혜대로 너희에게 이같이 썼고 16 또 그 모든 편지에도 이런 일에 관하여 말하였으되 그 중에 알기 어려운 것이 더러 있으니 무식한 자들과 굳세지 못한 자들이 다른 성경과 같이 그것도 억지로 풀다가 스스로 멸망에 이르느니라"(벧후 3:15~16)

사도 바울은 고린도 후서 10장 2절에서 진리를 따라서 복음을 전하는 일을 육신을 따라서 행하는 자처럼 여기는 자들에게 거침 없이 대하였다고 말한다. 그들을 엄격하게 책망하고 권징하였다는 것이다. 그러나 고린도 교회에게는 그렇게 대하지 않기를 바란다고 말한다. 이는 고린도 교회가 사도 바울의 권면을 받고 순종하며 신실한 교회로 거듭났기 때문이다.

사도 바울이 고린도 교회에 앞서 보낸 고린도 전서를 살펴보면 그가 얼마나 크게 고린도 교회를 책망하고 있는 가를 알 수 있다. 그리고 사도 바울의 진정성 있는 엄중한 경고를 들은 고린도 교회가 자체적으로 무척 회개하고 돌이켰다. 사도 바울은 두 번째 고린도 교회에게 보낸 서신에서 고린도 교회 신자들을 많이 칭찬하고 있다.

3. 왜냐하면 우리는 육신 안에서 살지만, 육신을 따라서 싸우지 않는다. 4. 왜냐하면 우리들의 싸울 무기는 육신에 속한 것이 아니고 하나님께 견고한 진을 파하는 강력한 힘이기 때문이다.

사도 바울은 증거한다. 자신들이 육체를 입고 살고 있지만 육체대로 싸우지 않는다는 것이다. 이런 신령한 싸움의 원리는 매우 중요하다. 참된 신자들은 비록 육체를 입고 있지만 육체대로 싸우지 않는다. 세상으로부터 자원을 얻어서 싸우지 않는다. 참된 성도들은 오직 성령의 다스림과 이끄심을 따라서 세상과 싸운다.

사도 바울은 증거한다. 이 신령한 무기는 견고한 진을 파하는 강력한 능력이라고 말한다. 그것은 복음이다. 사도 바울이 증거한 견고한 진을 파하는 강력한 무기는 복음이다. 십자가의 도는 참으로 강력한 진을 파하는 신령한 무기이다. 신자들은 오직 믿음으로 세상의 모든 난관을 돌파하여 격파하고 승리의 개가를 부른다. 그것이 주님의 은혜이다. 그 힘의 원천도 오직 하나님뿐이시다. 그래서 시편 기자는 다음과 같이 말한다. “**나의 힘이 되신 여호와여 내가 주를 사랑하나이다.**”(시 18:1) 실로 여호와를 자신의 권능으로 삼고 살아가는 자들의 복이란 그를 사랑함으로 드러난다. 실로 그러하다. 그렇다고 하면 복음이란 무엇인가? 원래 복음은 신구약 전체를 포괄한은 개념이다. 그것은 구약에서 하나님의 율법으로 시내 산에서 모세에게 주어졌다. 그러나 모세가 시내 산에서 율법을 받기 사백년 전에 이미 그의 조상 아브라함이 약속을 받았다. 그것이 복음이다. 그리고 아브라함 언약 가운데 점차적으로 분명하게 드러난 복음은 구주 예수 그리스도 안에서 그 실체가 계시되었다. 그러므로 복음은 구주 예수 그리스도이시다. 예수 그리스도가 복음의 실체이시다. 하나님께서 그의 아들을 이 세상에 보내셔서 십자가에 죽게 하시고 다시 살리심으로서 그 생명의 구주를 믿는 자에게 베푸시는 은혜가 복음이다.

예수 그리스도와 함께 십자가에 죽고 그와 함께 다시 새로운 생명으로 사는 것이 복음이다. 그래서 오직 신자들은 믿음으로 죄에 대하여서 죽고 의에 대하여서 하나님을 향하여서 새 생명으로 다시 살아났다. 그것이 복음이다. 그런데 놀라운 것은 그 복음은 하나님께서 창세전에 그리스도 안에서 그의 택자들을 입양하시기로 작정하심으로 먼저 계획되었다. 그 복음 안에서는 하나님의 나라의 의가 드러나 있다. 그것은 구주 예수 그리스도를 믿음으로 얻게 되는 의이다. 그 하나님 나라의 의는 궁극적으로 하나님의 크신 영광을 지향한다. 그래서 복음은 하나님의 영광을 지향한다. 신자들은 이 세상에서 복음으로 무장해야 한다. 그렇지 아니하게 될 때에는 반드시 넘어지게 되리라. 오직 하나님의 진리의 복음으로 무장하고 세상과 싸워야 하리라. 오직 믿음으로 싸워야 하리라. 그것이 이 세상을 이기신 구주 예수 그리스도를 따라가는 유일한 방도이다. 진리이신 주님을 찬송할지라.

5. 잘못된 견해들을 파하며 하나님의 지식을 대적하여서 일어난 모든 높아진 것을 멸하고 그리스도의 순종을 위하여서 모든 지성을 사로 잡는다.

사도 바울은 먼저 복음은 "**잘못된 견해를 파한다**"고 말한다. 그리고 이어서 "**하나님의 지식을 대적하여서 일어난 모든 높아진 것들을 멸한다**"고 말한다. 그리고 "**그리스도께 순종하게 하기 위하여서 모든 생각을 사로 잡는다.**" 실로 사도 바울은 아덴을 방문했을 때 그의 설교를 통하여서 당대 희랍 철학을 모두 격파시켰다. 이것이 지금의 시대에 성직자들이 계승해야할 사역자의 직무이다. 성직자들은 하나님의 복음에 어긋나는 잘못된 견해들을 격파해야한다. 그리고 하나님을 아는 지식에 대적하여서 높아진 모든 거짓 된 이론들을 무너뜨려야 한다. 그리고 모든 생각들을 사로잡아서 그리스도에게 복종시켜야 한다. 이러한 일에 사명을 맡은 자들이 성직자들이다.

아테네에 이르러 사도 바울이 행한 명 설교는 지금도 우리의 마음을 울린다. "**15 바울을 인도하는 사람들이 데리고 아덴까지 이르러 바울에게서 실라와 디모데를 자기에게로 속히 오게 하라는 명을 받고 떠나니라 16 바울이 아덴에서 저희를 기다리다가 온 성에 우상이 가득한 것을 보고 마음에 분하여 17 회당에서는 유대인과 경건한 사람들과 또 저자에서는 날마다 만나는 사람들과 변론하니 18 어떤 에비구레오와 스도이고 철학자들도 바울과 쟁론할새 혹은 이르되 이 말쟁이가 무슨 말을 하고자 하느뇨 하고 혹은 이르되 이방 신들을 전하는 사람인가보다 하니 이는 바울이 예수와 또 몸의 부활 전함을 인함이러라 19 붙들어 가지고 아레오바고로 가며 말하기를 우리가 너의 말하는 이 새 교가 무엇인지 알 수 있겠느냐 20 네가 무슨 이상한 것을 우리 귀에 들려 주니 그 무슨 뜻인지 알고자 하노라 하니 21 모든 아덴 사람과 거기서 나그네 된 외국인들이 가장 새로 되는 것을 말하고 듣는 이 외에 달리는 시간을 쓰지 않음이더라 22 바울이 아레오바고 가운데 서서 말하되 아덴 사람들아 너희를 보니 범사**

에 종교성이 많도다 23 내가 두루 다니며 너희의 위하는 것들을 보다가 알지 못하는 신에게라고 새긴 단도 보았으니 그런즉 너희가 알지 못하고 위하는 그것을 내가 너희에게 알게 하리라 24 우주와 그 가운데 있는 만유를 지으신 신께서는 천지의 주재시니 손으로 지은 전에 계시지 아니하시고 25 또 무엇이 부족한 것처럼 사람의 손으로 섬김을 받으시는 것이 아니니 이는 만민에게 생명과 호흡과 만물을 친히 주시는 자이심이라 26 인류의 모든 족속을 한 혈통으로 만드사 온 땅에 거하게 하시고 저희의 연대를 정하시며 거주의 경계를 한하셨으니 27 이는 사람으로 하나님을 혹 더듬어 찾아 발견케 하려 하심이로되 그는 우리 각 사람에게서 멀리 떠나 계시지 아니하도다 28 우리가 그를 힘입어 살며 기동하며 있느니라 너희 시인 중에도 어떤 사람들의 말과 같이 우리가 그의 소생이라 하니 29 이와 같이 신의 소생이 되었은즉 신을 금이나 은이나 돌에다 사람의 기술과 고안으로 새긴 것들과 같이 여길 것이 아니니라 30 알지 못하던 시대에는 하나님이 허물치 아니하셨거니와 이제는 어느든지 사람을 다 명하사 회개하라 하셨으니 31 이는 정하신 사람으로 하여금 천하를 공의로 심판할 날을 작정하시고 이에 저를 죽은 자 가운데서 다시 살리신 것으로 모든 사람에게 믿을 만한 증거를 주셨음이니라 하니라 32 저희가 죽은 자의 부활을 듣고 혹은 기롱도 하고 혹은 이 일에 대하여 네 말을 다시 듣겠다 하니 33 이에 바울이 저희 가운데서 떠나매 34 몇 사람이 그를 친하여 믿으니 그 중 아레오바고 관원 디오누시오와 다마리라 하는 여자와 또 다른 사람들도 있었더라"(행 17:15~34)

사도 바울이 당대 그리스의 유명한 도시 아테네에 이르렀다. 그곳은 고대 희랍 철학의 산실이기도 하였다. 그가 아테네에서 에피쿠르스 학파와 스토아학파의 철학자들과 변론하였다.(행17:18) 이때에 바울이 예수 그리스도의복음을 전하였다.(행 17:19) 이제 바울이 아테네의 아레오파고스의 가운데 서서 복음을 변증적으로 전하였다. 그때에 사도 바울이 아테네 종교를 무력화시켰던 교리는 이것이다.

"22. **아덴 사람들아 너희를 보니 범사에 종교성이 많도다 23 내가**

두루 다니며 너희의 위하는 것들을 보다가 알지 못하는 신에게라고 새긴 단도 보았으니 그런즉 너희가 알지 못하고 위하는 그것을 내가 너희에게 알게 하리라" (행 17:22~23)

사도 바울은 아테네 사람들이 섬겼던 그 신이란 존재는 이름도 알 수 없는 신이라고 말하면서 그리스 종교의 허탄함을 드러내었다. 그리고 이어서 그들이 이름도 알지 못하고 잘못 섬겼던 그 신에 대하여서 참된 하나님이 누구신가를 증거하고 있다. "**24 우주와 그 가운데 있는 만유를 지으신 신께서는 천지의 주재시니 손으로 지은 전에 계시지 아니하시고 25 또 무엇이 부족한 것처럼 사람의 손으로 섬김을 받으시는 것이 아니니 이는 만민에게 생명과 호흡과 만물을 친히 주시는 자이심이라**"(행 17:24~25) 사도 바울은 천지의 주재이신 참되신 하나님이 어떠하신 분이신가를 증거한다.

첫째로 그분은 창조주이시다. 그래서 우주와 그 안에 삼라만상을 지으셨다. 둘째로 그는 편재하시다. 그래서 사람의 손으로 지은 전에 계시는 분이 아니시다. 그리고 셋째로 그는 자충족적이시다. 그래서 무엇이 부족하여서 사람의 손으로 섬김을 받으시는 분이 아니시다. 넷째로 그 하나님은 만민에게 생명과 호흡과 만물을 주신 분이시다. 그는 창조주이시며 피조물에게 끝없이 베푸시는 긍휼이 풍성하신 분이시다.

사도 바울은 하나님께서 인류의 모든 족속을 한 혈통으로 만드셨다고 말한다.(행 17:26) 이는 아담의 창조 이후에 모든 인류가 한 조상으로부터 유래되었음을 증거하는 것이다. 그는 아담의 역사로부터 아브라함의 역사에 이르기까지의 경륜을 간략하게 증거한다. 사도행전 17장 27절에 "**이는 사람으로 하나님을 혹 더듬어 찾아 발견케 하려 하심이로되 그는 우리 각 사람에게서 멀리 떠나 계시지 아니하도다**"고 가르친다. 사람이 하나님을 찾지 못하는 것은 그들의 죄악이다. 하나님께서는 가까이 계시지만 그들이 어둡다. 그것이 가장 근본적인 장애물이다. 하나님과 사람 사이에 죄악이 가로 막혀 놓여 있어서 그들이 하나님을 인식하지 못한다. 그러한 심각한 죄의 장벽에 대하여서 선지자 이사야가 잘 증거하고있다. "**1 여호와의 손이 짧아 구원치 못하심도 아니요 귀가 둔하여 듣지 못하심도 아니라 2 오직 너희 죄악이 너희와 너희 하나님 사이를 내었고 너희 죄가 그 얼굴을 가리워서 너희를 듣지 않으시게 함이니**"(사59:1-2)

사도 바울은 증거한다. "**28 우리가 그를 힘입어 살며 기동하며 있느니라 너희 시인 중에도 어떤 사람들의 말과 같이 우리가 그의 소생이라 하니 29 이와 같이 신의 소생이 되었은즉 신을 금이나 은이나 돌에다 사람의 기술과 고안으로 새긴 것들과 같이 여길 것이 아니니라**"(행 17:28~29) 이 본문에서 사도 바울은 당대 그리스 시인들의 싯구를 인용하면서 그러한 싯구가 의미하는 바가 무엇인가를 증거한다. 그때에 그 싯구는 이러하다. "**우리가 그의 소생**"이라는 것이다. 이러한 싯구가 의미하는 바는 전능하신 하나님께서 만민을 창조하셨다는 것이다.

사도 바울은 아테네 사람들이 희미하게 알고 있는 것을 분명하게 정리해서 가르쳐 주었다. 이것은 그 당내에 그리스 사람들에게는 가히 놀라운 것이었다. 그들에게 막연하였던 그 신이 사도 바울의 가르침으로 너무나 분명하게 다가왔기 때문이다. 그러므로 사도 바울의 복음 전파는 단지 당대 그리스 사회에 동떨어진 가르침이 아니었다. 오히려 그 당대 그리스 사회가 직면한 모든 종교들의 모순을 일순간에 타파하고 참된 종교의 도리를 가르친 것이다. 실로 유치하고 조잡한 그리스 종교를 단숨에 분쇄한 것이다. 이것이 사도 바울이 아테네에서 설교한 그 가르침의 중요한 부분이다. 하나님의 복음은 세상의 모든 것을 뛰어 넘는다. 그것인 인생들이 돌아가야 할 참된 길과 진리와 생명을 제시한다. 이제 사도는 29절에서 더 이상 우상을 숭배하지 말라고 가르친다. 그리고 하나님을 몰랐던 시대에 행하였던 모든 미신적인 신앙으로부터 돌이켜서 살아계신 하나님께도 돌아오라고 전도한다. 그것이 사도행전 17장 30-3절에 있다. "**30 알지 못하던 시대에는 하나님이 허물치 아니하셨거니와 이제는 어디든지 사람을 다 명하사 회개하라 하셨으니 31 이는 정하신 사람으로**

하여금 천하를 공의로 심판할 날을 작정하시고 이에 저를 죽은 자 가운데서 다시 살리신 것으로 모든 사람에게 믿을 만한 증거를 주셨음이니라 하니"(행17:30~31) 사도 바울의 이러한 증거는 큰 침체 가운데 있었던 그리스 종교의 종지부를 치는 놀라운 것이었다.

사도 바울은 사도행전 17장 31절에서 구주 예수 그리스도의 부활을 증거 하면서 이제 참된 주를 믿음으로 생명을 얻게 되리라 가르친다. 그러므로 그 생명의 주를 믿음으로 받아들이지 않으면 천하를 공의로 심판할 날에 결코 대재앙을 피할 수 없으리라 증거한다. 실로 놀라운 사도 바울의 논리 정연한 복음적 가르침이다. 하나님의 복음은 결코 세상과 유리되는 것이 아니다. 오히려 세상이 더 이상할 말을 못하게 그들의 거짓된 입을 막고 진리를 드러내는 것이다. 그것이 복음이다. 결국 사도 바울의 복음 전파로 아테네 도시의 희랍 종교는 더 이상 의미가 없어져 버렸다. 그들이 늘 갈등하였던 허탄한 그리스 신화에 대하여서 그 잘못된 허구를 깨닫게 되었던 것이다.

사도 바울의 가르침 안에서 그리스 신화는 헛된 이야기에 불과하였다는 것이 명백하게 드러났다. 그렇게 사도 바울의 명쾌한 복음적 설교는 아테네 모든 종교를 허물어 버린 것이다. 참된 복음은 그 사회의 옛 종교를 모두 분쇄한다. 그리고 거기에 하나님의 교회를 세운다. 복음 전파와 교회의 설립은 항상 같이 간다. 복음이 들어간 곳에서는 교회가 세워졌고 그 교회는 사도들의 치리회에 순종하였던 장로교회 형태였다. 장로교회의 정치 제도는 그리스도의 복음을 가장 효과적으로 보존할 수 있는 교회 정치 제도이다. 사도 들이 그러한 정치 제도를 새 언약의 교회에 세웠다. 그러나 그 장로 정치 제도는 사도들이 첫 기원이 아니다. 오히려 구약의 이스라엘 공동체의 제도였다. 장로 제도는 이스라엘의 정치 제도였다. 그들은 신정 정치 아래에서 각 지파들이 수평적으로 서로 영향을 주고받았던 장로 제도였다. 다만 다윗 왕국의 설립은 하나님 나라의 더욱 분명한 형태를 드러내고자 세우신 제도였다. 이스라엘의 왕정 가운데서도 장로 제도는 그대로 보존되었고 유지되었다. 그러한 사회 구조의 근간이 되는 장로 제도는 예수 그리스도와 사도들이 어려서부터 몸으로 배웠던 구약 교회 정치 제도였다. 그리고 예수 그리스도의 명령으로 사명을 받아서 복음을 전파하고 교회를 세울때 사도들은 구약 교회의 정치 제도를 따라서 장로교회를 세웠다. 장로교회는 사도 시대 교회의 정치 제도였던 것이다. 그것은 사도들의 가르침 아래에서 통일성을 유지하였던 하나의 교회였다. 그리고 사도들의 순교 이후에는 정통 교리를 따라서 하나의 교회를 보존하고자 정통 교부들이 노력하였다. 그것이 사도 신조와 니케아 신조와 칼게돈 신조로 드러났다. 사도 시대 이후에 일치된 신앙의 고백의 필요성에 의해서 정통 교회 교리는 형성되었다. 그것은 부인할 수 없는 거룩한 보편 교회의 신앙 고백이다. 거기에서 벗어날 때 정통 교회는 이단으로 정죄하였다. 정통과 이단의 특징은 항상 정통 교리에 기초한다.

6. 그리고 너희의 순종이 성취되었을때, 준비된 것 안에서 모든 불순종을 징벌하는 것이다. 7. 너희는 외모를 따라서 만 보는 구나. 만약 어떤 사람이 자기를 그리스도에게 속한 것으로 여긴다면, 그 자신이 그리스도에게 속한 것처럼 우리도 그리스도에 속한 것을 그것을 그 자신으로부터 그는 다시 생각하라.

사도 바울은 고린도 교회 신자들의 순종이 성취될 때에는 모든 불순종하는 일을 징벌할 것이라고 말한다. 사도 바울 시대에 권징의 척도는 사도들의 가르침이다. 사도들이 여러 서신들을 통하여서 이미 기준들을 정하였다. 그 당대의 상황에서는 더 이상의 해석이 필요 없을 정도로 사도들의 가르침은 그 시대 가운데 그대로 기준이 되었다. 그리고 사도들이 생존해 있기에 그들이 자신들이 기록한 서신들을 스스로 해석하고 그에 따라서 권징할 수 있었다. 그러나 사도들이 사라지고 나서가 심각하였다. 사도들의 서신을 유권해석 해야 하는 상황이 되었기 때문이다.

후대에 속 사도 교부들은 그러한 유권 해석을 한 저서들을 내놓았다. 파피아스나 사도들의 디다케 교훈집들이 그러하다. 그 후에도 많은 정통 교리를 세웠던 교부들이 사도들의 가르침에 유권해석을 하였다. 그리고 조금씩 다른 가르침들이 분명하게 드러났고 정통 교회는 그들을 정죄하였다.

노스틱주의자들과 몬타누스주의자들 그리고 도나투스주의자들이 정죄되었다. 그들은 교회의 통일성을 파괴시키고 전혀 이질적인 교리를 가지고 정통 교회로부터 이탈하였다. 정통 교회 교부들의 저서들은 그들을 정죄하는데 중요한 사도들의 서신에 대한 유권 해석서였다. 그리고 결국 거룩한 보편 교회의 신앙 고백서로서 주후 1세기 이후에 사도 신조와 함께 차례로 니케아 신조, 칼게돈 신조가 발생했다. 결국 교회의 권징은 신구약 성경과 함께 거룩한 보편 교회의 결정에 따라서 판단할 뿐이다. 사도 시대부터 시행되었던 교회의 권징은 구주 예수께서 사도들에게 내려주신 권세였다. 그래서 요한 복음에서 "**너희가 뉘 죄든지 사하면 사하여질 것이요 너희가 뉘 죄든지 그대로 두면 그대로 있으리라**"(요 20:23)고 하신 것이다. 이러한 사도들의 권세는 사도들의 회합체였던 장로회에서 시행되었다. 그리고 그것은 치리회로 불리웠다. 정통 교회는 치리회가 반드시 있어야 한다. 그렇게 되지 않으면 신자들의 권징의 시행이 불가하다. 그리고 정통 교회는 치리서가 반드시 있어야 한다. 그렇지 않으면 신자들의 권징에 대한 기준이 없어서 권징의 대상을 정할 수 없다. 17세기 이후에 형성된 대영제국의 장로교회는 정통 교리서와 치리서를 함께 발간하였다. 그리고 그것이 최종적으로 웨스트민스터 표준 문서로 정착되었다.

17세기 이후의 장로교회란 웨스트민스터 표준 문서를 따라서 세워진 교회라고 할 수 있다. 장로교회는 노회와 당회라는 치리 기관이 있다. 그리고 장로교회 총회가 수납한 장로 교회법이 있다. 그러므로 신자들의 권징이 가능하게 되었다. 그러므로 장로교회만이 정통 교회라 할 수 있다. 치리회가 없는 교회는 정통 교회가 아니다.

사도들의 치리권을 시행할 주체가 없는 교회이기 때문이다. 그것은 거짓 교회이다. 치리회법이 없는 교회도 정통 교회가 아니다. 그것은 그것을 시행할 치리서가 없기 때문이다. 이제 사도들의 치리권을 행사하기에 위해서 참된 교회라면 정통 교리와 치리서 그리고 신자들을 치리할 치리회를 구성하는 것이 선하다. 그것이 장로교회이다.

장로교회는 인간이 자의적으로 다스리는 교회가 아니다. 그리스도께서 교회법을 통하여서 치리회 안에서 신자들을 다스리시는 형태이다. 그러므로 모든 법적 절차를 따라서 가장 공정하게 재판하는 법정을 가지고 있는 교회이다. 장로교회 치리회는 법정이다. 하나님의 법을 실현하고 적용하는 신자들의 치리 기관이다. 단지 치리회원들은 그 일에 수종드는 종들이다. 그들에게 권세가 없다. 오직 치리회법과 치리회에게 권세가 있을 따름이다.

사도 바울은 고린도 후서 10장 7절에서 "**너희는 외모만 보는도다**"라고 지적하였다. 실로 사도들의 가르침을 따라가지 않으면 교회의 신자들은 외모만 보고 사람을 판단한다. 그 사람의 이력서와 출신과 여러 사회적 배경을 따라서 판단한다. 그 판단은 필히 잘못되게 되어있다. 그러나 참된 치리회는 오직 법을 따라서 판단한다. 외모로 사람을 판단하면 속임을 당할 수 있다.

[교리 강론]

1. 계시와 철학

하나님의 말씀과 세상의 학문과의 큰 격차와 그로부터 비롯되는 하나님의 말씀의 지향 점에 대하여서 살펴보고자한다. 하나님의 말씀이란 고대로부터 아브라함 언약 가운데 모세를 통하여서 주어진 신구약 기록 계시이다. 정통 신학이란 계시를 해석하는 학문이다. 정통 신학은 진리를 해석하는 학문이다. 그러나 세상의 학문은 이성의 사유의 정신으로 자연을 해석한다. 그래서 좀더 진리에 진일보하기 위한 학문이다. 그러나 항상 진리에 대하여서 의문으로 남는 학문이 세상의 학문이다. 철학, 과학, 예술, 문학등 모든 세상의 학문은 그 한계가 분명하다. 어느것 한 가지도 확정할 수 없는 학문함이다. 그래서 신학과 다르다. 놀라운 것은 하나님의 계시는 세상을 해석할 수 있다. 그러나 세상은 신구약 계시를 해석하지 못한다. 항상 실패했다. 독일의 자유주의 신학이란 세상의 학문적 구조를 따라서 신구약 계시를 인간의 문헌으로 보고 해석하려 한 시도였다. 그 시도는 참패였다. 자유주의 신학은 더 이상 거들떠 볼 필요가 없을 정도로 학문의 가치를 상실한 유물이다. 자유주의 신학은 정통 신학도 아니고 세상에 속한 세속 철학도 아니다. 생기지 말았어야 할 거짓 교리일 뿐이다. 하나님의 말씀은 인생들에게 의해서 부인될 수 없다. 다만 인생들이 뒤틀려 있을 뿐이다. 신자들은 계시의 빛을 따라서 세상을 판단하고 분별하며 살아가야 하리라.

2. 권징의 의미

권징의 목적은 교정이다. 그것은 그리스도의 사랑이 바탕이다. 그러므로 권징은 적법한 절차가 중요하다. 무엇보다 과도한 권징이 되지 말아야하며 절차 없이 시행된 권징은 그 자체가 불법이고 무효이다. 그러므로 권징은 사랑의 징계이다. 하나님의 엄위로우신 사랑은 불법을 용납하지 아니하신다. 그래서 치리회는 권징을 시행하는 것이다. 권징의 적법한 절차는 이러하다. 신자들에게 불법한 행위가 있을때, 가장 먼저 두 사람 이상의 당회에 보고가 있어야한다. 그리고 당회는 그를 소환하여서 자초지종을 들어 보고 판단한다. 그리고 나서 그 판단에 따라서 적정한 징계 수위를 정한다. 그리고 그에 따라서 권계, 견책, 수찬 정지, 제명, 출교의 징계가 뒤따른다. 이러한 권징의 절차는 반드시 지켜져야 하며 무고히 고소한 자는 그 고소한 자가 징계를 당한다. 그러므로 권징을 시행하는 주체로서 당회는 무고한 고소가 남발되지 못하도록 모든 사안을 섬김의 자세로 접근해야한다. 권징하는 주체로서 치리회는 군림하는 기관이 아니다. 오직 교회를 섬기는 기관이다.

하나님 나라는 가장 큰자가 가장 작은 자를 섬기는 나라이다. 구주 예수 그리스도께서 제자들의 발을 씻기셨다. 그것은 먼저 하나님 나라의 최고의 어른이신 그가 섬김의 도리를 다하신 것이다. 그러므로 각 치리회는 높은 치리회가 낮은 치리회를 섬기는 기관이다. 군림하고 권세를 부리는 기관이 아니다.

권징도 마찬가지이다. 권징의 목적은 교정이다. 그것이 성취되었으면 권징은 사라진다. 그러므로 진실하게 고백하고 교정이 된 자들에게 권징은 실효되기 않는다. 그리고 그리스도의 사랑으로 감싸 안는다. 대부분 거룩한 보편 교회로부터 권징을 받게 되는 경우는 자신의 명백한 잘못을 인정하지 않고 허탄한 고집을 부리는 자들이다. 그들에게 권징은 필연적이다.

첫 단계에서 돌이키지 못했을 때 두 번째 단계의 권징이 시행되며 두 번째 단계에서 돌이키지 못했을 때 세 번째 단계의 권징이 시행된다. 그리고 맨 마지막은 출교이다. 그렇게 권징의 수위가 그 대상자의 합당치 못한 불응으로 높아지게 된다.

권징은 그 대상자의 죄의 무게만큼 징계가 내리지만 습관적 범죄가 아니고 돌이킬 수 있는 범죄 행위는 자백으로 권징을 그친다. 그러나 동일한 죄목으로 반복적으로 죄를 지을 때에 권징은 시행된다. 권징은 적법한 절차를 따라서 징계받을 대상에게 교정의 기회를 준다. 그것은 성도로서 합당한 삶과 은혜를 회복시켜 주는 과정이다. 권징을 통하여서 성도들은 공적인 범과의 죄를 깨닫고 돌이키며 경계를 받고 신앙생활을 하게 된다. 그렇게 권징은 중요한 교회 공동체의 정화 기관이다.

제목: 사도권의 본질
본문: 고린도 후서 10장 8~18절

[한글 본문]
8 주께서 주신 권세는 너희를 파하려고 하신 것이 아니요 세우려
고 하신 것이니 내가 이에 대하여 지나치게 자랑하여도 부끄럽지 아
니하리라 9 이는 내가 편지들로 너희를 놀라게 하려는 것같이 생각
지 않게 함이니 10 저희 말이 그 편지들은 중하고 힘이 있으나 그
몸으로 대할 때는 약하고 말이 시원치 않다 하니 11 이런 사람은 우
리가 떠나 있을 때에 편지들로 말하는 자가 어떠한 자이면 함께 있
을 때에 행하는 자도 그와 같은 자인 줄 알라 12 우리가 어떤 자기
를 칭찬하는 자로 더불어 감히 짝하며 비교할 수 없노라 그러나 저
희가 자기로서 자기를 헤아리고 자기로서 자기를 비교하니 지혜가
없도다 13 그러나 우리는 분량밖의 자랑을 하지 않고 오직 하나님이
우리에게 분량으로 나눠 주신 그 분량의 한계를 따라 하노니 곧 너
희에게까지 이른 것이라 14 우리가 너희에게 미치지 못할 자로서 스
스로 지나쳐 나아간 것이 아니요 그리스도의 복음으로 너희에게까지
이른 것이라 15 우리는 남의 수고를 가지고 분량밖에 자랑하는 것이
아니라 오직 너희 믿음이 더 할수록 우리의 한계를 따라 너희 가운
데서 더욱 위대하여지기를 바라노라 16 이는 남의 한계 안에 예비한
것으로 자랑하지 아니하고 너희 지경을 넘어 복음을 전하려 함이라
17 자랑하는 자는 주 안에서 자랑할지니라 18 옳다 인정함을 받는
자는 자기를 칭찬하는 자가 아니요 오직 주께서 칭찬하시는 자니라

[원문 직역]
8. 왜냐하면 비록 내가 우리의 권세에 대하여서 지나치게 자랑한다
고 할지라도, 주님께서 너희를 파괴시키려고 아니고 세우려고 주셨다.
그래서 내가 부끄럽게 되지 않을 것이다. 9. 내가 서신들을 통하여서
너희를 위협하는 것으로 생각하지 않게 하려는 것이다. 10. 이는 그

가 말한다. 그 서신들은 중대하고 힘이 있다. 그러나 몸으로 대면하는 것은 약하고 그 말은 멸시받을 만하다. 11. 그러한 자는 이렇게 여기게 하라. 즉 떨어져 있을 때에 서신으로 우리가 그러하다면, 도착해서 있을때에 행함는 것도 그러한 것이라는 것이다. 12. 왜냐하면 우리가 감히 그 스스로를 어떤 사람과 자신을 입증하면서까지 분류하거나 비교하거나 하지 않는다. 그러나 그들이 그들 자신들 안에서 그들 자신들을 척도를 정하고 그들 자신들을 그들 스스로 비교하니 지혜가 없도다. 13. 그러나 우리는 헤아릴 수 없는 것으로 자랑할 수 없다. 그러나 하나님께서 우리에게 나누어주신 그 기준의 분량을 따라서 할 수 있다. 우리가 너희에게 까지 이르는 것이다. 14. 왜냐하면 우리가 너희에게 이르지 못할 자로서 스스로 지나치게 나아간 것이 아니기 때문이다. 왜냐하면 우리가 그리스도의 복음 안에서 너희에게 나아갔기 때문이다. 15. 우리는 타인의 수고를 가지고 측량할 수 없는 것으로 자랑하는 것이 아니다. 오히려 우리의 한계를 따라서 넘치도록 너희 안에서 우리가 확장되도록 니희의 믿음의 성장으로 우리가 소망을 가지게 된다. 16. 우리가 너희를 넘어서 복음을 전하려 한다. 그리고 다른 한계 안에서 예비된 것으로 자랑하지 않으려 한다. 17. 자랑하는 자는 주 안에서 자랑하라. 18. 왜냐하면 검증된 그 사람은 자기 자신을 칭찬하지 않는다. 오히려 주님께서 그를 칭찬하신다.

[본문 해설]

8. 왜냐하면 비록 내가 우리의 권세에 대하여서 지나치게 자랑한다고 할지라도, 주님께서 너희를 파괴시키려고 아니고 세우려고 주셨다. 그래서 내가 부끄럽게 되지 않을 것이다. 9. 내가 서신들을 통하여서 너희를 위협하는 것으로 생각하지 않게 하려는 것이다. 10. 이는 그가 말한다. 그 서신들은 중대하고 힘이 있다. 그러나 몸으로 대면하는 것은 약하고 그 말은 멸시받을 만하다. 11. 그러한 자는 이렇게 여기게 하라. 즉 떨어져 있을 때에 서신으로 우리가 그러하다면, 도착해서 있을때에 행함는 것도 그러한 것이라는 것이다.

사도 바울은 고린도 교회 안에서 여전히 사도들의 가르침에 대적하는 무리들에 대하여서 말하고 있다. 그들은 사도 바울이 말에 대하여서 "**그 편지들은 중하고 힘이 있으나 그 몸으로 대할 때는 약하고 말이 시원치 않다**"(고후 10:10)라고 비난하는 자들이다. 그들은 사도 바울을 직접 대면 할 때 그가 말을 잘하지 못하는 것을 비방하였다. 사도 바울은 그러한 자들에 대하여서 하나님으로부터 받은 사도권세를 지나치게 자랑한다 해도 부끄럽지 않다고 말한다. 왜냐하면 사도들의 권세를 그들에게 제시함으로서 그들로 오만하지 않게 하려는 것이다.

사도바울이 증거하는 바는 이러하다. "**주께서 주신 권세는 너희를 파하려고 하신 것이 아니요 세우려고 하신 것이다.**"(고후 10:8) 직역하면 이러하다. "**주님께서 너희를 파괴시키려고 아니고 세우려고 사도 권세를 주셨다.**" 그러므로 사도 바울이 사도의 권세를 강력하게 주장하는 이유는 고린도 교회를 악한 무리들로부터 보호하고 세우려고 하는 것이었다. 그래서 사도 바울은 말한다. "**내가 서신들을 통하여서 너희를 위협하는 것으로 생각하지 않게 하려는 것이다.** "(고후 10:9) 사도 바울의 강력한 서신의 내용으로 고린도 교회 신자들이 두려워할 것을 염려하여서 말한 것이다. 오히려 사도 바울이 견책하는 바는 이러한 자들 때문이다. 그들은 이렇게 말한다. "**그 서신들은 중대하고 힘이 있다. 그러나 몸으로 대면하는 것은 약하고 그 말은 멸시받을 만하다.**"(고후 10:10) 그들은 바울 사도의 약한 부분을 물고 늘어지면서 그를 우습게 여겼던 자들이다. 사도 바울은 그러한 자들 때문에 "**사도의 권세에 대하여서 지나치게 자랑한다고 할지라도, 부끄럽지 않다.**"고 말한 것이다. 그렇게 사도 권세의 엄중함을 보여서 그 오만한자들을 꺽어 버려야 하겠다는 사도 바울의 의지가 엿보인다.

사도 바울은 고린도 교회 성도들에게 그러한 자에게 이렇게 말하라고 권면한다. "**그러한 자는 이렇게 여기게 하라. 즉 떨어져 있을 때에 서신으로 우리가 그러하다면, 도착해서 있을 때 행함는 것도 그**

러한 것이라는 것이다."(고후 10:11) 이는 사도 바울이 떨어져 있을 때나 함께 있을 때나 동일한 사도라고 하는 것이다. 사도 바울이 비록 말에 있어서 어려워서 대면하여서는 약하여 질지라도 서신으로 보내는 사도 바울과 대면하여서 만나는 사도 바울이 동일한 사도라는 것을 알게 하라고 말한다. 그렇다고 하면 사도 바울이 진술한 사도의 권세는 무엇인가 살펴보기로 한다. 그리고 그러한 사도 권세를 통하여서 교회가 어떻게 세워졌는가를 살펴보고자 한다. 사도들은 원래 예수 그리스도께서 열두 제자들을 사도들로 세우면서 형성되었다. 열두 사도들은 사도들 중에 으뜸이었다. 그러나 예수 그리스도께서는 부활하신 이후에 열두 사도들 외에도 여러 제자들을 만나셨고 그들에게 하나님 나라에 대하여서 가르치셨다. 그리고 열두 사도와 함께 사도로 세우셨다.

사도란 가장 먼저 예수 그리스도의 부활을 직접 대면한 자들이다. 그들만이 사도들이다. 둘째로 예수 그리스도의 부활을 대면하였을 뿐만 아니라 예수 그리스도로부터 식집 사명을 받은 자들이다. 그들은 그리스도의 전권 대사였다. 예수 그리스도께서 사도들에게 가시적 교회를 다스릴 모든 권세를 주셨다. 그것이 사도권세이다. 그들은 교회의 기초 직원으로서 표적을 행할 권세를 가지고 있었다. 그래서 예수 그리스도께서 행하신 모든 표적을 행할 권세를 부여 받았다. 사도들이 그러한 표적을 행할 수 있는 권세를 부여 받은 이유는 전적으로 신약 성경의 기록과 반포 때문이다. 사도들의 가장 큰 책무는 신약 성경을 기록하여서 후대에 남기는 사역이었다. 이 사역은 다른 어떠한 사역보다 막중하였다. 그래서 예수 그리스도께서는 사도들에게 그리스도 교회의 모든 권세를 부어 주셨다. 비록 그들 중에 일부만이 서신을 기록했지만, 사도들의 권세는 모두에게 동등하였다. 또한 무엇보다 가시적 교회의 모든 직원들은 사도들의 권세로부터 나왔다. 가장 먼저 목사와 교사들이다. 사도 시대 교회의 목사와 교사들은 사도와 선지자들과 함께 하나님의 말씀을 보존하고 다음 세대에 물려주어야 하는 사명을 받았다. 그러므로 사도 시대에는 사도들의 기록을 받아서 필사하고 다른 교회에게 넘겨주는 일을 목사와 교사들이 중심이 되어서 진행하였을 것이다. 그리고 각 장로회에 소속되어서 지 교회에서 신자들을 다스리는 직무를 수행하였을 것으로 볼 수 있다.

목사와 교사들의 권세는 사도들로 물려받은 교회 치리권자의 권세이다. 그러므로 목사와 교사들은 표적을 행할 권세를 물려받지 않았다. 왜냐하면 그 표적을 행하는 권세는 사도들의 죽음과 함께 사라져야할 매우 한시적이고 비상적인 권능이었기 때문이다. 사도들이 모두 사라지자 속사도 시대에는 그러한 놀라운 이적적 역사가 사라졌다. 그러나 2 세기 이후의 속사도 시대에 목사와 교사들은 다른 형태의 직무를 맡았다. 그들은 사도들과 선지자들이 기록한 성경을 해석하고 가르치는 직무를 맡았다. 사도 시대에는 그 서신들을 보존하고 계승하는 일에 주력했다면 속사도 시대에서는 이제 기록 계시가 종결된 이후에 이미 주어진 하나님의 말씀을 어떻게 온전하게 전달할 것인가가 중요한 초점이었다. 결국 거룩한 보편 교회의 목사와 교사들은 다양한 형태의 서신들을 기록하면서 사도들의 가르침을 해석하였다. 그것이 정통 교부들의 저서들이다. 속사도 시대에 교부들은 사도들의 서신을 보존할 뿐 아니라 그러한 서신들에 대한 본래적 의미를 해석하고 가르쳤다. 그리고 그것을 문헌으로 남겼다. 그것이 속사도 교부들의 문헌들이다. 무엇보다 주후 2세기 이후부터 본격적으로 분파주의자들이 일어났기 때문에 그들의 거짓 교리를 정죄하고 하나님의 말씀을 보존하고자 정통 교부들이 저술을 시작하게 되었다. 그래서 거룩한 보편 교회의 목사와 교사들은 신학 저서들을 통하여서 사도들의 교리에 대한 해설서를 내어 놓았다. 인쇄술이 없었던 그 시절에 사도들의 서신과 함께 보편 교회가 보존해야했던 것은 사도들에 대한 해설서라고 할 수 있는 정통 교부들의 저작들이었다. 서로마 제국의 멸망의 시기까지 계속되었던 정통 교부들의 저서들은 후대에 종교 개혁이 일어날 때 최고의 진리에 대한 해설서였다. 종교 개혁자들은 교부들의 저작들을 따라서 로마 교회를 비판하고 정죄할 수 있었다. 성 어거스틴은 서방의 신학자로서 교부들 중에 으뜸이었다. 이렇게 목사와 교사 직분은 사도들이 분권 형태로 떼어준 직분이다. 그들은 사도들의 서신을 해석하는 해석자들로 부르심을 받았다. 물론 복음을 전하고 보편 교회를 세워서 그 교회들을 다스리는 직분을 맡았다. 실로 목사와 교사들은 사도들과 함께 장로들이었다. 장로라는 직분은 사도와 선지자와 목사와 교사와 치리 장로까지이다. 이들은 모두 장로들이다. 장로란 교회를 다스리는 직분이다. 그래서 장로회란 장로들이 모여 있는 모임을 말한다.

그러니까 사도들의 고유 권세 이외에는 모든 다스리는 권세와 가르치는 권세를 사도들로부터 부여 받은 자들이 통칭 장로들이다. 무엇보다 사도들의 회합체였던 종교 회의를 주관하고 그 회의에 참여하여서 교회를 함께 세우는데 수종드는 자들이 장로들이었다. 그러한 장로들의 모임을 치리회라고 부른다. 치리회란 사도들이 교회를 항구적으로 진리로 다스리고자 세웠던 교회의 열쇠권을 가지고 있는 모임 구성체이다. 사도 시대에는 어느 정도 사도들의 권위가 보존되었다. 그래서 사도들의 말에 의하여서 교회가 정화되기도 하고 교정이 되었다. 그러나 사도들이 역사 속에서 사라지자 교회는 모든 분파주의자들의 분리주의적 성향으로 인하여서 고통을 당하였다. 그러므로 교부들은 가시적 교회의 장로가 되어서 적극적으로 기독교 정통 교리를 방어하였다. 교부들 중에서도 폴리갑과 이레니우스와 아타나시우스 그리고 캅파도기아 교부들과 어거스틴은 매우 중요하다.

이들로부터 성삼위일체 교리의 정통 교리로의 확정이 더욱 분명해졌다. 사도 신조로부터 시작하는 공 교회의 신앙 고백서는 사도 요한의 직계 제자 폴리갑과 그 폴리갑의 직계 제자였던 이레니우스 그리고 니케아 신조 칼게돈 신조 그리고 아타나시우스 신조들이 작정되었고 정통 교회는 신조라는 가시적 교회의 정통성에 대한 잣대를 가지게 되었다. 그리고 캅파도기아 교부들과 성 어거스틴은 후대에 정통 삼위일체 교리를 계승 발전하여서 후대에 전해준 매우 중요한 교부들이다. 성삼위일체 하나님에 대한 교리는 어거스틴에 의해서 최종적으로 정리가 되었다. 그 이후에 서유럽의 역사가 격변하면서 서유럽 중심부인 프랑크 지방의 프랑크 왕국 외에는 북 아프리카를 비롯하여서 모든 서로마 제국이 일시에 몰락한다. 그 순식간에 일어난 일로 인하여서 후대들은 서 로마 제국의 문명을 일거에 잃어 버린다. 그리고 프랑크 왕국 안에 위치하였던 로마 교회가 그들만이 보편 교회라고 주장하면서 서유럽은 로마 카톨릭 교회로 전락한다. 이것은 고대 정통 교회와의 단절의 역사이다. 주후 5세기 이후에 서로마 제국의 보편 교회는 로마 교회만 남고 역사 속에 사라진다. 결국 서로마 제국 안에 보편 교회는 사라졌다고 보아야한다. 그와 함께 교부 신학의 발전도 정지되고 역사 속에 그 정통 교리가 사라져 버린다. 다만 로마 카톨릭 교회에 매우 빈약하게 남겨진다. 그것이 서로마 제국 안에 정통 교회의 역사이다. 그러나 서로마 제국의 멸망의 시기까지 교회의 장로들은 감독이라는 다른 명칭으로 불리면서 속사도 시대에 교회를 다스렸다. 그러다가 성 어거스틴 이후 시대에 역사 속에 사라졌다. 그렇게 보편 교회는 정통 교리만을 남겨 두고 역사 속에 점차 사라졌다. 그것이 서로마 제국 안에 정통 교회의 역사이다. 이렇게 교회의 장로 혹은 감독들은 사도들과 선지자들의 계승자로서 지상의 가시적 교회를 보존하고 진리의 기둥과 터로서 보편 교회가 가지고 있었던 정통 교리를 계승 발전시켰다.

사도들로부터 매우 다른 성격으로 분권하여서 떼어진 직분이 집사이다. 집사는 사도들의 구제하는 직무를 맡았다. 그것은 교회의 금전 출납과 이웃을 향한 구제의 직분을 맡은 것이다. 이러한 집사 직분은 사도행전 6장에 매우 자세하게 언급되어있다. 사도 행전을 기록한 의원 누가가 집사 장립식을 자세하게 서술한 이유는 집사직분은 사도들과 함께 교회를 다스렸던 장로들과 다른 직분의 성격 때문이었다. 목사와 교사와 치리 장로들은 교회의 치리권자들로서 사도들과 함께 사도들의 고유권세를 제외한 모든 교회 가르치는 권세와 치리하는 권세를 받았기 때문이다. 그러나 집사들은 모든 지 교회의 형편을 살피고 교회를 실무적으로 돕고자 세워졌기 때문에 장로들과 성격이 달랐다. 그래서 사도들로부터 나온 매우 독특한 직분이었기에 의원 누가는 사도행전에서 안수 집사들의 장립식을 기록하였다. (행 6:1~6) 이렇게 사도권세는 모든 가시적 보편 교회를 세우는 권세였다. 그들에게 교회의 모든 권력이 있었었다. 그러나 여러 가지 이유로 사도들은 장로직분과 집사 직분으로 구분되는 교회의 직원들을 세웠다. 그리고 그들에게 사도들의 권력 일부를 떼어 주었다. 그것이 가시적 보편 교회의 직분의 유래이다. 사도들은 모든 가시적 교회 직분의 원천이었다. 그러므로 사도들로부터 비롯된 장로직분과 안수 집사 직분은 교회의 항존 직분으로 지상의 교회가 세워지는 곳에서는 반드시 세워져야 하는 교회의 본질적 구조를 이루는 직분들이다. 장로와 집사가 없는 교회는 그 조직상 완전한 형태의 교회는 아니다. 치리회가 구성되고 각 지 교회에 집사들이 피택되어야 비로소 구조적으로 완전한 교회라 할 수 있다. 그렇게 장로와 집사 직분은 가시적 교회를 이루는 필수적인 직분이다.

그렇다고 하면 장로들과 집사들이 가지고 있지 않았던 사도 권세는 무엇인가? 그들은 신약 성경을 기록할 권세와 그에 비준하는 예언을 할 수 있는 권세를 가지고 있었다. 그리고 모든 지상의 보편 교회 위에서 예수 그리스도 다음으로 교회를 치리하는 권세를 가지고 있었다. 그러한 사도적 권세는 비상직원으로서 그리고 교회의 기초직원으로서 사역을 마치고 그들의 사라짐과 함께 사라졌다. 다시는 사도가 없다. 그러나 지상의 가시적 교회는 사도와 선지자들의 터 위에 세워졌다고 사도 바울이 증거한다. 그렇다고 하면 사도들이 사라진 이후에 사도권세는 어떻게 시행되는가? 첫째는 신구약 성경과 정통 교리를 따라서 시행된다. 신구약 성경이 사도들의 권세가 시행되는 가장 높은 질서이다. 신구약 성경은 사도들과 선지자들의 가르침이다. 그 안에는 가시적 교회가 따라가야 하는 정통 교리가 담겨져 있다. 그리고 정통 교리이다. 그것은 사도들의 가르침을 선하게 해설한 것이다. 둘째는 사도들의 치리회가 사도들의 권세를 계승한다. 그것은 매고 푸는 권세로서 교회를 다스린다. 각 치리회의 합당한 치리는 매고 푸는 권세가 있고 그 권세에 불순종하면 구원을 받지 못한다.

예수 그리스도께서 사도들의 치리회에 교회의 열쇠권을 모두 맡기셨기 때문이다. 그러나 타락한 교회 시대에서는 이 치리회가 무너져 버렸다. 그래서 그 열쇠권이 무력해져 버렸다. 오직 신자 개개인이 믿음으로 구원을 받는다. 그러나 공동체가 무너져 버렸기 때문에 극심한 환란이 교회에 임하고 교회는 진리를 분간하지 못하고 타락하고 결국 구원의 도리를 아는 자들이 거의 없는 교회가 되어 버린다. 그 역사가 사도들의 권세를 왜곡 시켜 버린 중세 시대 로마 교회의 역사에 담겨있다. 로마 교회는 여러 모로 정통 교회로부터 단절의 역사였다. 그것은 단지 정통 교회의 유산을 표피로 가지고 있었을 뿐 참다운 의미의 교회라고 할 수 없다. 그렇게 어두운 시대에 신자들은 극심한 핍박을 피할 수 없었다. 그래서 피터 왈도의 계승자들인 왈도파나 위클리프 교리의 계승자들인 로랄드파, 그리고 후스의 가르침의 계승자들인 후스파들이 종교 개혁 시기까지 분파주의로 내몰리며 극심한 핍박을 받았다. 왈도파는 종교 개혁 시기에 개혁파 교회에 흡수되었다고 전한다.

지금도 사도들의 치리회로서 장로회는 유효하다. 사도들의 가르침을 따라서 열쇠권을 시행할 수 있다. 그러나 지금의 교회들은 사도들의 치리회로서 장로회의 권세를 남용하거나 오용한다. 거룩한 보편 교회의 정통 교회법이 무력해지면서 오만한 성직자들이 자기들 마음대로 지 교회를 제단하며 지상의 가시적 교회를 더럽힌다. 결국 모든 정통 교리의 경계선이 허물어지며 교회는 무너진다. 오직 하나님의 은혜만을 바라며 살아가야 할 정도로 비참한 교회가 된다. 그렇지라도 우리 주님의 교회는 항상 건재하다. 그것이 거룩한 보편 교회이다. 지상의 교회의 상태와 관계 없이 거룩한 보편 교회는 항상 그대로 있다. 어둡고 캄캄한 교회 현실 가운데 나그네와 같은 생애 가장 최고의 복은 여호와를 아는 지식으로 충만한 삶을 살아가는 것이다.

12. 왜냐하면 우리가 감히 그 스스로를 어떤 사람과 자신을 입증하면서까지 분류하거나 비교하거나 하지 않는다. 그러나 그들이 그들 자신들 안에서 그들 자신들을 척도를 정하고 그들 자신들을 그들 스스로 비교하니 지혜가 없도다. 13. 그러나 우리는 헤아릴 수 없는 것으로 자랑할 수 없다. 그러나 하나님께서 우리에게 나누어주신 그 기준의 분량을 따라서 할 수 있다. 우리가 너희에게 까지 이르는 것이다.

사도 바울은 가르치는 자들 사이를 비교하고 있는 어리석은 고린도 교회 일부 허탄한 신자들을 책망하고 있다. 그러나 그들이 비교하는 것은 매우 허탄한 기준들이다. 누가 더 유명한가? 누가 더 먼저 사도가 되었는가? 누가 더 나이가 많은가? 누가 어디 출신인가? 하는 것이다. 이러한 헛된 기준으로 말 만 앞세우는 자들에게 사도 바울은 책망하고 있다. 그러나 사도 바울은 주를 온전하게 섬기는 것 외에 전혀 마음이 가는 것이 없다. 그것이 사도의 증거이다. 그들은 교회 지도자들 사이를 이러한 허탄한 비교를 통하여서 험담하고 그것으로 분파를 형성하였다.

사도 바울이 그것을 책망하고 있다. 교회에서 말만 만들고 전혀 행하지 아니하는 자들이다. 실로 교회에서 문제를 일으키는 자들은 오직 번지르한 말만 할 뿐 행하지 않는다. 자신은 자기 부인을 통하여서 구주의 십자가를 지고 주를 뒤따라 갈 마음이 전혀 없으면서 자기 이익을 극대화 하고자 이 사람 저 사람을 이간시키고 자기 이익을 챙긴다. 결국 거룩한 보편 교회는 분란에 빠지고 그 자신은 커다란 재물의 이익을 얻어서 사회적으로 명성을 얻는다. 이렇게 거룩한 보편 교회 안에서도 헛된 야망을 가지고 지상의 교회를 흔드는 거짓된 무리들이 많이 있다. 그러한 자들은 거룩한 보편 교회를 험담하며 자신들의 추종 세력을 규합하여 분파를 형성한다. 그들은 진리 안에서 사랑의 수고를 하지 않는다.

사도 바울은 증거한다. "**우리가 감히 그 스스로를 어떤 사람과 자**

신을 입증하면서까지 분류하거나 비교하거나 하지 않는다."(고후 10:12) 사도 바울은 타인 보다 자신이 더욱 우월하다는 것을 보이기 위하여서 거짓된 사실들을 가지고 자신을 입증하면서 다른 사람과 자신을 차별화 시키고 분류하고 비교하지 말라고 경고한다. 왜냐하면 이는 실로 지독한 교만이기 때문이다. 교만한 자들은 항상 자신을 타인과 비교하며 거짓된 기준으로 자신이 타인보다 더 우월하다는 것을 입증하려고 한다. 그리고 타인을 거짓되게 험담하고 스스로를 자랑한다. 그것으로 헛된 만족감을 얻는다. 실로 어리석기 짝이 없는 자들이다.

사도 바울은 가르친다. 자신의 우월성을 입증하기 위하여서 거짓된 기준으로 타인과 자신을 비교하여서 우쭐하거나 교만하지 말라는 것이다. 그러한 거짓된 행위는 멸망 받을 행위이다. 사도 바울은 고린도 교회 성도들에게 그러한 자들을 책망하면서 어느 누구도 그러한 거짓된 비교를 하지 말라고 강력하게 명령한다.

사도 바울은 증거한다. "**우리는 분량밖의 자랑을 하지 않고**"(고후 10:13) 직역하면 이러하다. "**우리는 헤아릴 수 없는 것으로 자랑할 수 없다.**" 본문에서 "**헤아릴 수 없다**"는 의미가 헬라어로 "**타 아메트라**"(τὰ ἄμετρα)라고 하는데 "**전혀 측량이 불가능하다**"라는 의미가 있다. 실로 어리석은 인생들은 측량할 수 없는 것을 제멋대로 제단하고 측량하여서 그것이 사실인양 호도하고 그것으로 사람 사이에 서열을 정하여서 세력을 형성하고 스스로를 자랑하며 오만하게 거들먹거리고 이웃을 멸시한다. 그러한 부패한 본성은 원시의 죄로부터 올라오는 부패성이다. 타락한 육신의 본성을 제어하지 못하여서 발생하는 거짓된 행위이다. 참된 신자들은 그러한 허탄한 자랑을 경계한다. 다른 사람과 비교해서 우월감에 빠져서 행복한 자들은 모두 그 정수리에 멸망의 잿더미를 뒤집어 쓴 자들이다. 실로 어리석다. 무엇을 자랑하는가? 우리 육신의 눈으로 판단할 수 있는 것은 겨우 스러질 찰나적 가치들 뿐인 것을 모르는가? 어느 정도 유명하고 누구보다 더 높은 지위에 있고 자신에게 남 보다 부요한 재물이 있는 것이 자랑인가? 그러한 자랑들이 얼마나 허탄한 자랑인가를 사도 바울이 지적하고 있는 것이다. 사도 바울은 결코 헤아릴 수 없는 것으로 자랑할 수 없다고 말한다. 그것은 인간의 오류된 마음으로부터 헤아린 것이다. 반드시 멸망으로 나아가리라. 우리는 자랑할 것이 전혀 없는 전적으로 타락한 죄인들이다. 하나님을 영화롭게 하고자 부르심을 받은 성도들이다. 우리의 자랑은 구주 예수 그리스도 뿐이다. 이 세상도 이 세상에서 누리는 재물도 명예도 지위도 자랑하지 말라. 오직 하나님을 아는 것과 그가 얼마나 자비로우시고 인자가 풍성하시며 긍휼이 넘치시는 분이신 것을 자랑하라.

이제 사도 바울은 가르친다. "**우리는 오직 하나님이 우리에게 분량으로 나눠 주신 그 분량의 한계를 따라 하노니 곧 너희에게까지 이른 것이라**"(고후 10:13) 직역하면 이러하다. " **하나님께서 우리에게 나누어주신 그 기준의 분량을 따라서 할 수 있다. 우리가 너희에게 까지 이르는 것이다.**" 사도 바울은 하나님께서 각 사람에게 나누어주신 분량을 따라서 행할 뿐이라고 말한다. 신자들은 자신이 받은 분량을 따라서 믿음으로 행할 뿐이다. 헛된 공명심에 빠져서 자기를 자랑하지 않는다. "**그 기준의 분량**"을 헬라어로 "**토 메르톤 투 카노노스**"(τὸ μέτρον τοῦ κανόνος)라고 하는데 여기에서 "**기준**"에 해당하는 "**카노노스**"(κανόνος)가 "**법칙**", "**원리**", "**영역**", "**한계**"라는 뜻도 있다. 이것은 하나님께서 정하여 주신 그 노선을 의미한다. 그것이 무엇일까? 그것은 교회법이다. 하나님께서 보편 교회를 다스리는 법을 주셨다. 거룩한 보편 교회법은 신자들에게 자신들의 분량의 한계를 살피게 하여 주는 좋은 지침서이다. 신자들은 오직 각 사람에게 나누어주신 믿음의 분량을 따라서 행할 것이다. 사도 바울은 고린도 교회 성도들에게까지 이르렀던 그러한 믿음의 분량에 대하여서 그것이 사도들에게 베푸신 분량이라고 가르친다.

사도들은 모든 교회를 다스릴 권세를 받았다. 그러나 목사와 교사들은 단지 지 교회를 다스릴 권세를 받았다. 그리고 노회원으로서 노회에 참여할 권세를 받았다. 치리 장로들은 단지 당회를 다스릴 권세를 받았다. 당회의 파송으로 노회원으로 참여할 권세를 받았다. 거기까지이다. 그것이 그들이 받은 은사의 한세이다. 거기에 넘어서서 헛된 야망을 가지지 말아야 한다.

안수 집사도 마찬가지이다. 그들은 지 교회에서 모든 실무를 짊어질 권세를 받았다. 그것이 그들의 분량이다. 이러한 분량을 감당하지도 못할 것이면서 헛되이 나아가는 것은 심각한 폐해를 자신과 공동체에 남기게 된다.

14. 왜냐하면 우리가 너희에게 이르지 못할 자로서 스스로 지나치게 나아간 것이 아니기 때문이다. 왜냐하면 우리가 그리스도의 복음 안에서 너희에게 나아갔기 때문이다. 15. 우리는 타인의 수고를 가지고 측량할 수 없는 것으로 자랑하는 것이 아니다. 오히려 우리의 한계를 따라서 넘치도록 너희 안에서 우리가 확장되도록 너희의 믿음의 성장으로 우리가 소망을 가지게 된다. 16. 우리가 너희를 넘어서 복음을 전하려 한다. 그리고 다른 한계 안에서 예비된 것으로 자랑하지 않으려 한다.

사도 바울은 이렇게 말한다. "**우리가 너희에게 이르지 못할 자로서 스스로 지나치게 나아간 것이 아니기 때문이다.**" 그것은 사도바울이 고린도 교회를 방문할 지위나 명분이나 혹은 권세가 없는데 함부로 나아간 것이 아니라는 것이다. 사도 바울에게는 그러한 권세가 있었다. 그것이 사도의 권세이다.

사도들은 마땅히 모든 교회를 돌아볼 권세가 있다. 그러나 사도들 외에 목사와 교사와 치리 장로들은 여러 교회를 돌아볼 권세가 없다. 다만 노회의 권세로서 돌아볼 수 있다. 그러나 매우 제한적이며 각 교회의 형편과 사정을 살펴서 돌아보아야 하고 지 교회를 돕는 것을 목적으로 해야 하는 것이다. 그것이 장로교회 제도 안에 있는 시찰(visiting) 권세이다. 노회가 이렇게 지교회를 시찰하는 권세는 지교회를 세워감에 있어서 노회가 지 교회의 어려움을 듣고 지 교회를 돕고자 함이다. 그러나 그러한 노회 권 조차도 사도들의 권세 아래에 있다. 그러므로 어떠한 치리회도 사도들처럼 다른 노회를 돌아볼 권세가 없다. 그것을 벗어나면 감독 교회로 몰락한다.

우리 시대에 장로교회를 정치를 빙자하여 지교회를 침탈하려는 목적으로 시찰의 권세를 남용하는 거짓된 목사들이 있다. 그러한 자들은 자기의 이익을 위하여서 노회 시찰권을 남용하는 불법을 행하는 자들이다.

사도 바울은 그 자신이 고린도 교회를 방문하려고하는 목적이 "**그리스도의 복음**"이라고 말한다. 그래서 사도 바울은 "**우리가 그리스도의 복음 안에서 너희에게 나아갔다.**"(고후 10:14)고 말하였다. 사도 바울이 고린도 교회에 가고자 한 목적은 그리스도의 복음을 인하여서 였다. 고린도 교회가 복음으로 잘 자라며 거룩한 보편 교회로서 자태를 증진시키고 있는가 하는 것을 살펴보고자 고린도 교회를 가고자 하였다.

사도 바울은 고린도 후서 10장 15절에 다음과 같이 말한다. "**우리는 남의 수고를 가지고 분량밖에 자랑하는 것이 아니라 오직 너희 믿음이 더 할수록 우리의 한계를 따라 너희 가운데서 더욱 위대하여지기를 바라노라**" 직역하면 이러하다. "**우리는 타인의 수고를 가지고 측량할 수 없는 것으로 자랑하는 것이 아니다. 오히려 한계를 따라서 넘치도록 우리가 확장되도록 너희 안에서 너희의 믿음의 성장으로 우리가 소망을 가지게 된다.**" 고린도 교회는 사도 바울이 세웠다. 다른 사도들이 세운 교회를 방문하는 것이 아니라 사도 바울이 눈물로 기도하면서 세웠던 고린도 교회를 가는 것이다. 그래서 사도 바울은 "**남의 수고를 가지고 분량밖에 자랑하는 것이 아니라**"고 말한다. 직역하면 이러하다. "**우리는 타인의 수고를 가지고 측량할 수 없는 것으로 자랑하는 것이 아니다.**" 그러면서 고린도 후서 10장 15절에 "오직 너희 믿음이 더 할수록 우리의 한계를 따라 너희 가운데서 더욱 위대하여지기를 바라노라"고 말한다. 직역하면 이러하다. "**오히려 우리의 한계를 따라서 넘치도록 너희 안에서 우리가 확장되도록 너희의 믿음**

의 성장으로 우리가 소망을 가지게 된다." 사도 바울은 자신의 한계를 따라서 고린도 교회 안에 사도의 가르침이 확장되기를 바랬다. 그래서 믿음의 성장으로 사도들이 소망을 가지게 되기를 바랬다. 본문에서 "**우리의 한계**"를 헬라어로 "**카타 톤 카논나**"(κατὰ τὸν κανόνα ἡμῶν)라고 한다. 거기에서 한계란 고린도 후서 13절에서 언급한 "**카논나**"(κανόνα)와 동일하다. 그것은 아까 언급한대로 "**법칙**", "**원리**", "**영역**", "**한계**"라는 뜻도 있다.

사도 바울은 사도로서 자신에게 주어진 권세의 한계를 따라서 고린도 교회를 복음으로 가르친다고 말한다. 복음으로 고린도 교회를 세우고자 하는 사도 바울의 헌신적 마음의 자세가 엿보인다. 사도는 고린도 후서 10장 16절에 이렇게 말한다. "**우리가 너희를 넘어서 복음을 전하려 한다. 그리고 다른 한계 안에서 예비된 것으로 자랑하지 않으려 한다.**" 사도 바울은 고린도 교회를 복음으로 세울 때 자신의 한계 밖에 있는 것으로 자랑하지 않겠다고 말한다. 이방인의 사도로서 부르심을 받은 사도 바울은 그러한 사명으로 오직 고린도 교회를 복음으로 가르치겠다고 말한다.

17. 자랑하는 자는 주 안에서 자랑하라. 18. 왜냐하면 검증된 그 사람은 자기 자신을 칭찬하지 않는다. 오히려 주님께서 그를 칭찬하신다.

사도 바울은 고린도 교회 신자들에게 자기를 자랑하지 말라고 말한다. 오직 주를 자랑하라고 말한다. 하나님께서 검증하신 성도들은 그가 친히 그들을 칭찬하실 것이다. 고린도 후서 10장 17절은 고린도 전서 1장 31절에서 사도 바울이 이미 한 번 언급하였다.

그 관련 구약 본문은 예레미야 9장 24절이다. "**자랑하는 자는 이것으로 자랑할지니 곧 명철하여 나를 아는 것과 나 여호와는 인애와 공평과 정직을 땅에 행하는 자인 줄 깨닫는 것이라 나는 이 일을 기뻐하노라 여호와의 말이니라**"

직역하면 이러하다. “**그런즉 마치 주 안에서 자랑하는 자는 분별력이 있고 나를 아는 것을 자랑하라. 그런즉 나는 은혜와 공의와 정직을 땅에 행하는 자라는 것을 자랑하라. 그런즉 이러한 일을 행하는 것을 기뻐한다. 여호와의 말이니라.**”

70인경은 이러하다. “**그러나 주 안에서 자랑하는 자는 자랑하라. 명철과 내가 인자와 심판과 의를 땅위에서 행하는 주가 된다는 지식을 자랑하라. 그런즉 주님이 말씀하신다. 나의 뜻이 이것들 안에 있다.**”

성도들이 자랑할 것이 무엇인가를 선지자 예레미야는 아주 정확하게 정리해서 전하여 주고 있다. 예레미야는 증거한다.

첫째로 신자들은 주님 안에서 자랑해야 한다. 그것은 그가 주안에 있음을 자랑해야 하며 그리고 주님을 자랑해야한다. 주 안에 있음을 자랑하는 것은 그리스도와 연합이다. 그것은 그리스도 안에서 하나됨과 동행함도 된다. 그리스도와의 연합은 실존적인 표현이라면 동행은 삶의 구체적인 표현이다. 어찌되있긴 동일한 의미이다. 신자들은 그리스도와의 연합을 통하여서 하나님의 나라의 백성으로 입양이 된다.

예수 그리스도의 구속의 공로에 의거해서 모든 신자들은 죄에 대하여서 죽고 의에 대하여서 살아나게 된다. 그러므로 신자들이 가장 자랑해야 할 것은 하나님께서 우리 하나님 되심이다.

둘째로는 그 주님을 자랑해야한다. 그것은 복음을 전하는 것이다. 힘써 복음을 전하는 것이 주님을 자랑하는 것이다. 그리고 이어서 “**명철하여서 주를 아는 것**”을 자랑하라고 말한다. 진리의 말씀을 옳게 분변하여서 깨달아 행하는 자는 복되다. 그것을 자랑해야 하리라. 자신이 깨달은 주의 말씀을 자랑해야 하리라. 그것을 높이고 찬송해야 하리라. 하나님의 말씀으로 풍성해져가야 하리라. 그것이 우리의 자랑이 되어야 하리라.

셋째로 하나님의 속성을 자랑해야한다. 그는 인애와 공평과 정직으로 땅에서 행하시는 분이시다. 여기에서 인애는 “**헤세드**”(חֶסֶד)라고 하는데 "**은혜를 베푸신다**"는 의미이다. 그리고 "**공평**"은 "**미스파트**"(מִשְׁפָּט)라고 하는데 "**공정하시다**" 혹은 "**공의로우시다**"는 의미이다. 하나님께서는 악을 행하는 자를 결코 용납하시지 아니하신다. 반드시 심판하신다. 그가 공의로우신 여호와 하나님이시다. 그리고 "**정직**"은 "**짜디크**"(צַדִּיק)라고 하는데 "**의**"(righteousness)이다. 하나님 나라의 의를 의미한다. 그러한 속성을 따라서 이 세상에서도 행하신다. 여호와께서 그것을 기뻐하신다고 증거한다.

제목: 사도 바울의 열심
본문: 고린도 후서 11장 1~15절

[본 문]
1 원컨대 너희는 나의 좀 어리석은 것을 용납하라 청컨대 나를 용
납하라 2 내가 하나님의 열심으로 너희를 위하여 열심 내노니 내가
너희를 정결한 처녀로 한 남편인 그리스도께 드리려고 중매함이로다
3 뱀이 그 간계로 이와를 미혹케 한 것같이 너희 마음이 그리스도를
향하는 진실함과 깨끗함에서 떠나 부패할까 두려워하노라 4 만일 누
가 가서 우리의 전파하지 아니한 다른 예수를 전파하거나 혹 너희의
받지 아니한 다른 영을 받게 하거나 혹 너희의 받지 아니한 다른 복
음을 받게 할 때에는 너희가 잘 용납하는구나 5 내가 지극히 큰 사
도들보다 부족한 것이 조금도 없는 줄 생각하노라 6 내가 비록 말에
는 졸하나 지식에는 그렇지 아니하니 이것을 우리가 모든 사람 가운
데서 모든 일로 너희에게 나타내었노라 7 내가 너희를 높이려고 나
를 낮추어 하나님의 복음을 값없이 너희에게 전함으로 죄를 지었느
냐 8 내가 너희를 섬기기 위하여 다른 여러 교회에서 요를 받은 것
이 탈취한 것이라 9 또 내가 너희에게 있어 용도가 부족하되 아무에
게도 누를 끼치지 아니함은 마게도냐에서 온 형제들이 나의 부족한
것을 보충하였음이라 내가 모든 일에 너희에게 폐를 끼치지 않기 위
하여 스스로 조심하였거니와 또 조심하리라 10 그리스도의 진리가
내 속에 있으니 아가야 지방에서 나의 이 자랑이 막히지 아니하리라
11 어떠한 연고뇨 내가 너희를 사랑하지 아니함이냐 하나님이 아시
느니라 12 내가 하는 것을 또 하리니 기회를 찾는 자들의 그 기회를
끊어 저희로 하여금 그 자랑하는 일에 대하여 우리와 같이 되게 하
려 함이로라 13 저런 사람들은 거짓 사도요 궤휼의 역꾼이니 자기를
그리스도의 사도로 가장하는 자들이니라 14 이것이 이상한 일이 아
니라 사단도 자기를 광명의 천사로 가장하나니 15 그러므로 사단의
일꾼들도 자기를 의의 일꾼으로 가장하는 것이 또한 큰 일이 아니라

저희의 결국은 그 행위대로 되리라

[원문 직역]

1. 원컨대 나의 어리석음의 어떤 작은 것을 관용하라. 그렇게 나의 그러한 것을 관용하라. 2. 왜냐하면 내가 하나님의 열심으로 너희에게 열심을 내기 때문이다. 왜냐하면 내가 너희를 그리스도에게 드려지는 성결한 처녀로서 한 남편에게 연결시켰기 때문이다. 3. 내가 뱀이 하와를 그의 속임으로 타락하게 한 것처럼 어떤 경우에도 그렇게 되지 않게 하고자 염려하고있다. 너의 노에마타가 순수함으로부터 그리고 그리스도를 향한 순결함으로부터 부패되지 않기를 바란다. 4. 왜냐하면 어떤 자가 가서 우리가 전파하지 않은 다른 예수를 전파한다거나 혹은 너희가 받지 않았던 다른 영을 받아들인다거나 혹은 너희가 받아들이지 않았던 다른 복음을 받아들인다거나 한다면, 너희가 잘 용납하고 있는 것이 되기 때문이다. 5. 왜냐하면 나는 지극히 탁월한 사도들 보다 부족한 것이 어떤 것도 없다고 여기노라. 6. 내가 말에는 서툴지만, 지식에는 그렇지 아니하니 모든 사람들 안에서 모든 것으로 내가 너희를 향하여서 드러내었다. 7. 혹은 내가 너희에게 하나님의 복음을 값없이 전함으로 너희를 높이고자 내 자신을 낮추어서 죄를 범하였느뇨? 8. 너희를 섬기기 위하여서 다른 교회들의 급료를 받은 것이 강탈이 되었다. 9. 그리고 내가 너희에게 있어서 부족할때에 아무에게도 짐을 지우지 않았다. 왜냐하면 나의 부족함을 마게도니아에서 온 형제들이 공급했기 때문이다. 그래서 모든 일에 내가 너희에게 짐을 지우지 않으려고 지키고 또 지켰다. 10. 그리스도의 진리가 내 안에 있다. 아가야 지방 안에 나를 향한 이 자랑이 멈추지 아니하리라. 11. 어떠한 이유인가? 내가 너희를 사랑하지 아니함인가? 하나님이 아시느니라. 12. 내가 그것을 행하고 있고 또 행하리라. 기회를 원하는 자들의 기회를 내가 끊었다. 그들이 그 안에서 우리와 같은 것을 찾게 하고자 함이다. 13. 왜냐하면 그러한 일을 행하는 자는 거짓 사도이다. 속이는 일꾼이다. 그들이 그리스도의 사도로 변장

하는 자들이다. 14. 그리고 놀라지 말라. 왜냐하면 사단도 빛의 천사들로 가장하기 때문이다. 15. 그러므로 놀랠일이 아니다. 사단의 수하들이 의의 봉사자처럼 가장하는 것이다. 그 결국은 그들의 일을 따라서 될 것이다.

[본문 해설]

1. 원컨대 나의 어리석음의 어떤 작은 것을 관용하라. 그렇게 나의 그러한 것을 관용하라. 2. 왜냐하면 내가 하나님의 열심으로 너희에게 열심을 내기 때문이다. 왜냐하면 내가 너희를 그리스도에게 드려지는 성결한 처녀로서 한 남편에게 연결시켰기 때문이다.

사도 바울은 하나님의 교회를 향한 그의 순수한 열정과 그로부터 비롯되는 그 자신의 연약함에 대하여서 진솔하게 고백한다. 그가 처리한 일에 대한 약간의 미숙한 부분에 대하여서 관대함을 요구한다. 사도들의 이러한 고백은 실로 진실하다. 거짓을 진실로 도배하고 살아가는 사람들을 보는 것 보다 좀 연약한 부분이 드러날지라도 진솔하고 정직하게 살아가는 사역자가 보기에 좋다. 그것이 사도들이 신자들에게 보여주었던 진지한 삶의 자세이다. 사도들은 비록 약간의 연약한 부분이 있었으나 헛되이 과장하거나 거짓을 진리라고 하지 않았다. 실로 사도들은 교회들에게 진실하였다. 그러한 사도들의 순수한 열정을 이해하라는 것이다. 그래서 사도 바울은 증거한다. "**내가 하나님의 열심으로 너희에게 열심을 낸다.**"는 것이다.

실로 사역자들이 자신의 재능이나 재주를 부려서 하나님의 교회를 세우려고 하는 것처럼 위험하고 거짓된 형태도 없다. 성도들을 주님께로 이끌 수 있는 유일한 방도는 사역자들의 진실한 삶의 자세이다. 그들은 부족하면 부족한대로 성도들이 이해하지 못할지라도 진리를 전함에 뒤틀림이나 과장이나 왜곡이 있어서는 아니된다. 실로 주님의 교회 안에서 높아져야 할 것은 한분 하나님뿐이시다. 오직 진리만이 충만하여져가는 교회가 참된 교회이다. 그렇기 때문에 교회 안에서 사람이 높아지는 것은 교회가 잘못가고 있는 것이다. 진리가 흥왕하여서 진리로 거룩하게 되는 신자들이 일어나야 그 교회는 살아있는 교회이다. 그렇지 아니하면 죽은 교회이다. 사도 바울은 자신의 열정으로 성도들에게 오해가 있지는 않는지에 대하여서 고린도 교회 성도들에게 관대함을 요청하였다.

사도는 "**하나님의 열심으로 열심을 낸다.**"고 말하였다. 여기에서 하나님의 열심이란 자신의 생각과 판단과 노력을 내려놓고 진리의 말씀을 따라서 사역하는 것을 의미한다. 여기에서 사역자가 얼마나 하나님의 뜻을 간절히 간구해야 하는 것을 알 수 있다. 사역자는 하나님의 뜻을 알아야 한다. 그것은 성부의 뜻을 알아야 한다는 것이다. 예수께서도 산상보훈 맨 마지막 단락에서 "**성부의 뜻을 알아야 하리라**"(마 7:21)고 말씀하셨다. 그리고 그 말씀을 따라 살아가라고 가르치셨다. 사역자들이 누구보다도 하나님의 뜻을 알기에 열심을 내야하지만 성도들도 이에 뒤떨어지지 않게 날마다 하나님의 뜻을 붙잡고 씨름하는 자들이 되어야한다.

시편 기자는 "**복있는 자란 여호와의 율법을 주야로 묵상하는자로다**"(시 1:2)라고 하였다. 거기에서 "**묵상하다**"라는 의미가 "**씨름하다**"(יֶהְגֶּה)라는 의미도 된다. 결국 여호와의 율법을 붙잡고 씨름하는 자가 되어야한다. 하나님의 말씀을 궁구하며 그렇게 힘써 여호와의 말씀을 추구하는 자가 되어야한다.

이제 사도 바울은 고린도 후서 11장 2절 후반부에 자신이 그러한 열심을 내는 이유를 설명하고 있다. "**내가 너희를 정결한 처녀로 한 남편인 그리스도께 드리려고 중매함이로다**" 직역하면 이러하다. "**내가 너희를 그리스도에게 드려지는 성결한 처녀로서 한 남편에게 연결시켰기 때문이다.**" 이 구절 중에 "**중매하다**"에 해당하는 헬라어 "**헤르모사멘**"(ἡρμοσάμην)은 원형 "**하르메조마이**"(ἁρμόζομαι)의 중간태 과거 시제이다. 그 의미는 "**혼인으로 맺어주다**"라는 의미도 있다. 그러므로 이것은 그리스도와 신자들의 연합의 교리를 드러내고 있다. 사도들은 그리스도와 신자들이 순전하고 거룩하게 연합할 수 있도록 신자들을 그리스도에게로 인도하는 중매자의 역할을 하였다고 말한다. 사도 바울은 혼인 생활을 비유로 해서 그리스도와 교회와의 관계를 설명하고 있다. 헬라어 원문에서는 매우 의미심장하게 사도 바울이 교회의 자태가 어떠해야 할 것을 표현하고 있다. 헬라어 "**헤니 안드리**"(ἑνὶ ἀνδρὶ)라는 표현이 있다. 이것은 "**한 남편**"이라는 뜻의 강조형이다. 결국 거룩한 여자란 한 남편만을 바라보고 살아가는 여자이듯이 거룩한 교회는 그리스도만을 순결하게 따른다는 의미이다. 그래서 혼인을 하지 않은 처녀를 헬라어로 "**파르데논**"(παρθένον)이라고 하는데 이것은 처녀라는 뜻 외에도 더럽혀지지 않았다는 의미도 있다. 거룩한 보편 교회가 더럽혀지지 않았다는 것은 순결한 교리를 따라 행하는 것을 의미한다. 참된 교회란 거룩하고 보편된 정통 교리를 따라가는 교회이다. 그러므로 공 교회의 신앙 고백이 매우 중요하다. 참된 교리를 따라서 진리를 알아가는 신앙이 순결한 신앙이다. 거짓된 신앙이란 세속주의에 젖어서 하나님의 말씀을 깨닫지 못하고 점차 세속주의에 빠져 버리는 신앙이다. 이러한 세속주의적 신자들이 넘쳐나게 되면 세속화된 교회가 되며 주님께 자신을 순결하게 드리는 거룩한 보편 교회가 되지 못하고 더러운 분파주의 교회가 된다.

3. 내가 뱀이 하와를 그의 속임으로 타락하게 한 것처럼 어떤 경우에도 그렇게 되지 않게 하고자 염려하고있다. 너의 노에마타가 순수함으로부터 그리고 그리스도를 향한 순결함으로부터 부패되지 않기를 바란다. 4. 왜냐하면 어떤 자가 가서 우리가 전파하지 않은 다른 예수를 전파한다거나 혹은 너희가 받지 않았던 다른 영을 받아들인다거나 혹은 너희가 받아들이지 않았던 다른 복음을 받아들인다거나 한다면, 너희가 잘 용납하고 있는 것이 되기 때문이다.

사도 바울은 옛적에 인간의 타락에 있어서 하와가 관여된 것을 비유로 해서 고린도 교회의 타락을 염려한다고 말한다. 옛적에 하와의 타락은 아담이 받은 여호와의 계명을 경홀히 여긴 것에 있다. 그 아담이 받은 여호와의 계명은 "**선악을 알게하는 나무의 실과를 먹지 말라**"(창 2:17)는 것이다. 하와가 여호와의 계명을 가볍게 여긴 것이 심각한 문제였다. 그러한 그녀의 취약한 상태는 사단의 의심 공략에 의해서 너무 쉽게 무너졌고 하나님의 계명을 어기는 상태가 되었다. 그리고 결국 그 과실을 남편에게도 주어서 남편도 함께 먹고 타락하였다. 이것이 옛적에 첫 창조 시에 여자로서 하와가 범죄한 것이다. 남편의 선한 계명을 어기는 것이 곧 하나님의 계명을 불순종하는 것이다. 사도 바울이 뱀과 하와의 사건을 기록한 것은 하와가 표상하는 바가 교회이기 때문이다. 옛적에 부부 관계에 있어서 아담과 하와는 그리스도와 교회를 표상하였다. 그리스도의 가르침을 따라 가지 않는 교회가 어떻게 될 것을 사도 바울은 하와의 타락을 비유로 고린도 교회에게 설명하고 있다. 사도는 고린도 교회에게 이렇게 가르친다. "**너희 마음이 그리스도를 향하는 진실함과 깨끗함에서 떠나 부패할까 두려워하노라**"(고후 11:3) 직역하면 이러하다. "**너의 노에마타가 순수함으로부터 그리고 그리스도를 향한 순결함으로부터 부패되지 않기를 바란다.**" 그러므로 "**마음**"에 해당하는 헬라어 "**노에마타**"(νοήματα)는 우리말에 적절한 표현이 없다. 그것은 하나님을 사색하는 인간의 지성적 마음을 의미한다. 순수한 "**노에마타**"(νοήματα)란 결국 하나님을 정관하는 것을 의미한다.(마 5:8) 하나님을 정관하는 것이란 순결한 믿음의 마음으로 하나님을 바라보는 것이다. 항상 거기에는 거룩한 보편 교리가 필수적이다. 헬라어 "**노에마타**"(νοήματα)의 의미가 인생이 하나님에 대하여서 순결하게 사색하는 의미가 있다면 결국 거룩한 보편 교회의 공적 선포로서 신조와 신앙 고백서들은 하나님의 말씀을 순결하게 사색하도록 이끌어 주는 지침서가 된다.

사도 바울은 고린도 후서 11장 4절에서 고린도 교회의 어리석음에 대하여서 지적한다. "**만일 누가 가서 우리의 전파하지 아니한 다른 예수를 전파하거나 혹 너희의 받지 아니한 다른 영을 받게 하거**

나 혹 너희의 받지 아니한 다른 복음을 받게 할 때에는 너희가 잘 용납하는구나" 직역하면 이러하다. "**왜냐하면 어떤 자가 가서 우리가 전파하지 않은 다른 예수를 전파한다거나 혹은 너희가 받지 않았던 다른 영을 받아들인다거나 혹은 너희가 받아들이지 않았던 다른 복음을 받아들인다거나 한다면, 너희가 잘 용납하고 있는 것이 되기 때문이다.**"

사도 바울은 사도들이 전파하지 않은 다른 예수 그리스도를 받아들이는 것은 다른 영을 받는 것이라 말한다. "**다른 예수**", "**다른 영**" 그리고 "**다른 복음**"은 동일한 의미의 반복적인 다양한 표현에 불과하다. 사도 바울의 이러한 주장은 갈라디아서에서 무척 자세하게 나온다. 갈라디아서 1장 6절이다. "**6 그리스도의 은혜로 너희를 부르신 이를 이같이 속히 떠나 다른 복음 좇는 것을 내가 이상히 여기노라 7 다른 복음은 없나니 다만 어떤 사람들이 너희를 요란케 하여 그리스도의 복음을 변하려 함이라 8 그러나 우리나 혹 하늘로부터 온 천사라도 우리가 너희에게 전한 복음 외에 다른 복음을 전하면 저주를 받을지어다 9 우리가 전에 말하였거니와 내가 지금 다시 말하노니 만일 누구든지 너희의 받은 것 외에 다른 복음을 전하면 저주를 받을지어다**"(갈 1:6~9) 사도 바울이 갈라디아 교회에게 서신을 보낼 때에 갈라디아 교회들을 흔들었던 율법주의자들은 사도행전 15장에 유대로부터 가만히 안디옥 교회에 들어와서 그 율법주의적인 신앙으로 안디옥 교회를 흔들었던 그 무리들과 동일한 교리를 가진 자들이었다. 그런데 고린도 교회도 그러한 부분에 취약하였던 듯하다. 그래서 사도 바울은 고린도 교회도 책망한 것이다.

5. 왜냐하면 나는 지극히 탁월한 사도들 보다 부족한 것이 어떤 것도 없다고 여기노라. 6. 내가 말에는 서툴지만, 지식에는 그렇지 아니하니 모든 사람들 안에서 모든 것으로 내가 너희를 향하여서 드러내었다.

사도 시대 당대에는 열두 사도들이 가장 탁월한 사도들로서 대우를 받은 듯하다. 사도 시대 교회는 열두 사도의 말에 가장 크게 귀를 기울였다. 사도 베드로는 이러한 교회의 사정을 잘 알고 사도 바울의 서신에 대하여서 보증을 하는 권고를 남겼다. 그것은 사도 바울의 서신이 하나님의 말씀이며 함부로 해석했다가는 멸망으로 가게 될 것이라 경고이다.(벧후 3:15~16) 이러한 사도 베드로의 권면은 사도 바울의 서신의 신적 권위를 부여함으로서 사도 바울의 서신이 하나님의 말씀임을 확증해 주는 것이다. 열두 사도 중에서도 두드러지게 사역한 사도 베드로의 확증은 매우 중요하다. 사도 바울은 분명하게 증거한다. "**내가 지극히 큰 사도들보다 부족한 것이 조금도 없는 줄 생각하노라**"(고후 11:5) 이러한 사도들의 동등권은 각 질서의 수평성을 의미한다. 이것은 장로교회가 각 직분자들의 동일한 직분 간에 수평성으로 교회법을 세웠다. 그러니까 목사들은 각자 서로 동등하다. 목사 위에 목사 없고 목사 밑에 목사 없다. 그런데 목사의 질서와 차이가 있는 치리 장로들도 치리 장로 상호간에 질서에 있어서 동등하다. 수석 장로라든가 하는 제도는 불필요하다. 그와 같이 안수 집사도 그러하다. 상호간에 동등하다. 이러한 동등성은 그리스도의 교회를 진리를 따라 보존하고 거짓 교리를 막으며 인위적으로 거짓 질서를 형성하지 못하게 하려는 장로교회법의 취지이다. 장로교 신자들은 이러한 부분에 올바른 이해를 통하여서 헛되이 사람을 중심으로 당을 형성하여서 하나님의 교회를 욕되게 하지 말아야 하리라.

사도 바울은 로마서에서 악한 자들에 대하여서 그들은 파당을 짓기를 잘한다고 지적하였다. 본문을 살펴보려고 한다. 로마서 2장 6, 8절이다. "**6 하나님께서 각 사람에게 그 행한 대로 보응하시되**‥‥
8 오직 당을 지어 진리를 좇지 아니하고 불의를 좇는 자에게는 노와 분으로 하시리라"(롬 2:6,8) 파당을 짓는 자들은 하나님의 교회를 파괴하는 자들이다. 그들은 진리가 없다. 그들은 참된 신자가 아니다. 거짓 교인들이다. 사도 바울은 자신의 말재주가 없음을 고백하면서

그러나 하나님을 아는 지식에 있어서 그렇지 아니하다고 말한다. 그래서 고린도 교회를 향하여서 하나님의 복음을 전할 때 부족함이 없었다고 말한다.

사도 바울은 성직자가 갖추어야 할 조건을 자신의 신상 발언을 통하여서 드러낸다. 그것은 진리의 말씀을 따라 행하는 것이다. 참된 성직자는 허탄한 말솜씨에 의존하지 않는다. 현란하고 기름칠한 유수한 말솜씨는 의미 없다. 하나님을 아는 지식에 충만하여서 그 말씀을 따라 살아가야 한다. 그러한 일에 사도 바울이 모범이 되시는 분이시다.

7. 혹은 내가 너희에게 하나님의 복음을 값없이 전함으로 너희를 높이고자 내 자신을 낮추어서 죄를 범하였느뇨? 8. 너희를 섬기기 위하여서 다른 교회들의 급료를 받은 것이 강탈이 되었다. 9. 그리고 내가 너희에게 있어서 부족할 때에 아무에게도 짐을 지우지 않았다. 왜냐하면 나의 부족함을 마게도니아에서 온 형제들이 공급했기 때문이다. 그래서 모든 일에 내가 너희에게 짐을 지우지 않으려고 지키고 또 지켰다.

사도 바울은 고린도 교회에게 복음을 전하고자 자신을 낮추었던 것을 상기시키며 그렇게 하나님의 복음을 값없이 증거한 것으로 죄를 지었는가라고 반문한다. 그럴뿐만 아니라 고린도 교회가 세워질 때 연약한 고린도 교회로부터 어떠한 급료도 받지 않고 오히려 더욱 신앙에 열심이 있었던 마케도니아 교회로부터 온 형제들에게 연보를 받아서 생활비를 충당하였다고 말한다. 사도 바울은 마케도니아 교회로부터 온 형제들에게 받은 연보에 대하여서 이렇게 말한다. "**너희를 섬기기 위하여서 다른 교회들의 급료를 받은 것이 강탈이 되었다.**"(고후 11:8) 이것은 사도 바울의 겸손한 진술이다. 마케도니아 교회로부터 온 형제들에게 생활비를 받은 것을 그렇게 "**강탈이 되었다**"고 표현할 정도로 마땅히 고린도 교회로부터 받아야 하는 생활비를 나른 곳으로부터 얻은 것을 그렇게 말한 것이다.

사도 바울은 고린도 교회가 초기에 어떻게 세워졌는가를 주지시키고 있다. 고린도 교회 신자들의 연약함으로 인하여서 생활비를 얻지 못하고 마케도니아로부터 온 형제들에게 공급을 받아서 살았던 그 지나온 역사를 언급함으로서 고린도 교회 신자들이 지금 이렇게 신앙이 자라게 된 것이 어떠한 연유들이 있었는지를 가르치고 있다. 실로 개척 교회 시대에 연약할 때에 사역자의 생활비는 거의 그 교회로부터 받지 못한다. 결국 주위의 도움이 반드시 필요하다. 그렇기에 사도 바울을 도왔던 마케도니아 교회로부터 온 형제들의 신실함이란 이루 말할 수 없다. 그러한 형제들이 지금 시대에 교회에도 반드시 필요하다.

10. 그리스도의 진리가 내 안에 있다. 아가야 지방 안에 나를 향한 이 자랑이 멈추지 아니하리라. 11. 어떠한 이유인가? 내가 너희를 사랑하지 아니함인가? 하나님이 아시느니라.

사도 바울은 "**그리스도의 진리가 내 안에 있다.**"고 말한다. 실로 사도 바울의 이러한 고백을 통하여서 참된 신자들의 갈 길이 무엇인가가 분명하게 제시되고 있다. 참된 신자들은 그리스도의 진리를 마음에 새기고 살아가는 자들이 되어야 한다. 성도의 삶에 필요한 것이 무엇인가? 일용할 양식이다. 예수께서 주기도문에서 간구의 목록으로 두셨다. 그러나 그것을 제외하고 성도들에게 필요한 것이 무엇인가? 거대한 저택인가? 아니면 부요한 배우자인가? 아니면 무엇인가? 사회적 지위인가? 권력인가? 이 세상에 허탄한 취미 생활인가? 그러한 것들은 하나님 나라를 유업으로 받을 수 없는 목록들이다. 오직 성도들이 받을 하나님 나라의 유업은 그리스도의 진리 안에 있다. 그러므로 사도 바울이 "**그리스도의 진리가 내 안에 있다.**"고 하는 고백은 너무도 중요한 신앙 고백이다. 이것은 그리스도와의 동거동락을 의미한다. 예수 그리스도와 동거 동락하면서 살아가는 삶이 곧 그리스도의 진리가 내 안에 있다고 말할 수 있는 신자가 되는 것이다. 그러므로 사도는 아가야 지방에서 그의 자랑이 막히지 아니할 것이라 진술한다. 그리스도의 진리가 그 안에 있다고 하는 그 놀라운 자랑이 아가야 지방에서 막히지 아니하리라고 말한다. 신자들은 사도 바울처럼 그리스도의 진리가 그 안에 있다는 것을 자랑해야 한다. 그것이 참된 신앙이다.

사도 바울은 고린도 후서 11장 11절에서 자신이 얼마나 고린도 교회를 사랑하는지를 증거한다. 고린도 교회를 향한 사도 바울의 애정과 관심은 하나님께서 인정하실 정도라고 말한다. 그러한 교회사랑은 가장 먼저 사역자들이 본 받아야할 일이다. 실로 주의 몸된 교회를 진심으로 사랑하였던 사도 바울의 자태는 사역자들의 삶의 귀감이다. 신자들도 마찬가지이다. 하나님의 교회는 그 본질에 있어서는 보이는 것이 아니다. 오직 그리스도의 신부로서 거룩하게 존재한다. 다만 부패한 가시적 교회에서 드러나지 않고 있을 뿐이다. 거룩한 보편 교회는 부패한 신자들에게 보이는 교회가 아니다. 그리스도의 진리를 사모하지 않는 자들에게 결코 거룩한 보편 교회가 무엇인지 알지 못한다. 그래서 그 거룩한 보편 교회를 비가시적 교회라고 하는 것이다. 오직 진리를 따라서 믿음으로 만 보이는 교회이다.

참된 성도들은 부단히 우리 주의 몸된 교회를 볼 수 있는 훈련을 해야 하리라.그것을 경건의 훈련이라고 사도 바울이 디모데서에서 언급하였다. 그 경건의 훈련은 내세에도 유익하다고 하였다. 신자들은 진리가 충만하도록 경건의 훈련을 부지런히 실행해야 하리라. **"7 망령되고 허탄한 신화를 버리고 오직 경건에 이르기를 연습하라 8 육체의 연습은 약간의 유익이 있으나 경건은 범사에 유익하니 금생과 내생에 약속이 있느니라**"(딤전 4:7~8)

12. 내가 그것을 행하고 있고 또 행하리라. 기회를 원하는 자들의 기회를 내가 끊었다. 그들이 그 안에서 우리와 같은 것을 찾게 하고자 함이다. 13. 왜냐하면 그러한 일을 행하는 자는 거짓 사도이다. 속

이는 일꾼이다. 그들이 그리스도의 사도로 변장하는 자들이다. 14. 그리고 놀라지 말라. 왜냐하면 사단도 빛의 천사들로 가장하기 때문이다. 15. 그러므로 놀랠일이 아니니다. 사단의 수하들이 의의 봉사자처럼 가장하는 것이다. 그 결국은 그들의 일을 따라서 될 것이다.

사도 바울은 고린도교회를 집요하게 괴롭히는 거짓 교사들에 대하여서 언급하고 있다. 첫째 사도 바울은 이렇게 말한다. "**내가 그것을 행하고 있고 또 행하리라. 기회를 원하는 자들의 기회를 내가 끊었다.**"(고후 11:12) 이는 거짓 교리를 주장하는 자들이 고린도 교회 성도들을 미혹하지 못하도록 헛된 말을 할 기회를 끊어 버렸다는 것이다. 그들에게 거짓된 교리를 설파할 기회 자체를 주지 않았다는 것이다. 거짓 교리를 가르치는 자들의 기질은 자신을 높여 세운다. 그래서 그러한 거짓 교사들의 말을 듣고 나면 그 거짓 교사들의 사견만 남는다. 거룩한 보편 교회가 공적으로 선포한 신조와 신앙고백에 대한 가르침이 없다. 오로지 그 거짓 교사들의 거짓 교리로 신자들의 영혼은 더욱 망가져 간다. 대부분의 기독교 영웅주의자들의 교리는 거짓되다. 거짓 교사들은 자신들의 유명세 밖에 관심이 없다. 하나님의 교회를 근원적으로 파괴하는 자들이다.

사도 바울은 고린도 후서 11장 13절에서 말한다. "**왜냐하면 그러한 일을 행하는 자는 거짓 사도이다. 속이는 일꾼이다. 그들이 그리스도의 사도로 변장하는 자들이다.**" 거짓 교사들은 능수 능란한 궤변을 늘어놓는다. 어리석고 무지한 자들이 잘 따라가도록 감언이설을 일삼는다. 그래서 사도 바울은 말하기를 "**그들이 그리스도의 사도로 변장하는 자들이라**"고 한다. "**가장하다**"에 해당하는 헬라어 "**메타스케마티조메노이**"(μετασχηματιζόμενοι)는 "**변장하다**", "**가장하다**", "**위장하다**", "**분장하다**"라는 의미도 있다. 그것은 "**겉치레**"와 "**기만하다**"라는 의미도 있다. 위장하고 분장된 거짓 교리는 얼마나 참담한가? 사도 바울은 고린도 후서 11장 14절에서 "**이것이 이상한 일이 아니라 사단도 자기를 광명의 천사로 가장하나니**"라고 증거한다. 직역하면 이러하다. "**그리고 놀라지 말라. 왜냐하면 사단도 빛의 천사들로 가장하기 때문이다.**" 그러면서 이어서 고린도 후서 11장 15절에 사도 바울은 증거한다. "**그러므로 사단의 일꾼들도 자기를 의의 일꾼으로 가장하는 것이 또한 큰 일이 아니라 저희의 결국은 그 행위대로 되리라**" 직역하면 이러하다. "**그러므로 놀랠일이 아니다. 사단의 수하들이 의의 봉사자처럼 가장하는 것이다. 그 결국은 그들의 일을 따라서 될 것이다.**"

많은 교인들이 이러한 자들의 거짓 교사들의 거짓 교리를 분별하지 못한다. 그들은 매우 교묘하게 자신을 변장시키기 때문이다. 그들의 목적은 자신들의 종교적 이익뿐이다. 그들의 비익을 얻기 위하여서 집요하게 거룩한 보편 교회의 정통 교리를 흔들고 망가뜨린다. 이러한 비루한 거짓 교사들이 세력을 잡으면 그 거짓 교리로 전횡을 일삼고 온 교회를 더럽힌다. 참된 신자들은 인간의 부패성을 자극하는 허망한 비단길을 멀리해야 한다. 그러한 이 세상에서의 화려한 청사진을 제시하는 교리들은 거짓 교리가 대부분이다. 하나님의 나라는 이 세상에서 성공하고 물질적으로 풍요롭게 사는데 있는 것이 아니다. 이 세상에서 자기를 부인하고 자기 십자가 지고 그리스도를 따르는 길 외에 다른 진리의 길은 없다. 진리를 가는 길은 때로는 고난과 핍박을 각오해야 하는 길이다. 선지자 예레미야는 멸망의 도성 바벨론의 어두움과 그에 동조하는 자들의 멸망에 대하여서 다음과 같이 증거하였다. "**바벨론은 여호와의 수중의 온 세계로 취케 하는 금잔이라 열방이 그 포도주를 마시고 인하여 미쳤도다**"(렘51:7) 선지자 예레미야는 바벨론의 번영과 그 번영의 신화가 온 세상으로 술취하게 하는 금 술잔이라고 말한다. 그래서 열방이 그 포도주를 마시고 미쳐 버렸다고 말한다. 어쩌면 선지자 예레미야의 선포는 지금 시대 교회의 세속주의를 드러내고 있다. 타락한 교회는 이 세상의 물질에 취해서 그 포도주의 단 맛에 취해서 차츰 멸망으로 침몰해가는 선박과 같다. 이 세상의 금 술잔에 취하지 말라. 거기는 멸망의 길이 있다. 거기는 어두움의 처소이다. 그 어두움이 육신의 눈으로 보이지 않기에 사람들은 육신의 눈을 따라서 그곳으로 간다. 그러나 참된 신자들은 오직 믿음으로 그러한 환락의 길을 마다하며 고난의 길을 간다. 그러하다면 사도 바울의 경고를 따라서 가장 경계해야할 것이 무엇인가? 그것은 가장 진짜 같은 가짜들이다.

이 세상에서 신자들이 가장 경계해야할 위험한 함정은 가장 진짜 같은 가짜들이다. 그것을 분별해내는 일이 쉬운 일이 아니다. 그러나 진리를 사모하는 신자들은 반드시 그 거짓 교리들을 분별하여서 멀리한다. 무엇보다 거짓 교리는 인간의 부패성을 자극한다. 그래서 육신의 즐거움을 따라가라고 이끈다. 그러므로 신자들은 오직 믿음으로 거짓을 가려낸다.

제목: 사도 바울의 고난의 삶
본문: 고린도 후서 11장 16~33절

[본 문]
16 내가 다시 말하노니 누구든지 나를 어리석은 자로 여기지 말라
만일 그러하더라도 나로 조금 자랑하게 어리석은 자로 받으라 17 내
가 말하는 것은 주를 따라 하는 말이 아니요 오직 어리석은 자와 같
이 기탄없이 자랑하노라 18 여러 사람이 육체를 따라 자랑하니 나도
자랑하겠노라 19 너희는 지혜로운 자로서 어리석은 자들을 기쁘게
용납하는구나 20 누가 너희로 종을 삼거나 잡아 먹거나 사로잡거나
자고하다 하거나 뺨을 칠지라도 너희가 용납하는도다 21 우리가 약
한 것같이 내가 욕되게 말하노라 그러나 누가 무슨 일에 담대하면
어리석은 말이나마 나도 담대하리라 22 저희가 히브리인이냐 나도
그러하며 저희가 이스라엘인이냐 나도 그러하며 저희가 아브라함의
씨냐 나도 그러하며 23 저희가 그리스도의 일꾼이냐 정신없는 말을
하거니와 나도 더욱 그러하도다 내가 수고를 넘치도록 하고 옥에 갇
히기도 더 많이 하고 매도 수없이 맞고 여러 번 죽을 뻔하였으니 24
유대인들에게 사십에 하나 감한 매를 다섯 번 맞았으며 25 세 번 태
장으로 맞고 한 번 돌로 맞고 세 번 파선하는데 일 주야를 깊음에서
지냈으며 26 여러 번 여행에 강의 위험과 강도의 위험과 동족의 위
험과 이방인의 위험과 시내의 위험과 광야의 위험과 바다의 위험과
거짓 형제 중의 위험을 당하고 27 또 수고하며 애쓰고 여러 번 자지
못하고 주리며 목마르고 여러 번 굶고 춥고 헐벗었노라 28 이외의
일은 고사하고 오히려 날마다 내 속에 눌리는 일이 있으니 곧 모든
교회를 위하여 염려하는 것이라 29 누가 약하면 내가 약하지 아니하
며 누가 실족하게 되면 내가 애타하지 않더냐 30 내가 부득불 자랑
할진대 나의 약한 것을 자랑하리라 31 주 예수의 아버지 영원히 찬
송할 하나님이 나의 거짓말 아니하는 줄을 아시느니라 32 다메섹에
서 아레다 왕의 방백이 나를 잡으려고 다메섹 성을 지킬새 33 내가

광주리를 타고 들창문으로 성벽을 내려가 그 손에서 벗어났노라

[원문 직역]

16. 다시 내가 말한다. 누구든지 나를 어리석다고 판단하지 말라. 그러나 만약 그렇지 않다면, 내가 조금 어떤 것을 자랑하도록 너희는 나를 어리석은 자처럼 받으라. 17. 내가 담화한 그것은 주를 따라서 담화 한 것이 아니다. 오히려 어리석은 자 안에 있는 것처럼 이러한 자랑의 꾸밈이 없는 것 안에서 담화한다. 18. 왜냐하면 많은 자들이 육신을 따라서 자랑하기 때문에 나도 자랑할 것이다. 19. 왜냐하면 기꺼이 너희가 지혜로운 자들이면서도 어리석은 자들을 관용하고 있기 때문이다. 20. 왜냐하면 누가 너희를 노예로 만든다해도, 누가 너희를 착취한다 해도 누가 너희를 잡아 취한다 해도 너희가 관대하기 때문이다. 21. 우리가 약하였을 때처럼 내가 불명예를 따라서 말한다. 그 안에서 누가 어떤 일에 대하여서 담대하다면, 어리석음이라도 나도 말한다. 그리고 담대하다. 22. 그들이 히브리인들이냐? 나도 그러하다. 그리고 그들이 이스라엘 사람들이냐? 나도 그러하다. 그리고 그들이 아브라함 자손들이냐? 나도 그러하다. 23. 그들이 그리스도의 종들이냐? 정신없는 내가 말한다. 나는 더욱 그렇다. 더욱 더 많이 고된 일을 하고 더욱 더 많이 감옥에 갇히고 더욱 많이 상처를 받았다. 종종 죽을 뻔하였다. 24. 유대인에 의해서 다섯 번이나 한 대가 떨어진 사십대를 받았다. 25. 세 번이나 태장을 맞고 한 번 돌로 맞고 세 번이나 파선하고 하루 밤낮으로 깊은 물 안에서 행하였다. 26. 자주 긴 거리를 걸어갔고 위험한 강을 건넜고 위험한 강도를 만났고 위험한 동족을 만났고 위험한 이방인들을 만났고 위험한 도시에 이르렀고 위험한 광야와 위험한 바다와 위험한 거짓 형제들을 만났다. 27. 혹사당하고 고초를 겪고 자주 잠도 못자고 굶주리고 목마르고 단식하고 춥고 헐벗었다. 28. 이러한 일 외에도 매일 나에게 압박당하는 일이 있었다. 모든 교회에 대한 염려였다. 29. 누가 약하면 내가 약하지 아니하더냐? 누가 넘어지면, 내가 속이 타들어 가지 않았느냐? 30. 만

약 내가 마땅히 자랑할 것이 있다면, 나의 연약함을 자랑하노라. 31. 영원히 찬송 받으실 주 예수의 아버지 하나님께서 내가 거짓말 하지 아니하심을 알고 계신다. 32. 다마스커스에서 아레타 왕의 관원이 나를 잡으려고 다마스커스 성을 지키고 있었다. 33. 내가 광주리 안에서 창문을 통해서 담벼락을 통해서 내려졌다. 그 손으로부터 도망갔다.

[본문 해설]

16. 다시 내가 말한다. 누구든지 나를 어리석다고 판단하지 말라. 그러나 만약 그렇지 않다면, 내가 조금 어떤 것을 자랑하도록 너희는 나를 어리석은 자처럼 받으라. 17. 내가 담화한 그것은 주를 따라서 담화 한 것이 아니다. 오히려 어리석은 자 안에 있는 것처럼 이러한 자랑의 꾸밈이 없는 것 안에서 담화한다. 18. 왜냐하면 많은 자들이 육신을 따라서 자랑하기 때문에 나도 자랑할 것이다. 19. 왜냐하면 기꺼이 너희가 지혜로운 자들이면서도 어리석은 자들을 관용하고있기 때문이다. 20. 왜냐하면 누가 너희를 노예로 만든다 해도, 누가 너희를 착취한다 해도 누가 너희를 잡아취한다 해도, 너희가 관대하기 때문이다. 21. 우리가 약하였을 때처럼 내가 불명예를 따라서 말한다. 그 안에서 누가 어떤 일에 대하여서 담대하다면, 어리석음이라도 나도 말한다. 그리고 담대하다.

고린도 후서 11장 16절의 "**여기다**"에 해당하는 헬라어 "**독세**"(δόξη)는 "**도케오**"(δοκέω) 동사의 가정법 과거 시제이다. 그것은 "**판단하다**", "**심판하다**" 그리고 "**평가하다**"라는 의미도 있다. 그것은 사람을 어떠한 사람이라고 판단하는 것이다.

사도 바울은 자신을 어리석은 자로 판단하지 말라고 말한다. "**어리석은**"에 해당하는 헬라어 "**아프로나**"(ἄφρονα)는 원형 "**아프론**"(ἄφρων)의 변화형이다. 그 의미는 "**감각이 없는**", "**생각이 없는**", "**지각 없는**" 이라는 의미가 있다. 그런데 사도 바울은 말하기를 "**만약 그렇

다고 판단한다면, 어리석은 자로서 나를 받아들이라"한다. 그것은 고린도 교회 너희가 굳이 나를 어리석다고 판단하겠다면 그러한 어리석자로서 나를 받아들이고 관용하라는 의미이다. 그리고 사도 바울은 자신이 어리석은 자로 받아들여져도 좋은 이유를 그 구절 후반부에 말한다. "**내가 조금은 어떤 것을 자랑하고자 함이다.**"(고후 11:16) 즉 사도 바울은 고린도 교회 신자들이 자신을 어리석게 보아도 어쩔 수 없으며 그렇게 어리석자처럼 여겨질 지라도 조금은 자랑할 것이 있어서 그 자랑을 하겠다고 말한다. 바울 사도가 이렇게까지 고린도 교회 신자들에게 말하는 이유가 있다.

그것이 고린도 후서 11장 17절이다. "**내가 말하는 것은 주를 따라 하는 말이 아니요 오직 어리석은 자와 같이 기탄없이 자랑하노라**"라고 말한다. 직역하면 이러하다. "**내가 담화한 그것은 주를 따라서 담화 한 것이 아니다. 오히려 어리석은 자 안에 있는 것처럼 이러한 자랑의 꾸밈이 없는 것 안에서 담화한다.**" 사도 바울은 자신이 늘어놓는 여러 담화들이 주를 따라서 하는 말이 아니라고 하며 오히려 자신이 어리석은 자들 가운데 있어서 꾸밈없이 자랑하는 것이라고 말한다. 이러한 사도 바울의 주장의 의미는 이러하다. "**들으려면 들어라. 나는 나의 할 말을 하겠다.**" 사도 바울이 어리석은 자로서 말하고 싶은 것이 고린도 후서 11장 18절에 있다. "**여러 사람이 육체를 따라 자랑하니 나도 자랑하겠노라**" 이 구절 중에 "**육체를 따라**"를 헬라어로 "**카타 사르카**"(κατὰ σάρκα)로 되어있다. 이는 세상에 속한 가시적 자랑을 의미한다. 어떤 사람이 어떠한 가문에 소속되어 있고 얼마나 높은 지위에 있으며 어느 정도의 재산을 가지고 있는가 그리고 얼마나 명성있는 학교 출신인가를 자랑하는 것이다. 사도 바울은 그러한 방식에 따라서 자신에 대하여서 자랑해 보겠다고 말한다. 사도 바울은 그러한 어리석은 자랑을 늘어놓음으로서 그러한 허탄한 자랑으로 교회에서 높아지려는 자들을 부끄럽게 하고자 한다고 말한다. 실지로 사도 바울은 육체를 따라서 문벌이 있는 가문이었다. 사도 바울은 나면서 로마의 시민권 자였다. 사도 바울 당시에 로마의 시민권자가 되고자 로마의 군병이 되어서 나중에 로마 시민권을 부여 받은 자가 있을 정도로 로마의 시민권은 특권이 있었다.(행 22:28)

그리고 사도 바울은 가말리엘 문하생이었다.(행 22:3) 유대 사회에서 명성 있는 서기관 교육 기관이었다. 그렇게 사도 바울은 그러한 허탄한 자랑을 하는 자들에게 그들과 같이 어리석은 자가 자신을 자랑하겠다고 한 것이다. 실은 사도 바울의 말의 취지는 이러하다. 그러한 자랑이 얼마나 어리석고 지각이 없으며 허탄한 가를 알라는 것이다.

사도 바울은 고린도 후서 11장 19절에서 "**너희는 지혜로운 자로서 어리석은 자들을 기쁘게 용납하는구나**"라고 빗대어서 말하였다. 직역하면 이러하다. "**기꺼이 너희가 지혜로운 자들이면서도 어리석은 자들을 관용하고 있다.**" 이 의미는 이러하다. 고린도 교회 교인들이 스스로 지혜 있나고 하면서 그렇게 문벌이나 가문이나 사회적 지위를 자랑하는 자들을 어리석게도 용납한다는 것이다. 고린도 교회는 유별나게 그러한 부분에 취약한 교회인 듯하다. 주후 1세기 고린도 교회는 그리스도 안에서 구속 받은 성도들이 차별이 있을 수없고 오직 믿음 안에서 그들의 행실로서 만 판단을 받아야 하거늘 사회적 지위와 명성과 출신 가문에 따라서 하나님의 교회에 반드시 시행되어야하는 권징과 치리가 시행되지 않는다면, 그것은 고린도 교회 전체가 하나님께 죄를 짓는 것이다.

사도 바울은 고린도 후서 11장 20절에 이어서 이렇게 말한다. "**누가 너희로 종을 삼거나 잡아 먹거나 사로잡거나 자고하다 하거나 뺨을 칠지라도 너희가 용납하는도다**" 직역하면 이러하다. "**누가 너희를 노예로 만든다해도, 누가 너희를 착취한다해도, 누가 너희를 잡아취한다 해도, 너희가 관대하구나**" 사도 바울은 사회적 지위와 위치가 있는 자들이 교회에 들어와서 교회를 헤집고 다니며 자신들을 자랑하고 거룩한 보편 교회가 정한 선한 치리를 거절하며, 자신들의 명성에 기대어서 교회를 혼란스럽게 해도 그대로 보고 만 있다고 말한다. 하나님의 교회는 치리회를 따라서 모든 일이 진행된다. 지 교회 안에 들어온 어떠한 세력있는자도 지위와 명성이 있는자도 결코 하나님의 교회에서 적법한 절차 없이 전횡을 휘두를 수 없다. 그런데 고린도 교회는 이러한 부분에 취약하였다.

고린도 전서에서도 사도 바울은 파벌을 형성하여서 "**누구는 바울파, 누구는 아볼로파, 누구는 그리스도파**"라고 하면서 분파를 이루었던 자들을 강력하게 경고하고 책망하였다. 그러한 습성을 가진 고린도 교회는 진리를 따라서 교회가 선하게 치리하지 못하고 그렇게 세력있는 자들에게 휘둘렸다. 그러니까 사도 바울이 어리석은 자랑을 해도 고린도 교회는 사도 바울을 어리석다고 말할 수 없다는 것이다.

거룩한 보편 교회가 세상적으로 유력한 자라고 하여서 어이없이 그들의 거짓됨을 관용하거나 그들의 악행을 내버려 둔다면 이는 실로 심각한 배도이다. 지금의 장로교회 치리회는 거대한 교세를 이루는 교회를 하나도 치리하지 못하고 있다. 장로교회 치리회의 권세가 땅에 떨어졌다. 세력이 없거나 사회적 지위가 낮은 자들에게는 과도한 권징을 시행하면서 실로 더 악한 행위를 저지르는 거대한 세력앞에 허무하게 무너지는 치리회라면 누가 믿고 따르겠는가? 그렇게 되면 신자들은 치리회의 권세를 멸시하고 스스로 이탈하여서 더욱 무서운 영적인 이리떼들에게 그 영혼이 갈기갈기 찢기게 되어 있다. 우리 시대에 치리회의 몰락으로 교인들의 신앙이 심각한 상태이다. 장로교 치리회의 회복이 매우 중요하다. 사도 바울은 고린도 교회에게 엄정한 치리를 통하여서 거짓 교인들을 드러내라고 명령한다. 거룩한 보편 교회는 정통 교회법을 따라서 심각하게 사회적 문제를 일으키는 교회 직원들을 가감없이 심판해야 한다.

사도 바울은 고린도 후서 11장 21절에서 이렇게 말한다. "**우리가 약한 것같이 내가 욕되게 말하노라 그러나 누가 무슨 일에 담대하면 어리석은 말이나마 나도 담대하리라**" 직역하면 이러하다. "**우리가 약하였을 때처럼 내가 불명예를 따라서 말한다. 그 안에서 누가 어떤**

일에 대하여서 담대하다면, 어리석음이라도 나도 말한다. 그리고 담대하다." 사도 바울은 세상에 속한 가시적 자랑이나 명성이 얼마나 가치가 없는 것인 것을 주지시키고 있다. 그렇게 세상적 자랑을 하는 것은 불명예스러운 것이다. 자랑할 것이 못된다. 실로 그러한 자랑을 하려는 마음 자체를 부끄러워해야 한다.

사도 바울은 그러한 자랑을 하는 자들에게 자신도 동일한 형태로 자랑하는 것이 부끄럽다고 말한다. 그러나 그들의 어리석음을 깨우치기 위하여서 그러한 어리석은 자랑을 한다고 말한다. 사도 바울은 그렇게 무식하고 어리석은 자들이 교회에서나 사회에서 높은 지위를 자랑하거나 허탄한 자기 도취에 빠져 있는 것을 책망한다. 하나님의 존전 앞에서 그러한 허탄한 자랑을 하는 것은 매우 어리석은 것이다.

22. 그들이 히브리인들이냐? 나도 그러하다. 그리고 그들이 이스라엘 사람들이냐? 나도 그러하다. 그리고 그들이 아브라함 자손들이냐? 나도 그러하다. 23. 그들이 그리스도의 종들이냐? 정신없는 내가 말한다. 나는 더욱 그렇다. 더욱 더 많이 고된 일을 하고 더욱 더 많이 감옥에 갇히고 더욱 많이 상처를 받았다. 종종 죽을 뻔하였다. 24. 유대인에 의해서 다섯 번이나 한 대가 떨어진 사십대를 받았다. 25. 세 번이나 태장을 맞고 한 번 돌로 맞고 세 번이나 파선하고 하루 밤낮으로 깊은 물 안에서 행하였다. 26. 자주 긴 거리를 걸어갔고 위험한 강을 건넜고 위험한 강도를 만났고 위험한 동족을 만났고 위험한 이방인들을 만났고 위험한 도시에 이르렀고 위험한 광야와 위험한 바다와 위험한 거짓 형제들을 만났다. 27. 혹사당하고 고초를 겪고 자주 잠도 못자고 굶주리고 목마르고 단식하고 춥고 헐벗었다.

사도 바울은 고린도 후서 11장 22절에서 "**저희가 히브리인이냐 나도 그러하며 저희가 이스라엘인이냐 나도 그러하며 저희가 아브라함의 씨냐 나도 그러하다.**"고 말한다. 직역하면 이러하다. "그들이

히브리인들이냐? 나도 그러하다. 그리고 그들이 이스라엘 사람들이냐? 나도 그러하다. 그리고 그들이 아브라함 자손들이냐? 나도 그러하다." 사도 시대 교회에서 히브리인들은 다른 기독교인들과 다른 대접을 받았다. 왜냐하면 그들은 사도 시대 교회를 세우는데 가장 중요한 역할을 맡았던 유대인들이었기 때문이다.

사도 시대 거룩한 보편 교회를 세우는 데 처음부터 수고한 자들은 대부분이 유대인들이었다. 그래서 사도 바울은 교회를 어지럽히는 자들이 히브리인이냐? 라고 묻고 자신도 히브리인 임을 밝힌다. 그리고 이스라엘 사람이냐고 묻고 자신도 그러하다는 것이다. 그리고 아브라함의 씨냐고 묻고 자신도 그러하다고 말한다. 실로 구주 예수 그리스도 안에서 이러한 출신 성분이 아무런 의미가 없거늘 간혹 유대인들 중에서 자신의 출신이 유대인인 것을 자랑하며 이방인으로서 신자된 자들에게 위화감을 조성하며 자신들의 출신 성분을 자랑하였다.

사도 바울은 말한다. 오직 그리스도의 보혈로 구속 받은 성도들에게는 유대인이나 헬라인이나 차별이 있을 수 없다. 그런데 고린도 교회 안에 스스로 유대인이라고 자신의 출신을 자랑하는 자들이 있었다. 고린도 교회의 신자들은 혈통적 히브리인들에게 일말의 두려움이 있었던 듯 싶다. 사도 바울은 이를 인하여서 붓을 들게 되었고 일부 유대인 신자들의 어리석은 작태를 책망하고 있다.

사도 바울은 고린도 후서 11장 23절~27절에서 "**23 저희가 그리스도의 일꾼이냐 정신 없는 말을 하거니와 나도 더욱 그러하도다 내가 수고를 넘치도록 하고 옥에 갇히기도 더 많이 하고 매도 수없이 맞고 여러 번 죽을 뻔하였으니 24 유대인들에게 사십에 하나 감한 매를 다섯 번 맞았으며 25 세 번 태장으로 맞고 한 번 돌로 맞고 세 번 파선하는데 일 주야를 깊음에서 지냈으며 26 여러 번 여행에 강의 위험과 강도의 위험과 동족의 위험과 이방인의 위험과 시내의 위험과 광야의 위험과 바다의 위험과 거짓 형제 중의 위험을 당하고 27 또 수고하며 애쓰고 여러 번 자지 못하고 주리며 목마르고 여러**

번 굶고 춥고 헐벗었노라"라고 증거한다. 직역하면 이러하다. "23. 그들이 그리스도의 종들이냐? 정신없이 내가 말한다. 나는 더욱 그렇다. 더욱 더 많이 고된 일을 하고 더욱 더 많이 감옥에 갇히고 더욱 많이 상처를 받았다. 종종 죽을 뻔하였다. 24. 유대인에 의해서 다섯 번이나 한 대가 떨어진 사십대를 받았다. 25. 세 번이나 태장을 맞고 한 번 돌로 맞고 세 번이나 파선하고 하루 밤낮으로 깊은 물 안에서 행하였다. 26. 자주 긴 거리를 걸어갔고 위험한 강을 건넜고 위험한 강도를 만났고 위험한 동족을 만났고 위험한 이방인들을 만났고 위험한 도시에 이르렀고 위험한 광야와 위험한 바다와 위험한 거짓 형제들을 만났다. 27. 혹사당하고 고초를 겪고 자주 잠도 못자고 굶주리고 목마르고 단식하고 춥고 헐벗었다." 사도 바울은 자신이 읊조리는 이러한 말들이 정신없는 자와 같은 말이라고 한다. 이는 자신이 복음을 인하여서 당한 고난과 역경과 환란에 대하여서 그것을 자랑이라고 하지 않는 나는 셈이다. 다시 말해서 별로 하고 싶지 않는 말을 한다는 것이다. "**정신없다**"가 헬라어로 "**파라프로논**"(παραφρονῶν)이라고 하는데 이는 "**생각하는 것을 제쳐두었다.**"라는 의미이다. 그러니까 자랑할 것이 아닌 것을 자랑하기에 자신의 자랑이 실로 합당한 생각을 제쳐두고 하는 말이라는 것이다. 실로 겸손한 사도 바울의 진술이다.

사도 바울은 고린도 교회 안에 유대인 출신 중 교회를 자신들의 출신 성분으로 자랑하려는 자들에게 이러한 정신없는 진술을 통하여서 그들이 얼마나 정신없는 자들인가를 드러내고자 한 것이다. 그러나 사도 바울이 스스로 정신없는 진술이라고 말한 자신의 신변에 대한 고백들은 듣는 이의 마음을 무척 숙연하게 한다. 일평생 복음을 위해 사셨던 사도 바울의 생애 일정이 주마등처럼 지나가는 듯 하다. 사도 바울은 주님의 몸된 교회를 세우고자 고난 가운데서도 끝없이 복음을 전하였던 몇 안되는 매우 훌륭한 사도였다.

사도 바울은 증거한다. "**누구 보다 더 많이 감옥에 갔다.**"(고후 11:23) 사도 바울은 복음을 인하여서 감옥에 갇히는 일들이 빈번하게 있었다. 그의 신앙의 자세를 엿볼 수 있다. 그리고 더욱 많이 상처를 받았다. 육체의 상처 뿐만 아니라 마음으로도 큰 고통을 겪었다. 그럴뿐만 아니라 고린도 후서 11장 24절에 "**유대인들에게 사십에 하나 감한 매를 다섯 번 맞았다.**"고 고백한다. 고린도교회 신자들이 그렇게 어렵게 대하였던 그 유대인들에게 사십에 하나 감한 매를 다섯 번이나 맞았다고 말한다.(고후 11:24) 복음을 위해 살면서 사도 바울이 당한 고난이 이만 저만이 아니었다. 그는 동족들의 위협에도 여러 번 노출되었다.(고후 11:26)

사도 바울은 그의 생애 이러한 십자가의 고난을 통하여서 사도 시대에 거룩한 보편 교회를 세워 갔다. 사도 바울은 당대 모든 도로가 로마로 통한다는 그 로마 제국의 수도 로마에 가서 복음을 전하기를 간절하게 원하였다. 그렇게 로마에 가기를 여러 번 원하였다. 그러나 여러 어려운 형편으로 가지 못하였다. 그러나 결국에는 죄수의 몸으로 로마에 들어갔다. 그리고 로마에서 마지막 생애를 보냈다.

거룩한 보편 교회의 참된 교사들은 사도 바울의 삶의 본을 따라가야 한다. 이 세상에서 유명세를 자랑하며 거짓된 교리를 가지고 허탄하게 선생 노릇하는 자들이 당할 하나님의 심판은 엄중하다. 그리스도의 십자가를 지고 고난의 길을 가는 것이 참된 교회 교사들의 갈 길이다. 이 세상의 영광을 구하는 교사들은 배교자들이다. 참된 신자들도 그러한 참된 교사들의 가는 길을 따라가야 한다. 그렇지 않으면 모두 멸망이다. 구약 시대에 이스라엘 사람들이 애굽을 떠나던 그 밤에 여호와께서 모세에게 명령하신 규례가 이러하다. 쓴 나물을 먹고 무교병을 급하게 허리에 띠를 두르고 먹으라.(출 12:1-11) 그때에 쓴 나물은 사람들의 입맛을 돋우는 미식가적 음식이 아니다. 그리고 무교병은 좀더 척박한 음식이다. 급하게 허리를 띠로 두르라는 것은 이제 애굽을 떠나야 하기에 여행을 가기 직전에 식사를 하는 것처럼 그렇게 급하게 허리에 띠를 두르고 먹으라고 하신 것이다. 이것은 지상에서의 참된 신자들의 생애를 드러낸다. 그것은 나그네와 같은 삶의 자세이다.

이 세상에서 바벨탑을 쌓으며 헛된 가르침이나 자랑하는 자들은 하나님의 크신 형벌을 피할 수 없다. 그들은 자신들이 받을 형벌을 전혀 깨닫지 도 못하고 영혼을 사냥하기에 열을 올리고 있다. 애굽을 떠날 때 그 여호와의 밤에 이스라엘이 행하였던 규례는 우리 시대 신자들이 따라가야 할 신앙의 자세이다.

거룩한 보편 교회를 세우는 것은 신자들의 신앙의 성숙을 따라서 견고하게 세워질 수 있다. 결코 어떠한 제도라든가 어떠한 외부적인 의식으로 신자들을 거룩하게 하지 못한다. 오직 하나님의 성령께서 각 사람의 심령을 그의 진리로 다스리시기 전에 어느 누구도 하나님의 나라를 세우는 자로 성장하여 가지 못한다. 오직 성령의 크신 능력을 따라 진리에 순종하는 삶이 최고의 영광된 신앙의 도리이다.

28. 이러한 일 외에도 매일 나에게 압박당하는 일이 있었다. 모든 교회에 내한 염려였다. 29. 누가 약하면 내가 약하지 아니하더냐? 누가 넘어지면, 내가 속이 타들어 가지 않았느냐? 30. 만약 내가 마땅히 자랑할 것이 있다면, 나의 연약함을 자랑하노라.

사도 바울은 고린도 후서 11장 28절에 "**이러한 일 외에도 매일 나에게 압박당하는 일이 있었다.**"고 말한다. 그것은 "**모든 교회에 대한 염려였다.**" 사도 바울은 하나님의 교회를 염려하였던 참된 사도였다. 참된 교회 교사는 예외 없이 하나님의 교회를 염려하며 살아간다. 여기에서 하나님의 교회란 사도 신조가 증거하는 거룩한 보편 교회를 말한다. 단지 자신이 목회하는 지 교회를 의미하지 않는다. 참된 교회 교사들은 하나님의 교회가 모두 평균적으로 거룩한 보편 교회로 나아가도록 하는 일에 수고한다.

장로교회에서는 그러한 거룩한 보편 교회를 이룰 수 있는 치리 제도로서 장로회를 제도를 세웠다. 장로회는 장로들의 회의체이다. 거룩한 보편 교회의 장로들은 함께 모여서 하나님의 교회를 진리를 따라서 세우는 일로 섬긴다. 이는 신자들의 삶을 지도하는 치리회이다.

그러므로 장로교회의 교리로서 살펴볼 때 치리회가 없거나 그 기능이 무너져서 제 구실을 하지 못하는 교회는 타락한 교회로 간주 할 수 있다. 실로 지상의 모든 교회는 거룩한 보편 교회의 공적 선포로서 장로교회법을 따라서 세워져야 한다. 거기에는 자기 교회만이 옳다고 하는 회중 교회적인 개교회주의를 배격한다. 오직 진리를 따라 결정된 거룩한 보편 교회의 정통 교리와 그 정통 교리로 치리하는 치리회에 순종하는 신자로서 이끈다.

사도 바울은 고린도 후서 11장 29절에 주의 몸된 교회를 향한 진실한 마음을 담아서 증거한다. "**누가 약하면 내가 약하지 아니하며 누가 실족하게 되면 내가 애타하지 않더냐**" 직역하면 이러하다. "**누가 약하면 내가 약하지 아니하더냐? 누가 넘어지면, 내가 속이 타들어 가지 않았느냐?**" 사도 바울은 이렇게 주의 몸된 교회를 자신의 분신처럼 아끼고 사랑하였다. 실로 놀라운 마음 자세이다. 모든 신자들이 본 삼아야 할 자태이다. "**누가 약하면 내가 약하지 아니하더냐?**"라는 말은 신자들의 연약함이 자신의 연약함으로 알고 함께 공감하고 함께 애통하였다는 것이다. 실로 놀라운 삶의 자세이다. 이렇게 높은 인성을 가지고 살아가는 자들은 하늘의 복을 충만하게 받은 자들이다. 오직 주의 말씀으로서 만 형성될 수 있는 인성이다. 구주 예수 그리스도를 닮은 성품을 가지려면 반드시 그리스도의 계명에 순종해야 하리라. 그리고 다시 말한다. "**누가 넘어지면, 내가 속이 타들어 가지 않았느냐?**" 사도 바울은 신자들의 실족한 모습에 마음이 타들어 갔다고 고백한다. 실로 놀라운 성품의 소유자이다.

사도 바울은 고린도 후서 11장 30절에 이렇게 말한다. "**내가 부득불 자랑할진대 나의 약한 것을 자랑하리라**" 직역하면 이러하다. "**만약 내가 마땅히 자랑할 것이 있다면, 나의 연약함을 자랑하노라.**" 사도 바울은 자신이 얼마나 연약하며 얼마나 자주 마음속으로 넘어지는 자인 것을 자랑한다. 자신이 얼마나 연약한 육체를 가지고 있어서 그 연약한 육체로 자주 어려움을 당하는 것을 자랑한다. 그 연약함 안에서 더욱 강력한 그리스도의 권능이 나오기 때문이다. 실로 어줍짢게 자신의 육신의 힘을 의지하며 자랑하는 자들은 하나님의 권능에 무지한 자들이다. 그리스도인이란 오직 그리스도만을 의지하고 살아가는 자들이다.

31. 영원히 찬송 받으실 주 예수의 아버지 하나님께서 내가 거짓말하지 아니하심을 알고 계신다. 32. 다마스커스에서 아레타 왕의 관원이 나를 잡으려고 다마스커스 성을 지키고 있었다. 33. 내가 광주리 안에서 창문을 통해서 담벼락을 통해서 내려졌다. 그 손으로부터 도망갔다.

다메섹에서 사도 바울이 경험하게 되는 그의 수난의 역사는 사도행전 9장 22~25절에 있다. "**22 사울은 힘을 더 얻어 예수를 그리스도라 증명하여 다메섹에 사는 유대인들을 굴복시키니라 23 여러 날이 지나매 유대인들이 사울 죽이기를 공모하더니 24 그 계교가 사울에게 알려지니라 저희가 그를 죽이려고 밤낮으로 성문까지 지키거늘 25 그의 제자들이 밤에 광주리에 사울을 담아 성에서 달아 내리니라**"(행 9:22~25) 그가 초기 전도할 때 다메섹에서 발생하였던 사건을 기록하였다. 이 시기는 사도 바울이 다메섹에서 그리스도를 뵈옵고 다시 아라비아 광야로 가서 거기에서 삼년을 지내고 나서 다시 다메섹으로 돌아온 때이다. 참된 복음의 일꾼이 되었던 사도 바울은 다메섹에서 그리스도의 복음을 전하였고 많은 다메섹에 사는 유대인들이 바울의 복음에 굴복되었다. 그러자 다메섹의 왕의 관원들이 사도 바울을 잡으려고 하였다. 어쩔 수 없이 사도 바울이 전도하였던 그의 제자들이 밤에 광주리로 해서 바울을 담벼락으로 통해서 보냈다.

사도 바울은 자신의 생애를 간략하게 고린도 교회에게 알려 줌으로서 고린도 교회 교인들로 하여금 하나님의 교회가 얼마나 소중하며 그 교회를 지키기 위하여서 다른 어떠한 세력의 위협도 배제하고 철저하게 오직 진리로서 만 교회를 치리해야 할 것을 가르쳤다. 하나님의 교회가 파괴되면 신자들은 길잃어 버린 양떼처럼 그렇게 유리 방황하며 들판에서 쥐엄 열매나 먹고 곤고하게 살아가게 되어있다. 사도 바울이 죽을 고비를 넘겨가면서도 지켜내고자 하였던 하나님의 교회의 가치가 무엇인가 신자들은 사색해야 할 것이다. 하나님의 교회를 세우는 자들로 신앙의 성숙을 이루시기를 바란다.

제목: 사도 바울의 계시적 표적들
본문: 고린도 후서 12장 1~10절

[본 문]
1 무익하나마 내가 부득불 자랑하노니 주의 환상과 계시를 말하리
라 2 내가 그리스도 안에 있는 한 사람을 아노니 십사 년 전에 그가
셋째 하늘에 이끌려 간 자라 (그가 몸 안에 있었는지 몸 밖에 있었
는지 나는 모르거니와 하나님은 아시느니라) 3 내가 이런 사람을 아
노니 (그가 몸 안에 있었는지 몸 밖에 있었는지 나는 모르거니와 하
나님은 아시느니라) 4 그가 낙원으로 이끌려 가서 말할 수 없는 말
을 들었으니 사람이 가히 이르지 못할 말이로다 5 내가 이런 사람을
위하여 자랑하겠으나 나를 위하여는 약한 것들 외에 자랑치 아니하
리라 6 내가 만일 자랑하고자 하여도 어리석은 자가 되지 아니할 것
은 내가 참말을 함이라 그러나 누가 나를 보는 바와 내게 듣는 바에
지나치게 생각할까 두려워하여 그만 두노라 7 여러 계시를 받은 것
이 지극히 크므로 너무 자고하지 않게 하시려고 내 육체에 가시 곧
사단의 사자를 주셨으니 이는 나를 쳐서 너무 자고하지 않게 하려
하심이니라 8 이것이 내게서 떠나기 위하여 내가 세 번 주께 간구하
였더니 9 내게 이르시기를 내 은혜가 네게 족하도다 이는 내 능력이
약한 데서 온전하여짐이라 하신지라 이러므로 도리어 크게 기뻐함으
로 나의 여러 약한 것들에 대하여 자랑하리니 이는 그리스도의 능력
으로 내게 머물게 하려 함이라 10 그러므로 내가 그리스도를 위하여
약한 것들과 능욕과 궁핍과 핍박과 곤란을 기뻐하노니 이는 내가 약
할 그 때에 곧 강함이니라

[원문 직역]
1. 무익하나마 어쩔 수 없이 자랑하노라. 내가 주의 환상과 계시를
말할 것이다. 2. 내가 십사년 전에 그리스도 안에 한 사람을 알고 있
다. 몸 안에 있었는지 나는 모르겠다. 몸 밖에 있었는지 나는 모르겠

다. 하나님께서는 아시느니라. 그가 세 번째 하늘에로 이끌려졌다. 3. 그리고 나는 그러한 사람을 알고 있다. 몸 안에 있었는지 몸 밖에 있었는지 나는 알 수 없다. 하나님께서는 아신다. 4. 그가 낙원으로 이끌려졌다. 그리고 그가 말할 수 없는 말씀들을 들었다. 그 말은 사람이 말하기에는 불가능하다. (천기누설) 5. 내가 이러한 사람을 인하여서 자랑하리라. 그러나 내 자신을 인하여서는 약한 것 안에 있는 것이 아니라면 자랑하지 아니하리라. 6. 왜냐하면 만약 내가 자랑하기를 원하였어도, 어리석지 않기 때문이다. 왜냐하면 내가 진리를 말할 것이기 때문이다. 그러나 나는 아끼노라. 누가 나를 보는 것과 나로부터 듣는 것 위에 어느 누구도 판단하지 못하게 하고자 함이다. 7. 그리고 여러 계시들이 지나침으로 스스로 자신을 높이지 않게 하시고자 하나님께서 나에게 사단의 사자, 곧 육신의 가시를 주셨다. 이는 나를 치셔서 스스로 자신을 높이지 않게 하고자 함이다. 8. 이것을 인하여서 내가 나로부터 그것이 떠나게 하게 하고자 세 번 주님께 간구하였다. 하나님께서 나에게 말씀하셨다. 나의 은혜가 너에게 족하다. 왜냐하면 연약할때에 능력이 온전케 됨이라. 그러므로 기꺼이 더욱 나의 연약함으로 자랑할 것이다. 이는 그리스도의 능력이 내 위에 머물게 하려 함이다. 10. 그러므로 내가 그리스도를 인하여서 연약함 안에, 모욕 안에, 곤고 안에 핍박과 환란 안에 있어도 크게 기뻐하리라. 왜냐하면 내가 연약할 때 그때에 강함이라.

[본문 해설]

1. 무익하나마 어쩔 수 없이 자랑하노라. 내가 주의 환상과 계시를 말할 것이다.

사도 바울이 기록한 고린도 후서는 하나님의 말씀이다. 사도 바울은 이 본문을 기록할 때 자신의 마음대로 쓴 것이 아니다. 하나님의 계시를 인하여서 주의 명령을 따라서 기록했다. 그는 자신이 체험한 매우 독특한 계시적 이적에 대하여서 결코 함부로 자랑하려 하지 않았다. 그러나 사도 바울은 하나님의 계시를 받았고 그 계시를 기록할 사명을 맡았다. 이제 사도 바울은 붓을 들어서 하나님의 말씀을 기록해야 하였다. 그리고 그 과정에서 자신이 경험한 계시적 표적을 진술한 것이다.

사도 바울은 이러한 모든 체험들이 무익하다고 말한다. 이는 후대 신자들이 그러한 사도 바울의 계시적 표적을 따라 할까 염려하였기 때문이다. 그러한 계시적 표적은 사도 시대에 사도들과 선지자들에게 내려 주신 기이한 표적이었다. 그래서 후대 신자들이 모방하지 말아야 한다.

사도 바울이 그러한 경험을 굳이 기록한 것은 그 자신이 고린도 교회와 후대 모든 교회에게 알리고자 하였던 하나님의 계시적 말씀 때문이다. 사도 바울이 경험하였던 그러한 계시와 환상은 구약 시대에서도 흔치 않았다. 아브라함이 경험하였고 후대에 모세가 경험하였다. 그리고 선지자들이 경험하였다. 다니엘과 에스겔은 그러한 경험을 하였던 선지자들 중에 한 사람이다. 이러한 환상은 실로 놀라운 경험이었다. 신구약 성경에 기록된 모든 표적들은 계시적 표적이며 사도들이 역사 속에 사라지면서 함께 그쳐졌다. 그래서 사도 바울이 후대 교회에게는 이러한 표적들이 무익하다고 말한 것이다. 그것이 후대 교회에까지 계승되는 표적이 아니기 때문이다. 그래서 사도 바울은 자신이 본 환상을 계시와 연결해서 "**환상과 계시**"를 보았다고 증거하였다. 그리고 이러한 것들은 부득불 자랑하는 것이라 말한다.(고후 12:1)

2. 내가 십사년 전에 그리스도 안에 한 사람을 알고 있다. 몸 안에 있었는지 나는 모르겠다. 몸 밖에 있었는지 나는 모르겠다. 하나님께서는 아시느니라. 그가 세 번째 하늘에로 이끌려졌다. 3. 그리고 나는 그러한 사람을 알고 있다. 몸 안에 있었는지 몸 밖에 있었는지 나는 알 수 없다. 하나님께서는 아신다. 4. 그가 낙원으로 이끌려졌다. 그리고 그가 말할 수 없는 말씀들을 들었다. 그 말은 사람이 말하기에

는 불가능하다.

그는 자신이 경험한 이러한 놀라운 환상에 대하여서 지극히 제한적으로 드러내고자 자신에 대하여서도 **"십 사년 전에 그리스도 안에 한 사람으로 알고 있다."**(고후 12:1)고 진술하였다. 구체적으로 누구인지 드러내지 않음으로서 그러한 이적들에 후대에 그리스도인들이 너무 중요하게 여기지 못하게 하려는 것이다.

사도 바울이 고린도 후서를 기록할 때 그 시점으로부터 십 사 년이 지났다. 사도 바울은 그의 신비한 체험에 대하여서 이렇게 말한다. **"그가 셋째 하늘에 이끌려 간 자라"**(고후 12:2) 직역하면 이러하다. **"그가 세 번째 하늘에로 이끌려졌다."** 여기에서 세 번째 하늘은 하나님의 나라이다. 히브리인들의 숫자 개념에서는 세 번째는 완전수이다. 그러므로 세 번째 하늘은 하나님께서 거하시는 곳이다. 그것은 모든 곳 위에 있는 하나님의 영광의 복된 그의 나라를 의미한다. 그때에 그가 그 지극히 높으신 하나님의 영광의 나라에 이끌려 졌을 때 그 자신의 영혼이 몸 안에 있었는지 몸 밖에 있었는지 자신은 모른다고 하였다. 다만 하나님께서 아신다고 증거하였다. 그리고 그가 **"낙원으로 이끌려졌다."** 실은 여기에서 **"낙원"**이란 **"세 번째 하늘"**을 의미한다. 사도 바울은 세 번째 하늘을 낙원으로 새롭게 지칭함으로서 하나님 나라에 대하여서 다양하게 표현하고 있다. 이 낙원에는 의인의 영들이 있어서 그리스도의 재림의 때가지 몸의 부활을 기다리는 곳이다. 예수께서 십자가에 달려 돌아가실 때 우편의 강도에게 **"네가 오늘 나와 함께 낙원에 있으리라"**(눅 23:43)고 하신 바로 그 낙원이다.

우리는 사도 바울이 경험한 이 놀라운 체험을 통하여서 하나님 나라가 있다는 것을 알 수 있다. 그러나 사도 바울이 체험한 이러한 표적은 전적으로 사도의 직분을 수행할 독특한 위치와 관련이 된다. 그래서 그는 환상과 계시라고 하였다. 어떠한 신비한 현상도 계시와 연결되지 않으면 그것은 다만 신비한 현상이며 매우 주의 해야 할 것들이다. 그런데 사도 이후에 시대에는 계시가 종결되었기 때문에 다시는 반복될 수 없었다.

사도 시대에 있었던 이러한 신비한 체험들은 속 사도 시대 이후부터 다시 재현되지 않았다. 이후 교회사 전체에 걸쳐서 그것이 증거되고 있다. 사도들의 계시적 표적의 여러 양상들은 주후 2세기 이후에 전혀 정통 교부 시대 교회에서 나타나지 않았다. 왜냐하면 그것은 인간의 노력으로 경험할 수 있는 것이 아니기 때문이다. 다만 사도 시대에 하나님의 말씀을 기록하게 하시고자 그 경륜을 따라서 그렇게 집중적으로 신비한 신앙 체험들이 있게 된 것이다. 그리고 그것은 항상 계시와 연결되었다. 그리고 사도시대로 제한되며 주로 사도들이 경험한 것이다. 그래서 사도 시대에 모든 표적과 기사들은 계시적 표적이며 그것은 항상 사도들과 선지자들이 활동한 주후 1세기로 제한된다. 이는 다시 반복될 수 없는 사도 시대의 계시적 표적이다. 사도 바울이 왜 처음 단락에서부터 "**무익하나마**"라고 전제하고 자신의 체험을 말하는 지를 신자들은 주의 깊게 경청해야 한다. 거짓 신앙은 이렇게 계시와 분리된 독립적인 표적을 추구한다. 신비주의자들이 그러하다. 그것은 거짓 신앙이다. 그래서 정상적인 학습 과정(ordinary means)을 무시하고 단번에 신의 경지에 이르려는 욕망은 불건전한 종교적 행위이다. 그것은 멸망의 길이다. 건전하고 참된 기독교 신앙은 계시된 진리를 따라서 일상을 믿음으로 살아가는데 있다.

그러므로 사도 바울이 일만 마디 방언 보다 한 마디의 예언이 중요하다고 한 것이다. 그것은 거룩한 보편 교회의 정통 교리가 진리를 깨닫게 하는 지침서이다. 그러한 정통 교리는 모든 시대에 일정하게 수납이 될 만한 것이다. 그래서 거룩한 보편 교회는 항상 정통 교리를 세워왔다. 실로 하나님 나라는 우리와 멀리 있는 나라가 아니다. 하나님께서 사도 바울에게 그러한 표적들을 경험하게 하신 것은 하나님 나라를 증거해야 할 사도의 직분 때문이다.

밧모 섬에서 요한 계시록을 기록한 사도 요한의 계시적 표적은 매우 규모가 거대하다. 사도 요한은 천상의 하나님의 나라가 어떻게 펼쳐지며 지상에서 성도들의 고난의 역사를 잘 기록하였다. 무엇보다 천상에 대한 사도 요한의 놀랄 정도로 정교하고 기록이 요한 계시록으로 남겨 졌다. 사도 요한은 지상에서 벌어질 모든 환란과 고난에 대하여서 무척 정확하게 잘 묘사하고 있다. 참된 신자들만이 믿음으로 볼 수 있는 그 거룩한 안목에 대하여서 사도 요한은 후대 진리의 빛을 비추어준다. 참된 신자들은 시대와 역사를 읽을 수 있다. 그리고 종말의 때가 어떻게 될지도 알 수 있다. 오직 하나님의 영광 외에 다른 모든 것이 헛된 데로 돌아가는 그 허망함이란 이루 말할 수 없다.

그래서 참다운 성도는 이 세상에 헛된 것에 미련이 없다. 그렇기 때문에 이 세상을 자유롭게 살 수 있다. 참된 성도들은 그리스도 안에서 진리로 항상 자유하다. 예수께서 "**너희가 진리를 알지니 진리가 너희를 자유케 하리라**"(요 8:32)고 말씀하신 것이 그것이다. 진리는 우리를 이 세상의 거짓으로부터 자유케 하여 주며 그 진리의 주님이신 예수 그리스도와 그의 나라로 이끌어 준다. 진리를 사모하는 성도가 참된 하나님의 백성이다. 그렇게 사도들은 이 세상의 삶에 더 이상 미련을 갖지 않으며 오직 전도자의 직무를 수행할 수 있었다. 그들이 수없이 많은 고난과 고통과 어려움과 싸웠지만 항상 기뻐하였고 쉬지 말고 기도하였고 범사에 감사하였다.(살전 5:16~18) 이러한 하나님 나라의 영광된 즐거움을 누리지 못하고 살아가는 자들은 거짓된 신자들이다.

참된 신자들은 하나님의 말씀을 더욱 깊게 알아 가고자 노력한다. 그리고 이 세상의 모든 허탄한 것들을 점차로 멀리한다. 그렇게 하나님의 나라를 사모하기에 이 세상 나라의 허망한 것들을 버린다.

비록 참된 성도들이 이 세상에서 핍박받고 곤고하며 환란 가운데 있을지라도 진리의 빛이 되시는 구주 예수 그리스도 안에서 변함없이 큰 위로를 받으며 하늘의 신령한 양식과 음료로 배부르게 된다.

사도 바울은 고린도 후서 12장 4절에서 다음과 같이 말한다. "**그**

가 낙원으로 이끌려 가서 말할 수 없는 말을 들었으니 사람이 가히 이르지 못할 말이로다" 직역하면 이러하다. **"그가 낙원으로 이끌려졌다. 그리고 그가 말할 수 없는 말씀들을 들었다. 그 말은 사람이 말하기에는 불가능하다."** 그가 하나님 나라에서 무엇을 보았으며 들었는지 알 수 없다. 그러나 그 말은 사람이 말하기 불가능한 것들이었다. 천상의 언어를 어떻게 지상의 사람들에게 전할 수 있겠는가?

사도 바울은 인간의 언어로 표현할 수 없는 어떠한 것들을 보았을 것이다. 그리고 그는 침묵하였다. 그는 다만 보았으나 말할 수 없었다. 지금 시대에 저 세상에 가보고 왔다고 떠들어 대는 거짓 예언자들을 자주 볼 수 있다. 그것이 거짓되다는 것은 사도 바울의 증거를 통하여서 확정할 수 있다. 실로 계시적 표적을 여러번 경험한 사도 바울 조차도 하나님 나라에 다녀왔던 기이한 체험을 가히 이르지 못할 말이라고 증거하였다. 그러니까 이후에 거짓 예언자들이 일어나서 천국에 대하여서 여러 가지 말을 하면 결코 따라가지 말라는 경고의 말씀이다.

신자들은 사도 바울 조차도 가히 이를 수 없는 천상에 대한 지식을 말할 수 있다고 떠들어대는 거짓 예언자들을 멀리해야한다. 그들은 단언코 거짓되다. 하나님께서 신자들의 삶의 원리로서 계시하신 하나님의 말씀 이외에는 다른 어떠한 신비한 현상들도 마음에 둘 것이 아니니다.(신 29:29) 그것이 사도 바울이 스스로 하나님의 나라에 대한 신비한 경험을 하고 종결지은 교리이다. 누구든지 천상을 체험해도 이 세상에서는 말할 수 없다. 사도 바울은 말을 하지 않았다. 왜냐하면 가히 이를 수 없기 때문이다. 그런데 거짓 교리는 자꾸 떠들어 댄다. 그것은 거룩한 보편 교회의 혼란만을 가중시킨다. 그렇게 신비주의자들의 신령한 체험이 모두 거짓되다는 것을 드러낸다.

5. 내가 이러한 사람을 인하여서 자랑하리라. 그러나 내 자신을 인하여서는 약한 것 안에 있는 것이 아니라면 자랑하지 아니하리라. 6. 왜냐하면 만약 내가 자랑하기를 원하였어도, 어리석지 않기 때문이다.

왜냐하면 내가 진리를 말할 것이기 때문이다. 그러나 나는 아끼노라. 누가 나를 보는 것과 나로부터 듣는 것 위에 어느 누구도 판단하지 못하게 하고자 함이다.

사도 바울은 말한다. 허탄한 자랑을 하는 자들을 인하여서 자신의 무익한 자랑을 하게 되었다. 그 당대에서도 유대교 안에 저 세상에 대한 쓸데없는 호기심을 추구하는 이적적 신앙을 가진 자들이 많았다. 그들을 유대 신비주의자들이 부른다. 어떠한 종파이든지 종교 안에 신비주의자들이 있기 마련이다.

사도 바울은 자신의 신비한 체험을 어느 정도 공유함으로서 헛되이 거룩한 보편 교회 안에서 저 세상에 대하여서 자신들의 체험을 떠드는 자들을 정죄하고 있다. 그래서 어떠한 기독교 신비주의자들이 신비한 체험을 하였더라도 사도로서 바울 자신이 경험한 것을 통하여서 내리는 결론은 "**가히 이르지 못할 것**"(고후 12:4)이라는 것이다. 이는 그가 체험한 것을 이 세상에서 여러 사람들에게 말할 수 없다는 것이다. 이러한 사도의 고백을 따라서 거룩한 보편 교회는 그 지침을 마련해 두어야 한다. 그것은 어떠한 저 세상에 대한 체험도 말하지 말아야 한다는 것이다.

그러므로 이러한 사도의 가르침이 거룩한 보편 교회의 지침이 된다면 교회 안에서 천박하게 천방지축으로 거짓 예언들을 해대는 자들이 판을 칠 수 없다. 거룩한 보편 교회는 거짓 예언가들의 거짓된 진술들을 잘 분별하여서 정죄하고 배격해야 한다. 신자들은 신비주의자들의 거짓된 예언에 현혹되지 말아야 한다. 오직 계시의 빛으로서 하나님의 말씀을 따라서 주의 말씀에 순종하려고 해야 한다. 헛되이 자신을 과장하여서 높이려는 자들은 멸망이 눈 앞에 있다.

사도 바울은 이렇게 증거한다. "**내가 이런 사람을 위하여 자랑하겠으나 나를 위하여는 약한 것들 외에 자랑치 아니하리라**"(고후 12:5) 직역하면 이러하다. "**내가 이러한 사람을 인하여서 자랑하리라. 그러나 내 자신을 인하여서는 약한 것 안에 있는 것이 아니라면**

자랑하지 아니하리라." 실로 거룩한 보편 교회에서 가장 중대한 직분을 맡고 있었던 사도 바울은 자신의 연약함을 자랑한다고 말한다. 사도 바울에게도 연약한 부분이 많이 있었다. 그는 불같은 성격의 소유자였고 그래서 자주 화를 참지 못하였으며, 온유한 바나바와도 다투어서 결국 헤어질 정도였다.(행 15:36~41)

사도 바울은 그의 전도 여행의 초기에 이러한 여러 가지로 자신의 성격적 연약함으로 인해서 힘들었다. 그리고 또한 사도 바울에게는 육체의 질병도 있었다. 그는 그 질병으로 하나님께 기도하였다고 다음 구절에서 말한다. "**내가 만일 자랑하고자 하여도 어리석은 자가 되지 아니할 것은 내가 참말을 함이라 그러나 누가 나를 보는 바와 내게 듣는 바에 지나치게 생각할까 두려워하여 그만 두노라**"(고후 12:6) 사도 바울은 자신의 연약함을 자랑하여도 어리석지 않은 이유는 그러한 자신의 연약함을 드러냄으로서 더욱 진실한 사도의 모습을 성도들에게 보일 수 있기 때문이라고 말한다. 그리고 그러한 사도 바울의 연약함을 받아주지 못하는 자들이라면 거짓 신자가 분명하다. 왜냐하면 참된 신자들은 서로 사랑하게 되어있기 때문이다. 거짓 신자들은 서로 정죄하기에 바쁘다. 그래서 거룩한 보편 교회가 타락하면 가장 먼저 교회 안에 가르치는 자들과 가르침을 받는 자들 사이에 반목이 심해진다. 그것은 전적으로 타락한 부패한 교회이다. 그렇게 거룩한 보편 교회 안에 하나님의 말씀이 사라지게 되면 가장 먼저 가르치는 자와 가르침을 받는 성도들 사이가 상호간에 불신하며 다투고 싸운다. 그리고 이어서 성도 상호간에 서로 신뢰하지 못하고 서로 자기 자랑에 빠진다. 진리는 없고 다만 허탄한 자기 자랑만이 판을 치는 교회가 된다.

누가 헌금을 더 많이 내었는가? 누가 교회에 더 많이 수고 하였는가? 누가 교회 일에 더욱 고생하였는가? 누가 남 보다 그 잡스런 지식을 많이 가지고 있는가? 그렇게 신자들은 상호간에 자신의 존재를 증명하고자 애를 쓰게 될 것이다. 구주 예수 그리스도의 사랑이 없다. 교회는 삭막해 지고 점차를 빛을 잃어 버린다.

참된 교회의 신자들은 타인 보다 자신을 내세우고 헛되이 과장하지 않는다. 오히려 겸손하며 이웃의 아픔을 공감하며 서로 사랑하고 섬긴다. 그것이 거룩한 보편 교회이다. 거룩한 보편 교회 안에 신자들이 서로 사랑하는 것은 진리로 서로 사랑하는 것이다. 진리가 없으면 서로 사랑하지 못한다. 그리스도인은 진리 안에서 서로 사랑한다. 이것이 사도들이 거룩한 보편 교회에게 가르치신 요체이다. 그리고 사도 요한은 그의 요한 일서에서 직접 말한다. "**7 사랑하는 자들아 우리가 서로 사랑하자 사랑은 하나님께 속한 것이니 사랑하는 자마다 하나님께로 나서 하나님을 알고 8 사랑하지 아니하는 자는 하나님을 알지 못하나니 이는 하나님은 사랑이심이라**"(요일 4:7-8)

7. 그리고 여러 계시들이 지나침으로 스스로 자신을 높이지 않게 하시고자 하나님께서 나에게 사단의 사자, 곧 육신의 가시를 주셨다. 이는 나를 치셔서 스스로 자신을 높이지 않게 하고자 함이다. 8. 이것을 인하여서 내가 나로부터 그것이 떠나게 하게 하고자 세 번 주님께 간구하였다. 하나님께서 나에게 말씀하셨다. 나의 은혜가 너에게 족하다. 왜냐하면 연약할 때 능력이 온전케 됨이라. 그러므로 기꺼이 더욱 나의 연약함으로 자랑할 것이다. 이는 그리스도의 능력이 내 위에 머물게 하려 함이다. 10. 그러므로 내가 그리스도를 인하여서 연약함 안에, 모욕 안에, 곤고 안에 핍박과 환란 안에 있어도 크게 기뻐하리라. 왜냐하면 내가 연약할 때 그때에 강함이라.

사도 바울은 하나님께서 자신의 연약함을 아시고 그를 사랑하셔서 여러 가지 안전장치를 자신의 몸에 마련하였다고 말한다. 인간은 연약하여서 결코 믿을만한 존재가 못된다. 어쩌면 자기 자신도 믿지 말아야 한다. 그것을 자기 과신을 하지 말라는 것으로 이해할 수 있다. 자신의 경건함을 자랑하거나 자신의 얄팍한 지식을 자랑하는 자는 매우 불안한 신앙이다. 선줄로 생각하거든 넘어질까 조심해야 한다.(고전 10:12) 누구든지 모든 것을 알고 있는 듯이 자고하거나 그것으로 자랑하는 자는 실로 위험한 자리에 있는 신앙인이다. 모든 참된 신자들은 겸손하다.

사도 바울은 그가 받은 여러 계시로 인하여서 스스로 오만하게 될 것을 염려하여서 하나님께서 사단의 사자 곧 육체의 가시를 주었다고 말한다. 사도 바울이 그것을 위해서 세 번 간구하였으나 번번히 거절당하였다. 하나님께서 그 육체의 질병을 치유하지 않으셨다. 죽음에 이르지 않으면서 치유되지도 않는 희한한 질병을 그의 육체에 남겨 두셔서 그를 일평생 괴롭히게 하셨다. 그것이 은혜였다. 사도 바울이 그것을 깨달았다. 세 번의 간구에도 들어주시지 않으니까 포기하였다. 그것이 은혜이기 때문이다. 그래서 사도 바울은 주의 말씀을 따라서 "**내게 이르시기를 내 은혜가 네게 족하도다**"(고후 12:9)라고 증거하였다. 직역하면 이러하다. "**하나님께서 나에게 말씀하셨다. 나의 은혜가 너에게 족하다.**" 하나님의 은혜가 사도 바울에게 족하였다. 사도 바울은 세 번의 간구를 통하여서 그것을 일찍이 깨달았다. 참된 신자들은 사도 바울의 이러한 삶의 자세를 본 삼아야 할 것이다. 하나님께서 주시지 않겠다고 하는 것을 계속 달라고 간구하지 말라. 각자에게 하나님께서 주신 은혜가 족하다. 그리고 감사하라. 그것이 거룩한 보편 신앙이다.

사도 바울은 고린도 후서 12장 9절 후반부에서 하나님께서 자신에게 이르신 말씀을 따라서 자랑한다. "**이는 내 능력이 약한 데서 온전하여짐이라 하신지라 이러므로 도리어 크게 기뻐함으로 나의 여러 약한 것들에 대하여 자랑하리니 이는 그리스도의 능력으로 내게 머물게 하려 함이라**" 직역하면 이러하다. "**왜냐하면 연약할때에 능력이 온전케 됨이라. 그러므로 기꺼이 더욱 나의 연약함으로 자랑할 것이다. 이는 그리스도의 능력이 내 위에 머물게 하려 함이다.**" 사도 바울은 고백한다. 내 능력이 약한데서 온전하여 진다. 실로 고귀한 말씀이다. 거룩한 능력은 약할 때에 강하다. 하나님의 능력은 항상 연약한 자에게 강력하게 역사하신다. 자신의 강력한 육체의 능력이나 자기의 사회적 높은 지위나 자기의 가문을 자랑하는 자들은 하나님의 거룩한 능력을 깨닫지 못한다. 하나님의 강력한 권능의 임재를 경험하려면 자신의 약함을 자랑해야 한다.

신자들은 모두 사도 바울처럼 그 은혜가 내게 족하다는 말씀을 따라서 하나님의 능력 안에서 온전하여지도록 해야 한다. 사회적 지위와 능력과 재물로는 어떠한 경우에도 더욱 성숙한 신앙으로 나아가지 못한다. 참된 복이란 이 세상에서 보이는 능력을 따라 가는 것이 아니라 하늘의 신령한 은사를 사모하는 것이다.

하늘의 신령한 은사는 믿음으로 받으며, 약할 때에 더욱 강하여진다. 사도 바울은 하나님의 약속의 말씀을 받고 크게 기뻐하였다. 그리고 자신의 여러 약한 것들에 대하여서 자랑하겠다고 말한다. 왜냐하면 그리스도의 능력이 그 위에 머물게 하려는 것이기 때문이다.

사도 바울은 신앙의 삶에 일체의 비결을 배웠다. 그것은 세상적으로 잘 나가고 유명해지며 좋은 지위를 갖고 많은 부를 누리는 것이 참된 복이 아니라 오히려 자신이 연약함으로 그리스도의 능력이 강력하게 그에게 머물러 있게 된 그것이 복되다는 것이다. 사도 바울은 이 도리를 깨달은 후에 자신의 강함을 자랑하지 않았다. 오히려 자신의 연약함을 자랑하며 자신의 무기력함을 자랑하여 더욱 그리스도의 거룩한 능력을 간구하였다. 하나님께서는 사도 바울을 일평생 고칠 수 없는 질병을 안고 고통스럽게 살게 하셨으나 다른 어떤 사도 보다 권능의 말씀으로 그를 다스리셨다. 그것이 사도 바울이 받은 복이다. 그래서 사도 바울은 자신의 연약함으로 위축되거나 뒤로 물러가거나 하지 않았다. 오직 담대하고 복음을 전하였다.

사도 바울은 자신의 연약함을 바탕으로 누구 보다 더욱 편만하게 복음의 진리를 증거한 참된 사도가 되었다. 그것이 참된 신앙이다. 참된 신앙이란 자신의 처지를 비관하고 낙담하는 것이 아니라 자신의 연약한 상태를 믿음으로 극복하고 더욱 강력한 주의 역사를 이루는 것이다. 그것이 참다운 신자들이 가야 할 길이다.

사도 바울이 먼저 그 길을 가셨다. 그는 자신의 약함을 오히려 그리스도의 능력이 크게 머무는 기회로 알고 오직 믿음으로 살았다.

우리는 자신의 연약함으로 낙심할 것이 없다. 사도 바울은 평범한 인생들이 결코 할 수 없는 놀라운 복음 사역의 성과를 내었다. 로마 제국 전역에 하나님의 교회를 세웠다. 이는 하나님의 크신 역사이다.

이제 정통 교부 시대에 하나님께서 새로운 역사를 세워 가시고자 기독교에 대한 핍박을 그치게 하시고 그 기독교를 로마 제국의 국교가 되게 하셨다. 하나님의 하시는 일을 인간이 결코 측량할 수 없다. 연약한 사도 바울이 가장 강력한 능력을 따라서 주의 역사를 이룬 것처럼 참된 신자들은 자신의 연약함을 부끄러워하기보다 그것을 오히려 자랑하며 그 연약한데서 하나님의 권능이 머물리라는 주님의 약속의 말씀을 믿고 완성을 향하여서 나아가야할 하나님 나라를 세워가는 믿음의 역군들이 되어야 하리라.

이제 고린도 후서 12장 10절에서 사도 바울은 본문의 결론을 말한다. “**그러므로 내가 그리스도를 위하여 약한 것들과 능욕과 궁핍과 핍박과 곤란을 기뻐하노니 이는 내가 약할 그 때에 곧 강함이니라**” 직역하면 이러하다. “**그러므로 내가 그리스도를 인하여서 연약함 안에, 모욕 안에, 곤고 안에 핍박과 환란 안에 있어도 크게 기뻐하리라. 왜냐하면 내가 연약할때에 그때에 강함이라.**” 사도 바울은 실로 신자들이 어떠한 형편 가운데서도 기뻐할 수 있는 신앙의 도리를 전한 것이다. 그것은 정통 교리이다. 사도 바울의 가르침이 신자들이 따라가야 할 정통 교리이다. 정통 교리는 인간의 강함을 의지하지 않는다. 정통 교리는 오직 인간의 연약함을 들어 쓰시는 하나님의 권능을 가르친다. 그래서 정통 교리는 더욱 우리로 겸손하게 하고 우리의 약함으로 부끄러워하지 않고 복음을 담대하게 전하게 하며 찬송을 부르게 하고 결국 감사하게 한다. 사도 바울은 복음을 인하여서 당하였던 모든 능욕과 궁핍과 핍박과 곤란을 인하여서 뒤로 물러나지 않고 오직 주의 거룩한 능력을 따라서 기뻐하였다. 그리고 이후 상당한 복음의 진보를 이루었다.

제목: 그리스도인의 연보에 대하여서
본문: 고린도 후서 12장 11~21

[본 문]
11 내가 어리석은 자가 되었으나 너희가 억지로 시킨 것이니 내가
너희에게 칭찬을 받아야 마땅하도다 내가 아무것도 아니나 지극히
큰 사도들보다 조금도 부족하지 아니하니라 12 사도의 표 된 것은
내가 너희 가운데서 모든 참음과 표적과 기사와 능력을 행한 것이라
13 내 자신이 너희에게 폐를 끼치지 아니한 일밖에 다른 교회보다
부족하게 한 것이 무엇이 있느냐 너희는 나의 이 공평치 못한 것을
용서하라 14 보라 이제 세 번째 너희에게 가기를 예비하였으나 너희
에게 폐를 끼치지 아니하리라 나의 구하는 것은 너희 재물이 아니요
오직 너희니라 어린아이가 부모를 위하여 재물을 저축하는 것이 아
니요 이에 부모가 어린아이를 위하여 하느니라 15 내가 너희 영혼을
위하여 크게 기뻐함으로 재물을 허비하고 또 내 자신까지 허비하리
니 너희를 더욱 사랑할수록 나는 덜 사랑을 받겠느냐 16 하여간 어
떤 이의 말이 내가 너희에게 짐을 지우지는 아니하였을지라도 공교
한 자가 되어 궤계로 너희를 취하였다 하니 17 내가 너희에게 보낸
자 중에 누구로 너희의 이를 취하더냐 18 내가 디도를 권하고 함께
한 형제를 보내었으니 디도가 너희의 이를 취하더냐 우리가 동일한
성령으로 행하지 아니하더냐 동일한 보조로 하지 아니하더냐 19 이
때까지 우리가 우리를 너희에게 변명하는 줄로 생각하는구나 우리가
그리스도 안에서 하나님 앞에 말하노라 사랑하는 자들아 이 모든 것
은 너희의 덕을 세우기 위함이니라 20 내가 갈 때에 너희를 나의 원
하는 것과 같이 보지 못하고 또 내가 너희에게 너희의 원치 않는 것
과 같이 보일까 두려워하며 또 다툼과 시기와 분냄과 당짓는 것과
중상함과 수군수군하는 것과 거만함과 어지러운 것이 있을까 두려워
하고 21 또 내가 다시 갈 때에 내 하나님이 나를 너희 앞에서 낮추
실까 두려워하고 또 내가 전에 죄를 지은 여러 사람의 그 행한 바

더러움과 음란함과 호색함을 회개치 아니함을 인하여 근심할까 두려워하노라

[원문 직역]

11. 내가 어리석은 자가 되었다. 너희가 나에게 강제한 것이다. 왜냐하면 나는 너희에 의해서 마땅히 칭찬을 받았기 때문이다. 내가 아무것도 아니라고 할지라도 지극히 탁월한 사도들 보다 어느 것도 부족함이 없다. 12. 사도의 표가 너희 안에서 모든 오래참음으로 표적과 기사와 능력으로 드러났다. 13. 때문에 나머지 교회 위에 더 열악한 것이 무엇이냐? 만약 내 자신이 너희의 짐을 지지 않은 것이 아니라면, 이러한 불의함에서 나를 자유케해 달라. 14. 보아라! 세 번째 내가 너희에게 가고자 하였다. 그런데 내가 짐을 지우지 않을 것이다. 왜냐하면 내가 너희의 것을 바라지 않기 때문이다. 그러나 내가 너희를 원한다. 어린아이가 부모들을 위하여서 저축을 하는 것이 아니라 부모들이 어린아이들을 위하여서 저축을 마땅히 한다. 15. 내가 너희의 영혼을 위하여서 즐겁게 허비하고 소비할 것이다. 그리고 만약 내가 너희를 더욱 사랑한다면, 내가 덜 사랑을 받겠느냐? 16. 내가 너희에게 짐을 지우지 않았다. 그러나 능란한 속임수로 너희를 내가 취하였다는 보고가 있다. 17. 내가 너희에게 보냈던 자들 중에 그를 통하여서 내가 어떠한 이익을 취하였느냐? 18. 내가 디도에게 권면하였다. 그리고 한 형제를 함께 보냈다. 디도가 너희에게 이익을 취하더냐? 우리가 동일한 성령으로 행하지 아니하더냐? 동일한 자취로 행하지 아니하더냐? 19. 긴 세월 동안 우리가 너희에게 변명하는 것으로 너희가 생각하고 있었구나. 그리스도 안에서 하나님의 앞에서 우리가 말한다. 사랑하는 자들아! 모든 것이 너희의 덕을 위함이다. 20. 왜냐하면 내가 염려스럽다. 내가 갈 때, 내가 원하는 너희의 모습을 보게 되지 못할까 그러하고 내가 원하지 않는 너희 모습을 보게 될까 보아서 그러하다. 다툼과 시기와 성냄과 경쟁 의식과 악한 말들과 해로운 험담과 거만함과 어지러움이 있을까 염려스럽다. 21. 내가 다시 갈때

에 나의 하나님께서 너희를 인하여서 나를 부끄럽다하실까 염려스럽고 전에 죄를 지은 많은 자들이 그 더러움고, 음탕하고 방탕함으로부터 돌아오지 않고 행하고 있을까 염려스럽다.

[본문 해설]

11. **내가 어리석은 자가 되었다. 너희가 나에게 강제한 것이다. 왜냐하면 나는 너희에 의해서 마땅히 칭찬을 받았기 때문이다. 내가 아무것도 아니라고 할지라도 지극히 탁월한 사도들 보다 어느 것도 부족함이 없다.**

사도 바울은 고린도 교회에게 부득불 어리석은 자랑을 하였다고 말한다. 자신에 대한 그러한 자랑을 별로 좋아하지 않지만 하나님의 교회를 세우는데 필요한 일정한 부분에 대하여서 자랑하게 되었다고 말한다.

고린도 후서 12장 11절 후반부에 사도 바울은 "**내가 아무것도 아니나 지극히 큰 사도들보다 조금도 부족하지 아니하니라**"라고 고백한다. 직역하면 이러하다. "**내가 아무것도 아니라고 할지라도 지극히 탁월한 사도들 보다 어느 것도 부족함이 없다.**" 사도 바울은 진술한다. 사도 바울은 고린도 교회 신자들의 연약한 상태로 인하여서 무익한 자랑을 했으나 그러한 자랑을 통하여서 고린도 교회 신자들이 깨닫고 알아야 할 것이 있다고 말한다. 그것은 사도 바울 자신이 다른 어떠한 탁월한 사도들 보다 전혀 부족함이 없다는 것이다. 사도 바울이 굳이 이러한 언급을 하는 데에는 이유가 없지 않다. 그것은 구주 예수 그리스도로부터 부여 받은 사도직의 동등함을 가르치고자 함이다.

사도들은 동등하다. 물론 열두 사도가 교회에서 차지하는 위치가 조금 독특하게 있다고 할지라도 여전히 사도들은 모든 면에서 동등하였다. 그러니까 사도 위에 사도 없고 사도 밑에 사도 없다. 그들은 서로 섬기며 서로 사랑하며 그렇게 거룩한 보편 교회의 비상 직원

(Extraordinary Official)으로서 동등한 권세를 가지고 있었다. 모든 사도들은 하나님의 법정으로서 치리회에서 동등하다. 그들의 권세는 수평적이다. 결코 그 직분의 높고 낮은 것이 없다. 사도들의 치리회에서 그들은 동등한 권세를 가지고 교회 정치에 참여 하였다. 다만 질서에 있어서 사도들은 교회의 비상직원으로서 그리고 기초 직원으로서 다른 항존 직원들과 달랐다. 사도들은 모든 교회의 직원들 위에 우선적이다.

그 중에서도 항존 직원으로서 목사와 교사들과 치리 장로들과 안수 집사들은 모두 사도들의 권세로부터 후대의 거룩한 보편 교회를 위해서 세워진 직분이다. 그 중에서 선지자들은 비상 직원으로서 기록 계시를 위하여서 사도들과 함께 수고하였다가 사도들과 함께 사라졌다. 그러나 사도들과 함께 초기 교회를 세우는데 수고한 선지자들은 거룩한 보편 교회의 기초 직원으로서 이제는 그쳐졌다.

그렇다고 하면 이러한 직분 상호간에 질서의 차이는 무엇인가? 그것은 우선하는 직원들의 질서에 속한 고유한 직분을 그 하위 질서에 속한 직원들이 침범할 수 없다는 것이다. 무엇보다 사도의 권세는 모든 교회 위에 절대적이라서 사도 권을 침범하는 교회 직원은 있을 수 없다. 사도들은 그들의 교훈을 통하여서 후대 거룩한 보편 교회의 교리적 기초를 놓았다. 그러므로 신약 성경 전체가 사도들의 **디다케**이다. 그러므로 사도들이 후대 거룩한 보편 교회에게 전승한 신구약 성경을 벗어나서는 어떤 순간도 정통 교회라고 할 수 없다. 그것이 로마 카토릭 교회의 어두움이다. 중세 시대에 로마 카톨릭 교회는 교회에서 높은 직분을 얻으려고 피비린내 나는 정치적 투쟁을 하였다. 자파의 성직자를 추기경을 세우고 더 나아가 교황을 세우고자 폭력조차도 비일비재 하였다. 이것이 타락한 교회의 전형적인 몰골이다. 그렇게 타락한 교회로부터 그리스도의 사랑을 기대할 수 없다. 오로지 정치적 투쟁과 다툼과 험담과 중상만이 난무하였다. 그와같이 분파주의적 교회들의 어두움도 심각하다. 그들은 사도들의 **디다케**로부터 너무 멀다.

주님의 교회는 사랑이 넘쳐야 한나. 그럴려면 그리스도의 말씀이 충만해야 한다. 그리스도의 말씀이 우리를 사랑으로 인도하는 지침서이기 때문이다. 하나님의 진리의 말씀이 없는 자는 하나님의 사랑이 없다. 그들은 헛되이 과장하며 자랑하여 가련한 영혼들을 사냥하는 악랄한 자들이다.

사도 바울은 고린도 교회에게 그러한 자를 경계하고 멀리하라고 교훈하였다. 왜냐하면 고린도 교회가 그러한 요소가 다분히 많았고 사도 바울이 고린도 교회를 마음에 두고 두 번이나 서신을 보낸 것으로부터 알 수 있다. 그렇게 고린도 교회에 많은 신앙의 문제들이 후대의 거룩한 보편 교회들에게 귀감이 된다. 무엇보다 사도들의 동등권은 사도들의 치리회에서 발휘되었다. 여기에서 사도들의 치리회란 지금의 장로회를 의미한다. 사도들은 어느 지역에 교회들을 설립하면 즉시 노회라는 치리회를 세웠다. 그리고 그 치리회를 다스릴 목사와 치리 장로들을 세웠다. 목사들은 교사라고도 하며 감독이라고도 한다. 사도들이 세운 장로회는 그 지역의 명칭을 따라서 갈라디아 교회, 에베소 교회, 빌라델피아 교회, 데살로니가 교회, 고린도 교회 로마 교회 등으로 불리웠다. 이러한 교회들은 모두 하나의 노회와 같았다. 사도들은 그 지역에 교회가 어느 정도 세워지면 다른 지역의 교회를 개척하기 위해서 머물렀던 곳을 떠났다. 이것인 순회 전도자로서 사도들의 직무형태였다.

그곳에 세워진 장로회는 목사와 치리 장로들이 섬겼다. 그리고 그들이 당회라는 치리회를 통하여서 지 교회를 다스렸다. 그렇게 사도시대 교회는 장로 교회였다.

여기에서 사도들의 동등권이란 그 치리회에서 동등한 권세를 가지고 활동하였다는 것을 의미한다. 그것은 하나님의 교회 현안에 대하여서 충분하게 논의하고 진리를 따라 교회의 행사를 결정하여서 아래 치리회에 그 결정된 교리들을 보냈다. 그것은 무엇보다 사도들의 서신이 각 교회에 전달되었을 때 가장 활발하게 발휘되었다. 사도들의 서신이 어떤 교회에게 전달되면 그 교회 치리회는 시급하게 사도들의 서신을 필사하였다.

그렇게 필사된 사도들의 서신은 그 장로회(Presybtery)에 소속된 모든 지 교회(particular church)에 보내졌다. 그리고 다른 한 부는 다른 장로교회에 보냈다. 그러면 그 장로 교회는 그 서신을 받아서 다시 여러 부수의 필사본을 만들어서 소속 지 교회에 보냈다. 그렇게 해서 사도들 이후에 수 천개의 신약 성경 사본들이 발생하게 되었다. 그런데 놀라운 것은 그 신약 성경 사본들 간에 일치성이 매우 높으며 이본이 거의 없다는 것이다. 이것은 하나님의 큰 일이다. 주의 진리를 보존하시고자 하나님께서 사도 시대 교회를 역사하셨다. 그것은 후대 교회에게 너무 크나큰 은혜이다.

어떤 시대에 거룩한 보편 교회가 몰락하여도 사도들의 **디다케**가 고스란히 남아 있기에 종교 개혁은 항상 가능하다. 이러한 사도들의 **디다케**는 신구약 성경이다. 사도들은 후대 교회를 위하여서 구약과 함께 신약 성경을 전하였으며 사도들의 치리회를 전하였다. 지금도 종교 개혁은 사도들의 디다케로서 신구약 성경과 사도들의 치리회로서 장로회의 개혁으로 가능하다.

12. 사도의 표가 너희 안에서 모든 오래참음으로 표적과 기사와 능력으로 드러났다.

사도 바울은 증거한다. "**사도의 표 된 것은 내가 너희 가운데서 모든 참음과 표적과 기사와 능력을 행한 것이라**" 이 본문을 통하여서 알 수 있는 것은 사도의 증표는 표적과 기사와 능력을 행하는 것이라는 사실이다. 그리고 이러한 사도의 증표는 하나님의 기록된 말씀과 밀접하게 연결되어 있다는 것이다. 사도들과 선지자들은 하나님의 감동하심으로서 영감을 받아서 성경을 산출하였다. 그들의 기록은 신구약 성경의 일부가 되었다. 그리고 하나님의 말씀이다.

사도들에게 주어진 모든 표적들과 기사와 능력들은 전부 하나님의 기록 계시와 연결되어서 사도적 증표가 되었다. 구주 예수 그리스도께서 자신이 행하셨넌 모든 표직과 기사의 권능을 사도들에게 부어 주셨다. 구주 예수 그리스도께서 친히 사도들을 세우시면서 그 권능을 물려 주셨다. 그리고 그 권능을 받은 사도들이 각처에서 구주 예수 그리스도의 복음을 전할 때, 표적과 기사와 능력으로 행하였고 그러한 사도들의 가르침으로 신약 교회가 세워졌다. 사도들은 그렇게 정통 교회의 비상 직원으로서 표적과 기사와 권능을 행하였다. 그리고 신약 교회가 세워졌을 때 사도들의 사라짐과 함께 그 계시적 표적으로서 이적과 기사와 권능의 은사들도 그쳐졌다.

원래 그러한 기사와 이적과 권능이란 사도 시대 기록 계시를 후대 교회를 위해서 남기시고자 함께 사도들에게 주셨던 은사이다. 이제 그러한 신비한 은사는 그쳐졌기에 그것을 흉내라도 내지 말아야 한다. 사도들의 표적을 흉내 내는 자들은 모두 거짓 교사들이다. 그들의 거짓됨은 그들의 거짓 교리가 스스로 증거하고 있다.

13. 때문에 나머지 교회 위에 더 열악한 것이 무엇이냐? 만약 내 자신이 너희의 짐을 지지 않은 것이 아니라면, 이러한 불의함에서 나를 자유케해 달라. 14. 보아라! 세 번째 내가 너희에게 가고자 하였다. 그런데 내가 짐을 지우지 않을 것이다. 왜냐하면 내가 너희의 것을 바라지 않기 때문이다. 그러나 내가 너희를 원한다. 어린아이가 부모들을 위하여서 저축을 하는 것이 아니라 부모들이 어린아이들을 위하여서 저축을 마땅히 한다.

사도 바울은 고린도 교회에게 연보에 대하여서 권면한다. 첫째 고린도 교회가 다른 교회보다 열악하지 않다는 것이다. 그리고 두 번째 사도 바울이 고린도 교회를 위해서 짐을 졌던 것을 기억하여 연보의 짐을 요구할 때에 감사하게 받으라는 것이다. 세 번째 사도 바울이 고린도 교회를 방문하려고 할 때 연보를 짐으로 여기지 말라는 것이다. 사도 바울이 바라는 바는 고린도 교회의 성도들과 교제하는 것이다. 그들에게 짐을 지우는 것이 아니다. 실로 하나님의 교회에 연보를 드리는 것을 어거지로 행하는 자들은 불의한 자들이다. 억지로 연보를 하는 자들은 하나님께서는 즐겨 헌상하는 자들이 아니다.

사도 바울은 증거한다. "**나의 구하는 것은 너희 재물이 아니요 오직 너희이다.**"(고후 12:14) 직역하면 이러하다. "**왜냐하면 내가 너희의 것을 바라지 않기 때문이다. 내가 너희를 원한다.**" 사도 바울이 원하였던 것은 고린도 교회 신자들의 재물이 아니었다. 사도 바울이 기대한 것은 고린도 교회에 속한 신자들의 신실한 신앙이었다. 실로 하나님의 교회에 연보를 드리는 신자의 자세는 그들의 신앙의 상태를 드러낸다. 하나님의 교회는 즐겨 연보를 드리는 신실한 신자와 인색하여 연보를 드리기를 싫어하는 불의한 신자가 있다. 신자들의 신앙이 연약할 수록 연보가 박약하다. 그러나 경건한 신자들은 가난한 자를 섬기는 일과 돕는 일에 풍성하게 연보를 낸다. 그것이 신앙의 열매로서는 분명하게 드러나는 자태이다.

사도 바울은 고린도 교회에게 이렇게 말하는 것이다. "**너희가 오해하여서 내가 너희의 재물을 탐하는 자로 여기지 말라. 내가 원하는 것은 너희 재물이 아니고 너희의 진실한 마음이다.**" 결국 사도 바울이 원하는 그 마음이 곧 하나님께서 원하시는 것이다. 하나님께서는 신자들의 재물을 원하시는 것이 아니시다. 단지 신자들이 하나님 앞에서 어떠한 자세로 신앙생활을 하는 가를 보고 싶어 하신다. 하나님의 교회를 섬기는 일과 가난한 자를 구제하는 일에 매우 인색한 신자들은 신앙이 매우 잘못된 사람들이다.

연보에 대한 사도 바울의 고린도 교회를 향한 권면은 후대 교회가 본 삼아야 할 것이다. 하나님 앞에 각자 매일의 양식을 구하고 그것에 넘치는 부요함은 모두 하나님께 드리는 것이 마땅하다. 새 언약 교회의 신자들에게 하나님께서 요구하시는 헌상의 원리이다. 그래서 예수께서 주기도문에 "**우리에게 매일의 양식을 주옵소서**"라고 기도하라 하셨다. 그러한 기도문을 통하여서 알 수 있는 것은 매일의 양식을 넘어서는 과도한 부요함은 그 영혼을 썩어버리게 하여서 망칠 수 있다.

사도 바울의 가르침을 따라서 볼 때에 탐심은 우상 숭배이다. 그러므로 신자들은 이 세상을 나그네와 행인과 같은 자세로 매일의 양식을 구하고 살아가야 한다. 하나님을 더욱 영화롭게 하는 삶을 추구하는 것이 복되다.

사도 바울이 증거한다. "**어린아이가 부모를 위하여 재물을 저축하는 것이 아니요 이에 부모가 어린아이를 위하여 하느니라**"(고후 12:14) 이것은 성숙한 신앙의 사람이 어떤 사람인가를 드러낸다. 사도 바울은 사회적 일반 현상을 가지고 진리를 변증한다. 일반 세상에서 어린아이가 부모를 위해서 재물을 모으지 않고 부모가 어린 아이를 위하여서 재물을 모은다. 그것은 하나님의 교회를 책임을 지는 자들이 성숙한 신자라는 것이다. 오로지 아이처럼 교회로부터 무엇을 받기만을 바라며 단지 그렇게 신앙 생활하는 자들은 어린아이라고 말한다.

고린도 교회 신자들에게 사도 바울이 증거한다. "**너희가 연약하고 어린아이와 같은 신자이기에 오히려 자신이 그 교회의 어린 상태로 인하여서 모든 연보를 강제로는 구하지 않고 더욱 성숙한 신자가 될 때까지 인내로 기다린다**"는 것이다. 실로 하나님의 나라는 섬기는 자가 큰 자이다. 섬김을 받으려고 하는 자는 작은 자이다. 지극히 작은 자는 이 세상에 살면서 전혀 손해보지 않고 오직 탐욕에 사로잡혀서 여기 저기 먹을 것을 찾아서 하이에나처럼 돌아다는 자들이다.

그러나 성숙한 신자는 진리를 각성하고 그것을 알아갈 수 록 더욱 헌상하고 구제하는 신자이다. 그러므로 신자의 신앙이 성숙해져 갈 수 록 하나님의 나라를 위해서 어려운 짐을 지려고 하는 거룩한 자태를 드러내게 되어있다.

15. 내가 너희의 영혼을 위하여서 즐겁게 허비하고 소비할 것이다. 그리고 만약 내가 너희를 더욱 사랑한다면, 내가 덜 사랑을 받겠느냐? 16. 내가 너희에게 짐을 지우지 않았다. 그러나 능란한 속임수로 너희를 내가 취하였다는 보고가 있다. 17. 내가 너희에게 보냈던 자

들 중에 그를 통하여서 내가 어떠한 이익을 취하였느냐?

사도 바울은 고린도 교회 신자들에게 그들의 영혼을 위하여서 즐겁게 많은 재물을 소비할 의향이 있다고 말한다. 헬라어 원문은 "**헤디스타**"(ἥδιστα)라고 하여서 "**기꺼이**"라는 말이 있다. 그것은 사도 바울이 힘껏 고린도 교회 신자들의 영혼을 위해서 수고를 아끼지 않았다는 것이다. 실로 사도 바울은 고린도 교회 신자들을 위해서 많은 눈물의 기도를 드렸다. 그렇게 사도 바울은 고린도 교회를 사랑하였다. 그럼에도 불구하고 고린도 교회 신자들 중에서 사도 바울을 중상 모략하는 자들이 있었다. 그들은 거짓 교인들이다. 그들은 단지 고린도 교회 안에서 세력을 잡고 자기들 마음대로 교회를 이끌어 가려고 하는 자들이다. 하나님의 교회에서 맡겨진 의무는 전혀 이행하지 않으면서 오만하게 권리만을 탐하는 자들이 있다.

사도 바울은 일부 몰지각한 자들이 사도 바울의 행적을 이렇게 폄하였다고 진술하였다. "**어떤 이의 말이 내가 너희에게 짐을 지우지는 아니하였을지라도 공교한 자가 되어 궤계로 너희를 취하였다 하니**"(고후 12:16) 그에 대하여서 사도 바울이 고린도 후서 12장 17절에서 말한다. "**내가 너희에게 보낸 자 중에 누구로 너희의 이를 취하더냐?**" 직역하면 이러하다. "**내가 너희에게 보냈던 자들 중에 그를 통하여서 내가 어떠한 이익을 취하였느냐?**"

18. 내가 디도에게 권면하였다. 그리고 한 형제를 함께 보냈다. 디도가 너희에게 이익을 취하더냐? 우리가 동일한 성령으로 행하지 아니하더냐? 동일한 자취로 행하지 아니하더냐?

사도 바울은 고린도 교회에게 질의를 한다. 자신이 보낸 디도나 혹은 다른 형제들이 허탄한 이익을 추구하였는가? 그에 대한 답변은 그렇지 않다는 것이다. 디도는 신실한 하나님의 종으로서 사도 바울의 가르침을 가지고 고린도 교회에 가서 수고를 다하였다. 실로 고린도 교회 신자들은 디도에게 무척 감사해하고 있었다. 그러므로 사도 바울의 증거는 더 이상 고린도 교회로 하여금 어떠한 허탄한 말에도 넘어가지 말라는 권면이 담겨있다. 디도의 신실한 사랑의 수고는 고린도 교회에게 사도 바울 증거가 참되다는 것을 입증한 것이었다. 신자들이 자신들이 속한 교회를 불명예스럽게 하지 않는 것은 오직 진리 따라 경건하게 살아가는 것이다. 그러면 세상은 그 신자를 보고 그가 소속된 교회를 두려워하게 될 것이다. 사도 바울이 보낸 디도의 거룩한 행실로 인하여서 고린도 교회에 일부 몰지각한 신자들은 더 이상 그 교회에서 있을 수 없고 치리 되었을 것이다. 거룩한 보편 교회 안에 말만하고 행하지 않는 자들이 있다. 그들은 사도 바울과 같은 교회 교사의 권면도 무시하고 자기 멋대로 행하면서 그렇게 교회의 교사를 판단하고 자신의 거짓된 삶을 정당화 한다. 참된 신자들은 사도의 가르침과 거짓된 자들의 말을 잘 분별하여서 진리의 말씀을 따라 간다. 그러나 거짓된 자들은 그러한 분별력이 없다. 거짓된 자들은 누구 말이 옳고 그른지를 분별할 수 없다.

사도 바울은 증거한다. **"우리가 동일한 성령으로 행하지 아니하더냐?"**(고후 12:18) 이 의미는 이러하다. 고린도 교회를 다스리시는 성령과 사도의 심령을 다스리시는 성령은 동일한 성령이시다. 성령은 진리의 영이시다. 그리로 이 진리의 영이신 성령은 신자들을 동일한 신앙 고백으로 인도한다. 참된 신자들은 서로 참된 신앙 고백을 따라서 교통한다. 이것이 성도의 교제이다. 성도의 교제란 정통 교리를 따라서 서로 사랑하는 것이다. 참으로 진리의 영을 받은 모든 참된 신자들은 정통 교리를 분별할 능력을 성령으로부터 받는다. 그렇게 성령께서는 신자들의 교사가 되셔서 그들을 진리로 이끄신다. 거짓 교리는 반드시 거짓 영의 역사이다. 그러므로 신자들은 그러한 거짓 영의 역사를 잘 분별하도록 진리를 더욱 사모해야 한다. 진리의 지식이 박약할 때 신자들은 거짓의 역사를 분별하지 못하고 함몰하여서 넘어진다. 진리의 주가 되시는 그 거룩한 영이신 성령 하나님을 모시고 살아가는 신자들은 부단히 성령을 소멸치 말고 예언을 멸시치 말고 더욱 성령의 인도하심이 자신 안에 넘치도록 간구해야 한다. 진리를 사모하지 않는 자는 여전히 구원에서 멀리 있다.

고린도 후서 12장 18절 후반부에 사도 바울은 말한다. “**동일한 자취로 행하지 아니하더냐?**” 이 의미는 이러하다. 사도들이 가졌던 진리의 길을 성도들도 따라가야 한다. 자취란 그 사람이 밟아간 삶의 행적이다. 거짓되게 살아간 자들은 거짓된 삶의 자취가 남는다. 그러나 거룩한 삶의 자취를 따라 간 자들은 거룩한 자취가 남는다. 그들은 험난한 삶의 행로 가운데서도 주님을 찬송하고 감사하며 살아간다. 비록 연약함에 빠지고 비록 여러 고통에 노출되어도 그리고 비록 여러 아픔을 당하여서도 다시 회복하여 주님께 돌아온다. 참된 신자들의 삶의 자취는 경건한 신자들에게 크나큰 위로가 된다.

사도 바울이 부득불 자랑하였던 그 복음적 삶의 자취를 따라가 보면 참된 신자들의 마음은 더욱 겸손해 진다. 사도들의 수고와 노고가 있었기에 복음은 지금 여기에 그래도 소금이나마 남아 있게 되었다. 성직자가 가야 할 길은 분명하다. 예수 십자가 지고 주님의 뒤를 따라가는 것이다. 그 고난의 길을 감에 있어서 아픔도 고통고 어려움도 모두 주님께 맡기고 더욱 주를 향하여서 나아가며 복음을 전하는 삶을 살아가야 한다. 그것이 사도 바울이 “**동일한 자취로 행하다.**”라는 의미에 부합한다.

19. 긴 세월 동안 우리가 너희에게 변명하는 것으로 너희가 생각하고 있었구나. 그리스도 안에서 하나님 앞에서 우리가 말한다. 사랑하는 자들아! 모든 것이 너희의 덕을 위함이다.

사도 바울은 고린도 교회 신자들의 연약함을 인하여서 여러 가지 쉬운 말로 권면하였는데 그것을 그들이 오해하였다고 말한다. 그것이 일부 고린도 교회 교인들에게는 사도 바울의 구차한 변명처럼 들렸던 것이다. 그래서 사도 바울은 말한다. “**우리가 그리스도 안에서 하나님 앞에 말하노라 사랑하는 자들아 이 모든 것은 너희의 덕을**

세우기 위함이니라"(고후 12:19) 직역하면 이러하다. "**그리스도 안에서 하나님 앞에서 우리가 말한다. 사랑하는 자들아! 모든 것이 너희의 덕을 위함이다.**" 사도 바울은 하나님 앞에서 말한다고 선언하였다.

사도 바울은 고린도교회 신자들에게 자신의 선포의 진정성을 드러내고자 "**하나님의 앞에서**"(κατέναντι Θεοῦ) 말한다고 하였다. 사도 바울은 하나님께 판단을 받으리라고 매우 강한 어조로 말한다. 사도 바울이 이렇게 까지 말하는 것은 아직도 고린도 교회 안에 분란을 일으키는 거짓 교인들이 있었기 때문이다.

20. 왜냐하면 내가 염려스럽다. 내가 갈 때, 내가 원하는 너희의 모습을 보게 되지 못할까 그러하고 내가 원하지 않는 너희 모습을 보게 될까 보아서 그러하다. 다툼과 시기와 성냄과 경쟁 의식과 악한 말들과 해로운 험담과 거만함과 어지러움이 있을까 염려스럽다. 21. 내가 다시 갈때에 나의 하나님께서 너희를 인하여서 나를 부끄럽다하실까 염려스럽고 전에 죄를 지은 많은 자들이 그 더러웁고, 음탕하고 방탕함으로부터 돌아오지 않고 행하고 있을까 염려스럽다.

사도 바울은 고린도 후서 12장 20~21절에서 자신이 고린도 교회를 방문할 때 염려스러운 부분들을 언급한다. "**20 내가 갈 때에 너희를 나의 원하는 것과 같이 보지 못하고 또 내가 너희에게 너희의 원치 않는 것과 같이 보일까 두려워하며 또 다툼과 시기와 분냄과 당짓는 것과 중상함과 수군수군하는 것과 거만함과 어지러운 것이 있을까 두려워하고 21 또 내가 다시 갈 때에 내 하나님이 나를 너희 앞에서 낮추실까 두려워하고 또 내가 전에 죄를 지은 여러 사람의 그 행한 바 더러움과 음란함과 호색함을 회개치 아니함을 인하여 근심할까 두려워하노라**"

첫 째로 사도 바울은 그가 방문할 때 보고 싶지 않은 허탄한 몰골을 보게 될까 염려스럽다고 말한다. 그 몰골이란 헛되이 다투고 싸우는 어지러운 모습이다. 사랑이 없고 서로 세력 다툼이나 하면서 자기의 이익을 추구하는 교회의 상태가 아니기를 바라는 것이다.

둘째로 다툼과 시기와 성내는 것과 파당을 짓는 것과 악한 말들과 해로운 험담과 거만한 태도와 어지러움을 보게 될까 염려했다. "**파당을 짓다**"는 의미의 헬라어 "**에리데이아이**"(ἐριθεῖαι)는 헛된 종교적 공명심으로 "**분파를 형성하는 무리**"를 의미한다. 이러한 분파주의 자들은 전혀 합당한 이유 없이 거짓 교리를 가지고서 거룩한 보편 교회로부터 떨어져서 종교적 광신주의로 치닫는다. 역사적으로는 속사도 시대에 몬타누스주의자들과 노스틱주의자들이 그러하였다. 그리고 후대에 도나투스주의자들도 그러하였다.

종교 개혁 시대에는 재세례파와 독립교회파들이 그러하였다. 그들은 거룩한 보편 교회의 교리에 벗어나는 교리를 가지고 자신들 만의 교회를 세웠다. 그리고 다수의 교회와 대척 관계를 형성하며 자기들의 만의 회중이 참된 교회라고 하여서 회중 교회를 세웠다. 실로 독립 교회주의는 분파주의의 발로이다. 실로 위험하기 짝이 없는 "**파당을 짓는 것**"이다.

세 번째는 하나님께서 고린도 교회를 인하여서 사도 바울을 부끄러워하실까 염려스럽다고 말하였다. 사도 바울은 주의 몸된 교회를 수고를 다하여서 세워놓았는데 교인들은 전혀 신앙이 성장하지 않고 서로 다투고 싸우며 파당이나 짓는 다면 그 자신의 수고가 헛되다고 판단을 받을까 염려스럽다고 말한 것이다.

네 번째는 이전에 죄를 지은 많은 자들이 그 더럽고 음탕하고 방탕한 행위로부터 돌아오지 않고 있을까 염려스럽다는 것이다. 중생한 그리스도인이 되었다는 것은 옛 사람을 점차로 버려가는 과정이다. 신자들이 전혀 옛 사람을 버리지 않고 자기 마음대로 살면서 그 더럽고 음탕하고 방탕함으로부터 돌이키지 않는다면 사도 바울로서는 심히 염려스러운 일이다. 이 세상에서 자기 욕망을 따라서 누릴 것 다 누리고 하나님을 섬기겠다는 것은 거짓되다. 참된 신자들은 이 세상에 속한 모든 부패성과 싸우는 자들이다. 그래서 점차적으로 죄로부터 벗어나는 자들이다. 그리고 진리의 말씀에 각성하여서 진리로 더욱 충만해져가는 것이다.

제목: 고린도 후서의 맺는말
본문: 고린도 후서 13장 1~13

[본 문]
1 내가 이제 세 번째 너희에게 갈 터이니 두 세 증인의 입으로 말
마다 확정하리라 2 내가 이미 말하였거니와 지금 떠나 있으나 두 번
째 대면하였을 때와 같이 전에 죄 지은 자들과 그 남은 모든 사람에
게 미리 말하노니 내가 다시 가면 용서하지 아니하리라 3 이는 그리
스도께서 내 안에서 말씀하시는 증거를 너희가 구함이니 저가 너희
를 향하여 약하지 않고 도리어 너희 안에서 강하시니라 4 그리스도
께서 약하심으로 십자가에 못 박히셨으나 오직 하나님의 능력으로
살으셨으니 우리도 저의 안에서 약하나 너희를 향하여 하나님의 능
력으로 저와 함께 살리라 5 너희가 믿음에 있는가 너희 자신을 시험
하고 너희 자신을 확증하라 예수 그리스도께서 너희 안에 계신 줄을
너희가 스스로 알지 못하느냐 그렇지 않으면 너희가 버리운 자니라
6 우리가 버리운 자 되지 아니한 것을 너희가 알기를 내가 바라고 7
우리가 하나님께서 너희로 악을 조금도 행하지 않게 하시기를 구하
노니 이는 우리가 옳은 자임을 나타내고자 함이 아니라 오직 우리는
버리운 자 같을지라도 너희로 선을 행하게 하고자 함이라 8 우리는
진리를 거스려 아무것도 할 수 없고 오직 진리를 위할 뿐이니 9 우
리가 약할 때에 너희의 강한 것을 기뻐하고 또 이것을 위하여 구하
니 곧 너희의 온전하게 되는 것이라 10 이를 인하여 내가 떠나 있을
때에 이렇게 쓰는 것은 대면할 때에 주께서 너희를 파하려 하지 않
고 세우려 하여 내게 주신 그 권세를 따라 엄하지 않게 하려 함이니
라 11 마지막으로 말하노니 형제들아 기뻐하라 온전케 되며 위로를
받으며 마음을 같이하며 평안할지어다 또 사랑과 평강의 하나님이
너희와 함께 계시리라 거룩하게 입맞춤으로 서로 문안하라 12 모든
성도가 너희에게 문안하느니라 13 주 예수 그리스도의 은혜와 하나
님의 사랑과 성령의 교통하심이 너희 무리와 함께 있을지어다

[원문 직역]

1. 내가 세 번 이렇게 너희에게 간다. 두 세 증인의 입으로 모든 말이 세워질 것이다. 2. 내가 말했다. 그리고 내가 미리 말했다. 그리고 내가 두 번째 대면하듯이 그리고 지금 떨어져 있을때 전에 죄를 지은 자들과 모든 남은 자들에게 미리 말을 한다. 내가 너희에게 다시 가면 삼가지 아니하니라. 3. 너희는 그리스도께서 내 안에 말씀하신 것들의 증거를 찾고 있구나. 그가 너희를 향하여서 연약하시지 않다. 오히려 너희 안에서 강하시니라. 4. 왜냐하면 그가 연약하심으로부터 십자가에 달리셨다. 그러나 하나님의 권능으로부터 살아 나셨기 때문이다. 그리고 왜냐하면 우리가 그리스도 안에서 연약하지만, 그러나 그리스도 안에서 너희를 향하여서 하나님의 권능으로 살것이다. 5. 너희가 믿음 안에 있는가 너희 자신을 시험하라. 너희 자신을 검증하라. 예수 그리스도께서 너희 안에 계심을 너희가 스스로 모르느냐? 그렇지 않다면, 너희가 거절된 자들이다. 6. 우리가 거절된 자가 아니라는 것을 너희가 알기를 내가 소망한다. 7. 우리는 하나님을 향하여서 너희가 악을 조금도 행하지 않기를 간구한다. 우리가 검증된 것을 드러내고자 함이 아니라 너희로 선한 것을 행하게 하고자 함이다. 8. 왜냐하면 우리는 진리를 반대하여서 어떤 것도 행할 수 없기 때문이다. 오히려 진리를 위할 뿐이다. 9. 왜냐하면 우리가 약할 때에 너희의 강함을 기뻐하며 우리가 너희의 온전함을 위해서 간구한다. 10. 이를 인하여서 내가 떠나 있을 때에 이것을 쓴다. 이는 주님께서 파괴가 아닌 세움을 위해서 나에게 주신 권세를 따라서 너희를 대면 할 때 엄격하지 않게 쓰려 함이니라. 11. 형제들아! 덧붙혀 말한다. 너희는 기뻐하라. 너희는 온전케 되라. 너희는 위로를 받으라. 동일한 마음을 가져라. 너희는 평강하라. 사랑과 평강의 하나님께서 너희와 함께 하시리라. 12. 거룩한 입맞춤으로 너희는 서로 인사하라. 모든 성도들이 너희에게 인사하리라. 13. 주 예수 그리스도의 은혜와 하나님의 사랑과 성령의 교통하심이 너희 모두와 함께 있을지어다.

[본문 해설]

1. 내가 세 번 이렇게 너희에게 간다. 두 세 증인의 입으로 모든 말이 세워질 것이다. 2. 내가 말했다. 그리고 내가 미리 말했다. 그리고 내가 두 번째 대면하듯이 그리고 지금 떨어져 있을때 전에 죄를 지은 자들과 모든 남은 자들에게 미리 말을 한다. 내가 너희에게 다시 가면 삼가지 아니하니라.

사도 바울은 세 번째 고린도 교회를 가게 된다면 그곳에서 두 세 증인의 입으로 모든 말을 확정할 수 있다고 말한다. 사도 바울은 여전히 분파주의적 삶의 태도를 버리지 못하고 다투며 시기하고 당짓고 분내며 중상모략을 일삼는 자들을 정죄한다. "**확정하리라**"에 해당하는 헬라어 "**스타데세타이**"(σταθήσεται)는 "**이스테미**"(ἵστημι)의 미래 수동태이다. 이것은 "**세워진다**"라는 의미이다. 그러니까 두 세 사람의 증거로 인하여서 모든 말들이 확증될 것을 의미한다. 여기에서 두 세 증인이란 교회가 재판을 할 때 필요한 최소한의 증인들이다.

사도 바울은 엄중히 경고한다. 고린도 후서 13장 2절이다. "**내가 이미 말하였거니와 지금 떠나 있으나 두 번째 대면하였을 때와 같이 전에 죄 지은 자들과 그 남은 모든 사람에게 미리 말하노니 내가 다시 가면 용서하지 아니하리라**" 사도 바울은 만약 죄과가 드러나면 엄중하게 치리할 것을 강력하게 호소한다. 사도 바울은 자신이 고린도 교회를 방문 할 때까지도 죄악된 삶의 방식을 버리지 못하고 고린도 교회 공동체를 분열시키는 자들을 용서하지 않겠다고 말한다.

사도 시대에는 사도들이 직접 권징을 시행하였다. 사도들의 권세는 그렇게 모든 교회 질서 위에 있었다. 사도들은 그렇게 교회의 첫 질서에 위치하여 사도 시대의 교회의 기초를 세웠다. 그러나 사도들 외에 다른 어느 누구도 사도들의 권세를 가질 수 없다. 그래서 사도들이 사라진 후에 교회는 사도들의 규례를 따라 세워진 치리회에서 권징을 시행한다. 각 치리회에서 직분자들은 동등권을 가지고 교회를 위해서 수종드는 자들이다. 그들은 권징을 시행하고 교회를 다스리는 직분을 맡았다.

3. 너희는 그리스도께서 내 안에 말씀하신 것들의 증거를 찾고 있구나. 그가 너희를 향하여서 연약하시지 않다. 오히려 너희 안에서 강하시니라.

사도 바울은 고린도 교회 신자들 중에 일부가 사도 바울의 사도권에 대하여서 의문을 가지고 있는 것에 대하여서 변론한다. 고린도 교회 신자들 중에 일부가 사도 바울에게 그리스도의 말씀이 있는가 그 증거를 찾았다는 것이다. 그래서 그 본문을 직역하면 "**내 안에 그리스도께서 말씀하신다는 것의 증거를 너희가 찾았다.**"(고후 13:3)가 된다. 예수 그리스도께서 사도 바울에게 더욱 비범한 계시적 표적을 주셨던 것은 바로 이러한 자들이 사도 바울의 사도권을 무시하지 못하게 하려 하심이었다. 그래서 사도 바울이 받은 지극히 높은 신비한 표적이나 기사들은 모두 하나님의 말씀을 확증하시고자 하신 것이다. 사도 바울의 이러한 신비한 표적을 행하는 권능은 사도 바울 개인의 경건의 능력에 있었던 것이 아니다. 전능하신 하나님의 주권적인 권능에 달려 있었다. 그러므로 "**말씀하시는**"에 해당하는 헬라어 "**랄룬토스**"(λαλοῦντος)는 원형 "**랄레오**"(λαλεςω) 동사의 분사형태이다. "**랄레오**"(λαλέω)화자가 일방적으로 "**말하다**"라는 뜻 보다는 "**담화하다**", "**대화하다**"라는 "**서로 이야기를 주고 받다**"라는 의미가 있다. 이는 주 그리스도께서 사도 바울과 교통하신다는 의미를 내포하고 있다. 주님께서 사도 바울과 교통하시는 그 증거를 그들은 찾고자 하였다. 그래서 사도 바울은 이전 장에서 부득불 무익하나마 그들의 어리석음을 책망하고자 하나님께서 그에게 매우 뛰어난 은사를 주셨던 그러한 삶의 경험들을 나누었다. 그러한 무익하고 부득불 자랑하는 것들을 통하여서 사도 바울은 고린도 교회 신자들에게 헛된 마음을 갖지 말 것을 요구한다.

사도 바울은 고린도 교회 신자들에게 그리스도가 어떠하신 분이신가를 밝히 드러내고 있다. “**저가 너희를 향하여 약하지 않고 도리어 너희 안에서 강하시니라**”(고후 13:3) 직역하면 이러하다. “**그가 너희를 향하여서 연약하시지 않다. 오히려 너희 안에서 강하시니라.**” 사도 바울은 비록 자신은 여러 가지 연약한 부분이 많이 있지만 주 그리스도께서는 고린도 교회 신자들을 향하여서 연약하시지 않다고 말한다. 예수 그리스도께서는 부활하신 이후에 권능으로 승천하셔서 아버지 우편에 앉으셨다. 부활하신 구주 예수 그리스도께서는 견고하게 성도들을 진리로 이끄신다. 그래서 그리스도는 오히려 고린도 교회 신자들 안에서 강하시다. 예수 그리스도께서 신자들 안에서 강하다는 의미는 이러하다. 예수 그리스도께서 신자들 안에 성령으로 강권하신다. 부활하시고 승천하신 그리스도는 이제 신자들 안에 성령으로 역사하신다. 그가 성령으로 강림하여 계시는 한 그리스도는 강하시다. 그런데 그가 영원토록 그렇게 신자들 안에 성령으로 내주하시기에 항상 그리스도는 강하시다. 사도 바울은 이러한 점을 신자들에게 가르치신 것이다.

4. 왜냐하면 그가 연약하심으로부터 십자가에 달리셨다. 그러나 하나님의 권능으로부터 살아 나셨기 때문이다. 그리고 왜냐하면 우리가 그리스도 안에서 연약하지만, 그러나 그리스도 안에서 너희를 향하여서 하나님의 권능으로 살 것이다.

이제 고린도 후서 13장 4절에서 사도 바울은 “**그리스도께서 약하심으로 십자가에 못 박히셨으나 오직 하나님의 능력으로 살으셨다.**”고 말한다. 직역하면 이러하다. “**그가 연약하심으로부터 십자가에 달리셨다. 그러나 하나님의 권능으로부터 살아 나셨다.**” 예수 그리스도는 우리와 동일한 인성을 취하시고 사람이 되셨다. 다만 죄는 없으시다. 그 죄 없으신 주님께서 우리와 동일한 연약함 가운데서 모진 수난을 당하시고 십자가에 돌아가셨다. 우리 죄를 대속하는 속죄의 제물이 되신 것이다. 구약 율법에서 세시하였던 어린양의 대속 제물이 되신 것이다.

그러나 그리스도는 하나님의 권능으로 다시 살아나셨다. 그것은 그 자신의 신성적 권능이기도 하다. 이렇게 성삼위일체 하나님께서 인자이신 예수 그리스도를 죽은자들 가운데서 다시 일으켜 세우셨다. 예수 그리스도께서 우리 죄를 위하여서 연약함 가운데 십자가에 달려 돌아가셨다면, 그 모든 죄를 속죄하시고 죽은 자들 가운데서 다시 살아나심으로서 능력으로 하나님의 아들 되심을 증명하셨다.

사도 바울은 증거한다. "**우리도 저의 안에서 약하다.**"(고후 13:4) 직역하면 이러하다. "**우리가 그리스도 안에서 연약하다.**" 그러나 다시 증거하기를 " 너희를 향하여 하나님의 능력으로 저와 함께 살리라"라고 하였다. 직역하면 이러하다. "**그러나 그리스도 안에서 너희를 위하여서 하나님의 권능으로 살것이라**"는 것이다.

사도 바울은 그리스도 안에서 약하다고 말하면서 신자들을 위하여서 하나님의 권능으로 그리스도와 함께 살리라고 말한다. 여기에서 "**그리스도와 함께**"라는 의미가 교통이다. 사도 바울은 개인적으로 무척 연약하지만, 하나님의 권능으로 신자들을 위하여서 살 것이라 말한다. 사도 바울은 고린도 교회 신자들을 섬기는 자로서 하나님의 권능으로 그리스도와 함께 살리라 말한다.

사도 바울의 이러한 교훈들은 성도들을 가르치는 성직자의 삶의 자태를 드러낸다. 교회의 성직자들은 성도들을 말씀으로 섬기는 일에 하나님의 권능으로 그리스도와 함께 행하는 자들이다. 사도 바울은 자신이 비록 연약하지만 하나님의 권능으로 그리스도와 함께 살리라 말한다. 하나님의 권능으로 그리스도와 함께 살리라는 것은 갈라디아서 2장 20절에 있다. "**내가 그리스도와 함께 십자가에 못박혔나니 그런즉 이제 내가 산 것이 아니요. 오직 내 안에 예수 그리스도께서 사신 것이다. 이제 내가 육체 가운데 사는 것은 나를 사랑하사 나를 위하여서 자기 몸을 버리신 예수 그리스도를 위해서 사는 것이다.**"(갈 2:20)

사도들의 삶은 그리스도 안에서 모든 연약함을 못박은 자들이다. 그리고 이제 하나님의 권능으로 그리스도와 함께 사는 자들이다. 그와같이 신자들도 살아가야 한다. 사도들은 신자들의 신앙의 모범이 되기 때문이다. 신자들도 자기를 죄에 대하여서 죽은자로 여기고 하나님을 향하여서 의롭게 살아가야 하리라. 그것이 바로 의인은 믿음으로 살리라는 것이다. (롬 1:17)

5. 너희가 믿음 안에 있는가 너희 자신을 시험하라. 너희 자신을 검증하라. 예수 그리스도께서 너희 안에 계심을 너희가 스스로 모르느냐? 그렇지 않다면, 너희가 거절된 자들이다.

사도 바울은 고린도 교회 신자들에게 말한다. "**너희가 믿음에 있는가 너희 자신을 시험하고 너희 자신을 확증하라**" 직역하면 이러하다. "**너희가 믿음 안에 있는가 너희 자신을 시험하라. 너희 자신을 검증하라.**" "**확증하라**"에 해당하는 헬라어 "**도키마제테**"는 "**도키마조**"의 명령형이다. 그래서 "**너희는 확증하라**" 혹은 "**너희는 검증하라**", "**너희는 깨달아라**"라는 의미도 있다. 그런데 이것이 중요한 이유는 이러하다. 참된 신앙은 자신을 스스로 시험하여서 스스로 믿음 안에 있음을 확증하는 것이다. 그러므로 신자들이 사역자의 가르침을 깨닫지 못하는 것은 거짓되다.

예수 그리스도께서 사역자들과 신자들 양쪽 모두에게 살아 계신 분이시기에 만약 신자가 사역자들의 가르침을 전혀 깨닫지 못하고 살아간다면, 그의 신앙은 거짓되다는 것이다. 그러므로 참된 신자란 사도들의 가르침에 충실하다. 사도의 가르침을 이해하지 못하고 신앙 생활하는 자들은 거짓되다.

참된 신자는 하나님의 진리에 대한 분명하고 확실한 지식을 가지고 살아간다. 그리스도에 대한 선한 교리는 신자들의 어머니와 같다. 예수 그리스도에 대한 선한 교리가 없는 신자들은 그 영혼이 메말라 죽게 될 것이다. 참된 신자들의 어머니로서 거룩한 보편 교회에게는 정통 교리가 생명수이다. 거기로부터 참된 신앙이 자라난다.

사도 바울은 고린도 후서 13장 5절 후반부에 다음과 같이 말한다. "**예수 그리스도께서 너희 안에 계신 줄을 너희가 스스로 알지 못하느냐 그렇지 않으면 너희가 버리운 자니라**" 직역하면 이러하다. "**예수 그리스도께서 너희 안에 계심을 너희가 스스로 모르느냐? 그렇지 않다면, 너희가 거절된 자들이다.**" 진리를 따라 가는 신자들은 구주 예수 그리스도께서 진리의 성령으로서 신자들 안에 내주하여 계시는 것을 믿음으로 깨닫고 행하려고 한다. 참된 신자들은 예수 그리스도께서 각자 자신들의 구주가 되심을 하나님의 말씀으로부터 증거를 받아서 구주 앞에 신실하게 행하려 한다.

6. 우리가 거절된 자가 아니라는 것을 너희가 알기를 내가 소망한다. 7. 우리는 하나님을 향하여서 너희가 악을 조금도 행하지 않기를 간구한다. 우리가 검증된 것을 드러내고자 함이 아니라 너희로 선한 것을 행하게 하고자 함이다. 8. 왜냐하면 우리는 진리를 반대하여서 어떤것도 행할 수 없기 때문이다. 오히려 진리를 위할 뿐이다.

사도 바울은 자신이 교회의 사역자로서 거절된 자가 아니라는 사실을 고린도 교회 신자들이 알기를 바란다고 말한다. 이는 고린도 교회 신자들이 하나님을 향하여서 악을 행하지 않게 하려는 것이다. 사도 바울의 관심은 고린도 교회 신자들이 어떻게 선을 행하게 하는 데에 있었다. 이 본문에서 "**선을 행하다**"는 것이 헬라어로 "**토 칼론 포이에테**"이다. "**선**"에 해당하는 헬라어 "**칼로스**"는 삶의 구체적인 선을 의미한다. 그것은 신자들이 하나님의 말씀을 따라서 살아가는 것"을 의미한다.

고린도 후서 13장 8절에 사도 바울은 증거한다. "**우리는 진리를 거스려 아무것도 할 수 없고 오직 진리를 위할 뿐이다.**" 직역하면 이러하다. "**우리는 진리를 반대하여서 어떤것도 행할 수 없기 때문이다. 오히려 진리를 위할 뿐이다.**" 사도 바울의 진술은 진리를 사모하는 사역자들이 가져야 할 삶의 자세이다. 그것은 사역자들은 진리를 위할 뿐이다. 진리에 반대하여서 어떠한 일도 행할 수 없다. 오히려 진리만을 말할 뿐이다. 그러나 거짓 선생들은 진리에 반하여서 말하면서 자기들의 이익을 추구한다. 그들은 진리에 관심이 없다. 오로지 사회적 명성과 자신의 이익에 만 관심이 있다. 그러나 사도 바울은 오직 하나님의 진리에 만 관심이 있었다. 그래서 사도 바울은 진리에 관련해서 말하고 그것으로 족하였다. 사회적 명성이나 사람들의 허탄한 평판에 매이지 않았다. 그것이 진정한 사역자의 길이다. 그래서 사도 바울은 진리를 더욱 개진하고자 불철주야 힘을 썼다. 자신 개인의 관심은 고려하지 않았다. 오직 진리를 증거하는 일에 온 마음과 힘을 다하였다.

9. 왜냐하면 우리가 약할 때 너희의 강함을 기뻐하며 너희의 온전함의 이것을 내가 간구한다. 10. 이를 인하여서 내가 떠나 있을 때에 이것을 쓴다. 이는 주님께서 파괴가 아닌 세움을 위해서 나에게 주신 권세를 따라서 너희를 대면할 때 엄격하지 않게 쓰려 함이니라.

사도 바울은 자신들이 연약할지라도 고린도 교회 신자들의 신앙이 견고하기를 바랐으며 그것으로 기뻐하였다. 사도 바울의 관심은 온통 고린도 교회 신자들의 신앙이 온전케 되는 것이었다. 그러므로 사도 바울은 자신이 좀더 혹독하게 서신을 기록하는 것은 그들과 대면할 때에 좀더 부드럽게 만나고자 함이다. 그러니까 사도 바울의 서신을 읽고서 고린도 교회 신자들이 신앙의 잘못된 부분을 고쳐서 아무쪼록 사도 바울이 직접 방문하였을 때에는 그러한 부분들이 고쳐져서 사도 바울이 엄하게 대하지 않게 되기를 바라는 것이었다. 사도 바울이 증거한다. "**이 권세는 너희를 파괴시키려 함이 아니라 세우려 함이다.**"(고후 13:10)

사도 바울의 사도권은 고린도 교회를 파괴시키려고 받은 것이 아니다. 고린도 교회를 세우려고 받은 것이다. 사도 바울의 이러한 진술은 이 세대의 성직자들에게도 그러하다. 성직자들이 주님께 받은 치리권은 신자들을 파괴시키고자 함이 아니다. 신자들을 세우려 하는 것이다. 진리에 대한 선한 체계는 신자들을 세운다. 진리에 대한 거짓된 체계는 신자들을 파괴시킨다. 성직자들은 진리의 선한 체계를 따라서 신자들을 세워야 한다.

11. 형제들아! 덧붙혀 말한다. 너희는 기뻐하라. 너희는 온전케 되라. 너희는 위로를 받으라. 동일한 마음을 가져라. 너희는 평강하라. 사랑과 평강의 하나님께서 너희와 함께 하시리라. 12. 거룩한 입맞춤으로 너희는 서로 인사하라. 모든 성도들이 너희에게 인사하리라.

사도 바울은 말한다. "**형제들아 기뻐하라 온전케 되며 위로를 받으며 마음을 같이하며 평안할지어다**" 직역하면 이러하다. "**형제들아! 덧붙혀 말한다. 너희는 기뻐하라. 너희는 온전케 되라. 너희는 위로를 받으라. 동일한 마음을 가져라. 너희는 평강하라.**" 이 본문 중에서 사도 바울은 "**동일한 마음을 가지라**"고 말한다. 헬라어로 "**토 아우토 프로네이테**"(τὸ αὐτὸ φρονεῖτε)라고 하는데 그 의미는 동일한 신앙 고백을 가지라는 의미이다. 참된 신자들은 동일한 신앙 고백을 서로 가지고 있으며 그 신앙 고백을 따라서 서로 사랑한다. 참된 신앙 고백을 가지고 있지 않은 신자들은 거짓되다. 그리고 그 거짓된 가르침을 따라가는 것은 멸망이다.

사도 바울은 고린도 교회 신자들에게 동일한 신앙 고백을 가지라고 말한다. 그 신앙 고백은 사도의 가르침에 터를 두는 것이다. 그것은 에베소서 2 장 20절에 있다. "**너희는 사도와 선지자들의 터 위에 세우심을 입은자라.**" 사도 바울은 교회의 터가 사도와 선지자들의 교리라고 말한다. 사도와 선지자들의 **디다케**가 바로 교회의 터이다. 그러므로 사도와 선지자들의 교리 위에 일치된 신앙 고백을 세워야 한다. 그것은 통일된 보편적 신앙 고백이다.

사도들의 가르침을 따라서 세워진 사도 신조와 니케아 신조와 칼게돈 신조와 아타나시우스 신조 등이 정통 교리이다. 이어서 사도 바울은 "**또 사랑과 평강의 하나님이 너희와 함께 계시리라**"(고후 13:11)고 권면한다. 직역하면 이러하다. "**사랑과 평강의 하나님께서 너희와 함께 하시리라.**" 이것은 임마누엘이다. 임마누엘이란 "**하나님이 우리와 함께 하심이라**"는 뜻이다. 임마누엘의 신앙은 하나님께서 아브라함에게 자신을 현현하실 때, 아브라함과 그 자손의 하나님이 되셔서 항상 함께 하시겠다고 약속하셨다. 그리고 그 이스라엘의 하나님께서 모세에게 현현하셨을 때에도 동일한 약속을 하셨다. 그와 같이 구약에서 자주 증거하는 임마누엘 하나님은 선지자 이사야를 통하여서 처녀가 잉태하여서 아들을 낳을 것인데 그가 임마누엘이라고 증거하셨다.(사 7:14) 이러한 임마누엘 약속은 구주 예수 그리스도의 성육신으로 성취되었다. 그리고 그가 우리의 구주로서 십자가에 죽으시고 부활하셨을 때 그 약속은 완전하게 이루어졌다. 그리고 그 임마누엘의 하나님께서는 요한 계시록에서 항상 변함없이 그 백성의 임마누엘로서 존재하심을 예언하셨다. 임마누엘은 은혜 언약의 약속된 것이다.

은혜 언약은 성삼위일체 하나님께서 예수 그리스도와 그 안에 모든 택자들과 맺으신 언약이다. 언약의 주체자는 성삼위일체 하나님이시고 언약의 중보자는 예수 그리스도이시며 그 언약의 대상은 그리스도 안에서 택자들이다. 그리고 그 언약은 실체에 있어서 신구약이 동일하다. 동일한 약속 동일한 효력을 가진다. 그 은혜 언약은 예수 그리스도의 십자가의 대속의 죽으심과 부활을 통하여서 신자들에게 믿음을 통하여서 효력이 발생한다. 믿음이 없이는 그를 기쁘시게 할 수 없다. 오직 믿음으로 만 하나님 나라의 복을 넘치도록 부어지게 될 것이다. 그런데 그 믿음조차도 하나님의 주권적인 은혜이기에 자랑할 것이 없다. 신자들은 믿는 행위를 자랑하지 않는다. 자신의 허탄한 경건도 자랑하지 않는다. 오직 우리를 위해서 십자가에 죽으시고 부활하신 우리 구주 예수 그리스도의 크신 공로를 자랑하며 높이고 감사한다.

사도 바울은 권면한다. "**거룩하게 입맞춤으로 서로 문안하라 모든 성도가 너희에게 문안하느니라**"(고후 13:11) 직역하면 이러하다. "**거룩한 입맞춤으로 너희는 서로 인사하라. 모든 성도들이 너희에게 인사하리라.**" 사도 시대 교회는 서로 사랑함의 표시로 서로 거룩한 입맞춤을 하였다. 그것은 사도 시대 교회의 풍습이 되었다. 그 거룩한 입맞춤은 성도들의 서로 사랑의 표시였다. 그들의 거룩한 사랑의 깊이를 알 수 있는 부분이다. 이러한 깊은 서로 사랑은 거룩한 보편 교회의 귀중한 표지이다.

13. 주 예수 그리스도의 은혜와 하나님의 사랑과 성령의 교통하심이 너희 모두와 함께 있을지어다.

사도 바울은 마지막을 축도로 마치고 있다. 이것은 서신을 마치면서 우리 구원의 기초가 되시는 성삼위일체 하나님에 대한 신자들을 향한 거룩한 복을 증거한 것이다. 여기에서 주 예수 그리스도의 은혜는 단지 하나님의 호의를 의미하는 것이 아니다. 구속의 전체 복을 지칭하는 것이다.

하나님의 사랑은 비록 두 번째 언급되었으나 주 예수 그리스도의 은혜가 신자들에게 부어지게 되는 원천이다. 그러므로 하나님의 사랑이 앞서야 한다. 그러나 중보자 예수 그리스도의 대속의 죽으심이 없었다면 신자들 편에서 구원이 불가능하다. 우리가 하나님과 원수되었을 때 그의 아들의 죽으심으로 우리와 화해하셨다.(롬 5:10) 그러므로 예수 그리스도의 은혜가 먼저 언급되었던 것이다.

성령의 교통이 맨 마지막이다. 성령의 인도하심으로서 그리스도와 그의 모든 효력이 우리에게 더하여 진다. 그렇게 성령의 교통은 예수 그리스도께서 성취하신 구속의 혜택을 부으시는 수단이다. 그리스도께서 성령의 교통을 통하여서 신자들 안에 그의 구속의 은혜를 부어주신다. 모든 그리스도의 신자들은 서로 서로 이 은사를 나눈다. 그것이 그들의 일치성을 마음에 간직하는 것이다.

지은이 소개

지은이는 수원 합동 신학 대학원(M.Div)을 졸업하고 현재 대한 예수교 장로회 (합신) 주교 개혁 장로 교회 담임 목사로 사무중이다.

주교 문화사 출간 도서

기독교 역사에 있어서 유아 세례 논쟁. 2005.04.17.| 성경과 계시. 2007.02.21.

역사적 장로 교회 예배 지침서. 2007.05.07.| 하늘이여 들으라 땅이여 귀를 가울이라. 2007.07.03.

에베소서 주석. 2008.04.10.| 개혁 장로 교회사. 2008.07.01.

구약과 고대 근동의 문헌. 2011.04.30. | 빌립보서 강해. 2011.12.07.

로마서 강해. 2013.07.31. | 대영제국 장로교회사. 2014.02.18.

교회 정치를 위한 지침서. (지은이: 토마스 카트라이트) 2014.04.30.

히브리서 강해. 2014.07.14.| 개혁주의 칭의론. 2014.12.27.

시편 강해. 2015.08.07. | 개혁주의 예정론. (지은이: 윌리엄 트위스) 2015.12.31.

사도행전 강해. 2016.07.31.| 미합중국 장로 교회사 2016.12.31.

마태복음 강해. I 2017.07.31. | 창세기 노트 2017.10.31.

개혁과 공감 창간호, 제 1 권 1호, 2018.03.01. | 로마서 원어 성경 분석. 2018.05.15.

베드로전후서 강해. 2018.09.15. | 시편 원어 분석. 2018.12.31.

개혁과 공감 제 2권 1호, 2019.03.01. | 갈라디아서 강해 2009.07.01.

개혁 신앙 산책 2020.05.15. | 데살로니가 전후서 강해 2020.07.31.

개혁과 공감 제 3 권 1호 2020.10.27.

고린도 전후서 강해

초판 발행 2020. 11. 27.
지은이 배 현 주
발행처 주교 문화사
판 권 주교 문화사
주 소 경기도 고양시 덕양구 주교동 582-3 번지 상가 주택 2 층
등 록 2006년 5월 2일 제 395-2005-00042 호
대표전화 010-5656-4120
ISBN: 979-11-85762-16-6 03230
가 격 45,000 원